软考直通车
信息系统项目管理师
高频考点与应试专题

考点精炼
应试技巧
真题解析

张立台 ◎ 著

知乎知学堂 ◎ 主编

赵宏伟 ◎ 主审

电子工业出版社
Publishing House of Electronics Industry
北京·BEIJING

内容简介

本书包括三部分内容：第一篇为认知篇，论述软考高项各科目的特点和应对策略，阐述了学习的本质。第二篇为知识精讲篇，从最新的软考高项官方教程中提炼出高频考点，帮考生把握应试重点。第三篇为应试专题篇，是作者16年软考高项培训经验的总结和精华，包括选择题专题、案例题专题、网络图专题、挣值分析专题、综合计算专题、论文专题等内容，帮助考生强化应试、高效备考。

在第14章"论文专题"的14.5.2节"AI辅助"中，介绍了如何用AI大模型来辅助考生准备论文素材，编写论文内容。希望考生通过对这部分内容的学习，不仅能用AI大模型来辅助写论文，还能培养一种学习、使用最新技术和工具来解决实际问题的能力。

未经许可，不得以任何方式复制或抄袭本书之部分或全部内容。
版权所有，侵权必究。

图书在版编目（CIP）数据

信息系统项目管理师高频考点与应试专题 / 张立台著. — 北京：电子工业出版社，2025.3. — （软考直通车）. — ISBN 978-7-121-49840-4
Ⅰ．G203-44
中国国家版本馆CIP数据核字第2025BQ0851号

责任编辑：张彦红
印　　刷：大厂回族自治县聚鑫印刷有限责任公司
装　　订：大厂回族自治县聚鑫印刷有限责任公司
出版发行：电子工业出版社
　　　　　北京市海淀区万寿路173信箱　邮编：100036
开　　本：787×1092　1/16　印张：29.5　字数：698.6千字
版　　次：2025年3月第1版
印　　次：2025年3月第1次印刷
定　　价：98.00元

凡所购买电子工业出版社图书有缺损问题，请向购买书店调换。若书店售缺，请与本社发行部联系，联系及邮购电话：（010）88254888，88258888。
质量投诉请发邮件至zlts@phei.com.cn，盗版侵权举报请发邮件至dbqq@phei.com.cn。
本书咨询联系方式：faq@phei.com.cn。

前 言

无论是中国第六代战斗机试飞，还是新能源汽车行业的发展，我国近年来在各领域都取得了举世瞩目的成就。科技的进步、行业的发展、企业的成长都离不开各种创新型项目的支撑，这也是近年来学习项目管理的人员越来越多的根本原因。

由工业和信息化部、人力资源和社会保障部共同推出的针对全社会人才的计算机技术与软件专业技术资格（水平）考试（以下简称"软考"），包含了27个与计算机技术相关的考试科目，其中高级资格的"信息系统项目管理师"（以下简称"高项"）是报考人数最多、最受企业和个人认可的科目之一。

我从2010年开始从事软考高项相关的培训工作，16年来培训过数万名各行各业的学员，帮助他们学习项目管理知识、应对软考高项考试。在这个过程中，针对软考高项相关的知识学习和应试备考，我都积累了很多经验，本书就是这些经验的提炼和总结。

本书的核心价值有两个：

1. 帮助考生高效备考，顺利通过软考高项考试，拿到证书。
2. 帮助读者深刻领悟项目管理精髓，能够学以致用。

为了实现上述价值，本书在内容上进行了精心的设计，包括"认知篇"、"知识精讲篇"和"应试专题篇"。

2023年，软考高项出版了第4版官方教程，其中新增了很多内容。对于考生而言，最直接的问题是：该如何高效地复习和备考？本书的"知识精讲篇"就是为了解决这个问题而设计的。作者利用16年的软考教学经验，通过分析软考命题的规律，从官方教程中提炼出高频考点，为考生减负。做减法，就是这部分内容的核心目的。

学习了高频考点，不等于一定能答对题、拿到分，还需要实际练习应试所需的技能。比如，面对一道综合计算题，如何利用网络图和挣值分析的相关知识解题？面对越来越贴近实际工作场景的论文题目，如何将理论与实际项目相结合写出高质量的论文？这就是本书"应试专题篇"的内容，帮助读者理解规律，做到举一反三、触类旁通，是此篇内容的核心目的。

不愤不启，不悱不发，举一隅不以三隅反，则不复也。

希望本书能够"启发"正处于"愤"和"悱"状态中的考生!

在本书的写作、出版过程中,离不开我的家人、同事、朋友们的支持与帮助,他们是张永民、姚秀文、朱殿芳、郑丽、朱红、张予彤、王红力、康一博、樊崇霄、冯宇梁、赵宏伟、冷雪纯、张彦红、李淑丽,谢谢你们!

目录

第一篇 认知篇

第1章 认知软考 ················· 002
- 1.1 什么是软考 ················· 002
- 1.2 软考高项 ··················· 003
  - 1.2.1 软考高项的考试说明 ····· 003
  - 1.2.2 软考高项的考试范围 ····· 004
  - 1.2.3 软考高项的考试形式 ····· 005
- 1.3 软考高项各科目特点 ········· 005
  - 1.3.1 选择题——面广 ········· 005
  - 1.3.2 案例题——题难 ········· 007
  - 1.3.3 论文——不会写、难写 ··· 008
- 1.4 备考软考高项 ··············· 009

第2章 认知的本质 ··············· 011
- 2.1 概念 ······················· 011
- 2.2 知识体系 ··················· 013

第二篇 知识精讲篇

第3章 信息化与信息系统 ········· 019
- 3.1 信息化发展 ················· 019
  - 3.1.1 信息与信息化 ··········· 019
  - 3.1.2 现代化基础设施 ········· 022
  - 3.1.3 现代化创新发展 ········· 022
  - 3.1.4 数字中国 ··············· 023
  - 3.1.5 数字化转型与元宇宙 ····· 025
  - 3.1.6 本节练习 ··············· 025
- 3.2 信息技术发展 ··············· 026
  - 3.2.1 信息技术及其发展 ······· 026
  - 3.2.2 新一代信息技术及应用 ··· 030
  - 3.2.3 本节练习 ··············· 033
- 3.3 信息系统治理 ··············· 034
  - 3.3.1 IT治理 ················· 034
  - 3.3.2 IT审计 ················· 036
  - 3.3.3 本节练习 ··············· 037
- 3.4 信息系统管理 ··············· 038
  - 3.4.1 管理方法 ··············· 038
  - 3.4.2 管理要点 ··············· 042
  - 3.4.3 本节练习 ··············· 045
- 3.5 信息系统工程 ··············· 045
  - 3.5.1 软件工程 ··············· 045
  - 3.5.2 数据工程 ··············· 050
  - 3.5.3 系统集成 ··············· 053
  - 3.5.4 安全工程 ··············· 054
  - 3.5.5 本节练习 ··············· 056

第4章 项目管理概论 ············· 058
- 4.1 PMBOK的发展 ··············· 058
- 4.2 项目基本要素 ··············· 059
  - 4.2.1 项目基础 ··············· 059
  - 4.2.2 项目管理的重要性 ······· 062
  - 4.2.3 项目成功的标准 ········· 062
  - 4.2.4 项目、项目集、项目组合和运营管理之间的关系 ··· 062
  - 4.2.5 项目内外部运行环境 ····· 063
  - 4.2.6 组织系统 ··············· 064
  - 4.2.7 PMO ···················· 068
  - 4.2.8 项目管理和产品管理 ····· 069

4.3	项目经理的角色	069
4.4	价值驱动的项目管理知识体系	070
	4.4.1 项目管理原则	071
	4.4.2 项目生命周期和阶段	071
	4.4.3 项目生命周期类型	072
	4.4.4 项目管理过程、项目管理过程组、项目管理知识域	075
4.5	项目立项管理	077
4.6	本章练习	079

第5章 项目管理十大知识域 … 082

5.1	项目整合管理	082
	5.1.1 制定项目章程	084
	5.1.2 制订项目管理计划	087
	5.1.3 指导与管理项目工作	088
	5.1.4 管理项目知识	089
	5.1.5 监控项目工作	090
	5.1.6 实施整体变更控制	091
	5.1.7 结束项目或阶段	093
	5.1.8 本节练习	094
5.2	项目范围管理	096
	5.2.1 规划范围管理	097
	5.2.2 收集需求	098
	5.2.3 定义范围	100
	5.2.4 创建WBS	101
	5.2.5 确认范围	104
	5.2.6 控制范围	105
	5.2.7 本节练习	106
5.3	项目进度管理	107
	5.3.1 规划进度管理	109
	5.3.2 定义活动	110
	5.3.3 排列活动顺序	110
	5.3.4 估算活动持续时间	113
	5.3.5 制订进度计划	114
	5.3.6 控制进度	118
	5.3.7 本节练习	119
5.4	项目成本管理	121
	5.4.1 规划成本管理	123
	5.4.2 估算成本	124
	5.4.3 制定预算	125

	5.4.4 控制成本	127
	5.4.5 本节练习	128
5.5	项目质量管理	128
	5.5.1 规划质量管理	131
	5.5.2 管理质量	137
	5.5.3 控制质量	139
	5.5.4 本节练习	140
5.6	项目资源管理	141
	5.6.1 规划资源管理	145
	5.6.2 估算活动资源	147
	5.6.3 获取资源	148
	5.6.4 建设团队	149
	5.6.5 管理团队	151
	5.6.6 控制资源	152
	5.6.7 本节练习	153
5.7	项目沟通管理	154
	5.7.1 规划沟通管理	156
	5.7.2 管理沟通	158
	5.7.3 监督沟通	159
	5.7.4 本节练习	160
5.8	项目风险管理	161
	5.8.1 规划风险管理	164
	5.8.2 识别风险	166
	5.8.3 实施定性风险分析	167
	5.8.4 实施定量风险分析	169
	5.8.5 规划风险应对	171
	5.8.6 实施风险应对	173
	5.8.7 监督风险	173
	5.8.8 本节练习	175
5.9	项目采购管理	176
	5.9.1 规划采购管理	177
	5.9.2 实施采购	181
	5.9.3 控制采购	182
	5.9.4 项目合同管理	184
	5.9.5 本节练习	185
5.10	项目干系人管理	186
	5.10.1 识别干系人	187
	5.10.2 规划干系人参与	189
	5.10.3 管理干系人参与	190
	5.10.4 监督干系人参与	190
	5.10.5 本节练习	191

第6章 项目绩效域 ... 193
- 6.1 干系人绩效域 ... 194
- 6.2 团队绩效域 ... 195
- 6.3 开发方法和生命周期绩效域 ... 197
- 6.4 规划绩效域 ... 202
- 6.5 项目工作绩效域 ... 203
- 6.6 交付绩效域 ... 205
- 6.7 度量绩效域 ... 206
- 6.8 不确定性绩效域 ... 213
- 6.9 本章练习 ... 215

第7章 项目管理相关知识 ... 217
- 7.1 配置与变更管理 ... 217
  - 7.1.1 配置管理 ... 217
  - 7.1.2 变更管理 ... 222
  - 7.1.3 项目文档管理 ... 224
  - 7.1.4 本节练习 ... 225
- 7.2 高级项目管理 ... 227
  - 7.2.1 项目集管理 ... 227
  - 7.2.2 项目组合管理 ... 228
  - 7.2.3 组织级项目管理 ... 229
  - 7.2.4 量化项目管理 ... 230
  - 7.2.5 项目管理实践模型 ... 231
  - 7.2.6 本节练习 ... 231
- 7.3 组织通用治理 ... 233
  - 7.3.1 组织战略 ... 233
  - 7.3.2 绩效考核 ... 234
  - 7.3.3 转型升级 ... 236
  - 7.3.4 本节练习 ... 236
- 7.4 组织通用管理 ... 237
  - 7.4.1 人力资源管理 ... 237
  - 7.4.2 流程管理 ... 239
  - 7.4.3 知识管理 ... 239
  - 7.4.4 市场营销 ... 241
  - 7.4.5 本节练习 ... 241
- 7.5 法律法规与标准规范 ... 242
  - 7.5.1 法律法规 ... 242
  - 7.5.2 标准规范 ... 244
  - 7.5.3 本节练习 ... 245

第8章 项目管理科学基础 ... 246
- 8.1 工程经济学 ... 246
- 8.2 运筹学 ... 250
  - 8.2.1 线性规划 ... 250
  - 8.2.2 运输问题 ... 254
  - 8.2.3 指派问题 ... 259
  - 8.2.4 动态规划 ... 261
  - 8.2.5 图与网络 ... 266
  - 8.2.6 后悔值决策 ... 269
  - 8.2.7 概率问题 ... 271
- 8.3 本章练习 ... 273

第三篇 应试专题篇

第9章 选择题专题 ... 285
- 9.1 难度分类 ... 285
- 9.2 应试策略 ... 287
- 9.3 应试技巧 ... 287
  - 9.3.1 找问题 ... 288
  - 9.3.2 品区别 ... 289
  - 9.3.3 阅读理解 ... 290
- 9.4 专项练习 ... 291

第10章 案例题专题 ... 294
- 10.1 应试策略 ... 294
- 10.2 应试技巧 ... 298
- 10.3 万能钥匙 ... 301
  - 10.3.1 万能钥匙的原理 ... 301
  - 10.3.2 万能钥匙的内容 ... 302
  - 10.3.3 万能钥匙的应用 ... 304

第11章 网络图专题 ... 312
- 11.1 网络图基本概念 ... 312
- 11.2 画单代号网络图 ... 321
- 11.3 画双代号网络图 ... 324
- 11.4 网络图真题之选择题 ... 332
- 11.5 网络图真题之案例题 ... 334

第12章 挣值分析专题 ... 341

12.1 挣值分析基本概念 ... 341
12.1.1 评价进度绩效（EV和PV）... 341
12.1.2 评价成本绩效（EV和AC）... 343
12.1.3 预测未来 ... 345
12.1.4 其他概念 ... 348

12.2 挣值分析二维图 ... 348
12.3 挣值分析真题：选择题 ... 350
12.4 挣值分析真题：案例题 ... 354

第13章 综合计算专题——"图+" ... 364

13.1 甘特图 ... 364
13.2 图+挣值分析 ... 366
13.3 图+资源优化 ... 373
13.4 图+计划制订 ... 379

第14章 论文专题 ... 390

14.1 题目分析 ... 390
14.1.1 论文题目详解 ... 390
14.1.2 近年论文题目汇总 ... 392

14.2 结构设计 ... 398
14.2.1 论文结构1：按内容（四部分）... 399
14.2.2 论文结构2：按项目生命周期（按阶段）... 401
14.2.3 论文结构3：按项目管理过程或过程组 ... 402
14.2.4 小结 ... 405

14.3 内容编写 ... 405
14.3.1 概述部分 ... 406
14.3.2 理论部分 ... 408
14.3.3 实践部分 ... 411
14.3.4 总结部分 ... 417
14.3.5 摘要部分 ... 418

14.4 参考范文 ... 419
14.4.1 整合管理：结构2 ... 419
14.4.2 资源管理：结构1 ... 422
14.4.3 沟通管理：结构1 ... 425
14.4.4 质量管理：结构3 ... 428
14.4.5 范围和进度管理：结构1 ... 431
14.4.6 开发方法和生命周期绩效域：结构1 ... 434

14.5 论文神器 ... 437
14.5.1 项目情景化 ... 437
14.5.2 AI辅助 ... 442
14.5.3 调整优化 ... 454

第一篇

认知篇

本篇首先介绍软考相关基本信息；然后分析软考高项各科目的考试特点及备考策略；最后论述作者对学习本质的理解，也就是关于"认知"的认知。

第1章 认知软考

1.1 什么是软考

软考，全称为"计算机技术与软件专业技术资格（水平）考试"，是原中国计算机软件专业技术资格和水平考试的完善与发展。

软考是中华人民共和国人力资源和社会保障部、中华人民共和国工业和信息化部领导的国家级考试，其目的是科学、公正地对全国计算机与软件专业技术人员进行职业资格、专业技术资格认定和专业技术水平测试。

中华人民共和国工业和信息化部教育与考试中心负责全国考务管理工作，除台湾地区外，软考在全国各省、自治区、直辖市及计划单列市和新疆生产建设兵团，以及香港特别行政区和澳门特别行政区，都建立了考试管理机构，负责本区域考试的组织实施工作。

软考设置了27个专业资格，涵盖5个专业领域，3个级别层次（初级、中级、高级，如图1-1所示）。软考在全国范围内已经实施了20多年，近10年来，考试规模持续增长，截至2015年，累计报考人数约有500万人（该数据来源于软考官方网站2015年的数据）。截至2023年，保守估计这个数字应该超过1000万人。

软考级别层次、专业类别、资格名称对应表					
	计算机软件	计算机网络	计算机应用技术	信息系统	信息服务
高级	信息系统项目管理师、系统分析师、系统架构设计师、网络规划设计师、系统规划与管理师				
中级	软件评测师 软件设计师 软件过程能力评估师	网络工程师	多媒体应用设计师 嵌入式系统设计师 计算机辅助设计师 电子商务设计师	系统集成项目管理工程师 信息系统监理师 信息安全工程师 数据库系统工程师 信息系统管理工程师	计算机硬件工程师 信息技术支持工程师
初级	程序员	网络管理员	多媒体应用制作技术员 电子商务技术员	信息系统运行管理员	网页制作员 信息处理技术员

图1-1

该考试由于其权威性和严肃性，得到了社会各界及用人单位的广泛认同，并为推动国家信息产业发展，特别是在软件和服务产业的发展，以及提高各类信息技术人才的素质和能力中发挥了重要作用。

根据原人事部、原信息产业部文件（国人部发〔2003〕39号）文件规定，计算机技术与软件专业技术资格（水平）考试纳入全国专业技术人员职业资格证书制度的统一规划，实行统一大纲、统一试题、统一标准、统一证书的考试办法，每年举行两次。通过考试获得证书的人员，表明其已具备从事相应专业岗位工作的水平和能力，用人单位可根据工作需要从获得证书的人员中择优聘任相应专业技术职务（技术员、助理工程师、工程师、高级工程师）。软考全国统一实施后，不再进行计算机技术与软件相应专业和级别的专业技术职务任职资格评审工作。因此，软考**既是职业资格考试，又是职称资格考试**。

同时，软考还具有**水平考试**性质，报考任何级别不需要学历、资历条件，只要达到相应的专业技术水平就可以报考相应的级别。并且，只要考试及格就会得到相应的证书，不会预先设定考试通过率。另外，软考部分专业岗位的考试标准与日本、韩国相关考试标准实现了互认，中国信息技术人员在这些国家也可以享受相应的待遇。对考试合格者将颁发由中华人民共和国人力资源和社会保障部、中华人民共和国工业和信息化部用印的计算机技术与软件专业技术资格（水平）证书。该证书在全国范围内有效。

1.2 软考高项

软考高项，是软考高级资格中"信息系统项目管理师"的俗称。

软考高项，是软考27个专业中，报考人数最多、所占比例最高的专业，这是因为软考高项具有"通用性强、IT技术考得少"的特点。一方面，软考高项所考核的IT技术相关知识的难度不大，其大部分考题只需理解官方教程中的基本概念，无须深入掌握IT技术细节。另一方面，因为项目管理具有通用性特点（几乎适合所有行业），所以学习项目管理知识不需要专业基础，各行各业的人员都可以学懂，而项目管理知识恰恰是软考高项的考试重点。

下面引用软考高项考试大纲的内容，让大家对软考高项考试有一个整体的认识。

1.2.1 软考高项的考试说明

1. 考试目标

通过本考试的合格人员具备管理信息系统项目的能力，特别是管理大型项目和多个项目的能力，具备实施组织级项目管理的能力；能够全面理解信息化的建设与发展、信息技术及其应用创新、信息安全的相关知识、信息系统的治理与管理及工程方法，能够体系化管控信息系统全生命周期的关键过程；能够全面掌握信息系统项目管理理论知识体系，熟练运用相关知识、技能和方法，针对信息系统项目进行前期论证和规划，制订切实可行的项目计划，对项目实施进行及时、有效监控，确保项目在多重约束下实现预期的目标和业务价值；能够综合运用项目集管理（大型项目管理）、项目组合管理、组织级项目管理的相关知识和技能，管理复杂项目、大型项目和多项目；能够综合运用信息化领域的专业管理知识、组织治理及管理知识、法律法规，满足组织信息化工作的管理要求。

通过本考试的合格人员具备高级工程师的工作能力和管理水平，能够有效指导系统集成项目管理工程师的工作。

2. 考试要求

（1）熟悉信息化基础知识，了解我国信息化发展的相关政策、战略、新模式和新概念；

（2）熟悉信息系统技术的知识及其应用创新；

（3）熟悉信息系统治理与管理的专业知识及主要方法；

（4）掌握信息系统相关工程的建设实施方法和模型；

（5）掌握信息系统项目管理的核心知识；

（6）掌握信息系统大型项目管理、多项目管理、组织级项目管理方面的知识；

（7）了解管理科学、组织通用治理和管理的专业知识；

（8）熟悉信息系统项目管理的相关标准及法律法规；

（9）熟悉信息系统项目管理师相关职业道德要求；

（10）熟练阅读和正确理解相关领域的英文资料。

3. 考试科目设置

（1）信息系统项目管理综合知识，考试时间为150分钟，笔试，选择题；

（2）信息系统项目管理知识应用分析（案例分析），考试时间为90分钟，笔试，论述题；

（3）信息系统项目管理知识综合运用论述（论文），考试时间为120分钟，笔试，作文题。

这里需要特别说明一下：上述内容是在2023年3月上市（最新版）的软考高项考试大纲的原文，在2023年9月，软考办决定将软考的各项考试均改为机考，所以，2023年下半年的考试（在10月底、11月初分批考试）高项的3个科目也都为**机考**。不过，考试的内容、难易度等与以前的笔纸考试没有区别。

1.2.2 软考高项的考试范围

考试科目1：信息系统项目管理综合知识

根据信息系统项目管理师需要了解、熟悉和掌握的知识范围，主要涉及如下内容（本书只列举一级标题的内容，详细内容可以参考软考高项的考试大纲）：

1. 信息化发展；2. 信息技术发展；3. 信息系统治理；4. 信息系统管理；5. 信息系统工程；6. 项目管理概论；7. 项目立项管理；8. 项目整合管理；9. 项目范围管理；10. 项目进度管理；11. 项目成本管理；12. 项目质量管理；13. 项目资源管理；14. 项目沟通管理；15. 项

目风险管理；16. 项目采购管理；17. 项目干系人管理；18. 项目绩效域；19. 配置与变更管理；20. 高级项目管理；21. 项目管理科学基础；22. 组织通用治理；23. 组织通用管理；24. 法律法规与标准规范；25. 职业道德规范；26. 专业英语。

考试科目2：信息系统项目管理知识应用分析（案例分析）

根据试题给定的案例分析场景，应用信息系统项目管理知识对案例场景进行分析，得到相应的结论或给出建议。案例分析基于信息系统项目管理师需要熟悉和掌握的知识范围展开，涉及内容包括："考试科目1：信息系统项目管理综合知识"中"3. 信息系统治理"至"20. 高级项目管理"，以及"24. 法律法规与标准规范"和"25. 职业道德规范"。

考试科目3：信息系统项目管理知识综合运用论述（论文）

根据试卷上给出的论文题目，选择其中一个题目，按照规定的要求撰写论文。论文基于信息系统项目管理师需要掌握的知识范围展开，涉及内容包括"考试科目1：信息系统项目管理综合知识"中"5. 信息系统工程"至"20. 高级项目管理"的内容。

软考高项的3个科目（选择题、案例题、论文），每个科目的满分都是75分，及格分都是45分（个别偏远地区的及格分可能会低于45分，以软考办官方网站的通知为准）。

1.2.3 软考高项的考试形式

从2023年下半年开始，软考全部改成机考的形式，根据2024年5月份的考试安排，软考高项选择题（综合知识科目）和案例题（案例分析科目）采取2个科目连考的形式，作答总时长为240分钟，选择题最长作答时长为150分钟，最短作答时长为120分钟，选择题交卷成功后，选择不参加案例题考试的考生可以离开考场，选择继续作答案例题的考生，考试结束前60分钟可以交卷离场。论文考试时长为120分钟，考生不得提前交卷离场。

具体考试安排为：8:30~12:30，选择题、案例题连考；14:30~16:30，考论文。

1.3 软考高项各科目特点

1.3.1 选择题——面广

在2023年3月，最新版的软考高项考试大纲和官方教程《信息系统项目管理师教程》（第4版）相继出版，其中官方教程有24章共734页、126万字，这24章的标题与选择题考试大纲的前24项（详见本书1.2.2节）完全一致。理论上，官方教程734页的所有内容，都可以成为软考高项选择题的考点！考试内容覆盖面特别广，就是软考高项科目1选择题最大的特点。

2023年5月27日的软考高项（本次考试还是全国统一的笔纸考试，软考高项只有1套试卷）是第一次使用第4版官方教程的考试，考试后，我对这套考试的选择题进行了分析，统计了各章节的试题分布，统计结果如表1-1和图1-2所示。

表 1-1

软考高项-2023 年 5 月考试 – 选择题题型分布统计（不包括最后 5 分英文题）			
章节	名称	题号	数量 = 分值
第 1 章	信息化发展	1、2	2
第 2 章	信息技术发展	3、4	2
第 3 章	信息系统治理	5、6	2
第 4 章	信息系统管理	7、8、15	3
第 5 章	信息系统工程	9、10、11、12	4
第 6 章	项目管理概论	17、18、19、20	4
第 7 章	项目立项管理	21、22	2
第 8 章	项目整合管理	23、24、25、26	4
第 9 章	项目范围管理	27、28、29	3
第 10 章	项目进度管理	30、31、32	3
第 11 章	项目成本管理	33、34、35、57	4
第 12 章	项目质量管理	36、37、38	3
第 13 章	项目资源管理	39、40、41、42	4
第 14 章	项目沟通管理	43、44、45	3
第 15 章	项目风险管理	46、47、48	3
第 16 章	项目采购管理	49、50、51	3
第 17 章	项目干系人管理	52、53、54	3
第 18 章	项目绩效域	55、56、58	3
第 19 章	配置与变更管理	59、60、61	3
第 20 章	高级项目管理	62、63、64、65	4
第 21 章	项目管理科学基础	66、67、68、69、70	5
第 22 章	组织通用治理	13	1
第 23 章	组织通用管理	14	1
第 24 章	法律法规与标准规范	16	1

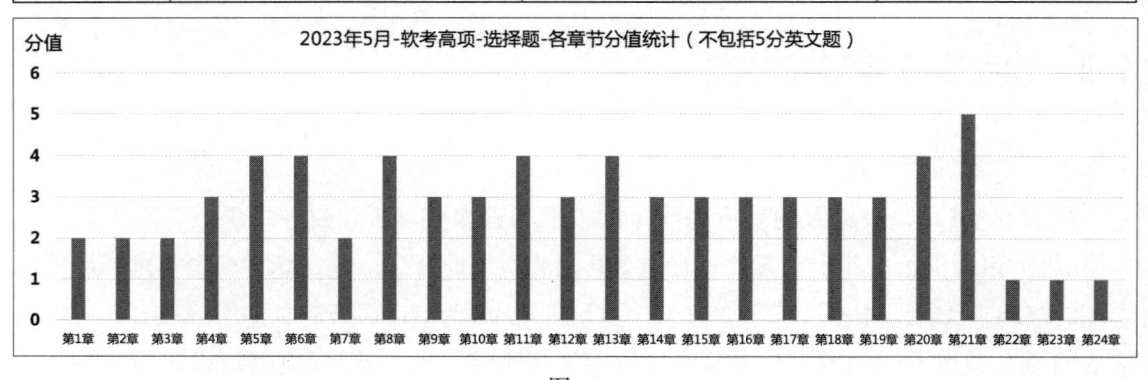

图1-2

解读：表1-1的第3行的意思是，在2023年5月软考高项选择题的考试中，第1题和第2题，考点属于官方教程第1章信息化发展的内容。也就是说，这次考试的选择题考核官方教程第1章的分值是2分。对第4行~第27行的理解与第3行相同。

不难发现，第4版官方教程的绝大多数的章节，都会在选择题中考核2~4分，所以，这些章节的重要程度几乎一样。这就得出一个"要命"的结论：软考高项的选择题，不仅**覆盖面广**，而且**没重点**！

1.3.2 案例题——题难

软考高项的案例题，从考点知识的角度，主要集中在项目管理知识上，对应官方教程的第7章~第18章，其考核范围相对选择题而言大大缩小。但是，案例题却比较难。要理解这个特点，我们要从问题的角度（而非知识的角度）对案例题进行分类。

让我们看下面三道问题：

第1题：
项目章程一般包括什么内容？

第2题：
请计算监控点时刻对应的PV、EV、AC、CV、SV、CPI和SPI。

第3题：
请结合本案例，分析张某在工作中存在的问题。

按照"问题的类型"（而非"考点知识的类型"），案例的问题可以分为三类：

- 第1题——背书题。问题的答案可以从教程中直接找到。
- 第2题——计算题。考核挣值分析和网络图这两种技术在实际案例中的应用。
- 第3题——找茬题。针对具体案例，指出项目管理中存在的问题，分析原因，并给出建议。

这三类问题，特点鲜明：

- 背书题：常考的知识点能够从历年考试题当中分析得到，但内容也比较多。
- 计算题：你会做，能得满分；不会，得0分（所以，必须会）！
- 找茬题：考核考生对项目管理理论体系的理解（有方法、需熟练）。

图1-3是近几次软考高项案例题各类型问题的分值统计结果，以2021年11月的软考高项案例题为例，计算题分值为25分、找茬题分值为26分、背书题分值为24分。可以发现，整体上这三类问题占比相当，各占1/3左右。

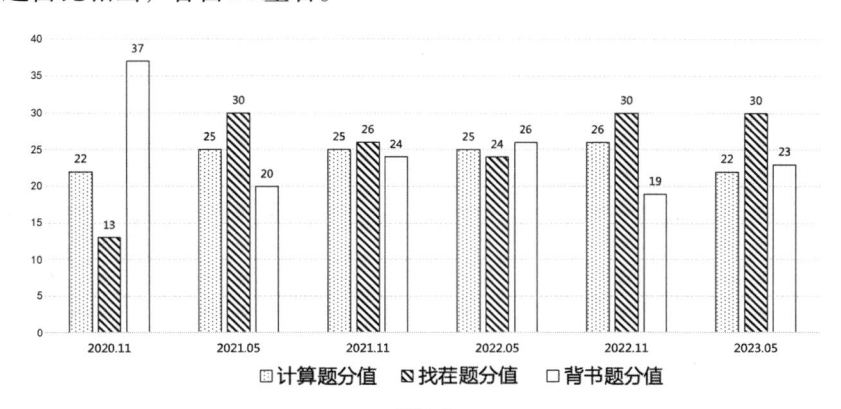

时间	计算题分值	找茬题分值	背书题分值
2020.11	22	13	37
2021.05	25	30	20
2021.11	25	26	24
2022.05	25	24	26
2022.11	26	30	19
2023.05	22	30	23

图1-3

无论是背书题、计算题还是找茬题，考生感觉都比较难（相比选择题而言）。尤其是找茬题和计算题，考生的普遍感觉是"即便是开卷考试，也都不会做"。

因此，备考案例题就需要做有针对性的刻意练习，这也是本书第三篇的重点内容。

1.3.3 论文——不会写、难写

软考高项的论文是命题作文，2020年—2023年软考高项论文题目汇总如表1-2所示。

表 1-2

考试时间	论文题目	
2020.11	论信息系统项目的成本管理	论信息系统项目的采购管理
2021.05	论信息系统项目的范围管理	论信息系统项目的合同管理
2021.11	论信息系统项目的招投标管理	论信息系统项目的进度管理
2022.05	论信息系统项目的干系人管理	
2022.11	论信息化项目的质量管理	
2023.05	论信息系统项目的风险管理	
2023.11	第1批：论信息系统项目的干系人管理	
	第2批：论信息系统项目工作绩效域	
	第3批：论信息系统项目合同管理	
	第4批：论信息系统项目的资源管理	
2024.05	第1批：论信息系统项目的进度管理	
	第2批：论信息系统项目的成本管理	

说明：

（1）2022年以前，软考高项每次考试的论文都是给2个题目，考生自主选择其中一个题目作答。

（2）从2022年5月开始，每次考试的论文只给1个题目。不能2选1，提高了难度。

（3）2023年11月，软考高项分4批考试，时间分别是2023年10月28日、29日，11月4日、5日。4批考试会有4个不同的题目，这让考前押题几乎变得不可能，而且，第1次考核了绩效域的题目。这再次提高了论文的难度。

很多软考高项考生报名参加培训课程的原因是"不知道该怎么写论文"。

从2010年开始从事软考高项的培训工作至今，我培训过数万名软考高项学员，也评审过成千上万篇学员写的论文，在评审论文的过程中，我的最大感受是：**软考高项的论文，最能一针见血地反映一个人的综合水平**。这里的"综合水平"，既包括考生对项目管理知识的理解以及他是否具备真实的信息系统项目经验，也包括考生最基本的逻辑思维能力和语言表达能力。

在2022年9月我的一个软考高项培训班级中，我做过一次专题研究。我给这个班级的大约200名同学留了一次作业，具体要求如下：

以"论信息化项目的质量管理"为题，概要叙述你参与管理过程的信息系统项目（项目背景、项目规模、发起单位、目的、项目内容、组织结构、项目周期、交付的成果等），并说明你在其中承担的工作（项目背景要求本人真实经历，不得抄袭及杜撰）。要求写2~3个自然段，字数为400字~500字。

一周以后，在150多名同学提交的作业中，第一句就是病句的比例高达50%！这是一个非常严重的问题，写病句，意味着考生基本的逻辑思维和表达能力不过关，那么整篇论文如何能及格？

一篇合格的软考高项论文，要求：项目真实、结构合理、理论准确、实践靠谱；既能概括叙述整体工作，又能详细描写相关细节（比如2023年5月的论文要求写风险登记册的逐步完善）。想要满足这些要求，不是一朝一夕能达到的，这需要考生不断思考、写作、修改、完善。在本书第三篇应试专题的论文专题中，我会详细讲述关于软考高项论文的备考内容和方法。

1.4 备考软考高项

"选择案例大论文、面广题难不会写"，面对具有上述特点的软考高项，考生需要系统化、体系化、阶段化备考。

结合最新的考试大纲和官方教程以及软考高项各科目特点，我给同学制订了软考高项备考计划（假设备考时间共16周，每天1~2小时的学习时间，如图1-4所示），供考生参考。

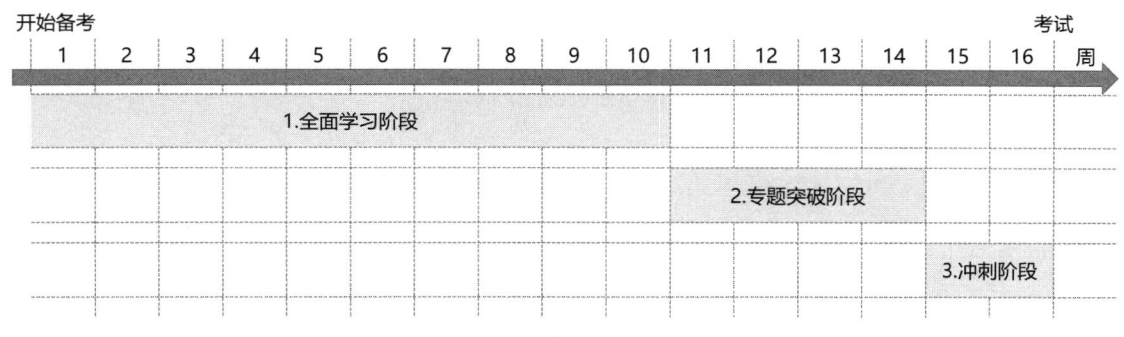

图1-4

备考计划说明：

第一阶段：全面学习阶段

学习内容：软考高项科目1（选择题）考试大纲要求的范围。

学习资料：软考高项官方教程《信息系统项目管理师教程》（第4版）、本书第二篇、历年软考高项选择题真题。

学习目标：全面掌握软考高项选择题考试要求的各类知识，历年真题实测平均达到60分。

学习时间：10周，每天1~1.5小时。

注意事项：

（1）建议结合本书第二篇，有重点地学习官方教程。

（2）一定要结合历年真题，不要泛泛地看书。

（3）对于信息技术类知识（本书第3章），掌握基本概念即可，无须死抠细节。

（4）对于项目管理类知识（本书第 4~7章），要注意用心体会项目管理的思想，这对于后面案例的复习有重要意义。

（5）对于数学题（本书第8章），把握各种类型的特点，理解问题、学懂解题套路即可。

第二阶段：专题突破阶段

学习内容：选择题应试专题、挣值分析专题、网络图专题、案例情景专题、论文专题。

学习资料：本书第三篇的内容、历年软考高项案例题、大论文真题。

学习目标：掌握案例题中的重难点知识、历年真题案例题实测平均达到60分，能够在2小时内完成一篇合格的大论文。

学习时间：4周，每天2小时。

注意事项：

（1）要真正理解挣值分析、网络图的基本原理。

（2）对于案例中的计算题（挣值分析、网络图、综合计算题），不仅要做对，还要保证速度，一道题用时最长不能超过40分钟。

（3）对于案例情景题，要体会并理解万能钥匙的内在规律，考试时能够灵活运用，取得高分（本书第10章）。

（4）结合本书第14章的内容，动笔写之前，一定要先用心思考大论文的合格标准，做到胸有成竹。

第三阶段：冲刺阶段

学习内容：成套的"实战"历年真题。

学习资料：历年真题、本书、官方教程。

学习目标：真正掌握软考高项各科目特点，模拟真实考试的流程。针对自己的薄弱环节，查缺补漏。

学习时间：1周，每天1.5小时。

注意事项：

（1）做整套真题，最好能够自己模拟真实考试的状态。

（2）回顾、复盘之前学习的内容，强化学习掌握不牢固的知识。

（3）调整心态，自信应考。

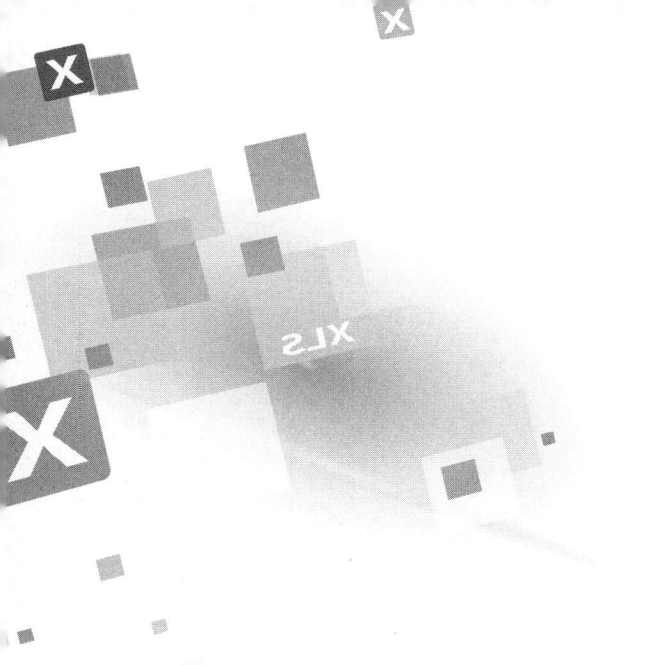

第2章 认知的本质

弄清学习的本质，对接下来的软考高项的备考至关重要。而且，掌握了这个本质，对学习任何知识都是有意义的，因为学习的本质是一样的。

2.1 概念

首先看工作中常见的一个场景：

假设现在是某个周三晚上，你正准备下班。

此时，你的直属领导走过来问你："目前，你这周工作的进度情况如何？"

你回答说："目前，我完成了新版软考课程的设计工作。"

（这段对话里的"新版软考课程的设计工作"，你可以换成任意你熟悉的工作，比如：15个故事点的开发、车载激光雷达的测试、服务器采购合同的起草，等等。）

……

你觉得你的领导对你的回答满意吗？

你的领导应该不满意，其根本的原因是，你没有准确地回答他的问题。

领导问题中的"进度情况"，实际上是要求你回答两个信息量的比较结果（这两个信息量分别是本周前3天你"实际完成的工作"和"计划应该做的工作"），而你只告诉了他一个信息量（"目前，我完成了新版软考课程的设计工作"，这是实际完成的工作）。领导问你的实际进度和计划进度的比较结果，而你只告诉领导实际进度，他当然不满意。

那么，为什么造成这种情况？原因在于，你没有真正理解领导的这个问题中的关键概念——进度情况，这4个字的本质。

上述场景如图2-1所示。

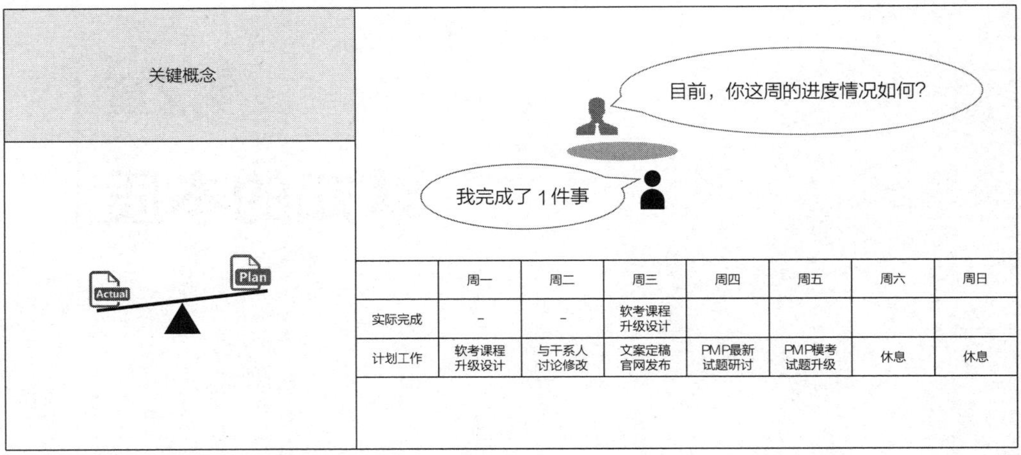

关键概念
目前，你这周的进度情况如何?
我完成了 1 件事
Actual
Plan

	周一	周二	周三	周四	周五	周六	周日
实际完成	-	-	软考课程升级设计				
计划工作	软考课程升级设计	与干系人讨论修改	文案定稿官网发布	PMP最新试题研讨	PMP模考试题升级	休息	休息

图2-1

概念：

- 是人类在认识过程中，从感性认识上升到理性认识，把感知到的事物的共同本质特点抽象出来，加以概括后的结果。
- 是人类思维活动的产物。
- 是构成知识最基本的单元。

概念，就是我们日常沟通、说话、写报告、聊微信等场景中使用的一个一个的“词”，词语的词。

你能看懂一句话（或者一个知识点），其实是因为你能理解这句话中的每一个词。举个例子：

物体下落速度与质量无关。

这句话你能看懂，对吧？

你为什么能看懂这句话？是因为“物体”“下落速度”“与……无关”“质量”等这些概念你都懂。

再举个例子：

活动在总浮动时间范围内调整开始时间或延长持续时间，不会影响总工期。

这句话你能看懂吗？如果你没学过项目进度网络图及关键路径法的内容，你应该看不懂。原因是“总浮动时间”这个概念你不懂。我说得对吗？

因此，学习的本质，就是**学概念**！

概念，包括内涵和外延，内涵就是这个概念的定义，外延就是这个概念的例子。在学习一个新概念的时候，概念的定义和例子一起配合着学习，效果最好。再举个例子：

概念：活动资源需求。

定义（内涵）：工作包中每个活动所需的资源类型和数量。

例子（外延）：制作软考冲刺PPT（这个活动）的资源需求包括：①张立台；②本期班级同学的错题集；③笔记本电脑；④一杯茉莉花茶。

另外，概念本身的字面意思也很重要，当我们看到"活动资源需求"这6个字的时候，其实一般能想到这个词包含的意思是"一个活动（或者一些活动）对资源的需求情况"，然后进一步将其理解为"做这个活动，需要的人力、物力、资源"。

学习任何知识，本质上，就是学懂组成这些知识的那些关键概念。

2.2 知识体系

对于软考高项，无论是选择题、案例题还是论文，考核的核心内容都是项目管理知识体系。那么，什么是"知识体系"？

在《管理科学技术名词》中，知识体系被定义为：描述特定专业知识总和的概括性术语。

我的理解，知识体系就是一系列聚焦于某一特定领域的知识的统称，而且这些知识之间存在联系（而不是孤立的）。

项目管理知识体系（Project Management Body Of Knowledge，PMBOK），就是一系列与项目管理相关的、相互有联系的知识。

在项目管理协会（Project Management Institute，PMI）推出的《项目管理知识体系指南（PMBOK指南）》（第6版）中，定义了49个项目管理过程（如图2-2所示），每一个过程都有输入、输出、工具和技术，这些过程与过程之间、输入与输出之间、工具与技术之间都存在联系（这里提前说明一下：项目管理过程是软考高项的重要考点，选择题、案例题和论文都会重点考查，在本书第二篇中也会详细介绍。第一次接触这个概念的读者，可以先把项目管理过程简单地理解为"一件事"，49个项目管理过程就是管理一个项目时可能需要做的49件事）。

项目管理	启动	规划	执行	监控	收尾
项目整合管理	制定项目章程	制订项目管理计划	指导和管理项目工作，管理项目知识	监控项目工作，实施整体变更控制	结束项目或阶段
项目范围管理		规划范围管理、收集需求、定义范围、创建WBS		确认范围、控制范围	
项目进度管理		规划进度管理、定义活动、排列活动顺序、估算活动持续时间、制订进度计划		控制进度	
项目成本管理		规划成本管理、估算成本、制定预算		控制成本	
项目质量管理		规划质量管理	管理质量	控制质量	
项目资源管理		规划资源管理、估算活动资源	获取资源、建设团队、管理团队	控制资源	
项目沟通管理		规划沟通管理	管理沟通	监督沟通	
项目风险管理		规划风险管理、识别风险、实施定性风险分析、实施定量风险分析、规划风险应对	实施风险应对	监督风险	
项目采购管理		规划采购管理	实施采购	控制采购	
项目干系人管理	识别干系人	规划干系人参与	管理干系人参与	监督干系人参与	

图2-2

下面以PMBOK中的项目管理过程为基础，给大家举几个"知识与知识之间存在的联系"的例子。

例子1，过程与过程之间的联系（先后关系）。

如图2-3所示，在制定项目章程这个过程中，会输出《项目章程》这个文件；在制订项目管理计划过程中，会输入《项目章程》，输出《项目管理计划》。类似地，在指导与管理项目工作过程中，会输入《项目管理计划》，输出可交付成果。在控制质量过程中，会输入可交付成果，输出核实的可交付成果。在确认范围过程中，会输入核实的可交付成果，输出验收的可交付成果。在结束项目或阶段过程中，会输入验收的可交付成果，输出最终产品。

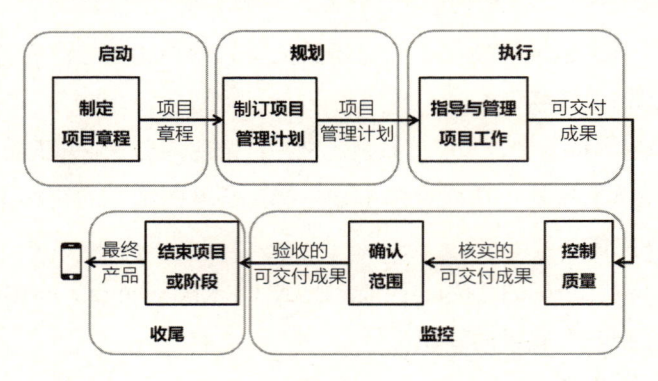

图2-3

说明：一个过程的"输入"可被理解为做这件事之前需要依据或参考的文件或者需要提前准备好的东西。一个过程的"输出"可被理解为做完这件事后得到的成果。

例子2，工具、过程、知识域之间的联系（从属关系）。

资源平滑这项技术，是资源优化技术中的一种。资源优化是制订进度计划这个过程中可以使用的工具。制订进度计划是项目进度管理这个知识域中的一个过程。项目进度管理是项目管理10个知识域中的其中一个，如图2-4所示。

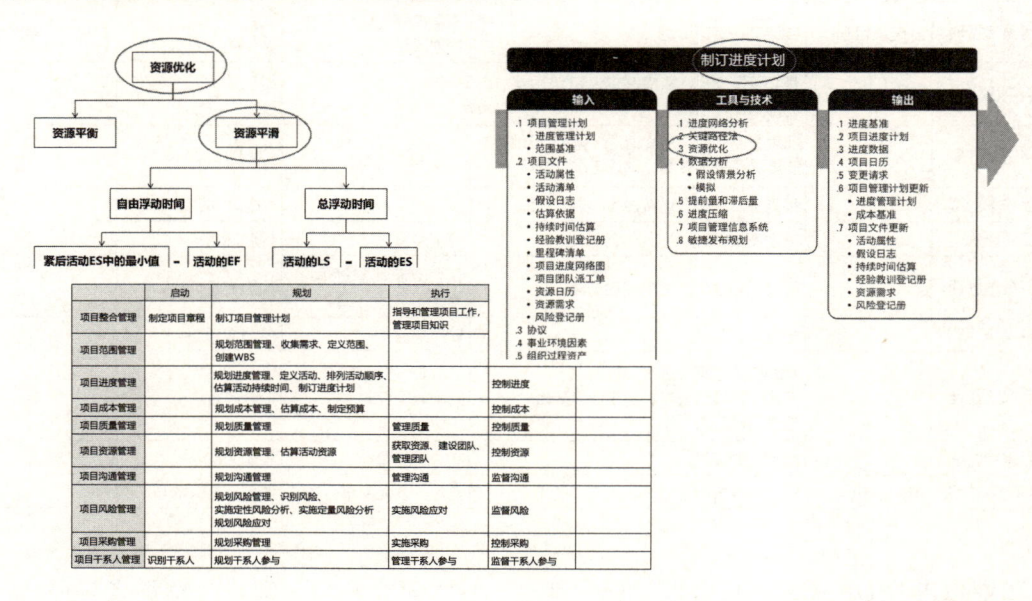

图2-4

通过上面的两个例子，大家应该初步体会到知识体系的含义了。

在本书1.4节中提到的备考计划的第一阶段（全面学习阶段），考生一定要重点学习和理解项目管理知识体系，因为这个内容不仅对软考高项的应试很重要，而且对于实际工作也有切实的帮助。另外，等到第一阶段结束后，再看"2.2 知识体系"这一节，相信大家还会有新的收获。

第二篇

知识精讲篇

本篇以软考高项官方教程(《信息系统项目管理师教程》(第4版))为基础,以最近的软考高项真题为依据,梳理出软考高项常考的知识点。

另外，在每章的考点梳理之后，挑选了一些与章节对应的练习题，方便同学体会这类考点的出题策略，锻炼答题技巧。

根据软考高项3个科目的特点，本篇的第3章、第7章、第8章一般只在选择题中考核；第4~6章是项目管理相关知识，在选择题、案例题、论文中都会考核，所以，第4~6章的内容是重点，需要多多理解。

本篇的核心目的是"做减法"，就是从700多页的官方教程中提炼出重点考点，为同学减负。同时，为了方便考生学习，本书在章节设置时保持与官方教程同步，具体对应关系如表0-1所示。

表0-1

本书第二篇内容			软考高级官方教程	
章节		名称	章节	名称
第3章	3.1	信息化发展	第1章	信息化发展
	3.2	信息技术发展	第2章	信息技术发展
	3.3	信息系统治理	第3章	信息系统治理
	3.4	信息系统管理	第4章	信息系统管理
	3.5	信息系统工程	第5章	信息系统工程
第4章	4.1~4.4	项目管理概论	第6章	项目管理概论
	4.5	项目立项管理	第7章	项目立项管理
第5章	5.1	项目整合管理	第8章	项目整合管理
	5.2	项目范围管理	第9章	项目范围管理
	5.3	项目进度管理	第10章	项目进度管理
	5.4	项目成本管理	第11章	项目成本管理
	5.5	项目质量管理	第12章	项目质量管理
	5.6	项目资源管理	第13章	项目资源管理
	5.7	项目沟通管理	第14章	项目沟通管理
	5.8	项目风险管理	第15章	项目风险管理
	5.9	项目采购管理	第16章	项目采购管理
	5.10	项目干系人管理	第17章	项目干系人管理
第6章		项目绩效域	第18章	项目绩效域
第7章	7.1	配置与变更管理	第19章	配置与变更管理
	7.2	高级项目管理	第20章	高级项目管理
	7.3	组织通用治理	第22章	组织通用治理
	7.4	组织通用管理	第23章	组织通用管理
	7.5	法律法规与标准规范	第24章	法律法规与标准规范
第8章		项目管理科学基础	第21章	项目管理科学基础

（"对应"标注于两列之间）

需要强调的是，因为进行了大量的"裁剪"，所以本篇内容并不能完全替代官方教程，考生在备考时将官方教程和本篇内容对照学习，效果更好。

第3章 信息化与信息系统

3.1 信息化发展

信息化继工业化后，正在催生一场新的人类社会革命，其影响更加广泛、变革更加深入，已经成为世界各国的关注焦点和共同选择。

（1）信息化的发展水平代表一个国家的信息能力，信息产业成为国家核心竞争力的新战略高地，信息技术成为国家间竞争的核心聚焦。

（2）数字经济、数字人才成为区域经济与社会发展的重要支点，这不仅需要各类组织持续强化信息技术人才的业务能力建设，也需要更加关注业务技术人才的信息技术能力建设，从而形成立体化、多元化的新型人才体系。

（3）作为数字化转型主体的计算机信息系统工程是一项复杂的社会和技术工程，无论是内容、规模、深度和广度，还是技术、工具、业务和流程，都在不断地发展和创新。

3.1.1 信息与信息化

信息（Information）是物质、能量及其属性的标识的集合，是确定性的增加。它以物质介质为载体，传递和反映世界各种事物的存在方式、运动状态等的表征。

信息既不是物质，也不是能力，它以一种普遍形式来表达物质运动规律，其在客观世界中大量存在、产生和传递。

1948年，数学家香农在标题为《通信的数学理论》的论文中指出："信息是用来消除随机不定性的东西。"

信息还具有很多其他的特征，主要包括客观性、普遍性、无限性、动态性、相对性、依附性、变换性、传递性、层次性、系统性和转化性等。信息满足一定的质量属性，主要包括精确性、完整性、可靠性、及时性、经济性、可验证性和安全性等。

信息系统是由相互联系、相互依赖、相互作用的事物或过程组成的具有整体功能和综合行为的统一体。简单地说，信息系统就是通过输入数据，进行加工处理，最后产生信息的系统。

面向管理和支持生产是信息系统的显著特点，以计算机为基础的信息系统可以定义为：结合管理理论和方法，应用信息技术解决管理问题，提高生产效率，为生产或信息化过程及管理和决策提供支撑的系统。

信息系统是管理模型、信息处理模型和系统实现条件的结合，如图3-1所示。

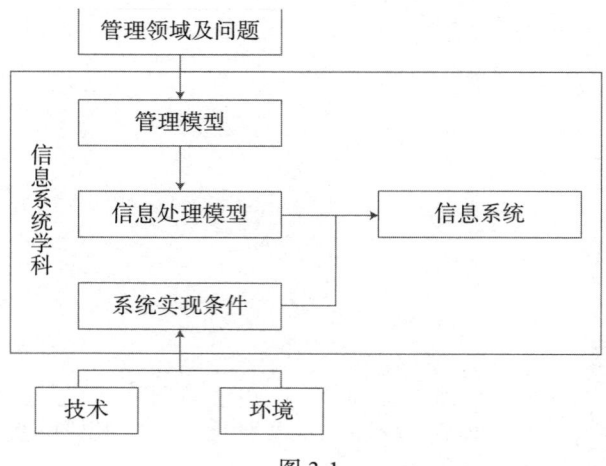

图 3-1

可以借用软件的生命周期来表示信息系统的生命周期，如图3-2所示。软件的生命周期通常包括：可行性分析与项目开发计划、需求分析、概要设计、详细设计、编码、测试、维护等阶段。

信息系统的生命周期可被简化为：①系统规划（可行性分析与项目开发计划）；②系统分析（需求分析）；③系统设计（概要设计、详细设计）；④系统实施（编码、测试）；⑤系统运行和维护等阶段。

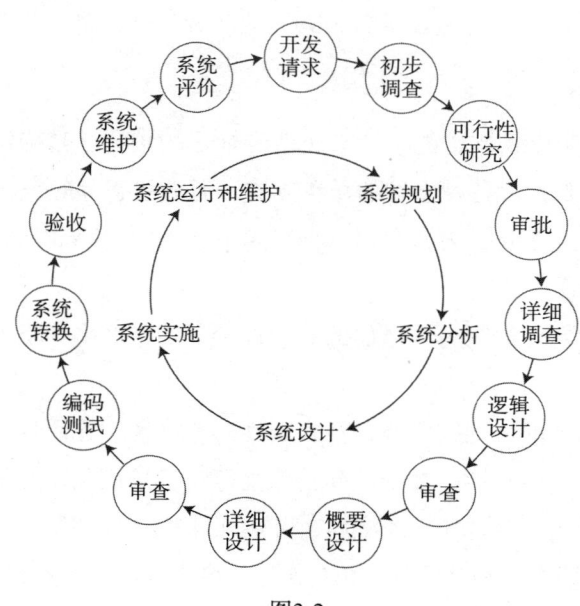

图3-2

信息化与工业化、现代化一样，是一个动态变化的过程。

信息化的内涵主要包括：

- 信息网络体系：包括信息资源、各种信息系统、公用通信网络平台等。
- 信息产业基础：包括信息科学技术研究与开发、信息装备制造、信息咨询服务等。
- 社会运行环境：包括现代工农业、管理体制、政策法律、规章制度、文化教育、道德观念等生产关系与上层建筑。
- 效用积累过程：包括劳动者素质、国家现代化水平和人民生活质量的不断提高，物质文明和精神文明建设的不断进步等。

国家信息化体系六要素包括（如图3-3所示）：

（1）信息资源：信息资源的开发和利用是国家信息化的核心任务，是国家信息化建设取得实效的关键。

（2）信息网络：信息网络是信息资源开发和利用的基础设施，包括电信网、广播电视网和计算机网络。

（3）信息技术应用：信息技术应用是信息化体系六要素中的龙头，是国家信息化建设的主阵地。

（4）信息技术和产业：信息产业是信息化的物质基础。

（5）信息化人才：人才是信息化的成功之本。

（6）信息化政策法规和标准规范：是国家信息化快速、有序、健康和持续发展的保障。

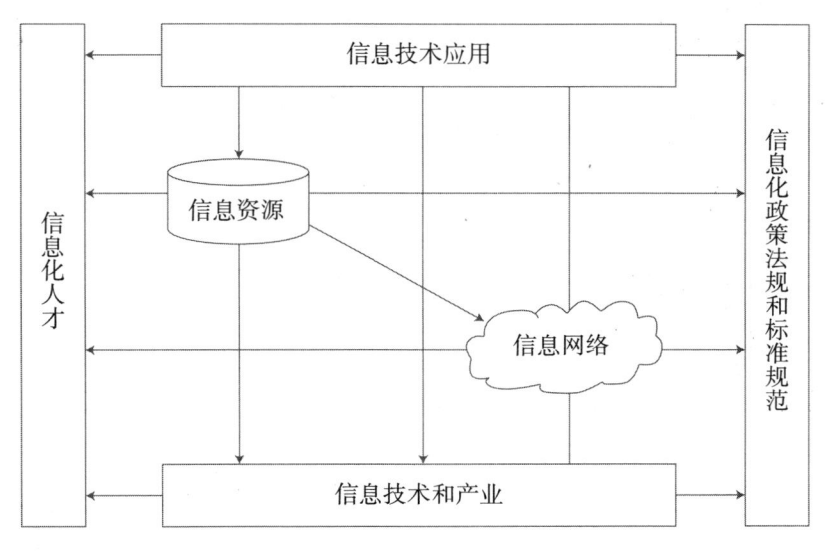

图3-3

《"十四五"国家信息化规划》明确了：建设泛在智联的数字基础设施体系，建立高效利用的数据要素资源体系，构建释放数字生产力的创新发展体系，培育先进安全的数字产业体系，构建产业数字化转型发展体系，构筑共建共治共享的数字社会治理体系，打造协同高效的数字政府服务体系，构建普惠便捷的数字民生保障体系，拓展互利共赢的数字领域国际合作体系和建立健全规范有序的数字化发展治理体系等重大任务。

3.1.2 现代化基础设施

2018年召开的中央经济工作会议首次提出"加快5G商用步伐，加强人工智能、工业互联网、物联网等新型基础设施建设"（简称"新基建"）。"新基建"主要包括：5G基建、特高压、城际高速铁路和城际轨道交通、新能源汽车充电桩、大数据中心、人工智能、工业互联网等。

目前，新型基础设施主要包括三个方面：①信息基础设施，凸显"技术新"；②融合基础设施，重在"应用新"；③创新基础设施，强调"平台新"。

工业互联网不是互联网在工业领域中的简单应用，而是具有更为丰富的内涵和外延：①工业互联网是工业数字化、网络化、智能化转型的基础设施；②工业互联网是互联网、大数据、人工智能与实体经济深度融合的应用模式；③工业互联网是一种新业态、新产业，将重塑企业形态、供应链和产业链。

工业互联网平台体系具有四大层级，它以网络为基础，以平台为中枢，以数据为要素，以安全为保障。

工业互联网六大类典型应用模式：①平台化设计；②智能化制造；③网络化协同；④个性化定制；⑤服务化延伸；⑥数字化管理。

车联网（Internet of Vehicles，IoV）是新一代网络通信技术与汽车、电子、道路交通运输等领域深度融合的新兴产业形态。

车联网系统是"端、管、云"三层体系。

车联网分别是车与云平台、车与车、车与路、车与人、车内设备之间等的全方位网络链接。

车联网的场景应用：①实用类场景应用（自动碰撞通知、被盗车辆跟踪、道路救援等）；②便捷类场景应用（车内购买和下载歌曲、有声读物、地图；语音或者手势控制）；③效率类场景应用（远程控制汽车、智能化交通）。

3.1.3 现代化创新发展

农业现代化是用现代工业装备农业，用现代科学技术改造农业，用现代管理方法管理农业，用现代科学文化知识提高农民素质的过程；是建立高产、优质、高效农业生产体系，把农业建成具有显著经济效益、社会效益和生态效益的可持续发展的农业的过程；也是大幅度提高农业综合生产能力、不断增加农产品有效供给和农民收入的过程；同时，农业现代化又是一种手段。

乡村振兴战略包括：①建设基础设施；②发展智慧农业；③建设数字乡村。

两化融合是信息化和工业化的高层次的深度结合，是指以信息化带动工业化、以工业化促进信息化，走新型工业化道路。两化融合的核心就是信息化支撑，追求可持续发展模式。信息化与工业化主要在技术、产品、业务、产业四个方面进行融合。

智能制造（Intelligent Manufacturing，IM），是基于新一代信息通信技术与先进制造技术深度融合，贯穿于设计、生产、管理、服务等制造活动的各个环节，具有自感知、自学习、自决策、自执行、自适应等功能的新型生产方式。

消费互联网是以个人为用户，以日常生活为应用场景的应用形式，是以满足消费者在互联网中的消费需求而产生的互联网类型。

消费互联网以消费者为服务中心，针对个人用户提升消费过程的体验，在人们的阅读、出行、娱乐、生活等诸多方面进行改善，让生活变得更方便、更快捷。

消费互联网的本质是个人虚拟化，增强个人生活消费体验。

消费互联网具有的属性包括：
- 媒体属性：以自媒体、社会媒体及资讯为主的门户网站。
- 产业属性：由在线旅行和为消费者提供生活服务的电子商务等内容组成。

3.1.4 数字中国

数字中国是新时代国家信息化发展的新战略，是满足人民日益增长的美好生活需要的新举措，是驱动引领经济高质量发展的新动力。

数字中国主要包括宽带中国、互联网+、大数据、云计算、人工智能、数字经济、电子政务、新型智慧城市、数字乡村等内容。

迎接数字时代，激活数据要素潜能，推进网络强国建设，加快建设数字经济、数字社会、数字政府，以数字化转型整体驱动生产方式、生活方式和治理方式变革成为新时代我国信息化发展的主旋律，如图3-4所示。

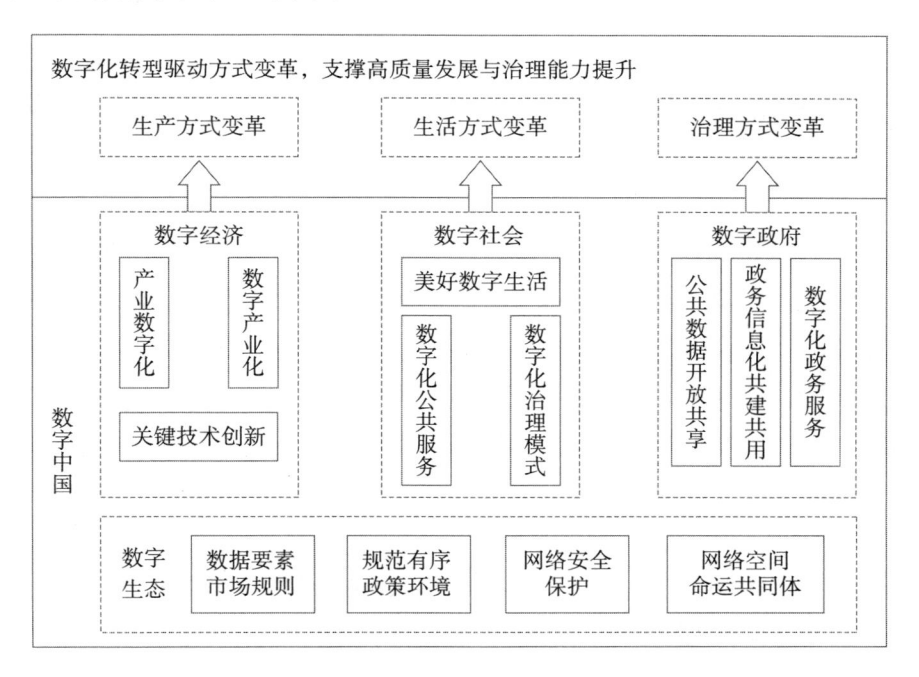

图3-4

从本质上看，数字经济是一种新的技术经济范式。它以数字技术与实体经济融合驱动的产业梯次转型和经济创新发展为主引擎，在基础设施、生产要素、产业结构和治理结构上表现出与农业经济、工业经济显著不同的新特点。

云计算、人工智能、大数据等技术在与社会经济活动的融合重构中，经过技术与经济的相互促进，形成了一些相对稳定的经济新结构和新形态，如平台经济、分享经济、算法经济、服务经济、协同经济等。

数字经济的技术经济范式的结构主要包括驱动力、新结构、价值创造和经济增长。

《数字经济及其核心产业统计分类（2021）》给出了数字经济的具体分类，分别是数字产品制造业、数字产品服务业、数字技术应用业、数字要素驱动业和数字化效率提升业。其中，前4类为数字产业化部分，第5类为产业数字化部分。

从整体构成上看，数字经济包括数字产业化、产业数字化、数字化治理和数据价值化4个部分。

数字产业化的发展重点包括云计算、大数据、物联网、工业互联网、区块链、人工智能、虚拟现实和增强现实等。

《中华人民共和国国民经济和社会发展第十四个五年规划和2035年远景目标纲要》明确提出了推进产业数字化转型，实施"上云用数赋智"行动，推动数据赋能全产业链协同转型。

数字化治理的核心特征是全社会的数据互通、数字化全面协同与跨部门的流程再造，形成"用数据说话、用数据决策、用数据管理、用数据创新"的治理机制。

数字化治理的内涵至少包含：对数据的治理；运用数据进行治理；对数字融合空间进行治理。

数据价值化包括但不限于数据采集、数据标准、数据确权、数据标注、数据定价、数据交易、数据流转、数据保护等。

数据价值化的"三化"框架，即数据资源化、数据资产化、数据资本化。

数字政府通常是指以新一代信息技术为支撑，以"业务数据化、数据业务化"为着力点，通过数据驱动重塑政务信息化管理架构、业务架构和组织架构，形成"用数据决策、数据服务、数据创新"的现代化治理模式。

数字政府的特征是协同化、云端化、智能化、数据化、动态化。

数字政府建设关键词：共享、互通、便利。

数字政府从面向社会大众政务服务视角来看，主要内容重点体现在"一网通办""跨省通办""一网统管"。

我国持续在数字教育、数字医疗、数字就业、数字文旅等领域持续高速发展，涵盖内容既有"软件"层面的体制机制建设，又有"硬件"层面的平台系统建设。

数字民生建设重点通常强调：普惠、赋能、利民。

《中华人民共和国国民经济和社会发展第十四个五年规划和2035年远景目标纲要》指出"坚持放管并重，促进发展与规范管理相统一，构建数字规则体系，营造开放、健康、安全的数字生态"。

数字生态主要包括：数据要素市场；数字营商环境；网络安全保护。

3.1.5 数字化转型与元宇宙

数字化转型（Digital Transformation）是建立在数字化转换、数字化升级基础上，进一步触及组织核心业务，以新建一种业务模式为目标的高层次转型。

数字化转型驱动因素有：①生产力飞升，第四次科技革命；②生产要素变化，数据要素的诞生；③信息传播效率突破，社会互联网新格局；④社会"智慧主体"规模，快速复制与"智能+"。

传统发展视角下的竞争力与竞争优势的保持和增强等方法，越来越难以支撑组织的发展需求，主要体现在：决策瓶颈；变革制约；知识资产流失；需求响应延迟。

元宇宙（Metaverse）是利用科技手段进行链接与创造的、与现实世界映射与交互的虚拟世界，具备新型社会体系的数字生活空间。

元宇宙的主要特征包括：沉浸式体验；虚拟身份；虚拟经济；虚拟社会治理。

3.1.6 本节练习

1. 下列说法正确的是（　　）。
   A. 信息只存在于家庭中　　　　B. 信息只存在于图书馆中
   C. 信息只存在于校园里　　　　D. 信息无处不在

2. 信息的基础是（　　）。
   A. 数据　　　B. 知识　　　C. 事实　　　D. 概念

3. 工业互联网的体系不包括（　　）。
   A. 网络　　　B. 平台　　　C. 技术　　　D. 安全

4. 支撑科学研究、技术开发、产品研制的具有公益属性的基础设施属于（　　）。
   A. 信息基础设施　　　　B. 融合基础设施
   C. 创新基础设施　　　　D. 网络基础设施

5. 《中华人民共和国国民经济和社会发展第十四个五年规划和2035年远景目标纲要》中从数字经济、数字政府、数字社会、（　　）四个维度出发勾勒了建设数字中国的宏伟蓝图。
   A. 数字生态　　　　B. 数字技术
   C. 数字服务　　　　D. 数字人才

6. （　　）不属于智慧城市核心能力要素。
   A. 数据治理、边际决策、多元融合　　B. 数据治理、数字孪生、边际决策
   C. 数据管理、数字孪生、态势感知　　D. 数字孪生、多元融合、态势感知

7. "新型基础设施"主要包括信息基础设施、融合基础设施和创新基础设施三个方面。其中信息基础设施包括（   ）。

①通信基础设施 ②智能交通基础设施 ③新技术基础设施 ④科教基础设施 ⑤算力基础设施

A. ①③⑤　　　　　B. ①④⑤　　　　　C. ②③④　　　　　D. ②③⑤

8. 数据价值化是指以（   ）为起点，经历数据资产化、数据资本化的阶段，实现数据价值化的过程。

A. 数据智能化　　　B. 数据资源化　　　C. 数据安全性　　　D. 数据产业化

> 参考答案：1. D；2. A；3. C；4. C；5. A；6. C；7. A；8. B。

3.2 信息技术发展

信息技术是在信息科学的基本原理和方法下，获取信息、处理信息、传输信息和使用信息的应用技术总称。从宏观上讲，信息技术与信息化、信息系统密不可分。

信息技术是实现信息化的手段，是信息系统建设的基础。

3.2.1 信息技术及其发展

计算机硬件（Computer Hardware）是指计算机系统中由电子、机械和光电元件等组成的各种物理装置的总称，为计算机软件运行提供物质基础。

计算机软件（Computer Software）是指计算机系统中的程序及其文档。

程序是计算任务的处理对象和处理规则的描述。文档是为了便于了解程序所需的阐明性资料。程序必须安装到机器内部才能工作，文档一般是给人看的，不一定安装到机器内部。

在许多情况下，计算机的某些功能既可以由硬件实现，也可以由软件实现。因此硬件与软件在一定意义上来说没有绝对严格的界限。

从网络的作用范围可将网络类别划分为个人局域网（Personal Area Network，PAN）、局域网（Local Area Network，LAN）、城域网（Metropolitan Area Network，MAN）、广域网（Wide Area Network，WAN）、公用网（Public Network）、专用网（Private Network）。

网络协议是为计算机网络中进行数据交换而建立的规则、标准或约定的集合。

网络协议由三个要素组成，分别是语义、语法和时序。语义表示要做什么，语法表示要怎么做，时序表示做的顺序。

OSI（Open System Interconnection，开放式系统互联）参考模型采用了分层的结构化技术，从下到上共分物理层、数据链路层、网络层、传输层、会话层、表示层和应用层。

广域网协议是在 OSI 参考模型的最下面三层操作的，定义了在不同的广域网介质上的通信。广域网协议主要包括：PPP（点对点协议）、ISDN（综合业务数字网）、xDSL（DSL 数字用户线路的统称，包括 HDSL、SDSL、MVL、ADSL）、DDN（数字数据网）、x.25、FR（帧中继）、ATM（异步传输模式）。

IEEE 802规范包括：802.1（802协议概论）、802.2（逻辑链路控制层LLC协议）、802.3（以太网的 CSMA/CD载波监听多路访问/冲突检测协议）、802.4（令牌总线 Token Bus 协议）、802.5（令牌环Token Ring协议）、802.6（城域网MAN协议）、802.7（FDDI宽带技术协议）、802.8（光纤技术协议）、802.9（局域网上的语音/数据集成规范）、802.10（局域网安全互操作标准）、802.11（无线局域网WLAN标准协议）。

TCP/IP将OSI的七层简化为四层：应用层、表示层、会话层三个层次提供的服务相差不是很大，它们被合并为应用层一个层次；传输层和网络层作为独立的两个层次；数据链路层和物理层被归并在网络接口层。

TCP/IP应用层协议包括：
- FTP（File Transfer Protocol，文件传输协议）。
- TFTP（Trivial File Transfer Protocol，简单文件传输协议）。
- HTTP（HyperText Transfer Protocol，超文本传输协议）。
- SMTP（Simple Mail Transfer Protocol，简单邮件传输协议）。
- DHCP（Dynamic Host Configuration Protocol，动态主机配置协议）。
- Telnet（远程登录协议）。
- DNS（Domain Name System，域名系统）。
- SNMP（Simple Network Management Protocol，简单网络管理协议）。

TCP/IP传输层协议包括：
- 传输层主要有两个协议，TCP和UDP（User Datagram Protocol，用户数据报协议）。
- TCP是整个TCP/IP协议族中最重要的协议之一。
- UDP是一种不可靠的、无连接的协议。

TCP/IP网络层协议包括：
- IP协议。
- ICMP（Internet Control Message Protocol，网际控制报文协议）。
- IGMP（Internet Group Management Protocol，网际组管理协议）。
- ARP（Address Resolution Protocol，地址解析协议）。
- RARP（Reverse Address Resolution Protocol，反向地址解析协议）。

软件定义网络（Software Defined Network，SDN）是一种新型网络创新架构，是网络虚拟化的一种实现方式，它可通过软件编程的形式定义和控制网络，其通过将网络设备的控制面与数据面分离开来，从而实现了网络流量的灵活控制，使网络变得更加智能，为核心网络及应用的创新提供了良好的平台。

5G是具有高速率、低时延和大连接特点的新一代移动通信技术。5G同时支持中低频和高频频段。

为了支持低时延、高可靠，5G采用短帧、快速反馈、多层/多站数据重传等技术。

5G的三大类应用场景是增强移动宽带（eMBB）、超高可靠低时延通信（uRLLC）和海量机器类通信（mMTC）。

存储根据服务器类型分为封闭系统的存储和开放系统的存储。封闭系统主要指大型机等服务器。开放系统指基于包括麒麟、欧拉、UNIX、Linux等操作系统的服务器。开放系统的存储分为内置存储和外挂存储。外挂存储根据连接的方式分为直连式存储（Direct-Attached Storage，DAS）和网络化存储（Fabric-Attached Storage，FAS）。网络化存储根据传输协议又分为网络接入存储（Network-Attached Storage，NAS）和存储区域网络（Storage Area Network，SAN）。

存储虚拟化（Storage Virtualization）是"云存储"的核心技术之一，它把来自一个或多个网络的存储资源整合起来，向用户提供一个抽象的逻辑视图。用户可以通过这个视图中的统一逻辑接口来访问被整合的存储资源。用户在访问数据时并不知道其真实的物理位置。它带给人们的直接好处是提高了存储利用率，降低了存储成本，简化了大型、复杂、异构的存储环境的管理工作。

绿色存储（Green Storage）技术是指从节能环保的角度出发，用来设计生产能效更佳的存储产品，降低数据存储设备的功耗，提高存储设备每瓦性能的技术。绿色存储是一个系统设计方案，贯穿于整个存储设计过程，包含存储系统的外部环境、存储架构、存储产品、存储技术、文件系统和软件配置等多方面。

数据结构模型是数据库系统的核心，描述了在数据库中结构化和操纵数据的方法，模型的结构部分规定了数据如何被描述（例如树、表等）。模型的操纵部分规定了数据的添加、删除、显示、维护、打印、查找、选择、排序和更新等操作。

常见的数据结构模型有三种：层次模型、网状模型和关系模型。

层次模型和网状模型又统称为格式化数据模型。

数据库根据存储方式可以分为关系数据库（SQL）和非关系数据库（Not Only SQL，NoSQL）。

关系数据库是在一个给定的应用领域，所有实体及实体之间联系的集合。关系数据库支持事务的ACID原则，即原子性（Atomicity）、一致性（Consistency）、隔离性（Isolation）、持久性（Durability）原则，ACID原则保证在事务过程中数据的正确性。

非关系数据库是分布式的、非关系的、不保证遵循ACID原则的数据存储系统。非关系数据存储不需要固定的表结构，通常也不存在连接操作，在大数据存取上具备关系数据库无法比拟的性能优势。常见的非关系数据库有：键值数据库；列存储数据库；面向文档数据库；图数据库。

数据仓库是一个面向主题的、集成的、非易失的且随时间变化的数据集合，用于支持管理决策。

数据仓库的结构如图3-5所示。

图3-5

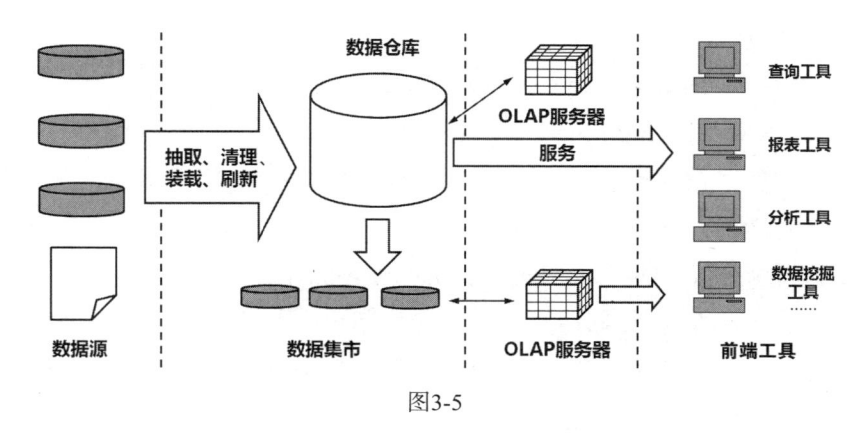

数据仓库的相关概念如下。

数据源：是基础，通常包括企业内部信息和外部信息。

数据的存储与管理：是核心。针对现有各业务系统的数据，进行抽取、清理，并有效集成，按照主题进行组织。数据仓库按照数据的覆盖范围可以分为企业级数据仓库和部门级数据仓库（通常也被称为数据集市）。

OLAP服务器（联机分析处理）：将数据进行有效集成，从而多角度、多层次地进行分析，并发现趋势。其具体实现可以分为：ROLAP、MOLAP和HOLAP。

前端工具：主要包括各种查询工具、报表工具、分析工具、数据挖掘工具，以及各种基于数据仓库或数据集市的应用开发工具。其中，数据分析工具主要针对OLAP服务器，报表工具、数据挖掘工具主要针对数据仓库。

信息安全强调信息（数据）本身的安全属性，主要包括以下内容。

- 保密性（Confidentiality）：信息不被未授权者知晓的属性。
- 完整性（Integrity）：信息是正确的、真实的、未被篡改的、完整无缺的属性。
- 可用性（Availability）：信息可以随时正常使用的属性。

信息必须依赖其存储、传输、处理及应用的载体（媒介）而存在，因此针对信息系统，安全可被划分为4个层次：设备安全、数据安全、内容安全、行为安全。

信息系统安全主要包括计算机设备安全、网络安全、操作系统安全、数据库系统安全和应用系统安全等。

网络安全技术主要包括：防火墙、入侵检测与防护、VPN、安全扫描、网络蜜罐技术、用户和实体行为分析技术等。

信息加密相关概念如下。

- 加密前的原始数据被称为明文，加密后的数据被称为密文，从明文到密文的过程被称为加密（Encryption）。
- 合法收信者接收到密文后，实施与加密变换相逆的变换，去掉密文的伪装并恢复出明文，这一过程被称为解密（Decryption）。

加密技术包括两个元素：算法和密钥。

对称加密以数据加密标准（Data Encryption Standard，DES）算法为典型代表，非对称加密通常以RSA（Rivest Shamir Adleman）算法为代表。

对称加密的加密密钥和解密密钥相同，而非对称加密的加密密钥和解密密钥不同，加密密钥可以公开而解密密钥需要保密。

用户和实体行为分析（User and Entity Behavior Analytics，UEBA）提供了用户画像及基于各种分析方法的异常检测。UEBA是一个完整的系统，涉及算法、工程等检测部分，以及用户实体风险评分排序、调查等用户交换和反馈。从架构上来看，UEBA系统通常包括数据获取层、算法分析层和场景应用层。

网络安全态势感知（Network Security Situation Awareness，NSSA）是在大规模网络环境中，对能够引起网络态势发生变化的安全要素进行获取、理解、显示，并据此预测未来的网络安全发展趋势。其关键技术主要包括：海量多元异构数据的汇聚融合技术、面向多类型的网络安全威胁评估技术、网络安全态势评估与决策支撑技术、网络安全态势可视化技术等。

计算机硬件技术将向超高速、超小型、平行处理、智能化的方向发展，计算机硬件设备的体积越来越小、速度越来越快、容量越来越大、功耗越来越低、可靠性越来越高。计算机软件越来越丰富，功能越来越强大，"软件定义一切"概念成为当前发展的主流。

5G成为当前的主流，面向物联网、低时延场景的窄带物联网（Narrow Band Internet of Things，NBI-IoT）和增强型机器类型通信（enhanced Machine-Type Communication，eMTC）、工业物联网（Industrial Internet of Things，IIoT）和低延时高可靠通信（Ultra Reliable Low Latency Communication，URLLC）等技术，将进一步得到充分发展。

传统计算机安全理念将过渡到以可信计算理念为核心的计算机安全理念。

3.2.2 新一代信息技术及应用

物联网（The Internet of Things）主要解决物品与物品（Thing to Thing，T2T）、人与物品（Human to Thing，H2T）、人与人（Human to Human，H2H）之间的互联。

M2M可以解释为人与人（Man to Man）、人与机器（Man to Machine）或机器与机器（Machine to Machine）。

物联网架构可分为如下三层。

（1）感知层：由各种传感器构成，包括温湿度传感器、二维码标签、RFID标签和读写器、摄像头、GPS等感知终端。感知层是物联网识别物体、采集信息的来源。

（2）网络层：由各种网络，包括互联网、广电网、网络管理系统和云计算平台等组成，是整个物联网的中枢，负责传递和处理感知层获取的信息。

（3）应用层：是物联网和用户的接口，它与行业需求结合，实现物联网的智能应用。

物联网关键技术主要涉及传感器技术、传感网和应用系统框架等。

微机电系统（Micro-Electro-Mechanical Systems，MEMS）是由微传感器、微执行器、信号处理和控制电路、通信接口和电源等部件组成的一体化的微型器件系统。MEMS赋予了普通物体新的"生命"，它们有了属于自己的数据传输通路、存储功能、操作系统和专门的应用程序，从而形成一个庞大的传感网。

物联网应用系统框架是一种以机器终端智能交互为核心的、网络化的应用与服务。它将使对象实现智能化的控制，涉及5个重要的技术部分：机器、传感器硬件、通信网络、中间件和应用。

云计算是一种基于互联网的计算方式，通过这种方式将网络上被配置为共享的软件资源、计算资源、存储资源和信息资源，按需求提供给网上的终端设备和终端用户。

云计算也可以被理解为向用户屏蔽底层差异的分布式处理架构。在云计算环境中，用户与实际服务提供的计算资源相分离，云端集合了大量计算设备和资源。

云计算实现了"快速、按需、弹性"的服务，用户可以随时通过宽带网络接入"云"并获得服务，按照实际需求获取或释放资源，根据需求对资源进行动态扩展。

云计算服务的类型如下。

- IaaS（基础设施即服务）：向用户提供计算机能力、存储空间等基础设施方面的服务。
- PaaS（平台即服务）：向用户提供虚拟的操作系统、数据库管理系统、Web应用等平台化的服务。
- SaaS（软件即服务）：向用户提供应用软件（如CRM、办公软件等）、组件、工作流等虚拟化软件的服务。

云计算的关键技术主要涉及虚拟化技术、云存储技术、多租户和访问控制管理、云安全技术等。云计算将进一步成为创新技术和最佳工程实践的重要载体和试验场。云计算将顺应产业互联网大潮，下沉行业场景，向垂直化、产业化纵深发展。

多云和混合云将成为大中型组织的刚需，得到更多的重视与发展。

"创新、垂直、混合、生态"这四大趋势伴随云计算快速发展。

大数据（Big Data）指无法在一定时间范围内用常规软件工具进行捕捉、管理和处理的数据集合，是具有更强的决策力、洞察发现力和流程优化能力的海量、高增长率和多样化的信息资产。

大数据从数据源到最终价值实现一般需要经过数据准备、数据存储与管理、数据分析和计算、数据治理和知识展现等过程，涉及数据模型、处理模型、计算理论及与其相关的分布计算、分布存储平台技术、数据清洗和挖掘技术、流式计算和增量处理技术、数据质量控制等方面的研究。

大数据的主要特征包括：数据海量（从TB级别跃升到PB级别（1PB=1024TB）、EB级别（1EB=1024PB），甚至达到ZB级别（1ZB=1024EB））；数据类型多样；数据价值密度低；数据处理速度快。

大数据关键技术介绍如下。

- 大数据获取技术：主要集中在数据采集、整合和清洗三个方面。数据采集技术实现数据源的获取，然后通过整合和清理技术保证数据质量。
- 分布式数据处理技术：主流的分布式计算系统有Hadoop、Spark和Storm。Hadoop常用于离线的、复杂的大数据处理，Spark常用于离线的、快速的大数据处理，而Storm常用于在线的、实时的大数据处理。
- 大数据管理技术：主要集中在大数据存储、大数据协同和安全隐私等方面。
- 大数据应用和服务技术：主要包含分析应用技术和可视化技术。

区块链技术具有多中心化存储、隐私保护、防篡改等特点，提供了开放、分散和容错的事务机制，成为新一代匿名在线支付、汇款和数字资产交易的核心，被广泛应用于各大交易平台，为金融、监管机构、科技创新、农业及政治等领域带来了深刻的变革。

区块链概念可以被理解为以非对称加密算法为基础，以改进的默克尔树（Merkle Tree）为数据结构，使用共识机制、点对点网络、智能合约等技术结合而成的一种分布式存储数据库技术。

区块链分为公有链（Public Blockchain）、联盟链（Consortium Blockchain）、私有链（Private Blockchain）和混合链（Hybrid Blockchain）四大类。

区块链典型特征包括：多中心化；多方维护；时序数据；智能合约；不可篡改；开放共识；安全可信。

区块链关键技术包括：①分布式账本；②加密算法；③共识机制。

区块链的发展：区块链将成为互联网的基础协议之一。区块链架构的不同分层将承载不同的功能。区块链的应用和发展呈螺旋式上升趋势。

人工智能从产生到现在，其发展历程经历了6个主要阶段：①起步发展期（1956年至20世纪60年代初）；②反思发展期（20世纪60年代初至20世纪70年代初）；③应用发展期（20世纪70年代初至20世纪80年代中）；④低迷发展期（20世纪80年代中至20世纪90年代中）；⑤稳步发展期（20世纪90年代中至2010年）；⑥蓬勃发展期（2011年至今）。

人工智能关键技术介绍如下。

（1）机器学习：这是一种自动将模型与数据匹配，并通过训练模型对数据进行"学习"的技术。

（2）自然语言处理（Natural Language Processing，NLP）：研究能实现人与计算机之间用自然语言进行有效通信的各种理论和方法。

（3）专家系统：是一个智能计算机程序系统，通常由人机交互界面、知识库、推理机、解释器、综合数据库、知识获取6个部分构成。

人工智能发展阶段包括：①从人工智能向人机混合智能发展；②从"人工+智能"向自

主智能系统发展；③人工智能将加速与其他学科领域交叉渗透；④人工智能产业将蓬勃发展；⑤人工智能的社会学将提上议程。

虚拟现实（Virtual Reality，VR）是一种可以创立和体验虚拟世界的计算机系统（其中虚拟世界是全体虚拟环境的总称）。

虚拟现实技术的主要特征包括沉浸性、交互性、多感知性、构想性（也称想象性）和自主性。

虚拟现实的关键技术主要涉及人机交互技术、传感器技术、动态环境建模技术和系统集成技术等。

虚拟现实的发展：①硬件性能优化迭代加快；②网络技术的发展有效助力其应用化的程度；③虚拟现实产业要素加速融通；④元宇宙等新兴概念为虚拟现实技术带来新的商业理念。

3.2.3 本节练习

1. （　　）关键技术主要涉及传感器技术、传感网和应用系统架构等。
   A. 物联网　　　　　B. 云计算　　　　　C. 大数据　　　　　D. 人工智能
2. （　　）关键技术主要涉及机器学习、自然语言处理、专家系统等技术。
   A. 物联网　　　　　B. 云计算　　　　　C. 大数据　　　　　D. 人工智能
3. 区块链有以下几种特性：多中心化、多方维护、时序数据、智能合约、开放共识、安全可信和（　　）。
   A. 可回溯性　　　　B. 不可篡改　　　　C. 周期性　　　　　D. 稳定性
4. 网络安全态势感知在（　　）的基础上，进行数据整合、特征提取等，应用一系列态势评估算法生成网络的整体态势情况。
   A. 安全应用软件　　　　　　　　　　　B. 安全基础设施
   C. 安全网络环境　　　　　　　　　　　D. 安全大数据
5. （　　）是指一个操作系统中多个程序同时并行运行，而（　　）则可以同时运行多个操作系统，而且每一个操作系统中都有多个程序运行，（　　）只是单CPU模拟双CPU来平衡程序运行性能，这两个模拟出来的CPU是不能分离的，只能协同工作。
   A. 虚拟化技术　　　　多任务　　　　　超线程技术
   B. 超线程技术　　　　虚拟化技术　　　多任务
   C. 虚拟化技术　　　　超线程技术　　　多任务
   D. 多任务　　　　　　虚拟化技术　　　超线程技术

参考答案：1. A；2. D；3. B；4. D；5. D。

3.3 信息系统治理

信息系统治理（IT治理）是组织开展信息技术及其应用活动的重要管控手段，也是组织治理的重要组成部分。在组织的数字化转型和组织建设过程中，IT治理起到重要的统筹、评估、指导和监督作用。

信息技术审计（IT审计）作为与IT治理配套的组织管控手段，是IT治理不可或缺的评估和监督工具，重点承担着组织信息系统发展的合规性检测及信息技术风险的管控等职能。

3.3.1 IT治理

IT治理所关注的问题如下。

（1）组织如何从其信息系统投资中获得真正的价值。

（2）如何将信息技术战略与组织战略相融合。

（3）如何从组织治理的高度，对组织数字化能力做出制度安排。

（4）如何从战略投资、组织管理变革的角度，降低IT的风险。

（5）如何利用国内外信息技术开发利用的最佳实践和重要成果，加快组织的信息化、数字化工作推进等。

驱动组织开展高质量IT治理的因素如下。

（1）确保组织IT投资有效性。

（2）IT价值发挥的弹性大。

（3）IT已经成为各领域高质量发展的重要基础。

（4）新兴信息技术的引入为组织提供新的发展空间和业务机会。

（5）促进IT价值挖掘和融合利用。

（6）需要良好的价值管理，场景化的业务融合应用。

（7）需要采用明确责权利和清晰管理去确保IT价值。

（8）成熟度较高的组织以不同的方式治理IT，获得了领域或行业领先的业务发展效果。

IT治理的内涵主要体现在如下5个方面。

（1）体现了治理层和最高管理层对信息相关活动的关注。

（2）IT治理强调数字目标与组织战略目标保持一致。

（3）IT治理保护利益相关者的权益，增强组织的核心竞争力。

（4）IT治理是一种制度和机制。

（5）IT治理的组成部分包括管理层、组织结构、制度、流程、人员、技术等多个方面。

IT治理的主要目标如下。

（1）与业务目标一致。IT治理要保证信息技术开发利用跟上持续变化的业务目标。

（2）有效利用信息与数据资源。通过IT治理对信息与数据资源的管理职责进行有效管理，保证投资的回收，并支持决策。

（3）风险管理。IT治理重视风险管理，通过制定信息与数据资源的保护级别，强调对关键的信息与数据资源，实施有效监控和事件处理。

IT治理的管理层次大致可分为三层：最高管理层、执行管理层、业务与服务执行层。

IT治理的核心是关注IT定位和信息化建设与数字化转型的责权利划分。

IT治理体系的具体构成包括IT定位：IT应用的期望行为与业务目标一致；IT治理架构：业务和IT在治理委员会中的构成、组织IT与各分支机构的IT权责边界等；IT治理内容：投资、风险、绩效、标准和规范等；IT治理流程：统筹、评估、指导、监督；IT治理效果（内外评价）等，简化后如图3-6所示。

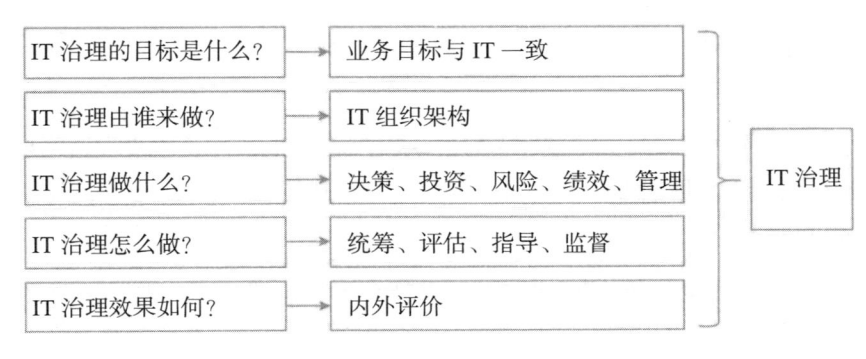

图3-6

IT治理体系框架具体包括：IT战略目标、IT治理组织、IT治理机制、IT治理域、IT治理标准和IT绩效目标等部分，形成一整套IT治理运行闭环。

IT治理本质上关心：①实现IT的业务价值；②IT风险的规避。

建立IT治理机制的原则如下。

（1）简单。机制应该明确地定义特定个人和团体所承担的责任和目标。

（2）透明。有效的机制依赖于正式的程序。对于那些被治理决策所影响或想要挑战治理决策的人来说，机制如何工作是需要非常清晰的。

（3）适合。机制鼓励那些处于最佳位置的个人去制定特定的决策。

组织开展IT治理活动的主要任务聚焦在如下5个方面。

（1）全局统筹。制定满足可持续发展的IT蓝图；实施科学决策、集约管理的策略；建立适应内外部信息环境变化的持续改进和创新机制。

（2）价值导向。包括基于实现有效收益，确保预期收益清晰理解，明确实现收益的问责机制。

（3）机制保障。组织应对自身IT发展进行有效管控，保证IT需求与实现的协调发展，并使IT安全和风险得到有效的识别、管理、防范和处置。

（4）创新发展。指利用IT创新开拓业务领域，提升管理水平，改进质量、绩效和降低成本，确保实现战略目标的灵活性和对环境变化的适应性。

（5）文化助推。指组织与利益相关者沟通IT治理的目标、策略和职责，营造积极向上、沟通包容的组织文化。

IT治理相关标准：我国信息技术服务标准（ITSS）库中的IT治理系列标准、信息和技术治理框架（COBIT）和IT治理国际标准（ISO/IEC 38500）等。

有关IT治理的一些图片，建议同学参考软考高项官方教程3.1节。

3.3.2 IT审计

传统审计的重要性是指被审计单位会计报表中错报或漏报的严重程度，这一严重程度在特定环境下可能影响会计报表使用者的判断或决策。

IT审计重要性是指IT审计风险对组织影响的严重程度，如：财务损失、业务中断、失去客户信任、经济制裁等。

IT审计的目的是指通过开展IT审计工作，了解组织IT系统与IT活动的总体状况，对组织是否实现IT目标进行审查和评价，充分识别与评估相关IT风险，提出评价意见及改进建议，促进组织实现IT目标。

组织的IT目标主要包括：①组织的IT战略应与业务战略保持一致；②保护信息资产的安全及数据的完整、可靠、有效；③提高信息系统的安全性、可靠性及有效性；④合理保证信息系统及其运用符合有关法律、法规及标准等的要求。

审计人员在实施IT审计项目前，应先对组织与信息系统相关的总体情况进行了解和风险评估，确定主要IT风险，如与环境控制相关的风险、与系统相关的风险、与数据相关的风险等，然后根据确定的风险来判断哪些控制、流程对组织的影响比较大，并结合审计项目预计的时间、配备的审计力量等来确定重点审计范围。

IT审计风险主要包括固有风险、控制风险、检查风险和总体审计风险。总体审计风险是指针对单个控制目标所产生的各类审计风险总和。

IT审计常用方法包括：访谈法、调查法、检查法、观察法、测试法和程序代码检查法等。

常用的IT审计技术包括：风险评估技术、审计抽样技术、计算机辅助审计技术及大数据审计技术。

审计证据是指由审计机构和审计人员获取，用于确定所审计实体或数据是否遵循既定标准或目标，形成审计结论的证明材料。

审计工作底稿是指审计人员对制订的审计计划、实施的审计程序、获取的相关审计证据，以及得出的审计结论做出的记录。审计工作底稿是审计证据的载体，是审计人员在审计过程中形成的审计工作记录和获取的资料。它形成于审计过程，也反映整个审计过程。

审计底稿的作用表现在：
- 是形成审计结论、发表审计意见的直接依据；
- 是评价考核审计人员的主要依据；
- 是审计质量控制与监督的基础；
- 对未来审计业务具有参考备查作用。

审计工作底稿一般分为综合类工作底稿、业务类工作底稿和备查类工作底稿。

审计工作底稿在编制上应满足内容和形式两方面的要求：
- 内容要求包括资料翔实、重点突出、繁简得当、结论明确；
- 形式要求包括要素齐全、格式规范、标识一致、记录清晰。

审计机构对审计工作底稿中涉及的商业秘密保密。但由于下列两种情况需要查阅审计工作底稿的，不属于泄密情形：
- 法院、检察院及国家其他部门依法查阅，并按规定办理了必要手续；
- 审计协会或其委派单位对审计机构执业情况进行检查。

科学规范的审计流程的作用包括：①有效地指导审计工作；②有利于提高审计工作效率；③有利于保证审计项目质量；④有利于规范审计工作。

狭义的审计流程是指审计人员在取得审计证据、完成审计目标、得出审计结论的过程中所采取的步骤和方法。

广义的审计流程是指审计机构和审计人员对审计项目从开始到结束的整个过程采取的系统性工作步骤，一般分为审计准备、审计实施、审计终结及后续审计四个阶段。

IT审计业务和服务通常分为IT内部控制审计和IT专项审计。

IT内部控制审计主要包括组织层面IT控制审计、IT一般控制审计及应用控制审计。

IT专项审计主要是指根据当前面临的特殊风险或者需求开展的IT审计，审计范围为IT综合审计的某一个或几个部分。

3.3.3 本节练习

1.（　　）不属于IT治理的三大主要目标。
   A. 与业务目标一致　　　　　　　　　　B. 质量控制
   C. 有效利用信息与数据资源　　　　　　D. 风险管理

2. "计算机硬件故障或软件不足，易造成信息的损坏和丢失，导致数据处理过程中发生偶发错误"，描述的风险类型是（　　）。
   A. 固有风险　　　　B. 控制风险　　　　C. 检查风险　　　　D. 审计风险

3. 关于IT审计范围的描述，不正确的是（　　）。
   A. 总体范围需要根据审计目的和投入的审计成本来确定
   B. 组织范围需明确审计涉及的组织机构、主要的流程、活动及人员等
   C. 逻辑范围需明确涉及的信息系统

D. 物理范围需明确具体的物理地点与边界

4. （　　）不属于IT审计的目标。

　　A. 对IT目标的实现进行审查和评价

　　B. 识别与评估IT风险

　　C. 保护信息资产的安全

　　D. 提出评价意见及改进

> 参考答案：1. B；　2. A；　3. C；　4. C。

3.4 信息系统管理

当前，信息技术和工业制造的深度融合、人和机器的融合、信息资源和材料资源的融合，正在引发各种数字原生发展模式，这些模式将不断诞生、发展、凋亡和重塑，从而极大地改变人们的生活方式和行为模式。

支撑这场变革的重要基础，是不断与社会发展各方面深度融合的信息系统，只有对信息系统实施有效管理，才能使其承担变革赋予的重任。

3.4.1 管理方法

信息系统的管理基础

1. 层次结构

信息系统是组织用来生产和管理信息（数据）的技术（"什么"）、人员（"谁"）和过程（"如何"）的组合。

信息系统包括四个要素：人员、技术、流程和数据。

在信息系统层次架构中，信息系统之上是管理，它监督系统的设计和结构，并监控其整体性能。同时，组织管理层制定信息系统层应满足的业务需求和业务战略。

2. 系统管理

信息系统管理覆盖如下四大领域。

（1）规划和组织：针对信息系统的整体组织、战略和支持活动。

（2）设计和实施：针对信息系统解决方案的定义、采购和实施，以及它们与业务流程的整合。

（3）运维和服务：针对信息系统服务的运行交付和支持，包括安全。

（4）优化和持续改进：针对信息系统的性能监控及其与内部性能目标、内部控制目标和外部要求的一致性管理。

信息系统的规划和组织

信息系统的规划和组织需要根据组织的发展目标和其他相关因素规划信息系统的战略、

组成、建设、运行和运营等。

目标是通过实施具备一致性的管理方法，满足业务对信息系统的管理需求。

规划和组织的相关内容涵盖信息系统管理所需的所有组件，如：管理流程与组织结构的执行，角色和职责的部署管理，可靠且可重复的活动规范，信息化项目的执行，技能和能力的建设优化，以及服务、基础设施和应用程序的运行管理等。

1. 规划模型

成功的组织有一个压倒一切的业务战略，可以推动组织机制和信息系统的有机融合。

信息系统战略本身可以影响并受到组织业务和组织机制战略变化的影响。

信息系统战略总是涉及业务和组织机制战略造成的影响。

2. 组织模型

（1）业务战略。业务战略阐明了组织寻求的业务目标以及期望如何达成的路径。描述业务战略的经典框架是迈克尔·波特提出的竞争力优势模型。

（2）组织机制战略。组织机制战略包括组织的设计以及为定义、设置、协调和控制其工作流程而做出的选择。组织机制战略本质上需要回答"组织将如何构建以实现其目标并实施其业务战略"这一问题，并围绕这一问题形成有效的规划。理解组织设计的经典框架是哈罗德·莱维特提出的钻石模型。

（3）信息系统战略。信息系统战略是组织用来提供信息服务的计划。信息系统支撑组织实施其业务战略。业务战略是关于竞争（服务对象想要什么，竞争做什么）、定位（组织想以什么方式竞争）和能力（公司能做什么）的功能。

信息系统的设计和实施

开展信息系统设计和实施，首先需要将业务需求转换为信息系统架构，信息系统架构为将组织业务战略转换成信息系统的计划提供了蓝图。

信息系统是支持组织中信息流动和处理的基础，包括硬件、软件、数据和网络组件，并以最适合计划的方式进行选择和组装，因此其最能体现组织总体业务战略。

1. 设计方法

（1）从战略到系统架构；（2）从系统架构到系统设计；（3）转换框架。

2. 架构模式

传统上，信息系统体系架构有如下三种常见模式，组织在考虑集中式与分布式架构决策时，必须注意权衡与取舍。

（1）集中式架构。集中式架构下所有内容采用集中建设、支持和管理的模式，其主体系统通常部署于数据中心，以消除管理物理分离的基础设施带来的困难。

（2）分布式架构。硬件、软件、网络和数据的部署方式是在多台小型计算机、服务器和设备之间分配处理能力和应用功能，这些设施严重依赖于网络将它们连接在一起。

（3）面向服务架构（SOA）。SOA中使用的软件通常被引向软件即服务（SaaS）的相关架构，同时，这些应用程序在通过互联网交付时也被称为Web服务。

分布式架构比集中式架构更加模块化，允许相对容易地添加其他服务器，并能为特定用户添加具有特定功能的客户端，从而提供更大的灵活性和多中心化的组织治理机制，这有可能令架构决策与组织治理目标更协调。

集中式体系架构在某些方面更易于管理，因为所有功能都集中在主机或小型机中，而不是分布在所有设备和服务器中。集中式架构往往更适合具有高度集中式治理的组织。

而SOA则越来越受欢迎，因为该设计允许几乎完全从现有的软件服务组件构建大型功能单元。它对于快速构建应用程序非常有用，因为它为管理人员提供了模块化和组件化设计，是一种更易于变更的构建应用程序的方法。

信息系统的运维和服务

信息系统的运维和服务应从信息系统运行的视角进行整合性的统筹规划，包括对信息系统、应用程序和基础设施的日常控制进行综合管理，以有效支持组织目标达成和流程实现。

信息系统的运维和服务由各类管理活动组成，主要包括运行管理和控制、IT服务管理、运行与监控、终端侧管理、程序库管理、安全管理、介质控制和数据管理等。

1. 运行管理和控制

主要活动包括：过程开发、标准制定、资源分配、过程管理。

2. IT服务管理

主要活动包括：服务台、事件管理、问题管理、变更管理、配置管理、发布管理、服务级别管理、财务管理、容量管理、服务连续性管理和可用性管理。

3. 运行与监控

IT运行的任务常包括：①按照计划执行作业；②监控作业，并按照优先级为作业分配资源；③重新启动失败的作业和进程；④通过加载或变更备份介质，或通过确保目标的存储系统就绪来优化备份作业；⑤监控信息系统、应用程序和网络的可用性，保证这些系统具备足够的性能；⑥实施空闲期的维护活动，如设备清洁和系统重启等。

4. 终端侧管理

使用IT管理工具来促进对用户终端计算机的高效和一致的管理。

5. 程序库管理

程序库是组织用来存储和管理应用程序源代码和目标代码的工具。程序库的控制使组织能够对其应用程序的完整性、质量和安全性进行高度控制。程序库通常作为具有用户界面和多种功能的信息系统存在，其主要功能包括：访问控制、程序签出、程序签入、版本控制和代码分析等。

6. 安全管理

信息安全管理可确保组织的信息安全计划充分识别和解决风险，并在整个运维和服务过程中正常运行。

7. 介质控制

确保数字介质得到适当管理，包括对其保护以及销毁不再需要的数据。通常与数据保留和数据清除过程相关联，以便通过物理和逻辑的安全控制充分保护所需的数据，同时有效丢弃和擦除不再需要的数据。

8. 数据管理

数据管理是与数据的获取、处理、存储、使用和处置相关的一组活动。

信息系统的优化和持续改进

良好的优化和持续改进管理活动能够有效保障信息系统的性能和可用性等，延长整体系统的有效使用周期。

传统上，优化和持续改进常用的方法为戴明环，即PDCA循环。PDCA循环将持续改进分为四个阶段，即Plan（计划）、Do（执行）、Check（检查）、Act（处理）。

优化和持续改进基于有效的变更管理，使用六西格玛倡导的五阶段方法DMAIC/DMADV，是对戴明环四阶段周期的延伸，包括：定义（Define）、度量（Measure）、分析（Analysis）、改进/设计（Improve/Design）、控制/验证（Control/Verify）。

1. 定义阶段

定义阶段的目标包括：待优化信息系统定义、核心流程定义和团队组建。

SIPOC（Supplier、Input、Process、Output、Customer）分析是定义核心流程视图的首选工具。任何一个组织都是一个由提供人、输入、流程、输出和服务对象这样相互关联、互动的5个部分组成的系统。

2. 度量阶段

度量阶段目标包括：流程定义、指标定义、流程基线和度量系统分析。良好的度量系统具备的特性包括：准确、可重复、线性、可重现、稳定。

3. 分析阶段

分析阶段的三个目标包括：价值流分析、信息系统异常的源头分析和确定优化改进的驱动因素。

4. 改进/设计阶段

改进/设计阶段的目标包括：①向发起人提出一个或多个解决方案；量化每种方案的收益；就解决方案达成共识并实施。②定义新的操作/设计条件。③为新工艺/设计提供定义和缓解故障模式。

5. 控制/验证阶段

控制/验证阶段的目标包括：标准化新程序/新系统功能的操作控制要素、持续验证优化的信息系统的可交付成果、记录经验教训。

3.4.2 管理要点

信息系统管理涉及系统准备、设计、实施、运行等活动的众多方面，管理重点范围和细致程度随各组织的战略和业务目标的不同而存在差异。

从日常管理活动视角来看，各组织关注的管理内容主要聚焦在数据管理、运维管理和信息安全管理等方面的体系化管理。

数据管理

数据管理是指通过规划、控制与提供数据和信息资产的职能，包括开发、执行和监督有关数据的计划、策略、方案、项目、流程、方法和程序，以获取、控制、保护、交付和提高数据和信息资产价值。

国际数据管理协会（DAMA）指出，数据资源管理致力于发展和处理组织数据全生命周期的适当的构建、策略、实践和程序。数据管理框架是对组织的管理平台或者能够产生业务数据的平台产生的数据进行统一的跟踪、协调、管理的功能模型。

数据管理能力成熟度评估模型（Data Management Capability Maturity Assessment Model，DCMM）是国家标准GB/T 36073《数据管理能力成熟度评估模型》中提出的，旨在帮助组织利用先进的数据管理理念和方法，建立和评价自身数据管理能力，持续完善数据管理组织、程序和制度，充分发挥数据在促进组织向信息化、数字化、智能化发展方面的作用。

DCMM定义了数据战略、数据治理、数据架构、数据应用、数据安全、数据质量、数据标准和数据生存周期8个核心能力域。

1. 数据战略

组织的数据战略能力域通常包括：数据战略规划、数据战略实施和数据战略评估三个能力项。

2. 数据治理

组织的数据治理能力域通常包括：数据治理组织、数据制度建设和数据治理沟通三个能力项。

3. 数据架构

组织的数据架构能力域通常包括：数据模型、数据分布、数据集成与共享和元数据管理四个能力项。

4. 数据应用

组织的数据应用能力域通常包括：数据分析、数据开放共享和数据服务三个能力项。

5. 数据安全

组织的数据安全能力域通常包括：数据安全策略、数据安全管理和数据安全审计三个能力项。

6. 数据质量

组织的数据质量能力域通常包括：数据质量需求、数据质量检查、数据质量分析和数据质量提升四个能力项。

7. 数据标准

组织的数据标准能力域通常包括：业务术语、参考数据和主数据、数据元和指标数据四个能力项。

8. 数据生存周期

组织的数据生存周期能力域通常包括：数据需求、数据设计和开发、数据运维和数据退役四个能力项。

9. 常见的数据管理框架与成熟度

国内外常用的数据管理模型包括：数据管理能力成熟度模型（DCMM）、数据治理框架（Data Governance Institute，DGI）、数据管理能力评价模型（Data Management Capability Assessment Model，DCAM）以及数据管理模型（DAMA定义的模型）等。

运维管理

IT运维是指采用IT手段及方法，依据服务对象提出的服务级别要求，对其所使用的IT系统运行环境、业务系统等提供的综合活动。

1. 能力模型

国家标准GB/T 28827.1《信息技术服务 运行维护 第1部分：通用要求》定义了IT运维能力模型，该模型包含治理要求、运行维护服务能力体系和价值实现。

（1）能力建设。组织需要考虑环境的内外部因素，在治理要求的指导下，根据服务场景，识别服务能力需求，围绕人员、过程、技术、资源能力四要素，策划、实施、检查和改进运行维护能力体系，向各种服务场景赋能，通过服务提供实现服务价值；针对能力建设、人员、过程、技术、资源建立关键指标；定期评价运行维护服务能力成熟度，衡量能力水平差距，以持续提升运行维护服务能力。在价值实现方面，组织需要在不同的服务场景中识别服务需求，通过服务提供，满足用户需求，实现服务价值。

（2）人员能力。运维人员一般分为管理类、技术类和操作类三种人员岗位。组织依据运维能力策划要求，进行人员能力策划、岗位结构、人员储备、人员培训、绩效管理和能力评价等管理活动。

（3）资源能力。资源主要由人员、过程和技术要素中被固化下来的能力转化而成。资源能力确保IT运维能"保障做事"。

（4）技术能力。技术要素确保IT运维能"高效做事"。组织需要根据服务对象要求或技术发展趋势，具备发现和解决问题、风险控制、技术储备以及研发、应用新技术和前沿技术的能力。

（5）过程。组织通过过程的制定，把人员、技术和资源要素以过程为主线串接在一起，用于指导IT运维人员按约定的方式和方法，确保IT运维能"正确做事"。

2. 智能运维

中国电子工业标准化技术协会发布的团体标准 T/CESA 1172《信息技术服务 智能运维通用要求》，给出了智能运维能力框架，包括组织治理、智能特征、智能运维场景实现、能力域和能力要素，其中能力要素是构建智能运维能力的基础。

信息安全管理

1. CIA三要素

CIA三要素即保密性（Confidentiality）、完整性（Integrity）、可用性（Availability）。CIA是系统安全设计的目标。

保密性、完整性和可用性是信息安全最为关注的三个属性，因此这三个属性也经常被称为信息安全三元组，这也是信息安全通常所强调的目标。

从广义上来说，凡是涉及网络上信息的保密性、完整性、可用性、真实性和可核查性的相关技术和理论都属于信息安全的研究领域。

CIA有其局限性。CIA关注的重心在信息。

2. 信息安全管理体系

该体系主要包括：落实安全管理机构及安全管理人员，明确角色与职责，制定安全规划；开发安全策略；实施风险管理；制订业务持续性计划和灾难恢复计划；选择与实施安全措施；保证配置、变更的正确与安全；进行安全审计；保证维护支持；进行监控、检查，处理安全事件；安全意识与安全教育；人员安全管理等。

建立信息系统安全组织机构管理体系，参考步骤包括：①配备安全管理人员；②建立安全职能部门；③成立安全领导小组；④主要负责人出任领导；⑤建立信息安全保密管理部门。

3. 网络安全等级保护

国家市场监督管理总局、国家标准化管理委员会宣布网络安全等级保护制度2.0（以下简称"等保2.0"）相关的若干国家标准正式发布，并于2019年12月1日开始实施。

等保2.0将"信息系统安全"的概念扩展到了"网络安全"，其中所谓"网络"，是指由计算机或者其他信息终端及相关设备组成的按照一定的规则和程序对信息进行收集、存储、传输、交换、处理的系统。

3.4.3 本节练习

1. （   ）不属于信息系统架构模式。
   A. 集中式架构   B. 分布式架构
   C. 企业信息化架构   D. 面向服务的架构
2. （   ）不属于IT运维能力的关键指标。
   A. 人员   B. 技术   C. 过程   D. 问题
3. （   ）不属于信息系统咨询设计的范畴。
   A. 战略咨询   B. 技术咨询   C. 管理咨询   D. 财务咨询
4. 智能运维场景实现的关键审核要点应围绕（   ）。
   A. 质量可靠、安全可控、效率提升、成本降低四个运维目标
   B. 场景分析、场景构建、场景交付、效果评估四个关键过程
   C. 数据管理、分析决策、自动控制三个能力域
   D. 能感知、会描述、自学习、会诊断、可决策、自执行、自适应七个特点
5. （   ）就是确保所传输的数据只被其预定的接收者读取。
   A. 保密性   B. 可靠性   C. 可用性   D. 完整性
6. 信息系统战略三角不包括（   ）。
   A. 安全技术   B. 业务战略   C. 组织机制   D. 信息系统

> 参考答案：1. C；2. D；3. D；4. B；5. A；6. A。

3.5 信息系统工程

信息系统工程是用系统工程的原理、方法来指导信息系统建设与管理的一门工程技术学科，它是信息科学、管理科学、系统科学、计算机科学与通信技术相结合的综合性、交叉性、具有独特风格的应用学科。

当前信息系统工程的主要任务是研究信息处理过程内在的规律，以及基于计算机、互联网和云计算等信息技术手段的形式化表达和处理规律。其基本概念、原理和方法对实际分析、设计、开发、运行和服务一个信息系统，从理论、手段、方法、技术等多方面提供了一套完整、科学、实用的研究与工程体系，具有十分重要的应用价值，对信息系统建设有着重要的理论指导意义。

3.5.1 软件工程

软件工程由方法、工具和过程三个部分组成。

（1）软件工程方法是完成软件工程项目的技术手段，它支持整个软件生命周期。
（2）软件工程使用的工具是人们在开发软件的活动中智力和体力的扩展与延伸，它自

动或半自动地支持软件的开发和管理，支持各种软件文档的生成。

（3）软件工程中的过程贯穿于软件开发的各个环节，管理人员在软件工程过程中，要对软件开发的质量、进度和成本进行评估、管理和控制，包括人员组织、计划跟踪与控制、成本估算、质量保证和配置管理等。

软件工程涉及的工作范围包括：架构设计、需求分析、软件设计、软件实现、部署交付、过程管理等。

架构设计

软件架构为软件系统提供了一个结构、行为和属性的高级抽象，由构件的描述、构件的相互作用（连接件）、指导构件集成的模式以及这些模式的约束组成。

软件架构研究的主要内容涉及软件架构描述、软件架构风格、软件架构评估和软件架构的形式化方法等。

解决好软件的复用、质量和维护问题，是研究软件架构的根本目的。

软件架构风格分为：

（1）数据流风格。数据流风格包括批处理序列和管道/过滤器两种风格。

（2）调用/返回风格。调用/返回风格包括主程序/子程序、数据抽象和面向对象，以及层次结构。

（3）独立构件风格。独立构件风格包括进程通信和事件驱动的系统。

（4）虚拟机风格。虚拟机风格包括解释器和基于规则的系统.

（5）仓库风格。仓库风格包括数据库系统、黑板系统和超文本系统。

软件架构评估技术主要有三类评估方式：①基于调查问卷（或检查表）的方式；②基于场景的方式；③基于度量的方式。

在这三种评估方式中，基于场景的方式最为常用。

需求分析

软件需求是指用户对新系统在功能、行为、性能、设计约束等方面的期望。

1. 需求的层次

（1）业务需求：反映企业或客户对系统高层次的目标要求，通常来自项目投资人、购买产品的客户、客户单位的管理人员、市场营销部门或产品策划部门等。

（2）用户需求：描述用户的具体目标，或用户要求系统必须完成的任务。

（3）系统需求：从系统的角度来说明软件的需求，包括功能需求、非功能需求和设计约束等。

质量功能部署（Quality Function Deployment，QFD），是一种将用户要求转化成软件需求的技术。其目的是最大限度地提升软件工程过程中用户的满意度。为了达到这个目标，QFD将软件需求分为三类，分别是常规需求、期望需求和意外需求。

2. 需求过程

该过程主要包括需求获取、软件需求分析、软件需求规格说明书编制、需求验证与确认等。

（1）需求获取：常见的需求获取方法包括用户访谈、问卷调查、采样、情节串联板、联合需求计划等。

（2）软件需求分析：一个好的需求应该具有无二义性、完整性、一致性、可测试性、确定性、可跟踪性、正确性、必要性等特性，因此，需要分析人员把杂乱无章的用户要求和期望转化为用户需求，这就是软件需求分析的工作。在实际工作中，一般使用实体联系图（E-R图）表示数据模型，用数据流图（DFD）表示功能模型，用状态转换图（STD）表示行为模型。

（3）软件需求规格说明书（Software Requirement Specification，SRS）编制：是需求开发活动的产物，编制该文档的目的是使项目干系人与开发团队对系统的初始规定有一个共同的理解，使之成为整个开发工作的基础。SRS是软件开发过程中最重要的文档之一，任何规模和性质的软件项目都不应该缺少它。

在国家标准GB/T 8567中，规定SRS应该包括以下内容：①范围；②引用文件；③需求；④合格性规定；⑤需求可追踪性；⑥尚未解决的问题；⑦注解；⑧附录。

（4）需求验证与确认：其活动是为了确定以下几个方面的内容。

- SRS正确地描述了预期的、满足项目干系人需求的系统行为和特征。
- SRS中的软件需求是从系统需求、业务规格和其他来源中正确推导而来的。
- 需求是完整的和高质量的。
- 需求的表示在所有地方都是一致的。
- 需求为继续进行系统设计、实现和测试提供了足够的基础。

一般通过需求评审和需求测试工作来对需求进行验证。

3. UML

UML是一种定义良好、易于表达、功能强大且普遍适用的建模语言。

UML的结构包括：构造块；规则；公共机制。

UML中的事物如下。

（1）结构事物：结构事物在模型中属于最静态的部分，代表概念上或物理上的元素。

（2）行为事物：行为事物是UML模型中的动态部分，代表时间和空间上的动作。

（3）分组事物：分组事物是UML模型中的组织部分。

（4）注释事物：注释事物是UML模型中的解释部分。

UML中的关系如下。

（1）依赖（Dependency）：依赖是两个事物之间的语义关系，其中一个事物发生变化会影响另一个事物的语义。

（2）关联（Association）：关联描述一组对象之间连接的结构关系。

（3）泛化（Generalization）：泛化是一般化和特殊化的关系，描述特殊元素的对象可替换一般元素的对象。

（4）实现（Realization）：实现是类之间的语义关系，其中的一个类指定了由另一个类保证执行的契约。

UML视图包括：

（1）逻辑视图：逻辑视图也称为设计视图，它表示了设计模型中在架构方面具有重要意义的部分，即类、子系统、包和用例实现的子集。

（2）进程视图：进程视图是可执行线程和进程作为活动类的建模，它是逻辑视图的一次执行实例，描述了并发与同步结构。

（3）实现视图：实现视图对组成基于系统的物理代码的文件和构件进行建模。

（4）部署视图：部署视图把构件部署到一组物理节点上，表示软件到硬件的映射和分布结构。

（5）用例视图：用例视图是最基本的需求分析模型。

4. 面向对象分析（OOA）

OOA的基本任务是运用OO方法，对问题域进行分析和理解，正确认识其中的事物及它们之间的关系，找出描述问题域和系统功能所需的类和对象，定义它们的属性和职责以及它们之间所形成的各种联系。最终产生一个符合用户需求，并能直接反映问题域和系统功能的OOA模型及其详细说明。

OOA模型独立于具体实现，即不考虑与系统具体实现有关的因素，这也是OOA和OOD（面向对象设计）的区别之所在。OOA的任务是"做什么"，OOD的任务是"怎么做"。

面向对象方法使系统的描述及信息模型的表示与客观实体相对应，符合人们的思维习惯，有利于系统开发过程中用户与开发人员的交流和沟通，缩短开发周期。

OO方法可以普遍适用于各类信息系统的开发，必须依靠一定的OO技术支持，在大型项目的开发上具有一定的局限性，不能涉足系统分析以前的开发环节。

软件设计

软件设计是需求分析的延伸与拓展。需求分析阶段解决"做什么"的问题，而软件设计阶段解决"怎么做"的问题。

1. 结构化设计（SD）

SD方法的基本思想是将软件设计成由相对独立且具有单一功能的模块组成的结构，分为概要设计和详细设计两个阶段。

在概要设计中，将系统开发的总任务分解成许多个基本的、具体的任务；为每个具体任务选择适当的技术手段和处理方法的过程称为详细设计。

2. 面向对象设计（OOD）

OOD是OOA方法的延续，其基本思想包括抽象、封装和可扩展性，其中可扩展性主要通过继承和多态来实现。

3. 设计模式

根据处理范围不同，设计模式可分为类模式和对象模式。根据目的和用途不同，设计模式可分为创建型模式、结构型模式和行为型模式三种。

软件实现

1. 软件配置管理

软件配置管理通过标识产品的组成元素、管理和控制变更、验证、记录和报告配置信息，来控制产品的演进和完整性。软件配置管理与软件质量保证活动密切相关，可以帮助达成软件质量保证目标。

软件配置管理活动包括软件配置管理计划、软件配置标识、软件配置控制、软件配置状态记录、软件配置审计、软件发布管理与交付等活动。

2. 软件编码

所谓软件编码，就是把软件设计的结果翻译成计算机可以"理解和识别"的形式——用某种程序设计语言书写的程序。

软件编码涉及的内容有：①程序设计语言；②程序设计风格；③程序复杂性度量；④编码效率。

3. 软件测试

软件测试可分为静态测试和动态测试。

静态测试是指被测试程序不在机器上运行，而采用人工检测和计算机辅助静态分析的手段对程序进行检测。

对文档的静态测试主要以检查单的形式进行，而对代码的静态测试一般采用桌前检查（Desk Checking）、代码走查和代码审查的形式。

动态测试是指在计算机上实际运行程序进行软件测试，一般采用白盒测试和黑盒测试方法。

- 白盒测试也称为结构测试，主要用于软件单元测试中。
- 黑盒测试也称为功能测试，主要用于集成测试、确认测试和系统测试中。

测试的类别：根据国家标准GB/T 15532—2008，软件测试可分为单元测试、集成测试、确认测试、系统测试、配置项测试和回归测试等类别。

部署交付

1. 软件部署与交付

软件部署与交付是软件生命周期中的一个重要环节，属于软件开发的后期活动，即通过配置、安装和激活等活动来保障软件制品的后续运行。

2. 持续交付

持续交付是一系列开发实践方法，用来确保代码能够快速、安全地部署到生产环境中。持续交付是一个完全自动化的过程，当业务开发完成的时候，可以做到一键部署。

3. 持续部署

- 蓝绿部署是指在部署的时候准备新旧两个部署版本，通过域名解析切换的方式将用户使用环境切换到新版本中，当出现问题的时候，可以快速地将用户环境切回旧版本，并对新版本进行修复和调整。
- 金丝雀部署是指当有新版本发布的时候，先让少量用户使用新版本，并且观察新版本是否存在问题。如果出现问题，就及时处理并重新发布；如果一切正常，就稳步地将新版本适配给所有的用户。

4. 部署与交付的新趋势

- 工作职责和人员分工的转变。
- 大数据和云计算基础设施的普及进一步给部署带来新的飞跃。
- 研发运维的融合：减轻运维的压力，把运维和研发融合在一起。

过程管理

软件过程能力是组织基于软件过程、技术、资源和人员能力达成业务目标的综合能力，包括治理能力、开发与交付能力、管理与支持能力、组织管理能力等方面。

3.5.2 数据工程

数据工程是信息系统的基础工程，其围绕数据的生命周期，规范数据从产生到应用的全过程，目标是为信息系统的运行提供可靠的数据保障和服务，为信息系统之间的数据共享提供安全、高效的支撑环境，为信息系统实现互联、互通、互操作提供有力的数据支撑。它是实现这些目标的一系列技术、方法和工程建设活动的总称。

数据工程的主要研究内容包括数据建模、数据标准化、数据运维、数据开发利用和数据库安全等理论和技术。

数据建模

数据建模是把现实世界抽象为信息世界和计算机世界的过程。

1. 数据模型

根据模型应用目的不同，可以将数据模型划分为三类：概念模型、逻辑模型和物理模型。

2. 数据建模过程

该过程包括数据需求分析、概念模型设计、逻辑模型设计和物理模型设计等过程。

数据标准化

数据标准化是实现数据共享的基础。数据标准化主要为复杂的信息表达、分类和定位建立相应的原则和规范，使其简单化、结构化和标准化，从而实现信息的可理解、可比较和可共享，为信息在异构系统之间实现语义互操作提供基础支撑。

数据标准化的主要内容包括元数据标准化、数据元标准化、数据模式标准化、数据分类与编码标准化和数据标准化管理。

1. 元数据标准化

元数据最简单的定义是：元数据是关于数据的数据（Data About Data）。

在信息界，元数据被定义为提供关于信息资源或数据的一种结构化数据，是对信息资源的结构化描述。

2. 数据元标准化

为了使数据在各种不同的应用环境中易于交换和共享，国际标准化组织（ISO）提出了数据元标准化的概念，要求按共同约定的规则进行统一组织、分类和标识数据，规范统一数据的含义、表示方法和取值范围等，保证数据从产生的源头就具备一致性。

数据元是数据库、文件和数据交换的基本数据单元，一般来说由三部分组成：①对象；②特征；③表示。

目前常用的数据元提取方法：自上而下提取法和自下而上提取法。

3. 数据模式标准化

数据模式是数据的概念、组成、结构和相互关系的总称。

数据模式的描述方式主要有图描述方法和数据字典方法。

常用的图描述方法有 IDEFIX方法和 UML图，主要用来描述数据集中的实体和实体之间的相互关系。

数据字典方法用来描述模型中的数据集、单个实体、属性的摘要信息。

4. 数据分类与编码标准化

数据分类根据内容的属性或特征，将数据按一定的原则和方法进行区分和归类，并建立起一定的分类体系和排列顺序。

数据编码将事物或概念（编码对象）赋予具有一定规律和易于计算机、人识别处理的符号，形成代码元素集合。

5. 数据标准化管理

数据标准化管理的阶段包括：确定数据需求、制定数据标准、批准数据标准和实施数据标准四个阶段。

数据运维

1. 数据存储

所谓数据存储，就是根据不同的应用环境，通过采取合理、安全、有效的方式将数据保存到物理介质上，并能保证对数据实施有效的访问。这里面包含两个方面：①数据临时或长期驻留的物理媒介；②保证数据完整安全存放和访问而采取的方式或行为。

2. 数据备份

数据备份是为了防止用户操作失误、系统故障等意外原因导致的数据丢失，而将整个应用系统的数据或一部分关键数据复制到其他存储介质上的过程。这样做的目的是保证当应用系统的数据不可用时，可以利用备份的数据进行恢复，尽量减少损失。

当前最常见的数据备份结构可以分为四种：DAS备份结构、基于LAN的备份结构、LAN FREE备份结构和SERVER-FREE备份结构。

常见的备份策略主要有三种：完全备份、差分备份和增量备份。

3. 数据容灾

一切引起系统非正常停机的事件都可以被称为灾难，包括不可预料、不可抗拒的自然灾害，系统软硬件故障、人为误操作和恶意攻击等。

根据容灾系统保护对象的不同，容灾系统分为应用容灾和数据容灾两类。

4. 数据质量评价与控制

数据质量是一个广义的概念，是数据产品满足指标、状态和要求能力的特征总和。

数据质量评价与控制的步骤包括：①数据质量描述；②数据质量评价过程；③数据质量评价方法；④数据质量控制；⑤数据清理。

数据开发利用

1. 数据集成

数据集成是指将驻留在不同数据源中的数据进行整合，向用户提供统一的数据视图（一般称为全局模式），使得用户能以透明的方式访问数据。

数据集成的目标就是充分利用已有数据，在尽量保持其自治性的前提下，维护数据源整体上的一致性，提高数据共享利用效率。

2. 数据挖掘

数据挖掘是指从大量数据中提取或"挖掘"知识，即从大量的、不完全的、有噪声的、模糊的、随机的实际数据中，提取隐含在其中的、人们不知道的但却是潜在有用的知识。

数据挖掘的目标是发现隐藏于数据之后的规律或数据间的关系，从而服务于决策。

数据挖掘常见的主要任务包括数据总结、关联分析、分类和预测、聚类分析和孤立点分析。

数据挖掘流程一般包括确定分析对象、数据准备、数据挖掘、结果评估与结果应用五个阶段。

3. 数据服务

数据服务主要包括数据目录服务、数据查询与浏览及下载服务、数据分发服务。

4. 数据可视化

可视化技术是指将抽象的事物或过程变成图形图像的表示方法。

5. 信息检索

广义的信息检索是指将信息按一定的方式组织和存储起来，然后根据用户需求查找出特定信息的技术，所以全称是信息存储与检索。

狭义的信息检索仅指用户查找特定信息这部分，即按照用户的检索需求，利用已有的检索工具或数据库，从中找出特定信息的过程。

信息检索的主要方法：①全文检索；②字段检索；③基于内容的多媒体检索；④数据挖掘。

信息检索的常用技术：①布尔逻辑检索技术；②截词检索技术；③临近检索技术；④限定字段检索技术；⑤限制检索技术等。

数据库安全

数据库安全是指保护数据库，防止不合法的使用所造成的数据泄露、更改或破坏。

数据库安全机制是用于实现数据库的各种安全策略的功能集合，正是由这些安全机制来实现安全模型，进而实现保护数据库系统安全的目标。

数据库安全机制包括用户的身份认证、存取控制、数据库加密、数据审计、推理控制等内容。

3.5.3 系统集成

随着信息技术的发展，系统集成逐步成为信息系统实施中一项重要的工作。此处的系统集成概念专指计算机系统的集成，包括计算机硬件平台、网络系统、系统软件、工具软件、应用软件的集成，围绕这些系统的相应咨询、服务和技术支持。它是以计算机有关技术储备为基础，以可靠的产品为工具，用以实现某一特定的计算机系统功能组合的工程行为。

集成基础

系统集成的工作在信息系统项目建设中非常重要，它通过硬件平台、网络通信平台、数据库平台、工具平台、应用软件平台将各类资源有机、高效地集成到一起，形成一个完整的工作台面。

系统集成工作的好坏对系统开发、维护有极大的影响，在技术上需要遵循的基本原则包括：开放性、结构化、先进性和主流化。

网络集成

从技术角度讲，网络集成不仅涉及不同厂家的网络设备和管理软件，也涉及异构和异质网络系统的互联问题。

从管理角度讲，每个组织的管理方式和管理思想千差万别，实现向网络化管理的转变会面临许多人为的因素。

数据集成

数据集成的目的是运用一定的技术手段将系统中的数据按一定的规则组织成为一个整体，使得用户能有效地对数据进行操作。

数据集成处理的主要对象是系统中各种异构数据库中的数据。

数据仓库技术是数据集成的关键。

数据集成可以分为基本数据集成、多级视图集成、模式集成和多粒度数据集成四个层次。

异构数据集成方法归纳起来主要有两种，分别是过程式方法和声明式方法。

从异构数据库中提取数据大多采用开放式数据库互联（Open Database Connectivity，ODBC），ODBC是一种用来在数据库系统之间存取数据的标准应用程序接口。

在开发客户端与服务端的应用时，数据交换接口通常都是通过 XML 格式来进行数据交换的。

近年来，随着 AJAX 技术的兴起，JSON（JavaScript Object Notation）作为一种轻量级的数据交换格式，以其易于阅读和编写的优点，被越来越多地应用到各个项目中。

软件集成

信息系统开发环境也逐步体现出从结构化到面向对象、从集中到分布、从同构到异构、从独立到集成、从辅助到智能、从异步到协同的发展趋势。

开放系统可让用户透明地应用由不同厂商制造的不同硬件平台、不同操作系统组成的异构型计算资源，在千差万别的信息资源（异构的、网络的、物理性能差别很大的、不同厂商和不同语言的信息资源）的基础上构造起信息共享的分布式系统。

在这一背景下出现了有代表性的软件构件标准：公共对象请求代理结构（Common Object Request Broker Architecture，CORBA）、COM、DCOM 与 COM+、.NET、J2EE应用架构等标准。

应用集成

集成关心的是个体和系统的所有硬件与软件之间各种人/机界面的一致性。

应用集成或组织应用集成（EAI）是指将独立的软件应用连接起来，实现协同工作。

应用集成的技术要求大致有：具有应用间的互操作性；具有分布式环境中应用的可移植性；具有系统中应用分布的透明性。

可以帮助协调连接各种应用的组件有：应用编程接口（API）；事件驱动型操作；数据映射。

3.5.4 安全工程

信息安全系统工程就是要建造一个信息安全系统，它是整个信息系统工程的一部分，而且最好是与业务应用信息系统工程同步进行，主要围绕"信息安全"内容。

图3-7所示为信息安全空间示意图。

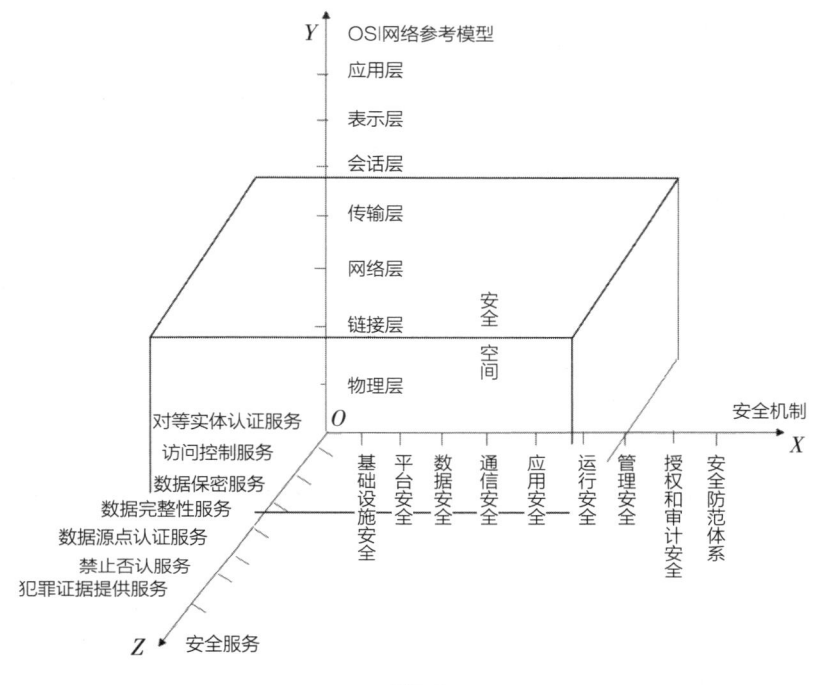

图3-7

安全基础

信息安全系统工程活动离不开其他相关工程，主要包括：硬件工程、软件工程、通信及网络工程、数据存储与灾备工程、系统工程、测试工程、密码工程和组织信息化工程等。

信息安全系统建设是遵从组织所制定的安全策略进行的。

信息安全系统工程应该吸纳安全管理的成熟规范部分，这些安全管理包括：物理安全、计算机安全、网络安全、通信安全、输入/输出产品的安全、操作系统安全、数据库系统安全、数据安全、信息审计安全、人员安全、管理安全和辐射安全等。

工程体系架构

信息安全系统工程（Information Security System Engineering，ISSE）是一门系统工程学，它的主要内容是确定系统和过程的安全风险，并且使安全风险降到最低或使其得到有效控制。

信息安全系统工程能力成熟度模型（ISSE Capability Maturity Model，ISSE-CMM）是一种衡量信息安全系统工程实施能力的方法，是使用面向工程过程的一种方法。

ISSE-CMM的体系结构完全适应整个信息安全系统工程范围内决定信息安全工程组织的成熟性。

3.5.5 本节练习

1. （　　）使系统的描述及信息模型的表示与客观实体相对应，符合人们的思维习惯，有利于系统开发过程中用户与开发人员的交流和沟通。

　　A. 原型化方法　　　　　　　　　　　B. 面向对象方法

　　C. 结构化方法　　　　　　　　　　　D. 面向服务的方法

2. 关于UML（统一建模语言）描述中，不正确的是（　　）。

　　A. UML适用于各种软件开发方法

　　B. UML适用于软件生命周期的各个阶段

　　C. 行为事物是UML模型中的静态部分

　　D. UML不是编程语言

3. 面向对象软件开发方法的主要优点包括（　　）。

　　①符合人类思维习惯　　　　　②普适于各类信息系统的开发

　　③构造的系统复用性好　　　　④适用于任何信息系统开发的生命周期

　　A. ①③④　　　B. ①②③　　　C. ②③④　　　D. ①②④

4. 关于面向对象方法的描述中，不正确的是（　　）。

　　A. 相比于面向过程设计方法，面向对象方法更符合人类思维习惯

　　B. 封装性、继承性、模块性是面向对象的三大特征

　　C. 面向对象设计中，应把握高内聚、低耦合的原则

　　D. 使用面向对象方法构造的系统具有更好的复用性

5. 某行业协会计划开发一个信息管理系统，现阶段用户无法明确该系统的全部功能要求，希望在试用后再逐渐改进并最终实现用户需求。则该信息系统应采用的开发方法是（　　）。

　　A. 结构化方法　　　　　　　　　　　B. 面向对象方法

　　C. 原型化方法　　　　　　　　　　　D. 面向服务方法

6. 软件测试是发现软件错误（缺陷）的主要手段，软件测试方法可分为静态测试和动态测试，其中（　　）属于静态测试。

　　A. 代码走查　　　B. 功能测试　　　C. 黑盒测试　　　D. 白盒测试

7. 在常用的OOD原则中，（　　）原则是一个对象应当对其他对象有尽可能少的了解，该原则与结构化方法的（　　）原则是一致的。

　　A. 单职　　高内聚　　　　　　　　　B. 组合重用　　低耦合

　　C. 迪米特　　低耦合　　　　　　　　D. 开闭　　高内聚

8. （　　）是（　　）的基础，二者的目的都是为了在系统崩溃或灾难发生时能够恢复数据或系统。

A. 数据容灾　数据备份　　　　　　B. 数据存储　数据安全
C. 数据安全　数据存储　　　　　　D. 数据备份　数据容灾

9. 从信息系统集成技术角度来看，（　　）在最上层，主要解决（　　）问题。

A. 数据集成　　互通　　　　　　　B. 网络集成　　互联
C. 软件集成　　互适应　　　　　　D. 应用集成　　互操作性

10. （　　）防止非法实体对交换数据的修改、插入、删除以及在数据交换过程中的数据丢失。

A. 对等实体认证服务　　　　　　　B. 数据保密服务
C. 数据完整性服务　　　　　　　　D. 数据源点认证服务

参考答案：1. B；2. C；3. B；4. B；5. C；6. A；7. C；8. B；9. D；10. C。

第4章 项目管理概论

4.1 PMBOK 的发展

项目管理知识体系（Project Management Body Of Knowledge，PMBOK）是由美国项目管理协会（Project Management Institute，PMI）开发的一套描述项目管理专业范围的知识体系，包含了对项目管理所需的知识、技能和工具的描述。

1996年《项目管理知识体系指南》（第1版）出版，定位于"项目管理知识体系指南"而非项目管理知识体系。该版本将项目管理定义为"将知识、技能、工具和技术应用于项目活动，以便达到或超过干系人的需要或对项目的期望"，明确决定要采用基于过程的标准。

2004年第3版出版。将项目管理定义为"将知识、技能、工具和技术应用于项目活动，以便达到项目要求"。该版本是第1个正式指明《项目管理标准》独立于且有别于《项目管理框架和知识体系》的版本。

2017年第6版出版。首次将"敏捷"内容纳入正文，而非仅在示例中提及，并且拓展了知识领域部分，包括核心概念、发展趋势和新兴实践、裁剪时需要考虑的因素，以及在敏捷或适应型环境中需要考虑的因素。

2021年第7版出版。该版本有以下特点。

- 从系统视角论述项目管理，在《项目管理标准》中加入了"价值交付系统"，价值交付系统从系统角度，重点关注与业务能力结合在一起的价值链，为组织的战略、价值和商业目标提供支持。"价值交付系统"强调过程的输出是为了实现项目的成果，而实现项目的成果最终目标是将价值交付给组织及其干系人。

- 增加了8个绩效域，这些绩效域对于有效交付项目成果至关重要。绩效域所代表的项目管理系统，充分体现了组织彼此交互、相互关联且相互依赖的管理能力，这些能力只有协调一致才能实现期望的项目成果。

- 《项目管理标准》中增加12个项目管理原则。
- 体现了各种开发方法：预测型、适应型、混合型等。

4.2 项目基本要素

4.2.1 项目基础

项目是为创造独特的产品、服务或成果而进行的临时性工作。

1. 独特的产品、服务或成果

开展项目是为了通过可交付成果达成目标。目标是所指向的结果、要取得的战略地位、要达到的目的、要获得的成果、要生产的产品或者要提供的服务。可交付成果是指在某一过程、阶段或项目完成时，形成的独特并可验证的产品、成果或服务。可交付成果可能是有形的，也可能是无形的。实现项目目标可能会产生一个或多个可交付成果。

在某些项目可交付成果和活动中可能存在相同的元素，但这并不会改变项目本质上的独特性。

例如，即便采用相同或相似的语言或工具，由相同的团队来开发，但每个信息系统项目仍具备独特性，例如需求、设计、运行环境、项目干系人都是独特的。

项目可以在组织的任何层级上开展。一个项目可能只涉及一个人，也可能涉及一组人；可能只涉及一个组织单元，也可能涉及多个组织的多个单元。

2. 临时性工作

项目的"临时性"是指项目有明确的起点和终点。临时性并不一定意味着项目的持续时间短。项目可宣告结束的情况主要包括：达成项目目标；不能达到目标；项目资金耗尽或不再获得资金支持；对项目的需求不复存在；无法获得所需的人力或物力资源；出于法律或其他原因终止项目等。

虽然项目是临时性工作，但其可交付成果可能会在项目终止后依然存在。

3. 项目驱动变更

项目驱动组织进行变更。从业务价值角度看，项目旨在推动组织从一个状态转到另一个状态，从而达成特定目标，获得更高的业务价值，如图4-1所示。在项目开始之前，组织处于"当前状态"，项目驱动变更是为了获得期望的结果，即"将来状态"。通过成功完成一个或一系列项目，组织可以实现将来状态并达成特定的目标。

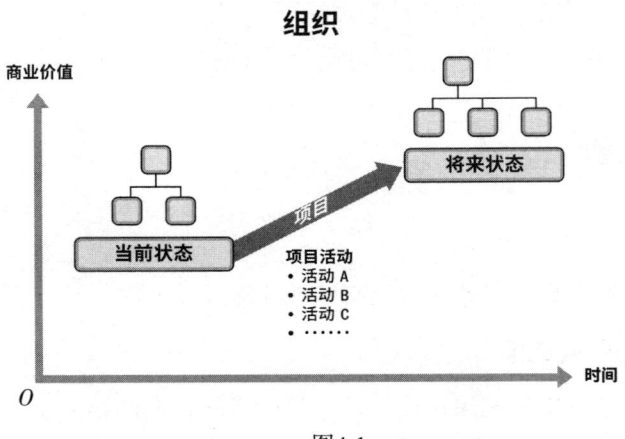

图4-1

对于项目的变革性，笔者在图4-1的基础上，给大家进一步举例说明。

假设有一家公司（在PMBOK的理论中，"组织"一词往往是名词，指的是一家公司或者单位）叫"慧讲课北京教育科技有限公司"，这家公司在2023年11月以前有2个核心产品，分别是软考认证产品和PMP认证产品（如图4-2中的"当前状态"）。

在2023年11月底，公司老总决定要上线一个新产品（PRINCE2认证产品），那么公司就得立一个"项目"（PRINCE2认证产品研发项目），这个项目将包括一系列"活动"（专职讲师签约、课程体系研发、销售渠道拓展、教研教务团队组建、产品上线及运营等）。

到2024年1月底，这个项目成功完成，那么，慧讲课公司就变成了如图4-2所示的"将来状态"（增加了一个产品部），并且这家公司的商业价值也增加了。

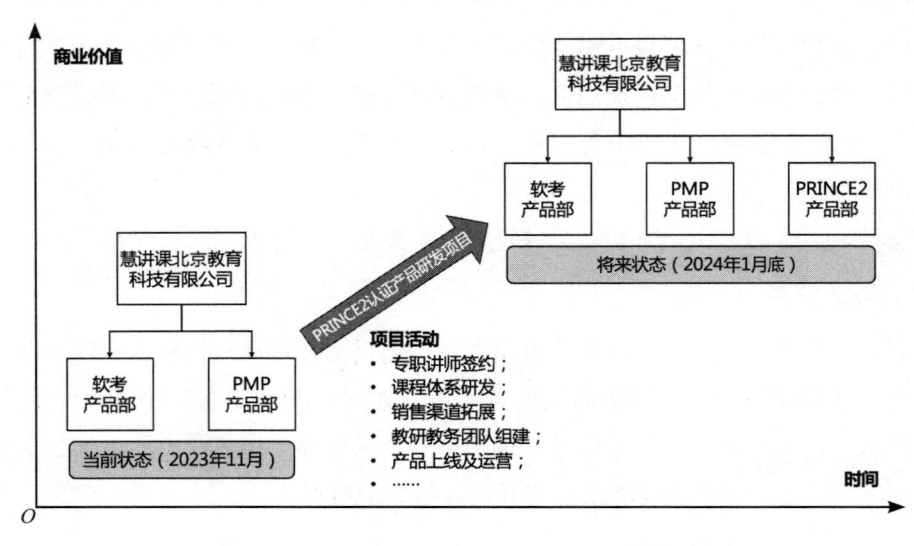

图4-2

4. 项目创造商业价值

业务价值是从组织运营中获得的可量化的净效益。项目的业务价值指特定项目的成果能够为干系人带来的效益。项目带来的效益可以是有形的、无形的或两者兼而有之的。有形效益的例子包括：货币资产、股东权益、公共事业、固定资产、工具、市场份额等。无形效益的例子包括：商誉、声誉、商标、公共利益、战略联盟、品牌认知度等。

5. 项目启动背景

促进项目创建的因素多种多样。组织领导者启动项目是为了应对影响该组织持续运营和业务战略的因素。这些因素说明了项目的启动背景，它们最终应与组织的战略目标以及各个项目的业务价值相关联。促进项目创建的因素大致可以分为4个基本类别，各类项目示例如表4-1所示。

表 4-1

特定因素	特定因素示例	A：符合法律、法规或社会要求			
		B：满足干系人的要求或需求			
		C：创造、改进或修复产品、过程或服务			
		D：执行、变更业务或技术战略			
		A	B	C	D
新技术	某电子公司批准一个新项目，在计算机内存和电子技术发展基础上，开发一种高速、廉价的小型笔记本电脑			√	√
竞争力	为保持竞争力，产品价格要低于竞争对手的产品价格，需要降低生产成本				√
材料问题	某市政桥梁的一些支撑构件出现裂缝，需要实施一个项目来解决问题	√		√	
政治变革	在某位新当选官员的促动下，当前某项目经费发生变更				√
市场需求	为应对汽油紧缺问题，某汽车公司批准一个低油耗车型的研发项目		√	√	√
经济变革	经济滑坡导致当前项目优先级发生变更				√
客户要求	为了给新工业园区供电，某电力公司批准一个新变电站项目		√	√	
干系人需求	某干系人要求组织进行新的输出		√		
法律要求	某化工制造商批准一个项目，为妥善处理一种新的有毒材料而制定指南	√			
业务过程改进	某组织实施一个运用精益六西格玛价值流图的项目			√	
战略机会或业务需求	为增加收入，某培训公司批准一个项目，开发一门新课程			√	√
社会需要	为应对传染病频发问题，某发展中国家的非政府组织批准一个项目，为社区建设饮用水项目和公共厕所，并开展卫生教育		√		
环境考虑	为减少污染，某上市公司批准一个项目，开创电动汽车共享服务			√	√

4.2.2 项目管理的重要性

项目管理是指将知识、技能、工具与技术应用于项目活动，以满足项目的要求。

项目管理通过合理运用与整合特定项目所需的项目管理过程得以实现。项目管理使组织能够有效且高效地开展项目。

有效的项目管理能够帮助个人、群体以及公共和私人组织：①达成业务目标；②满足干系人的期望；③提高可预测性；④提高成功率；⑤在适当的时间交付正确的产品；⑥解决问题和争议；⑦及时应对风险；⑧优化组织资源的使用；⑨识别、挽救或终止失败项目；⑩管理制约因素（例如范围、质量、进度、成本、资源）；⑪平衡制约因素对项目的影响（例如范围扩大可能会增加成本或延长进度）；⑫以更好的方式管理变更。

项目管理不善或缺乏项目管理可能会导致：超过时限；成本超支；质量低劣；返工；项目范围扩大失控；组织声誉受损；干系人不满意；正在实施的项目无法达成目标。

有效和高效的项目管理应被视为组织的战略能力。它使组织能够：

- 将项目成果与业务目标联系起来；
- 更有效地开展市场竞争；
- 支持组织发展；
- 适当调整项目管理计划，以应对商业环境改变给项目带来的影响。

4.2.3 项目成功的标准

项目成功可能涉及与组织战略和业务成果交付相关的标准与目标，这些项目目标可能包括：①完成项目效益管理计划；②达到可行性研究与论证中记录的已商定的财务测量指标，这些财务测量指标可能包括净现值（NPV）、投资回报率（ROI）、内部报酬率（IRR）、回收期（PBP）和效益成本比率（BCR）；③达到可行性研究与论证的非财务目标；④组织从"当前状态"成功转移到"将来状态"；⑤履行合同条款和条件；⑥达到组织战略、目的和目标，使干系人满意；⑦可接受的客户/最终用户的采纳度；⑧将可交付成果整合到组织的运营环境中；⑨满足商定的交付质量；⑩遵循治理规则；⑪满足商定的其他成功标准或准则（例如过程产出率）等。

4.2.4 项目、项目集、项目组合和运营管理之间的关系

1. 项目集

项目集是一组相互关联且被协调管理的项目、子项目集和项目集活动，以便获得分别管理所无法获得的利益。

项目集不是大项目。规模特别大的项目被称为"大型项目"（一般定义，大型项目通常需要10亿美元或以上的成本，可影响上百万人，并且将持续数年）。

2. 项目组合

项目组合是指为实现战略目标而组合在一起管理的项目、项目集、子项目组合和运营工作，如图4-3所示。有些组织可能会采用项目组合，以有效管理在任何特定的时间内同时进行的多个项目集和项目。

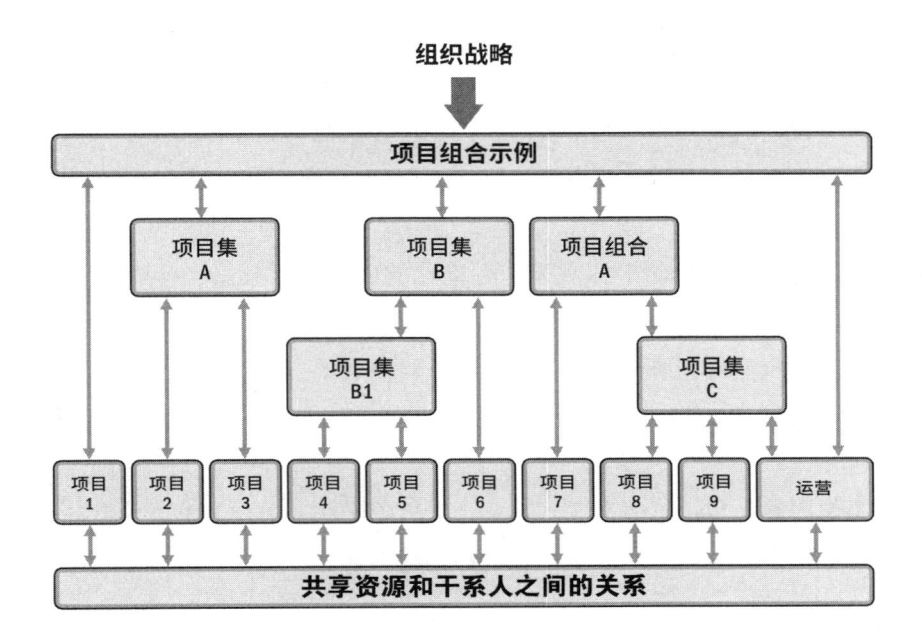

图4-3

从组织的角度来看：

- 项目和项目集管理的重点在于"正确地做事"；
- 项目组合管理则注重于"做正确的事"。

4.2.5 项目内外部运行环境

1. 组织过程资产

- 过程资产：包括工具、方法论、方法、模板、框架、模式或PMO资源。
- 治理文件：包括政策和流程。
- 数据资产：包括以前项目的数据库、文件库、度量指标、数据和工件。
- 知识资产：包括项目团队成员、主题专家和其他员工的隐性知识。
- 安保和安全：包括对设施访问、数据保护、保密级别和专有秘密的程序和实践等。

2. 组织内部的事业环境因素

- 组织文化、结构和治理：如愿景、使命、价值观、信念、文化规范、道德和行为规范。
- 设施和资源的地理分布：包括工厂位置、虚拟团队、共享系统和云计算。

- 基础设施：包括现有设施、设备、组织通信渠道、信息技术硬件、可用性和功能。
- 信息技术软件：包括进度计划软件工具、配置管理系统、工作授权系统。
- 资源可用性：包括合同和采购制约因素、获得批准的供应商和分包商以及合作协议。
- 员工能力：包括现有人力资源的专业知识、技能、能力和特定知识。

3. 组织外部的事业环境因素

- 市场条件：包括竞争对手、市场份额、品牌认知度和商标。
- 社会和文化影响与问题：包括政治氛围、行为规范、道德和观念。
- 法律限制：包括与安全、数据保护、商业行为、雇佣和采购有关的国家或地方法律法规。
- 商业数据库：包括标杆对照成果、标准化的成本估算数据、行业风险研究资料和风险数据库。
- 学术研究：包括行业研究、出版物和标杆对照成果。
- 政府或行业标准：包括与产品、生产、环境、质量和工艺有关的监管机构条例和标准。
- 财务考虑因素：包括货币汇率、利率、通货膨胀率、关税和地理位置。
- 物理环境要素：包括工作环境、天气和制约因素。

4.2.6 组织系统

项目运行时会受到项目所在的组织结构和治理框架的影响与制约。为有效且高效地开展项目，项目经理需要了解组织内的组织机构及职责分配情况，帮助自己有效地利用其权力、影响力、能力、领导力等，以便成功完成项目。

组织内多种因素的交互影响创造出一个独特的组织系统，该组织系统会影响项目的运行，并决定了组织系统内部人员的权力、影响力、利益、能力等，包括治理框架、管理要素和组织结构类型。

表4-2是第6版PMBOK中组织结构对项目的影响。

表 4-2

组织结构类型	项目特征					
	工作安排人	项目经理批准	项目经理的角色	资源可用性	项目预算管理人	项目管理人员
系统型或简单型	灵活；人员并肩工作	极少或无	兼职；工作角色（如协调员）指定与否不限	极少或无	负责人或操作员	极少或无
职能（集中式）	正在进行的工作（例如，设计、制造）	极少或无	兼职；工作角色（如协调员）指定与否不限	极少或无	职能经理	兼职

续表

组织结构类型	项目特征					
	工作安排人	项目经理批准	项目经理的角色	资源可用性	项目预算管理人	项目管理人员
多部门（职能可复制，各部门几乎不会集中）	其中之一：产品；生产过程；项目组合；项目集；地理区域客户类型	极少或无	兼职；工作角色（如协调员）指定与否不限	极少或无	职能经理	兼职
矩阵-强	按工作职能，项目经理作为一个职能	中到高	全职指定工作角色	中到高	项目经理	全职
矩阵-弱	工作职能	低	兼职；作为另一项工作的组成部分，并非指定工作角色，如协调员	低	职能经理	兼职
矩阵-均衡	工作职能	低到中	兼职；作为一种技能的嵌入职能，不可以是指定工作角色（如协调员）	低到中	混合	兼职
项目导向（复合、混合）	项目	高到几乎全部	全职指定工作角色	高到几乎全部	项目经理	全职
虚拟	网络架构，带有与他人联系的节点	低到中	全职或兼职	低到中	混合	可为全职或兼职
混合型	其他类型的混合	混合	混合	混合	混合	混合
PMO*	其他类型的混合	高到几乎全部	全职指定工作角色	高到几乎全部	项目经理	全职

对于组织结构，笔者认为第5版PMBOK的组织结构更容易理解（也并没有过时），而且软考的历年真题中考核的也大多是基于第5版的组织结构的定义，因此笔者认为有必要对其进行阐述。

实施项目组织的结构往往对能否获得项目所需资源和以何种条件获取资源起着制约作用。可以将组织结构比喻成一条连续的频谱，一端为职能式，另一端为项目式，中间是形形色色的矩阵式。如图4-4所示为与项目有关的主要企业组织结构类型的关键特征。

组织结构类型 项目特点	职能型组织结构	矩阵型组织结构			项目型组织结构
		弱矩阵型	平衡矩阵型	强矩阵型	
项目经理权力	很小/没有	有限	小~中等	中等~大	大~全权
全职参与项目的员工比例	没有	0~25%	15%~60%	50%~95%	85%~100%
项目经理职位	部分时间	部分时间	全时	全时	全时
项目经理头衔	项目协调员/项目主管	项目协调员/项目主管	项目经理/项目主任	项目经理/计划经理	项目经理/计划经理
项目管理行政人员	部分时间	部分时间	部分时间	全时	全时

图4-4

图4-5~图4-10分别为职能型、项目型、弱矩阵型、平衡矩阵型、强矩阵型和复合型项目组织的结构图。

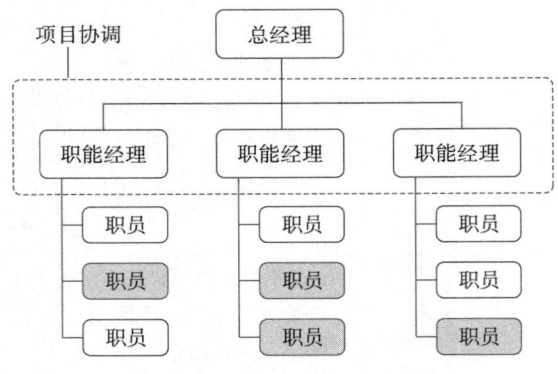

（灰框表示参与项目活动的职员）

图4-5

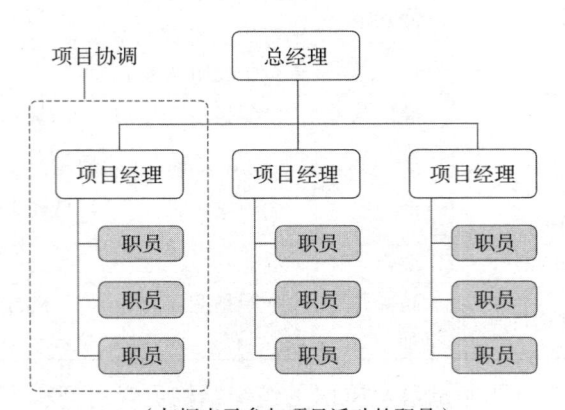

（灰框表示参与项目活动的职员）

图4-6

（灰框表示参与项目活动的职员）

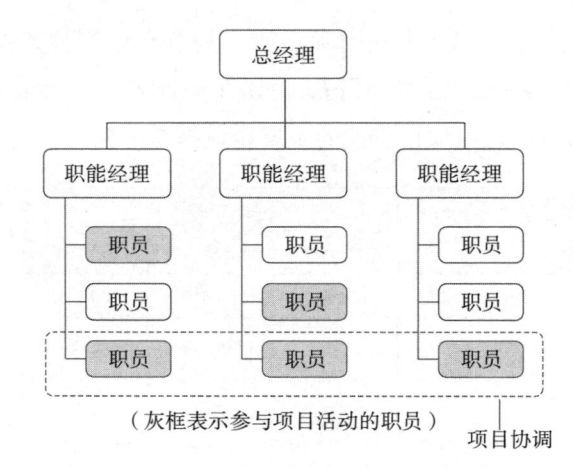

图4-7

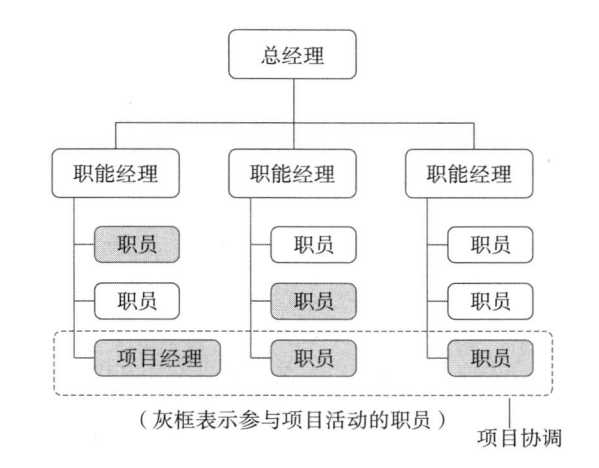

图4-8

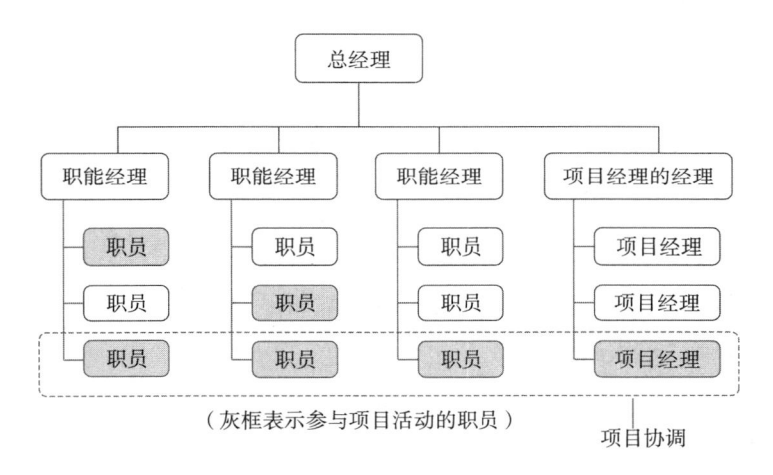

图4-9

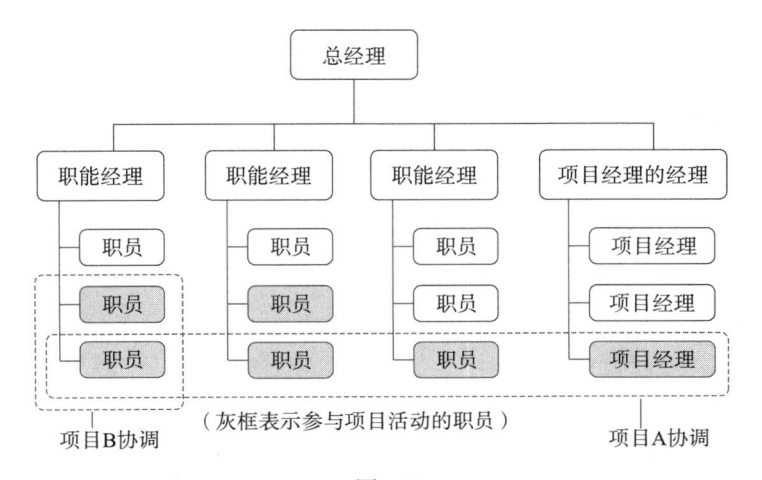

图4-10

其中，职能型组织结构的优点包括：强大的技术支持，便于知识、技能和经验的交流；

清晰的职业生涯晋升路线；直线沟通，交流简单，责任和权限很清晰；有利于以重复性工作为主的过程管理。

职能型组织结构的缺点包括：职能利益优先于项目，具有狭隘性；横向之间的联系弱、部门间沟通协调难度大；项目经理极少或缺少权利、权威；项目管理发展方向不明，缺少项目基准等。

项目型组织结构的优点包括：目标明确单一；结构单一，责权分明，利于统一指挥；沟通简洁、方便；决策快。

项目型组织结构的缺点包括：员工缺乏事业上的连续性和保障；项目环境比较封闭，不利于沟通、技术知识等的共享；管理成本过高，如项目的工作量不足则资源配置效率低。

矩阵型组织结构的优点包括：项目经理负责制、有明确的项目目标；改善了项目经理对整体资源的控制；获得职能组织更多的支持；最大限度地利用公司的稀缺资源；降低了跨职能部门间的协调合作难度；使质量、成本、时间等制约因素得到更好的平衡；团队成员有归属感，士气高，问题少。

矩阵型组织结构的缺点包括：管理成本增加；多头领导；难以监测和控制；资源分配与项目优先的问题产生冲突；权利难以保持平衡等。

4.2.7 PMO

PMO（项目管理办公室）是对与项目相关的治理过程进行标准化，并促进资源、方法论、工具和技术共享的组织结构。

PMO的职责范围可大可小，从提供项目管理支持服务，到直接管理一个或多个项目。

为了保证项目符合组织的业务目标，PMO可能有权在每个项目的生命周期中充当重要干系人和关键决策者的角色。PMO可以：提出建议；领导知识传递；终止项目；根据需要采取其他行动。

PMO的一个主要职能是通过各种方式向项目经理提供支持，这些方式包括：

- 对PMO所辖的全部项目的共享资源进行管理。
- 识别和制定项目管理方法、最佳实践和标准。
- 指导、辅导、培训和监督。
- 通过项目审计，监督对项目管理标准、政策、程序和模板的遵守程度。
- 制定和管理项目政策、程序、模板和其他共享的文件（组织过程资产）。
- 对跨项目的沟通进行协调。

PMO有如下几种不同类型。

- 支持型PMO：支持型PMO担当顾问的角色，向项目提供模板、最佳实践、培训，以及来自其他项目的信息和经验教训。这种类型的PMO其实就是一个项目资源库，对项目的控制程度很低。

- 控制型PMO：控制型PMO不仅给项目提供支持，而且通过各种手段要求项目服从，这种类型的PMO对项目的控制程度属于中等程度。它可能要求项目：①采用项目管理框架或方法论；②使用特定的模板、格式和工具；③遵从治理框架。
- 指令型PMO：指令型PMO直接管理和控制项目。项目经理由PMO指定并向其报告。这种类型的PMO对项目的控制程度很高。

4.2.8 项目管理和产品管理

产品是指可以量化地生产出的工件，既可以是最终制品，也可以是组件制品。产品管理涉及将人员、数据、过程和业务系统整合，以便在整个产品生命周期中创建、维护和开发产品或服务。产品生命周期是指一个产品从引入、成长、成熟到衰退的整个演变过程的一系列阶段。

产品管理可以在产品生命周期的任何时间点启动项目集或项目，以创建或增强特定组件、职能或功能（参见图4-11）。初始产品开始时可以是项目集或项目的可交付物。在整个生命周期中，新的项目集或项目可能会增加或改进为客户和发起组织创造额外价值的特定组件、属性或功能。在某些情况下，项目集可以涵盖产品或服务的整个生命周期，以便更直接地管理收益并为组织创造价值。

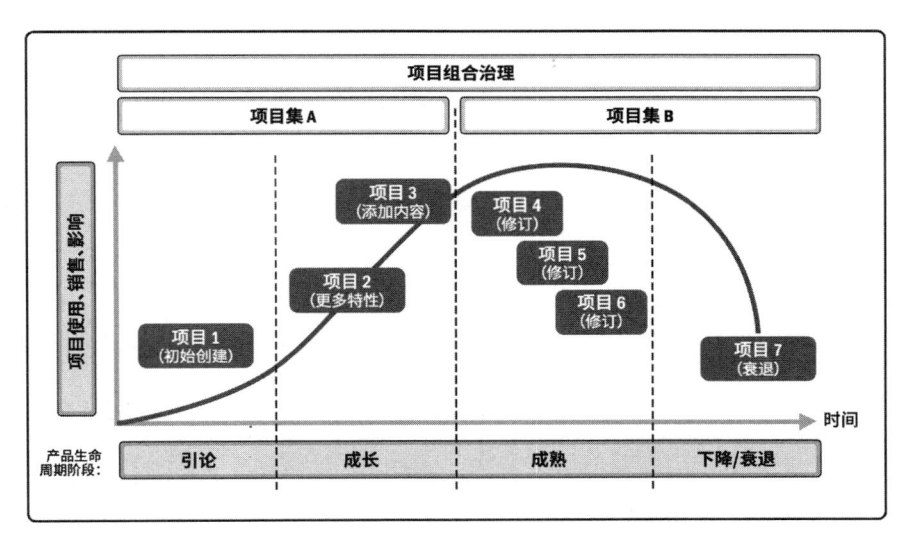

图4-11

产品管理可以表现为不同的形式，包括：产品生命周期中的项目集管理；产品生命周期中的项目管理；项目集内的产品管理。

4.3 项目经理的角色

项目经理的角色不同于职能经理或运营经理。一般而言，职能经理专注于对某个职能领域或业务部门的管理监督。运营经理负责保证业务运营的高效性。

项目经理由执行组织委派，负责领导团队实现项目目标。

项目经理的影响力范围包括：项目、组织、行业、专业学科、跨领域或运营经理等。

项目经理需要重点关注三个方面的关键技能，包括项目管理、战备和商务、领导力。这些技能有助于支持更长远的战略目标，实现盈利。为了最有效地开展工作，项目经理需要平衡这三种技能。

- 项目管理：与项目、项目集和项目组合管理特定领域相关的知识、技能和行为，可以帮助达成项目目标。
- 战略和商务：关于行业和组织的知识和专业技能，有助于提高绩效并取得更好的业务成果。
- 领导力：指导、激励和带领团队所需的知识、技能和行为，可以帮助组织达成业务目标。

"领导力"不等同于"管理"。管理指指挥一个人执行一系列已知的预期行为从一个位置到另一个位置。领导力指通过讨论或辩论方式与他人合作，带领他们从一个位置到另一个位置。二者的主要区别如表4-3所示。

表 4-3

管理	领导力
直接利用职位权力	利用关系的力量指导、影响和合作
维护	建设
管理	创新
关注系统和架构	关注人际关系
依赖控制	激发信任
关注近期目标	关注长期愿景
了解方式和时间	了解情况和原因
关注盈利	关注范围
接受现状	挑战现状
正确地做事	做正确的事
关注可操作的问题和问题的解决	关注愿景、一致性、动力和激励

4.4 价值驱动的项目管理知识体系

价值驱动的项目管理知识体系关注价值的实现，包含了12个项目管理原则、绩效域、项目生命周期、过程组、十大知识域和价值交付系统，它们之间的关联关系如图4-12所示。项目管理原则是基础，是所有项目干系人在整个项目生命周期过程中各项活动的行动指南；项目在整个生命周期过程中，始终要坚持项目管理原则，通过涵盖十大知识域的项目管理过程组对项目进行管理，同时密切关注干系人、团队、开发方法和生命周期、规划、项目工作、交付、测量和不确定性绩效域，这些绩效域与绩效密切相关，通过这8个绩效域帮助项目在系统内运作，实现价值交付系统的功能，为组织及其干系人创造价值，从而实现组织战略和目标。

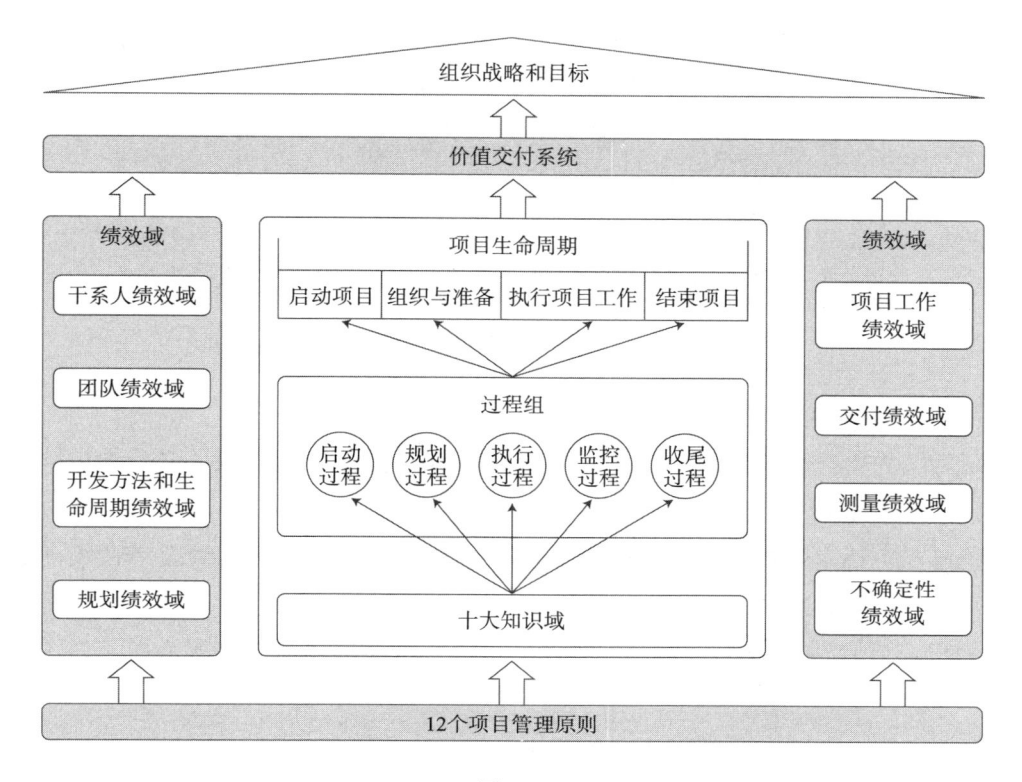

图4-12

4.4.1 项目管理原则

项目管理原则用于指导项目参与者的行为，这些原则可以帮助参与项目的组织和个人在项目执行过程中保持一致性。项目管理原则包括：①勤勉、尊重和关心他人；②营造协作的项目团队环境；③促进干系人有效参与；④聚焦于价值；⑤识别、评估和响应系统交互；⑥展现领导力行为；⑦根据环境进行裁剪；⑧将质量融入过程和成果中；⑨驾驭复杂性；⑩优化风险应对；⑪拥抱适应性和韧性；⑫为实现目标而驱动变革。

4.4.2 项目生命周期和阶段

项目生命周期指项目从启动到完成所经历的一系列阶段，这些阶段之间的关系可以顺序、迭代或交叠进行。它为项目管理提供了一个基本框架。项目生命周期适用于任何类型的项目。项目的规模和复杂性各不相同，但不论其大小繁简，所有项目都呈现包含启动项目、组织与准备、执行项目工作和结束项目4个项目阶段的通用的生命周期结构，如图4-13所示。

图4-13

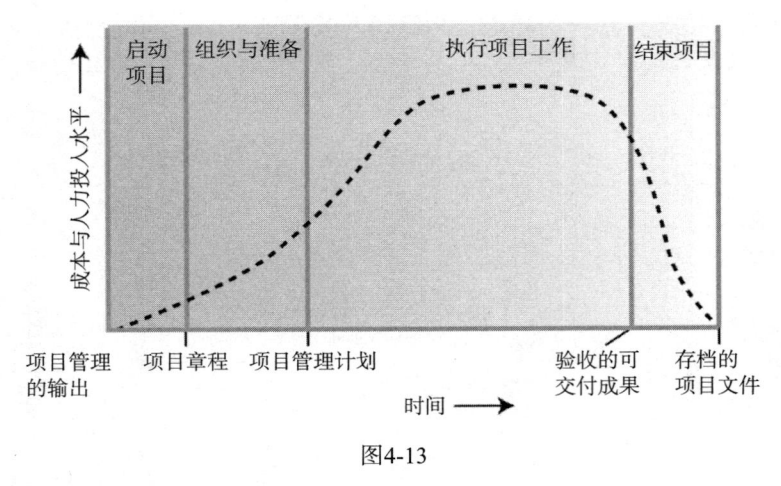

通用的生命周期结构具有的特征如下。

- 成本与人力投入在开始时较低,在工作执行期间达到最高,并在项目快要结束时迅速回落(如图4-13所示)。
- 风险与不确定性在项目开始时最大,并在项目的整个生命周期中随着决策的制定与可交付成果的验收而逐步降低。
- 做出变更和纠正错误的成本,随着项目越来越接近完成而显著增高(如图4-14所示)。

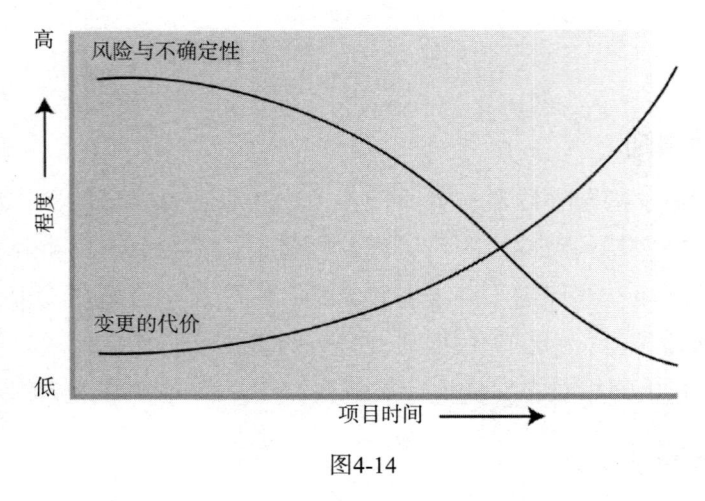

图4-14

4.4.3 项目生命周期类型

在项目生命周期内的一个或多个阶段通常会对产品、服务或成果进行开发,开发生命周期可分为预测型(计划驱动型)、迭代型、增量型、适应型(敏捷型)和混合型等多种类型,采用不同的开发生命周期的项目会呈现出不同的项目生命周期的特点。

预测型(计划驱动型)生命周期,如图4-15所示。

预测型生命周期适用于已经充分了解并明确确定需求的项目, 又称为瀑布型生命周期。

在生命周期的早期阶段确定项目范围、时间和成本，对任何范围的变更都要进行严格管理，每个阶段只进行一次，每个阶段都侧重于某一特定类型的工作。

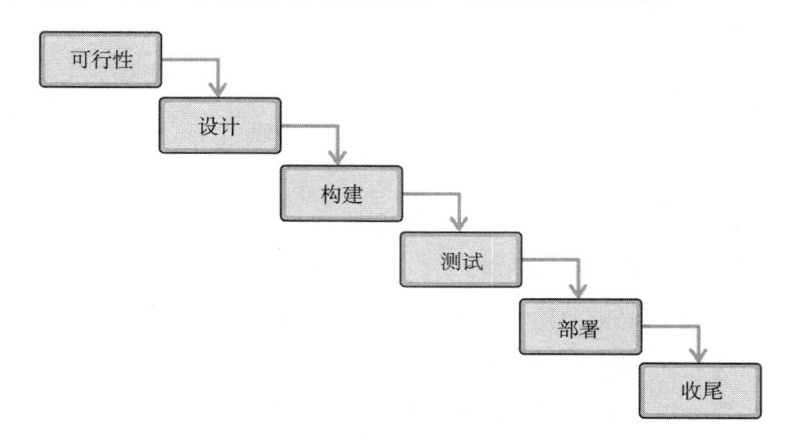

图4-15

迭代型生命周期，如图4-16所示。

采用迭代型生命周期的项目范围通常在项目生命周期的早期确定，但时间及成本会随着项目团队对产品理解的不断深入而定期修改。

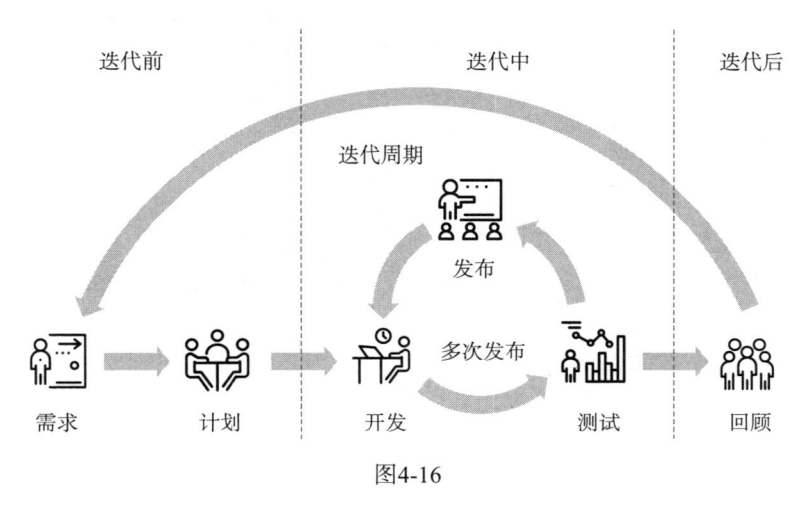

图4-16

增量型生命周期，如图4.17所示。

采用增量型生命周期的项目通过在预定的时间区间内渐进增加产品功能的一系列迭代来产出可交付成果。只有在最后一次迭代之后，可交付成果具有了必要和足够的能力，才能被视为完整的交付成果。

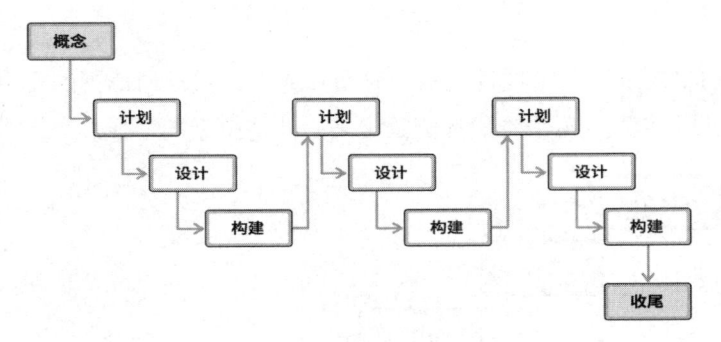

图4-17

适应型生命周期，如图4-18所示。

适应型生命周期又称敏捷型或变更驱动型生命周期，适合于需求不确定、不断发展变化的项目。在每次迭代前，项目和产品愿景的范围被明确定义和批准，每次迭代（又称"冲刺"）结束时，客户会对具有功能性的可交付物进行审查。审查时关键干系人会提供反馈，项目团队会更新项目待办事项列表，以确定下一次迭代中特性和功能的优先级。

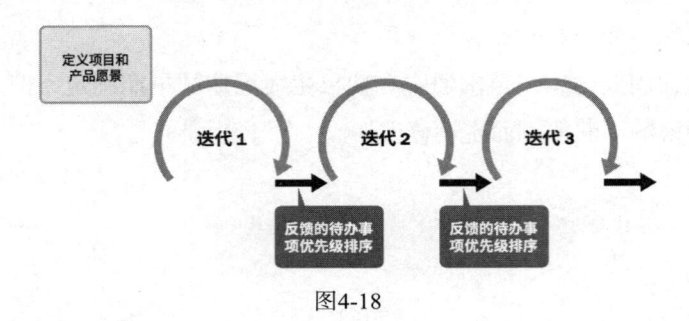

图4-18

混合型生命周期，如图4-19所示。

混合型生命周期是预测型生命周期和适应型生命周期的组合。

对于一些规模相对比较大的项目，在不同子项目或不同阶段，都可以采用不同类型的生命周期模型。

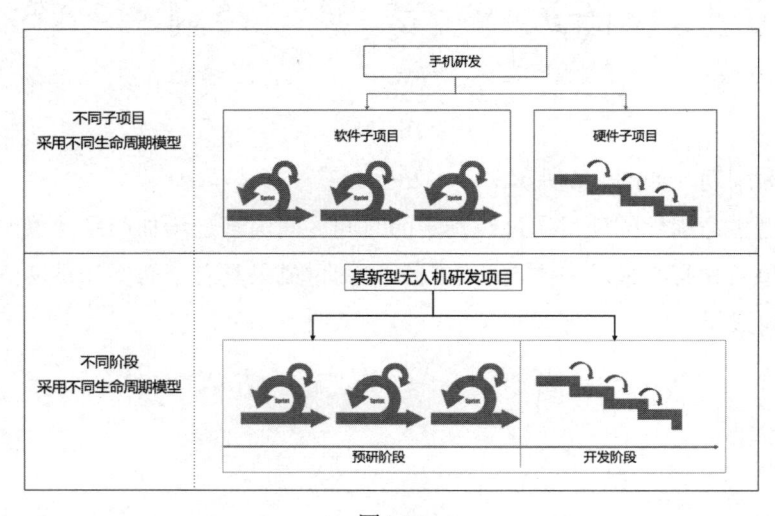

图4-19

4.4.4　项目管理过程、项目管理过程组、项目管理知识域

根据PMBOK的定义，项目管理是通过一系列项目管理活动进行的，即"项目管理过程"。每个项目管理过程通过合适的项目管理工具和技术将一个或多个输入转化成一个或多个输出。

一个过程的输出通常是以下二者之一：另一个过程的输入；项目或项目阶段的可交付成果。

通俗一点理解，一个项目管理过程，可以理解为"做一件事"。而管理一个项目，可能需要做很多件事，这就是上文说的"一系列项目管理活动"。关于过程及过程的输入/输出，笔者用下面的例子帮大家理解。

如图4-20所示，对于"自制麻辣小龙虾"这个项目，需要完成4个过程：①备料；②清洗；③烧制；④装盘。

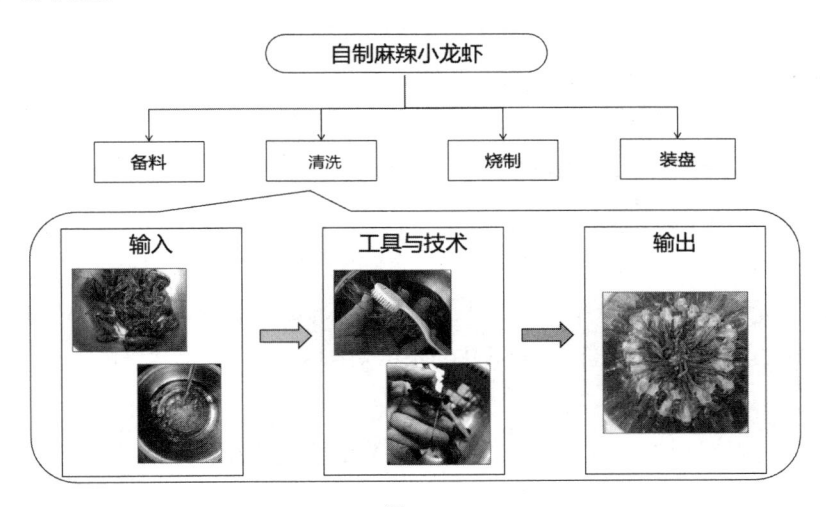

图4-20

对于清洗这个过程而言，它的输入就是买回来的小龙虾以及清水和盆（一个过程的输入，可以理解为做这件事之前应该提前准备好的东西，或者需要提前参考或依据的内容）。它的工具就是刷子，技术就是抽虾线。它的输出就是洗干净的小龙虾（一个过程的输出就是做完这件事的成果）。

而对于烧制这个过程而言，它的输入就是洗干净的小龙虾。也就是说，清洗这个过程的输出就是烧制这个过程的输入（这就是上文提到的"一个过程的输出通常是另一个过程的输入"）。

正是由于这些过程与过程之间存在联系，这些过程才不是孤立的，而是一个"体系"。对于项目管理而言，第6版PMBOK阐明了两件事：①定义了49个项目管理过程；②说明了这49个过程之间的联系。

关于过程与过程之间的联系，大家可以参照本书第2章图2-3的例子。另外，在本书第5

章中，每个过程的数据流向图就是对于过程之间联系的详细说明。

过程是一件事，那么项目管理的49个过程该如何分组呢？

- 项目管理过程组，就是从工作性质的角度对这49个项目管理过程进行的逻辑分组。
- 项目管理知识域，就是从知识的角度对这49个过程进行的另一种分组。

按照过程的性质，项目管理过程可以分成如下5个过程组。

（1）启动过程组：定义了新项目或现有项目的新阶段，启动过程组授权一个项目或阶段的开始。

（2）规划过程组：明确项目范围、优化目标，并为实现目标制订行动计划。

（3）执行过程组：完成项目管理计划中确定的工作，以满足项目要求。

（4）监控过程组：跟踪、审查和调整项目进展与绩效，识别变更并启动相应的变更。

（5）收尾过程组：正式完成或结束项目、阶段或合同。

需要强调的是，过程组不等于项目生命周期中的阶段，这一点好多考生经常混淆。理论上，一个阶段可以包括所有过程组中的项目管理工作（比如一个大型项目的设计阶段就可以包括启动、规划、执行、监控、收尾等所有性质的项目管理工作）。

按照过程的知识属性，项目管理过程有可以分成十大知识域：整合、范围、进度、成本、质量、资源、沟通、风险、采购、干系人。

第6版PMBOK定义的49个项目管理过程、5个过程组、十大知识域，请参考本书图2-2。再次强调，图2-2的内容，既是学习项目管理的基础，也是软考高项的考试重点，大家一定要认真学习。本书第5章就是从十大知识域的角度对49个项目管理过程进行详细论述的。

项目绩效域

项目绩效域是一组对有效地交付项目成果至关重要的活动。

项目绩效域是项目执行过程中需要密切关注的相互作用、相互关联和相互依赖的领域，它们可以协调一致地实现预期的项目成果，共有干系人、团队、开发方法和生命周期、规划、项目工作、交付、测量、不确定性8个项目绩效域。

无论价值是如何交付的，这些绩效域在整个项目期间都同时运行。

价值交付系统

价值交付系统描述了项目如何在系统内运作，为组织及其干系人创造价值，如图4-21所示。

价值交付系统包括项目如何创造价值、价值交付组件和信息流。

项目绩效域和价值交付系统，是第7版PMBOK中定义的概念。项目绩效域会在本书第6章讲解。价值交付系统可以被简单地理解为项目的乙方团队及这个团队所处的公司环境和社会环境。

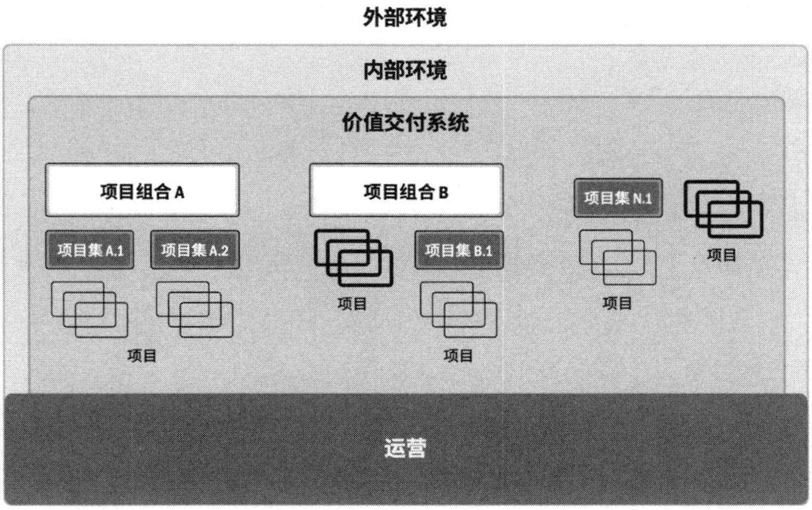

图4-21

4.5 项目立项管理

项目立项管理是对拟规划和实施的项目技术上的先进性、适用性，经济上的合理性、效益性，实施上的可能性、风险性以及社会价值的有效性、可持续性等进行全面科学的综合分析，为项目决策提供客观依据的一种技术经济研究活动。

项目建议与立项申请、初步可行性研究、详细可行性研究、评估与决策是项目投资前时期的4个阶段。

在实际工作中，初步可行性研究和详细可行性研究可以依据项目的规模和繁简程度合二为一，但详细可行性研究是不可缺少的。升级改造项目只做初步和详细研究，小项目一般只进行详细可行性研究。

项目建议与立项申请

立项申请又称项目建议书，是项目建设单位向上级主管部门提交项目申请时所必须提交的文件，是该项目建设筹建单位根据国民经济的发展、国家和地方中长期规划、产业政策、生产力布局、国内外市场、所在地的内外部条件、组织发展战略等，提出的某一具体项目的建议文件，是对拟建项目提出的框架性总体设想。

项目建议书是项目发展周期的初始阶段，是国家或上级主管部门选择项目的依据，也是可行性研究的依据。涉及利用外资的项目，在项目建议书获得批准后，方可开展后续工作。

项目建议书应该包括的核心内容如下。

- 项目的必要性。
- 项目的市场预测。

- 项目预期成果（如产品方案或服务）的市场预测。
- 项目建设必需的条件。

项目可行性研究

1. 技术可行性分析

技术可行性分析指在当前的技术、产品条件限制下，能否利用现在拥有的以及可能拥有的技术能力、产品功能、人力资源来实现项目的目标、功能、性能，能否在规定的时间期限内完成项目。

2. 经济可行性分析

经济可行性分析主要对整个项目的投资及所产生的经济效益进行分析，具体包括支出分析、收益分析、收益投资比、投资回报分析以及敏感性分析等。

3. 社会效益可行性分析

针对面向公共服务领域的项目，其社会效益往往是可行性分析的关注重点。

4. 运行环境可行性分析

运行环境是制约信息系统发挥效益的关键，需要从用户的管理体制、管理方法、规章制度、工作习惯人员素质、数据资源积累、基础软硬件平台等多方面进行评估，以确定软件系统在交付以后，是否能够在用户现场顺利运行。

5. 其他方面的可行性分析

其他方面的可行性分析包括诸如法律可行性、政策可行性等方面的可行性分析。

初步可行性研究一般是在对市场或者客户情况进行调查后，对项目进行的初步评估。

详细可行性研究需要对项目在技术、经济、社会、运行环境、法律等方面进行深入的调查研究和分析，是一项费时、费力的工作，大型的或比较复杂的项目更是如此，进行初步可行性评估，以便决定是否开始详细可行性研究。

辅助（功能）研究包括项目的一个或几个方面，但不是所有方面，并且只能作为初步可行性研究、详细可行性研究和大规模投资建议的前提或辅助。

初步可行性研究主要判断以下问题。

- 项目进行投资建设是否具有必要性。
- 项目建设的周期是否合理且可接受。
- 项目需要的人力、财力资源等是否可接受。
- 项目的功能和目标是否可实现。
- 项目的经济效益、社会效益是否可保证。
- 项目从经济上、技术上是否合理等。

初步可行性研究的主要内容：①需求与市场预测；②设备与资源投入分析；③空间布

局；④项目设计；⑤项目进度安排；⑥项目投资与成本估算。

详细可行性研究的依据包括：①国民经济和社会发展的长期规划、地区的发展规划；②国家和地区的相关政策、法律、法规和制度；③项目主管部门对项目设计开发建设要求请示的批复；④项目建议书或者项目建议书批准后签订的意向性协议；⑤国家、地区、组织的信息化规划和标准；⑥市场调研分析报告；⑦技术、产品或工具的有关资料等。

详细可行性研究的原则：①科学性原则；②客观性原则；③公正性原则。

详细可行性研究的方法有经济评价法、市场预测法、投资估算法和增量净效益法等。

详细可行性研究的内容：①市场需求预测；②部件和投入的选择供应；③信息系统架构及技术方案的确定；④技术与设备选择；⑤网络物理布局设计；⑥投资、成本估算与资金筹措；⑦经济评价及综合分析。

详细可行性研究报告视项目的规模和性质而有简有繁。

项目评估与决策

项目评估指在项目可行性研究的基础上，由第三方（国家、银行或有关机构）根据国家颁布的政策、法规、方法、参数和条例等，从国民经济与社会、组织业务等角度出发，对拟建项目建设的必要性、建设条件、生产条件、市场需求、工程技术、经济效益和社会效益等进行评价、分析和论证，进而判断其是否可行的一个评估过程。

项目评估是项目投资前期进行决策管理的重要环节，其目的是审查项目可行性研究的可靠性、真实性和客观性，为银行的贷款决策或行政主管部门的审批决策提供科学依据。

项目评估的最终成果是项目评估报告。

项目评估的依据主要包括：①项目建议书及其批准文件；②项目可行性研究报告；③报送组织的申请报告及主管部门的初审意见；④项目关键建设条件和工程等的协议文件；⑤必需的其他文件和资料等。

项目评估的程序：①成立评估小组；②开展调查研究；③分析与评估；④编写、讨论、修改评估报告；⑤召开专家论证会；⑥评估报告定稿并发布。

项目评估报告内容大纲应包括项目概况、详细评估意见、总结和建议等内容。

4.6　本章练习

1. 项目有明确的起点和终点，体现了项目的（　　）特性。
   A. 独特性　　　　　　B. 临时性　　　　　　C. 渐进明细　　　　　　D. 及时性
2. 项目管理不善，可能会导致的后果不包括（　　）。
   A. 项目范围失控　　　　　　　　　　B. 组织声誉受损
   C. 管理制约因素　　　　　　　　　　D. 干系人不满意
3. 从项目、项目集、项目组合管理的目标来看，（　　）注重于开展"正确"的工作，即"做正确的事"。

  A. 项目组合管理   B. 单个项目管理

  C. 大项目管理   D. 项目集管理

4. 在（　　）组织结构中，项目经理全职指定工作角色。

  A. 职能型   B. 平衡矩阵型   C. 强矩阵型   D. 弱矩阵型

5. （　　）PMO直接管理和控制项目。项目经理由PMO指定并向其报告。这种类型的PMO对项目的控制程度很高。

  A. 指令型   B. 支持型   C. 控制型   D. 组合型

6. 针对领导力和管理二者的区别，属于领导力的特征的是（　　）。

  A. 直接利用职位   B. 关注系统和架构

  C. 关注可操作性的问题和问题的解决   D. 激发信任

7. （　　）的特点是先基于初始需求制订一套高层级的计划，再逐渐把需求细化到适合特定的规划周期所需的详细程度。

  A. 预测型项目生命周期   B. 混合型项目生命周期

  C. 适应型项目生命周期   D. 瀑布型项目生命周期

8. 价值驱动的项目管理知识体系关注价值的实现，包含了项目管理原则、绩效域、项目生命周期、过程组、十大知识域和价值交付系统，其中（　　）是基础，是所有项目干系人在整个项目生命周期过程中各项活动的行动指南。

  A. 项目生命周期   B. 项目管理原则

  C. 绩效域   D. 价值交付系统

9. （　　）重在对项目进行优先级排序，并提供所需资源，与组织战略保持一致；（　　）通过对其组成部分进行协调，对它们之间的依赖关系进行控制，从而实现既定收益。

  A. 项目集管理　　　　组织级项目管理

  B. 项目组合管理　　　组织级项目管理

  C. 项目集管理　　　　项目组合管理

  D. 项目组合管理　　　项目集管理

10. 关于项目经理相关能力的描述，不正确的是（　　）。

  A. 项目管理、战略和商务、领导力是项目经理需要关注的技能

  B. 人际交往占据项目经理的绝大部分工作内容

  C. 领导力关注近期目标，关注可操作性的问题和问题的解决

  D. 战略和商务技能有助于项目经理了解与项目相关的商业因素

11. 关于项目管理原则中"驾驭复杂性原则"的描述，不正确的是（　　）。

  A. 复杂性可能在项目生命周期的任何时间出现

  B. 影响价值、沟通、技术、风险的因素都可能造成复杂性

C. 项目团队能够实时预测未来复杂性的出现并分析其原因

D. 复杂性是由系统交互、不确定性和模糊性等造成的

12. 关于项目价值的描述，不正确的是（　　）。

    A. 项目存在于组织中，为干系人创造价值

    B. 价值以过程为导向并定量定义，以获得预期的经济收益为目标

    C. 项目可通过提高效率、生产力、效果或响应能力来创造价值

    D. 价值是项目成功的最终指标，可创造满足需要的新产品、服务或结果

13. （　　）是项目发展周期的初始阶段，是国家或上级主管部门选择项目的依据，也是可行性研究的依据。

    A. 项目建议书　　　　B. 项目评估　　　　C. 项目决策　　　　D. 项目规划

14. （　　）是指在当前市场的技术、产品条件限制下，能否利用现在拥有的以及可能拥有的技术能力、产品功能、人力资源来实现项目的目标、功能、性能，能否在规定的时间期限内完成整个项目。

    A. 技术可行性研究　　　　　　　　B. 经济可行性分析

    C. 运行环境可行性分析　　　　　　D. 投资可行性研究

15. 软、硬件租金、人员工资及福利、水电等公用设施使用费属于（　　）。

    A. 直接支出　　　　　　　　　　　B. 支持型支出

    C. 非一次性支出　　　　　　　　　D. 项目支出

16. 在可行性报告中，"是否存在人力资源不足的问题，是否可以通过社会招聘或培训获得所需人员"属于（　　）的内容。

    A. 技术可行性分析　　　　　　　　B. 经济可行性分析

    C. 社会效益可行性分析　　　　　　D. 运行环境可行性分析

17. 不可作为项目评估依据的是（　　）。

    A. 建议书及其批准文件　　　　　　B. 可行性研究报告

    C. 协议文件　　　　　　　　　　　D. 项目章程

参考答案：1. B；2. C；3. A；4. C；5. A；6. D；7. C；8. B；9. A；10. C；11. C；12. B；13. A；14. A；15. C；16. A；17. D。

第5章 项目管理十大知识域

从2021年开始，第7版 PMBOK采用了基于原则的标准，其中包含了12个项目管理基本原则，这些基本原则为有效的项目管理提供支持，并更多地关注项目的预期成果。然而，很多项目管理从业人员认为过去基于过程的方法依然非常有用，它们在指导项目管理能力、调整方法论并评估项目管理能力方面起到非常重要的作用。因此，基于过程的方法是项目管理的基石。

5.1 项目整合管理

项目整合管理包括对隶属于项目管理过程组的各种过程及项目管理活动进行识别、定义、组合、统一和协调的各个过程。

执行整合

项目整合管理的责任不能被授权或转移，项目经理必须对整个项目承担最终责任。

执行项目整合时项目经理承担双重角色：

- 在组织层面上，项目经理扮演重要角色，与项目发起人携手合作，了解战略目标并确保项目目标和成果与项目组合、项目集以及业务领域保持一致。项目经理以这种方式助力项目的整合与执行。
- 在项目层面上，项目经理负责指导团队关注真正重要的事务并协同工作。为此，项目经理需要整合过程、知识和人员。

整合的复杂性

项目的复杂性来源于组织的系统行为、人类行为及组织或环境中的不确定性。

在项目整合之前，项目经理需要考虑项目面临的内外部环境因素，检查项目的特征或属性。复杂性的含义：①包含多个部分；②不同部分之间存在一系列关联；③不同部分之间存在动态交互作用；④这些交互作用所产生的行为远远大于各部分简单的相加（例如突发性行为）。

管理新实践

与整合管理过程相关的新趋势和新兴实践包括：①使用信息化工具；②使用可视化管理工具；③项目知识管理；④项目经理在项目以外的职责；⑤混合型方法。

项目管理计划和项目文件

在项目管理过程中，会使用并产生两大类文件：①项目管理计划；②项目文件。二者一般包含的内容如表5-1所示。

表 5-1

项目管理计划		项目文件	
范围管理计划	子计划	活动属性	质量测量指标
需求管理计划		活动清单	质量报告
进度管理计划		假设日志	需求文件
成本管理计划		估算依据	需求跟踪矩阵
质量管理计划		变更日志	资源分解结构
资源管理计划		成本估算	资源日历
沟通管理计划		成本预测	资源需求
风险管理计划		持续时间估算	风险登记册
采购管理计划		问题日志	风险报告
干系人参与计划		经验教训登记册	进度数据
范围基准	基准	里程碑清单	进度预测
进度基准		物质资源分配单	干系人登记册
成本基准		项目日历	团队章程
变更管理计划	其他组件	项目沟通记录	测试与评估文件
配置管理计划		项目进度计划	
绩效测量基准		项目进度网络图	
项目生命周期描述		项目范围说明书	
开发方法		项目团队派工单	
管理审查		质量控制测量结果	

项目整合管理过程

项目整合管理包含7个项目管理过程，每个过程的输入/输出工具与技术如表5-2所示（字体加粗的内容为相对重要的考点，建议加深理解）。

表 5-2

项目整合管理		
制定项目章程	输入	立项管理文件、协议、事业环境因素、组织过程资产
	输出	项目章程、假设日志
	技术	专家判断、数据收集、**人际关系与团队技能**、会议

续表

项目整合管理			
制订项目管理计划	输入	项目章程、其他知识领域规划过程的输出、事业环境因素、组织过程资产	
^	输出	**项目管理计划（3个基准、10个子计划、其他组件）**	
^	技术	专家判断、数据收集、人际关系与团队技能、会议	
指导管理项目工作	输入	项目管理计划、项目文件、批准的变更请求、事业环境因素、组织过程资产	
^	输出	**可交付成果、工作绩效数据、问题日志、变更请求**、项目管理计划更新、项目文件更新、组织过程资产更新	
^	技术	专家判断、项目管理信息系统、会议	
管理项目知识	输入	项目管理计划、项目文件、可交付成果、事业环境因素、组织过程资产	
^	输出	**经验教训登记册**、项目管理计划更新、组织过程资产更新	
^	技术	专家判断、知识管理、信息管理、人际关系与团队技能	
监控项目工作	输入	项目管理计划、项目文件、工作绩效信息、协议、事业环境因素、组织过程资产	
^	输出	**工作绩效报告**、变更请求、项目管理计划更新、项目文件更新	
^	技术	专家判断、数据分析、决策、会议	
实施整体变更控制	输入	项目管理计划、项目文件、工作绩效报告、**变更请求**、事业环境因素、组织过程资产	
^	输出	**批准的变更请求**、项目管理计划更新、项目文件更新	
^	技术	专家判断、变更控制工具、数据分析、决策、会议	
结束项目或阶段	输入	项目章程、项目管理计划、项目文件、**验收的可交付成果**、立项管理文件、协议、采购文档、组织过程资产	
^	输出	**最终产品/服务或成果、项目最终报告**、项目文件更新、组织过程资产更新	
^	技术	专家判断、数据分析、会议	

裁剪考虑因素

因为每个项目都是独特的，所以项目经理可能根据需要裁剪项目整合管理过程，包括项目生命周期；开发生命周期；管理方法；知识管理；变更；治理；经验教训；效益。

敏捷与适应方法

在敏捷或适应型环境中，采用敏捷或适应型方法能够帮助项目经理将决策权下放，团队成员可以自行决定并控制具体产品的规划和交付，而项目经理则重点关注营造合作型的决策氛围，并确保团队有能力应对变更，促进团队成员以相关领域专家的身份参与整合管理。如果团队成员具备广泛的技能基础而不局限于某个狭窄的专业领域，那么这种合作型方法就会更加有效。

5.1.1 制定项目章程

制定项目章程是编写一份正式批准项目并授权项目经理在项目活动中使用组织资源的文件的过程。本过程的主要作用：①明确项目与组织战略目标之间的直接联系；②确立项目的正式地位；③展示组织对项目的承诺。本过程仅开展一次或仅在项目的预定义时开展。制定项目章程的数据流向图如图5-1所示。

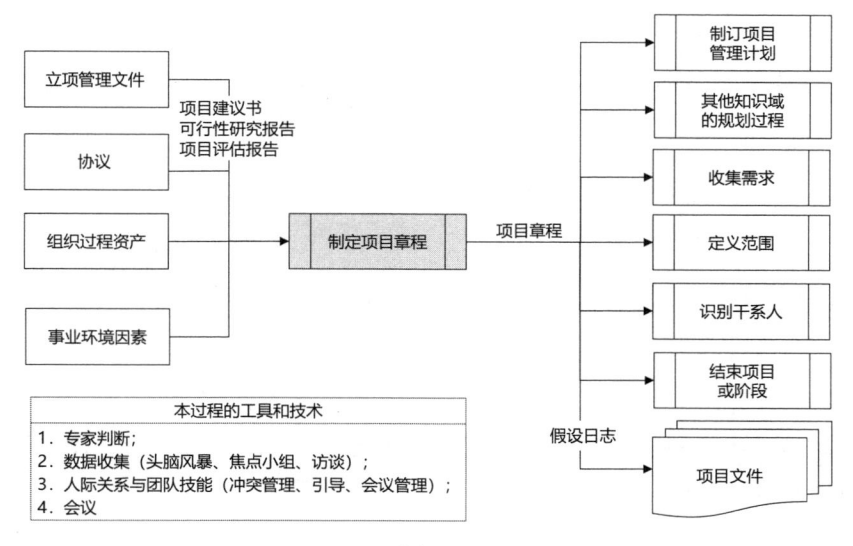

图5-1

本过程重点概念

1. 项目章程

项目章程记录关于项目和项目预期交付的产品、服务或成果的高层级信息的重要文件。项目章程的内容包括：①项目目的；②可测量的项目目标和相关的成功标准；③高层级需求；④高层级项目描述、边界定义以及主要可交付成果；⑤整体项目风险；⑥总体里程碑进度计划；⑦预先批准的财务资源；⑧关键相关方名单；⑨项目审批要求；⑩项目退出标准；⑪委派的项目经理及其职责和职权；⑫发起人或其他批准项目章程的人员的姓名和职权。

项目章程确保干系人在总体上就主要可交付成果、里程碑以及每个项目参与者的角色和职责达成共识。图5-2是一个项目章程示例。

项目章程示例：xxx公司CRM软件开发项目

- 项目名称：CRM软件开发。
- 总体里程碑进度表：2009年5月1日开工，2009年11月5日结束。
- 项目经理：李梧兵，联系电话：135010■■■■。
- 项目立项依据：经过多年的发展，公司已经拥有了大量的优质客户和一大批潜在的客户，为了稳定与发展公司的客户群，公司管理层决定开发CRM软件。
- 项目目标：以标准的客户关系管理理论为指导，结合公司的营销经验，在6个月内开发完成具备客户管理、市场管理、销售管理、服务管理、统计分析和Call Center六大功能的CRM客户管理软件。预计6个月投入为50万元人民币。
- 项目主要干系人：
  1. 赵维凯：项目发起人和赞助人，负责监督项目。
  2. 李梧兵：项目经理，负责计划、监控项目，对项目质量负责。
  3. 钱建国：IT部门经理，负责为项目提供适当资源和培训。
  4. 王可佳：业务接口人，负责为项目提供业务需求。
- 签名：_____（以上所有干系人签名）

图5-2

2. 假设日志

假设日志是用于记录整个项目生命周期中的所有假设条件和制约因素的文件。

3. 立项管理文件

立项管理文件包含商业需求和成本效益分析，论证项目的合理性并确定项目边界。

4. 协议

协议有多种形式，包括合同、谅解备忘录（MOUs）、服务水平协议（SLA）、协议书、意向书、口头协议或其他书面协议。为外部客户做项目时，通常需要签订合同。

结合5.1.1节的内容，下面介绍关于一个项目管理过程的学习方法。

（1）在阐述一个项目管理过程时，我会先写出这个过程的定义和作用，这是学习每一个项目管理过程时首先要学习的内容。

（2）每个过程都有对应的数据流向图，建议大家深入理解每个过程的数据流向图。

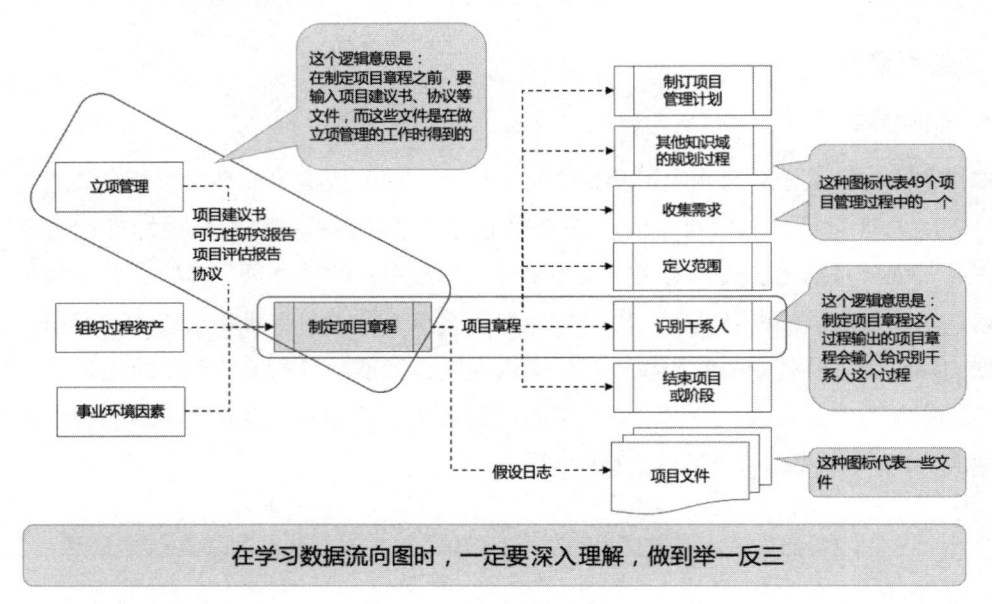

图5-3

（3）针对每个过程包含的概念和术语，笔者会依据软考高项的考试重点进行提炼（对官方教程做减法），大家在学习时建议结合官方教程对应的内容来辅助理解。在"本过程重点概念"中，我会先介绍这个过程典型的输出，然后再描述这个过程的一些工具与技术。

（4）组织过程资产可以理解为经验教训，事业环境因素可以理解为限制条件。组织过程资产和事业环境因素几乎是每个过程的输入，也就是说，在做每个项目管理过程之前，都可以参考经验教训，都要遵守限制条件。具体每个过程要参考组织过程资产和事业环境因素的哪些详细信息，可以阅读官方教程。

（5）项目管理十大知识域包含49个项目管理过程，这些内容是软考高项选择题、案例题、论文的考试重点，大家一定要重点学习和理解。

5.1.2 制订项目管理计划

制订项目管理计划是定义、准备和协调项目计划的所有组成部分，并把它们整合为一份综合项目管理计划的过程。

本过程的主要作用：生成一份综合文件，用于确定所有项目工作的基础及其执行方式。制订项目管理计划的数据流向图如图5-4所示。

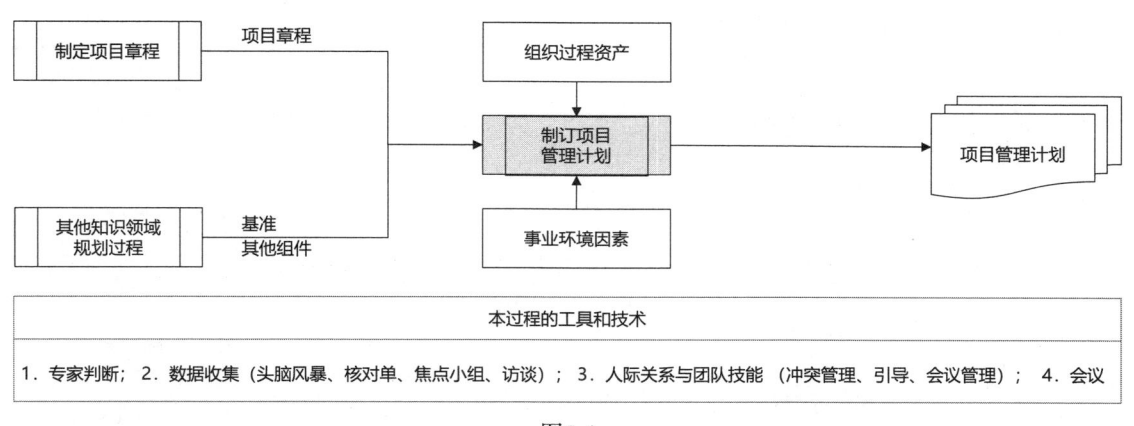

本过程的工具和技术
1．专家判断； 2．数据收集（头脑风暴、核对单、焦点小组、访谈）； 3．人际关系与团队技能（冲突管理、引导、会议管理）； 4．会议

图5-4

本过程重点概念

1. 项目管理计划

项目管理计划是说明项目执行、监控和收尾方式的一份文件，它整合并综合了所有知识领域子管理计划和基准，以及管理项目所需的其他组件信息，项目管理计划的组件取决于项目的具体需求。

项目管理计划组件主要包括：

- 子管理计划：范围管理计划、需求管理计划、进度管理计划、成本管理计划、质量管理计划、资源管理计划、沟通管理计划、风险管理计划、采购管理计划、干系人参与计划。
- 基准：范围基准、进度基准和成本基准。
- 其他组件：项目管理计划过程生成的组件会因项目而异，但是通常包括：变更管理计划、配置管理计划、绩效测量基准、项目生命周期、开发方法、管理审查。

2. 项目开工会议

此会议明确项目规划阶段工作的完成并宣布开始项目执行阶段，目的是传达项目目标、获得团队对项目的承诺，以及阐明每个干系人的角色和职责。小型项目：通常由同一个团队开展项目规划和执行，项目在启动之后就会开工。大型项目：通常由项目管理团队开展大部分规划工作。开工会议将在项目执行阶段开始时召开。多阶段项目：通常在每个阶段开始时都要召开一次开工会议。

5.1.3 指导与管理项目工作

指导与管理项目工作是为实现项目目标而领导和执行项目管理计划中所确定的工作，并实施已批准变更的过程。

本过程的主要作用是对项目工作和可交付成果开展综合管理，以提高项目成功的可能性。本过程需要在整个项目期间开展。

指导与管理项目工作的数据流向图如图5-5所示。

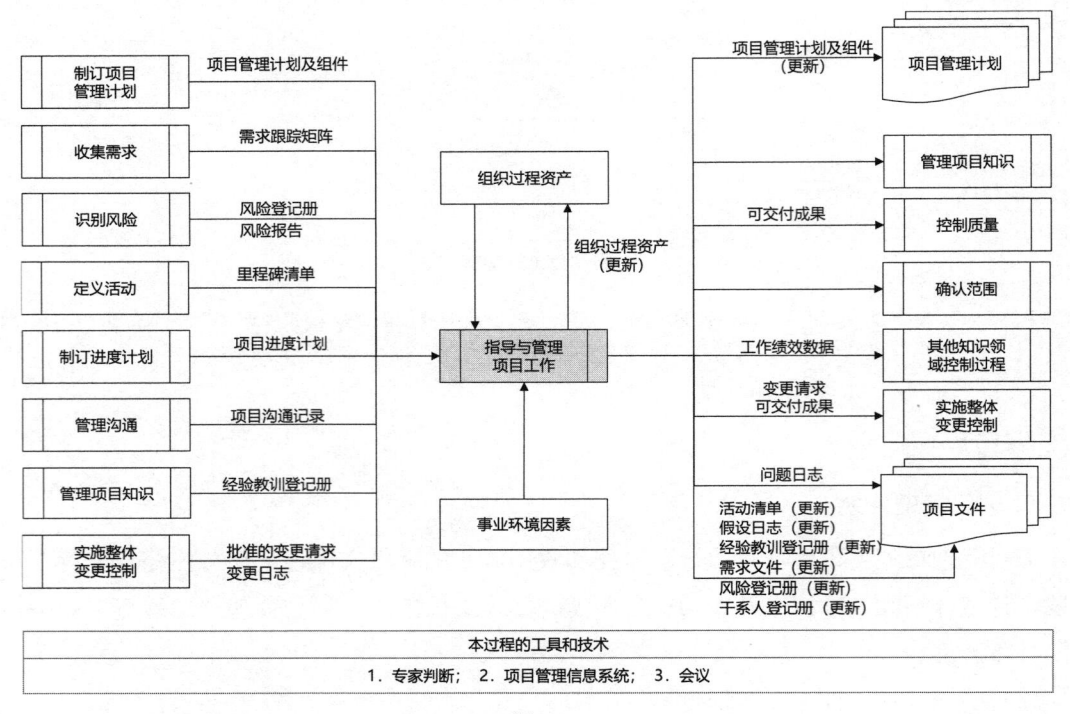

图5-5

本过程重点概念

1. 可交付成果

可交付成果是在某一过程、阶段或项目完成时，必须产出的任何独特并可核实的产品、成果或服务能力。它通常是项目的结果，包括项目管理计划的组成部分。一旦完成了可交付成果的第一个版本，就应该执行变更控制。

2. 工作绩效数据

工作绩效数据是在执行项目工作的过程中，从每个正在执行的活动中收集到的原始观察结果和测量值。数据通常是最低层次的细节，将交由其他过程，从中提炼并形成信息。

3. 问题日志

问题日志是记录问题、差距、不一致或意外冲突的文件。

4. 变更请求

变更请求是关于修改任何文件、可交付成果或基准的正式提议。

- 纠正措施。为使项目工作绩效重新与项目管理计划一致而进行的有目的的活动。
- 预防措施。为确保项目工作的未来绩效符合项目管理计划而进行的有目的的活动。
- 缺陷补救。为了修正不一致的产品或产品组件而进行的有目的的活动。
- 更新。对正式受控的项目文件或计划等进行的变更,以反映修改或增加的意见及内容。

5. 项目管理信息系统

项目管理信息系统(PMIS)给项目提供了IT软件工具,例如进度计划软件工具、工作授权系统、配置管理系统、信息收集与发布系统,以及进入其他在线信息系统(如知识库)的登录界面,支持自动收集和报告关键绩效指标(KPI)。

5.1.4 管理项目知识

管理项目知识是使用现有知识并生成新知识,以实现项目目标并且帮助组织学习的过程。

本过程的主要作用:①利用已有的组织知识来创造或改进项目成果;②使当前项目创造的知识可用于支持组织运营和未来的项目或阶段。本过程需要在整个项目期间开展。

管理项目知识的数据流向图如图5-6所示。

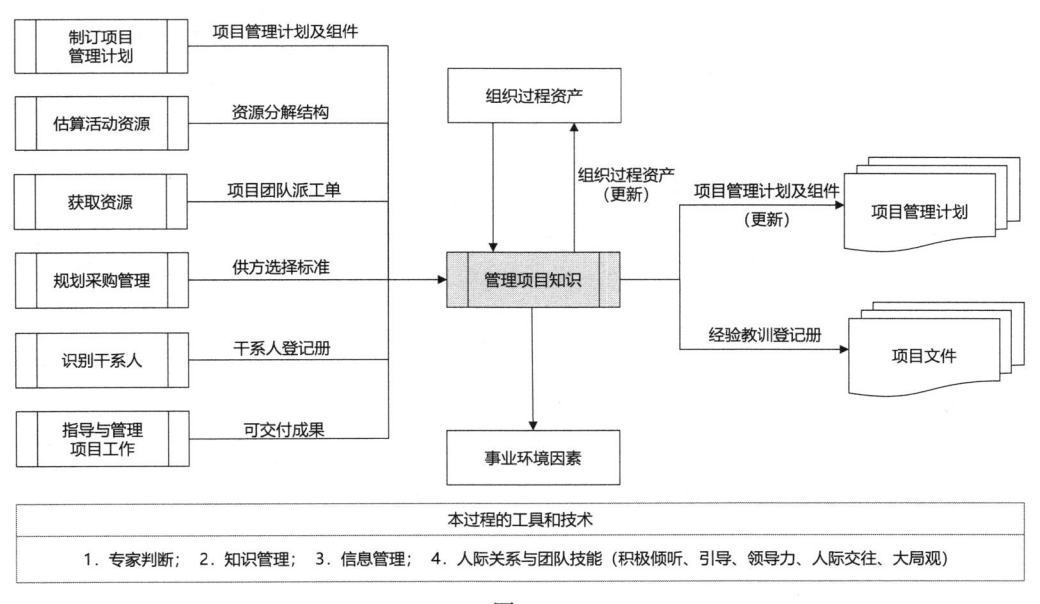

图5-6

本过程重点概念

1. 经验教训登记册

经验教训登记册可包括执行情况的类别和详细的描述,还可包括与执行情况相关的影响、建议和行动方案。它可以记录遇到的挑战、问题,意识到的风险和机会,以及其他内容。

2. 知识管理工具和技术

知识管理工具和技术将员工联系起来，使他们能够合作生成新知识，分享隐性知识，以及集成不同团队成员所拥有的知识。

3. 信息管理工具和技术

信息管理工具和技术用于创建人们与知识之间的联系，可以有效促进简单、明确的显性知识的分享。

5.1.5 监控项目工作

监控项目工作是跟踪、审查和报告整体项目进展，以实现项目管理计划中确定的绩效目标的过程。

本过程的主要作用：①让干系人了解项目的当前状态并认可为处理绩效问题而采取的行动；②通过成本和进度预测，让干系人了解项目的未来状态。本过程需要在整个项目期间开展。

监控项目工作的数据流向图如图5-7所示。

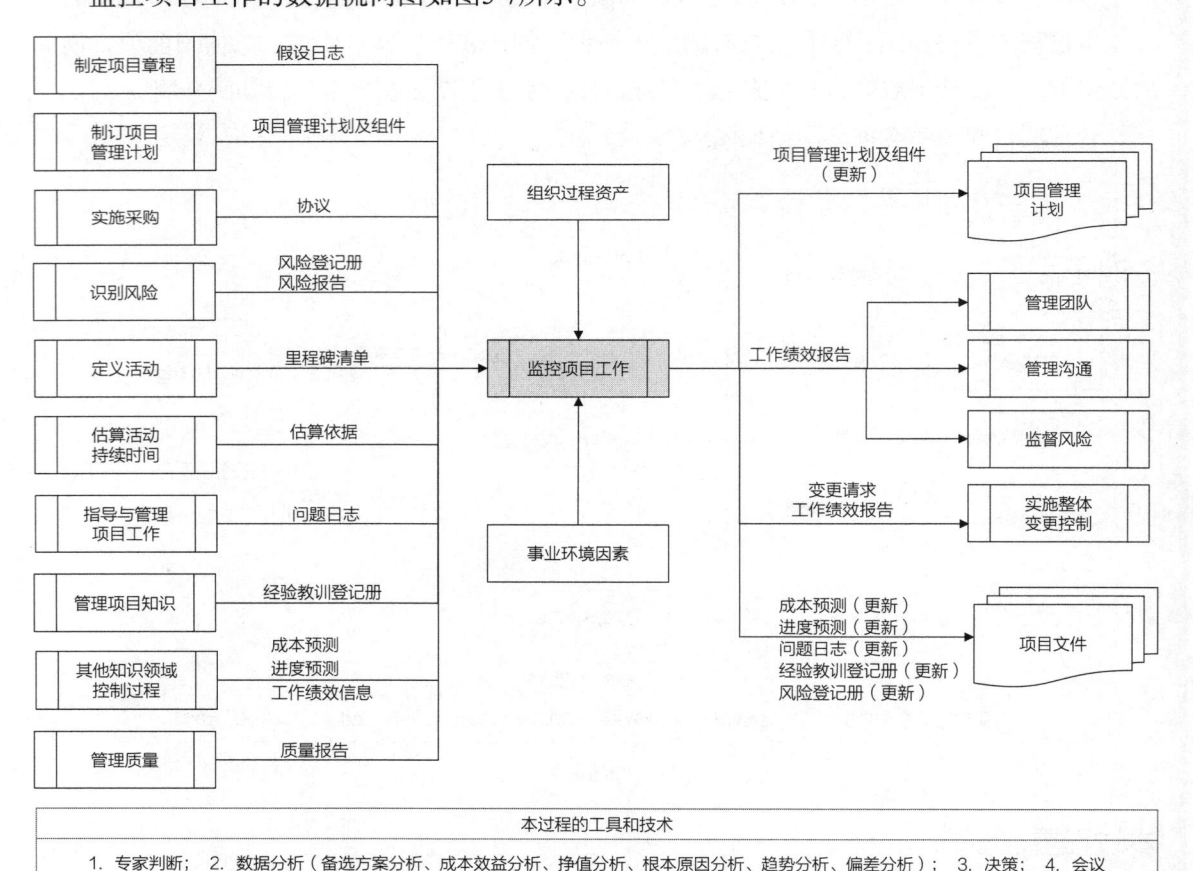

本过程的工具和技术
1. 专家判断； 2. 数据分析（备选方案分析、成本效益分析、挣值分析、根本原因分析、趋势分析、偏差分析）； 3. 决策； 4. 会议

图5-7

本过程重点概念

工作绩效报告：

基于工作绩效信息，用书面或电子形式编制而成，以制定决策、采取行动或引起关注。根据项目沟通管理计划向项目干系人发送。

在PMBOK的理论中，工作绩效数据、工作绩效信息、工作绩效报告三个概念既有区别也有联系，如图5-8所示。

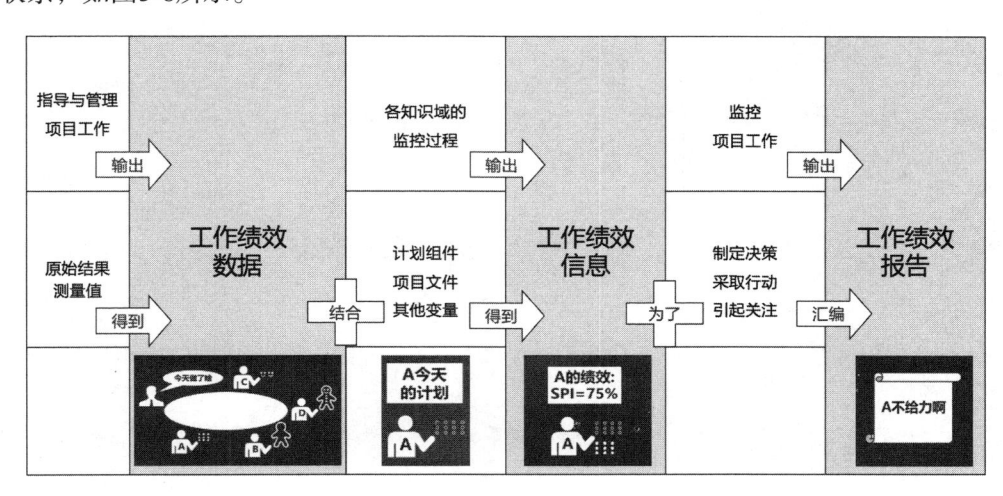

图5-8

结合图5-8，我进行相关解读如下：

（1）工作绩效数据，是指导与管理项目工作过程的输出，就是随着项目工作的开展，项目管理团队记录的有关项目绩效的原始结果和测量值。比如，每天晚上下班前统计一下团队每个人当天的工作量，团队成员A说他今天完成了3件事。那么，"A完成了3件事"就是一个工作绩效数据。工作绩效数据有一个特点是，它对做决策没有直接的帮助。比如，仅仅知道A今天完成了3件事，并不能判断A今天的工作进度是提前了还是落后了。

（2）工作绩效信息是将工作绩效数据与相关计划信息相结合得到的，它对做决策有直接的帮助。比如，A今天在进度方面的工作绩效数据是完成了3件事，而A今天的进度计划是应该完成4件事，那么，就能得到关于A在今天进度方面的工作绩效信息——他的进度落后了。一般除了整合管理之外的其他9个知识域的监控过程（比如控制范围、控制进度、控制成本等）都会输入工作绩效数据，输出工作绩效信息。

（3）工作绩效报告是将各种工作绩效信息进行汇编得到的，目的是引起关注、制定决策、采取行动。监控项目工作这个过程会输入各种工作绩效信息，输出工作绩效报告。

5.1.6　实施整体变更控制

实施整体变更控制是审查所有变更请求、批准变更，管理对可交付成果、项目文件和项目管理计划的变更，并对变更处理结果进行沟通的过程。

本过程审查对项目文件、可交付成果或项目管理计划的所有变更请求，并决定对变更请求的处置方案，其主要作用是，确保对项目中已记录在案的变更做出综合评审。如果不考虑变更对整体项目目标或计划的影响就开展变更，往往会加剧整体项目风险。

本过程需要在整个项目期间开展。

实施整体变更控制的数据流向图如图5-9所示。

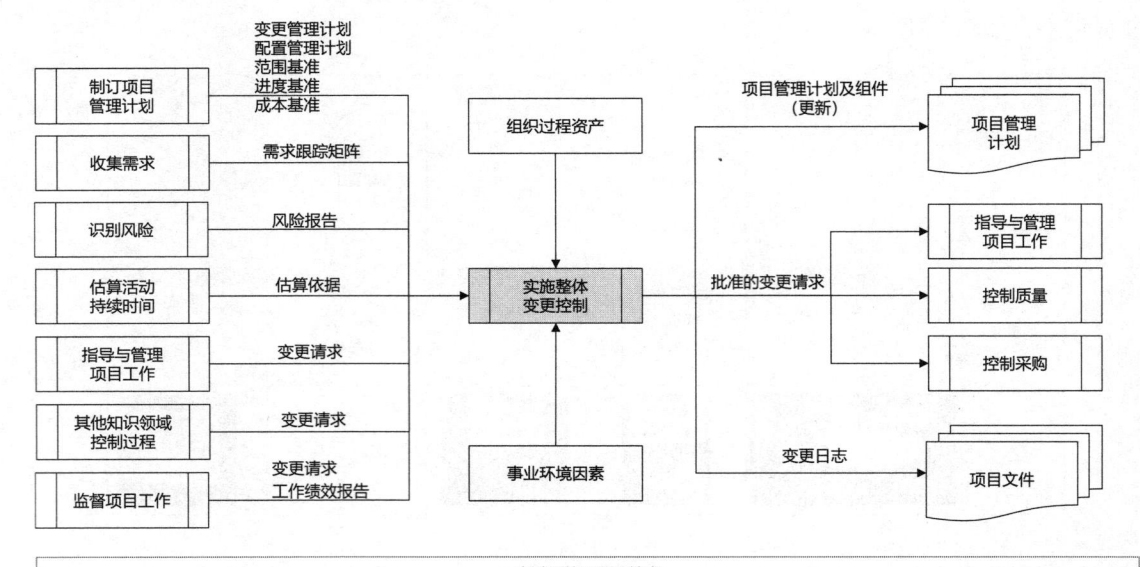

图5-9

本过程重点概念

实施整体变更控制过程贯穿项目始终，项目经理对此承担最终责任。变更请求可能影响项目范围、产品范围以及任一项目管理计划组件或任一项目文件。

在整个项目生命周期的任何时间，在基准确定之前，变更无须正式受控。一旦确定了项目基准，就必须通过实施整体变更控制过程来处理变更请求。

尽管变更可以口头提出，但所有变更请求都必须以书面形式记录，并纳入变更管理和（或）配置管理系统中。在批准变更之前，可能需要了解变更对进度的影响和对成本的影响。在变更请求可能影响任一项目基准的情况下，都需要开展正式的整体变更控制过程。

每项记录在案的变更请求都必须由一位责任人批准、推迟或否决，这个责任人通常是项目发起人或项目经理。应该在项目管理计划或组织程序中指定这位责任人，必要时应该由CCB来开展实施整体变更控制过程。变更请求得到批准后，可能需要新编（或修订）成本估算、活动排序、进度日期、资源需求和（或）风险应对方案分析，这些变更可能会对项目管理计划或其他项目文件进行调整。

配置控制和变更控制的关注点不同：配置控制重点关注可交付成果及各个过程的技术规范；而变更控制则重点关注识别、记录、批准或否决对项目文件、可交付成果或基准的变更。

变更控制工具需要支持的配置管理活动包括：识别配置项、记录并报告配置项状态、进行配置项核实与审计。

变更控制工具还需要支持的变更管理活动包括：识别变更、记录变更、做出变更决定、跟踪变更。

5.1.7 结束项目或阶段

结束项目或阶段是终结项目、阶段或合同的所有活动的过程。

本过程的主要作用是：①存档项目或阶段信息，完成计划的工作；②释放组织团队资源以展开新的工作。它仅开展一次或仅在项目或阶段的结束点开展。

结束项目或阶段的数据流向图如图5-10所示。

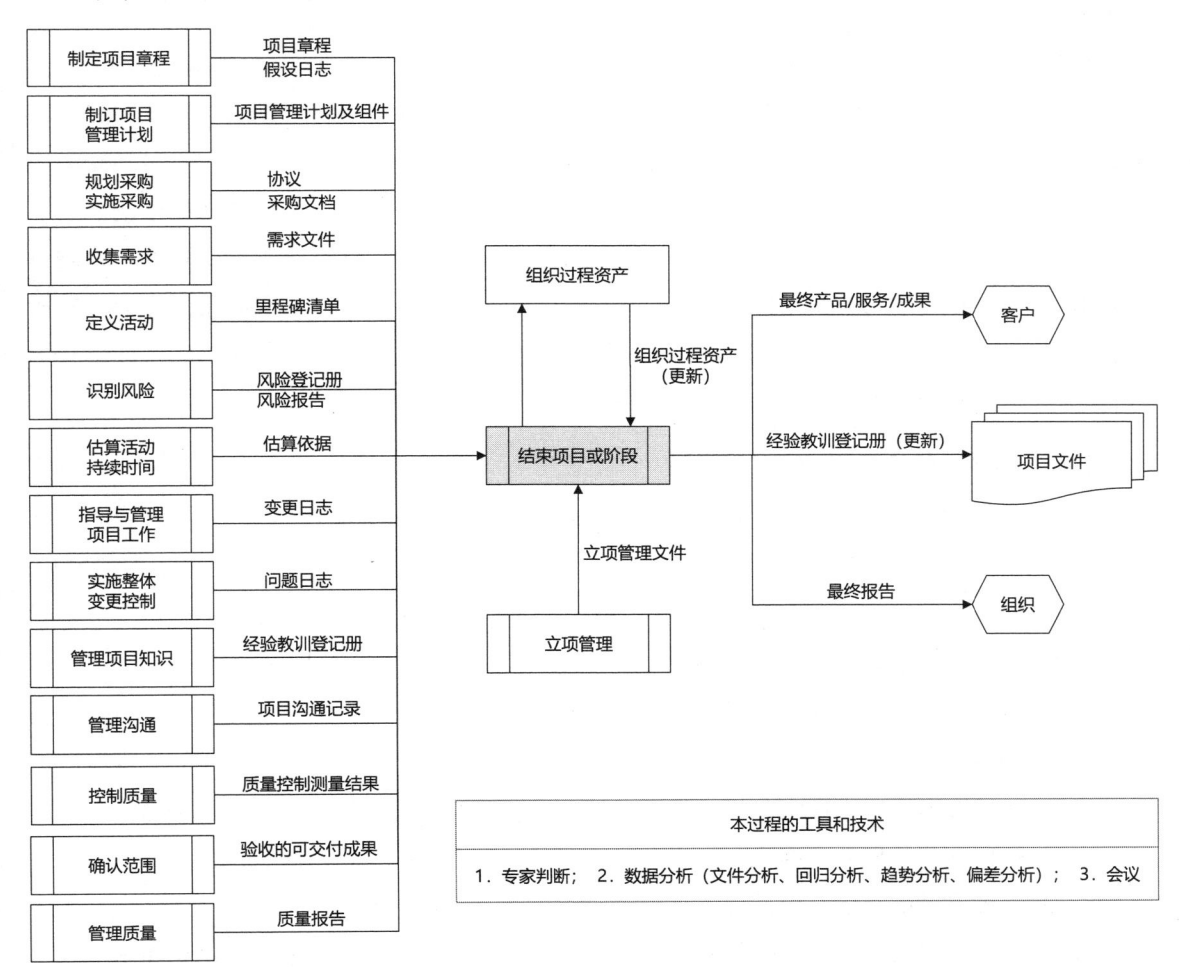

图5-10

本过程重点概念

结束项目或阶段过程所需执行的活动包括：

- 为达到阶段或项目的完工或退出标准所必须开展的行动和活动。
- 为关闭项目合同协议或项目阶段合同协议所必须开展的活动。
- 为完成收集项目或阶段记录、审计项目成败、管理知识分享和传递、总结经验教训、存档项目信息以供组织未来使用等工作所必须开展的活动。
- 为向下一个阶段，或者向生产和（或）运营部门移交项目的产品、服务或成果所必须开展的行动和活动。
- 收集关于改进或更新组织政策和程序的建议，并将它们发送给相应的组织部门。
- 测量干系人的满意程度等。

如果项目在完工前提前终止，则结束项目或阶段过程还需要制定程序，调查并记录提前终止的原因。为了实现上述目的，项目经理应该引导所有合适的干系人参与结束项目或阶段的工作。

项目最终报告：用项目最终报告总结项目绩效，其中可包含：①项目或阶段的概述；②范围目标、范围的评估标准，证明达到完工标准的证据；③质量目标、项目和产品质量的评估标准、相关核实信息和实际里程碑交付日期以及偏差原因；④成本目标，包括可接受的成本区间、实际成本，产生任何偏差的原因等；⑤最终产品、服务或成果的确认信息的总结；⑥进度计划目标，包括成果是否实现项目预期效益，如果在项目结束时未能实现效益，则指出效益实现程度并预计未来实现情况；⑦关于最终产品、服务或成果如何满足业务需求的概述，如果项目结束时未能满足业务需求，则指出需求满足程度并预计业务需求何时能得到满足；⑧关于项目过程中发生的风险或问题及其解决情况的概述等。

5.1.8 本节练习

1. 对于项目整合管理，在整个项目期间开展的过程不包括（　　）。
   A. 制订项目管理计划　　　　　　　　B. 指导与管理项目工作
   C. 管理项目知识　　　　　　　　　　D. 实施整体变更控制

2. 对于项目管理计划的理解，不正确的是（　　）。
   A. 项目管理计划确定项目的执行、监控和收尾方式，其内容会因项目所在的应用领域和复杂程度而异
   B. 项目管理计划需详细制订，每个组成部分的详细程度取决于具体项目要求
   C. 项目管理计划应基准化，至少应规定项目的范围、时间和成本方面的基准
   D. 在确定基准之前，可能要对项目管理计划进行多次更新

3. 项目整合管理由（　　）负责，整合所有其他知识领域成果，掌握项目总体情况。
   A. 项目团队　　　　　　　　　　　　B. 项目经理
   C. 项目启动者　　　　　　　　　　　D. 项目发起人

4. 关于项目章程的描述，不正确的是（　　）。

　　A. 项目章程在项目执行组织与需求组织之间建立起伙伴关系

　　B. 通过编制项目章程，来确认项目符合组织战略和日常运营的需要

　　C. 项目章程可替代合同

　　D. 项目章程授权项目经理规划、执行和控制项目

5. 关于实施整体变更控制过程，不正确的是（　　）。

　　A. 在基准确定之前，变更无须正式受控于实施整体变更控制过程

　　B. 变更请求可能影响项目范围、产品范围及任一项目管理计划组件或任一项目文件

　　C. 在整个项目生命周期的任何时间，并不是所有参与项目的干系人都可以提出变更请求

　　D. 尽管也可以口头提出，但所有变更请求都必须以书面形式记录，并纳入变更管理和（或）配置管理系统中

6. 监控项目工作过程的主要作用是（　　）。

　　A. 生成一份综合文件，用于确定所有项目工作的基础及其执行方式

　　B. 对项目工作和可交付成果开展综合管理，以提高项目成功的可能性

　　C. 让干系人了解项目的当前状态并认可为处理绩效问题而采取的行动，以及通过成本和进度预测，让干系人了解未来项目状态

　　D. 利用已有的组织知识来创造或改进项目成果，并且使当前项目创造的知识可用于支持组织运营和未来的项目或阶段

7. 经验教训登记册通常在（　　）时创建，可以包含情况的类别和描述，还可包括与情况相关的影响、建议和行动方案。

　　A. 项目测试　　　　　B. 项目验收　　　　　C. 项目开始　　　　　D. 项目结束

8. 在制定项目章程所需的人际关系与团队技能中，（　　）有助于干系人就目标、成功标准、高层级需求、项目描述、总体里程碑和其他内容达成一致意见。

　　A. 冲突管理　　　　　B. 访谈　　　　　　　C. 会议管理　　　　　D. 头脑风暴

9. （　　）属于工作绩效数据。

　　①关键绩效指标（KPI）　　　②挣值分析　　　　③进度活动的实际开始日期

　　④可交付成果状态　　　　　　⑤合同绩效信息　　⑥缺陷的数量

　　A. ①②③④　　　　　B. ①③④⑥　　　　　C. ②③⑤⑥　　　　　D. ③④⑤⑥

10. 结束项目或阶段过程的主要作用包括（　　）。

　　①存档项目或阶段信息　　　②利用已有的组织知识，改进项目成果

　　③对项目工作的可交付成果进行综合管理

　　④确定项目工作的基础　　　⑤释放组织团队资源

　　A. ①②⑤　　　　　　B. ①⑤　　　　　　　C. ①③⑤　　　　　　D. ①④

参考答案：1. A；2. B；3. B；4. C；5. C；6. C；7. C；8. A；9. B；10. B。

5.2 项目范围管理

项目范围管理包括确保项目做且只做所需的全部工作,以成功完成项目。

项目范围管理主要在于,定义和控制哪些工作应该被包含在项目内,哪些工作不应该被包含在项目内。

产品范围:指某项产品、服务或成果所具有的特征和功能。产品范围的完成情况是根据产品需求来衡量的。"需求"是指根据特定协议或其他强制性规范,产品、服务或成果必须具备的条件或能力。

项目范围:包括产品范围,是为交付具有规定特性与功能的产品、服务或成果而必须完成的工作。项目范围的完成情况是根据项目管理计划来衡量的。

1. 管理新实践

项目范围管理的新趋势和新兴实践更加注重与商业分析师一起合作,以便做到:①确定问题并识别商业需要;②识别并推荐能够满足需要的可行解决方案;③收集、记录并管理干系人需求满足商业和项目目标;④推动项目集或项目产品、服务或最终成果成功应用。

商业分析师的职责还应包括需求管理相关的活动,项目经理则负责确保这些活动列入项目管理计划,并且在预算内按时完成,同时能够创造价值。

项目经理与商业分析师之间应该是伙伴式合作关系。如果项目经理和商业分析师能够理解彼此在促进项目目标实现过程中的角色和职责,则项目成功的可能性会更大。

2. 项目范围管理过程

项目范围管理包含6个项目管理过程,每个过程的输入/输出工具与技术如表5-3所示(字体加粗的内容为相对重要的考点,建议加深理解)。

表 5-3

项目范围管理		
规划范围管理	输入	项目章程、项目管理计划、事业环境因素、组织过程资产
	输出	**范围管理计划、需求管理计划**
	技术	专家判断、数据分析、会议
收集需求	输入	立项管理文件、项目章程、项目管理计划、项目文件、协议、事业环境因素、组织过程资产
	输出	**需求文件、需求跟踪矩阵**
	技术	专家判断、数据收集、数据分析、决策、数据表现、人际关系与团队技能、系统交互图、原型法
定义范围	输入	项目章程、项目管理计划、项目文件、事业环境因素、组织过程资产
	输出	**范围说明书**、项目文件更新
	技术	专家判断、数据分析、决策、人际关系与团队技能、产品分析

续表

项目范围管理		
创建WBS	输入	项目管理计划、项目文件、事业环境因素、组织过程资产
	输出	**范围基准**、项目文件更新
	技术	分解、专家判断
确认范围	输入	项目管理计划、项目文件、工作绩效数据、**核实的可交付成果**
	输出	**验收的可交付成果**、变更请求、工作绩效信息、项目文件更新
	技术	检查、决策
控制范围	输入	项目管理计划、项目文件、工作绩效数据、组织过程资产
	输出	工作绩效信息、**变更请求**、项目管理计划更新、项目文件更新
	技术	专家判断、变更控制工具、数据分析、决策、会议

3. 裁剪考虑因素

裁剪时应考虑的因素包括：知识和需求管理、确认和控制、开发方法、需求的稳定性、治理。

4. 敏捷与适应方法

在许多情况下，不断涌现的需求往往导致真实的业务需求与最初所述的业务需求之间存在差异。因此，敏捷方法要有目的地构建和审查原型，并通过多次发布版本来明确需求，范围会在整个项目期间被定义和再定义。

采用敏捷或适应型生命周期，旨在应对大量变更，需要干系人持续参与项目。在每次迭代中，都会重复开展：收集需求、定义范围、创建WBS、确认范围、控制范围。

5.2.1 规划范围管理

规划范围管理是为了记录如何定义、确认和控制项目范围及产品范围，而创建范围管理计划的过程。

本过程的主要作用是在整个项目期间对如何管理范围提供指南和方向。本过程仅开展一次或仅在项目的预定义点开展。

规划范围管理的数据流向图如图5-11所示。

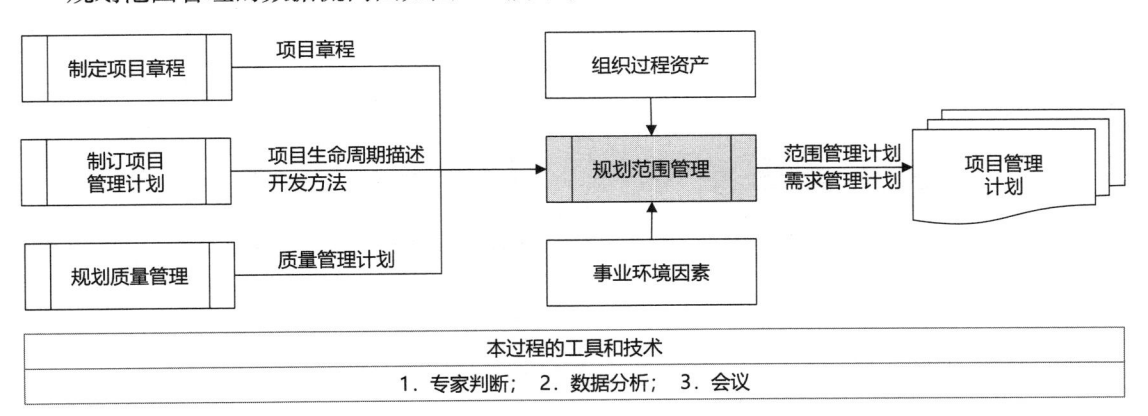

图5-11

本过程重点概念

1. 范围管理计划

范围管理计划是项目管理计划的组成部分,描述将如何定义、制定、监督、控制和确认项目范围。

范围管理计划用于指导如下过程和相关工作:①制定项目范围说明书;②根据详细项目范围说明书创建WBS;③确定如何审批和维护范围基准;④正式验收已完成的项目可交付成果。

根据项目需要,范围管理计划可以是正式或非正式的,非常详细或高度概括的。

2. 需求管理计划

需求管理计划是项目管理计划的组成部分,描述如何分析、记录和管理需求。

需求管理计划的主要内容包括:①如何规划、跟踪和报告各种需求活动;②配置管理活动,例如,如何启动变更,如何分析其影响,如何进行追溯、跟踪和报告,以及变更审批权限;③需求优先级排序过程;④测量指标及使用这些指标的理由;⑤反映哪些需求属性将被列入跟踪矩阵等。

5.2.2 收集需求

收集需求是为实现目标而确定、记录并管理干系人的需要和需求的过程。

本过程的主要作用是为定义产品范围和项目范围奠定基础。本过程仅开展一次或仅在项目的预定义点开展。

收集需求的数据流向图如图5-12所示。

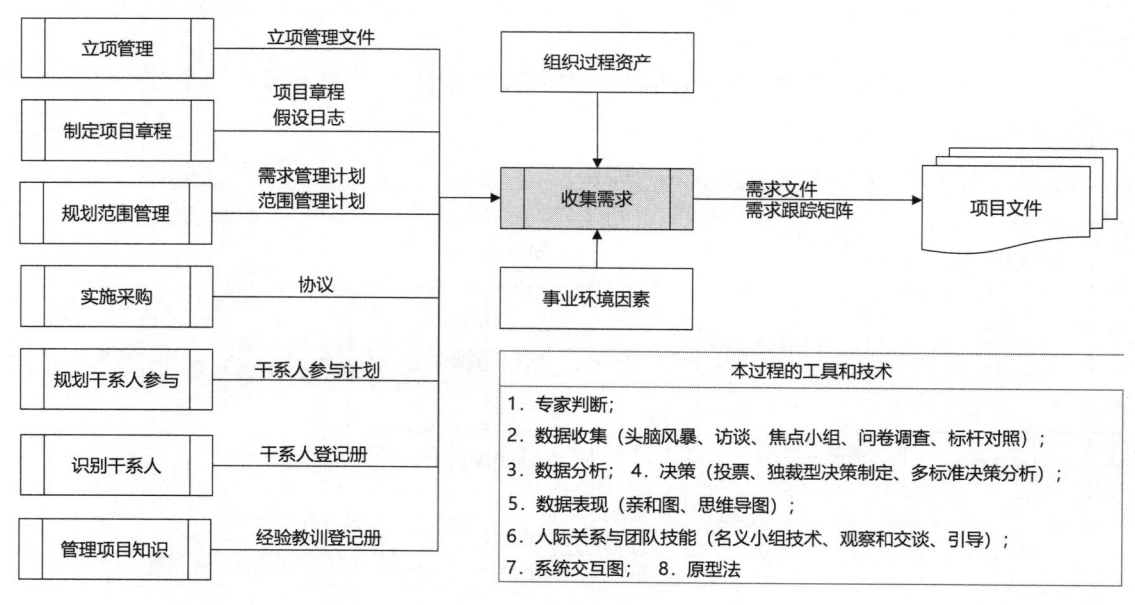

图5-12

本过程重点概念

1. 需求文件

需求文件描述各种单一需求将如何满足项目相关的业务需求。一开始可能只有高层级的需求，然后随着有关需求信息的增加而逐步细化。只有明确的（可测量和可测试的）、可跟踪的、完整的、相互协调的，且主要干系人愿意认可的需求，才能作为基准。

需求的类别包括：

- 业务需求：整个组织的高层级需要。
- 干系人需求：干系人或干系人群体的需要解决方案需求。
- 解决方案需求：功能需求/非功能需求。
- 项目需求：项目需要满足的行动、过程或其他条件。
- 过渡需求：从"当前状态"过渡到"将来状态"所需的临时能力。
- 质量需求：用于确认项目可交付成果的成功完成或其他项目需求的实现的任何条件或标准。

2. 需求跟踪矩阵

需求跟踪矩阵是把产品需求从其来源连接到能满足需求的可交付成果的一种表格。它提供了在整个项目生命周期中跟踪需求的一种方法，为管理产品范围变更提供了框架。

本过程可采用的数据收集工具（节选）如下。

- 头脑风暴：用来产生和收集对项目需求与产品需求的多种创意。应该遵守庭外判决原则，各抒己见、自由鸣放、追求数量。
- 焦点小组：召集预定的干系人和主题专家，了解他们对所讨论的产品、服务或成果的期望和态度。由一位受过训练的主持人引导大家进行互动式讨论。焦点小组往往比一对一的访谈更热烈。
- 标杆对照：将实际或计划的产品、过程和实践，与其他可比组织的实践进行比较，以便识别最佳实践，形成改进意见，并为绩效考核提供依据。

本过程的数据分析技术是**文件分析**。文件分析指审核和评估任何相关的文件信息。

本过程可采用的数据表现工具（节选）如下。

- 亲和图：用来对大量创意进行分组的技术，以便进一步审查和分析。图5-13是一个用亲和图整理创意的例子。

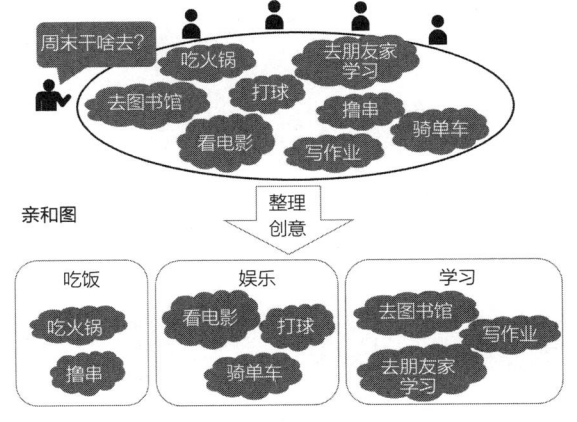

图5-13

本过程可采用的人际关系与团队技能（节选）如下。

- **名义小组技术**，是用于促进头脑风暴的一种技术，通过投票排列最有用的创意，以便进一步开展头脑风暴或优先排序。一般由四个步骤组成：①向集体提出一个问题或难题，每个人在沉思后写出自己的想法；②主持人在活动挂图上记录所有人的想法；③集体讨论各个想法，直到全体成员达成明确的共识；④匿名投票决出各种想法的优先排序。为减少想法数量、集中关注想法，可进行数轮投票。每轮投票后，都将清点选票，得分最高者被选出。

- **引导**，引导与主题研讨会结合使用，把主要干系人召集在一起定义产品需求。研讨会可用于快速定义跨职能需求并协调干系人需求的差异。因为具有群体互动的特点，有效引导的研讨会有助于参与者之间建立信任、改进关系、改善沟通，从而有利于干系人达成一致意见。此外，与分别召开会议相比，研讨会能够更早发现并解决问题。

本过程的工具和技术还包括：**系统交互图、原型法**。

5.2.3 定义范围

定义范围是制定项目和产品详细描述的过程。

本过程的主要作用是描述产品、服务或成果的边界和验收标准。本过程需要在整个项目期间多次反复开展。

定义范围的数据流向图如图5-14所示。

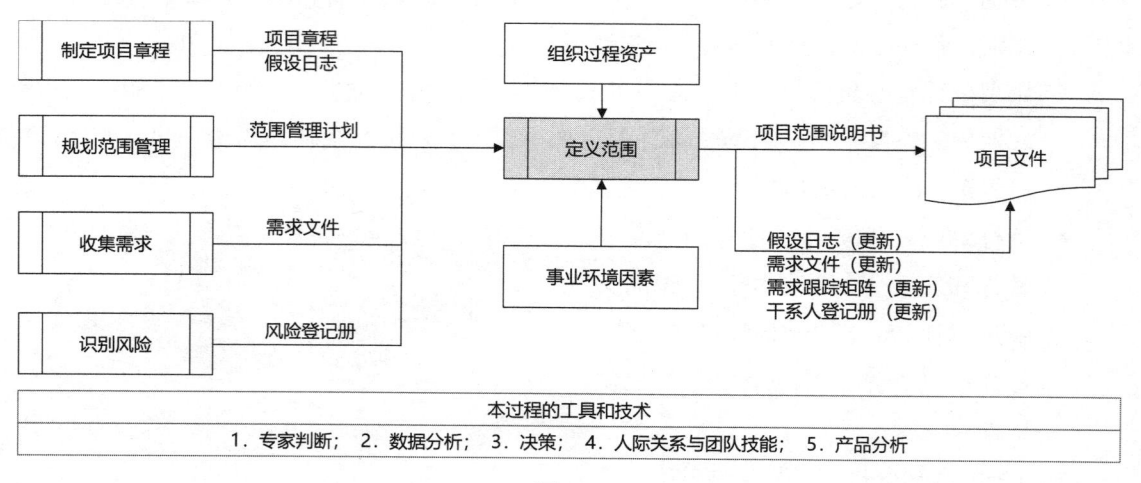

图5-14

本过程重点概念

1. 项目范围说明书

项目范围说明书是对项目范围、主要可交付成果、假设条件和制约因素的描述。记录了整个范围，包括项目范围和产品范围。包括：产品范围描述；项目的可交付成果；验收标准；项目的除外责任。

2. 产品分析

产品分析可用于定义产品和服务，包括针对产品或服务提问并回答，以描述要交付产品的用途、特征及其他方面。首先获取高层级的需求，然后将其细化到最终产品设计所需的详细程度。产品分析技术主要包括：产品分解、需求分析、系统分析、系统工程、价值分析、价值工程等。

5.2.4 创建WBS

创建工作分解结构（WBS）是把项目可交付成果和项目工作分解成较小、更易于管理的组件的过程。

本过程的主要作用是为所要交付的内容提供架构。它仅开展一次或仅在项目的预定义点开展。

创建WBS的数据流向图如图5-15所示。

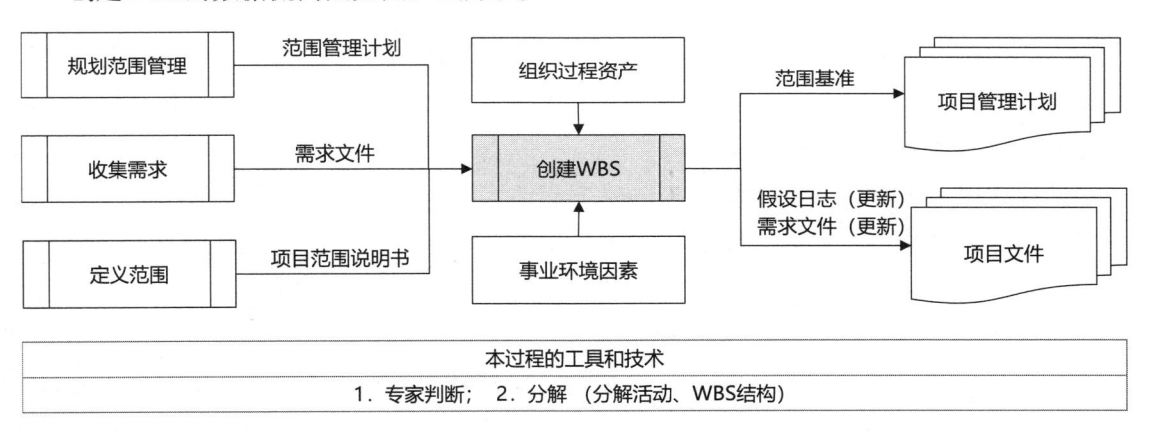

图5-15

本过程重点概念

1. 范围基准

范围基准是经过批准的范围说明书、WBS和相应的WBS词典，只有通过正式的变更控制程序才能进行变更，它被用作比较的基础。范围基准是项目管理计划的组成部分。

2. WBS

WBS是对项目团队为实现项目目标、创建所需可交付成果而需要实施的全部工作范围的层级分解。工作分解结构每向下分解一层，代表对项目工作更详细的定义。

图5-16是一个典型的WBS的结构图，下面分别描述WBS中的要素。

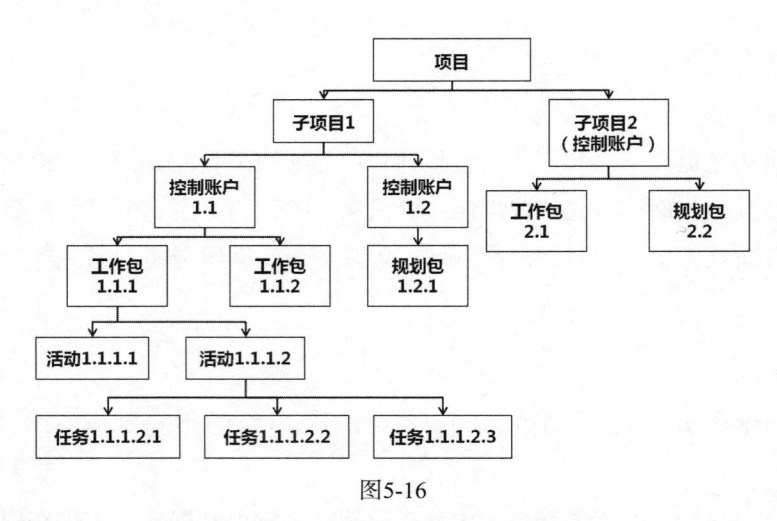

```
                        项目
                   ┌─────┴─────┐
                子项目1        子项目2
                               (控制账户)
            ┌──────┴──────┐    ┌────┴────┐
         控制账户      控制账户   工作包    规划包
          1.1          1.2      2.1      2.2
        ┌──┴──┐         │
      工作包 工作包    规划包
      1.1.1  1.1.2    1.2.1
      ┌──┴──┐
   活动1.1.1.1 活动1.1.1.2
              ┌────┼────┐
           任务      任务      任务
          1.1.1.2.1 1.1.1.2.2 1.1.1.2.3
```

图5-16

- **子项目**是整个项目中的一个半独立、便于管理、较小的部分。
- **控制账户**是一个管理控制点。在该控制点上，把项目的范围、预算、实际成本和进度加以整合，并与挣值相比较，以测量绩效。
- **工作包**是WBS底层的组件。把每个工作包分配到一个控制账户，并根据"账户编码"为工作包建立唯一标识。每个控制账户可能包括一个或多个工作包，但是一个工作包只能属于一个控制账户。
- **规划包**是WBS的组件，位于控制账户之下，工作内容已知，但详细的进度活动未知。规划包位于控制账户之下，一个控制账户可以包含一个或多个规划包。
- **活动**是工作包进一步分解得到的，代表为完成工作包所需的工作投入。
- **任务**是活动分解的产物，是工作的一般内容。

其中，项目、子项目、控制账户、工作包、规划包是WBS元素，一般由项目管理团队负责分解。将工作包继续分解为活动一般由执行部门分解，主要为了制订详细的项目进度计划。将活动分解成任务一般由相关执行团队的个人进行。也就是说，工作包是WBS的底层，但并不是不能继续分解。

要在未来才完成的可交付成果或组件，当前可能无法分解。项目管理团队通常需要等待对该可交付成果或组件的一致意见，以便能够制定出WBS中的相应细节。这种技术有时称作滚动式规划。

WBS包含了全部的产品和项目工作，包括项目管理工作。通过把WBS底层的所有工作逐层向上汇总，来确保既没有遗漏的工作，也没有多余的工作。这有时被称为100%规则。

3. WBS词典

WBS词典是针对每个WBS组件，详细描述可交付成果、活动和进度信息的文件。WBS词典对WBS提供支持。WBS词典中的内容可能包括（但不限于）：账户编码标识；工作描述；假设条件和制约因素；负责的组织；进度里程碑；相关的进度活动；所需资源；成本估算；质量要求；验收标准；技术参考文献；协议信息。

4. 分解

分解是一种把项目范围和项目可交付成果逐步划分为更小、更便于管理的组成部分的技术。工作包是WBS底层的工作，可对其成本和持续时间进行估算和管理。分解的程度取决于所需的控制程度，以实现对项目的高效管理。工作包的详细程度因项目规模和复杂程度而异。要把整个项目工作分解为工作包，通常需要开展以下活动：

（1）识别和分析可交付成果及相关工作。

（2）确定WBS的结构和编排方法。

（3）自上而下逐层细化分解。

（4）为WBS组件制定和分配标识编码。

（5）核实可交付成果分解的程度是否恰当。

WBS的分解可以采用多种形式：①以项目生命周期的各阶段作为分解的第二层；②以主要可交付成果作为第二层。图5-17是同一个项目按照不同逻辑分解的示意图。

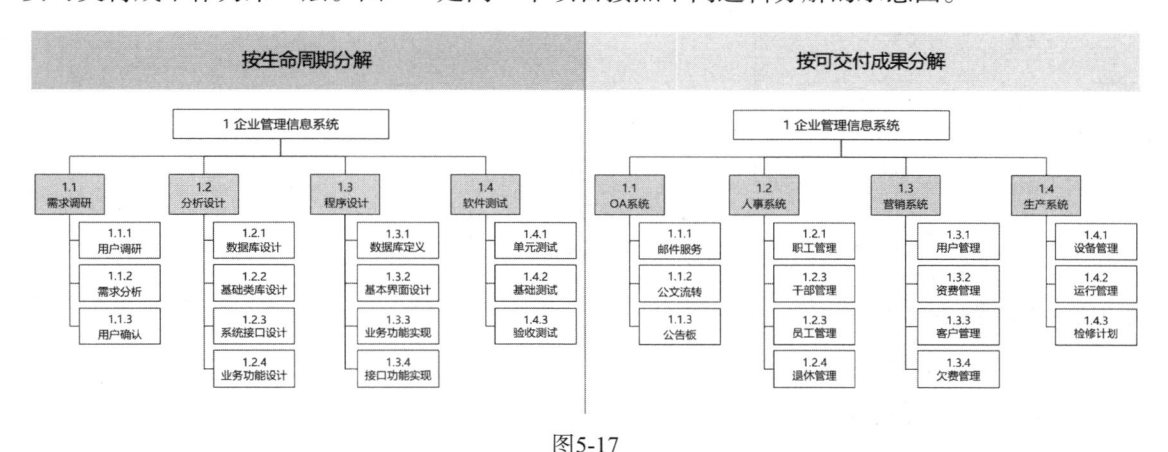

图5-17

分解时的注意事项如下。

（1）WBS必须是面向可交付成果的。

（2）WBS必须符合项目的范围。WBS必须包括也仅包括为了完成项目的可交付成果而进行的活动。100%原则（包含原则）认为，在WBS中，所有下一级的元素之和必须100%代表上一级的元素。

（3）WBS底层应该支持计划和控制。

（4）WBS中的元素必须有人负责，而且只由一个人负责（独立责任原则）。

（5）WBS应控制在4~6层。同一层元素的大小应该相似。一个工作单元只能从属于某个上层单元，避免交叉从属。

（6）WBS应包括项目管理工作，也应包括分包出去的工作。

（7）WBS的编制需要所有（主要）项目干系人的参与。

（8）WBS并非一成不变。

5.2.5 确认范围

确认范围是正式验收已完成的项目可交付成果的过程。

本过程的主要作用：①使验收过程具有客观性；②通过确认每个可交付成果来提高最终产品、服务或成果获得验收的可能性。确认范围过程应根据需要在整个项目期间定期开展。

确认范围的数据流向图如图5-18所示。

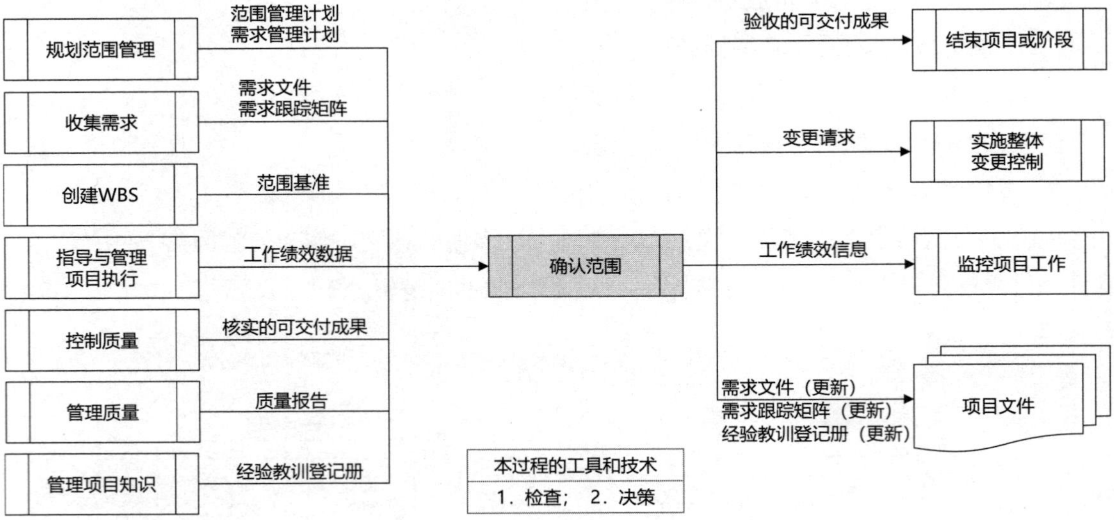

图5-18

本过程重点概念

确认范围应该贯穿项目的始终。

1. 验收的可交付成果

验收的可交付成果是由客户或发起人正式签字批准的符合验收标准的可交付成果。应该从客户或发起人那里获得正式文件，证明干系人对项目可交付成果的正式验收。

2. 确认范围的一般步骤

确认范围的一般步骤包括：①确定需要进行范围确认的时间；②识别范围确认需要哪些投入；③确定范围正式被接受的标准和要素；④确定范围确认会议的组织步骤；⑤组织范围确认会议。

确认范围关注可交付成果的验收，控制质量关注可交付成果的正确性及是否满足质量要求。控制质量过程通常先于确认范围过程，但二者也可同时进行。

确认范围时，可能需要检查的问题包括：

（1）可交付成果是否是确定的、可确认的。

（2）每个可交付成果是否有明确的里程碑。

（3）是否有明确的质量标准。

（4）审核和承诺是否有清晰的表达。
（5）项目范围是否覆盖了完成产品或服务的所有活动。
（6）项目范围的风险是否太高，是否能够降低可预见风险对项目的冲击。

5.2.6 控制范围

控制范围是监督项目和产品的范围状态，管理范围基准变更的过程。

本过程的主要作用是在整个项目期间保持对范围基准的维护。本过程需要在整个项目期间开展。

控制范围的数据流向图如图5-19所示。

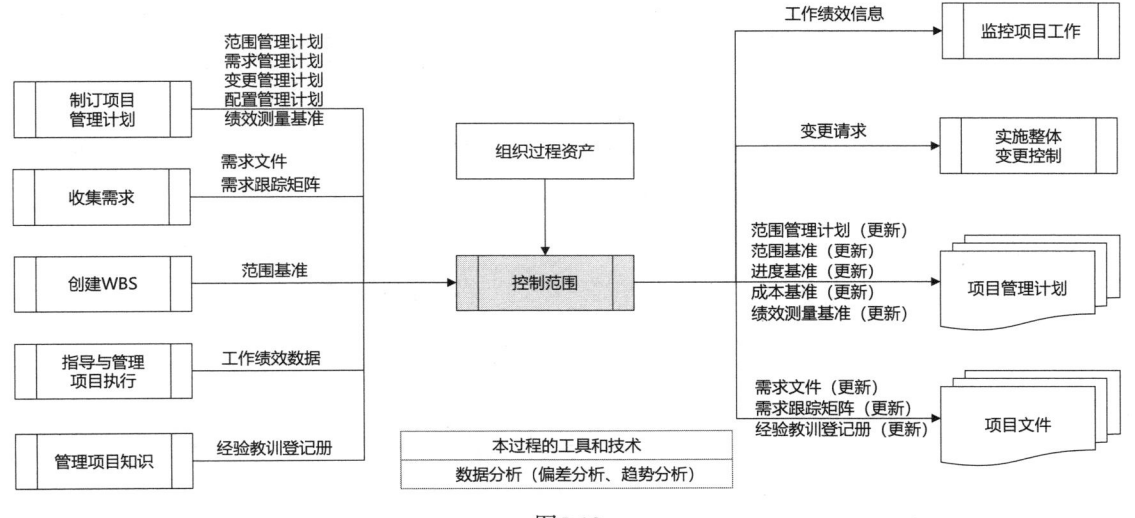

图5-19

特别强调一下，除整合管理外，其他知识域的监控过程（比如控制范围、控制进度、控制质量等）都会输入工作绩效数据；也都会输出工作绩效信息、变更请求、项目管理计划更新、项目文件更新。大家在学习的时候可以把握这些规律，方便理解和记忆。

本过程重点概念

本过程采用的数据分析技术如下。

- **偏差分析**：用于将基准与实际结果进行比较，以确定偏差是否处于临界值区间内或是否有必要采取纠正或预防措施。
- **趋势分析**：旨在审查项目绩效随时间的变化情况，以判断绩效是正在改善还是正在恶化。

1. 范围蔓延

范围蔓延指的是由客户导致的未经变更控制的产品或项目范围的扩大。

2. 范围镀金

范围镀金指的是团队主动增加的项目范围以外的工作。

范围蔓延和范围镀金都是控制范围时应该努力避免的，一旦出现，要及时处理。

5.2.7 本节练习

1. 对于（　　）生命周期，项目开始时就对项目可交付成果进行定义，对任何范围变化都要进行变更管理。

　　A. 预测型　　　　　　B. 适应型　　　　　　C. 敏捷型　　　　　　D. 迭代型

2. （　　）不是规划范围管理过程的输入。

　　A. 项目章程　　　　　　　　　　　B. 项目管理计划
　　C. 质量管理计划　　　　　　　　　D. 需求管理计划

3. 关于需求的理解，不正确的是（　　）。

　　A. 让干系人积极参与需求的探索和分解工作，并仔细确定、记录和管理对产品、服务或成果的需求，能直接促进项目成功
　　B. 为更好地对项目进行了解，收集需求的过程应在整个项目期间定期开展
　　C. 需求是指根据特定协议或其他强制性规范，产品、服务或成果必须具备的条件或能力
　　D. 需求包括发起人、客户和其他干系人的已量化且书面记录的需要和期望

4. 在数据收集技术中，（　　）将实际或计划的产品、过程和实践，与其他可比组织的实践进行比较，以便识别最佳实践，形成改进意见，并为绩效考核提供依据。

　　A. 头脑风暴　　　　　B. 焦点小组　　　　　C. 亲和图　　　　　D. 标杆对照

5. （　　）是把产品需求从其来源连接到能满足需求的可交付成果的一种表格。

　　A. 系统交互图　　　　　　　　　　B. 决策矩阵
　　C. 需求跟踪矩阵　　　　　　　　　D. UC矩阵

6. 应根据（　　）来编制详细的项目范围说明书。

　　①可交付成果　②假设条件　③制约因素　④WBS

　　A. ①②③　　　　　B. ①②④　　　　　C. ①③④　　　　　D. ②③④

7. 范围基准包括（　　）。

　　①经批准的范围说明书　②项目章程　③WBS词典　④WBS　⑤项目管理计划

　　A. ①②⑤　　　　　B. ①②④　　　　　C. ①③④　　　　　D. ①④⑤

8. 关于项目范围说明书的理解，不正确的是（　　）。

　　A. 项目范围说明书可明确指出哪些工作不属于本项目范围
　　B. 项目范围说明书使项目团队能进行更详细的规划，并为评价变更请求或额外工作是否超过项目边界提供基准

C. 项目范围说明书描述要做和不要做的工作的详细程度，决定着项目管理团队控制整个项目范围的有效程度

D. 项目范围说明书不能代表项目干系人之间就项目范围所达成的共识

9. （　　）用于确认项目可交付成果的成功完成。

A. 业务需求　　　　　　　　　　B. 解决方案需求

C. 质量需求　　　　　　　　　　D. 过渡与就绪需求

10. 关于确认范围的描述，不正确的是（　　）。

A. 确认范围的作用之一是确保验收过程具有客观性

B. 确认范围过程通常先于控制质量过程，二者也可同时进行

C. 在确认范围时，要检查可交付成果是否有明确的质量标准

D. 管理层、客户、项目管理人员在确认范围时的关注点有所不同

11. 关于WBS的描述，正确的是（　　）。

A. WBS中的各项工作为可交付成果提供服务

B. WBS的内容一般会超出完成可交付成果的活动范围

C. WBS中的元素可以由一人或多人负责

D. WBS应包括分包的工作，但不包括管理工作

参考答案：1. A；2. D；3. B；4. D；5. C；6. A；7. C；8. D；9. C；10. B；11. A。

5.3 项目进度管理

项目进度管理是为了保证项目按时完成。

对项目所需的各个过程进行管理，包括规划进度、定义活动、排列活动顺序、估算活动持续时间、制订项目进度计划并控制项目进度。

小型项目中，定义活动、排列活动顺序、估算活动持续时间及制订进度模型形成进度计划等过程的联系非常密切，可以视为一个过程，可以由一个人在较短时间内完成。

1. 项目进度计划的定义和总要求

项目进度计划提供了项目的详尽计划，说明项目如何以及何时交付项目范围中定义的产品、服务和成果，是一种用于沟通和管理干系人期望的工具，为绩效报告提供依据。

项目管理团队编制进度计划的一般步骤为：首先选择进度计划方法，例如关键路径法；然后将项目特定数据，如活动、计划日期、持续时间、资源、依赖关系和制约因素等输入进度计划编制工具，创建项目进度模型；最后根据进度模型形成项目进度计划。

应在整个项目期间保持项目进度计划的灵活性，并根据知识、风险理解程度和增值活动等情况的改变对其进行调整。

2. 管理新实践

管理新实践具有未完成项的迭代型进度计划，基于适应型生命周期的滚动式规划进度计划的方法，允许在整个开发生命周期期间进行变更。这种方法将需求记录在用户故事中，然后在建造之前按优先级排序并优化用户故事，最后在规定的时间内开发产品功能。这一方法通常用于向客户交付增量价值，或多个团队并行开发大量的、内部关联的、较小的功能，是按需进行的进度计划。此方法不依赖于预先定义好的进度计划，而是在资源可用时立即从未完成项和工作序列中提取工作任务。该方法适用于具有如下特征的项目：一是在运营或持续环境中以增量方式研发产品的项目；二是工作任务的规模或范围相对类似的项目；三是可以按照规模或范围对任务进行组合的项目。

3. 项目进度管理过程

项目进度管理包含6个管理过程，每个过程的输入/输出工具与技术如表5-4所示（字体加粗的内容为相对重要的考点，建议加深理解）。

表 5-4

项目进度管理		
规划进度管理	输入	项目章程、项目管理计划、事业环境因素、组织过程资产
	输出	**进度管理计划**
	技术	专家判断、数据技术、会议
定义活动	输入	进度管理计划、事业环境因素、组织过程资产
	输出	活动清单、活动属性、里程碑清单、变更请求、项目管理计划更新
	技术	专家判断、分解、滚动式规划、会议
排列活动顺序	输入	项目管理计划、项目文件、事业环境因素、组织过程资产
	输出	**项目进度网络图**、项目文件更新
	技术	紧前关系绘图法、箭线图法、确定和整合依赖关系、提前量与滞后量、项目管理信息系统
估算活动持续时间	输入	项目管理计划、项目文件、事业环境因素、组织过程资产
	输出	持续时间估算、估算依据、项目文件更新
	技术	专家判断、类比估算、参数估算、三点估算、自下而上估算、数据分析、决策、会议
制订进度计划	输入	项目管理计划、项目文件、协议、事业环境因素、组织过程资产
	输出	**进度基准**、**项目进度计划**、进度数据、**项目日历**、变更请求、项目管理计划更新、项目文件更新
	技术	**进度网络分析**、**关键路径法**、**资源优化**、数据分析、提前量与滞后量、**进度压缩**、计划评审技术、项目管理信息系统、敏捷或适应型发布规划
控制进度	输入	项目管理计划、项目文件、**工作绩效数据**、组织过程资产
	输出	**工作绩效信息**、**进度预测**、变更请求、项目管理计划更新、项目文件更新
	技术	数据分析、关键路径法、项目管理信息系统、资源优化、提前量与滞后量、进度压缩

4. 裁剪考虑因素

裁剪时应考虑的因素包括：生命周期方法、资源可用性、项目维度、技术支持。

5. 敏捷与适应方法

在大型组织中，可能同时存在小规模项目和大规模项目的组合，需要制定长期路线图，通过规模参数（如团队规模、物理分布、法规合规性、组织复杂性和技术复杂性）来管理这些项目组合和项目集。为管理大规模的、全组织系统的、完整的交付生命周期，可能需要采用一系列技术，包括预测型方法、适应型方法或两种方法的混合。组织还可能需要结合几种核心方法，或采用已实践过的方法的一些原则和实践。

要成功实施适应型方法，项目经理需要了解如何高效使用相关的工具和技术。

5.3.1 规划进度管理

规划进度管理是为规划、编制、管理、执行和控制项目进度而制定政策、程序和文档的过程。

本过程的主要作用是为如何在整个项目期间管理项目进度提供指南和方向。

本过程只开展一次或仅在项目的预定义点开展。

规划进度管理的数据流向图如图5-20所示。

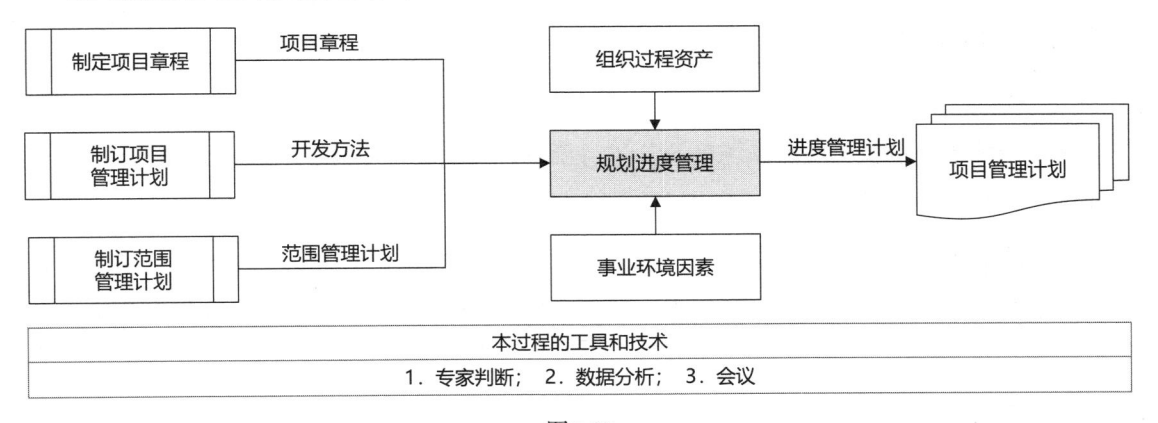

图5-20

本过程重点概念

进度管理计划：进度管理计划是项目管理计划的组成部分，为编制、监督和控制项目进度建立准则和明确活动。

进度管理计划的内容包括：①项目进度模型制定；②进度计划的发布和迭代长度；③准确度；④计量单位；⑤组织程序链接（工作分解结构WBS）；⑥项目进度模型维护；⑦控制临界值；⑧绩效测量规则；⑨报告格式。

进度管理计划可以是正式的或非正式的，非常详细的或高度概括的。

5.3.2 定义活动

定义活动是识别和记录为完成项目可交付成果而须采取的具体行动的过程。

本过程的主要作用是：将工作包分解为进度活动，作为对项目工作进行进度估算、规划、执行、监督和控制的基础。本过程需要在整个项目期间开展。

定义活动的数据流向图如图5-21所示。

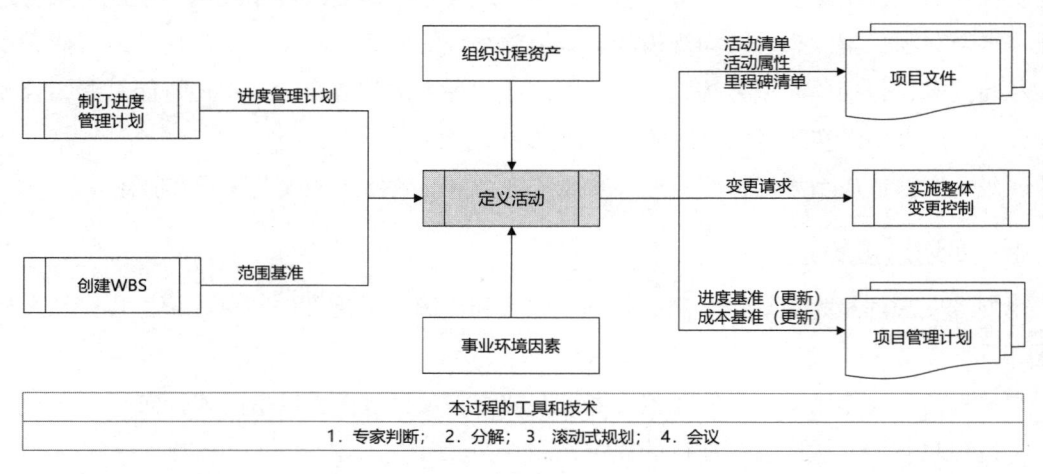

图5-21

本过程重点概念

1. 活动清单

活动清单是一份包含项目所需的全部进度活动的综合清单。包括每项活动的标识及工作范围详述。

2. 活动属性

活动属性针对每项活动所具有的多重属性来扩充对活动的描述。活动属性随时间演进。

3. 里程碑

里程碑是项目中的重要时点或事件。

4. 里程碑清单

里程碑清单列出了所有项目里程碑，并指明每个里程碑是强制性的（如合同要求的）还是选择性的（如根据历史信息确定的）。

5.3.3 排列活动顺序

排列活动顺序是识别和记录项目活动之间关系的过程。本过程的主要作用是定义工作之间的逻辑顺序，以便在既定的所有项目制约因素下获得最高的效率。本过程需要在整个项目期间开展。

排列活动顺序的数据流向图如图5-22所示。

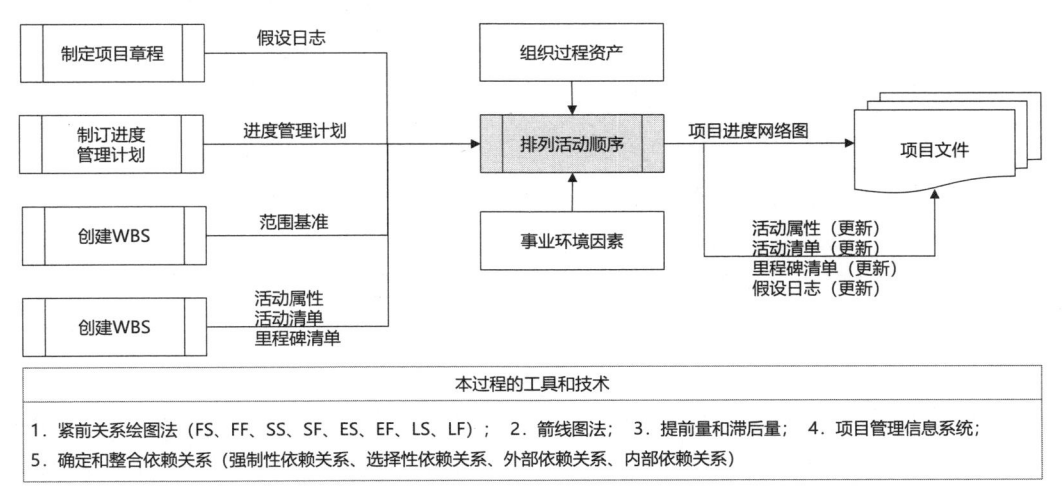

图5-22

本过程重点概念

1. 项目进度网络图

项目进度网络图是表示项目进度活动之间的逻辑关系的图形。

关于网络图以及相关时间参数的计算，是软考高项的一个重点考点，在本书第三篇"应试专题篇"中会有详细讲解。

2. 紧前关系绘图法

紧前关系绘图法（Precedence Diagramming Method，PDM）是创建进度模型的一种技术，用**节点表示活动**，用一种或多种逻辑关系连接活动，以显示活动的实施顺序。活动节点法（Active On the Node，AON）是紧前关系绘图法的一种展示方法，一般也被称作**单代号网络图**，是大多数项目管理软件包所使用的方法。

PDM 包括四种依赖关系或逻辑关系。紧前活动是在进度计划的逻辑路径中，排在非开始活动前面的活动。紧后活动是排在某个活动后面的活动。这些关系的定义如下，如图5-23所示。

- 完成到开始（FS）：只有紧前活动完成，紧后活动才能开始的逻辑关系。例如，只有比赛（紧前活动）结束，颁奖典礼（紧后活动）才能开始。
- 完成到完成（FF）：只有紧前活动完成，紧后活动才能完成的逻辑关系。例如，只有完成文件的编写（紧前活动），才能完成文件的编辑（紧后活动）。
- 开始到开始（SS）：只有紧前活动开始，紧后活动才能开始的逻辑关系。例如，开始混凝土地基浇灌之后，才能开始混凝土平面的找平。
- 开始到完成（SF）：只有紧前活动开始，紧后活动才能完成的逻辑关系。例如，只有第二位保安人员开始值班（紧前活动），第一位保安人员才能结束值班（紧后活动）。

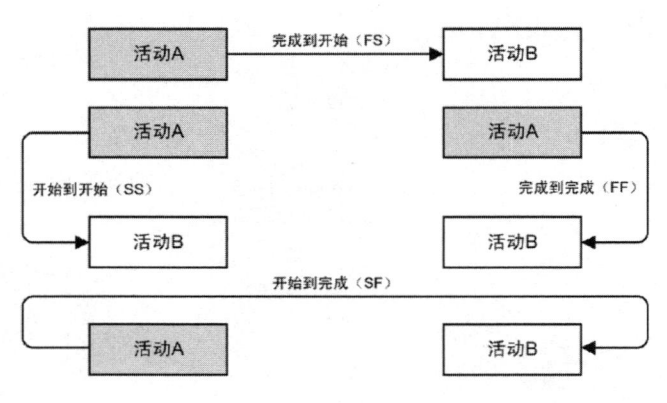

图5-23

在PDM图中，"完成到开始"是最常用的逻辑关系类型，"开始到完成"关系则很少使用。为了保持PDM四种逻辑关系类型的完整性，这里也将"开始到完成"列出。

3. 箭线图法（Arrow Diagramming Method，ADM）

箭线图法是用箭线表示活动、节点表示事件的一种网络图绘制方法，如图5-24（a）所示。这种网络图也被称作双代号网络图（节点和箭线都要编号）或活动箭线图（Active On the Arrow，AOA）。

（a）含有虚活动的双代号网络图　　　　（b）对应的单代号网络图

图5-24

为了绘图方便，在箭线图中又人为引入了一种额外的、特殊的活动，叫作虚活动，在网络图中由一个虚箭线表示。虚活动不消耗时间，也不消耗资源，只是为了弥补箭线图在表达活动依赖关系方面的不足。借助虚活动，可以更好地、更清楚地表达活动之间的关系，如图5-24（a）所示。

4. 确定依赖关系

依赖关系可能是强制或选择的，内部或外部的。这四种依赖关系可以组合成强制性外部依赖关系、强制性内部依赖关系、选择性外部依赖关系或选择性内部依赖关系。

- 强制性依赖关系。强制性依赖关系是法律或合同要求的或工作的内在性质决定的依赖关系。强制性依赖关系往往与客观限制有关。
- 选择性依赖关系。选择性依赖关系有时又称首选逻辑关系、优先逻辑关系或软逻辑关系。基于具体应用领域的最佳实践来建立选择性依赖关系，或者，基于项目的某些特殊性质而采用某种依赖关系，即便还有其他依赖关系可用。
- 外部依赖关系。外部依赖关系是项目活动与非项目活动之间的依赖关系。这些依赖关系往往不在项目团队的控制范围内。
- 内部依赖关系。内部依赖关系是项目活动之间的紧前关系，通常由团队控制。

5. 提前量和滞后量

提前量是相对于紧前活动，紧后活动可以提前的时间量。例如，在新办公大楼建设项目中，绿化施工可以在尾工清单编制完成前2周开始，这就是带2周提前量的完成到开始关系，如图5-24所示。在进度规划软件中，提前量往往表示为负滞后量。

滞后量是相对于紧前活动，紧后活动需要推迟的时间量。例如，对于一个大型技术文档，编写小组可以在编写工作开始后15天，开始编辑文档草案。这就是带15天滞后量的开始到开始关系，如图5-25所示。

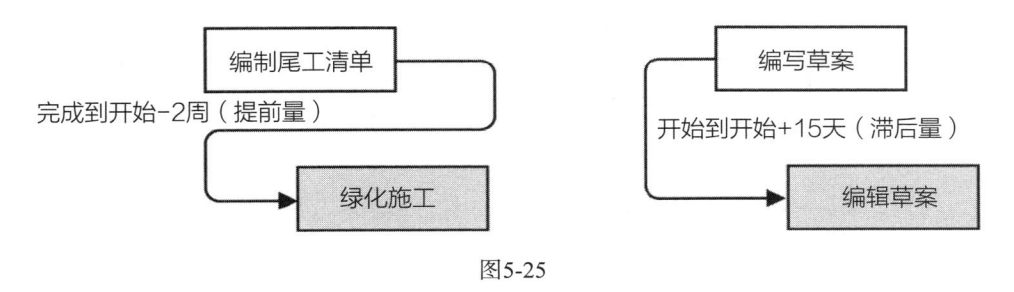

图5-25

5.3.4 估算活动持续时间

估算活动持续时间是根据资源估算的结果，估算完成单项活动所需工作时段数的过程。本过程的主要作用是确定完成每个活动所需花费的时间量。本过程需要在整个项目期间开展。

估算活动持续时间的数据流向图如图5-26所示。

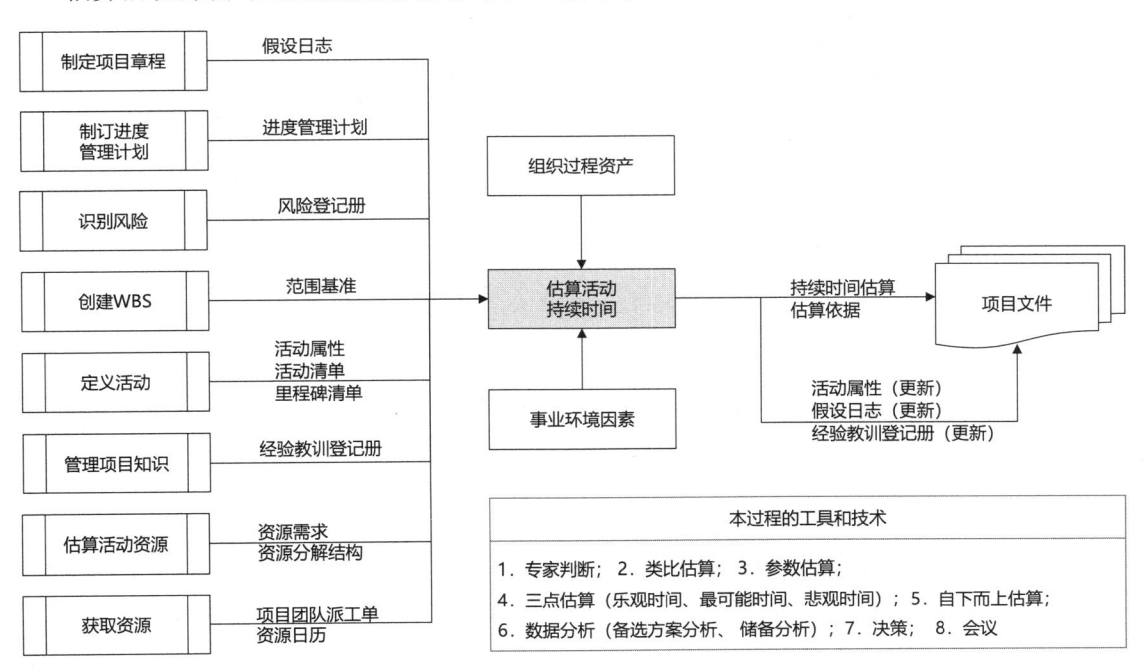

本过程的工具和技术
1. 专家判断； 2. 类比估算； 3. 参数估算；
4. 三点估算（乐观时间、最可能时间、悲观时间）； 5. 自下而上估算；
6. 数据分析（备选方案分析、储备分析）； 7. 决策； 8. 会议

图5-26

本过程重点概念

1. 持续时间估算

持续时间估算是对完成某项活动、阶段或项目所需的工作时段数的定量评估，其中并不包括任何滞后量，但可指出一定的变动区间。例如：2周 ± 2天，表明活动至少需要8个工作日，最多不超过12个工作日（假定每周工作5个工作日）。

2. 类比估算

类比估算是一种使用相似活动或项目的历史数据，来估算当前活动或项目的持续时间或成本的技术。类比估算通常成本较低、耗时较少，但准确性也较低。

3. 参数估算

参数估算是一种基于历史数据和项目参数，使用某种算法来计算成本或持续时间的估算技术。

4. 三点估算

三点估算通过考虑估算中的不确定性和风险，可以提高活动持续时间估算的准确性。这个概念源自计划评审技术（PERT）。

三点估算的步骤如下。

（1）确定三个时间参数：最可能时间t_M、最乐观时间t_O、最悲观时间t_P。

（2）计算期望时间：期望时间t_E（贝塔分布）：$t_E = (t_O + 4t_M + t_P)/6$。

5. 储备分析

在进行持续时间估算时，需考虑应急储备（有时称为时间储备或缓冲时间），并将其纳入项目进度计划中，用来应对进度方面的不确定性。应急储备是包含在进度基准中的，用来应对已经接受的已识别风险，以及已经制定应急或减轻措施的已识别风险。应急储备与"已知—未知"风险相关，需要加以合理估算，用于完成未知的工作量。应急储备可取活动持续时间估算值的某一百分比、某一固定的时间段，或者通过定量分析来确定。可以把应急储备从各个活动中剥离出来，汇总为缓冲。

也可以估算项目所需要的管理储备。管理储备是为管理控制的目的而特别留出的项目时段，用来应对项目范围中不可预见的工作。管理储备用来应对会影响项目的"未知—未知"风险。管理储备不包括在进度基准中，但属于项目总持续时间的一部分。依据合同条款，使用管理储备可能需要变更进度基准。

5.3.5 制订进度计划

制订进度计划是分析活动顺序、持续时间、资源需求和进度制约因素，创建进度模型，从而落实项目执行和监控的过程。

本过程的主要作用是为完成项目活动而制定具有计划日期的进度模型。本过程需要在整个项目期间开展。

制订进度计划的数据流向图如图5-27所示。

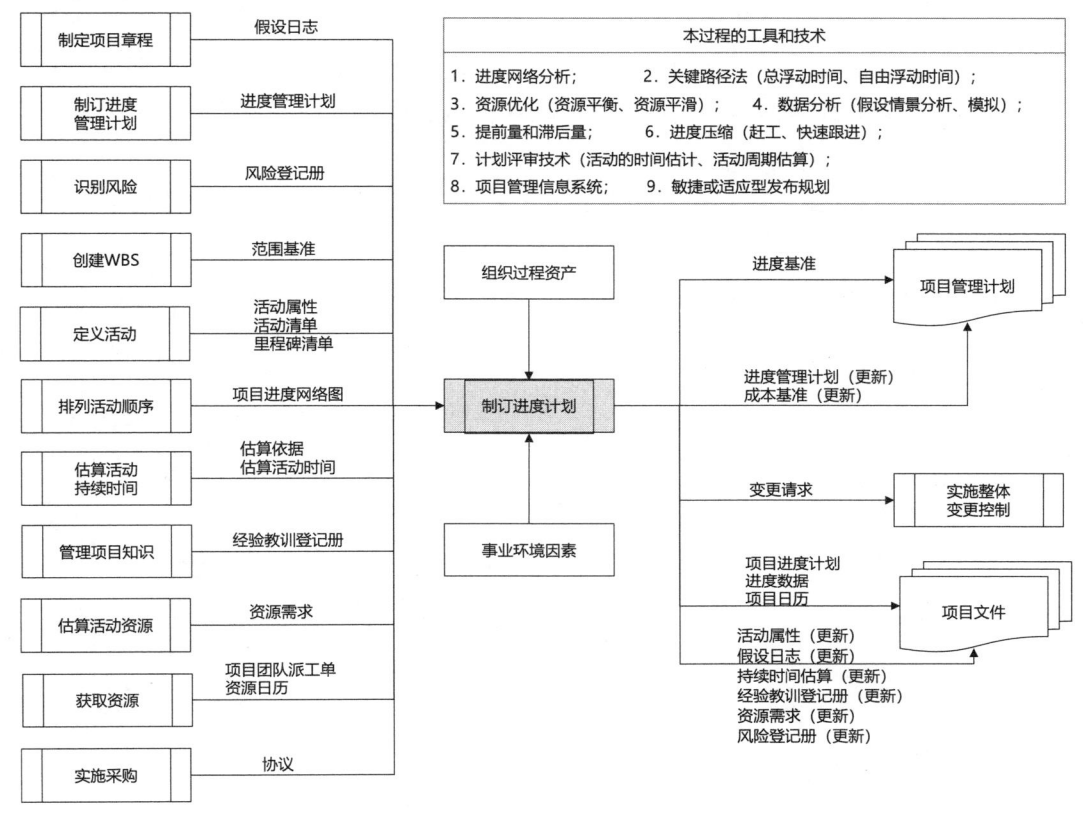

```
本过程的工具和技术
1. 进度网络分析；    2. 关键路径法（总浮动时间、自由浮动时间）；
3. 资源优化（资源平衡、资源平滑）；  4. 数据分析（假设情景分析、模拟）；
5. 提前量和滞后量；   6. 进度压缩（赶工、快速跟进）；
7. 计划评审技术（活动的时间估计、活动周期估算）；
8. 项目管理信息系统；  9. 敏捷或适应型发布规划
```

图5-27

本过程重点概念

1. 进度基准

进度基准是经过批准的进度模型，只有通过正式的变更控制程序才能进行变更，用作与实际结果进行比较的依据。它被相关干系人接受和批准，其中包含基准开始日期和基准结束日期。在监控过程中，将用实际开始和结束日期与批准的基准日期进行比较，以确定是否存在偏差。进度基准是项目管理计划的组成部分。

2. 项目进度计划

项目进度计划是进度模型的输出，展示活动之间的相互关联，以及计划日期、持续时间、里程碑和所需资源。项目进度计划中至少要包括每个活动的计划开始日期与计划结束日期。

虽然项目进度计划可用列表形式，但图形方式更常见，示例如图5-28所示。可以采用以下一种或多种图形来呈现。

- 横道图：也称甘特图，是展示进度信息的一种图表方式。在横道图中，进度活动列于纵轴，日期排于横轴，活动持续时间则表示为按开始和结束日期定位的水平条形。

- 里程碑图：与横道图类似，但仅标示出主要可交付成果和关键外部接口的计划开始或完成日期。
- 项目进度网络图：这些图形通常用节点法绘制，没有时间刻度，纯粹显示活动及其相互关系，有时也称"纯逻辑图"。项目进度网络图也可以是包含时间刻度的进度网络图，有时称"逻辑横道图"。这些图形中有活动日期，通常会同时展示项目网络逻辑和项目关键路径活动。

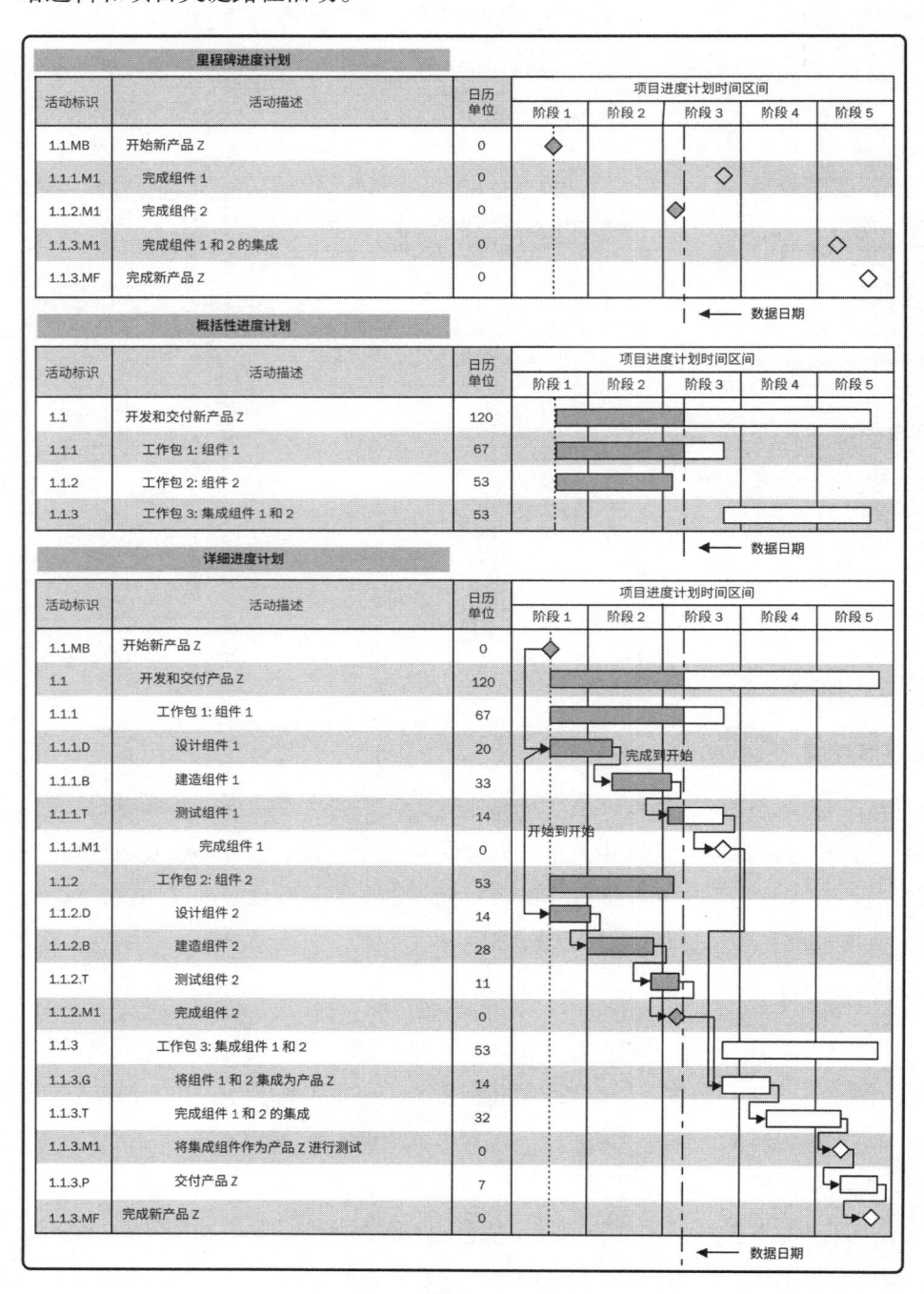

图5-28

3. 进度数据

进度数据是用来描述和控制进度计划的信息集合。进度数据至少包括进度里程碑、进度活动、活动属性，以及已知的全部假设条件与制约因素。所需的其他数据因应用领域而异。经常可用作支持细节的信息包括（但不限于）：

- 按时段计列的资源需求，往往以资源直方图表示。
- 备选的进度计划，如最好情况或最坏情况下的进度计划、经资源平衡或未经资源平衡的进度计划、有强制日期或无强制日期的进度计划。
- 进度应急储备。

进度数据还可包括资源直方图、现金流预测，以及订购与交付进度安排等。

4. 项目日历

在项目日历中规定可以开展进度活动的工作日和工作班次。它把可用于开展进度活动的时间段（按天或更小的时间单位）与不可用的时间段区分开来。在一个进度模型中，可能需要采用不止一个项目日历来编制项目进度计划，因为有些活动需要不同的工作时段。有些活动可能需要对项目日历进行更新。

5. 进度网络分析

进度网络分析是创建项目进度模型的一种技术。它通过多种分析技术，如关键路径法、关键链法、假设情景分析和资源优化技术等，来计算项目活动未完成部分的最早和最晚开始日期，以及最早和最晚完成日期。

6. 关键路径法

关键路径法是在进度模型中估算项目最短工期，确定逻辑网络路径的进度灵活性大小的一种方法。这种进度网络分析技术在不考虑任何资源限制的情况下，沿进度网络路径顺推与逆推分析，计算出所有活动的最早开始、最早结束、最晚开始和最晚结束日期。

关键路径是项目中时间最长的活动顺序，决定着可能的项目最短工期。由此得到的最早和最晚的开始和结束日期并不一定就是项目进度计划，而只是把既定的参数（活动持续时间、逻辑关系、提前量、滞后量和其他已知的制约因素）输入进度模型后所得到的一种结果，表明活动可以在该时段内实施。关键路径法用来计算进度模型中的逻辑网络路径的进度灵活性大小。

本书第三篇会重点讲解关键路径法相关计算。

7. 资源优化技术

资源优化技术是根据资源供需情况，来调整进度模型的技术，包括：

- 资源平衡：为了在资源需求与资源供给之间取得平衡，根据资源制约对开始日期和结束日期进行调整的一种技术。也可以为保持资源使用量处于均衡水平而进行资源平衡。资源平衡往往会导致关键路径日期改变，通常是延长日期。
- 资源平滑：对进度模型中的活动进行调整，从而使项目资源需求不超过预定的资源限制的一种技术。相对于资源平衡而言，资源平滑不会改变项目关键路径，完工日期也不会延迟。也就是说，活动只在其自由浮动或总浮动时间内延迟。

8. 数据分析技术

数据分析技术包括：
- 假设情景分析是对各种情景进行评估，预测它们对项目目标的影响（积极或消极的）。
- 模拟技术基于多种不同的活动假设计算出多种可能的项目工期，以应对不确定性。最常用的模拟技术是蒙特卡洛分析。

9. 进度压缩

进度压缩技术是指在不缩减项目范围的前提下缩短进度工期，以满足进度制约因素、强制日期或其他进度目标。进度压缩技术包括（但不限于）：
- 赶工：通过增加资源，以最小的成本增加来压缩进度工期的一种技术。赶工只适用于那些通过增加资源就能缩短持续时间的，且位于关键路径上的活动。赶工并非总是切实可行的，它可能导致风险与成本的增加。
- 快速跟进：将正常情况下按顺序进行的活动或阶段改为至少是部分并行开展的。快速跟进可能造成返工和风险增加。

10. 计划评审技术

计划评审技术（Program Evaluation and Review Technique，PERT），又称三点估算技术，其理论基础是假设项目持续时间及整个项目完成时间是随机的，且服从某种概率分布。PERT可以估计整个项目在某个时间内完成的概率。

5.3.6 控制进度

控制进度是监督项目状态，以更新项目进度和管理进度基准变更的过程。

本过程的主要作用是在整个项目期间保持对进度基准的维护，在整个项目期间开展。

控制进度的数据流向图如图5-29所示。

本过程重点概念

进度预测是指根据已有的信息和知识，对项目未来的情况和事件进行的估算或预计。随着项目执行，应该基于工作绩效信息，更新和重新发布进度预测，这些信息取决于纠正或预防措施所期望的未来绩效，可能包括挣值绩效指数，以及可能在未来对项目造成影响的进度储备信息。

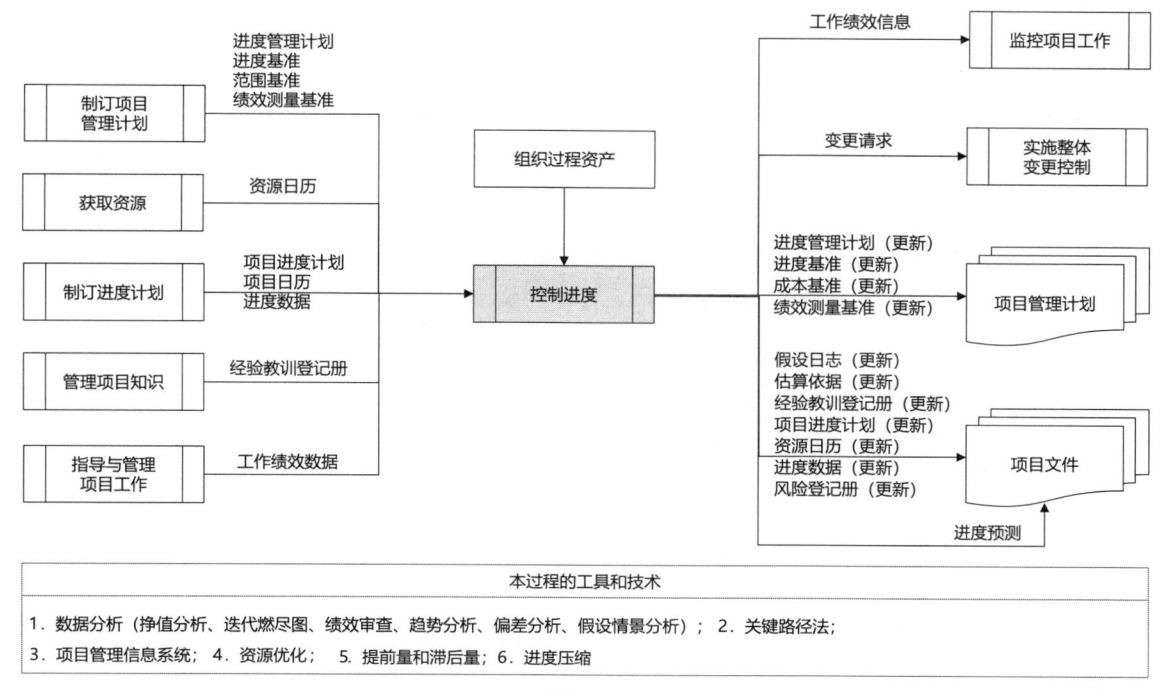

图5-29

5.3.7 本节练习

1. ( ) 提供详尽的计划, 说明项目如何以及何时交付项目范围中定义的产品、服务和成果, 是一种用于沟通和管理干系人期望的工具, 为绩效报告提供了依据。

   A. 项目进度计划　　　　　　　　B. 进度管理计划
   C. 项目章程　　　　　　　　　　D. 项目管理计划

2. 关于进度管理计划的理解, 不正确的是 ( )。

   A. 进度管理计划是项目管理计划的组成部分
   B. 进度管理计划既可以非常详细, 也可以高度概括, 但必须是正式的
   C. 进度管理计划为编制、监督和控制项目进度建立准则和明确活动
   D. 进度管理计划会规定用于制定项目进度模型的进度规划方法论和工具

3. 在早期的战略规划阶段, 信息尚不够明确, 工作包只能分解到已知的详细水平, 而后, 随着了解到更多的信息, 近期即将实施的工作包就可以分解到具体的活动, 该方法是 ( )。

   A. 专家判断　　　　　　　　　　B. 分解
   C. 滚动式规划　　　　　　　　　D. 标杆管理法

4. 关于活动属性的理解, 不正确的是 ( )。

   A. 活动属性是指每项活动所具有的多重属性, 用来扩充对活动的描述
   B. 活动属性不会随时间而演进

C. 活动属性可用于识别开展工作的地点、编制开展活动的项目日历，以及识别相关的活动类型

D. 在项目初始阶段，活动属性包括唯一活动标识、WBS标识和活动名称

5. 只有在验证请求者身份合法后，服务器才开始向客户端传输数据，这是（　　）关系。

　　A. FS　　　　　　　B. FF　　　　　　　C. SS　　　　　　　D. SF

6. 活动B可在活动A完成前5天开始，则关系表示为（　　）。

　　A. SS+5　　　　　　B. SS-5　　　　　　C. FS+5　　　　　　D. FS-5

7. 监控系统项目中，甲方要求采用防护等级为IP67的摄像头，这属于（　　）。

　　A. 强制性依赖关系　　　　　　　　　　B. 选择性依赖关系

　　C. 外部依赖关系　　　　　　　　　　　D. 内部依赖关系

8. 相对于其他估算技术，（　　）通常成本较低、耗时较少，但准确性也较低。

　　A. 类比估算　　　　　　　　　　　　　B. 参数估算

　　C. 三点估算　　　　　　　　　　　　　D. 自下而上估算

9. 某项活动最可能时间为8天，最乐观时间为7天，最悲观时间为12天，则该活动的期望持续时间为（　　）。

　　A. 7天　　　　　　　B. 8天　　　　　　　C. 9天　　　　　　　D. 10天

10. 快速跟进是一种进度压缩技术，（　　）属于快速跟进技术。

　　A. 加班

　　B. 增加项目组成员

　　C. 加快关键路径上的活动

　　D. 将正常情况下按顺序进行的活动或阶段改为至少是部分并行开展的

11. 关于活动排序的描述，不正确的是（　　）。

　　A. 在单代号网络图中，每项活动有唯一的活动号，每项活动都标明了活动的持续时间

　　B. 双代号网络图中流入同一节点的活动，均有共同点紧后活动

　　C. 双代号网络图中，任两项活动的紧前事件和紧后事件代号至少有一个不相同

　　D. 滞后量是紧后活动相对于紧前活动需要推迟的时间量，一般用负值表示

12. 在控制进度过程的数据分析技术中，（　　）可以通过检查项目绩效随时间的变化情况，确定绩效是在改善还是恶化。

　　A. 储备分析　　　　　　　　　　　　　B. 蒙特卡洛分析

　　C. 趋势分析　　　　　　　　　　　　　D. 假设情景分析

参考答案：1. A；2. B；3. C；4. B；5. A；6. D；7. A；8. A；9. C；10. D；11. D；12. C。

5.4 项目成本管理

项目成本管理是为了项目在批准的预算内完成，对成本进行规划、估算、预算、融资、筹资、管理和控制的过程。

重要性和意义

项目成本管理重点关注完成项目活动所需资源的成本，但同时也考虑项目决策对项目产品、服务或成果的使用成本、维护成本和支持成本的影响。例如，减少设计审查的次数可降低项目成本，但可能增加由此带来的产品运营成本。

成本失控的可能原因有：①对工程项目认识不足；②组织制度不健全；③方法问题；④技术的制约；⑤需求管理不当调整。

相关术语和定义

在项目中，成本是指项目活动或其组成部分的货币价值或价格，包括为实施、完成或创造该活动或其组成部分所需资源的货币价值。具体的成本一般包括直接工时费、其他直接费用、间接工时费、其他间接费用及采购价格。项目全过程所耗用的各种成本的总和为项目成本。

1. 产品的全生命周期成本

产品的全生命周期成本不仅要考虑项目全生命周期成本，也考虑项目的最终产品的全生命周期成本，这有助于人们更精确地制订项目财务收益计划。产品的全生命周期成本就是在产品或系统的整个使用生命期内，在获得阶段（设计、生产、安装和测试等活动）、运营与维护及生命周期结束时对产品的处置所发生的全部成本。

2. 可变成本

随着生产量、工作量或时间而变的成本为可变成本，可变成本又称变动成本。

3. 固定成本

不随生产量、工作量或时间的变化而变化的非重复成本为固定成本。

4. 直接成本

直接可以归属于项目工作的成本为直接成本，如项目团队差旅费、工资、项目使用的物料及设备使用费等。

5. 间接成本

来自一般管理费用科目或几个项目共同担负的项目成本所分摊给本项目的费用，形成了项目的间接成本，如税金、额外福利和安保费用等。

6. 机会成本

利用一定的时间或资源生产或交付一种产品或服务，而失去利用这些资源生产或交付其他最佳替代品的机会就是机会成本，泛指那些在做出某一选择后同时失去其他选择，其他选择中最大的损失。

7. 沉没成本

沉没成本指由于过去的决策已经发生的，而不能由现在或将来的任何决策改变的成本。沉没成本是一种历史成本，对现有决策而言是不可控成本，会在很大程度上影响人们的行为方式与决策，在投资决策时应该尽量排除沉没成本的干扰。

8. 应急储备

应急储备是包含在成本基准内的一部分预算，用来应对已经接受的已识别风险，以及已经制定应急或减轻措施的已识别风险。应急储备通常是预算的一部分，用来应对那些会影响项目的"已知—未知"风险。应急储备可取成本估算值的某一百分比、某个固定值或者通过定量分析来确定。

9. 管理储备

管理储备是为了管理控制的目的而特别留出的项目预算，用来应对项目范围中不可预见的工作。管理储备用来应对会影响项目的"未知—未知"风险。管理储备不包括在成本基准中，但属于项目总预算和资金需求的一部分，使用前需要得到高层管理者审批。当动用管理储备资助不可预见的工作时，就要把动用的管理储备增加到成本基准中，此时会导致成本基准的变更。

10. 成本基准

成本基准是经批准的按时间安排的成本支出计划，并随时反映了经批准的项目成本的变更（所增加或减少的资金数目），被用于度量和监督项目的实际执行成本。

11. 管理新实践

在项目成本管理的新实践中，通过对挣值管理（EVM）的扩展，引入挣得进度（ES）这一概念。ES是EVM理论和实践的延伸，挣得进度理论用ES和实际时间（AT）替代了传统EVM所使用的进度偏差测量指标SV（挣值—计划价值）。使用这种替代方法计算进度偏差ES-AT，如果挣得进度大于0，则表示项目进度提前了，即在某个给定的时间点，项目的挣值大于计划价值。使用挣得进度测量指标的进度绩效指数（SPI）为ES与AT之比，表示完成项目的工作效率。此外，挣得进度理论通过挣得进度、实际时间和估算待续时间，提供了预测项目完成日期的计算公式。

12. 项目成本管理过程

项目成本管理包含4个项目管理过程，每个过程的输入/输出工具与技术如表5-5所示（字体加粗的内容为相对重要的考点，建议加深理解）。

表 5-5

		项目成本管理
规划成本管理	输入	项目章程、项目管理计划、事业环境因素、组织过程资产
	输出	**成本管理计划**
	技术	专家判断、数据分析、会议
估算成本	输入	项目管理计划、项目文件、事业环境因素、组织过程资产
	输出	成本估算、估算依据、项目文件更新
	技术	专家判断、**类比估算**、**参数估算**、自下而上估算、**三点估算**、数据分析、项目管理信息系统、决策
制定预算	输入	项目管理计划、可行性研究文件、项目文件、协议、事业环境因素、组织过程资产
	输出	**成本基准**、项目资金需求、项目文件更新
	技术	专家判断、成本汇总、数据分析、历史信息审核、资金限制平衡、融资
控制成本	输入	项目管理计划、项目资金需求、项目文件、**工作绩效数据**、组织过程资产
	输出	**工作绩效信息**、**成本预测**、变更请求、项目管理计划更新、项目文件更新
	技术	专家判断、数据分析、完工尚需绩效指数、项目管理信息系统

13. 裁剪考虑因素

裁剪时应考虑的因素包括：知识管理、估算和预算、挣值管理、敏捷方法的使用、治理。

14. 敏捷与适应方法

对易变性高、范围并未完全明确、经常发生变更的项目，详细的成本计算可能没有多大帮助。在这种情况下，可以采用轻量级估算方法快速生成对项目人力成本的高层级预测，这样在出现变更时容易调整预测。而详细的估算适用于采用准时制的短期规划。

如果易变的项目也遵循严格的预算，通常需要更频繁地更改范围和进度计划，确保其始终保持在成本制约因素之内。

5.4.1 规划成本管理

规划成本管理是确定如何估算、预算、管理、监督和控制项目成本的过程。

本过程的主要作用是，在整个项目期间为如何管理项目成本提供指南和方向。

规划成本管理的数据流向图如图5-30所示。

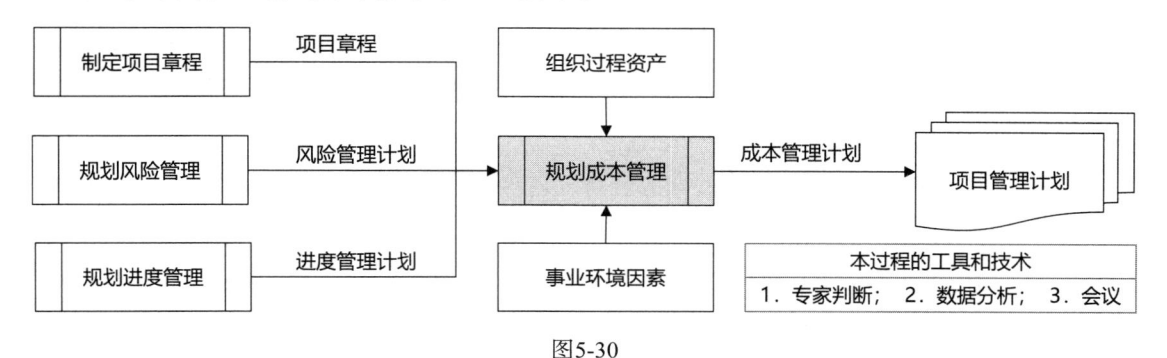

图5-30

本过程重点概念

成本管理计划：是项目管理计划的组成部分，描述将如何规划、安排和控制项目成本。其内容包括：计量单位、精确度、准确度、组织程序链接、控制临界值、绩效测量规则、报告格式等。

5.4.2 估算成本

估算成本是对完成项目工作所需资源成本进行近似估算的过程。

本过程的主要作用是确定项目所需的资金，应根据需要在整个项目期间定期开展。

估算成本的数据流向图如图5-31所示。

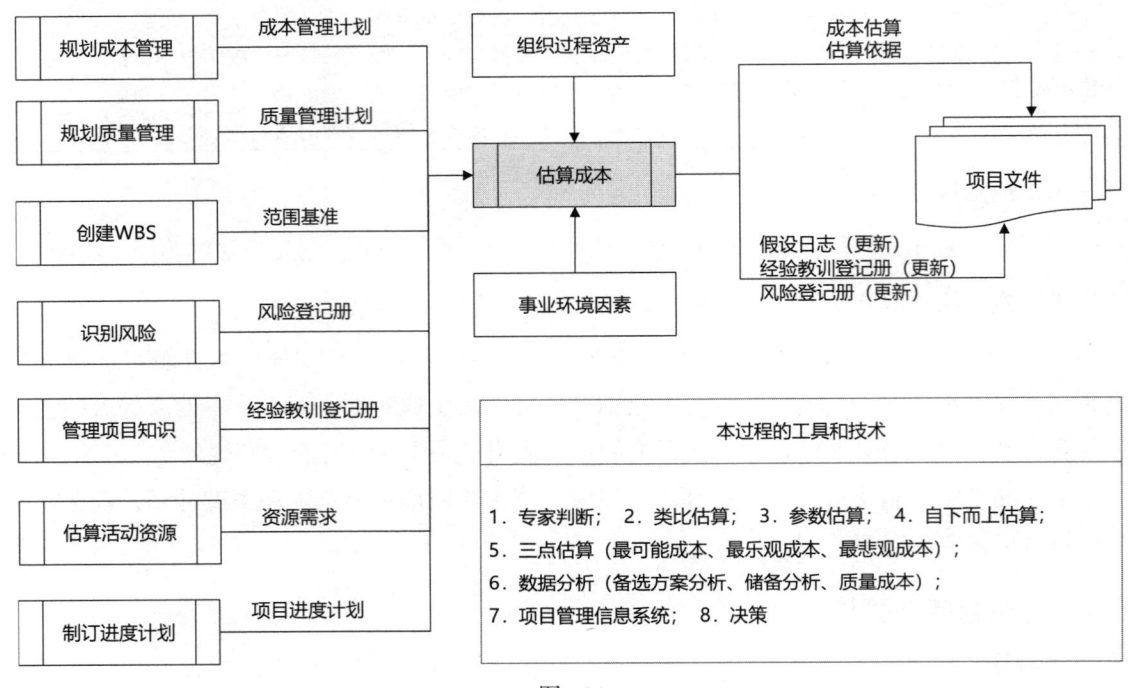

本过程的工具和技术

1. 专家判断； 2. 类比估算； 3. 参数估算； 4. 自下而上估算；
5. 三点估算（最可能成本、最乐观成本、最悲观成本）；
6. 数据分析（备选方案分析、储备分析、质量成本）；
7. 项目管理信息系统； 8. 决策

图5-31

本过程重点概念

成本估算：成本估算是对完成项目工作可能需要的成本的量化估算，可以是汇总的或详细分列的。估算时应该覆盖活动所使用的全部资源。如果间接成本也包含在项目估算中，则可在活动层次或更高层次上计列间接成本。

在项目生命周期中，项目估算的准确性将随着项目的进展而逐步提高。例如，在启动阶段可得出项目的粗略量级估算，其区间为−25%~+75%；之后，随着信息越来越详细，确定性估算的区间可缩小至−5%~+10%。

成本估算的步骤如下：

（1）识别并分析成本的构成科目。

（2）根据已识别的项目成本构成科目，估算每一科目的成本。

（3）分析成本估算结果，找出各种可相互替代成本，协调各种成本之间的比例关系。

5.4.3 制定预算

制定预算是汇总所有单个活动或工作包的估算成本，建立一个经批准的成本基准的过程。

本过程的主要作用是，确定可以依据其来进行监督和控制项目绩效的成本基准。

项目预算包括经批准用于执行项目的全部资金，而成本基准是经过批准且按时间段分配的项目预算，包括应急储备预算，但不包括管理储备预算。

制定预算的数据流向图如图5-32所示。

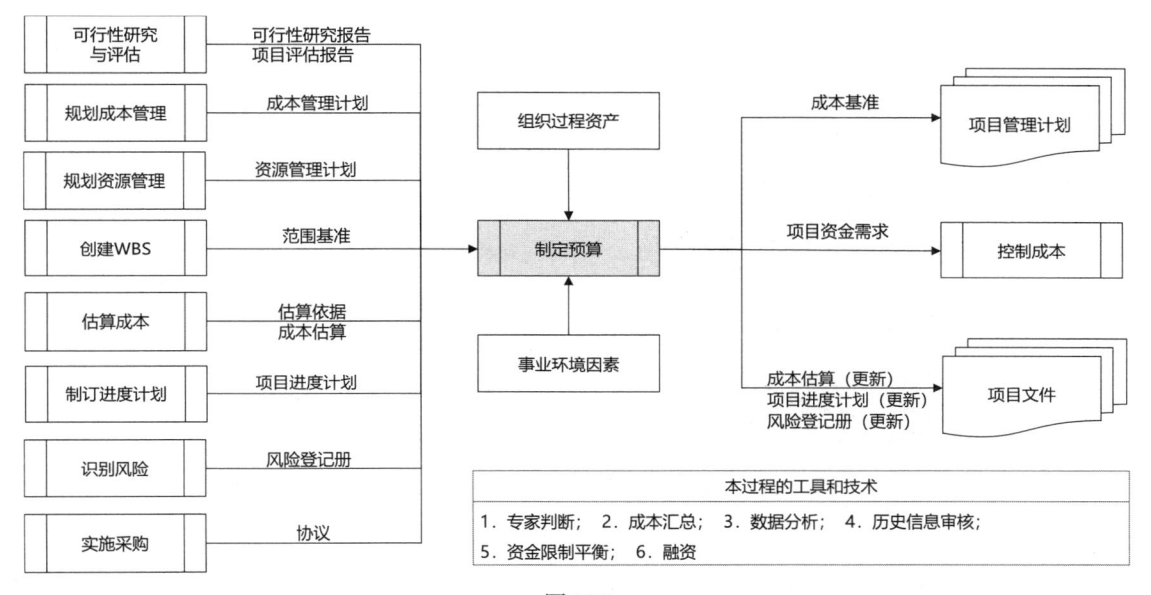

图5-32

本过程重点概念

1. 项目预算和成本基准

项目预算和成本基准的各个组成部分如图5-33所示。先汇总各项目活动的成本估算及其应急储备，得到相关工作包的成本。然后汇总各工作包的成本估算及其应急储备，得到控制账户的成本。再汇总各控制账户的成本，得到成本基准。

由于成本基准中的成本估算与进度活动直接关联，因此可按时间段分配成本基准，得到一条S形曲线，如图5-34所示。最后，在成本基准之上增加管理储备，得到项目预算。当出现有必要动用管理储备的变更时，则应该在获得变更控制过程的批准之后，把适量的管理储备预算移入成本基准预算中。

项目预算的组成部分

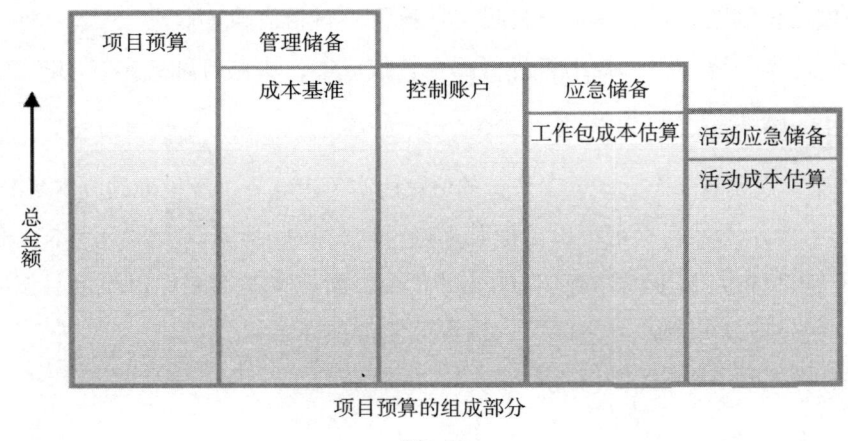

图5-33

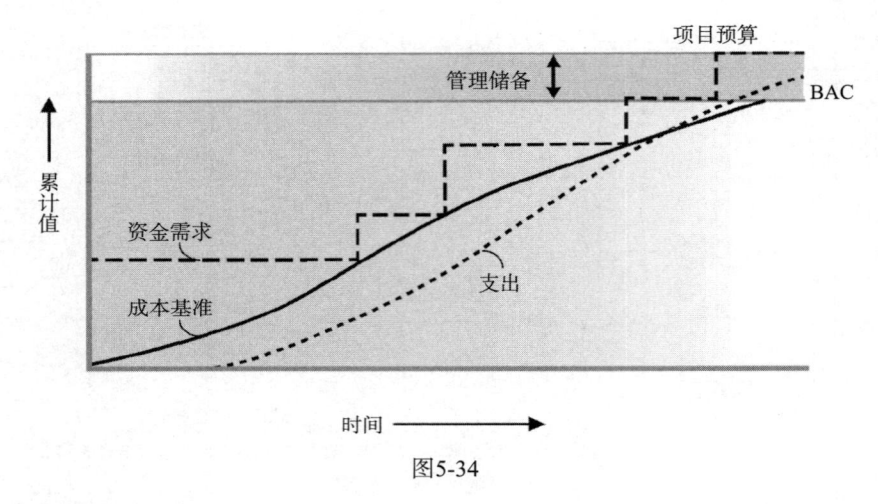

图5-34

2. 项目资金需求

根据成本基准，确定总资金需求和阶段性（如季度或年度）资金需求。成本基准中既包括预计的支出，也包括预计的债务。项目资金通常以增量而非连续的方式投入，并且可能是非均衡的，呈现出图5-34中所示的阶梯状。如果有管理储备，则总资金需求等于成本基准加管理储备。在资金需求文件中，也可说明资金来源。

3. 制定预算的步骤

在得到项目总体成本估算之后：

（1）将总成本分摊到WBS的各个工作包。

（2）将各个工作包成本再分配到该工作包的活动上。

（3）确定各项成本预算支出的时间计划及项目成本预算计划。

4. 资金限制平衡

根据对项目资金的任何限制，来平衡资金支出。如果发现资金限制与计划支出之间的差异，则可能需要调整工作的进度计划，以平衡资金支出水平。这可以通过在项目进度计划中添加强制日期来实现。

5.4.4 控制成本

控制成本是监督项目状态，以更新项目成本和管理成本基准变更的过程。

本过程的主要作用是在整个项目期间保持对成本基准的维护，需要在整个项目期间开展。

控制成本的数据流向图如图5-35所示。

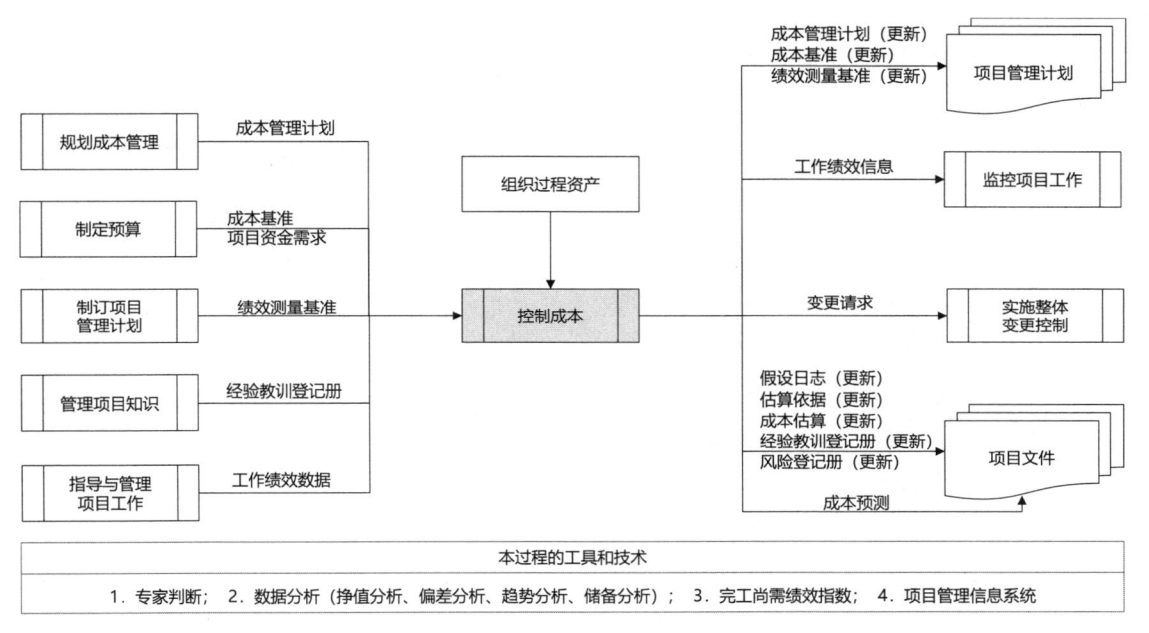

图5-35

本过程重点概念

成本控制的目标如下。

- 对造成成本基准变更的因素施加影响。
- 确保所有成本变更请求都得到及时处理。
- 当成本变更实际发生时，管理这些变更。
- 确保成本支出不超过批准的资金限额，既不超出按时段、按WBS组件、按活动分配的限额，也不超出项目总限额。
- 监督成本绩效，找出并分析与成本基准间的偏差。
- 对照资金支出，监督工作绩效。
- 防止在成本或资源使用报告中出现未经批准的变更。
- 向相关干系人报告所有经批准的变更及其相关成本。
- 设法把预期的成本超支控制在可接受的范围内。

5.4.5 本节练习

1. 过去的成本决策已经发生了，不能由现在或将来的任何决策改变的成本是（　　）。
   A. 沉没成本　　　　　B. 机会成本　　　　　C. 间接成本　　　　　D. 直接成本

2. 项目成本管理过程不包括（　　）。
   A. 规划成本管理　　　B. 估算成本　　　　　C. 结算成本　　　　　D. 控制成本

3. 某企业董事会讨论全年重大项目成本管理计划，为控制风险，要求每个项目可接受的成本区间不超过±5%。这属于管理计划中（　　）的规定。
   A. 精确度　　　　　　B. 绩效测量规则　　　C. 绩效测量规划　　　D. 准确度

4. 三点估算中贝塔分布的计算公式为（　　）
   A. $C_E=(C_O+C_M+C_P)/3$　　　　　　B. $C_E=(C_O+4C_M+C_P)/6$
   C. $C_E=(C_O+C_M+C_P)/6$　　　　　　D. $C_E=(C_O+4C_M+C_P)/3$

5. 关于成本估算的描述，正确的是（　　）。
   A. 只能用货币单位进行成本估算，不能用人天数或人时数作为计量单位
   B. 通货膨胀补贴、融资成本不应被纳入成本估算
   C. 参数估算可针对整个项目，也可针对项目中的某个部分
   D. 应急储备用于应对项目中不可预知的风险。

6. 关于成本的描述，不正确的是（　　）。
   A. 投资决策时应尽量考虑沉没成本
   B. 沉没成本是一种历史成本
   C. 管理储备不包括在成本基准中
   D. 管理储备是项目总预算的一部分。

参考答案：1. A；2. C；3. D；4. B；5. C；6. A。

5.5 项目质量管理

项目质量管理包括把组织的质量政策应用于规划、管理、控制项目和产品质量要求，以满足干系人目标的各个过程。

项目质量管理以执行组织的名义支持过程的持续改进活动。

项目质量管理需要兼顾项目管理与项目可交付成果两个方面，它适用于所有项目，无论项目的可付成果具有何种特性。

质量的测量方法和技术则需专门根据项目所产生的可交付成果类型而定，无论什么项目，若未达到质量要求，都会给某个或全部项目干系人带来严重的负面后果。

1. 质量的定义

国际标准化组织对质量的定义是："反映实体满足主体明确和隐含需求的能力的特性总

和"。《质量管理体系——基础和术语》（GB/T—2016）中对质量的定义为："一组固有特性满足要求的程度"。

质量与等级不是相同的概念。等级作为设计意图，是对用途相同但技术特性不同的可交付成果的级别分类。质量水平未达到质量要求肯定是个问题，而低等级不一定是个问题。例如：

- 一个低等级（功能有限）、高质量（无明显缺陷，用户手册易读）的软件产品，也许不是问题。该产品适合一般使用。
- 一个高等级（功能繁多）、低质量（有许多缺陷，用户手册杂乱无章）的软件产品，也许是个问题。该产品的功能会因质量低劣而无效和/或低效。

ISO9000质量管理的"八项管理原则"已经成为改进组织业绩的框架，其目的在于帮助组织达到持续成功。八项管理原则为：以客户为中心、领导作用、全员参与、过程方法、管理的系统方法、持续改进、基于事实的决策方法、与供方互利的关系。

2. 项目质量

从项目作为一次性的活动来看，项目质量体现在由WBS反映出的项目范围内所有的阶段、子项目、项目工作单元的质量构成，即项目的工作质量。

从项目作为一项最终产品来看，项目质量体现在其性能或者使用价值上，即项目的产品质量。

项目的质量是顺应客户的要求进行的，不同的客户有着不同的质量要求，其意图已反映在项目合同中。因此，项目合同通常是进行项目质量管理的主要依据。

3. 质量管理

质量管理是指确定质量方针、目标和职责，并通过质量体系中的质量规划、质量保证、质量控制以及质量改进来使其实现所有管理职能的全部活动。

质量管理是指为了实现质量目标而进行的所有质量性质的活动。

质量方针是指"由组织的最高管理者正式发布的该组织总的质量宗旨和方向"。它体现了该组织（项目）的质量意识和质量追求，是组织内部的行为准则，也体现了客户的期望和对客户做出的承诺。质量方针是总方针的一个组成部分，由最高管理者批准。

质量目标是指"在质量方面所追求的目的"，它是落实质量方针的具体要求，它从属于质量方针，应与利润目标、成本目标、进度目标等相协调。质量目标必须明确、具体，尽量用定量化的语言进行描述，保证质量目标容易被沟通和理解。质量目标应分解落实到各部门及项目的全体成员，以便于实施、检查和考核。

按有效性递增排列的五种质量管理水平如下。

（1）让客户发现缺陷是代价最大的方法。这种方法可能会导致召回、商誉受损和返工成本。

（2）控制质量过程包括先检测和纠正缺陷，再将可交付成果发送给客户。该过程会带来相关成本，主要是评估成本和内部失败成本。

（3）通过质量保证检查并纠正过程本身。

（4）将质量融入项目和产品的规划和设计中。

（5）在整个组织内创建一种关注并致力于实现过程和产品质量的文化。

4. 全面质量管理

全面质量管理（TQM）是一种全员、全过程、全组织的品质管理。

全面质量管理的4个核心的特征如下。

（1）全员参加的质量管理。

（2）全过程的质量管理。

（3）全面方法的质量管理。

（4）全面结果的质量管理。

5. 管理新实践

- 客户满意。
- 持续改进：休哈特提出并经戴明完善的"计划—实施—检查—行动"（PDCA）循环是质量改进的基础。全面质量管理（TQM）、六西格玛和精益六西格玛等质量改进举措也可提高项目管理的质量以及最终产品、服务或成果的质量。
- 管理层的责任。
- 与供应商的互利合作关系。

6. 项目质量管理过程

项目质量管理包含3个项目管理过程，每个过程的输入/输出工具与技术如表5-6所示（字体加粗的内容为相对重要的考点，建议加深理解）。

表 5-6

项目质量管理		
规划质量管理	输入	项目章程、项目管理计划、项目文件、事业环境因素、组织过程资产
	输出	**质量管理计划**、**质量测量指标**、项目管理计划更新、项目文件更新
	技术	专家判断、数据收集、数据分析、决策技术、数据表现、测试与检查的规划、会议
管理质量	输入	项目管理计划、项目文件、组织过程资产
	输出	**质量报告**、**测试与评估文件**、变更请求、项目管理计划更新、项目文件更新
	技术	数据收集、数据分析、决策技术、数据表现、**审计**、面向X的设计、问题解决、质量改进方法
控制质量	输入	项目管理计划、项目文件、可交付成果、**工作绩效数据**、批准的变更请求、事业环境因素、组织过程资产
	输出	**核实的可交付成果**、**质量控制测量结果**、工作绩效信息、变更请求、项目管理计划更新、项目文件更新
	技术	数据收集、数据分析、检查、测试/产品评估、数据表现、会议

7. 裁剪考虑因素

裁剪时应考虑的因素包括：政策合规与审计；标准与法规合规性；持续改进；干系人参与。

8. 敏捷与适应方法

为引导变更，敏捷或适应型方法要求多个质量与审核步骤贯穿整个项目，而不是在面临项目结束时才执行。

首先，循环回顾、定期检查质量过程的效果；其次，寻找问题的根本原因；然后，建议实施新的质量改进方法；最后，回顾会议评估试验过程，确定是否可行，是否应继续，做出调整或者直接弃用。

5.5.1 规划质量管理

规划质量管理是识别项目及其可交付成果的质量要求、标准，并书面描述项目将如何证明符合质量要求、标准的过程。

本过程的主要作用是为在整个项目期间如何管理和核实质量提供指南和方向。

规划质量管理的数据流向图如图5-36所示。

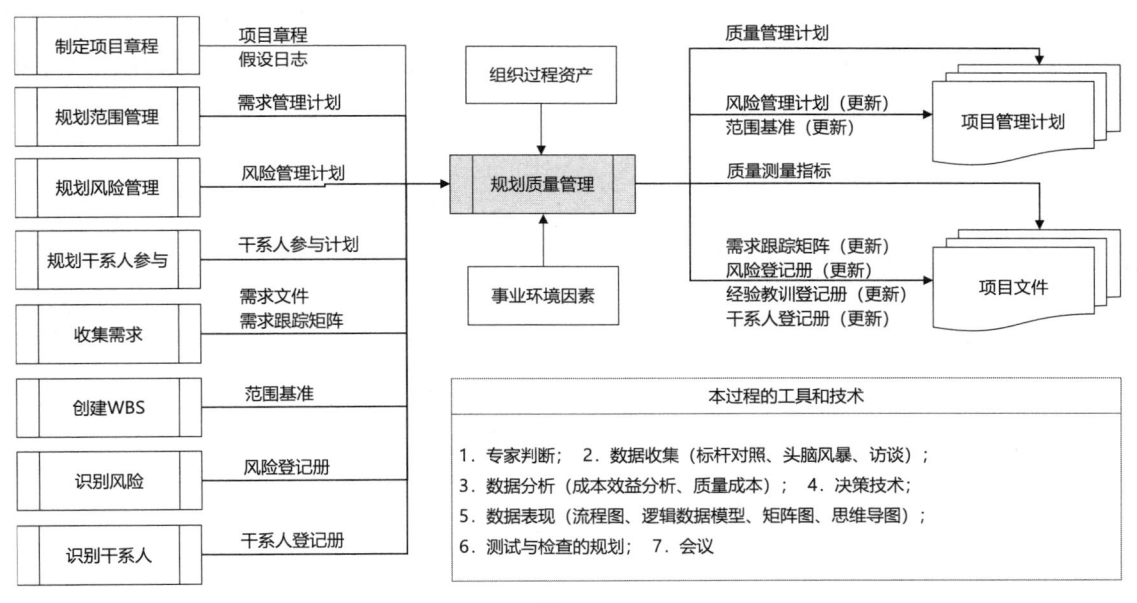

图5-36

本过程重点概念

1. 质量管理计划

质量管理计划是项目管理计划的组成部分，描述如何实施适用的政策、程序和指南以实现质量目标。内容包括：项目采用的质量标准；项目的质量目标；质量角色与职责；需要质量审查的项目可交付成果和过程；为项目规划的质量控制和质量管理活动；项目使用的质量工具；与项目有关的主要程序。

2. 质量测量指标

质量测量指标专用于描述项目或产品属性，以及控制质量过程将如何验证符合程度。

例子包括：按时完成的任务的百分比、以CPI测量的成本绩效、故障率、识别的日缺陷数量、每月总停机时间、每个代码行的错误、客户满意度分数、测试计划所涵盖的需求的百分比（即测试覆盖度）。

3. 成本效益分析

成本效益分析是用来估算备选方案优势和劣势的财务分析工具，以确定可以创造最佳效益的备选方案。

该方法可帮助项目经理确定规划的质量活动是否有效利用了成本。达到质量要求的主要效益包括减少返工、提高生产率、降低成本、提升相关方满意度及提升盈利能力。对每个质量活动进行成本效益分析，就是要比较其可能成本与预期效益

4. 质量成本

质量成本包括在产品生命周期中为预防不符合要求、为评价产品或服务是否符合要求，以及因未达到要求（返工），而发生的所有成本。失败成本常分内部（项目内部人员发现的）失败成本和外部（客户发现的）失败成本两类。失败成本也称为劣质成本。图5-37给出了每类质量成本的例子。

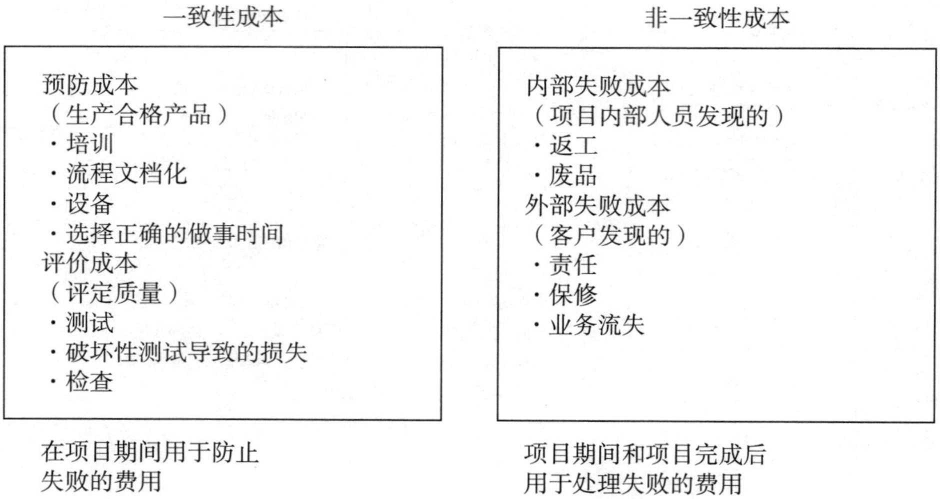

一致性成本　　　　　　　　　　　非一致性成本

预防成本
（生产合格产品）
·培训
·流程文档化
·设备
·选择正确的做事时间
评价成本
（评定质量）
·测试
·破坏性测试导致的损失
·检查

内部失败成本
（项目内部人员发现的）
·返工
·废品
外部失败成本
（客户发现的）
·责任
·保修
·业务流失

在项目期间用于防止　　　　　　项目期间和项目完成后
失败的费用　　　　　　　　　　用于处理失败的费用

图5-37

5. 七种基本质量工具

（1）**因果图**，又称鱼骨图或石川图，将问题陈述放在鱼骨的头部，作为起点，用来追溯问题来源，回推到可行动的根本原因（如图5-38所示）。在问题陈述中，通常把问题描述为一个要被弥补的差距或要达到的目标。通过看问题陈述和问"为什么"来发现原因，直到

发现可行动的根本原因，或者列尽每根鱼骨上的合理可能性。要在被视为特殊偏差的不良结果与非随机原因之间建立联系，鱼骨图往往是行之有效的。基于这种联系，项目团队应采取纠正措施，消除在控制图中呈现的特殊偏差。

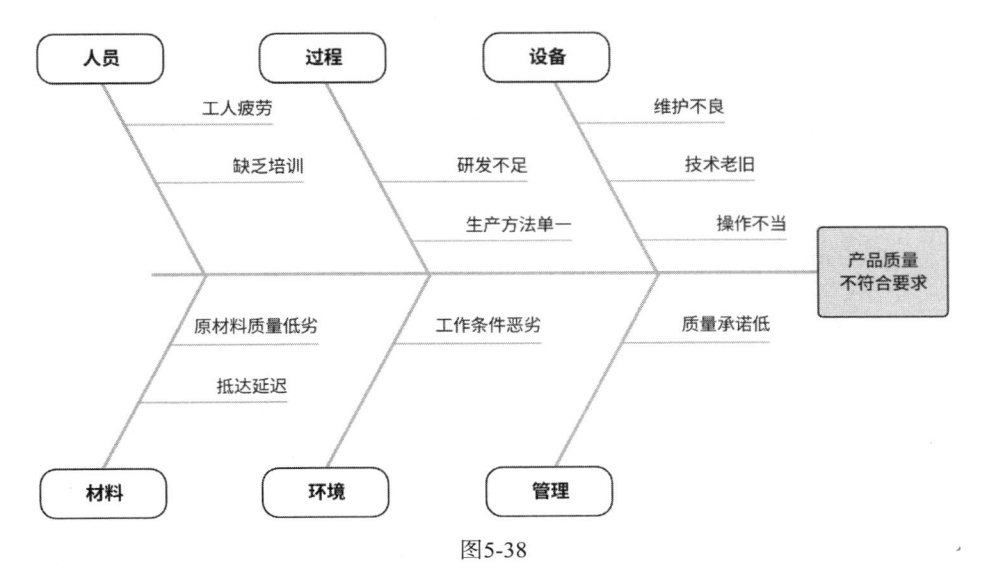

图5-38

（2）**流程图**，也称过程图（见图5-39），用来显示在一个或多个输入转化成一个或多个输出的过程中，所需要的步骤顺序和可能分支。它通过映射SIPOC模型（见图5-40）中的水平价值链的过程细节，来显示活动、决策点、分支循环、并行路径及整体处理顺序。流程图可能有助于了解和估算一个过程的质量成本。通过工作流的逻辑分支及其相对频率，来估算质量成本。这些逻辑分支，是为完成符合要求的成果而需要开展的一致性工作和非一致性工作的细分。

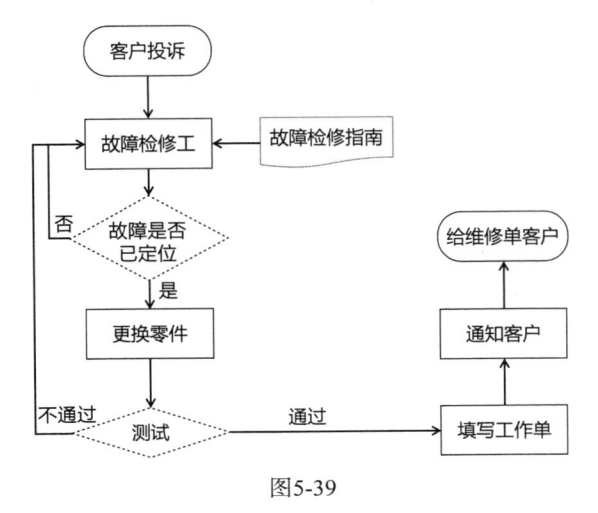

图5-39

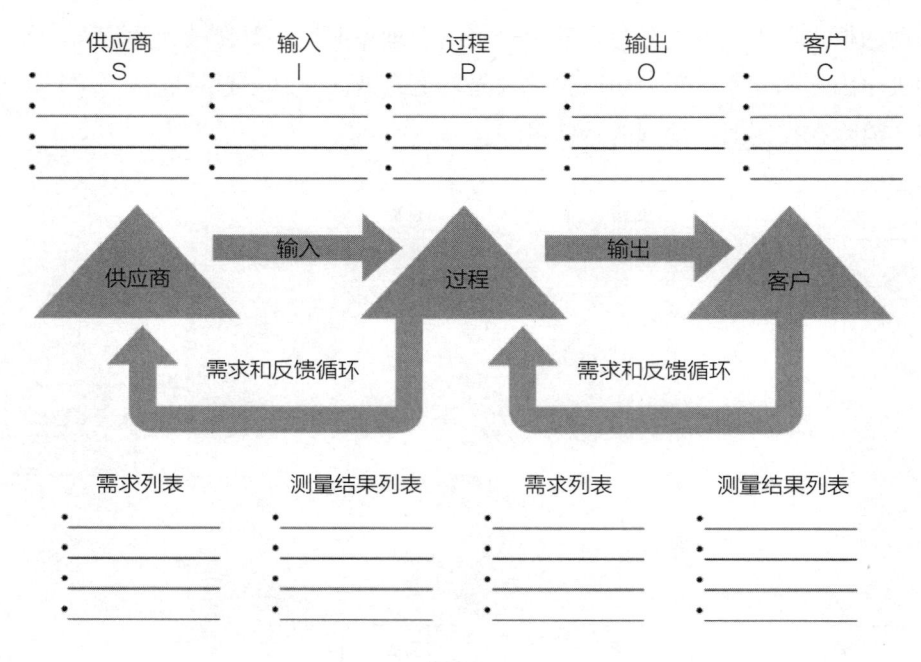

图5-40

（3）**核查表**，又称计数表（见图5-41），是用于收集数据的查对清单。它合理排列各种事项，以便有效地收集关于潜在质量问题的有用数据。在开展检查以识别缺陷时，用核查表收集属性数据就特别方便。用核查表收集的关于缺陷数量或后果的数据，又经常使用帕累托图来显示。

类别	结果	频率
属性-1		
属性-2		
属性-n		

图5-41

（4）**帕累托图**（见图5-42），是一种特殊的垂直条形图，用于识别造成大多数问题的少数重要原因。在横轴上所显示的原因类别，作为有效的概率分布，涵盖100%的可能观察结果。横轴上每个特定原因的相对频率逐渐减少，直至以"其他"来涵盖未指明的全部其他原因。在帕累托图中，通常按类别排列条形，以直观显示频率或后果。

图5-42

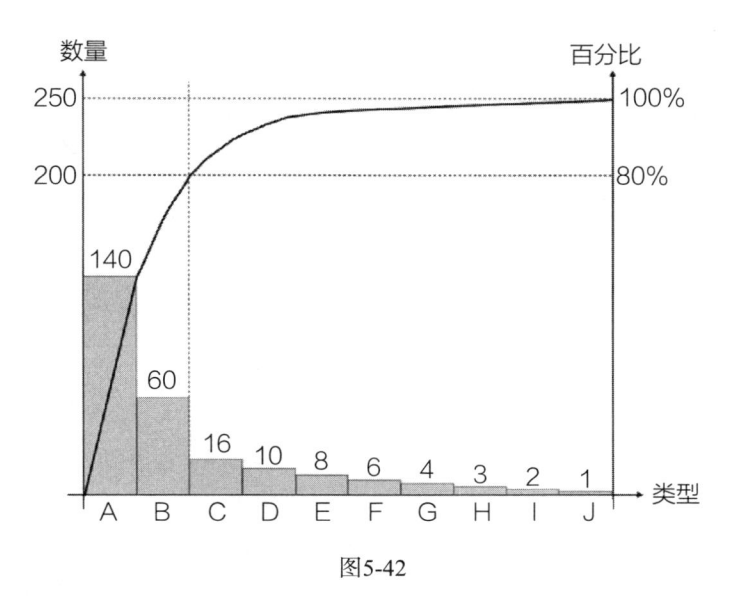

（5）**直方图**（见图5-43），是一种特殊形式的条形图，用于描述集中趋势、分散程度和统计分布形状。与控制图不同，直方图不考虑时间对分布内的变化的影响。

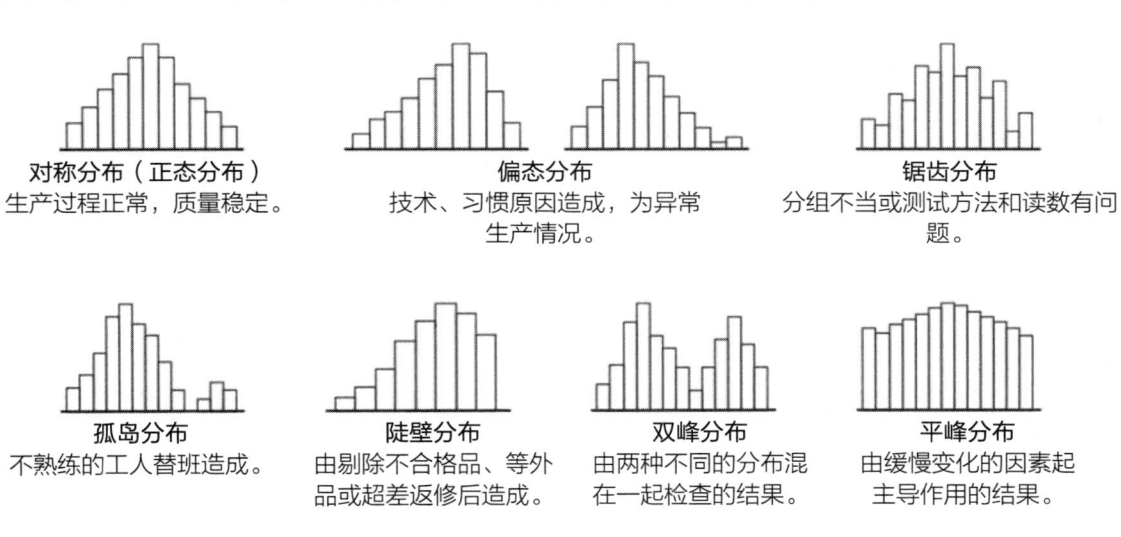

对称分布（正态分布）
生产过程正常，质量稳定。

偏态分布
技术、习惯原因造成，为异常生产情况。

锯齿分布
分组不当或测试方法和读数有问题。

孤岛分布
不熟练的工人替班造成。

陡壁分布
由剔除不合格品、等外品或超差返修后造成。

双峰分布
由两种不同的分布混在一起检查的结果。

平峰分布
由缓慢变化的因素起主导作用的结果。

图5-43

（6）**控制图**（见图5-44），用来确定一个过程是否稳定，或者是否具有可预测的绩效。控制界限根据标准的统计原则，通过标准的统计计算确定，代表一个稳定的过程的自然波动范围。如果①某个数据点超出控制界限，或②连续7个点落在均值上方，或③连续7个点落在均值下方（图中未提供例子），就认为过程已经失控。控制图可用于监测各种类型的输出变量。虽然控制图最常用来跟踪批量生产中的重复性活动，但也可用来监测成本与进度偏差、产量、范围变更频率或其他管理工作成果，以便帮助确定项目管理过程是否受控。

图5-44

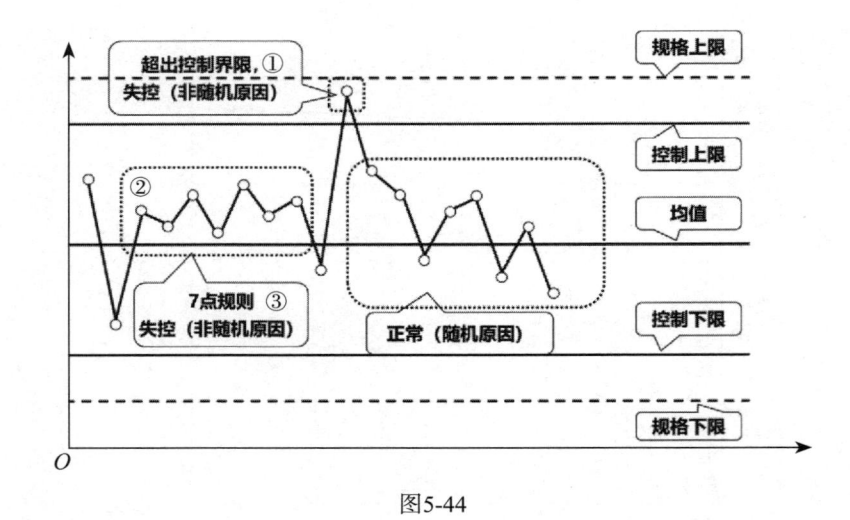

（7）散点图，又称相关图（见图5-45），标有许多坐标点（X,Y），解释因变量Y相对于自变量X的变化。相关性可能成正比例（正相关）、负比例（负相关）或不存在（零相关）。如果存在相关性，就可以画出一条回归线，来估算自变量的变化将如何影响因变量的值。

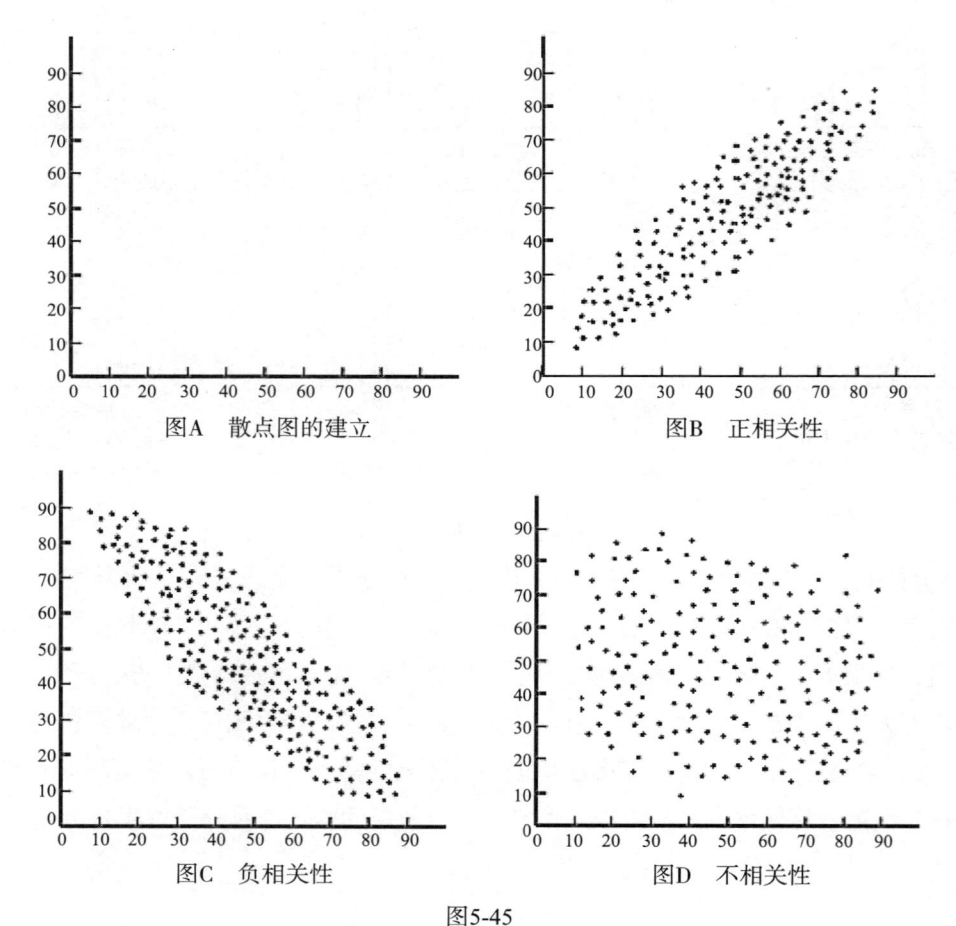

图A 散点图的建立

图B 正相关性

图C 负相关性

图D 不相关性

图5-45

6. 逻辑数据模型

使用统一的语言、图形化的展示来有效组织来源多样的业务数据。通过对模型的分析和设计，保证数据生产、传递、加工、存储等过程的质量。

7. 测试与检查的规划

在规划阶段，项目经理和项目团队决定如何测试或检查产品、可交付成果或服务，以满足干系人的需求和期望，以及如何满足产品的绩效和可靠性目标。

不同行业有不同的测试与检查，可能包括软件项目的 α 测试和 β 测试、建筑项目的强度测试、制造和实地测试的检查，以及工程的无损伤测试。

5.5.2 管理质量

管理质量是把组织的质量政策用于项目，并将质量管理计划转化为可执行的质量活动的过程。

本过程的主要作用：①提高实现质量目标的可能性；②识别无效过程和导致质量低劣的原因；③使用控制质量过程的数据和结果向干系人展示项目的总体质量状态。

管理质量过程需要在整个项目期间开展。

管理质量有时被称为"质量保证"，但"管理质量"的定义比"质量保证"更广，因其可用于非项目工作。

在项目管理中，质量保证着眼于项目使用的过程，旨在高效地执行项目过程，包括遵守和满足标准，向干系人保证最终产品可以满足他们的需求、期望和要求。

管理质量包括所有质量保证活动，还与产品设计和过程改进有关。管理质量的工作属于质量成本框架中的一致性工作。

管理质量过程执行在项目质量管理计划中所定义的一系列有计划、有系统的行动和过程，有助于实现：

（1）通过执行有关产品特定方面的设计准则，设计出最优的成熟产品。

（2）建立信心，相信通过质量保证工具和技术（如质量审计和故障分析）可以使未来输出在完工时满足特定的需求和期望。

（3）确保使用质量过程并确保其使用能够满足项目的质量目标。

（4）提高过程和活动的效率与效果，获得更好的成果和绩效并提高干系人的满意度。

管理质量是所有人的共同职责，包括项目经理、项目团队、项目发起人、执行组织的管理层，甚至是客户。

参与质量管理工作的程度取决于所在行业和项目管理风格。

在敏捷型项目中，整个项目期间的质量管理由所有团队成员执行；但在传统项目中，质量管理通常是特定团队成员的职责。

管理质量的数据流向图如图5-46所示。

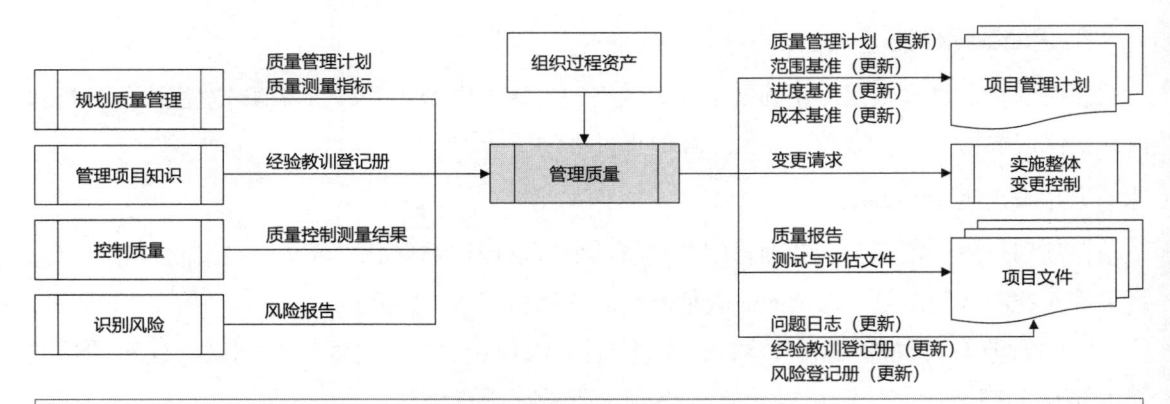

```
                                              组织过程资产            质量管理计划（更新）
                 质量管理计划                                        范围基准（更新）
    规划质量管理   质量测量指标                                        进度基准（更新）    项目管理计划
                                                                  成本基准（更新）

    管理项目知识  经验教训登记册              管理质量           变更请求          实施整体
                                                                              变更控制

    控制质量      质量控制测量结果                              质量报告
                                                            测试与评估文件                项目文件
    识别风险      风险报告                                    问题日志（更新）
                                                            经验教训登记册（更新）
                                                            风险登记册（更新）

                                    本过程的工具和技术
    1．数据收集； 2．数据分析（备选方案分析、文件分析、过程分析、根本原因分析(RCA)）； 3．决策技术；
    4．数据表现（亲和图、因果图、流程图、直方图、矩阵图、散点图）； 5．审计； 6．面向X的设计； 7．问题解决； 8．质量改进方法
```

图5-46

本过程重点概念

1．质量报告

质量报告可能是图形、数据或定性文件，其中包含的信息可帮助其他过程和部门采取纠正措施，以实现项目质量期望。质量报告的信息可以包含团队上报的质量管理问题，针对过程、项目和产品的改善建议，纠正措施建议（包括返工、缺陷/漏洞补救、100% 检查等），以及在控制质量过程中发现的情况的概述。

2．测试与评估文件

可基于行业需求和组织模板创建测试与评估文件。它们是控制质量过程的输入，用于评估质量目标的实现情况。这些文件可能包括专门的核对单和详尽的需求跟踪矩阵。

3．质量审计

质量审计是用来确定项目活动是否遵循了组织和项目的政策、过程与程序的一种结构化的、独立的过程。质量审计的目标如下。

- 识别全部正在实施的良好及最佳实践。
- 识别全部违规做法、差距及不足。
- 分享所在组织与行业中类似项目的良好实践。
- 积极、主动地提供协助，以改进过程的执行，从而帮助团队提高生产效率。
- 强调每次审计都应对组织经验教训的积累做出贡献。

采取后续措施纠正问题，可以带来质量成本的降低，并提高发起人或客户对项目产品的接受度。质量审计可事先安排，也可随机进行，可由内部或外部审计师进行。

质量审计还可确认已批准的变更请求（包括更新、纠正措施、缺陷补救和预防措施）的实施情况。

4. 面向X的设计

面向X的设计（DfX）是产品设计期间可采用的一系列技术指南，旨在优化设计的特定方面，可以控制或提高产品最终特性。DfX中的X可以是产品开发的不同方面，例如可靠性、调配、装配、制造、成本、服务、可用性、安全性和质量。使用DfX可以降低成本、改进质量、提高绩效和客户满意度。

5. 质量改进方法

质量改进的开展，可基于质量控制过程的发现和建议、质量审计的发现或管理质量过程的问题解决。"计划-实施-检查-行动"和六西格玛是最常用于分析和评估改进机会的两种质量改进工具。

5.5.3 控制质量

控制质量是为了评估绩效，确保项目输出完整、正确且满足客户期望，而监督和记录质量管理活动执行结果的过程。

本过程的主要作用：①核实项目可交付成果和工作已经达到主要干系人的质量要求，可供最终验收；②确定项目输出是否达到预期目的，这些输出需要满足所有适用标准、要求、法规和规范。控制质量过程需要在整个项目期间开展。

控制质量过程的目的是在用户验收和最终交付之前测量产品或服务的完整性、合规性和适用性。本过程通过测量所有步骤、属性和变量，来核实与规划阶段所描述规范的一致性和合规性。

在整个项目期间应执行质量控制，用可靠的数据来证明项目已经达到发起人或客户的验收标准。

控制质量的数据流向图如图5-47所示。

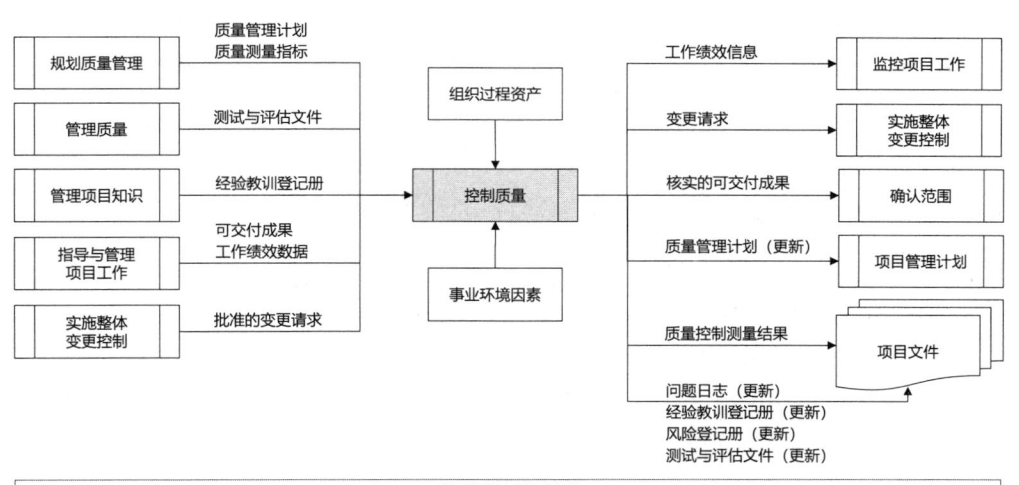

本过程的工具和技术
1. 数据收集（核对单、核查表、统计抽样、问卷调查）；2. 数据分析 [绩效审查、根本原因分析(RAC)]；3. 检查；4. 测试／产品评估；
5. 数据表现（因果图、控制图、直方图、散点图）；6. 会议

图5-47

本过程重点概念

1. 质量控制测量结果

质量控制测量结果是对质量控制活动结果的书面记录，应以质量管理计划所确定的格式加以记录。

2. 核实的可交付成果

控制质量过程的一个目的就是确定可交付成果的正确性。开展控制质量过程的结果是核实的可交付成果，后者又是确认范围过程的一项输入，以便正式验收。如果存在任何与可交付成果有关的变更请求或改进事项，可能会执行变更、开展检查并重新核实。

3. 质量保证与质量控制的区别

在项目规划和执行阶段，开展质量保证，来建立满足干系人需求的信心。

在项目监控和收尾阶段，开展质量控制，用可靠的数据来证明项目已经达到发起人和/或客户的验收标准。

4. 质量管理的新7种工具

质量管理的新7种工具包括：亲和图；过程决策程序图（PDPC）；关联图；树形图；优先矩阵；活动网络图；矩阵图。

5.5.4　本节练习

1. 以下质量管理水平有效性最高的是（　　）。
   A. 在整个组织内创建一种关注并致力于实现过程和产品质量的文化
   B. 将质量融入项目和产品的规划和设计中
   C. 通过质量保证检查并纠正过程本身，而不仅仅是特殊缺陷
   D. 控制质量过程包括先检测和纠正缺陷，再将可交付成果发送给客户

2. "为了评估绩效，确保项目输出完整、正确，并满足客户期望，而监督和记录质量管理活动执行结果的过程"是项目质量管理过程中的（　　）。
   A. 规划质量管理　　　B. 管理质量　　　C. 控制质量　　　D. 改进质量

3. 项目有关的质量成本中，属于不一致成本的是（　　）。
   A. 预防成本　　　　　　　　　　　　B. 评估成本
   C. 破坏性试验损失成本　　　　　　　D. 外部失败成本

4. 数据表现技术中，可以对潜在缺陷成因进行分类，展示最应关注领域的技术称为（　　）。
   A. 因果图　　　　　B. 亲和图　　　　　C. 直方图　　　　　D. 散点图

5. （　　）不属于"控制质量"过程的输出。
   A. 质量控制测量结果　　B. 质量报告　　　C. 工作绩效信息　　　D. 变更请求

6. 关于质量的描述，正确的是（　　）。

　　A. 功能、性能、价格可作为衡量质量的指标

　　B. 质量与等级相关，等级的高低决定了质量的好坏

　　C. 预防错误的成本通常高于检查并纠正错误的成本

　　D. 项目合同通常是进行项目质量管理的主要依据

7. （　　）过程的作用之一是识别无效过程和导致质量低劣的原因。

　　A. 规划质量　　　　B. 管理质量　　　　C. 检查质量　　　　D. 控制质量

8. 关于控制质量的描述，不正确的是（　　）。

　　A. 控制质量的目的是在用户验收和最终交付之前，测量产品或服务的完整性、合规性和适用性

　　B. 控制质量时，控制图可用于确定一个过程是否稳定

　　C. 在瀑布或预测型项目中，控制质量活动通常由特定团队成员在整个项目生命周期中持续执行

　　D. 质量检查既可以针对单个活动的成果，也可以针对项目的最终产品

> 参考答案：1. A；2. C；3. D；4. B；5. B；6. D；7. B；8. C。

5.6　项目资源管理

项目资源管理包括识别、获取和管理所需资源以成功完成项目的各个过程，这些过程有助于确保项目经理和项目团队在正确的时间和地点使用正确的资源。

项目资源是指对于项目来说，一切具有使用价值，可被项目接受或利用，且属于项目发展过程所需要的客观存在的资源，包括物质资源和人力资源。

项目资源管理是为了降低项目成本，而对项目所需的人力、材料、机械、技术、资金等资源所进行的计划、组织、指挥、协调和控制等的活动。

相关术语和定义

1. 项目团队

项目团队是执行项目工作，以实现项目目标的一组人员，由为了完成项目而承担不同角色与职责的人员组成。

2. 项目管理团队

项目管理团队（Project Management Team）是直接参与项目管理活动的项目成员，负责项目管理和领导活动，如各项目阶段的启动、规划、执行、监督、控制和收尾。项目管理团队也称为核心团队或领导团队。对于小型项目，项目管理职责可由整个项目团队分担，或者由项目经理独自承担。

3. 项目经理

项目经理是由执行组织委派，领导项目团队实现项目目标的个人。

4. 领导者

领导者（Leader）的工作主要涉及3个方面：①确定方向，为团队设定目标，描绘愿景，制定战略；②统一思想，协调人员，团结尽可能多的力量来实现愿景和项目目标；③激励和鼓舞，在向项目目标努力的过程中不可避免地要遇到艰难险阻，领导者要激励和鼓舞大家克服困难奋勇前进。

5. 管理者

管理者（Manager）被组织赋予职位和权力，负责某件事情的管理或实现某个目标。管理者主要关心持续不断地为干系人创造他们所期望的成果。

通俗地说，领导者设定目标，管理者率众实现目标。尽管在项目的每个阶段都需要有效的领导力，但在项目的开始阶段特别需要。

项目经理具有领导者和管理者的双重身份。对于大型复杂项目，领导能力尤为重要。

6. 权力

权力（Power）是影响行为、改变事情的过程和方向、克服阻力，使人们进行原本并不愿意进行的事情的潜在能力。项目经理的权力包括：职位权力、奖励权力、惩罚权力、专家权力、参照权力。其中前三种权力是组织授予给项目经理的，而后两种权力的获取需要项目经理个人努力修炼自己。

7. 冲突

冲突（Conflict）是指两个或两个以上的社会单元在目标上互不相容或互相排斥，从而产生心理上的或行为上的矛盾。冲突的产生不仅会使个体体验到一种过分紧张的情绪，而且还会影响正常的群体活动与组织秩序，对管理产生重大影响。

8. 竞争

竞争（Competition）的双方具有同一个目标，不需要发生势不两立的争夺。

冲突并不一定是有害的，在某些情境中，只有当冲突存在时，效率才会更高。项目经理对于有害的冲突要设法加以解决或减少；对有益的冲突要加以利用，要鼓励团队成员良性竞争。

9. 团队发展阶段理论（塔克曼阶梯理论）

（1）形成阶段。成员相互认识，了解项目情况及角色与职责；团队成员倾向于相互独立，不一定开诚布公。

（2）震荡阶段。团队开始从事项目工作，如果不能合作，团队环境可能变得事与愿违。

（3）规范阶段。开始协同工作，并调整各自的工作习惯和行为来支持团队，成员开始相互信任。

（4）发挥阶段。团队就像一个组织有序的单位那样工作，成员之间相互依靠，平稳高效地解决问题。

（5）解散阶段。团队成员离开项目。

10. 马斯洛的需求层次理论

马斯洛的需求层次理论将人们的需求分成5个层次，如一个5层的金字塔结构（如图5-48所示），表示人们的行为受到一系列需求的引导和刺激，在不同的层次满足不同的需求，才能达到激励的作用。

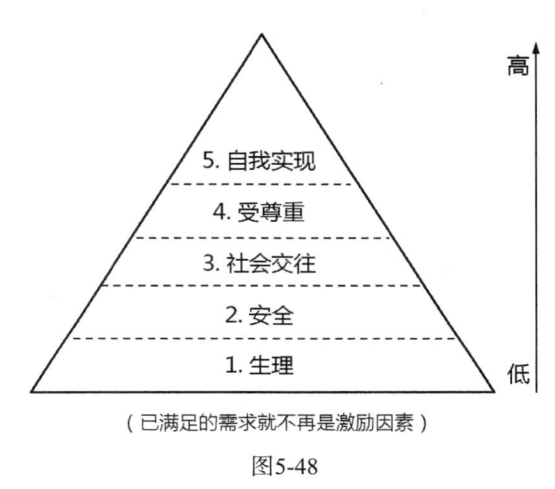

```
         高
    5. 自我实现
    4. 受尊重
    3. 社会交往
    2. 安全
    1. 生理
         低
```
（已满足的需求就不再是激励因素）

图5-48

11. 赫茨伯格的双因素理论

赫茨伯格的双因素理论认为有两类完全不同的因素影响人们的工作行为。

- 第一类是保健因素，这些因素是与工作环境或条件有关的、能防止人们产生不满意感的一类因素，包括工作环境、工资薪水、公司政策、个人生活、管理监督、人际关系等。当保健因素不健全时，人们就会对工作产生不满意感。但即使保健因素很好时，也仅仅可以消除工作中的不满意，却无法增加人们对工作的满意感，所以这些因素是无法起到激励作用的。

- 第二类是激励因素，这些因素是与员工的工作本身或工作内容有关的、能促使人们产生工作满意感的一类因素，是高层次的需要，包括成就、承认、工作本身、责任、发展机会等。当激励因素缺乏时，人们就会缺乏进取心，对工作无所谓，但一旦具备了激励因素，员工则会感觉到强大的激励力量而产生对工作的满意感，所以只有这类因素才能真正激励员工。

赫兹伯格的双因素理论强调内在激励，在组织行为学中具有划时代意义，为管理者更好地激发员工工作的动机提供了新思路。

12. X理论和Y理论

X理论注重满足员工的生理需求和安全需求，激励仅在生理和安全层次起作用，同时很注重惩罚，认为惩罚是有效的管理工具。

崇尚X理论的领导者认为，在领导工作中必须对员工采取强制、惩罚和解雇等手段，强迫员工努力工作，对员工应当严格监督、控制和管理。在领导行为上应当实行高度控制和集中管理。

Y理论认为激励在需求的各个层次上都起作用，常用的激励办法是：将员工个人目标与组织目标融合，扩大员工的工作范围，尽可能把员工的工作安排得富有意义并具有挑战性，使其工作之后感到自豪，满足其自尊和自我实现的需要，使员工达到自我激励。

崇尚Y理论的管理者对员工采取以人为中心的、宽容的及放权的领导方式，使下属目标和组织目标很好地结合起来，为员工的智慧和能力的发挥创造有利的条件。

13. 期望理论

期望理论由美国心理学家弗鲁姆于1964年提出。

期望理论是一种通过考察人们的努力行为与其所获得的最终奖酬之间的因果关系，来说明激励过程，并以选择合适的行为达到最终的奖酬目标的理论。

期望理论认为，一个目标对人的激励程度受两个因素影响。

（1）目标效价，指实现该目标对个人有多大价值的主观判断。如果实现该目标对个人来说很有价值，个人的积极性就高；反之，积极性则低。

（2）期望值，指个人对实现该目标可能性大小的主观估计。只有个人认为实现该目标的可能性很大时，才会去努力争取实现，从而在较高程度上发挥目标的激励作用；如果个人认为实现该目标的可能性很小，甚至完全没有可能，则目标激励作用小，以至完全没有。

期望理论认为，激励水平等于目标效价和期望值的乘积，即：

$$激发力量 = 目标效价 \times 期望值$$

当人们有需要又有达到这个需要的可能时，其积极性才高。

14. 管理新实践

新的方法，比如精益管理、准时制（Just In Time，JIT）生产、Kaizen（持续改善）、全员生产维护（Total Productive Maintenance，TPM）、约束理论等。

自组织团队（无须集中管控运作）。项目经理这一角色主要是为团队创造环境，支持并信任团队可以完成工作。成功的自组织团队通常由通用的专业人才而不是主题专家组成，他们能够不断适应变化的环境并采纳建设性反馈。

15. 项目资源管理过程

项目资源管理包含6个项目管理过程，每个过程的输入/输出工具与技术如表5-7所示（字体加粗的内容为相对重要的考点，建议加深理解）。

表 5-7

项目资源管理		
规划资源管理	输入	项目章程、项目管理计划、项目文件、事业环境因素、组织过程资产
	输出	**资源管理计划**、**团队章程**、项目文件更新
	技术	专家判断、数据表现、组织理论、会议
估算活动资源	输入	项目管理计划、项目文件、事业环境因素、组织过程资产
	输出	**资源需求**、估算依据、**资源分解结构**、项目文件更新
	技术	专家判断、**自下而上估算**、**类比估算**、**参数估算**、数据分析、项目管理信息系统、会议
获取资源	输入	项目管理计划、项目文件、事业环境因素、组织过程资产
	输出	**物质资源分配单**、**项目团队派工单**、**资源日历**、变更请求、项目管理计划更新、项目文件更新、事业环境因素更新、组织过程资产更新
	技术	决策、人际关系与团队技能、**预分派**、**虚拟团队**
建设团队	输入	项目管理计划、项目文件、事业环境因素、组织过程资产
	输出	团队绩效评价、变更请求、项目管理计划更新、项目文件更新、事业环境因素更新、组织过程资产更新
	技术	**集中办公**、**虚拟团队**、沟通技术、人际关系与团队技能、**认可与奖励**、**培训**、**个人和团队评估**、会议
管理团队	输入	项目管理计划、项目文件、**工作绩效报告**、团队绩效评价、事业环境因素、组织过程资产
	输出	变更请求、项目管理计划更新、项目文件更新、事业环境因素更新
	技术	人际关系与团队技能、项目管理信息系统
控制资源	输入	项目管理计划、项目文件、**工作绩效数据**、协议、组织过程资产
	输出	工作绩效信息、变更请求、项目管理计更新、项目文件更新
	技术	数据分析、问题解决、人际关系与团队技能、项目管理信息系统

16. 裁剪考虑因素

裁剪时应考虑的因素包括：多元化；物理位置；行业特定资源；团队成员的获得；团队管理；生命周期方法。

17. 敏捷与适应方法

对于易变性高的项目，更适合采用能够最大限度地集中和协作的团队结构形式。协作旨在提高生产率和促进创新问题的解决，协作型团队可以促进不同工作活动的快速整合、改善沟通、增加知识分享，灵活地分配工作。

虽然协作型团队也适用于其他项目环境，但更适用于易变性高且快速变化的项目。

5.6.1 规划资源管理

规划资源管理是定义如何估算、获取、管理和利用团队以及实物资源的过程。

本过程的主要作用是，根据项目类型和复杂程度确定适用于项目资源的管理方法和管理程度。本过程仅开展一次或仅在项目的预定义点开展。

规划资源管理的数据流向图如图5-49所示。

图5-49

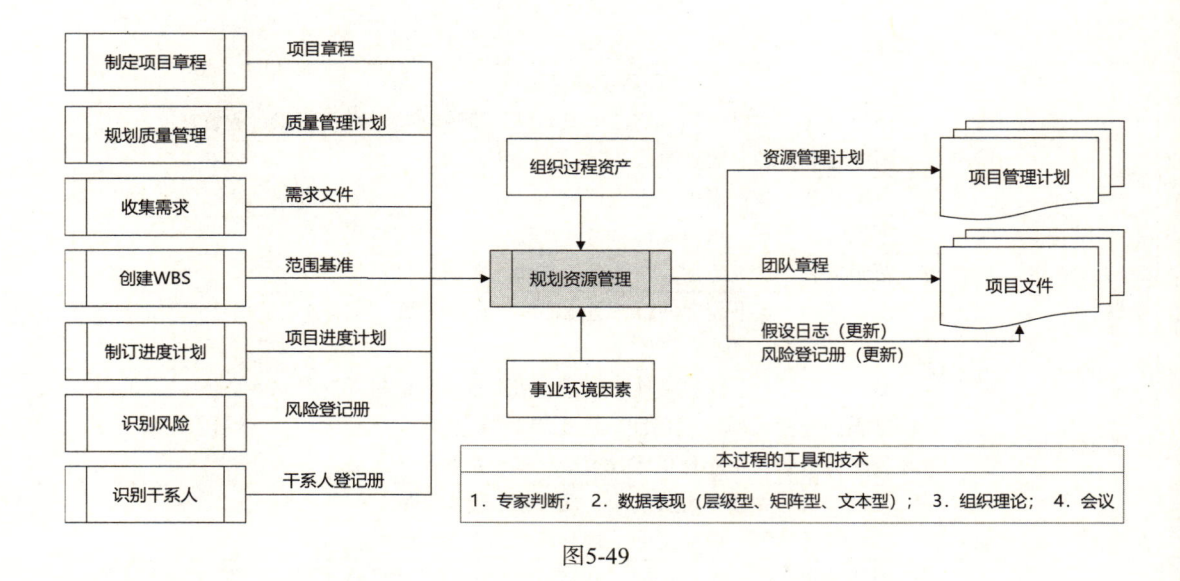

本过程重点概念

1. 资源管理计划

资源管理计划提供关于如何分类、分配、管理和释放项目资源的指南。内容包括：识别资源；获取资源；角色与职责；项目组织图；项目团队资源管理；培训；团队建设；资源控制；认可计划。

2. 团队章程

团队章程是为团队创建团队价值观、共识和工作指南的文件。内容包括：团队价值观；沟通指南；决策标准和过程；冲突处理过程；会议指南；团队共识。

3. 组织图和职位描述

可采用多种格式来记录团队成员的角色与职责。大多数格式属于以下三类（见图5-50）：层级型、矩阵型和文本型。层级型可用于规定高层级角色，而文本型更适合用于记录详细职责。

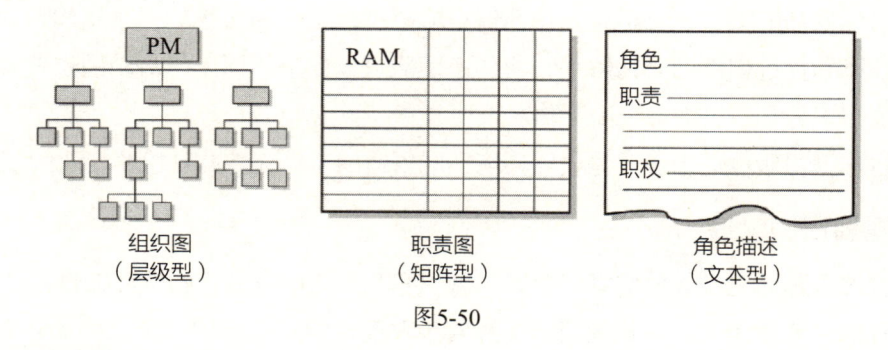

图5-50

4. 责任分配矩阵

责任分配矩阵（RAM）是用来显示分配给每个工作包的项目资源的表格。它显示工作包或活动与项目团队成员之间的关系。矩阵图能反映与每个人相关的所有活动，以及与每项活动相关的所有人员。它也可确保任何一项任务都只有一个人负责，从而避免职责不清。RAM 的一个例子是RACI（执行、负责、咨询和知情）矩阵，如图5-51所示。图中最左边的一列表示有待完成的工作（活动）。分配给每项工作的资源可以是个人或小组。项目经理也可根据项目需要，选择"领导""资源"或其他适用词汇，来分配项目责任。如果团队是由内部和外部人员组成的，则RACI 矩阵对明确划分角色和期望特别有用。

RACI图	人员				
活动	安妮	本	卡洛斯	蒂娜	埃德
制定章程	A	R	I	I	I
收集需求	I	A	R	C	C
提交变更请求	I	A	R	R	C
制订测试计划	A	C	I	I	R

R=执行　　A=负责　　C=咨询　　I=知情

图5-51

5.6.2 估算活动资源

估算活动资源是估算执行项目所需的团队资源，以及材料、设备和用品的类型和数量的过程。

本过程的主要作用是明确完成项目所需的资源种类、数量和特性。本过程应根据需要在整个项目期间定期开展。

估算活动资源的数据流向图如图5-52所示。

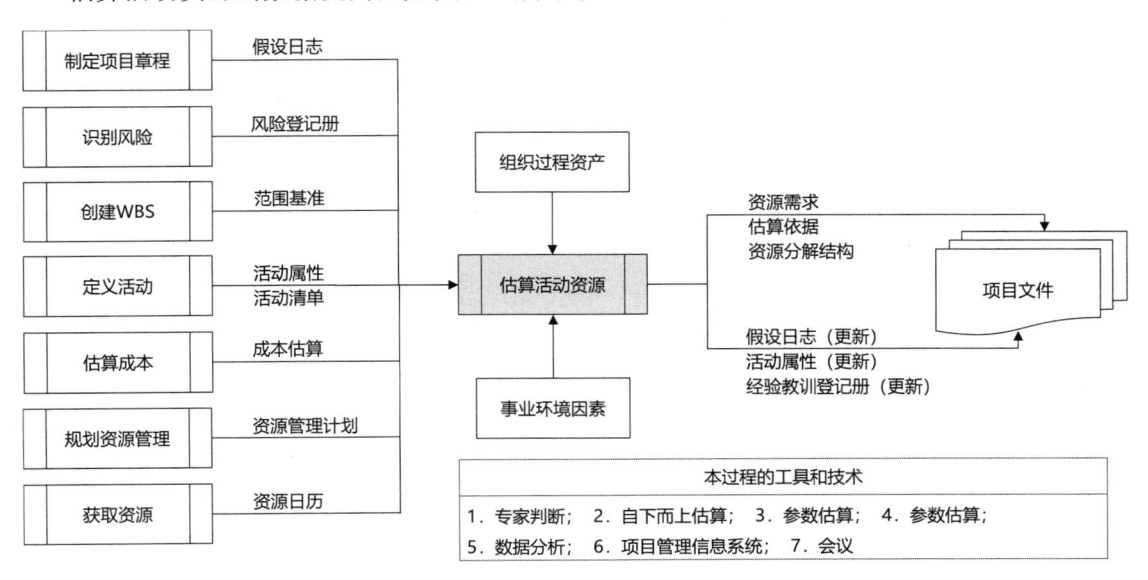

图5-52

本过程重点概念

1. 活动资源需求

活动资源需求明确了工作包中每个活动所需的资源类型和数量。在每个活动的资源需求文件中，都应说明每种资源的估算依据，以及为确定资源类型、可用性和所需数量所做的假设。

2. 资源分解结构

资源分解结构是资源依类别和类型的层级展现（如图5-53所示）。资源类别包括人力、材料、设备和用品。资源类型包括技能水平、等级水平或适用于项目的其他类型。资源分解结构有助于结合资源使用情况，组织与报告项目的进度数据。

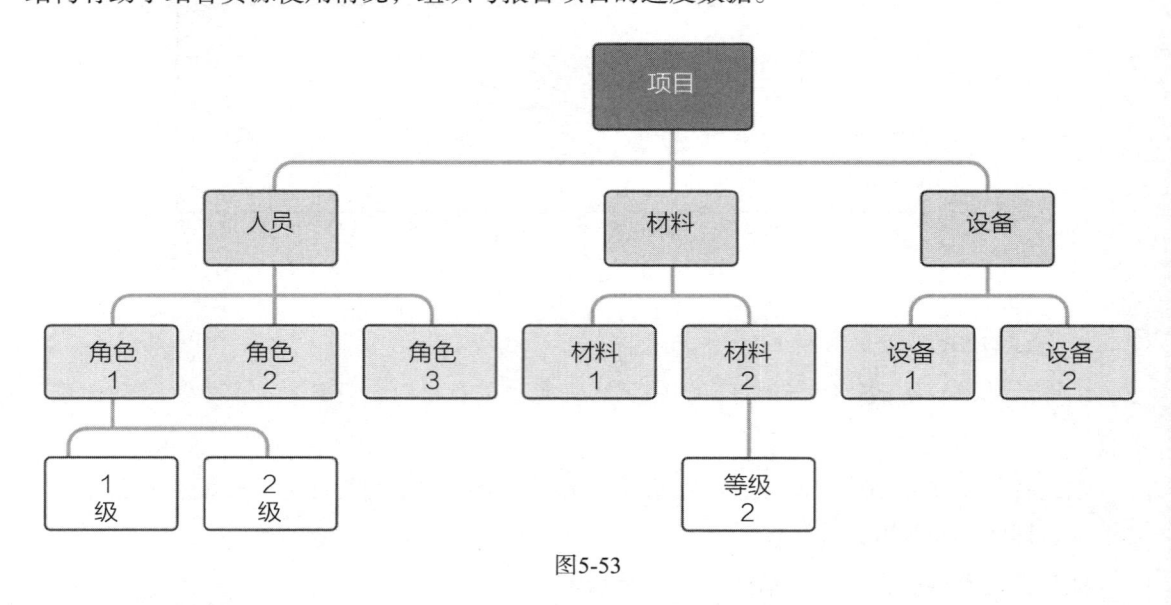

图5-53

5.6.3 获取资源

获取资源是获取项目所需的团队成员、设施、设备、材料、用品和其他资源的过程。

本过程的主要作用：①概述和指导资源的选择；②将选择的资源分配给相应的活动。本过程应根据需要在整个项目期间定期开展。

获取资源的数据流向图如图5-54所示。

本过程重点概念

1. 资源日历

资源日历是表明每种具体资源的可用工作日或工作班次的日历。在估算资源需求情况时，需要了解在规划的活动期间，哪些资源（如人力资源、设备和材料）可用。资源日历规定了在项目期间特定的项目资源何时可用、可用多久。

2. 预分派

如果项目团队成员是事先选定的，他们就是被预分派的。预分派可在下列情况下发生：在竞标过程中承诺分派特定人员进行项目工作；项目取决于特定人员的专有技能；或者，项目章程中指定了某些人员的工作分派。

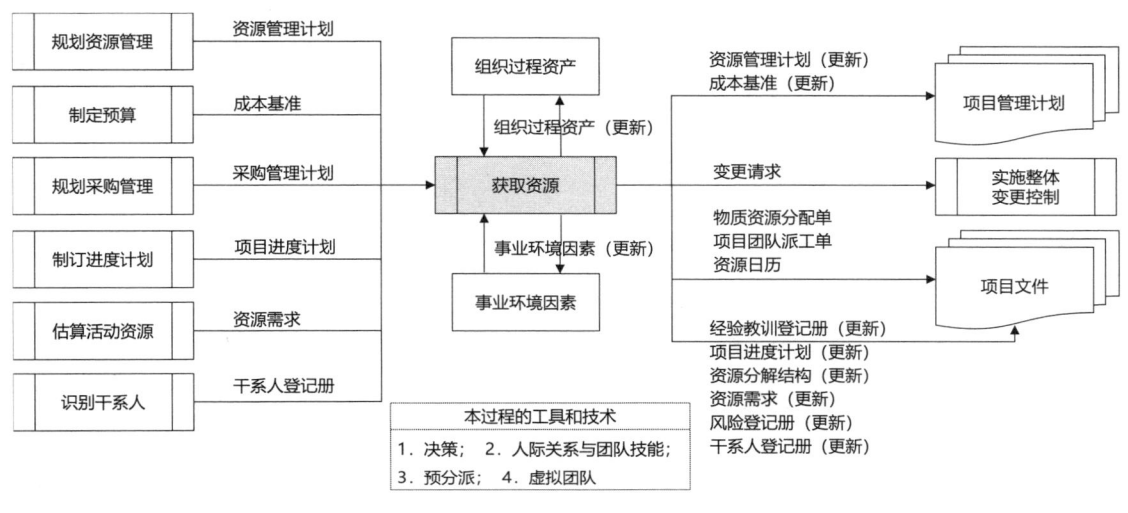

图5-54

3. 谈判

在许多项目中，通过谈判完成人员分派。例如，项目管理团队需要与下列各方谈判：职能经理；执行组织中的其他项目管理团队；外部组织、卖方、供应商、承包商等。

4. 招募

如果执行组织不能提供为完成项目所需的人员，就需要从外部获得所需的服务，这可能包括雇佣独立咨询师，或把相关工作分包给其他组织。

5. 虚拟团队

虚拟团队的使用为招募项目团队成员提供了新的可能性。虚拟团队可定义为具有共同目标、在完成角色任务的过程中很少或没有时间面对面工作的一群人。

5.6.4 建设团队

建设团队是提高工作能力，促进团队成员互动，改善团队整体氛围，以提高项目绩效的过程。

本过程的主要作用是，改进团队协作、增强人际关系技能、激励员工、减少摩擦以及提升整体项目绩效。本过程需要在整个项目期间开展。

建设团队的数据流向图如图5-55所示。

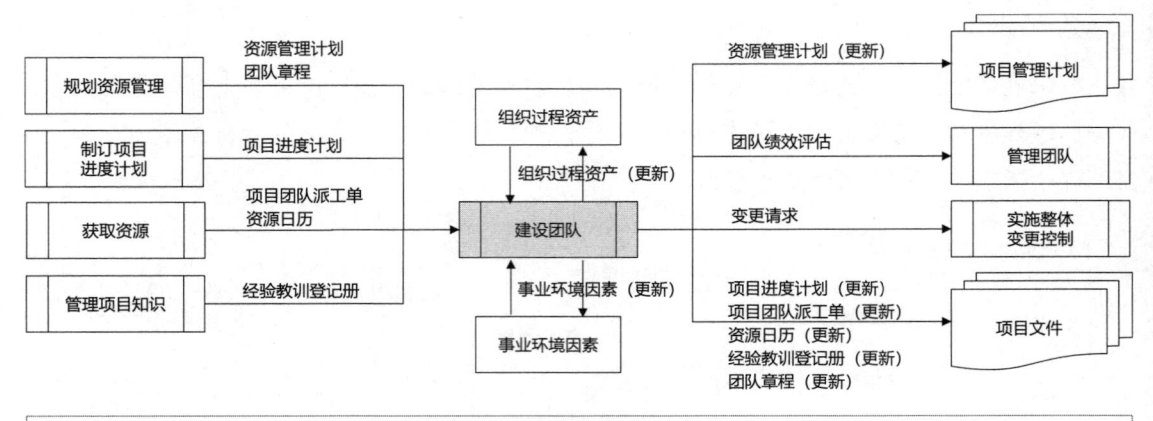

```
┌──────────┐   资源管理计划                                    资源管理计划（更新）    ┌──────────┐
│ 规划资源管理 │   团队章程                   ┌──────────┐                          │ 项目管理计划 │
└──────────┘                              │ 组织过程资产 │                          └──────────┘
┌──────────┐   项目进度计划                  └──────────┘   团队绩效评估            ┌──────────┐
│ 制订项目   │                                   ↓                                 │ 管理团队   │
│ 进度计划   │                              组织过程资产（更新）                      └──────────┘
└──────────┘   项目团队派工单                    ↓                                 ┌──────────┐
┌──────────┐   资源日历                   ┌──────────┐     变更请求                │ 实施整体   │
│ 获取资源   │                              │ 建设团队   │                          │ 变更控制   │
└──────────┘                              └──────────┘                          └──────────┘
┌──────────┐   经验教训登记册                   ↑        项目进度计划（更新）         ┌──────────┐
│ 管理项目知识 │                              事业环境因素（更新）  项目团队派工单（更新） │ 项目文件   │
└──────────┘                              ┌──────────┐   资源日历（更新）           └──────────┘
                                          │ 事业环境因素 │   经验教训登记册（更新）
                                          └──────────┘   团队章程（更新）
```

本过程的工具和技术
1. 集中办公； 2. 虚拟团队； 3. 沟通技术（共享门户、视频会议、音频会议、电子邮件/聊天软件）； 4. 人际关系与团队技能（冲突管理、影响力、激励、谈判、团队建设）； 5. 认可与奖励； 6. 培训； 7. 个人和团队评估； 8. 会议

图 5-55

本过程重点概念

1. 团队绩效评价

基于项目技术成功度、项目进度绩效和成本绩效，来评价团队绩效。以任务和结果为导向是高效团队的重要特征。

评价指标可包括：个人技能的改进；团队能力的改进；团队成员离职率的降低；团队凝聚力的加强。

2. 基本规则

用基本规则对项目团队成员的可接受行为做出明确规定。尽早制定并遵守明确的规则，有助于减少误解，提高生产力。对诸如行为规范、沟通方式、协同工作、会议礼仪等的基本规则进行讨论，有利于团队成员相互了解对方的价值观。规则一旦建立，全体项目团队成员都必须遵守。

3. 集中办公

集中办公，也被称为"紧密矩阵"，是指把许多或全部最活跃的项目团队成员安排在同一个物理地点工作，以增强团队工作能力。

4. 认可与奖励

在建设项目团队过程中，需要对成员的优良行为给予认可与奖励。最初的奖励计划是在规划人力资源管理过程中编制的。必须认识到，只有能满足被奖励者的某个重要需求的奖励，才是有效的奖励。在管理项目团队过程中，通过项目绩效评估，以正式或非正式的方式做出奖励决定。在决定认可与奖励时，应考虑文化差异。

5.6.5 管理团队

管理团队是跟踪团队成员工作表现、提供反馈、解决问题并管理团队变更以优化项目绩效的过程。

本过程的主要作用是，影响团队行为、管理冲突以及解决问题。本过程需要在整个项目期间开展。

管理团队的数据流向图如图5-56所示。

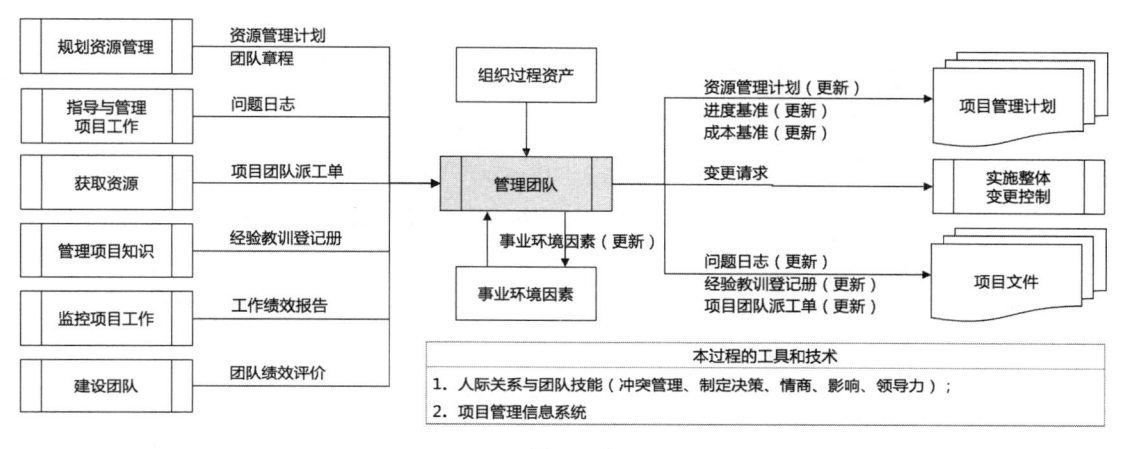

图5-56

本过程重点概念

1. 冲突管理

在项目环境中，冲突不可避免。冲突的来源包括资源稀缺、进度优先级排序和个人工作风格差异等。

成功的冲突管理可提高生产力，改进工作关系。如果管理得当，意见分歧有利于提高创造力和改进决策。假如意见分歧成为负面因素，应该首先由项目团队成员负责解决。如果冲突升级，项目经理应提供协助，促成满意的解决方案。应该采用直接和合作的方式，尽早并且通常在私下处理冲突。如果破坏性冲突继续存在，则可使用正式程序，包括采取惩戒措施。

有5种常用的冲突解决方法：

- 撤退/回避。从实际或潜在冲突中退出，将问题推迟到准备充分的时候，或者将问题推给其他人员解决。
- 缓和/包容。强调一致而非差异；为维持和谐与关系而退让一步，考虑其他方的需要。
- 妥协/调解。为了暂时或部分解决冲突，寻找能让各方都在一定程度上满意的方案。
- 强迫/命令。以牺牲其他方为代价，推行某一方的观点；只提供赢—输方案。通常是利用权力来强行解决紧急问题。
- 合作/解决问题。综合考虑不同的观点和意见，采用合作的态度和开放式对话引导各方达成共识和承诺。

2. 人际关系技能

项目经理应该综合运用技术、人际和概念技能来分析形势，并与团队成员有效互动。恰当地使用人际关系技能，可充分发挥全体团队成员的优势。

项目经理最常用的人际关系技能包括：

- 领导力。成功的项目需要强有力的领导技能。领导力在项目生命周期中的所有阶段都很重要。领导力对沟通愿景及鼓舞项目团队高效工作十分重要。
- 影响力。在矩阵环境中，项目经理对团队成员通常没有或仅有很小的命令职权，所以他们适时影响干系人的能力，对保证项目成功非常关键。影响力主要体现在：说服别人，以及清晰表达观点和立场的能力；积极且有效地倾听；了解并综合考虑各种观点；收集相关且关键的信息，以解决重要问题，维护相互信任，达成一致意见。
- 有效决策。包括谈判能力，以及影响组织与项目管理团队的能力。进行有效决策需要：着眼于所要达到的目标；遵循决策流程；研究环境因素；分析可用信息；提升团队成员个人素质；激发团队创造力；管理风险。

5.6.6 控制资源

控制资源是确保按计划为项目分配实物资源，以及根据资源使用计划监督资源实际使用情况，并采取必要纠正措施的过程。

本过程的主要作用：①确保所分配的资源适时、适地地用于项目；②资源在不再需要时被释放。本过程需要在整个项目期间开展。

控制资源的数据流向图如图5-57所示。

控制资源过程关注：

（1）监督资源支出。

（2）及时识别和处理资源缺乏/剩余情况。

（3）确保根据计划和项目需求使用并释放资源。

（4）出现资源相关问题时通知相应干系人。

（5）影响可以导致资源使用变更的因素。

（6）在变更实际发生时对其进行管理等。

图5-57

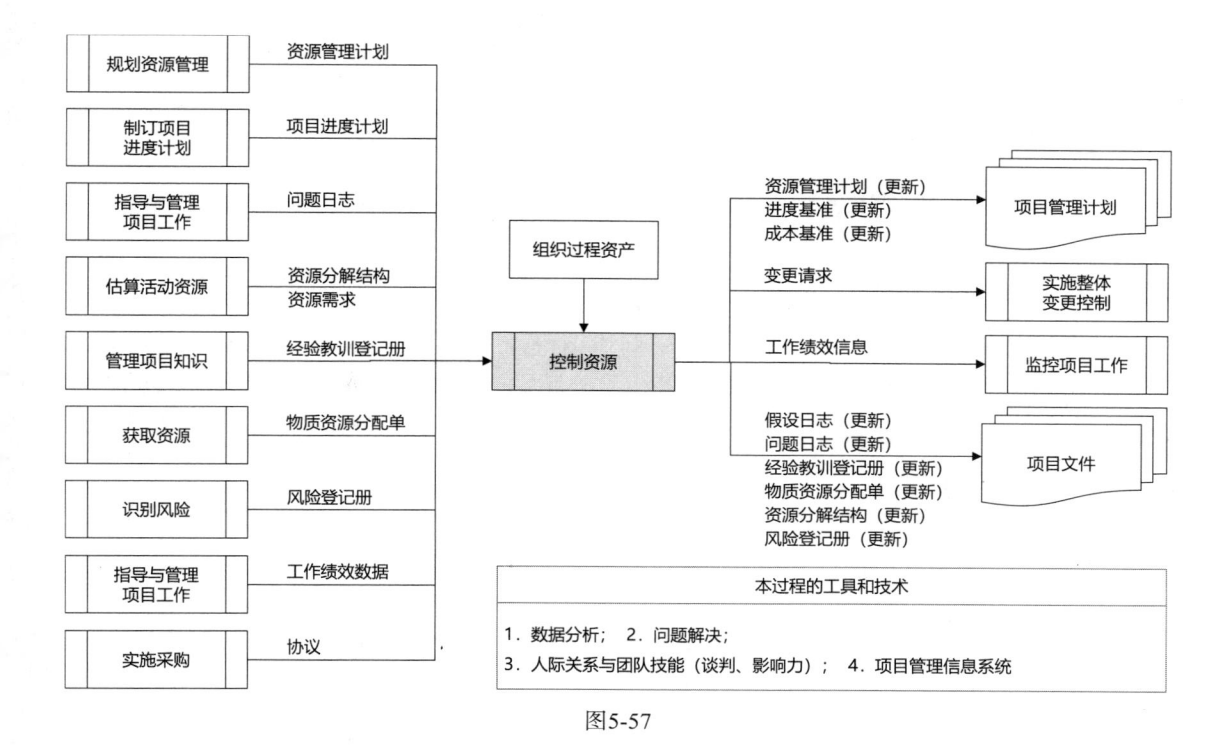

5.6.7 本节练习

1. 项目经理对于（　　）的冲突要设法加以（　　），对（　　）的冲突要加以利用，要鼓励团队成员良性竞争。

　　A. 有害，解决或减少，有益　　　　B. 有益，解决或减少，有害
　　C. 有害，解决或增加，有益　　　　D. 有益，鼓励或增加，有害

2. 使用项目资源、做出决策、签字批准、验收可交付成果并影响他人开展项目工作的权力，称为（　　）。

　　A. 角色　　　　B. 职责　　　　C. 职权　　　　D. 能力

3. 在获取资源过程的输出中，（　　）识别了每种具体资源可用时的工作日、班次、正常营业的上下班时间、周末和公共假期。

　　A. 组织过程资产更新　　　　B. 物质资源分配单
　　C. 项目团队派工单　　　　　D. 资源日历

4. 虚拟团队的使用能带来很多好处，不包括（　　）。

　　A. 减少出差及搬迁费用
　　B. 降低信息分享带来的安全风险
　　C. 利用技术来营造在线团队环境
　　D. 拉近团队成员与供应商、客户或其他重要干系人的距离

5. 评价团队有效性的指标，不包括（　　）。

A. 个人技能的改进 B. 团队成员离职率的提升

C. 团队能力的改进 D. 团队凝聚力的加强

6. （　　）不属于团队章程的内容。

A. 团队价值观 B. 资源日历

C. 沟通指南 D. 冲突处理过程

7. 关于团队管理的描述，不正确的是（　　）。

A. 滥用惩罚权力可能会导致项目失败，应谨慎使用

B. 在赫茨伯格双因素理论中，保健因素的满足可以消除不满，激励因素的满足可以产生满意感

C. 奖励权利来自组织的授权，参照权利来自管理者自身

D. X理论可以激发员工主动性，Y理论注重加强管理与惩罚

8. （　　）不是虚拟团队的优势。

A. 更好地利用不在同一地理区域的专家的专业技术

B. 提高沟通效率，便于分享知识和经验

C. 将在家办公的员工纳入团队

D. 节约差旅费用和办公场地费用

9. （　　）过程的主要作用是确保所分配的资源可适时、适地地用于项目。

A. 规划资源 B. 获取资源

C. 估算活动资源 D. 控制资源

参考答案：1. A；2. C；3. D；4. B；5. B；6. B；7. D；8. B；9. D。

5.7　项目沟通管理

沟通失败是很多项目（尤其是IT项目）失败的重要原因。

与IT项目成功有关的最重要的四个因素：主管层的支持、用户参与、有经验的项目经理和清晰的业务目标。

项目沟通管理是确保及时、正确地产生、收集、分发、存储和最终处理项目信息所需的过程。项目沟通管理过程揭示了实现成功沟通所需的人员、观点、信息这三项要素之间的一种联络关系。

项目沟通管理由两部分组成：一是制定策略，确保沟通对干系人行之有效；二是执行必要活动，以落实沟通策略。

沟通

沟通是指用各种可能的方式来发送或接收信息。

发送或接收的信息可以是想法、指示或情绪。

沟通的具体形式包括：书面、口头、正式或非正式、手势动作、媒体、遣词造句。

项目经理的大多数时间用于与团队成员和其他项目干系人沟通，包括来自组织内部（组织的各个层级）和组织外部的人员。

不同干系人可能有不同的文化和组织背景，以及不同的专业水平、观点和兴趣，而有效的沟通能够在他们之间架起一座桥梁。

沟通模型

沟通的基本模型用于显示信息如何在双方（发送方和接收方）之间被发送和被接收，如图5-57所示。

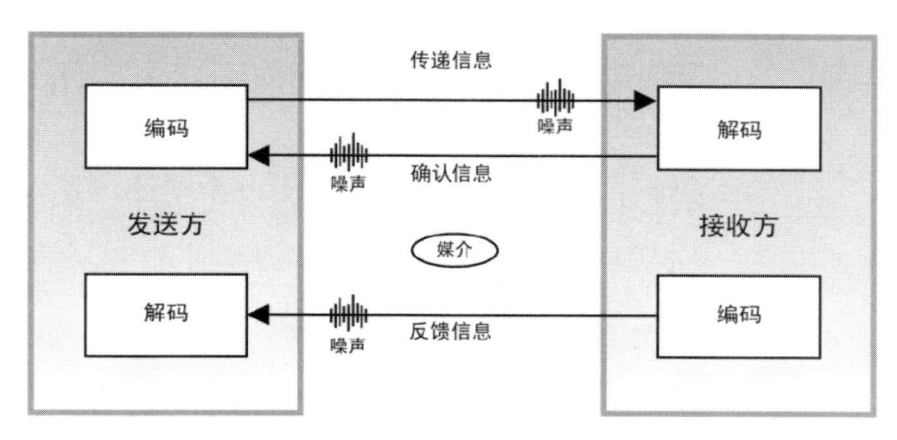

图5-57

沟通模型的关键要素包括：编码、传递信息、确认信息和反馈信息、媒介、噪声、解码。

沟通模型包含5种状态：已发送、已收到、已理解、已认可、已转化为积极的行动。

沟通分类

沟通活动可按多种维度进行分类，主要包括：内部沟通与外部沟通，正式沟通与非正式沟通，层级沟通（向上、向下、横向），官方沟通与非官方沟通，书面与口头沟通。

沟通技巧

有效的沟通活动和成果创建具有如下3种基本属性：①沟通目的明确；②尽量了解沟通接收方，满足其需求及偏好；③监督并衡量沟通的效果。

书面沟通的5C原则：①正确的语法和拼写；②简洁的表述；③清晰的目的和表达；④连贯的思维逻辑；⑤善用控制语句和承接。

其他沟通技巧：①积极倾听；②理解文化和个人差异；③识别、设定并管理干系人期望；④强化技能。

管理新实践

项目沟通管理的趋势和新实践包括：将干系人纳入项目评审范围；让干系人参加项目会议；社交工具的使用日益增多；多面性沟通方法。

项目沟通管理过程

项目沟通管理包含3个项目管理过程，它们的输入、输出工具与技术如表5-8所示（字体加粗的内容为相对重要的考点，建议加深理解）。

表 5-8

项目沟通管理		
规划沟通管理	输入	项目章程、项目管理计划、项目文件、事业环境因素、组织过程资产
	输出	**沟通管理计划**、项目管理计划（更新）、项目文件（更新）
	技术	专家判断、沟通需求分析、沟通技术、沟通模型、沟通方法、人际关系与团队技能、数据表现、会议
管理沟通	输入	项目管理计划、项目文件、**工作绩效报告**、事业环境因素、组织过程资产
	输出	**项目沟通记录**、项目管理计划（更新）、项目文件（更新）、组织过程资产（更新）
	技术	沟通技术、沟通方法、沟通技能、项目管理信息系统、项目报告、人际关系与团队技能、会议
监督沟通	输入	项目管理计划、项目文件、工作绩效数据、事业环境因素、组织过程资产
	输出	工作绩效信息、变更请求、项目管理计划（更新）、项目文件（更新）
	技术	专家判断、项目管理信息系统、数据表现、人际关系与团队技能、会议

裁剪考虑因素

裁剪时应考虑的因素包括：干系人、物理地点、沟通技术、语言、知识管理。

敏捷与适应方法

在模糊不定的项目环境中，必然需要对不断演变和出现的细节情况进行更频繁和快速的沟通。因此，应该尽量简化团队成员获取信息的通道，要经常进行团队检查，并让团队成员集中办公。此外，为了促进与高级管理层和干系人的沟通，还需要以透明的方式发布项目成果，并定期邀请干系人评审项目成果。

5.7.1 规划沟通管理

规划沟通管理是基于每个干系人或干系人群体的信息需求、可用的组织资产，以及具体项目的需求，为项目沟通活动制订恰当的方法和计划的过程。

本过程的主要作用：①及时向干系人提供相关信息；②引导干系人有效参与项目；③编制书面沟通计划。本过程应根据需要在整个项目期间定期开展。规划沟通管理过程的数据流向，如图5-58所示。

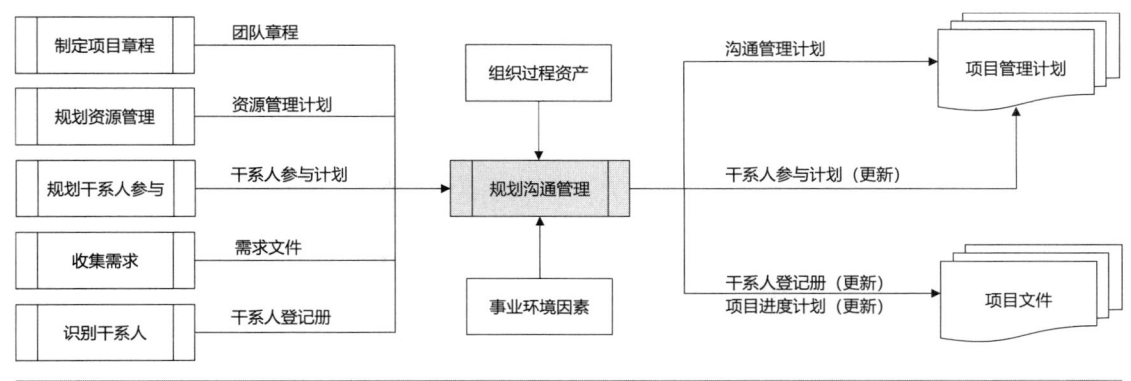

图5-58

本过程重点概念

1. 沟通管理计划

沟通管理计划描述将如何规划、结构化、执行与监督项目沟通，以提高沟通的有效性。沟通管理计划主要包括：

- 干系人的沟通需求。
- 需沟通的信息，包括语言、形式、内容和详细程度。
- 上报步骤。
- 发布信息的原因。
- 发布所需信息、确认已收到，或作出回应（若适用）的时限和频率。
- 负责沟通相关信息的人员。
- 负责授权保密信息发布的人员。
- 接收信息的人员或群体，包括他们的需要、需求和期望。
- 用于传递信息的方法或技术，如备忘录、电子邮件、新闻稿或社交媒体。
- 为沟通活动分配的资源，包括时间和预算。
- 随着项目进展，如项目不同阶段相关方社区的变化，更新与优化沟通管理计划的方法。
- 通用术语表。
- 项目信息流向图、工作流程（可能包含审批程序）、报告清单和会议计划等。
- 来自法律法规、技术、组织政策等的制约因素。

沟通管理计划中还包括关于项目状态会议、项目团队会议、网络会议和电子邮件等的指南和模板。

2. 潜在沟通渠道

项目经理可使用潜在沟通渠道或路径的数量来反映项目沟通的复杂程度。潜在沟通渠道的总量为 $n(n-1)/2$，其中 n 代表干系人的数量。

3. 沟通方法

项目干系人之间可以使用多种沟通方法分享信息。这些方法大致可以分为如下几类。

- 交互式沟通：在两方或多方之间进行多向信息交换。这是确保全体参与者对特定话题达成共识的最有效的方法，包括会议、电话、即时通信、视频会议等。
- 推式沟通：把信息发送给需要接收这些信息的特定接收方。这种方法可以确保信息的发送，但不能确保信息送达受众或被目标受众理解。推式沟通包括信件、备忘录、报告、电子邮件、传真、语音邮件、日志、新闻稿等。
- 拉式沟通：用于信息量很大或受众很多的情况。要求接收者自主、自行访问信息内容。这种方法包括企业内网、电子在线课程、经验教训数据库、知识库等。

可以采用如下方法来实现沟通管理计划所规定的主要的沟通需求：

- 人际沟通：个人之间交换信息，通常以面对面的方式进行。
- 小组沟通：在3~6名人员的小组内部开展。
- 公众沟通：单个演讲者面向一群人。
- 大众传播：信息发送人员或小组与大量目标受众（有时为匿名）之间只有最低程度的联系。
- 网络和社交工具沟通：借助社交工具和媒体，开展多对多的沟通。

5.7.2 管理沟通

管理沟通是确保项目信息及时且恰当地收集、生成、发布、存储、检索、管理、监督和最终处置的过程。

本过程的主要作用是，促成项目团队与干系人之间的有效信息流动。本过程需要在整个项目期间开展。管理沟通过程的数据流向，如图5-59所示。

本过程重点概念

项目沟通记录：主要包括绩效报告、可交付成果的状态、进度进展、产生的成本、演示、相关方需要的其他信息。

沟通技能：主要包括沟通胜任力、反馈、非口头技能、演示。

人际关系与团队技能：主要包括积极倾听、冲突管理、文化意识、会议管理、人际交往、政策意识。

图5-59

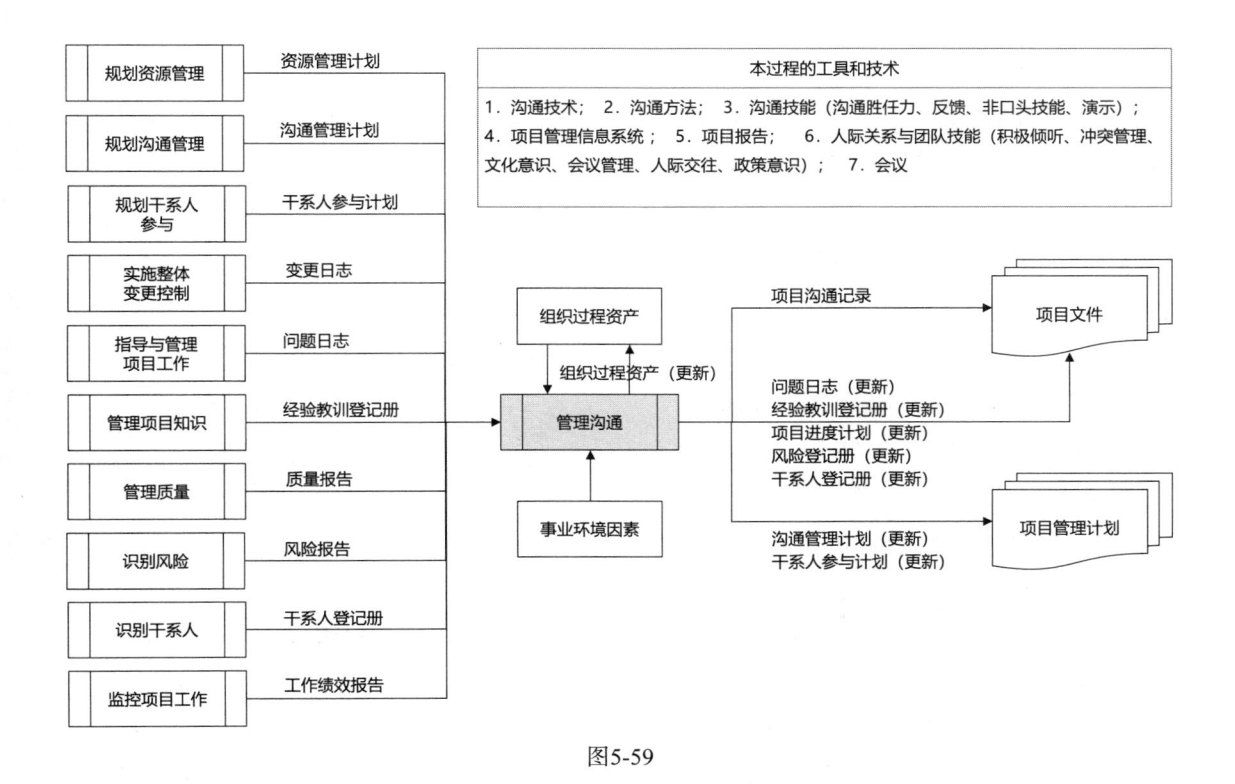

5.7.3 监督沟通

监督沟通是确保满足项目及其干系人的信息需求的过程。

本过程的主要作用是，按沟通管理计划和干系人参与计划的要求优化信息传递流程。本过程需要在整个项目期间开展。监督沟通过程的数据流向，如图5-60所示。

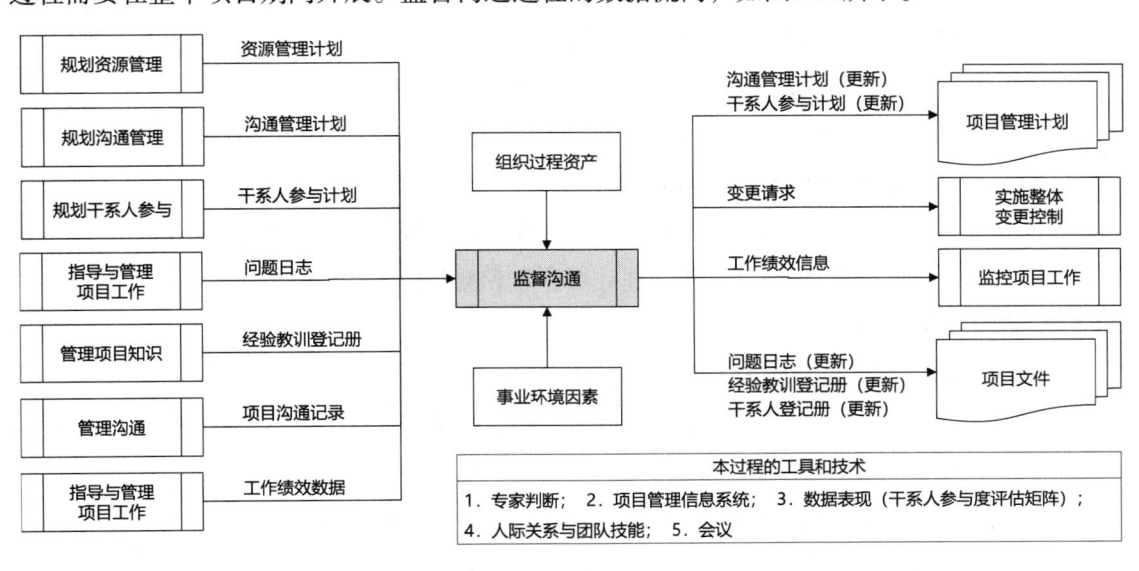

图5-60

5.7.4 本节练习

1. 沟通的基本模型用于显示信息如何在双方之间被发送和接收，日常与人交往过程中发生的误解，通常在（　　）环节发生。

   A. 编码　　　　B. 解码　　　　C. 媒介　　　　D. 信息

2. 书面沟通的5C原则不包括（　　）。

   A. 正确的语法和拼写　　　　　　B. 连贯的思维逻辑

   C. 详细的表述　　　　　　　　　D. 善用控制语句和承接

3. 规划沟通管理的主要作用不包括（　　）。

   A. 及时向干系人提供相关信息

   B. 引导干系人有效参与项目

   C. 编制书面沟通计划

   D. 确保满足项目及其干系人的信息需求

4. 你正在组织项目沟通协调会，参加会议的人数为12人，沟通渠道有（　　）条。

   A. 66　　　　B. 72　　　　C. 96　　　　D. 132

5. 适用于管理沟通过程的沟通技能不包括（　　）。

   A. 反馈　　　B. 非口头技能　　　C. 演示　　　D. 社交媒体管理

6. 有效沟通活动具备的基本属性不包含（　　）。

   A. 沟通目的明确

   B. 监督并衡量沟通的效果

   C. 尽量了解沟通接收方，满足其需求和偏好

   D. 频繁沟通，与沟通方进行全方位接触

7. 关于规划沟通的描述，正确的是（　　）。

   A. 应根据需要在整个项目期间定期开展，持续保持其成果适用性

   B. 确保所有沟通参与者之间的信息流动的最优化

   C. 应尽量采用小组沟通方法来实现沟通管理计划所规定的沟通需求

   D. 沟通管理计划基于项目范围管理计划制订和更新，与其同等重要

8. 关于项目报告的描述，不正确的是（　　）

   A. 项目报告发布是收集和发布项目信息的行为

   B. 项目报告应尽量详尽，让所有干系人全面了解项目情况

   C. 项目信息应发布给众多干系人

   D. 可以定期或临时准备项目信息并编制项目报告

参考答案：1. B；2. C；3. D；4. A；5. D；6. D；7. A；8. B。

5.8　项目风险管理

项目风险是一种不确定的事件或条件,一旦发生,会对项目目标产生某种正面或负面的影响。项目风险既包括对项目目标的威胁,也包括促进项目目标的机会。

已知风险是那些已经经过识别和分析的风险,对于已知风险,对其进行规划,寻找应对方案是可行的;虽然项目经理们可以依据以往类似项目的经验,采取一般的应急措施处理未知风险,但未知风险是无法管理的。

风险源于所有项目之中的不确定因素。项目在不同阶段会有不同的风险。风险会随着项目的进展而变化,不确定性也会随着项目进展逐渐减少。

项目风险管理的目的在于,降低风险的不利影响,提高项目成功的可能性。

项目风险概述

每个项目都在两个层面上存在风险:一是每个项目都有会影响项目达成目标的单个风险;二是由单个风险和不确定性的其他来源联合导致的整体项目风险。项目风险管理过程要同时兼顾这两个层面的风险。

项目风险会对项目目标产生负面或正面的影响,也就是风险与机会。项目风险管理旨在利用或强化正面风险(机会),规避或减轻负面风险(威胁)。负面风险可能会引发各种问题,如工期延误、成本超支、绩效不佳或声誉受损等。

风险的属性

风险事件的随机性。风险事件的发生及其后果都具有偶然性。

风险的相对性。风险总是相对项目活动主体而言的。同样的风险对于不同的主体有不同的影响。人们对于风险事件都有一定的承受能力,但是这种能力因活动、人和时间而异。对于项目风险, 影响人们的风险承受能力的因素主要包括:收益的大小、投入的大小、项目活动主体的地位和拥有的资源。

风险的可变性。辩证唯物主义认为,任何事情和矛盾都可以在一定条件下向自己的反面转化。风险的可变性含义包括:风险性质的变化、风险后果的变化、出现新风险。

风险的分类

按风险发生后的后果,风险可分为:

- 纯粹风险:不能带来机会、无获得利益可能(火灾、自然灾害……)。
- 投机风险:既可能带来机会、获得利益,又隐含威胁、造成损失(股票……)。

风险不是零和游戏。在许多情况下,涉及风险的各有关方面都要蒙受损失,无一幸免。

按风险来源,风险可分为:

- 自然风险:由于自然力的作用,造成财产毁损或人员伤亡的风险(洪水、地震……)。
- 人为风险:由于人的活动而带来的风险。它可以细分为行为、经济、技术、政治和组织等风险。

按是否可管理，风险可分为：
- 可管理的风险：指可以预测，并可采取相应措施加以控制的风险。
- 不可管理的风险：不可预测、很难主动管理的风险。

按风险影响范围，风险可分为：
- 局部风险：影响的范围小。
- 总体风险：影响的范围大。

关键路线上的活动一旦延误，就会延迟整个项目工期，形成总体风险；非关键路线上活动的延误在许多情况下是局部风险。

按后果的承担者，风险可分为：项目业主风险、政府风险、承包商风险、投资方风险、设计单位风险、监理单位风险、供应商风险、担保方风险、保险公司风险。

按可预测性，风险可分为：
- 已知风险：明确的、经常发生的、其后果亦可预见的风险。这种风险发生概率高，一般后果轻微（项目目标不明确、过分乐观的进度计划、设计或施工变更、材料价格波动）。
- 可预测风险（已知-未知）：根据经验可以预见其发生，但不可预见其后果的风险。这种风险后果可能有时相当严重（不及时批准、分包商不能及时交工、不可预见的地质条件）。
- 不可预测风险（未知-未知）：有可能发生，但可能性不能预见的风险，也称未知风险或未识别的风险（地震、百年不遇的暴雨、通货膨胀、政策变化）。

风险态度

风险偏好：为了预期的回报，一个实体愿意承受不确定性的程度。

风险承受力：能承受的风险程度、数量或容量。

风险临界值：干系人特别关注的特定的不确定性程度或影响程度。

风险成本及其负担

风险损失的有形成本：包括风险事件造成的直接损失和间接损失。

风险损失的无形成本：包括风险损失减少了机会，风险阻碍了生产率的提高，风险造成了资源分配不当。

风险预防与控制的成本。

风险成本的负担：项目主体负担的那部分为个体负担成本，其他有关方面负担的部分为社会负担成本。

管理新实践

非事件类风险，包括：
- 变异性风险：已规划的目标、活动或决策的某些关键方面存在不确定性。例如，测试发现的错误数量可能多于或少于预期。变异性风险可通过蒙特卡洛分析加以处理，即用概率分布表示变异的可能区间，然后采取行动缩小可能结果的区间。
- 模糊性风险：对未来可能发生什么存在不确定性。例如，不太了解需求或技术解决方案的要素。模糊性风险可以通过先定义认知或理解的不足之处，进而获取外部专家的意见或以最佳实践为标杆来填补差距，也可以采用增量开发、原型搭建或模拟等方法来处理。

项目韧性。有一种风险只有在发生后才能被发现，这种风险称为突发性风险，可以通过加强项目韧性来应对。

整合式风险管理。应该在适当的层面上承担和管理风险。在较高层面识别出的某些风险，可以及时授权给项目团队去管理；在较低层面识别出的某些风险，可以交给较高层面去管理（如果在项目之外管理最有效）。应该利用组织级的风险管理方法来确保所有层面的风险管理工作的一致性和连贯性，这样就能使项目集和项目组合的结构具有风险控制的效率，有利于在给定的风险忍受程度下创造最大的整体价值。

项目风险管理过程

项目风险管理包含7个项目管理过程，每个过程的输入、输出工具与技术如表5-9所示（字体加粗的内容为相对重要的考点，建议加深理解）。

表 5-9

项目风险管理		
规划风险管理	输入	项目章程、项目管理计划、项目文件、事业环境因素、组织过程资产
	输出	**风险管理计划**
	技术	专家判断、数据分析、会议
识别风险	输入	项目管理计划、项目文件、采购文档、协议、事业环境因素、组织过程资产
	输出	**风险登记册、风险报告**、项目文件（更新）
	技术	专家判断、**数据收集**、数据分析、人际关系与团队技能、**提示清单**、会议
实施定性风险分析	输入	项目管理计划、项目文件、事业环境因素、组织过程资产
	输出	项目文件（更新）
	技术	专家判断、数据收集、**数据分析**、人际关系与团队技能、**风险分类**、数据表现、会议
实施定量风险分析	输入	项目管理计划、项目文件、事业环境因素、组织过程资产
	输出	项目文件（更新）
	技术	专家判断、数据收集、人际关系与团队技能、**不确定性表现方式**、数据分析
规划风险应对	输入	项目管理计划、项目文件、事业环境因素、组织过程资产
	输出	变更请求、项目管理计划（更新）、项目文件（更新）
	技术	专家判断、数据收集、人际关系与团队技能、**威胁应对策略、机会应对策略、应急应对策略**、整体项目风险应对策略、数据分析、决策
实施风险应对	输入	项目管理计划、项目文件、组织过程资产
	输出	变更请求、项目文件（更新）
	技术	专家判断、人际关系与团队技能、项目管理信息系统

续表

项目风险管理		
监督风险	输入	项目管理计划、项目文件、工作绩效数据、工作绩效报告
	输出	工作绩效信息、变更请求、项目管理计划（更新）、项目文件（更新）、组织过程资产（更新）
	技术	数据分析、审计、会议

裁剪考虑因素

裁剪时应考虑的因素包括：项目规模、项目复杂性、项目重要性、开发方法。

敏捷与适应方法

从本质上讲，越是变化的环境就存在越多的不确定性和风险。要应对快速变化，就需要采用敏捷或适应型方法管理项目，如经常审查增量的工作产品，加快知识的分享，确保对风险的认知和管理。在选择每个迭代期的工作内容时都要考虑风险；在每个迭代期间都应该识别、分析和管理风险。

此外，应根据对当前风险忍受度的深入理解定期更新需求文件，并随项目进展重新排列工作优先级。

5.8.1 规划风险管理

规划风险管理是定义如何实施项目风险管理活动的过程。

本过程的主要作用是，确保风险管理的水平、方法和可见度与项目风险程度相匹配，与对组织和其他干系人的重要程度相匹配。规划风险管理过程的数据流向，如图5-61所示。

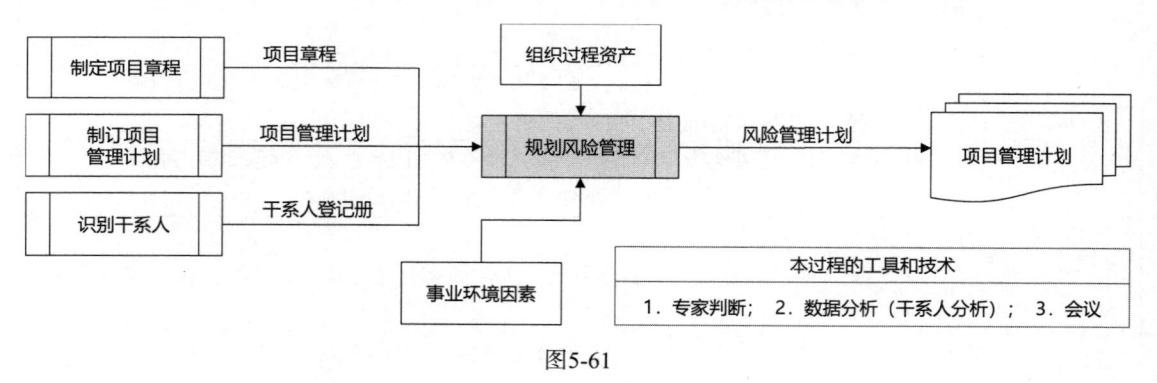

图5-61

本过程重点概念

风险管理计划

风险管理计划是描述如何安排与实施风险管理活动的文件。它包括风险管理战略、方法论、角色与职责、资金、时间安排、风险类别、干系人风险偏好、风险概率和影响定义、概率和影响矩阵、报告格式、跟踪。

风险类别是确定对项目风险进行分类的方式。通常借助风险分解结构（RBS）来构建风险类别。风险分解结构是潜在风险来源的层级展现，如图5-62所示。风险分解结构有助于项目团队考虑单个项目风险的全部可能来源，对识别风险或归类已识别风险特别有用。

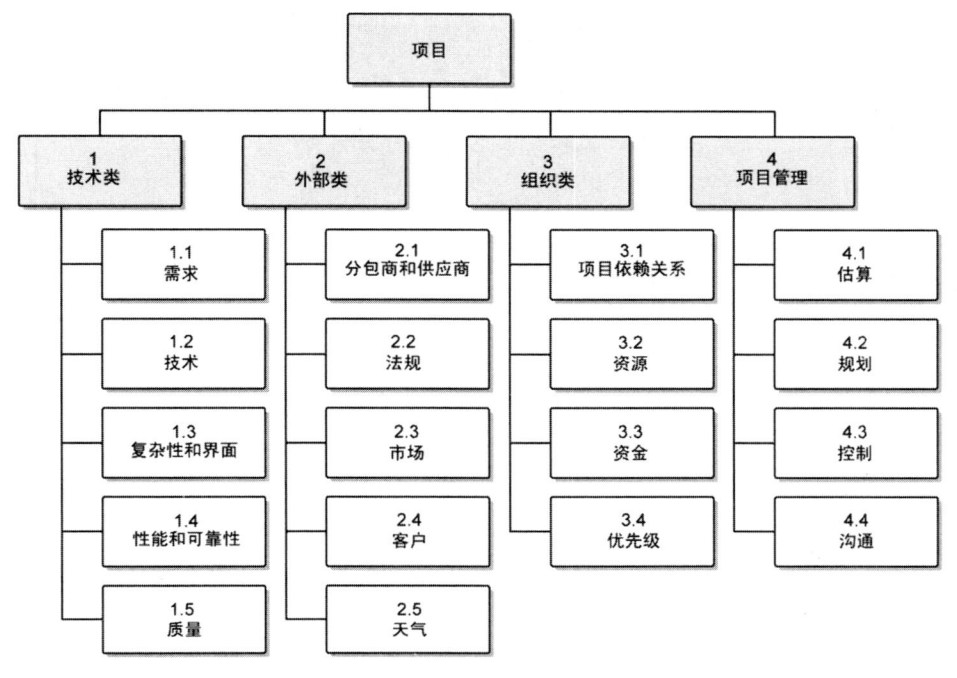

```
                                项目
        ┌──────────────┬──────────────┬──────────────┐
        1              2              3              4
      技术类          外部类         组织类        项目管理
      ┌─┐           ┌─┐           ┌─┐           ┌─┐
      1.1           2.1           3.1           4.1
      需求      分包商和供应商   项目依赖关系      估算
      1.2           2.2           3.2           4.2
      技术           法规           资源           规划
      1.3           2.3           3.3           4.3
   复杂性和界面        市场           资金           控制
      1.4           2.4           3.4           4.4
   性能和可靠性       客户          优先级          沟通
      1.5           2.5
      质量           天气
```

图5-62

风险概率和影响定义。根据具体的项目环境、组织和关键干系人的风险偏好和临界值来制定风险概率和影响。项目可能自行制定关于概率和影响级别的具体定义，也可能用组织提供的通用定义作为基础来制定。表5-10是一个风险概率和影响定义的例子。

表 5-10

量表	概率	+/− 对项目目标的影响		
		时间	成本	质量
很高	>70%	>6 个月	>500 万美元	对整体功能影响非常重大
高	51%~70%	3~6 个月	100 万 ~500 万美元	对整体功能影响重大
中	31%~50%	1~2 个月	50.1 万 ~100 万美元	对关键功能有一些影响
低	11%~30%	1~4 周	10 万 ~50 万美元	对整体功能有微小影响
很低	1%~10%	1 周	<10 万美元	对辅助功能有微小影响
零	<1%	不变	不变	功能不变

概率和影响矩阵。组织可在项目开始前确定优先级排序规则，并将其纳入组织过程资产，也可为具体项目量身定制优先级排序规则。在常见的概率和影响矩阵中会同时列出机会和威胁。概率和影响可以用描述性术语（如很高、高、中、低和很低）或数值来表达。如果使用数值，就可以将两个数值相乘得出每个风险的概率-影响分值，以便据此在每个优先级组别之内排列单个风险的相对优先级。图5-63是概率和影响矩阵的示例，其中也有数值风险评分的方法。

	威胁					机会					
很高 0.90	0.05	0.09	0.18	0.36	0.72	0.72	0.36	0.18	0.09	0.05	很高 0.90
高 0.70	0.04	0.07	0.14	0.28	0.56	0.56	0.28	0.14	0.07	0.04	高 0.70
中 0.50	0.03	0.05	0.10	0.20	0.40	0.40	0.20	0.10	0.05	0.03	中 0.50
低 0.30	0.02	0.03	0.06	0.12	0.24	0.24	0.12	0.06	0.03	0.02	低 0.30
很低 0.10	0.01	0.01	0.02	0.04	0.08	0.08	0.04	0.02	0.01	0.01	很低 0.10
	很低 0.05	低 0.10	中 0.20	高 0.40	很高 0.80	很高 0.80	高 0.40	中 0.20	低 0.10	很低 0.05	

（概率）　　　消极影响　　　　　　　　　积极影响　　　（概率）

图5-63

5.8.2 识别风险

识别风险是识别单个项目风险及整体项目风险的来源，并记录风险特征的过程。

本过程的主要作用：①记录现有的单个项目风险，以及整体项目风险的来源；②汇总相关信息，以便项目团队能够恰当地应对已识别的风险。本过程应在整个项目期间开展。识别风险过程的数据流向，如图5-64所示。

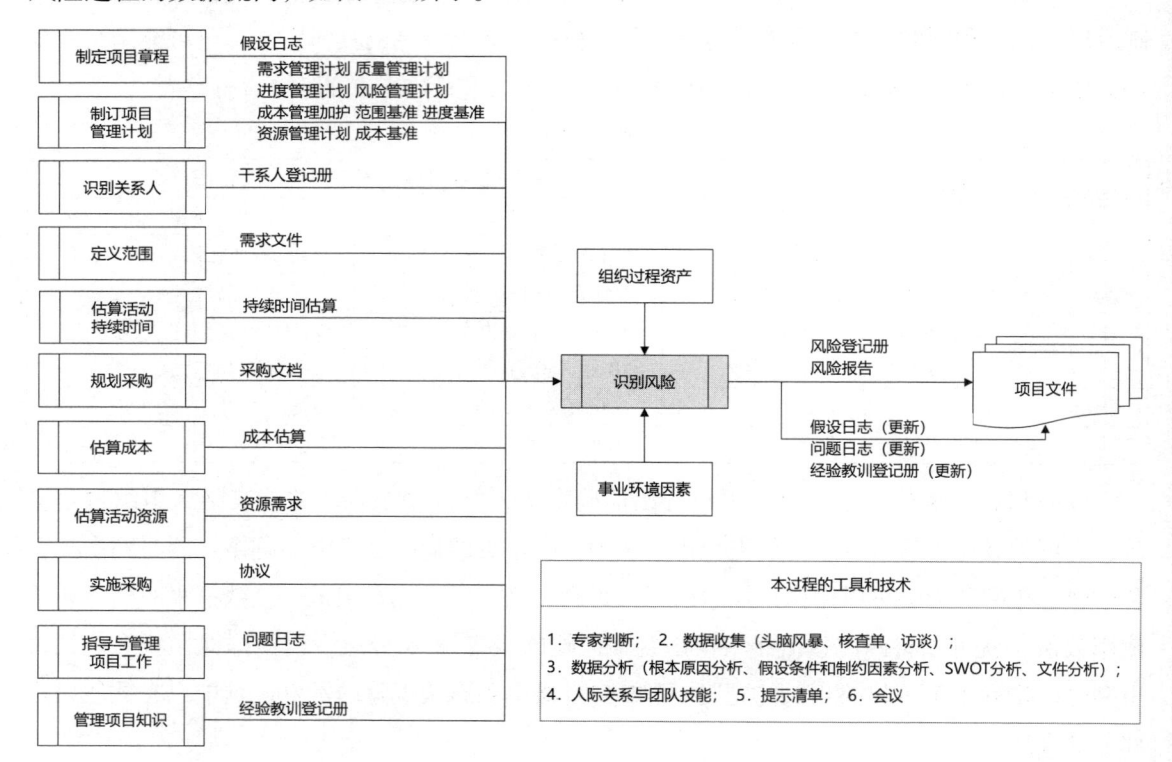

本过程的工具和技术

1. 专家判断； 2. 数据收集（头脑风暴、核查单、访谈）；
3. 数据分析（根本原因分析、假设条件和制约因素分析、SWOT分析、文件分析）；
4. 人际关系与团队技能； 5. 提示清单； 6. 会议

图5-64

风险登记册

风险登记册是记录风险分析和应对规划的结果的文件。识别风险后,风险登记册应记录已识别风险的清单、潜在风险责任人、潜在风险应对措施清单。

风险报告

风险报告提供关于整体项目风险的信息,以及关于已识别的单个项目风险的概述信息。风险报告的编制是一项渐进式的工作。

SWOT 分析

这种技术从项目的每个优势(Strength)、劣势(Weakness)、机会(Opportunity)和威胁(Threat)出发,对项目进行考察,把产生于内部的风险都包括在内,从而更全面地考虑风险。首先,从项目、组织或一般业务范围的角度识别组织的优势和劣势。然后,通过SWOT分析识别出由组织优势带来的各种项目机会,以及由组织劣势引发的各种威胁。这一分析也可用于考察组织优势能够抵消威胁的程度,以及机会可以克服劣势的程度。

核查单

核查单包括需要考虑的项目、行动或要点的清单。它常被用于提醒。

基于从类似项目和其他信息来源积累的历史信息和知识来编制核查单,可列出过去曾出现且可能与当前项目相关的具体项目风险,这是吸取已完成的类似项目的经验教训的有效方式。可基于已完成的项目来编制核查单,也可采用特定行业的通用风险核查单。

虽然核查单简单易用,但它不可能穷尽所有风险。所以,必须确保不要用核查单来取代所需的风险识别工作;同时,项目团队也应该注意考察未在核查单中列出的事项。此外,还应该不时地审查核查单,增加新信息,删除或存档过时信息。

提示清单

提示清单是关于可能引发项目风险来源的风险类别的预设清单。

在采用风险识别技术时,提示清单可作为框架用于协助项目团队形成想法。可以将风险分解结构底层的风险类别作为提示清单,来识别单个项目的风险。

某些常见的战略框架更适用于识别整体项目风险的来源,如外部影响(政策、经济、社会、技术、法律、环境)、内部影响(技术、环境、商业、运营、政治)和性质(易变性、不确定性、复杂性、模糊性)。

5.8.3 实施定性风险分析

实施定性风险分析是通过评估单个项目风险发生的概率和影响及其他特征,对风险进行优先级排序,从而为后续分析或行动提供基础的过程。

本过程的主要作用是,重点关注高优先级的风险。本过程需要在整个项目期间开展。实施定性风险分析过程的数据流向,如图5-65所示。

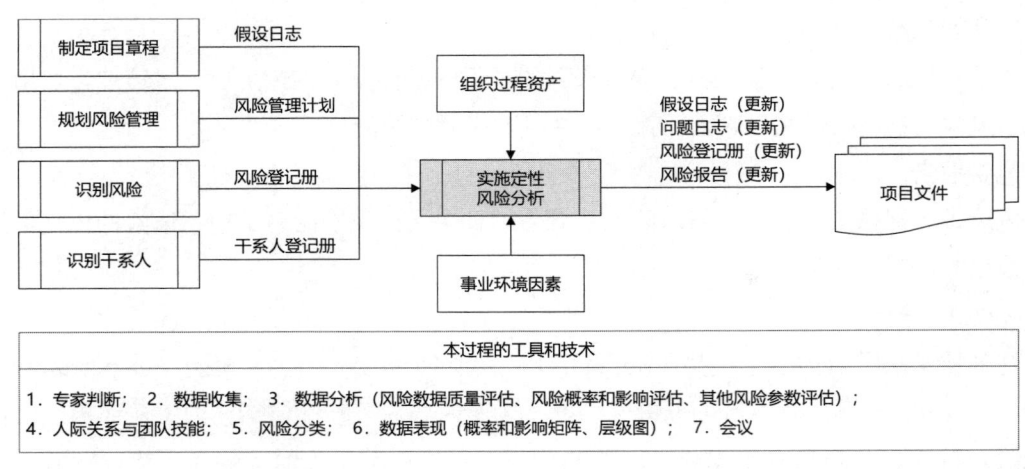

图5-65

风险登记册（更新）：实施定性风险分析过程后，更新内容可能包括每项单个项目风险的概率和影响评估、优先级别或风险分值、指定风险责任人、风险紧迫性信息或风险类别，以及低优先级风险的观察清单和需要进一步分析的风险。

风险报告（更新）：更新风险报告，以记录最重要的单个项目风险（通常为概率和影响最高的风险）、所有已识别风险的优先级列表及简要的结论。

风险数据质量评估

风险数据质量评估是一项评估风险数据对风险管理的有用程度的技术，考察人们对风险的理解程度，以及考察风险数据的准确性、质量、可靠性和完整性。

风险紧迫性评估

风险紧迫性评估需要考虑可监测性、风险应对的时间要求、风险征兆和预警信号、风险等级，可以把近期需要应对的风险确定为更紧迫的风险，评估时可结合概率和影响评估结果综合分析。

层级图

如果使用了两个以上的参数对风险进行分类，就不能使用概率和影响矩阵，需要使用其他图形。例如，气泡图能显示三维数据。在气泡图中，把每个风险都绘制成一个气泡，并用 x 轴值、y 轴值和气泡大小来表示风险的3个参数。气泡图的示例如图5-66所示，其中，影响值以气泡大小表示。

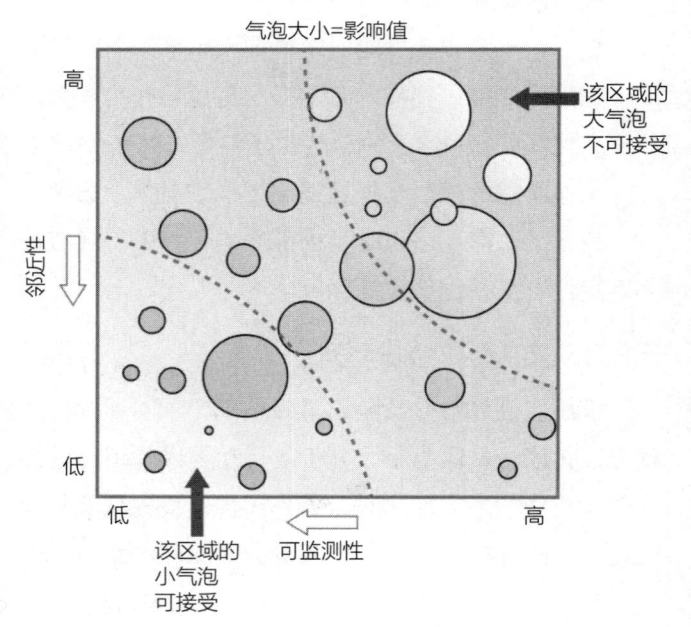

图5-66

5.8.4 实施定量风险分析

实施定量风险分析是就已识别的单个项目风险和不确定性的其他来源对整体项目目标的影响进行定量分析的过程。

本过程的主要作用：①量化整体项目风险最大可能性；②提供额外的定量风险信息，以支持风险应对规划。

本过程并非每个项目必需，但如果采用，它会在整个项目期间持续开展。实施定量风险分析过程的数据流向，如图5-67所示。

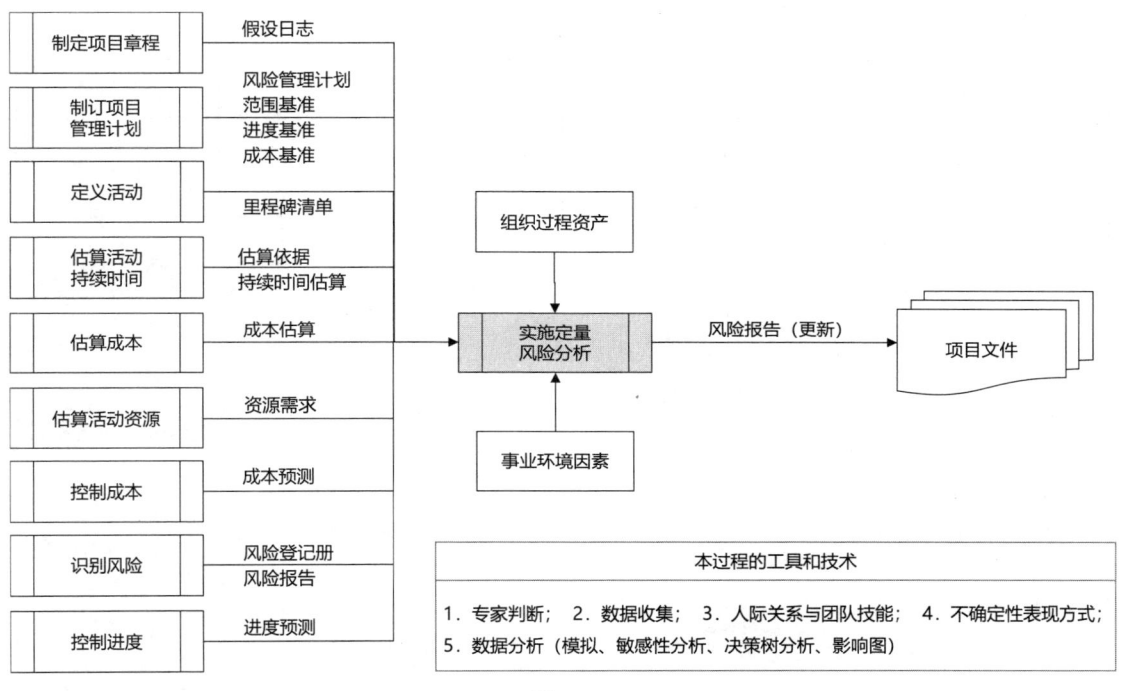

制定项目章程	假设日志
制订项目管理计划	风险管理计划 / 范围基准 / 进度基准 / 成本基准
定义活动	里程碑清单
估算活动持续时间	估算依据 / 持续时间估算
估算成本	成本估算
估算活动资源	资源需求
控制成本	成本预测
识别风险	风险登记册 / 风险报告
控制进度	进度预测

→ 组织过程资产 → 实施定量风险分析 → 风险报告（更新）→ 项目文件
→ 事业环境因素 →

本过程的工具和技术
1．专家判断； 2．数据收集； 3．人际关系与团队技能； 4．不确定性表现方式；
5．数据分析（模拟、敏感性分析、决策树分析、影响图）

图5-67

风险报告（更新）

更新风险报告可以反映定量风险分析的结果：①对整体项目风险最大可能性的评估结果；②项目详细概率分析的结果；③单个项目风险优先级清单；④定量风险分析结果的趋势；⑤风险应对建议。

模拟

模拟是指使用模型来模拟单个项目风险和其他不确定性来源的综合影响，以评估它们对项目目标的潜在影响。模拟通常采用蒙特卡洛分析。蒙特卡洛分析典型的输出包括表示模拟得到特定结果的次数的直方图，或表示获得等于或小于特定数值的结果的累积概率分布曲线（S曲线）。

敏感性分析

敏感性分析有助于确定哪些单个项目风险或不确定性来源对项目结果具有最大的潜在

影响。它在项目结果变化与定量风险分析模型中的要素变化之间建立联系。敏感性分析的结果通常用龙卷风图来表示。

决策树分析

决策树分析是用决策树在若干备选行动方案中选择一个最佳方案。在决策树中，用不同的分支代表不同的决策或事件，即项目的备选路径。每个决策或事件都有相关的成本和单个项目风险（包括威胁和机会）。决策树分支的终点表示沿特定路径发展的最后结果，可以是负面或正面的结果。在决策树分析中，通过计算每条分支的预期货币价值（EMV），可以选出最优的路径。决策树分析示例，如图5-68所示。

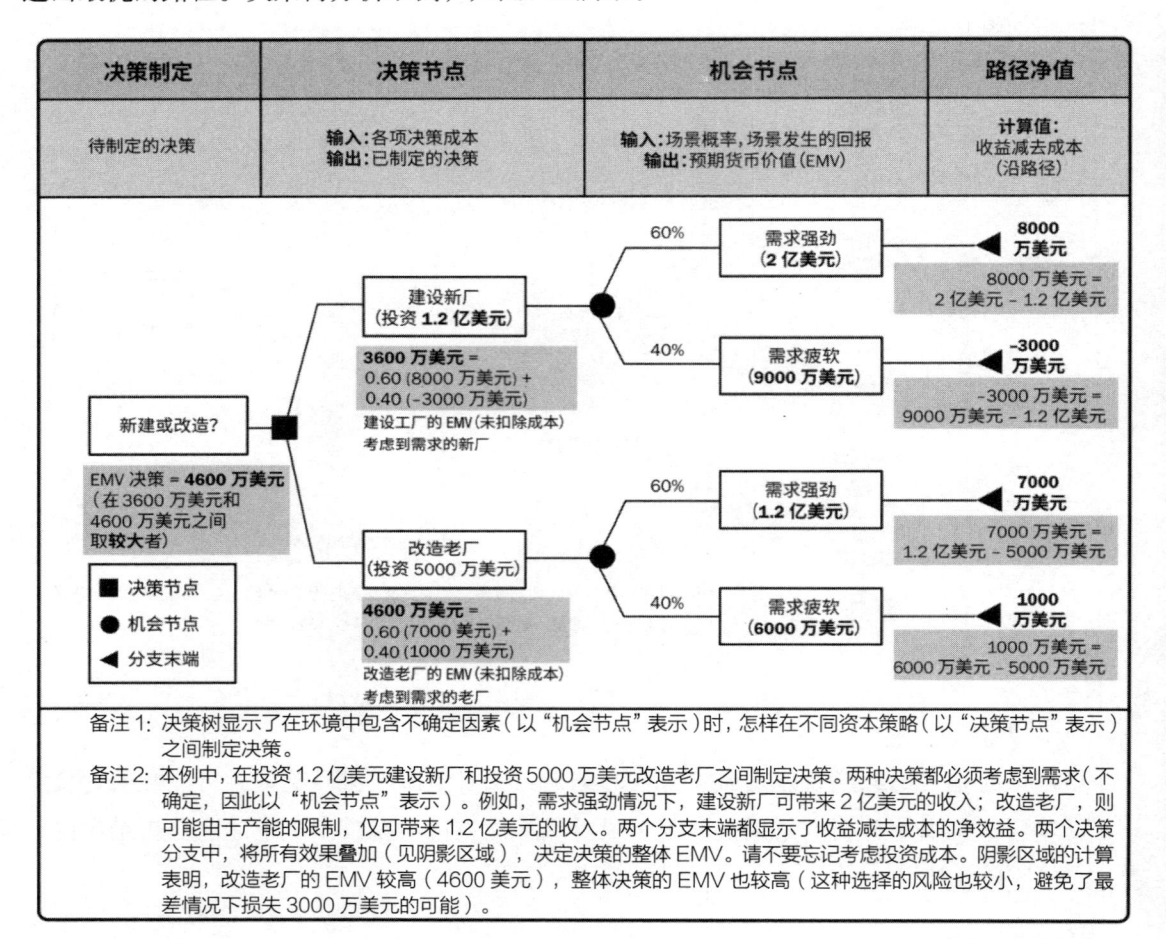

决策制定	决策节点	机会节点	路径净值
待制定的决策	输入：各项决策成本 输出：已制定的决策	输入：场景概率，场景发生的回报 输出：预期货币价值(EMV)	计算值： 收益减去成本 （沿路径）

新建或改造？

EMV 决策 = 4600万美元
（在3600万美元和4600万美元之间取较大者）

■ 决策节点
● 机会节点
◀ 分支末端

建设新厂（投资 1.2 亿美元）
3600 万美元 =
0.60 (8000 万美元) +
0.40 (-3000 万美元)
建设工厂的 EMV（未扣除成本）
考虑到需求的新厂

改造老厂（投资 5000 万美元）
4600 万美元 =
0.60 (7000 美元) +
0.40 (1000 万美元)
改造老厂的 EMV（未扣除成本）
考虑到需求的老厂

60% 需求强劲（2 亿美元） ◀ 8000 万美元
8000 万美元 = 2 亿美元 - 1.2 亿美元

40% 需求疲软（9000 万美元） ◀ -3000 万美元
-3000 万美元 = 9000 万美元 - 1.2 亿美元

60% 需求强劲（1.2 亿美元） ◀ 7000 万美元
7000 万美元 = 1.2 亿美元 - 5000 万美元

40% 需求疲软（6000 万美元） ◀ 1000 万美元
1000 万美元 = 6000 万美元 - 5000 万美元

备注 1：决策树显示了在环境中包含不确定因素（以"机会节点"表示）时，怎样在不同资本策略（以"决策节点"表示）之间制定决策。

备注 2：本例中，在投资 1.2 亿美元建设新厂和投资 5000 万美元改造老厂之间制定决策。两种决策都必须考虑需求（不确定，因此以"机会节点"表示）。例如，需求强劲情况下，建设新厂可带来 2 亿美元的收入；改造老厂，则可能由于产能的限制，仅可带来 1.2 亿美元的收入。两个分支末端都显示了收益减去成本的净效益。两个决策分支中，将所有效果叠加（见阴影区域），决定决策的整体 EMV。请不要忘记考虑投资成本。阴影区域的计算表明，改造老厂的 EMV 较高（4600 美元），整体决策的 EMV 也较高（这种选择的风险也较小，避免了最差情况下损失 3000 万美元的可能）。

图5-68

影响图

影响图是不确定条件下进行决策的图形辅助工具。它将一个项目或项目中的一种情境表现为一系列实体、结果和影响，以及它们之间的关系和相互影响。如果因为存在单个项目风险或不确定性来源而影响图中某些要素的不确定性，就先在影响图中以区间或概率分布的形式表示这些要素，然后借助模拟技术（如蒙特卡洛分析）来分析哪些要素对重要结果具有最大的影响。影响图分析可以得出类似于其他定量风险分析的结果，如S曲线图和龙卷风图。

5.8.5 规划风险应对

规划风险的应对措施是为了应对项目风险，而制定可选方案、选择应对策略并商定应对行动的过程。

本过程的主要作用：①制定应对整体项目风险和单个项目风险的适当方法；②分配资源，并根据需要将相关活动添加在项目文件和项目管理计划中。本过程需要在整个项目期间开展。规划风险应对过程的数据流向，如图5-69所示。

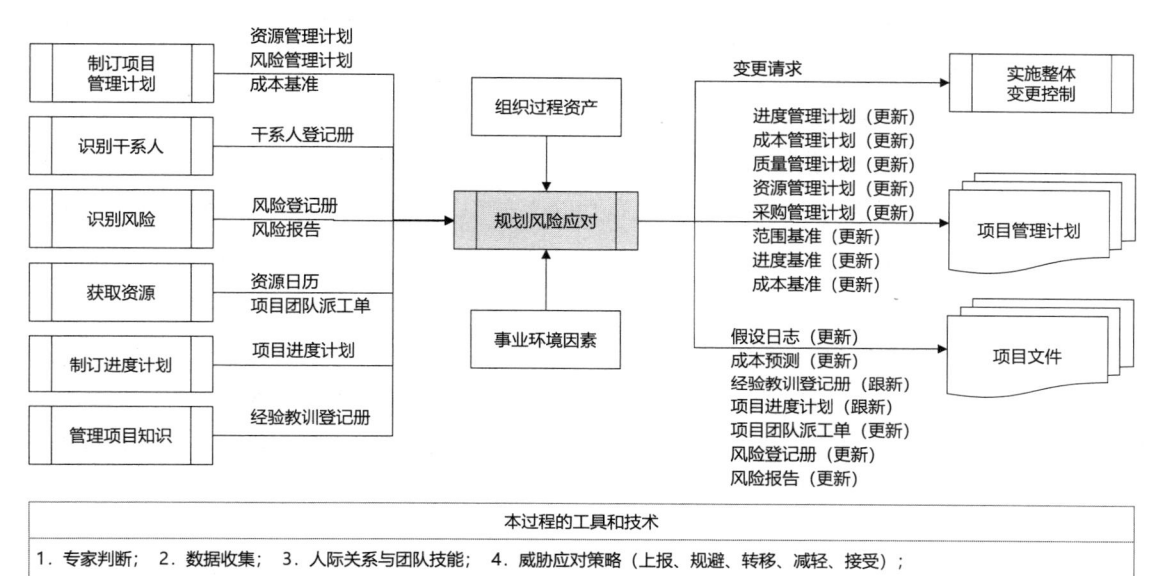

```
输入                                            输出
制订项目管理计划     资源管理计划                    变更请求 → 实施整体变更控制
                  风险管理计划
                  成本基准
识别干系人         干系人登记册      组织过程资产    进度管理计划（更新）
                                                 成本管理计划（更新）
                                                 质量管理计划（更新）
识别风险          风险登记册       规划风险应对    资源管理计划（更新） → 项目管理计划
                 风险报告                         采购管理计划（更新）
                                                 范围基准（更新）
获取资源          资源日历                         进度基准（更新）
                 项目团队派工单                    成本基准（更新）
                                 事业环境因素      假设日志（更新）
制订进度计划       项目进度计划                     成本预测（更新）
                                                 经验教训登记册（更新） → 项目文件
                                                 项目进度计划（更新）
管理项目知识       经验教训登记册                   项目团队派工单（更新）
                                                 风险登记册（更新）
                                                 风险报告（更新）
```

本过程的工具和技术
1．专家判断； 2．数据收集； 3．人际关系与团队技能； 4．威胁应对策略（上报、规避、转移、减轻、接受）； 5．机会应对策略（上报、开拓、分享、提高、接受）； 6．应急应对策略； 7．整体项目风险应对策略（规避、开拓、转移或分享、减轻或提高、接受）； 8．数据分析（备选方案分析、成本收益分析）； 9．决策

图5-69

风险登记册（更新）：记录选择和商定的风险应对措施。更新可能包括：①商定的应对策略；②实施所选应对策略所需要的具体行动；③风险发生的触发条件、征兆和预警信号；④实施所选应对策略所需要的预算和进度活动；⑤应急计划及启动该计划所需的风险触发条件；⑥回退计划，供风险发生且主要应对措施不足以应对时使用；⑦采取预定应对措施之后仍存在的残余风险，以及被有意接受的风险；⑧由实施风险应对措施直接导致的次生风险。

风险报告（更新）：记录针对当前整体项目风险敞口和高优先级风险的经商定的应对措施，以及实施这些措施之后的预期变化。

威胁应对策略

1．上报。如果项目团队或项目发起人认为某种威胁不在项目范围内，或提议的应对措施超出了项目经理的权限，就应该采用上报策略。通常要上报给其目标会受该威胁影响的层级。一旦上报，就不再由项目团队做进一步监督，虽然仍可出现在风险登记册中供参考。

2．规避。风险规避是指项目团队采取行动来消除威胁，或保护项目免受威胁的影响。它可能适用于发生概率较高，且具有严重负面影响的高优先级的威胁。规避策略要彻底消除威胁，将它的发生概率降低到零。规避措施可能包括消除威胁的原因、延长进度计划、改变项目策略，或缩小范围。有些风险可通过澄清需求、获取信息、改善沟通或取得专有技能来加以规避。

3. 转移。转移涉及将应对威胁的责任转移给第三方，让第三方管理风险并承担威胁发生的影响。采用转移策略通常需要向承担威胁的一方支付风险转移费用。风险转移主要包括购买保险、使用履约保函、使用担保书和保证书等，也可以通过签订协议，把具体风险的归属和责任转移给第三方。

4. 减轻。风险减轻是指采取措施来降低威胁发生的概率和影响。减轻措施包括采用较简单的流程、进行更多次测试和选用更可靠的卖方。还可能涉及原型开发，以降低从实验台模型放大到实际工艺或产品中的风险。如果无法降低概率，也可以从决定风险严重性的因素入手来减轻风险发生的影响。例如，在一个系统中加入冗余部件，可减轻原始部件故障所造成的影响。

5. 接受。风险接受是指承认威胁的存在。此策略可用于低优先级威胁，也可用于无法以任何其他方式经济有效地应对的威胁。接受策略又分为主动方式和被动方式。最常见的主动接受策略是建立应急储备，包括预留时间、资金或资源，以应对出现的威胁；被动接受策略则不会主动采取行动，只是定期对威胁进行审查，确保其并未发生重大改变。

机会应对策略

1. 上报。如果项目团队或项目发起人认为某个机会不在项目范围内，或提议的应对措施超出了项目经理的权限，就应该采取上报策略。机会一旦上报，就不再由项目团队做进一步监督，但仍可出现在风险登记册中供参考。

2. 开拓。如果组织想确保把握住高优先级的机会，就可以选择开拓策略。此策略将特定机会的出现概率提高到100%，确保其肯定出现。开拓措施可能包括把组织中最有能力的资源分配给项目来缩短完工时间，或采用全新技术或技术升级来节约项目成本并缩短项目持续时间。

3. 分享。分享涉及将应对机会的责任转移给第三方，使其享有机会所带来的部分收益。分享措施可以包括建立合伙关系、成立合作团队、特殊公司和合资企业等。

4. 提高。提高策略用于提高机会出现的概率和影响。通过关注其原因，可以提高机会出现的概率；如果无法提高概率，也可以针对决定其潜在收益规模的因素来提高机会发生的影响。机会提高措施包括为早日完成活动而增加资源。

5. 接受。接受机会是指承认机会的存在。常见的主动接受策略是建立应急储备，包括预留时间、资金或资源，以便在机会出现时加以利用；被动接受策略则不会主动采取行动，只是定期对机会进行审查，确保其并未发生重大改变。

应急应对策略

可以设计一些仅在特定事件发生时才采用的应对措施。对于某些风险，如果项目团队相信其发生会有充分的预警信号，那么就应该制订仅在某些预定条件出现时才执行的应对计划。应该定义并跟踪应急应对策略的触发条件，例如，未实现中间的里程碑，或获得卖方更高程度的重视。采用此技术制订的风险应对计划通常称为应急计划，其中包括已识别的用于启动计划的触发事件。

下面是一个应急应对的例子：

风险：2008年8月8日，在运动员入场式进行过程中，气象部门传来消息，一场阵雨正在房山、石景山一带形成，可能在1小时内到达国家体育场。

应急应对：现场指挥部紧急启动遇雨预案，调集一万多件雨披送到四个入场口。后来不断传来消息，雷阵雨逼近城区，最近已经下到了紫竹院。气象部门实施大规模人工干预降雨的措施，发射了2000发消雨弹。结果是保证了零点之前，雨不会下到国家体育场，开幕式正常举行。

5.8.6 实施风险应对

实施风险应对是执行商定的风险应对计划的过程。

本过程的主要作用：①确保按计划执行商定的风险应对措施；②管理整体项目风险入口、最小化单个项目威胁，以及最大化单个项目机会。本过程需要在整个项目期间开展。实施风险应对过程的数据流向，如图5-70所示。

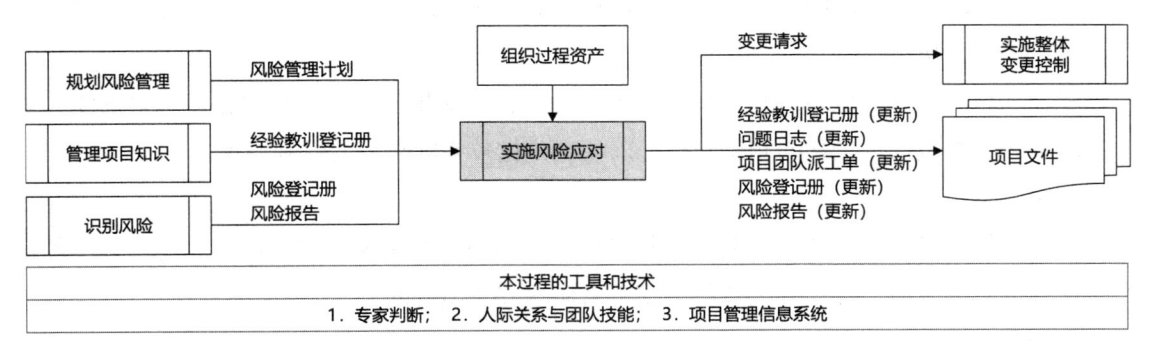

图5-70

风险登记册（更新）：可能需要更新风险登记册，以反映开展本过程所导致的对单个项目风险的已商定应对措施的任何变更。

风险报告（更新）：可能需要更新风险报告，以反映开展本过程所导致的对整体项目风险敞口的已商定应对措施的任何变更。

5.8.7 监督风险

监督风险是在整个项目期间，应对计划的实施，并跟踪已识别风险、识别和分析新风险，以及评估风险管理有效性的过程。

本过程的主要作用是，保证项目决策是在整体项目风险和单个项目风险当前信息的基础上进行的。本过程需要在整个项目期间开展。监督风险过程的数据流向，如图5-71所示。

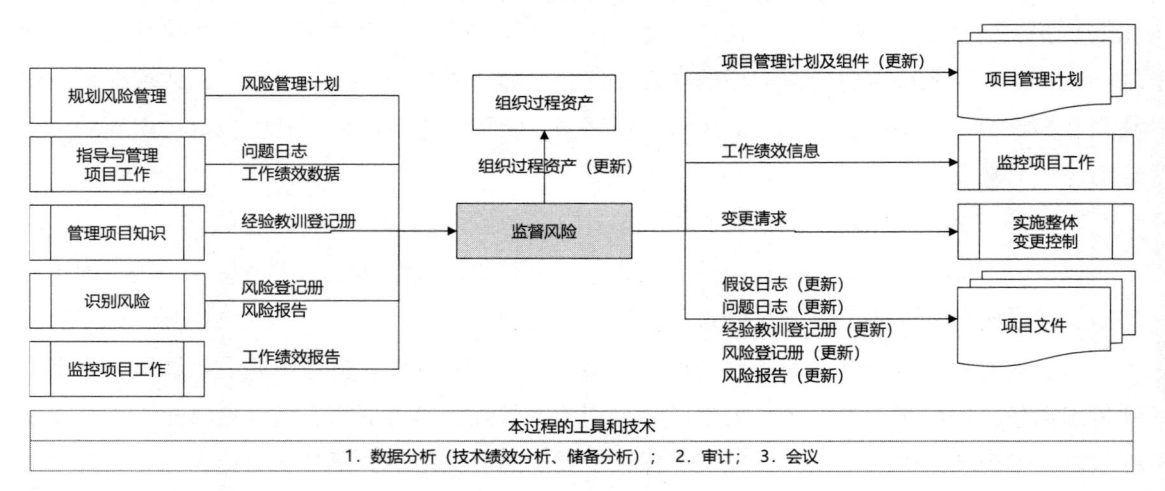

图5-71

风险登记册（更新）：记录在监督风险中产生的单个项目风险的信息，可能包括添加新风险、更新已过时风险或已发生风险，以及更新风险应对措施等。

风险报告（更新）：应随着监督风险过程生成的新信息更新风险报告，以反映重要单个项目风险的当前状态，以及整体项目风险的当前级别。风险报告还可能包括有关的详细信息，诸如最高优先级单个项目风险、已商定的应对措施和责任人，以及结论与建议。风险报告也可收录风险审计给出的关于风险管理过程有效性的结论。

技术绩效分析

把项目执行期间所取得的技术成果与取得相关技术成果的计划进行比较。它要求定义关于技术绩效的客观的、量化的测量指标，以便据此比较实际结果与计划要求。

储备分析

储备分析是指在项目的任一时点比较剩余应急储备与剩余风险量，从而确定剩余储备是否仍然合理。可以用各种图形（如燃尽图）来显示应急储备的消耗情况。

审计

风险审计是一种审计类型，可用于评估风险管理过程的有效性。项目经理负责确保按项目风险管理计划所规定的频率开展风险审计。风险审计可以在日常项目审查会和风险审查会上开展，团队也可以召开专门的风险审计会。在实施审计前，应明确定义风险审计的程序和目标。

会议

适用于监督风险过程的会议是风险审查会。应该定期安排风险审查，来检查和记录风险应对在处理整体项目风险和已识别单个项目风险方面的有效性。在风险审查中，还可以识别出新的单个项目风险（包括已商定应对措施所引发的次生风险）、重新评估当前风险、关闭已过时风险、讨论风险发生所引发的问题，以及总结可用于当前项目后续阶段或未来类似项目的经验教训。根据风险管理计划的规定，风险审查可以是定期项目状态会中的一项议程，也可以是专门召开的风险审查会。

5.8.8 本节练习

1. 风险可从不同角度，根据不同标准来进行分类。百年不遇的暴雨属于（　　）。
   A. 不可预测风险　　　　　　　　　　B. 可预测风险
   C. 已知风险　　　　　　　　　　　　D. 技术风险

2. （　　）不属于风险识别的依据。
   A. 成本管理计划　　　　　　　　　　B. 范围基准
   C. 采购文件　　　　　　　　　　　　D. 风险报告

3. 某项目有40%的概率获利10万元，30%的概率亏损8万元，30%的概率既不获利也不亏损。该项目的预期货币价值（EMV）是（　　）。
   A. 0.4万元　　　　B. 1.6万元　　　　C. 2万元　　　　D. 6.4万元

4. 通过概率和影响级别定义及专家访谈，有助于纠正该过程中所使用的数据的偏差属于（　　）。
   A. 定性风险分析　　　　　　　　　　B. 识别风险
   C. 定量风险分析　　　　　　　　　　D. 风险监控

5. 关于项目风险管理的描述，不正确的是（　　）。
   A. 纯粹风险和人为风险在一定条件下可以相互转化
   B. 项目风险既包括对项目目标的威胁，也包括促进项目目标的机会
   C. 风险大多数随着项目的进展而不断变化，不确定性会逐渐减小
   D. 风险后果包括后果发生的频率、收益或损失大小

6. A公司中标一个大型系统集成项目，其中一台关键设备计划从国外采购，由于近期汇率波动明显，A公司准备与客户协商使用国产设备，这是采用了（　　）风险应对策略。
   A. 回避　　　　　　B. 转移　　　　　　C. 减轻　　　　　　D. 接受

7. （　　）不属于定性风险分析的技术。
   A. 风险数据质量评估　　　　　　　　B. 概率和影响矩阵
   C. 风险紧迫性评估　　　　　　　　　D. 预期货币价值分析

8. 关于识别风险的描述，不正确的是（　　）。
   A. 可使用类似项目信息的核查替代所需的风险识别
   B. 在风险管理计划中应规定识别风险的迭代频率和迭代参与程度
   C. 从组织外部采购商品和服务可能引发新的项目风险
   D. 使用SWOT分析法可以拓宽项目识别风险的范围

9. 关于风险分析的技术，不正确的是（　　　）。

 A. 概率影响矩阵适用于两个以上的参数对风险进行分类的情况

 B. 蒙特卡洛分析是使用模型模拟大量单个项目风险和其他不确定性来源的综合影响，以评估它们对项目目标的潜在影响

 C. 敏感性分析是将项目结果变化与定量风险分析模型中的要素变化之间建立联系的方法

 D. 影响图是不确定条件下进行决策的图形辅助工具

10. 一件商品卖出去将盈利50元，卖不出去将亏损60元，卖出去的概率是80%，卖不出去的概率是20%，该商品的预期货币价值（EMV）是（　　　）元。

 A. 6　　　　　　　B. 8　　　　　　　C. 66　　　　　　　D. 28

参考答案：1. A；2. D；3. B；4. A；5. A；6. A；7. D；8. A；9. A；10. D。

5.9　项目采购管理

项目采购管理包括从项目团队外部采购或获取所需产品、服务或成果的各个过程。

项目采购管理包括编制和管理协议所需的管理与控制过程，例如合同、订购单、协议备忘录（MOA）和服务水平协议（SLA）。

被授权采购项目所需货物、服务的人员可以是项目团队、管理层或组织采购部的成员。

协议/采购合同

项目采购管理过程涉及用协议来描述买卖双方的关系。

协议可以很简单，如以特定人工单购买所需的工时；也可以很复杂，如多年的国际施工合同。因应用领域不同，协议可以是合同、服务水平协议、谅解备忘录、协议备忘录或订购单。

在复杂项目中，可能需要同时或先后管理多个合同。在这种情况下，不同合同的生命周期可在项目生命周期的任何阶段开始与结束。

管理新实践

不同行业各方面（软件工具、风险、过程、物流和技术）的一些重大趋势会影响项目的成功率。项目采购管理的发展趋势和新兴实践主要包括：工具的改进、更先进的风险管理、变化中的合同签署实践、物流和供应链管理、技术和干系人关系、试用采购。

项目采购管理过程

项目采购管理包含3个项目管理过程，每个过程的输入、输出工具与技术如表5-11所示（字体加粗的内容为相对重要的考点，建议加深理解）。

表 5-11

项目采购管理			
规划采购管理	输入	立项管理文件、项目章程、项目管理计划、项目文件、事业环境因素、组织过程资产	
	输出	采购管理计划、采购策略、采购工作说明书、招标文件、自制或外购决策、**独立成本估算**、**供方选择标准**、变更请求、项目文件（更新）、组织过程资产（更新）	
	技术	专家判断、数据收集、数据分析、**供方选择分析**、会议	
实施采购	输入	项目管理计划、项目文件、采购文档、卖方建议书、事业环境因素、组织过程资产	
	输出	**选定的卖方**、**协议**、变更请求、项目管理计划（更新）、项目文件（更新）、组织过程资产（更新）	
	技术	专家判断、广告、**投标人会议**、数据分析、人际关系与团队技能	
控制采购	输入	项目管理计划、项目文件、采购文档、协议、工作绩效数据、批注的变更请求、事业环境因素、组织过程资产	
	输出	采购关闭、采购文档（更新）、**工作绩效信息**、变更请求、项目管理计划（更新）、项目文件（更新）、组织过程资产（更新）	
	技术	专家判断、**索赔管理**、数据分析、检查、**审计**	

裁剪考虑因素

裁剪时应考虑的因素包括：采购的复杂性、物理地点、治理和法规环境、承包商的可用性。

敏捷与适应方法

在敏捷或适应型环境中，可能需要与特定卖方进行协作来扩充团队。这种协作关系能够营造风险共担式采购模型，让买方和卖方共担项目风险和共享项目收益。

在大型项目上，可能针对某些可交付成果采用敏捷或适应型方法，而对其他部分则采用更稳定的方法。在这种情况下，可以通过主体协议，如主要服务协议（MSA）来管理整体协作关系，而将敏捷或适应型工作写入附录或补充文件。这样，变更只针对敏捷或适应型工作，而不会对主体协议造成影响。

5.9.1 规划采购管理

规划采购管理是记录项目采购决策、明确采购方法，以及识别潜在卖方的过程。

本过程的主要作用是，确定是否从项目外部获取货物和服务，如果是，则还要确定将在什么时间、以什么方式获取什么货物和服务。货物和服务可从执行组织的其他部门采购，或者从外部渠道采购。

本过程仅开展一次或仅在项目的预定义点开展。规划采购管理过程的数据流向，如图 5-72 所示。

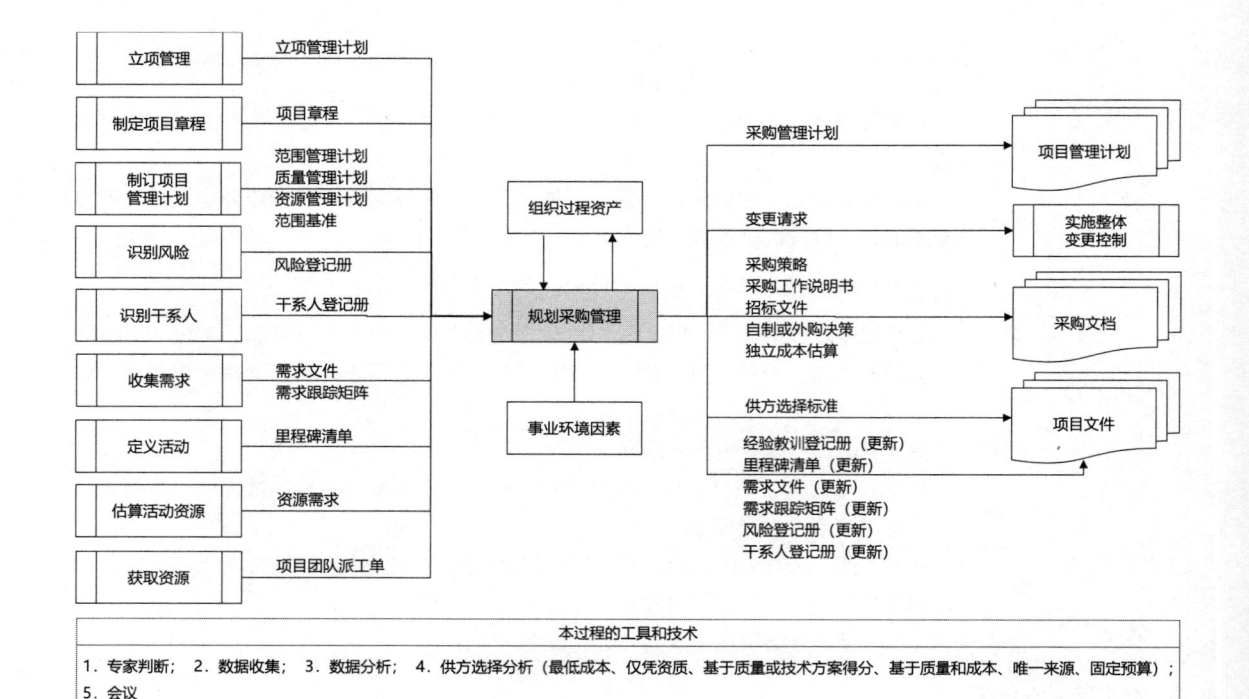

图5-72

采购管理计划

采购管理计划包含要在采购过程中开展的各种活动。

它应该记录是否要开展国际竞争性招标、国内竞争性招标和当地招标等。如果项目由外部资助，资金的来源和可用性应符合采购管理计划和项目进度计划的规定。

采购管理计划可包括以下内容：①如何协调采购与项目的其他工作，例如项目进度计划的制订和控制；②开展重要采购活动的时间表；③用于管理合同的采购测量指标；④与采购有关的干系人角色和职责，如果执行组织有采购部，项目团队拥有的职权和受到的限制；⑤可能影响采购工作的制约因素和假设条件；⑥司法管辖权和付款货币；⑦是否需要编制独立估算，以及是否应将其作为评价标准；⑧风险管理事项，包括对履约保函或保险合同的要求，以减轻某些项目风险；⑨拟使用的预审合格的卖方（如果有）等。

采购策略

在采购策略中规定项目交付方法、具有法律约束力的协议类型，以及如何在采购阶段推动采购进展。

1. 交付方法

- 专业服务项目的交付方法主要涉及的项目类型包括：买方或服务提供方不得分包、买方或服务提供方可以分包、买方和服务提供方设立合资企业、买方或服务提供方仅充当代表。
- 工业或商业施工项目的交付方法主要涉及的项目类型包括：交钥匙式、设计-建造

（DB）、设计-招标-建造（DBB）、设计-建造-运营（DBO）、建造-拥有-运营转让（BOOT）及其他。

2. 合同支付类型

合同支付类型主要包括的类型及其变种：总价、固定总价、成本加奖励费用、成本加激励费用、工料、目标成本及其他。

3. 采购阶段

采购阶段包括：采购工作的顺序安排或阶段划分、每个阶段的描述，以及每个阶段的具体目标；用于监督的采购绩效指标和里程碑；从一个阶段过渡到下一个阶段的标准；用于追踪采购进展的监督和评估计划；向后续阶段转移知识的过程。

采购工作说明书（SOW）

采购工作说明书详细描述拟采购的产品、服务或成果，以便让潜在卖方确定他们是否有能力提供这些产品、服务或成果。

采购工作说明书包括：规格、数量、质量、性能参数、履约期限、工作地点和其他需求。

采购工作说明书应力求清晰、完整和简练，应该说明任何所需的附带服务，如绩效报告或运营支持等。

对于服务采购，可能会用"工作大纲（TOR）"这个术语。与采购工作说明书类似，工作大纲的内容通常包括：①承包商需要执行的任务，以及所需的协调工作；②承包商必须达到的适用标准；③需要提交批准的数据；④由买方提供给承包商的，适用时，将用于合同履行的全部数据和服务的详细清单；⑤关于初始成果提交和审查（或审批）的进度计划。

招标文件

招标文件用于向潜在卖方征求建议书。

如果主要依据价格来选择卖方（如购买商业或标准产品时），通常使用标书、投标或报价等术语。

如果其他考虑因素（如技术能力或技术方法）至关重要，则通常使用建议书之类的术语。

招标文件可以是信息邀请书（RFI）、报价邀请书（RFQ）、建议邀请书（RFP），或其他适当的采购文件。使用不同文件的条件如下：

- 信息邀请书。如果需要卖方提供关于拟采购货物和服务的更多信息，就使用信息邀请书，随后一般还会使用报价邀请书或建议邀请书。
- 报价邀请书。如果需要供应商提供关于将如何满足需求和（或）将需要多少成本的更多信息，就使用报价邀请书。
- 建议邀请书。如果项目中出现问题且解决办法难以确定，就使用建议邀请书。这是最正式的"邀请书"文件，需要遵守与内容、时间表及卖方应答有关的严格的采购规则。

独立成本估算

对于大型的采购，采购组织可以自行准备独立估算，或聘用外部专业估算师做出成本估算，并将其作为评价卖方报价的对照基准。

如果二者之间存在明显差异，则可能表明采购工作说明书存在缺陷或模糊，或者潜在卖方误解了或未能完全响应采购工作说明书。

供方选择标准

在确定评估标准时，买方要努力确保选出的建议书将提供最佳质量的所需服务。

供方选择标准可包括：能力和潜能；产品成本和生命周期成本；交付日期；技术专长和方法；具体的相关经验；用于响应工作说明书的工作方法和工作计划；关键员工的资质、可用性和胜任力；公司的财务稳定性；管理经验；知识转移计划，包括培训计划。

自制或外购分析

自制或外购分析用来确定某项工作最好是由项目团队自行完成，还是从外部采购。

如果决定购买，则应继续做出购买或租赁的决策。

自制或外购分析时应考虑全部相关成本，包括直接成本与间接成本。

采用何种合同类型，取决于如何在买卖双方间分担风险。

供方选择分析

在确定选择方法前，有必要审查项目竞争性需求的优先级。 由于竞争性选择方法可能要求卖方在事前投入大量时间和资源，因此，应该在采购文件中写明评估方法，让投标人了解将会被如何评估。

常用的选择方法包括：最低成本、仅凭资质、基于质量或技术方案得分、基于质量和成本、唯一来源、固定预算。

总价合同

它可以为既定产品、服务或成果的采购设定一个总价，也可以为达到或超过项目目标而规定财务奖励条款。

买方需要准确定义拟采购的产品或服务。

总价合同包括：固定总价合同（FFP）、总价加激励费用合同（FPIF）、总价加经济价格调整合同（FPEPA）、订购单（非大量采购标准化产品，也叫单边合同）。

成本补偿合同

成本补偿合同向卖方支付为完成工作而发生的全部合法实际成本，外加一笔费用作为卖方的利润。

这类合同适用于工作范围无法准确定义/项目工作存在较高风险的项目。

成本补偿合同包括：成本加固定费用合同（CPFF）、成本加激励费用合同（CPIF）、成本加奖励费用合同（CPAF）。

工料合同

在不能很快编写出准确工作说明书的情况下，经常使用这类合同增加人员、聘请专家和寻求其他外部支持。

工料合同兼具成本补偿合同和总价合同的某些特点。

合同类型的选择

- 如果工作范围很明确，已具备详细的细节，则使用总价合同。
- 如果范围不清楚，工作不复杂，需要快速签订，则使用工料合同。
- 如果工作范围尚不清楚，则使用成本补偿合同。
- 如果双方分担风险，则使用工料合同。
- 如果买方承担成本风险，则使用成本补偿合同。
- 如果卖方承担成本风险，则使用总价合同。
- 如果是购买标准产品，且数量不大，则使用单边合同。

5.9.2 实施采购

实施采购是获取卖方应答、选择卖方并授予合同的过程。

本过程的主要作用是，选定合格卖方并签署关于货物或服务交付的法律协议。本过程的最后成果是签订的协议，包括正式合同。本过程应根据需要在整个项目期间定期开展。实施采购过程的数据流向，如图5-73所示。

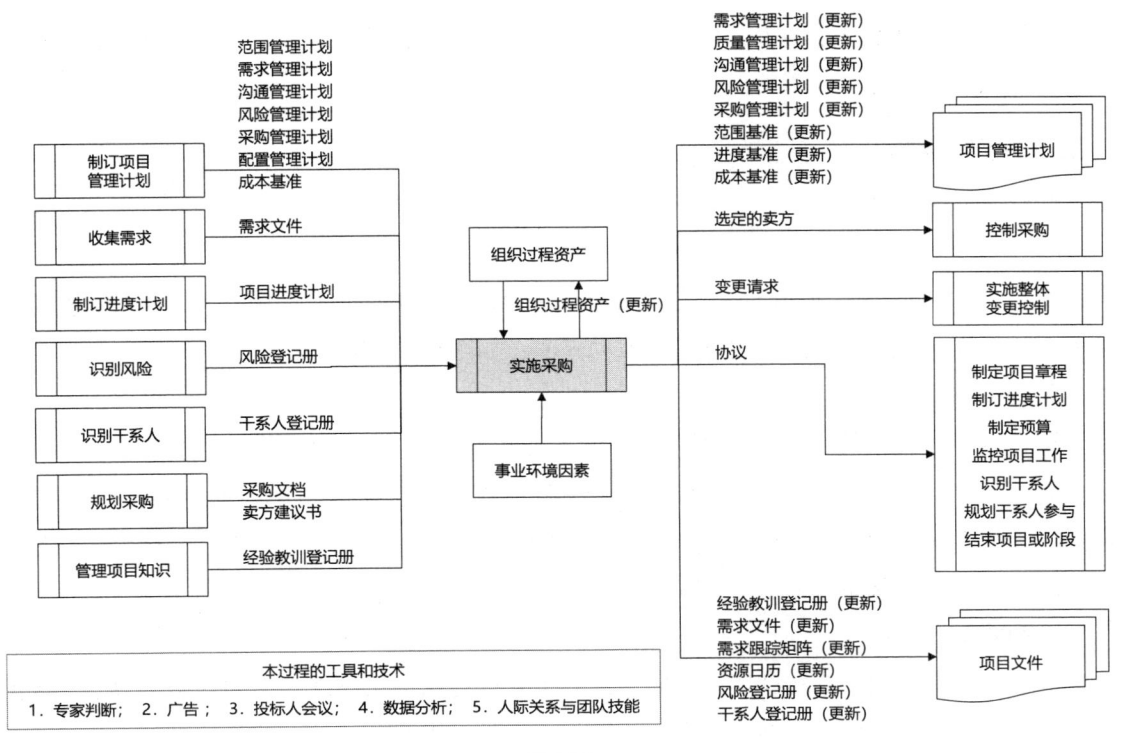

图5-73

选定的卖方
选定的卖方是在建议书评估或投标评估中被判断为最有竞争力的投标人。对于较复杂、高价值和高风险的采购，在授予合同前，要把选定卖方报给组织高级管理人员审批。

协议
合同是对双方都有约束力的协议。它强制卖方提供规定的产品、服务或成果，强制买方向卖方支付相应的报酬。合同建立了受法律保护的买卖双方的关系。协议文本的主要内容会有所不同，主要包括：①采购工作说明书或主要的可交付成果；②进度计划、里程碑，或进度计划中规定的日期；③绩效报告；④定价和支付条款；⑤检查、质量和验收标准；⑥担保和后续产品支持；⑦激励和惩罚；⑧保险和履约保函；⑨下属分包商批准；⑩一般条款和条件；⑪变更请求处理；⑫终止条款和替代争议解决方法等。

建议书评估
建议书评估是指基于卖方对既定加权标准的响应情况来选择卖方，是一个正式的建议书评审流程。

建议书评估委员会将做出他们的选择，并报管理层批准。

采购谈判
采购谈判是指在合同签署之前，对合同的结构、要求及其他条款加以澄清，以取得一致意见。

谈判过程以形成买卖双方均可执行的合同文件而结束。

项目经理可以不是主谈人，但要出席谈判会议，以便提供协助，并在必要时澄清项目要求。

5.9.3 控制采购

控制采购是管理采购关系、监督合同绩效、实施必要的变更和纠偏，以及关闭合同的过程。

本过程的主要作用是，确保买卖双方履行法律协议，满足项目需求。本过程应根据需要在整个项目期间开展。控制采购过程的数据流向，如图5-74所示。

采购关闭
买方通常通过其授权的采购管理员，向卖方发出合同已经完成的正式书面通知。关于正式关闭采购的要求，通常已在合同条款和条件中规定，包括在采购管理计划中。这些要求包括：已按时按质按技术要求交付全部可交付成果；没有未决索赔或发票，全部最终款项已付清。项目管理团队应该在关闭采购之前批准所有的可交付成果。

采购文档应更新
更新内容包括用于支持合同的全部进度计划、已提出但未批准的合同变更，以及已批准的变更请求。采购文档还包括由卖方编制的技术文件，以及其他工作绩效信息。例如，可交付成果的状况、卖方绩效报告和担保、财务文件（包括发票和支付记录），以及与合同相关的检查结果。

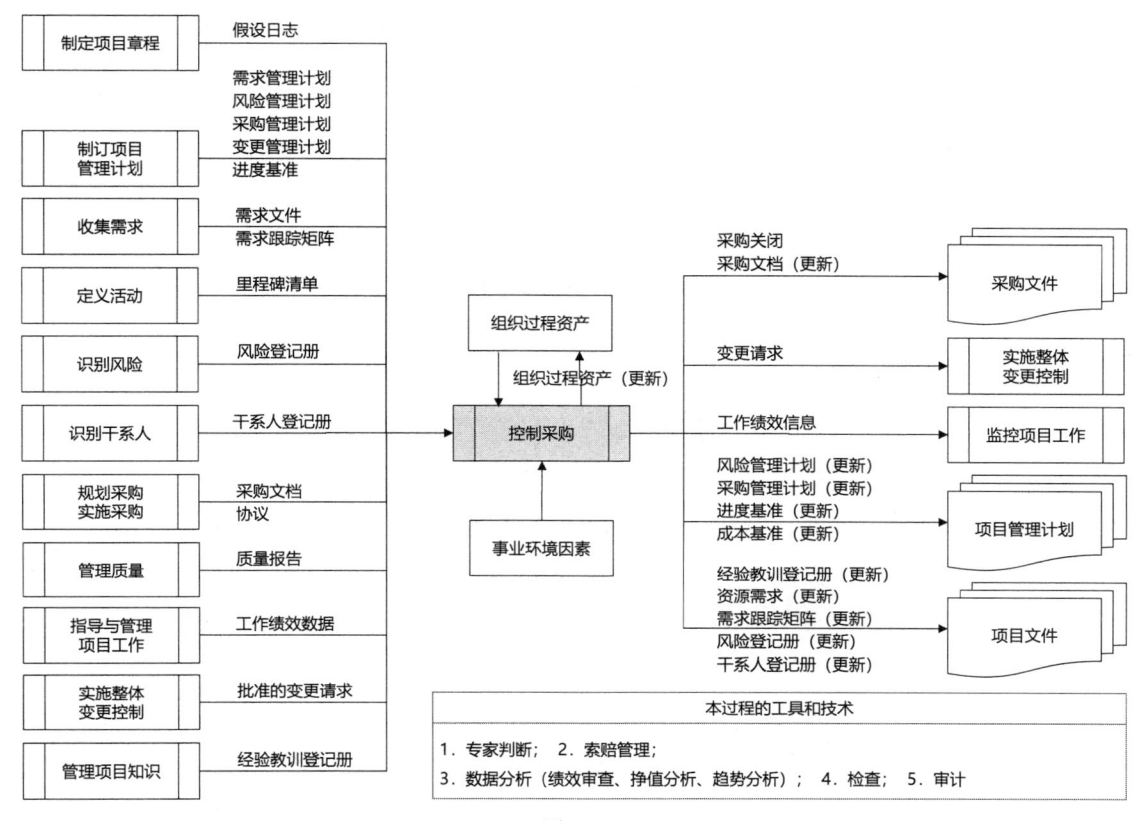

图5-74

索赔管理

如果买卖双方不能就变更补偿达成一致意见，或对变更是否发生存在分歧，那么被请求的变更就成为有争议的变更或潜在的推定变更。此类有争议的变更被称为索赔。如果不能妥善解决，它们会成为争议并最终引发申诉。

在整个合同生命周期中，通常会按照合同条款对索赔进行记录、处理、监督和管理。如果合同双方无法自行解决索赔问题，则可能不得不按合同中规定的程序，用替代争议解决方法（ADR）去处理。谈判是解决所有索赔和争议的首选方法。

绩效审查

绩效审查是指对照协议，对质量、资源、进度和成本绩效进行测量、比较和分析，以审查合同工作的绩效，其中包括确定工作包提前或落后于进度计划、超出或低于预算，以及是否存在资源或质量问题。

检查

检查是指对承包商正在执行的工作进行结构化审查，可能涉及对可交付成果的简单审查，或对工作本身的实地审查。

审计

审计是对采购过程的结构化审查。

买方的项目经理和卖方的项目经理都应该关注审计结果，以便对项目进行必要调整。

5.9.4 项目合同管理

合同的类型

按项目范围划分。以项目的范围为标准划分，可以将合同分为项目总承包合同、项目单项承包合同和项目分包合同三类。

按项目付款方式划分。以项目付款方式为标准进行划分，通常可将合同分为两大类，即总价类和成本补偿类。还有第三种常用合同类型，即混合型的工料合同。

合同的内容

在一般情况下，项目合同的具体条款由当事人各方自行约定。

总的来说，项目合同应包括以下各项：①项目名称；②标的内容和范围；③项目的质量要求；④项目的计划、进度、地点、地域和方式；⑤项目建设过程中的各种期限；⑥技术情报和资料的保密；⑦风险责任的承担；⑧技术成果的归属；⑨验收的标准和方法；⑩价款、报酬（或使用费）及其支付方式；⑪违约金或者损失赔偿的计算方法；⑫解决争议的方法；⑬名词术语解释。

项目合同由当事人各方约定，可以包括相关文档资料、项目变更的约定，以及有关技术支持服务的条款等内容，作为上述基本条款的补充，也可以用附件的形式单独列出。

合同管理过程

合同管理过程包括：①合同签订管理；②合同履行管理；③合同变更管理；④合同档案管理（文本管理是整个合同管理的基础）；⑤合同违约索赔管理。

合同索赔

合同索赔是指在项目合同的履行过程中，当当事人一方未能履行合同所规定的义务而导致另一方遭受损失时，受损失方向过失方提出赔偿的权利要求。

一般，将卖方向买方的索赔称为合同索赔，将买方向卖方的索赔称为合同反索赔。

合同索赔的分类：

按索赔的目的分类，合同索赔可分为工期索赔和费用索赔。

按索赔的依据分类，合同索赔可分为合同规定的索赔和非合同规定的索赔。

按索赔的业务性质分类，合同索赔可分为工程索赔和商务索赔。

按索赔的处理方式分类，合同索赔可分为单项索赔和总索赔。

合同索赔的流程：①提出索赔要求；②报送索赔资料；③监理工程师答复；④监理工程师逾期答复后果；⑤持续索赔；⑥仲裁与诉讼。

5.9.5 本节练习

1. 在采购规划过程中，需要考虑组织过程资产等一系列因素，（　　）不是采购规划时需要考虑的。
   A. 项目管理计划　　　　　　　　　B. 风险登记册
   C. 采购工作说明书　　　　　　　　D. 干系人登记册

2. 在确定项目合同类型时，如果项目工作范围很明确且风险不大，建议使用（　　）。
   A. 总价合同　　　　　　　　　　　B. 工料合同
   C. 成本补偿合同　　　　　　　　　D. 成本加激励费用合同

3. （　　）不属于规划采购阶段的工具与技术。
   A. 专家判断　　　B. 会议　　　C. 广告　　　D. 数据分析

4. 在CPIF合同下，A公司是卖方，B公司是买方，当合同的实际成本大于目标成本时，A公司得到的付款总数是（　　）。
   A. 目标成本+目标费用–B公司应担负的成本超支
   B. 目标成本+目标费用+A公司应担负的成本超支
   C. 目标成本+目标费用–A公司应担负的成本超支
   D. 目标成本+目标费用+B公司应担负的成本超支

5. 根据供方选择标准，选择最合适的供方属于（　　）阶段的工作。
   A. 规划采购　　　B. 实施采购　　　C. 控制采购　　　D. 结束采购

6. 某公司准备采购一批设备，附加技术服务。在供方选择时应优先选择（　　）。
   ①相同预算技术得分最高的　　　　②设备成本和服务成本最低的
   ③能够在预算范围内完成相关工作的　④服务人员资质最强的
   A. ①②　　　B. ③④　　　C. ①③　　　D. ②④

7. 关于实施采购的描述，正确的是（　　）。
   A. 复杂且高风险的采购在授予卖方合同前要由组织授权管理者审批
   B. 采购管理计划中应包含清晰且详细的采购目标、需求及成果
   C. 实施采购过程的主要作用是确保买卖双方履行法律协议，满足项目需求
   D. 实施采购过程的输出包括卖方履行的工作绩效达成情况

8. 订立项目分包合同需满足以下（　　）条件。
   ①经过买方认可　　②分包方不能与买方有隶属或连带关系
   ③分包部分必须是项目的非主体工作　　④分包方必须满足相应的资质条件
   ⑤不能转包整个项目　　⑥分包方再次分包需经买方同意
   A. ①②③⑥　　B. ①②④⑥　　C. ②③⑤⑥　　D. ①③④⑤

参考答案：1. C；2. A；3. C；4. D；5. B；6. C；7. A；8. D。

5.10 项目干系人管理

项目干系人管理包括识别能够影响项目或会受项目影响的人员、团体或组织，分析干系人对项目的期望和影响，制定管理策略有效调动干系人参与项目的决策和执行。

项目干系人管理过程能够支持项目团队的工作。

干系人管理的重要性

项目经理和团队管理干系人的能力决定着项目的成败。

尽早开始识别干系人并引导干系人参与。在项目章程被批准、项目经理被委任，以及团队开始组建之后，就可以开展相关管理工作。

干系人满意度应作为项目目标加以识别和管理。有效引导干系人参与的关键是重视所有干系人（包括团队成员）并保持持续沟通，理解他们的需求和期望、处理所发生的问题、管理利益冲突，并促进干系人参与项目的决策和活动。

应该经常开展识别干系人、排列其优先级及引导其参与项目等相关活动。

管理新实践

项目干系人管理的发展趋势和新兴实践主要包括：

- 识别所有干系人，而非在限定范围内。
- 确保所有团队成员都涉及引导干系人参与的活动。
- 定期审查干系人群体，可与单个项目风险的审查工作并行开展。
- 应用"共创"概念，咨询受项目工作或成果影响最大的干系人，视其为合作伙伴。
- 关注干系人有效参与程度的正面价值与负面价值。

项目干系人管理过程

项目干系人管理包含4个项目管理过程，每个过程的输入、输出工具与技术如表5-12所示（字体加粗的内容为相对重要的考点，建议加深理解）。

表 5-12

项目干系人管理		
识别干系人	输入	立项管理文件、项目章程、项目管理计划、项目文件、协议、事业环境因素、组织过程资产
	输出	**干系人登记册**、变更请求、项目管理计划（更新）、项目文件（更新）
	技术	专家判断、数据收集、数据分析、**数据表现**、会议
规划干系人参与	输入	项目章程、项目管理计划、项目文件、协议、事业环境因素、组织过程资产
	输出	干系人参与计划
	技术	专家判断、数据收集、数据分析、决策、数据表现、会议
管理干系人参与	输入	项目管理计划、项目文件、事业环境因素、组织过程资产
	输出	变更请求、项目管理计划（更新）、项目文件（更新）
	技术	专家判断、沟通技能、人际关系与团队技能、基本规则、会议
监督干系人参与	输入	项目管理计划、项目文件、**工作绩效数据**、事业环境因素、组织过程资产
	输出	**工作绩效信息**、变更请求、项目管理计划（更新）、项目文件（更新）
	技术	数据分析、决策、数据表现、沟通技能、人际关系与团队技能、会议

裁剪考虑因素

裁剪时应考虑的因素包括：干系人多样性、干系人关系的复杂性、沟通技术。

敏捷与适应方法

频繁变化的项目更需要项目干系人的有效互动和参与。适应型团队会直接与干系人互动，而不是通过层层的管理级别。客户、用户和开发人员在动态的共创过程中交换信息，干系人的参与度和满意度更高。在整个项目期间保持与干系人群体的互动，有利于降低风险、建立信任和及时做出项目调整，从而节约成本，提高项目成功的可能性。

为加快组织内部和组织之间的信息分享，敏捷型方法提倡高度透明。例如，邀请所有干系人参与项目会议和审查，或将项目工件发布到公共空间，其目的在于让各方之间的不一致和依赖关系，或者与项目有关的其他变化问题，都尽快浮现。

5.10.1 识别干系人

识别干系人是定期识别项目干系人，分析和记录他们的利益、参与度、相互依赖性、影响力和对项目成功的潜在影响的过程。

本过程的主要作用是，使项目团队能够建立对每个干系人或干系人群体的适度关注。本过程应根据需要在整个项目期间定期开展。识别干系人过程的数据流向，如图5-75所示。

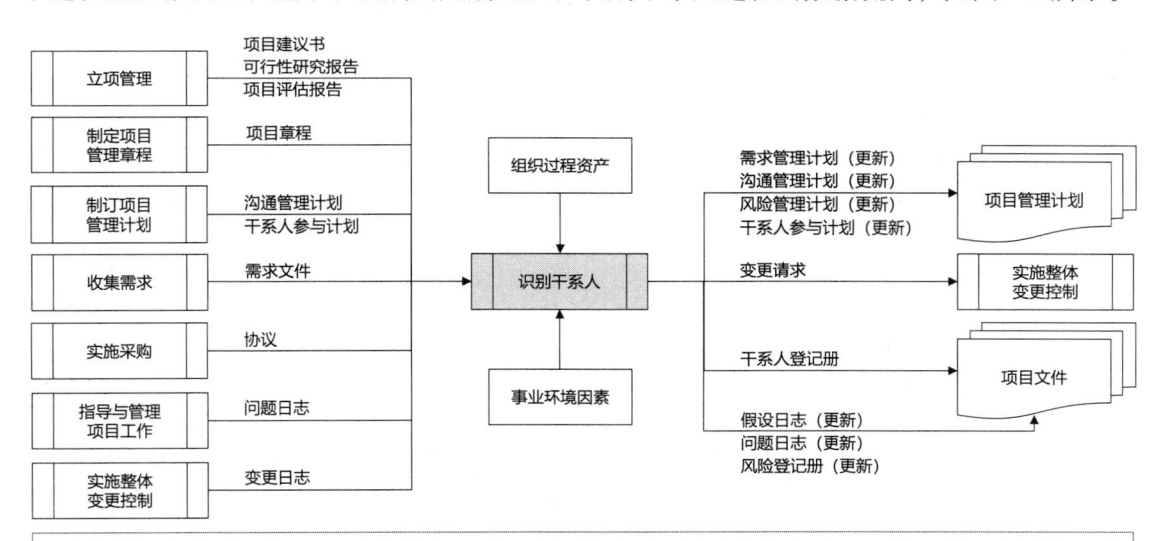

图5-75

识别干系人管理过程通常在编制和批准项目章程之前或同时首次开展，之后在项目生命周期过程中必要时重复开展，至少应在每个阶段开始时，以及项目或组织出现重大变化时重复开展。每次重复开展识别干系人管理过程，都应通过查阅项目管理计划组件及项目文件来识别有关的项目干系人。

干系人登记册

干系人登记册用于记录已识别的干系人的信息。其内容包括：

- 身份信息，姓名、组织职位、地点、联系方式，以及在项目中扮演的角色。
- 评估信息，主要需求、期望、影响项目成果的潜力，相关方最能影响或冲击的项目生命周期阶段。
- 相关方分类，用内部或外部，作用、影响、权力或利益，上级、下级、外围或横向，或者项目经理选择的其他分类模型进行分类的结果。

干系人分析

干系人分析用于系统地收集和分析各种信息，以确定考虑哪些人的利益。

分析时要识别出干系人的利益、期望和影响，并把他们与项目的目的联系起来。

干系人分析有助于了解干系人之间的关系，以便建立联盟和伙伴合作。

干系人分析的步骤：

（1）识别全部潜在项目干系人及其相关信息，如他们的角色、部门、利益、知识、期望和影响力。

（2）分析每个干系人可能的影响或支持，并把他们分类。

（3）评估关键干系人对不同情况可能做出的反应，策划如何对他们施加影响，提高他们的支持，减轻潜在的负面影响。

干系人分析模型

- 权力/利益方格。根据干系人的职权（权力）大小及对项目结果的关注（利益）程度，对干系人进行分类。如图5-76所示，图中用A～H代表干系人的位置。
- 权力/影响方格。根据干系人的职权大小及主动参与（影响）项目的程度，对干系人进行分类。
- 影响/作用方格。根据干系人主动参与（影响）项目的程度及改变项目计划或执行的能力（作用），对干系人进行分类。
- 凸显模型。根据干系人的权力（施加自己意愿的能力）、紧急程度和合法性，对干系人进行分类。

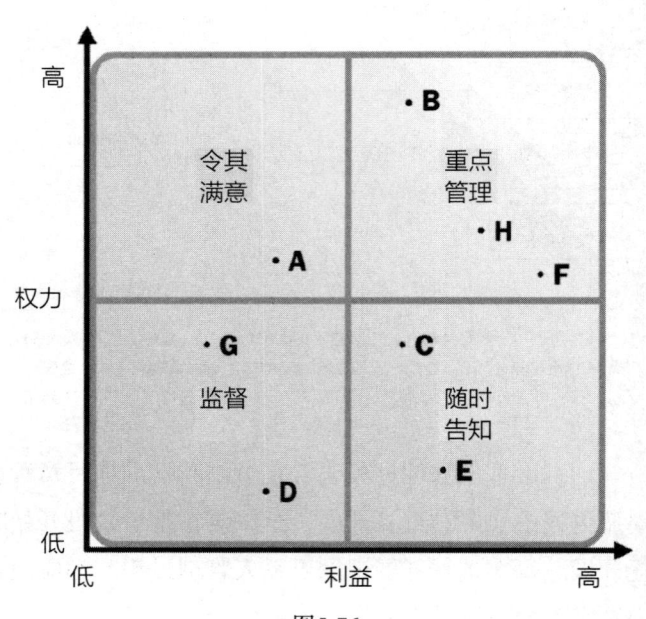

图5-76

5.10.2 规划干系人参与

规划干系人参与是根据干系人的需求、期望、利益和对项目的潜在影响，制定项目干系人参与项目的方法的过程。

本过程的主要作用是，提供与干系人进行有效互动的可行计划。本过程应根据需要在整个项目期间定期开展。规划干系人参与过程的数据流向，如图5-77所示。

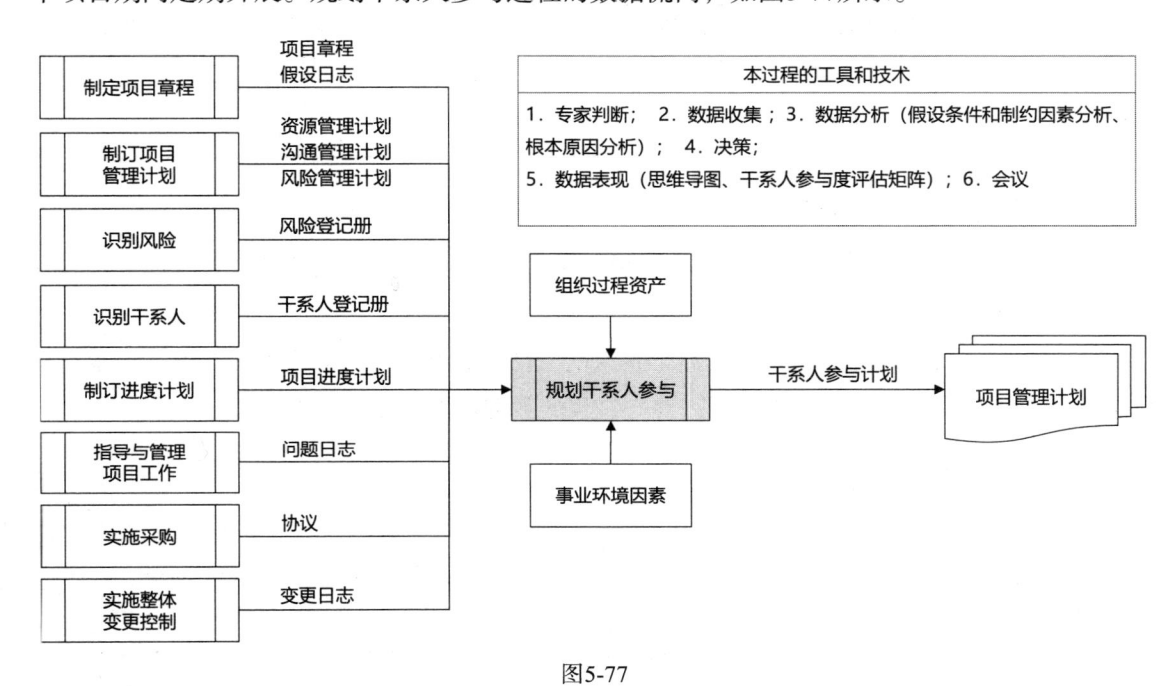

图5-77

干系人参与计划

干系人参与计划是项目管理计划的组成部分。

该计划制订了干系人有效参与和执行项目决策的策略和行动。

干系人参与计划可以是正式的或非正式的，非常详细的或高度概括的，这基于项目的需要和干系人的期望。

干系人参与计划主要包括调动干系人个人或群体参与的特定策略或方法。

干系人参与度评估矩阵

干系人参与度评估矩阵用于将干系人当前参与水平与期望参与水平进行比较。

干系人的参与水平可分为如下类别：

不知晓：对项目和潜在影响不知晓。

抵制：知晓项目和潜在影响，抵制项目工作或成果可能引发的任何变更。

中立：知晓项目，既不支持，也不反对。

支持：知晓项目和潜在影响，支持项目工作及其成果。

领导：知晓项目和潜在影响，而且积极参与以确保项目取得成功。

在表5-13中，C代表每个干系人的当前参与水平，D是项目团队评估出来的、为确保项目成功所必不可少的参与水平（期望的）。应根据每个干系人当前与期望参与水平的差距，开展必要的沟通，有效引导干系人参与项目。弥合当前与期望参与水平的差距是监督干系人参与中的一项基本工作。

表 5-13

干系人	不知晓	抵制	中立	支持	领导
干系人 1	C			D	
干系人 2			C	D	
干系人 3				C 和 D	

5.10.3 管理干系人参与

管理干系人参与是通过与干系人进行沟通协作，以满足其需求与期望、处理问题，并促进干系人合理参与的过程。

本过程的主要作用是，尽可能提高干系人的支持度，并降低干系人的抵制程度。本过程需要在整个项目期间开展。管理干系人参与过程的数据流向，如图5-78所示。

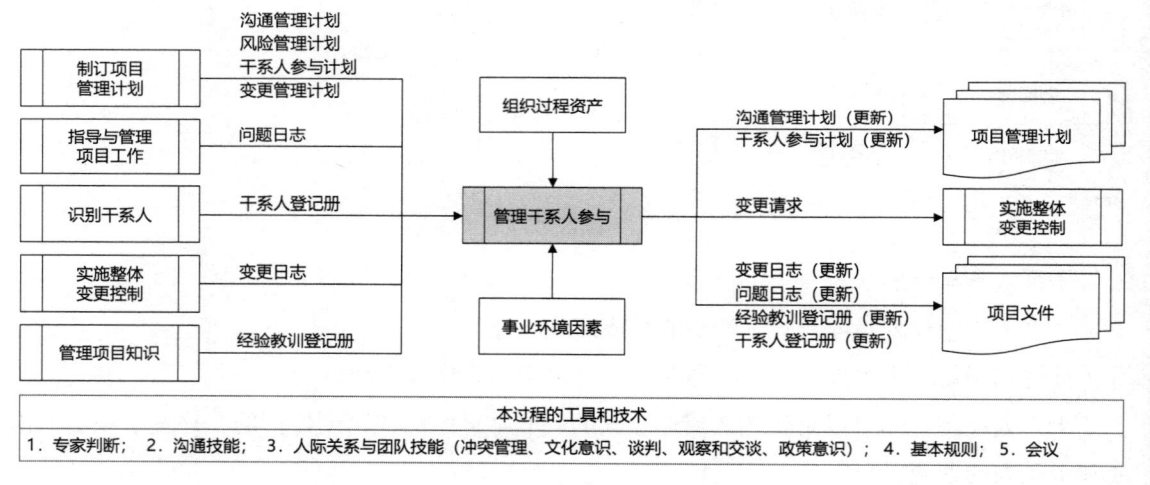

图5-78

沟通技能

根据沟通管理计划，针对每个相关方采取相应的沟通方法。

应该使用反馈机制来了解相关方对各种项目管理活动和关键决策的反应。

反馈的收集方式包括：正式与非正式对话、问题识别和讨论、会议、进展报告、调查。

5.10.4 监督干系人参与

监督干系人参与是监督项目干系人的关系，并通过修订参与策略和计划来引导干系人合理参与项目的过程。

本过程的主要作用是，随着项目进展和环境变化，维持或提升干系人参与活动的效率和效果。本过程需要在整个项目期间开展。监督干系人参与过程的数据流向，如图5-79所示。

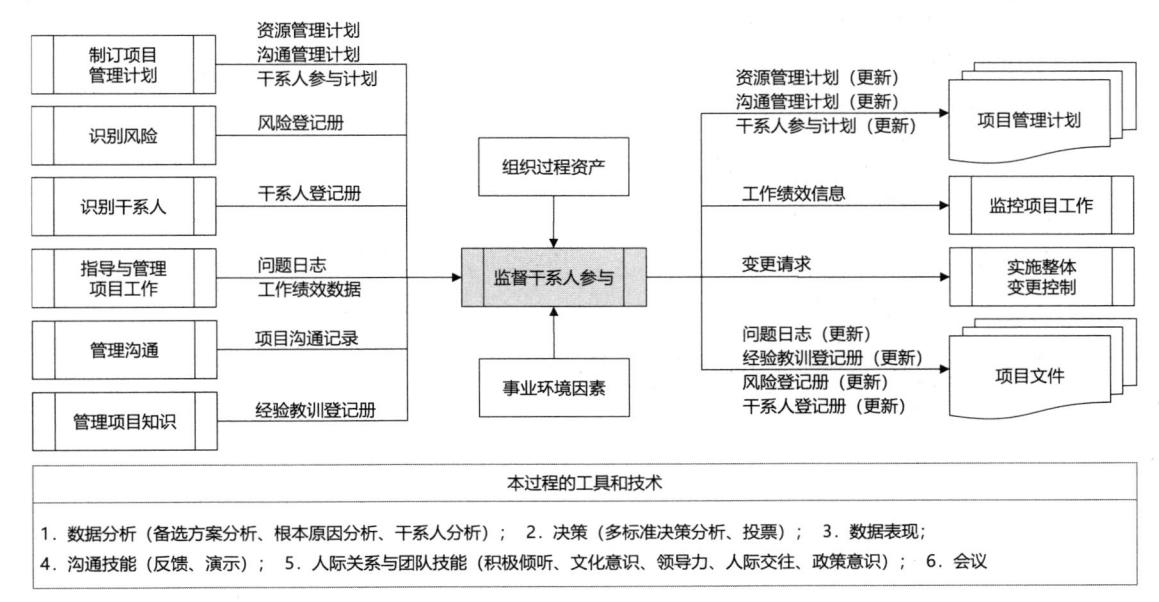

图5-79

5.10.5 本节练习

1. （　　）不属于项目干系人管理的输入。

   A. 干系人管理计划　　　　　　　　　B. 干系人沟通需求

   C. 变更日志　　　　　　　　　　　　D. 变更请求

2. 识别干系人的依据不包括（　　）。

   A. 可行性研究报告　　B. 项目章程　　C. 风险登记册　　D. 问题日志

3. 监督干系人参与过程的作用是（　　）。

   A. 维持或提升干系人参与活动的效率和效果

   B. 提高干系人对项目的支持度，并尽可能降低干系人对项目的抵制

   C. 提供与干系人进行有效互动的可行计划

   D. 项目团队能够建立对每个干系人或干系人群体的适度关注

4. 在以下干系人参与度矩阵中，需要授权管理职责并引导其积极参与项目执行的干系人是（　　）。

干系人	不知晓	抵制	中立	支持	领导
干系人1			○●		
干系人2		●		○	
干系人3			●		○

注：○表示期望参与水平，●表示实际参与水平

   A. 干系人1　　　　　　　　　　　　B. 干系人2

  C. 干系人3   D. 干系人2和干系人3

5. （　　）不属于识别干系人的输入。

  A. 立项管理文件   B. 变更日志和问题日志

  C. 沟通管理计划   D. 项目干系人登记册

6. "通过与干系人进行沟通协作，以满足其需求与期望、处理问题，并促进其合理参与"属于（　　）过程的工作。

  A. 识别干系人   B. 规划干系人参与

  C. 管理干系人参与   D. 监督干系人参与

参考答案：1. D；2. C；3. A；4. C；5. D；6. C。

第6章
项目绩效域

价值驱动的项目管理知识体系关注价值的实现，包含了项目管理原则、绩效域、项目生命周期、过程组、10大知识领域和价值交付系统。

在项目整个生命周期过程中，项目管理者需要始终坚持项目管理原则，通过涵盖10大知识领域的项目管理过程组对项目进行管理，同时需要密切关注干系人、团队、开发方法和生命周期、规划、项目工作、交付、度量、不确定性这8个与绩效密切相关的因素，我们称之为绩效域。

通过这8个绩效域可以帮助项目在系统内运作，实现价值交付系统的功能，为组织及其干系人创造价值，从而实现组织的战略和目标。

项目管理原则与项目绩效域之间的关系，如图6-1所示。

项目绩效域是一组对有效地交付项目成果至关重要的相关活动。

项目绩效域是相互作用、相互关联和相互依赖的焦点领域，它们可以协调一致地实现预期的项目成果。绩效域在整个项目期间同时运行。

这些焦点领域不能当作孤立的工作加以处理，因为它们相互重叠且相互关联。每个项目中各个绩效域之间相互关联的方式各不相同，但这些方式存在于每个项目之中。每个绩效域中开展的具体活动由组织的背景、项目、可交付物、项目团队、干系人和其他因素确定。

项目管理原则			
勤勉、尊重和关心他人	营造协作的项目团队环境	促进干系人有效地参与	聚焦于价值
识别、评估和响应系统交互	展现领导力行为	根据环境进行裁剪	将质量融入过程和可交付物中
驾驭复杂性	优化风险应对	拥抱适应性和韧性	为实现预期的未来状态而驱动变革

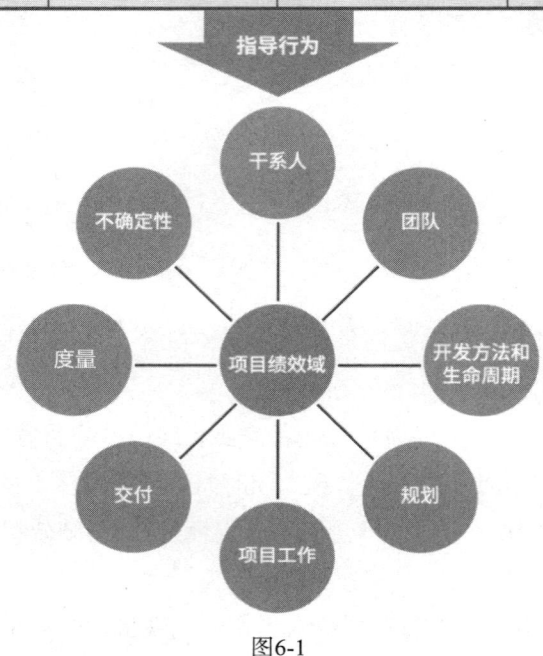

指导行为

项目绩效域：干系人、团队、开发方法和生命周期、规划、项目工作、交付、度量、不确定性

图6-1

6.1 干系人绩效域

干系人绩效域涉及与干系人相关的活动和职能。

在项目整个生命周期过程中，有效执行本绩效域可以实现的预期目标主要包含：

（1）与干系人建立高效的工作关系。

（2）干系人认同项目目标。

（3）支持项目的干系人提高了满意度，并从中获得收益。

（4）反对项目的干系人没有对项目产生负面影响。

在项目整个生命周期过程中，为了有效执行干系人绩效域，项目经理需要重点促进干系人的参与。

促进干系人参与

项目经理需要在整个项目生命周期过程中持续促进干系人参与到项目中，因此，在项目开始时就需要和干系人一起定义并共享清晰的项目愿景，并就项目愿景和干系人达成共识。

为了有效地让干系人参与，项目经理可带领项目团队按照图6-2所示的步骤开展工作。

图6-2

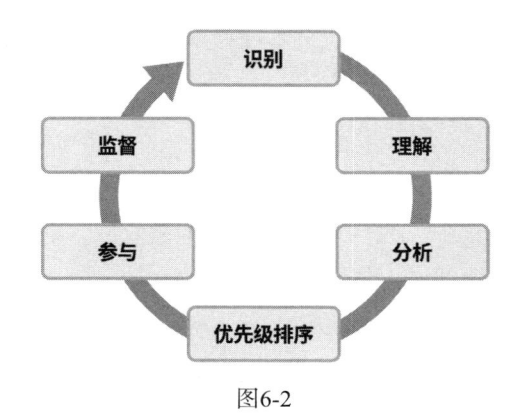

与其他绩效域的相互作用

很多项目工作都是围绕着促进干系人参与、与干系人进行沟通而展开的,干系人会参与到项目的很多方面,某些干系人可以帮助减少项目的不确定性,而有些干系人则可能导致不确定性的增加。

干系人主要参与的项目工作包括:①为项目团队定义需求和范围,并对其进行优先级排序;②参与并制定规划;③确定项目可交付物和项目成果的验收与质量标准;④客户、高层管理人员、项目管理办公室领导或项目集经理等干系人将重点关注项目及其可交付物绩效的度量。

执行效果检查

在项目整个生命周期过程中,项目经理和项目团队需要对干系人绩效域的执行效果进行检查,确保其有效执行并实现预期目标。执行效果检查的方法如表6-1所示。

表6-1

预期目标	指标及检查方法
与干系人建立高效的工作关系	干系人参与的连续性:通过观察、记录的方式,对干系人参与的连续性进行衡量
干系人认同项目目标	变更的频率:对项目范围、产品需求的大量变更或修改可表明干系人没有参与进来或与项目目标不一致
支持项目的干系人提高了满意度,并从中获得收益;反对项目的干系人没有对项目产生负面影响	干系人行为:干系人的行为可表明项目受益人是否对项目感到满意和表示支持,或者他们是否反对项目。 干系人满意度:可通过调研、访谈和焦点小组的方式,确定干系人的满意度,判断干系人是否感到满意和表示支持,或者他们对项目及其可交付物是否表示反对。 干系人相关问题和风险:对项目问题日志和风险登记册的审查可以识别与单个干系人有关的问题和风险

6.2 团队绩效域

团队绩效域涉及项目团队人员有关的活动和职能。

在项目整个生命周期过程中，有效执行本绩效域可以实现的预期目标主要包含：

（1）共享责任。

（2）建立高绩效团队。

（3）所有团队成员都展现出相应的领导力和人际关系技能。

在项目整个生命周期过程中，为了有效执行团队绩效域，项目经理需要重点关注：项目团队文化、高绩效项目团队和领导力技能。

项目团队文化

项目经理可以通过透明、诚信、尊重、积极的讨论、支持、勇气、庆祝成功的方法，确保形成和维护一个安全、尊重、无偏见的团队文化，支持团队成员坦诚沟通。

高绩效项目团队

项目经理和项目团队通过开诚布公的沟通、共识、共享责任、信任、协作、适应性、韧性、赋能、认可的方式打造高绩效项目团队。

领导力技能

无论项目团队成员是在集中式管理环境中工作，还是在实行服务型领导制度的环境中工作，领导力技能对于每一位项目团队成员都是非常有用的。与领导力相关的特征和活动包括：建立和维护愿景、批判性思维、激励、人际关系技能（情商、决策、冲突管理）。

与其他绩效域的相互作用

团队绩效域聚焦于项目经理和项目团队成员在整个项目生命周期过程中的技能，这些技能已融入项目的其他各个方面，在整个项目期间项目团队成员都需要全程展现团队相关的领导力素质和技能。

例如，在进行规划时和干系人沟通项目愿景和收益，在参与项目工作时运用批判性思维解决问题和决策，在整个规划绩效域和度量绩效域中都要聚焦于团队绩效，应用团队相关技能。

执行效果检查

在项目整个生命周期过程中，项目经理和项目团队需要对团队绩效域的执行效果进行检查，确保其有效执行并实现预期目标。具体检查方法如表6-2所示。

表 6-2

预期目标	指标及检查方法
共享责任	目标和责任心：所有项目团队成员都了解愿景和目标。项目团队对项目的可交付物和项目成果承担责任
建立高绩效团队	• 信任与协作程度：项目团队彼此信任，相互协作。 • 适应变化的能力：项目团队适应不断变化的情况，并在面对挑战时有韧性。 • 彼此赋能：项目团队感到被赋能，同时项目团队对其成员赋能并认可
所有团队成员都展现出相应的领导力和人际关系技能	管理和领导力风格适宜性：项目团队成员运用批判性思维和人际关系技能；项目团队成员的管理和领导力风格适合项目的背景和环境

6.3 开发方法和生命周期绩效域

开发方法和生命周期绩效域涉及与项目的开发方法、节奏和生命周期相关的活动和职能。在项目整个生命周期过程中，有效执行本绩效域可以实现的预期目标主要包含：

（1）开发方法与项目可交付物相符合。

（2）将项目交付与干系人价值紧密关联。

（3）项目生命周期由促进交付节奏的项目阶段和产生项目交付物所需的开发方法组成。

在项目整个生命周期过程中，为了有效执行开发方法和生命周期绩效域，项目经理需要重点关注：交付节奏、开发方法及其选择、协调交付节奏和开发方法及生命周期。

交付节奏

交付节奏是指项目可交付物的时间安排和频率，项目可以一次性交付、多次交付、定期交付和持续交付。

开发方法

开发方法是在项目生命周期内创建产品、服务或结果的方法。

当前，行业普遍认同的三种开发方法是预测型方法、混合型方法和适应型方法，如图6-3所示。三种方法通常被视为一个频谱，随着迭代性和增量性逐渐增加，从频谱一端的预测型方法到另一端的适应型方法逐渐变化。

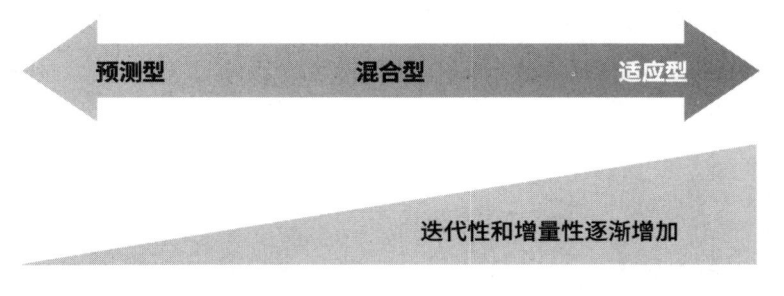

图6-3

预测型方法

预测型方法又被称为瀑布型方法。

这种开发方法相对稳定，范围、进度、成本、资源和风险可以在项目生命周期的早期阶段进行明确定义；项目团队能够在项目早期减少很多不确定性因素并提前完成大部分规划工作。采用这种方法的项目可以借鉴以前类似项目的模板。

如果在项目开始时可以定义、收集和分析项目与产品的需求，就适合采用预测型方法。当涉及重大投资和高风险项目，需要频繁审查、改变控制机制及在开发阶段重新规划时，也可以使用此方法。预测型方法的示例，如图6-4所示。

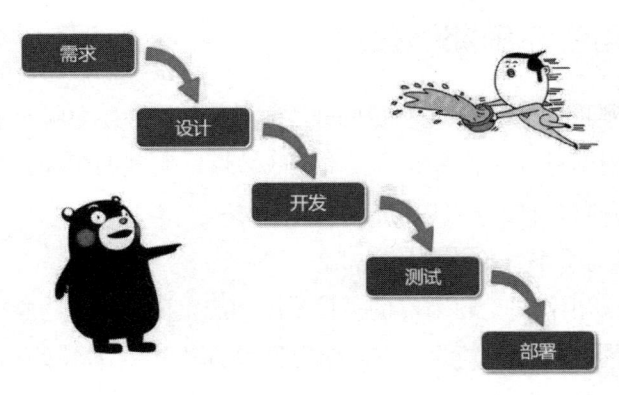

图6-4

混合型方法

混合型开发方法是适应型方法和预测型方法的结合体，该方法中预测型方法的要素和适应型方法的要素均会被涉及。混合型方法的适应性比预测型方法的强，但比纯粹的适应型方法的弱。

当需求存在不确定性或风险时，这种开发方法非常有用。当可交付物可以模块化时，或者由不同项目团队开发可交付物时，混合型方法也非常适用。

混合型方法通常使用迭代型方法或增量型方法。迭代型方法适合于澄清需求和调查各种可选项，在最后一个迭代之前，迭代型方法可以完成可接受的全部功能。增量型方法用于在一系列迭代过程中生成可交付物，每个迭代都会在预先确定的时间期限（时间盒）内增加功能，该可交付物包含的功能只有在最后一个迭代结束后才被完成。迭代型开发和增量型开发之间的差异及相互作用，如图6-5所示。

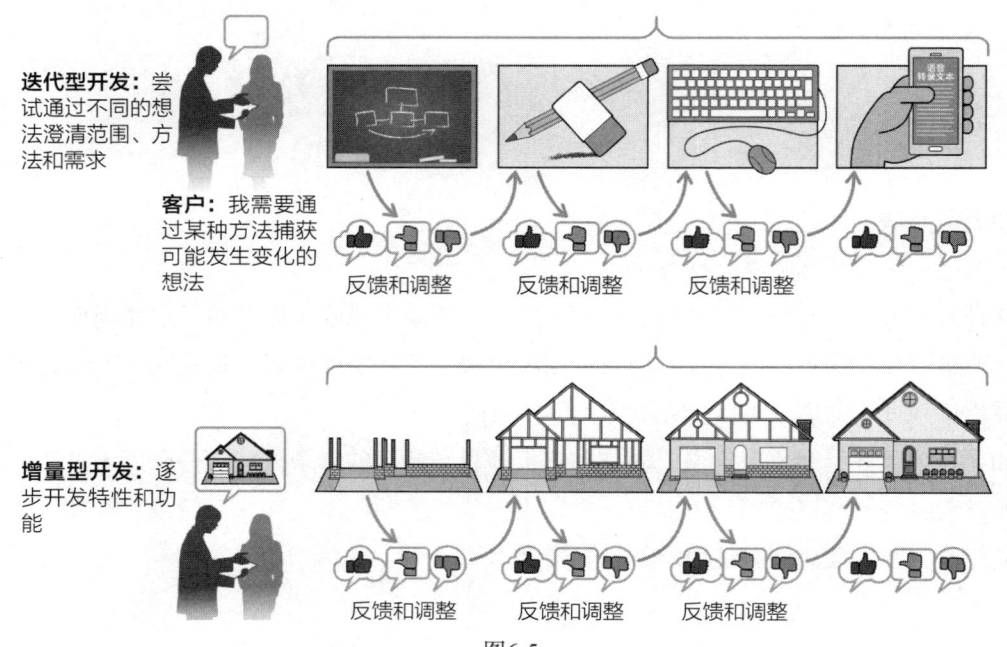

图6-5

适应型方法

适应型方法是指在项目开始时确立明确的愿景，之后在项目进行过程中在最初已知需求的基础上，按照用户反馈、环境或意外事件来不断完善、说明、更改或替换。当需求面临高度的不确定性和易变性，且在整个项目期间不断变化时，适合采用适应型方法。适应型方法通常也会运用迭代型方法和增量型方法，只不过相比混合型方法，适应型方法的迭代周期更短，频率更快，产品会根据干系人的反馈不断演变。

敏捷方法可以被视为一种适应型方法。某些敏捷方法需要一至两周的短时迭代，而且在每个迭代结束时展示所取得的成果。项目团队积极参与每次迭代的规划，根据优先级确定的待办事项列表来决定可以实现的目标和范围，估算所涉及的工作，并在整个迭代期间进行协作，以不断确定范围并实现目标。图6-6是Scrum方法示例，Scrum是一种非常流行的敏捷软件开发方法。

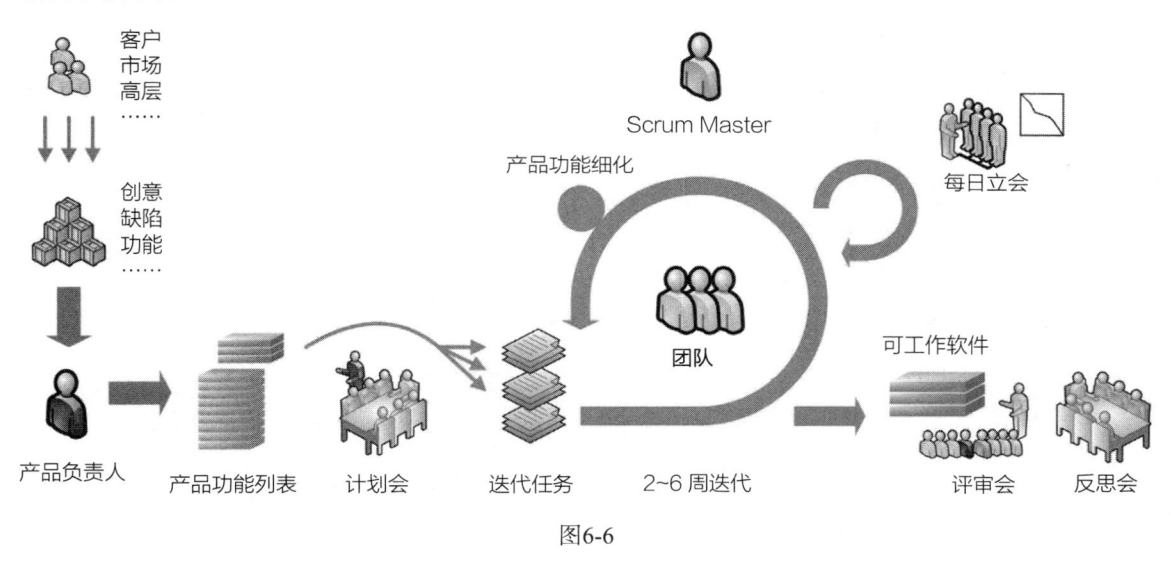

图6-6

开发方法的选择

有些因素影响对开发方法的选择，它们可以被分为几类：产品、服务或成果，项目，组织。

影响开发方法的产品、服务或成果的相关因素包括：创新程度、需求确定性、范围的稳定性、变更的难易程度、交付物的性质、风险、安全需求、法规。

影响开发方法的项目的相关因素包括：干系人、进度制约因素、资金可用情况。

影响开发方法的组织的相关因素包括：组织结构、文化、组织能力、项目团队规模和所处位置。

协调交付节奏和开发方法

以"社区中心项目"为例，该项目包括4个产品或服务：建筑物、社区行动巡查培训、老年人服务、网站。这4项产品或服务的具体内容如下：

（1）建造新社区中心的场地和设施。

（2）为社区行动巡查志愿者安排培训。培训内容由基础培训、后勤培训和巡查培训几个板块构成，可以由不同人员负责开发。开发时可以采用多个模块同时进行的方式，也可以先开发一个模块、收集反馈，然后再开发后续模块。但只有在所有模块均开发完毕并且进行了集成与部署后，社区行动巡查培训方案才算开发完成。

（3）社区中心开发和部署一个提供老年人服务的项目。例如，"上门送餐服务"计划。随后，可提供交通服务、集体出游和活动、看护者关怀、成人日间护理及诸如此类的服务。每项服务都将单独实施，并可在各自完成时进行部署。每项额外的服务都会改善和增加面向社区提供的老年人服务。

（4）社区中心需要一个网站，以便社区成员通过自己的家庭计算机、电话或平板电脑访问信息，可以预先定义高层级需求、设计和页面布局，并在网站上部署一组初始信息。用户反馈、新服务和内部干系人需要为待办事项列表提供内容，将待办事项列表信息进行优先级排序，网络团队开发并部署新内容。随着新需求和新范围的出现，团队会对该工作进行估算，并完成工作，一旦经过测试，就向干系人展示该工作成果。如果获得批准，工作成果将部署到网站上。

上述4项产品或服务的交付节奏和开发方法如表6-3所示。

表 6-3

可交付物	交付节奏	开发方法
建筑物	一次性交付	预测型
社区行动巡查培训	多次交付	增量型
老年人服务	多次交付	迭代型
网站	定期交付	适应型

社区中心项目可能的生命周期如图6-7所示。启动和计划阶段是按顺序进行的。开发、测试和部署这几个阶段可能会相互重叠，不同的可交付物将在不同的时间进行开发、测试和部署，而某些可交付物会进行多次交付。图6-7中展开了开发阶段不同的时间安排和交付节奏。测试阶段的节奏遵循开发阶段的节奏，交付在部署阶段显示。

与其他绩效域的相互作用

开发方法和生命周期绩效域与其他绩效域的相互作用：

（1）如果一个可交付物存在与干系人验收相关的大量风险，则可能会选择迭代型方法向市场发布最小可行产品，以便在开发其他特性和功能之前获得反馈。

（2）所选的生命周期会影响规划的方式，预测型生命周期会提前进行大部分规划工作，项目进展中使用滚动式规划和渐进明细来重新规划，随着威胁和机会的发生，计划也会得到更新。

（3）开发方法和交付节奏是减少项目不确定性的方法，如果一个可交付物存在与监管要求相关的大量风险，则可能会选择预测型方法进行额外测试、文档编写，并采用健全的流程和程序。

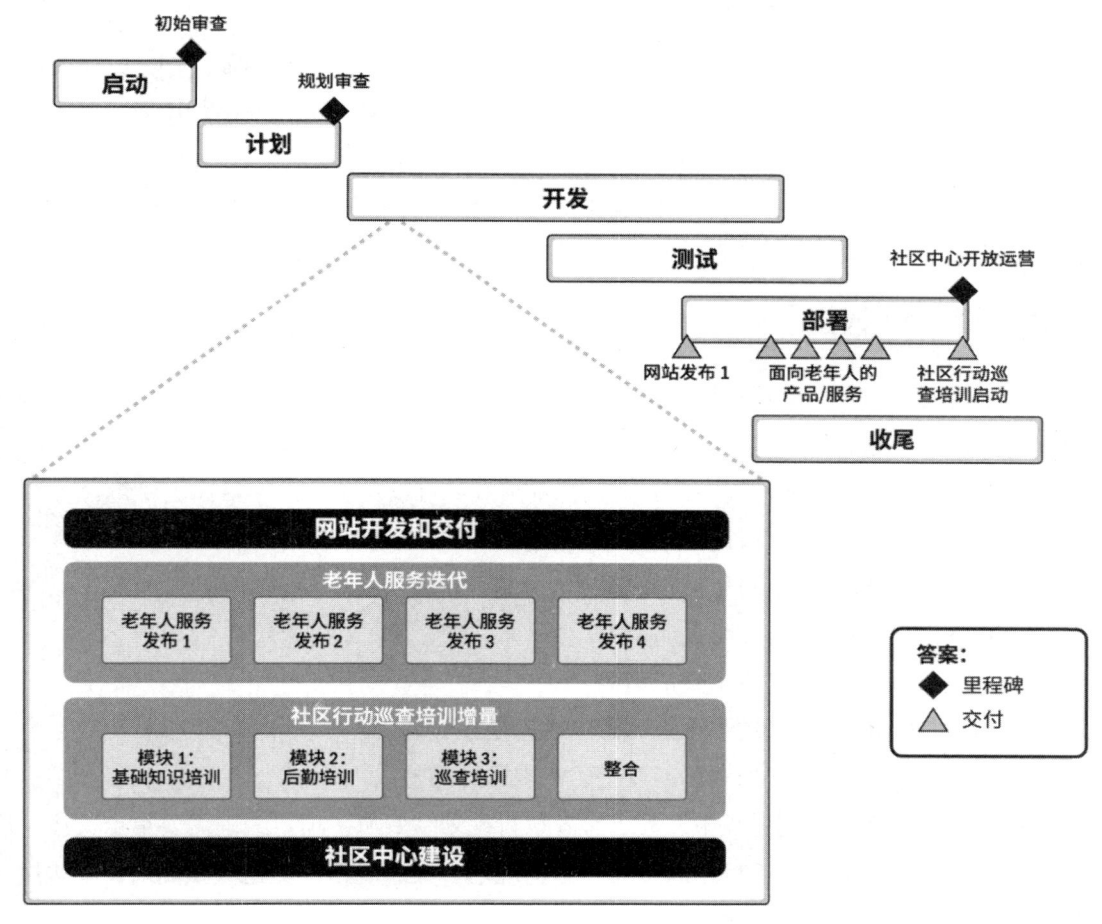

图6-7

（4）在考虑交付节奏和开发方法时，开发方法和生命周期绩效域与交付绩效域的关注点会有很多重叠，交付节奏是确保实际项目的价值交付和可行性规划保持一致的主要因素之一。

（5）在项目团队能力和项目团队领导力技能方面，项目工作绩效域、团队绩效域与开发方法和生命周期绩效域会相互作用，项目团队的工作方式和项目经理的风格会因开发方法的不同而存在很大差异。在采用预测型方法时，通常需要更加重视预先规划、测量和控制，适应型方法（特别是在使用敏捷方法时）需要更多的服务型领导风格，而且可能会形成自我管理的项目团队。

执行效果检查

在项目整个生命周期过程中，项目经理和项目团队需要对开发方法和生命周期绩效域的执行效果进行检查，确保其有效执行并实现预期目标。具体检查方法如表6-4所示。

表 6-4

预期目标	指标及检查方法
开发方法与项目可交付物相符合	产品质量和变更成本：采用适宜的开发方法（预测型、混合型或适应型），可交付物的产品变量比较高，变更成本相对较小
将项目交付与干系人价值紧密关联	价值导向型项目阶段：按照价值导向将项目工作从启动到收尾划分为多个项目阶段，项目阶段中包括适当的退出标准
项目生命周期由促进交付节奏的项目阶段和产生项目交付物所需的开发方法组成	适宜的交付节奏和开发方法：如果项目具有多个可交付物，且交付节奏和开发方法不同，可将生命周期阶段进行重叠或重复

6.4 规划绩效域

规划绩效域涉及整个项目期间组织与协调相关的活动与职能，这些活动和职能是最终交付项目和成果所必需的。

在项目整个生命周期过程中，有效执行本绩效域可以实现的预期目标主要包含：

（1）项目以有条理、协调一致的方式推进。

（2）应用系统的方法交付项目成果。

（3）对演变情况进行详细说明。

（4）规划投入的时间成本是适当的。

（5）规划的内容对管理干系人的需求而言是充分的。

（6）可以根据新出现的和不断变化的需求进行调整。

在项目整个生命周期过程中，为了有效执行规划绩效域，项目经理需要重点关注：规划的影响因素、项目估算、项目团队组成和结构规划、沟通规划、实物资源规划、采购规划、变更规划、度量指标和一致性。

规划的影响因素

每个项目都是独特的，不同项目规划的数量、时间安排和频率也各不相同。影响项目规划的因素包括：开发方法、项目可交付物、组织需求、市场条件、法律或法规限制。

项目估算

规划时需要对工作投入、持续时间、成本、人员和实物资源进行估算，估算是对某一变量（如项目成本、资源、人力投入或持续时间）的可能数值或结果的定量评估。随着项目的发展，估算可能会随着信息的变化而变化。

影响估算的4个方面的因素包括：区间、精确度、准确度、信心。

与其他绩效域的相互作用

规划会在整个项目生命周期过程中进行，并与其他各个绩效域相互整合：

（1）在项目开始时，会确定预期成果，并制订实现这些成果的高层级计划。根据选定的开发方法和生命周期可以提前进行详细的规划，在项目进行中可根据实际情况对计划做出调整。

（2）在项目团队规划如何应对不确定性和风险时，不确定性绩效域和规划绩效域会相互作用。

（3）在整个项目执行过程中，规划将指导项目工作、成果和价值的交付。项目团队和干系人将制定度量指标，并将绩效与计划进行比较，需要时可能会修订计划或制订新计划。项目团队的成员、环境和项目的细节会影响项目团队的有效合作及干系人的积极参与。

执行效果检查

在项目整个生命周期过程中，项目经理和项目团队需要对规划绩效域的执行效果进行检查，确保其有效执行并实现预期目标。具体检查方法如表6-5所示。

表 6-5

预期目标	指标及检查方法
项目以有条理、协调一致的方式推进	绩效偏差：对照项目基准和其他度量指标对项目结果进行绩效审查表明项目正在按计划进行，绩效偏差处于临界值范围内
应用系统的方法交付项目成果	规划的整体性：交付进度、资金提供、资源可用性、采购等表明项目是以整体方式进行规划的，没有差距或不一致之处
对演变情况进行详细说明	规划的详尽程度：与当前信息相比，可交付物和需求的初步信息是适当的、详尽的；与可行性研究与评估相比，当前信息表明项目可以生成预期的可交付物和成果
规划投入的时间成本是适当的	规划适宜性：项目计划和文件表明规划水平适合于项目
规划的内容对管理干系人的需求而言是充分的	规划的充分性：沟通管理计划和干系人信息表明沟通足以满足干系人的期望
可以根据新出现的和不断变化的需求进行调整	可适应变化：采用待办事项列表的项目，在整个项目期间会对各个计划做出调整。采用变更控制过程的项目具有变更控制委员会，会议的变更日志和文档表明变更控制过程正在得到应用

6.5 项目工作绩效域

项目工作绩效域涉及项目工作相关的活动和职能。项目工作可使项目团队保持专注，并使项目活动顺利进行。

在项目整个生命周期过程中，有效执行本绩效域可以实现的预期目标主要包含：

（1）高效且有效的项目绩效。

（2）适合项目和环境的项目过程。

（3）干系人适当的沟通和参与。

（4）对实物资源进行了有效管理。

（5）对采购进行了有效管理。

（6）有效处理了变更。

（7）通过持续学习和过程改进提高了团队能力。

项目经理需要重点关注：项目过程、项目制约因素、专注于工作过程和能力、管理沟通和参与、管理实物资源、处理采购事宜、监督新工作和变更、学习与持续改进。

项目过程

项目经理和项目团队应建立项目过程，并对过程进行定期审查，审查该过程是否高效、是否存在瓶颈、工作是否按照预期进行、是否存在阻碍等。

除了有效率，过程还应该有效果。

可按照项目需要，使用如下方法来优化过程：精益生产法、召开回顾会议、价值导向审查。

项目工作绩效域与项目的其他绩效域相互作用，而且对其他绩效域具有促进作用：

（1）项目工作可促进并支持有效率且有效果的规划、交付和度量。

（2）项目工作可为项目团队互动和干系人参与提供有效的环境。

（3）项目工作可为驾驭不确定性、模糊性和复杂性提供支持，平衡其他项目的制约因素。

执行效果检查

在项目整个生命周期过程中，项目经理和项目团队需要对项目工作绩效域的执行效果进行检查，确保其有效执行并实现预期目标。具体检查方法如表6-6所示。

表 6-6

预期目标	指标及检查方法
高效且有效的项目绩效	状态报告：通过状态报告可以表明项目工作有效率且有效果
适合项目和环境的项目过程	过程的适宜性：证据表明，项目过程是为满足项目和环境的需要而裁剪的过程。 相关性和有效性：过程审计和质量保证活动表明，过程具有相关性且正得到有效使用
干系人适当的沟通和参与	沟通有效性：项目沟通管理计划和沟通文件表明，所计划的信息与干系人进行了沟通，如有新的信息沟通需求或误解，可能表明干系人的沟通和参与活动缺乏成效
对实物资源进行了有效管理	资源利用率：所用材料的数量、抛弃的废料和返工量表明资源正得到高效利用
对采购进行了有效管理	采购过程适宜：采购审计表明，所采用的适当流程足以开展采购工作，而且承包商正在按计划开展工作
有效处理了变更	变更处理情况：使用预测型方法的项目已建立变更日志，该日志表明，正在对变更做出全面评估，同时考虑了范围、进度、预算、资源、干系人和风险的影响；采用适应型方法的项目已建立待办事项列表，该列表显示完成范围的比率和增加新范围的比率
通过持续学习和过程改进提高了团队能力	团队绩效：团队状态报告表明，错误和返工减少，效率提高

6.6 交付绩效域

交付绩效域涉及与交付项目相关的活动和职能。

在项目整个生命周期过程中，有效执行本绩效域可以实现的预期目标主要包含：

（1）项目有助于实现业务目标和战略。

（2）项目实现了预期成果。

（3）在预定时间内实现了项目收益。

（4）项目团队对需求有清晰的理解。

（5）干系人接受项目可交付物和成果，并对其满意。

在项目整个生命周期过程中，为了有效执行交付绩效域，项目经理需要重点关注：价值的交付、可交付物、质量。

价值的交付

如果项目所使用的开发方法支持在整个项目生命周期内发布可交付物，那么在项目进展过程中就可以向干系人交付价值；而在项目生命周期结束时才发布可交付物的项目，则会在项目完成后产生价值。有的项目在项目结束后的一段时间内，还可以继续获得价值。

可行性研究和评估通常会提供对项目预期价值的预测，可行性研究和评估相关文件说明了项目预期成果如何与组织的业务目标保持一致。项目授权文件试图量化项目的预期成果，以便进行定期测量。这些文件包括项目章程和详细的基准计划，用于概述项目生命周期、关键里程碑、关键可交付物、评审和其他顶层信息。

可交付物

可交付物是指项目的临时或最终的产品、服务或结果，它有助于取得项目所要实现的最终成果。可交付物反映了干系人的需求、范围和质量。

范围明确且相对稳定的项目，通常会在项目初期与干系人合作，启发并记录需求；而有些项目，开始时只有高层级的粗略的需求，详细需求会在项目进展过程中逐步细化和明确；还有一些项目会在项目工作进行期间不断提出新的需求。不管是什么类型的项目，需求都有可能会随着时间的推移而发生改变，都需要对其进行管理。

质量

交付不仅仅是范围和需求。范围和需求聚焦于需要交付的内容，而质量聚焦于需要达到的绩效水平。与质量相关的成本由项目所在的组织承担。在项目管理中，需要在质量和满足质量所付出的成本之间寻找平衡。

设计和开发工作通常基于前期需求、范围等工作的开展。如果前期工作存在缺陷，则后续工作存在的缺陷会累积更多，因此，发现缺陷的时间越晚，纠正缺陷的成本就越高。同理，前期工作完成得越多，变更的成本就越大，如图6-8所示，积极主动地开展质量工作有助于避免较高的变更成本。

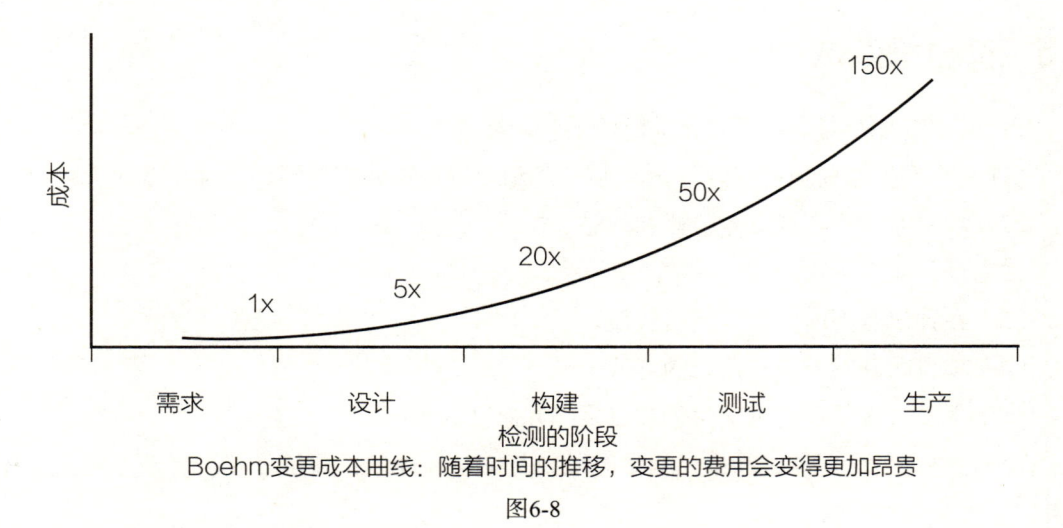

```
                                                    150x

成
本                                          50x

                                    20x
                           5x
                 1x
           需求      设计      构建      测试      生产
                         检测的阶段
        Boehm变更成本曲线：随着时间的推移，变更的费用会变得更加昂贵
                            图6-8
```

与其他绩效域的相互作用

交付绩效域是在规划绩效域中执行所有工作的终点。交付节奏基于开发方法和生命周期绩效域中工作的结构方式。项目工作绩效域通过建立各种过程、管理实物资源、管理采购等促使交付工作。项目团队成员在此绩效域中执行工作，工作性质会影响项目团队驾驭不确定性的方式。

执行效果检查

在项目整个生命周期过程中，项目经理和项目团队需要对交付绩效域的执行效果进行检查，确保其有效执行并实现预期目标。具体检查方法如表6-7所示。

表 6-7

预期目标	指标及检查方法
项目有助于实现业务目标和战略	目标一致性：组织的战略计划、可行性研究报告以及项目授权文件表明，项目可交付物和业务目标保持一致
项目实现了预期成果	项目完成度：项目基础数据表明，项目仍处于正轨，可实现预期成果
在预定时间内实现了项目收益	项目收益：进度表明财务指标和所规划的交付正在按计划实现
项目团队对需求有清晰的理解	需求稳定性：在预测型项目中，初始需求的变更很少表明，对需求的真正理解度较高。在需求不断变化的适应型项目中，项目进展中阶段性的需求确认反映了干系人对需求的理解
干系人接受项目可交付物和成果，并对其满意	干系人满意度：访谈、观察和最终用户反馈可表明干系人对可交付物的满意度。 质量问题：投诉或退货等质量相关问题的数量也可用于表示满意度

6.7 度量绩效域

度量绩效域涉及评估项目绩效和采取应对措施相关的活动和职能。度量是评估项目绩效，并采取适当的应对措施，以保持最佳项目绩效的过程。

在项目整个生命周期过程中，有效执行本绩效域可以实现的预期目标主要包含：

（1）对项目状况充分理解。
（2）数据充分，可支持决策。
（3）及时采取行动，确保项目最佳绩效。
（4）能够基于预测和评估作出决策，实现目标并产生价值。

项目经理需要重点关注：制定有效的度量指标、度量内容及相应指标、展示度量信息和结果、度量陷阱、基于度量进行诊断、持续改进。

制定有效的度量指标

制定有效的度量指标有助于确保对正确的事情进行度量并向干系人报告。

有效的度量指标允许跟踪、评估和报告相关信息，该信息能够沟通项目状态、有助于改善项目绩效，并降低绩效恶化的可能性。这些度量指标使项目团队能够利用相关信息及时做出决策并采取有效行动。

项目的关键绩效指标（KPI）是用于评估项目成功与否的可量化的度量指标。KPI 有两种类型：提前指标和滞后指标。

度量需要投入时间和精力，否则时间和精力可能会花在其他生产性工作上。因此，项目团队应该只度量具有相关性的内容，并应确保度量指标是有用的。有效的度量指标（或称为 SMART 标准）的特征包括：

- 具体的。针对要度量的内容，度量指标是具体的。示例包括缺陷数量、已修复的缺陷或修复缺陷平均花费的时间。
- 有意义的。度量指标应与商业论证、基准或需求相关。度量未达到目标或未提高绩效的产品属性或者项目绩效并非有效。
- 可实现的。在人员、技术和环境既定的情况下，目标是可以实现的。
- 具有相关性。度量指标应该具有相关性。度量指标提供的信息应能带来价值，并考虑到具有实际价值的信息。
- 具有及时性。有用的度量指标具有及时性。旧信息不如新信息有用，前瞻性信息（例如新兴趋势）可以帮助项目团队改变方向并做出更好的决策。

度量内容及相应指标

度量内容、参数和方法取决于项目目标、预期成果及项目的环境。好的度量标准有助于了解项目绩效和成果的整体情况。

常见的度量指标类别包括可交付物、交付、基准绩效、资源、价值、干系人和预测型度量指标。

可交付物的度量指标。可交付物的度量指标的实用性是由所交付的产品、服务或结果决定的。针对可交付物，常用的度量指标包括：有关错误或缺陷的信息、绩效度量指标、技术绩效度量指标。

交付的度量指标。交付度量指标与正在进行中的工作相关。在制品、提前期、周期时间、队列大小、批量大小、过程效率等针对交付的度量指标经常在采用适应型方法的项目中使用。

基准绩效的度量指标。项目中最常见的基准是进度基准和成本基准，对于范围基准或技术基准的度量可应用可交付物的度量指标。

- 针对进度基准，常见的度量指标包括：开始日期和完成日期、人力投入和持续时间、进度偏差（SV）、进度绩效指数（SPI）。
- 针对成本基准，常见的度量指标包括：与计划成本相比的实际成本（燃烧率）、成本偏差（CV）、成本绩效指数（CPI）。

资源的度量指标。常见的资源度量指标包括：与实际资源利用率相比的计划资源利用率、与实际资源成本相比的计划资源成本。

价值的度量指标。常见的价值度量指标包括：成本效益比（如果成本高于收益，结果将大于1.0，在这种情况下，除非有监管、社会利益或其他原因，否则不应考虑该项目。一个类似的度量指标是效益成本比，效益成本比使用相同的度量指标，但分子是收益，分母是成本，如果比值大于1.0，则应考虑该项目）、计划收益交付与实际收益交付的对比、投资回报率（ROI）、净现值（NPV）。

干系人的度量指标。其可以通过满意度调查或推断，或查看有关度量指标来对干系人进行度量。常见的干系人度量指标包括：净推荐值（NPS）、情绪图（如图6-9所示）、士气、离职率。

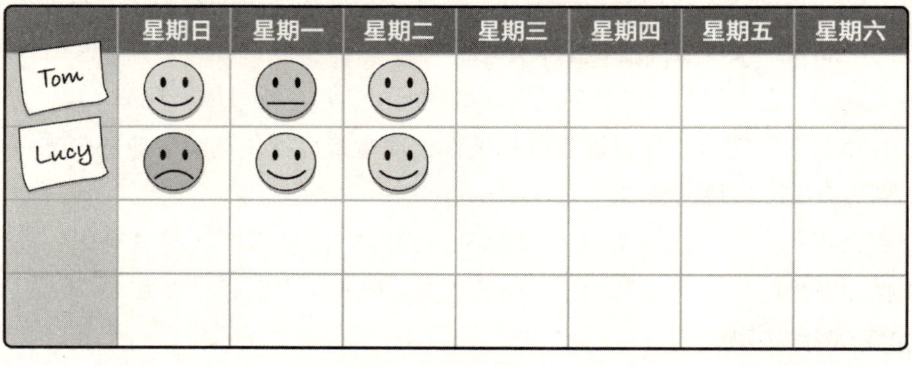

图6-9

预测型度量指标。其常见指标包括：完工尚需估算（ETC）、完工估算（EAC）、完工偏差（VAC）、完工尚需绩效指数（TCPI）、回归分析、产量分析。

展示度量信息和结果

正在收集的度量指标很重要，而使用这些度量指标开展的工作也同样重要。

信息要想有用，就必须及时、容易获取、易于吸收和领会，并加以展示，以便正确表达出与信息相关的不确定性程度。

带有图形的可视化显示可以帮助干系人吸收和理解信息。

仪表盘。仪表盘是以电子方式收集信息并生成描述状态的图表，允许对数据进行深入分析，用于提供高层级的概要信息，对于超出既定临界值的任何度量指标，辅助使用文本进行解释，如图6-10所示。

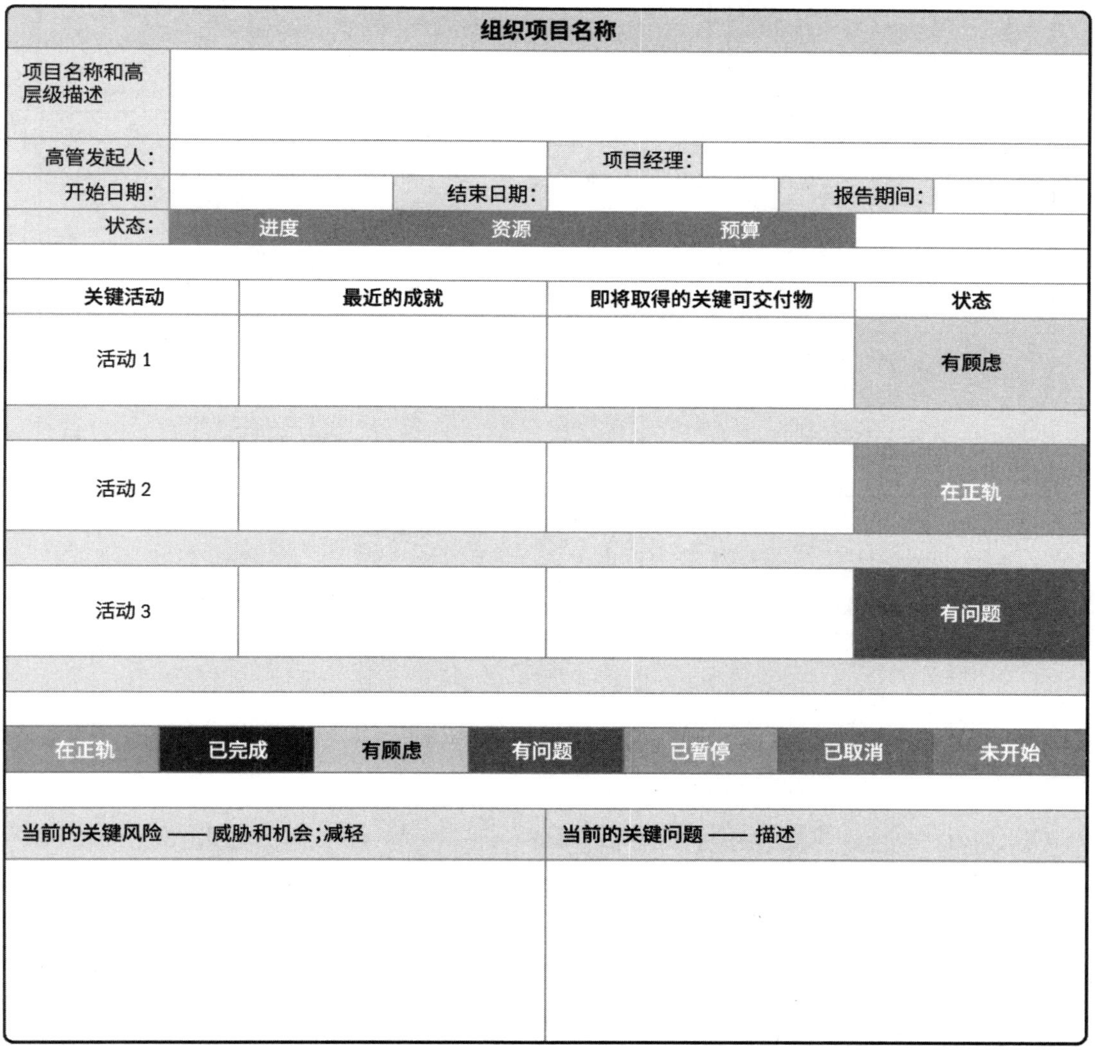

图6-10

大型可见图表。大型可见图表（BVC）也称为信息发射源，是一种可见的实物展示工具，可向组织内成员提供度量信息和结果，支持及时的知识共享。BVC不局限在进度工具或报告工具中发布信息，更多时候会在人们很容易看到的地方发布信息，BVC应该易于更新且经常更新。一般而言，BVC不是电子生成的，而是手动维护的，因此通常是"低科技高触感"。图6-11显示了与已完成工作、剩余工作和风险相关的BVC。

任务板。任务板通过直观看板方式，显示已准备就绪并可以开始（待办）的工作、正在进行和已完成的工作，是对计划工作的可视化表示，可以帮助项目成员随时了解各项任务的状态，可以用不同颜色的便利贴代表不同类型的工作，如图6-12所示。

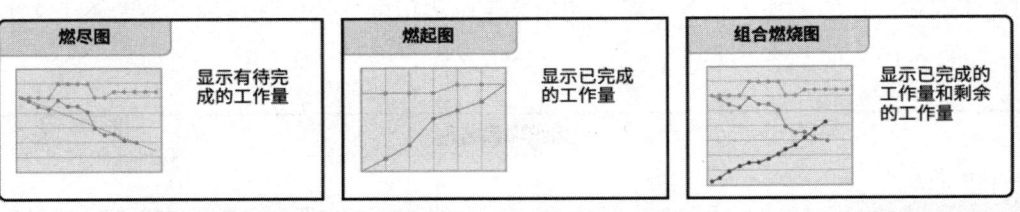

参考编号	风险描述	日期	可能性	影响	风险评级	应对措施	负责人
1	因为其他商业承诺，主要供应商无法按时交货	3月21日	可能	高	高	在合同中包含惩罚条款；将应急措施纳入进度计划；监督承包商的履行情况	Annie
2	租用线路的提前期超过90天	3月21日	不太可能	中等	中等	比所需的时间提前订购租用线路；产生额外的租赁费	Jim
3	由于在计划的开始时间之后才进行用户验收测试，因此新系统的发布延迟	3月21日	很有可能	高	高	雇用临时人员，以便腾出资源用于测试；修改项目进度计划	Mark
4	没有足够的能力来为数据迁移和测试创建额外的数据库实例	4月18日	非常不可能	中等	低	确定项目的优先级排序；暂时移除备选开发实例	Jim

风险日志

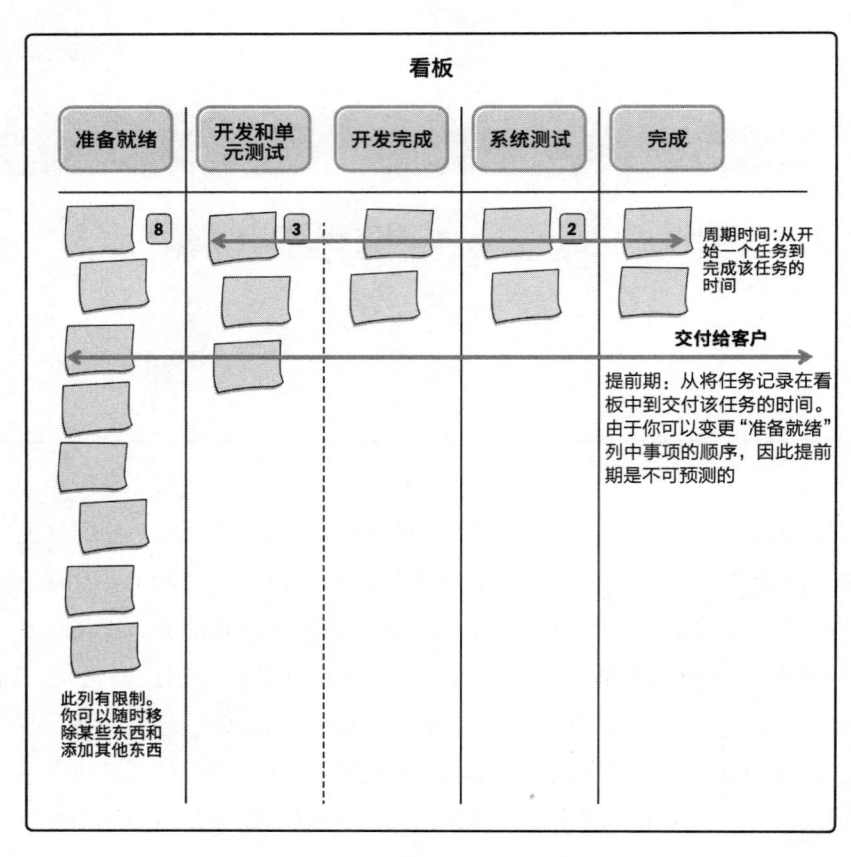

图6-11

图6-12

燃烧图。燃烧图（包括燃起图和燃尽图）用于显示项目团队的"速度"，此速度可度量项目的生产率。燃起图可以对照计划，跟踪已完成的工作量，如图6-13所示。燃尽图可以显示剩余工作（例如，采用适应型方法的项目中的故事点）的数量或已减少的风险的数量。

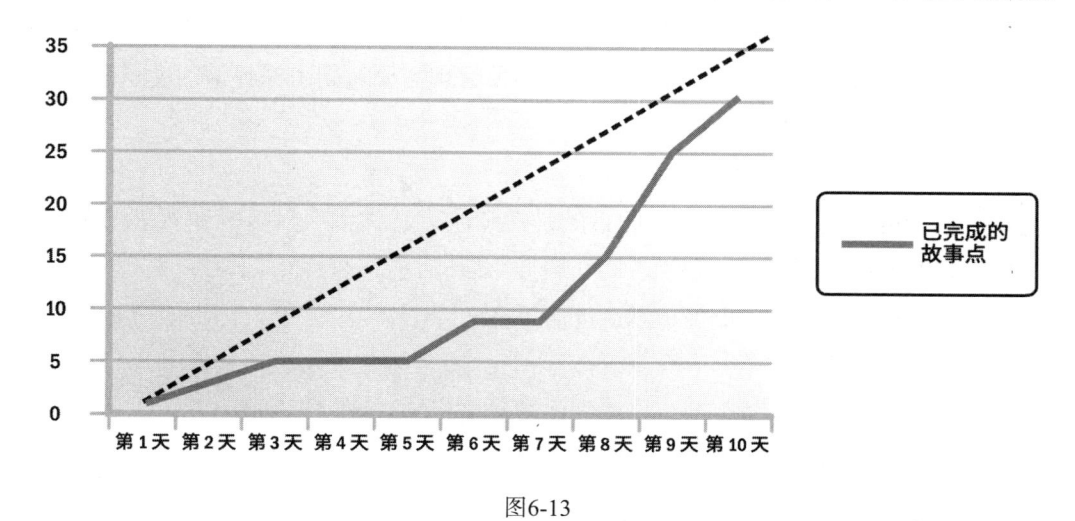

图6-13

度量陷阱

项目度量指标有助于项目团队实现项目目标，但在实际度量过程中，存在一些与度量有关的陷阱。我们不仅要防止使用不适当的度量指标，还要避免常见的度量陷阱。

霍桑效应（Hawthorne effect）：霍桑效应指出，度量某种事物的行动会对行为产生影响。因此，制定度量指标时要慎重。例如，仅度量项目团队可交付物的输出，会鼓励项目团队专注于创建更多数量的可交付物，而不是专注于提供更高客户满意度的可交付物。

虚荣指标（Vanity metric）：似乎会显示某些结果但不提供决策所需有用信息的度量指标。例如，度量网站的页面访问量不如度量新访问者的数量有用。

士气低落：如果设定了无法实现的度量指标和目标，项目团队的士气可能会因持续未能达到目标而下降。设定拓展性目标和激励人心的度量指标是可以接受的，但人们也希望看到他们的辛勤工作得到认可。不现实或无法实现的目标可能适得其反。

误用度量指标：尽管存在用于度量绩效的度量指标，人们可能会扭曲度量指标或专注于错误的事情。例如，专注于不太重要的度量指标，而不是最重要的度量指标；专注于做好短期度量指标的工作，而以牺牲长期度量指标为代价；为了改进绩效指标，开展易于完成的无序活动。

确认偏见：作为人类，我们倾向于寻找并看到支持我们原有观点的信息。这可能会导致我们对数据作出错误的解释。

相关性与因果关系混淆：解释度量数据的一个常见的错误是将两个变量之间的相关性与一个变量导致了另一个变量的因果性混淆。例如，看到项目进度落后且预算超支，可能就会推断是预算超支导致了进度问题。这并非真实情况，而且也并非进度落后导致了预算超支。

相反，可能还有其他相关因素未考虑进来，例如估算技能、管理变更的能力和积极地管理风险。

基于度量进行诊断

可以针对各种度量指标（如进度、预算、速度和项目特有的其他度量指标）制定临界值，偏差程度将取决于干系人的风险承受力。项目经理需要对超出临界值的度量进行策划并制订诊断计划，基于度量数据进行故障诊断。

持续改进

度量、展示度量信息和度量结果的目的是持续改进、优化项目绩效和效率。度量结果和相关报告有助于：避免问题或缺陷；防止绩效下降；促使项目团队学习，提高能力；改进产品或项目绩效；推动决策；更好地创造价值等。

与其他绩效域的相互作用

度量绩效域与规划绩效域、项目工作绩效域和交付绩效域相互作用：

（1）规划构成了交付和规划比较的基础。

（2）度量绩效域通过提供最新信息来支持规划绩效域的活动。

（3）在项目团队成员制订计划并创建可度量的可交付物时，团队绩效域和干系人绩效域会相互作用。

（4）当不可预测的事件发生（无论是积极事件，还是消极事件）时，它们会影响项目绩效，从而影响项目的度量指标。在应对不确定事件带来的变更时，要同时更新受此变更影响的度量。可以根据绩效度量结果启动不确定性绩效域中的活动，例如识别风险和机会。

（5）作为项目工作的一部分，应与项目团队和其他干系人合作，以便制定度量指标、收集数据、分析数据、做出决策并报告项目状态。

执行效果检查

在项目整个生命周期过程中，项目经理和项目团队需要对度量绩效域的执行效果进行检查，确保其有效执行并实现预期目标。具体检查方法如表6-8所示。

表6-8

预期目标	指标及检查方法
对项目状况充分理解	度量结果和报告：通过审计度量结果和报告，可表明数据是否可靠
数据充分，可支持决策	度量结果：度量结果可表明项目是否按预期进行，或者是否存在偏差
及时采取行动，确保项目最佳绩效	度量结果：度量结果提供了提前指标及当前状态，可导致产生及时的决策和行动
能够基于预测和评估作出决策，实现目标并产生价值	工作绩效数据：回顾过去的预测和当前的工作绩效数据，可发现以前的预测是否准确地反映了目前的情况。将实际绩效与计划绩效进行比较，并评估业务文档，可表明项目实现预期价值的可能性

6.8 不确定性绩效域

广义的不确定性是一种不可知或不可预测的状态，不确定性包含以下意义。
- 风险：与不可知未来事件相关的风险。
- 模糊性：与不了解当前或未来状况相关的模糊性。
- 复杂性：与具有不可预测结果的动态系统相关的复杂性。

成功驾驭不确定性首先要了解项目运行的环境。造成项目不确定性的环境因素主要包括：①经济因素，例如价格波动、资源可用性、借款能力，以及通货膨胀/通货紧缩；②技术考虑因素，例如新技术、与系统相关的复杂性及接口；③法律的或者立法的约束或要求；④与安全、天气和工作条件相关的物理环境；⑤与当前或未来条件相关的模糊性；⑥由舆论和媒体塑造的社会和市场影响；⑦组织外部或内部的政策和职权结构影响等。

不确定性绩效域涉及与不确定性相关的活动和职能。

在项目整个生命周期过程中，有效执行本绩效域可以实现的预期目标主要包含：

（1）了解项目的运行环境，包括技术、社会、政治、市场和经济环境等。
（2）积极识别、分析和应对不确定性。
（3）了解项目中多个因素之间的相互依赖关系。
（4）能够对威胁和机会进行预测，了解问题的后果。
（5）最小化不确定性对项目交付的负面影响。
（6）能够利用机会改进项目的绩效和成果。
（7）有效利用成本和进度储备，与项目目标保持一致。

项目经理需要重点关注风险、模糊性、复杂性、不确定性的应对方法。

风险

风险是不确定性的一个方面。风险是指一旦发生即会对一个或多个项目目标产生积极或消极影响的不确定事件或条件。消极风险称为威胁，积极风险称为机会。所有项目都有风险，因为它们是不确定性程度各异的独特性工作。

在整个项目期间，项目团队成员应主动识别风险，以避免或最小化威胁的影响，并触发或最大化机会的影响。威胁和机会都会有一套可能的应对策略，可以在风险发生时实施这些策略。

为有效驾驭风险，项目团队需要在追求项目目标的过程中确定风险临界值，即风险可接受的范围。风险临界值表示的是针对目标可接受的偏差范围，反映了组织和干系人的风险偏好。风险临界值需要在项目风险影响级别中被明确定义，并在整个项目生命周期过程中与干系人对其进行沟通。

模糊性

模糊性有两类：概念模糊性和情景模糊性。

当人们以不同的方式使用类似的术语或论点时，就会出现概念模糊性，即缺乏有效的理解。例如，"上周报告的进度处于正轨"这句话不明确。到底是上周进度处于正轨，还是这个情况是上周报告的，这些都不明确。此外，对于何谓"处于正轨"，人们可能也会有疑问。通过正式确立共同的规则并定义术语（例如，"处于正轨"的含义），可以减少这种类型的模糊性。

当可能出现多个结果时，就会出现情景模糊性。探究模糊性的解决方案包括渐进明细、实验和原型法。

复杂性

复杂性是由于人类行为、系统行为和模糊性而造成的难以管理的项目集、项目或其环境的特征。当有许多相互关联的影响以不同的方式表现出来并相互作用时，就会存在复杂性。

在复杂的环境中，单个要素的累积最终会导致无法预见或意外的结果，这种情况并不少见。复杂性的影响是使人们无法准确预测发生任何潜在结果的可能性，甚至无法知道可能会出现什么样的结果。

处理复杂性有许多种方法，一些方法是基于系统的，另一些方法需要重新构建，其他方法则是基于过程的。

不确定性的应对方法

项目中必然存在不确定性，任何活动的影响都无法准确预测，而且可能会产生一系列的不确定性。不确定性的应对方法主要包括：收集信息、为多种结果做好准备、集合设计、增加韧性。

与其他绩效域的相互作用

从产品或可交付物的角度看，不确定性绩效域与其他7个绩效域都相互作用：

（1）随着规划的进行，可将减少不确定性和风险的活动纳入计划。这些活动是在交付绩效域中执行的，度量可以表明随着时间的推移风险级别是否会有所变化。

（2）项目团队成员和其他干系人是不确定性的主要信息来源，在应对各种形式的不确定性方面，他们可以提供信息、建议和协助。

（3）生命周期和开发方法的选择将影响不确定性的应对方法。在范围相对稳定的采用预测型方法的项目中，可以使用进度和预算储备来应对风险；在采用适应型方法的项目中，在系统如何互动或干系人如何反应方面可能存在不确定性，项目团队可以调整计划，以反映对不断演变情况的理解，还可以使用储备来应对不确定性的影响。

执行效果检查

在项目整个生命周期过程中，项目经理和项目团队需要对不确定性绩效域的执行效果进行检查，确保其有效执行并实现预期目标。具体检查方法如表6-9所示。

表 6-9

预期目标	指标及检查方法
了解项目的运行环境，包括技术、社会、政治、市场和经济环境等	环境因素：团队在评估不确定性、风险和应对措施时考虑了环境因素
积极识别、分析和应对不确定性	风险应对措施：与项目制约因素（例如，预算、进度和绩效）的优先级排序保持一致
了解项目中多个因素之间的相互依赖关系	应对措施适宜性：应对风险、复杂性和模糊性的措施适合于项目
能够对威胁和机会进行预测，了解问题的后果	风险管理机制或系统：用于识别、分析和应对风险的系统非常强大
最小化不确定性对项目交付的负面影响	项目绩效处于临界值内：满足计划的交付日期，预算执行情况处于偏差临界值内
能够利用机会改进项目的绩效和成果	利用机会的机制：团队使用既定机制来识别和利用机会
有效利用成本和进度储备，与项目目标保持一致	储备使用：团队采取步骤主动预防威胁，有效使用成本或进度储备

6.9 本章练习

1. 促进干系人参与的步骤包括：识别、理解、（　　）、优先级排序、参与和（　　）。

　　A. 分析、变更　　　　　　　　　　　　B. 分析、监督

　　C. 效果评价、监督　　　　　　　　　　D. 效果评价、变更

2. 有效执行团队绩效域可以实现的预期目标，不包括（　　）。

　　A. 共享责任

　　B. 建立高绩效团队

　　C. 所有团队成员都展现出相应的领导力和人际关系技能

　　D. 项目以有条理、协调一致的方式推进

3. （　　）决策速度快，但容易出错，也会因为未考虑受决策影响的人的感受而降低他们的积极性。（　　）决策具有包容性的特点，可增加对决策的承诺，促使人们参与决策。

　　A. 单方面、群体　　　　　　　　　　　B. 群体、专家判断

　　C. 单方面、集中　　　　　　　　　　　D. 群体、集中

4. 评价项目以有条理、协调一致的方式推进，可以通过对照（　　）和其他度量指标，对项目结果进行绩效审查来判断。

　　A. 项目需求　　　B. 项目目标　　　C. 项目计划　　　D. 项目基准

5. 对某一事物进行度量会对其行为产生影响，因此需要谨慎制定度量指标，表明了度量具有（　　）。

　　A. 霍桑效应　　　B. 蝴蝶效应　　　C. 木桶效应　　　D. 青蛙效应

6. （　　）不属于规划绩效域的预期目标。

A. 项目以有条理、协调一致的方式推进

B. 对项目状况充分了解，支持决策

C. 应用系统的方法交付项目成果

D. 可以根据新出现的和不断变化的需求进行调整

7. 关于项目工作绩效域目标和工作内容的描述，不正确的是（　　）。

A. 使干系人接受项目可交付物和成果，并对其满意

B. 使项目团队保持专注，并使项目活动顺利进行

C. 通过持续学习和过程改进，提高团队能力

D. 涉及大量的沟通工作，与干系人绩效域关联

8. 项目不确定性的应对方法包括（　　）。

① 听取专家分析和专项市场分析　　② 提高组织和团队的适应性能力

③ 建立项目关键绩效指标　　　　　④ 权衡项目多种因素选择最佳方案

⑤ 应用系统的方法交付项目成果　　⑥ 对潜在的不确定性估算发生概率

A. ①②③⑤　　　　B. ①③④⑥　　　　C. ①③⑤⑥　　　　D. ①②④⑥

参考答案：1. B；2. D；3. A；4. D；5. A；6. B；7. A；8. D。

第7章

项目管理相关知识

本章内容包括配置与变更管理、高级项目管理、组织通用治理、组织通用管理、法律法规与标准规范。

7.1 配置与变更管理

配置管理是通过技术或者行政的手段对项目管理对象和信息系统的信息进行管理的一系列活动。这些信息不仅包括具体的配置项信息，还包括配置项之间的相互关系。

配置管理包含配置库的建立和配置管理数据库（Configuration Management Databases，CMDB）准确性的维护，以支持信息系统项目的正常运行。在信息系统项目中，配置管理可用于问题分析、变更影响度分析和异常分析等，因此，配置项与真实情况的匹配度和详细度非常重要。

在组织实施信息系统项目过程中，常常会遇到变更的发生。变更的诱发一般有主动变更和被动变更两种。

- 主动变更是主动发起的变更，常用于提高项目收益，包括降低成本、改进过程及提高项目的便捷性和有效性等。
- 被动变更常用于范围变化、异常、错误和适应不断变化的环境等，如随着需求的增加，相应增加系统的功能或投资等。

变更管理是对变更从提出、审议、批准到实施、完成的整个过程的管理。

7.1.1 配置管理

在《信息技术 软件工程术语》（GB/T 11457—2006）中，"配置管理"被正式定义为：应用技术的和管理的指导和监控方法以标识和说明配置项的功能和物理特征，控制这些特征的变更，记录和报告变更处理和实现状态并验证与规定的需求的遵循性。

在《信息技术服务 运行维护 第1部分：通用要求》（GB/T28827.1—2022）中指出：组织应建立配置管理过程，整体规划配置管理范围，保留配置信息，并保证配置信息的可靠性、完整性和时效性，以对其他服务过程提供支持；应建立与配置管理过程一致的活动，包括对配置项的识别、收集、记录、更新和审核等。

尽管硬件配置管理和软件配置管理的实现有所不同，但配置管理的概念可以应用于各种信息系统项目。

配置项

《信息技术 软件工程术语》（GB/T 11457—2006）中对配置项的定义为：为配置管理设计的硬件、软件或两者的集合，它在配置管理过程中作为一单个实体来对待。

配置项分为基线配置项和非基线配置项两类。例如，基线配置项可能包括所有的设计文档和源程序等，非基线配置项可能包括项目的各类计划和报告等。

所有配置项的操作权限应由CMO（配置管理员）严格管理，基本原则是基线配置项向开发人员开放读取的权限，非基线配置项向PM、CCB及相关人员开放。

配置项状态

配置项的状态可分为"草稿""正式"和"修改"三种。配置项刚建立时，其状态为"草稿"。配置项通过评审后，其状态变为"正式"。此后若更改配置项，则其状态变为"修改"。当配置项修改完毕并重新通过评审时，其状态又变为"正式"。配置项的状态变化如图7.1所示。

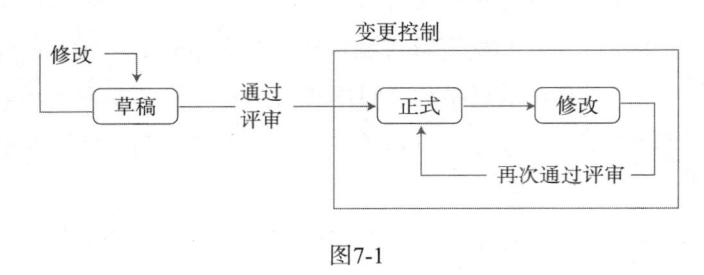

图7-1

配置项版本号

（1）处于"草稿"状态的配置项的版本号格式为0.YZ，YZ的数字范围为01~99。随着草稿的修正，YZ的取值会递增。YZ的初始值和增幅由用户自己把握。

（2）处于"正式"状态的配置项的版本号格式为X.Y，其中X为主版本号，取值范围为1~9；Y为次版本号，取值范围为0~9。配置项第一次成为"正式"文件时，版本号为1.0。如果配置项升级幅度比较小，则可以将变动部分制作成配置项的附件，附件版本依次为1.0，1.1，……当附件的变动积累到一定程度时，配置项的Y值可适量增加；当Y值增加到一定程度时，X值将适量增加。当配置项升级幅度比较大时，才允许直接增加X值。

（3）处于"修改"状态的配置项的版本号格式为X.YZ。当配置项正在修改时，一般只增加Z值，X.Y值保持不变。当配置项修改完毕，状态成为"正式"时，将Z值设置为0，增加X.Y值，参见上述规则（2）。

版本管理的目的是按照一定的规则保存配置项的所有版本，避免发生版本丢失或混淆等现象，并且可以快速准确地查找到配置项的任何版本。

配置基线

配置基线（通常简称为基线）由一组配置项组成，这些配置项构成一个相对稳定的逻辑实体。基线中的配置项被"冻结"了，不能再被任何人随意修改。对基线的变更必须遵循正式的变更控制程序。

基线通常对应于开发过程中的里程碑，一个产品可以有多个基线，也可以只有一个基线。交付给外部客户的基线一般称为发行基线，内部开发使用的基线一般称为构造基线。

配置库

配置库（Configuration Library）存放配置项并记录与配置项相关的所有信息，是配置管理的有力工具。

配置库可以分为开发库、受控库、产品库3种类型。

（1）开发库，也称为动态库、程序员库或工作库，用于保存开发人员当前正在开发的配置实体。动态库是开发人员的个人工作区，由开发人员自行控制，无须对其进行配置控制。

（2）受控库，也称为主库，包含当前的基线和对基线的变更。受控库中的配置项被置于完全的配置管理之下。在信息系统开发的某个阶段工作结束时，要将当前的工作产品存入受控库。

（3）产品库，也称为静态库、发行库、软件仓库，包含已发布使用的各种基线的存档，被置于完全的配置管理之下。在开发的信息系统产品完成系统测试之后，要将产品作为最终产品存入产品库，等待交付用户或现场安装。

配置库的建库模式有两种：

（1）按配置项的类型分类建库，适用于通用软件的开发组织。

（2）按开发任务建立相应的配置库，适用于专业软件的开发组织。

配置管理系统

配置管理系统是用来进行配置管理的软件系统，其目的是通过确定配置管理细则和提供规范的配置管理软件，加强对信息系统开发过程的质量控制，增强信息系统开发过程的可控性，确保配置项的完备、清晰、一致性和可追踪性，以及配置项状态的可控制性。

配置管理数据库

配置管理数据库是指包含每个配置项及配置项之间重要关系的详细资料的数据库。

配置管理数据库的主要内容包括：①发布内容，包括每个配置项及其版本号；②经批准的变更可能影响到的配置项；③与某个配置项有关的所有变更请求；④配置项变更轨迹；⑤特定的设备和软件；⑥计划升级、替换或弃用的配置项；⑦与配置项有关的变更和问题；⑧来自特定时期特定供应商的配置项；⑨受问题影响的所有配置项。

角色与职责

1. 配置管理负责人

配置管理负责人也被称为配置经理，负责管理和决策整个项目生命周期中的配置活动，具体工作包括：①管理所有活动，包括计划、识别、控制、审计和回顾；②负责配置管理过程；③通过审计过程确保配置管理数据库的准确和真实；④审批配置库或配置管理数据库的结构性变更；⑤定义配置项责任人；⑥指派配置审计员；⑦定义配置管理数据库范围、配置项属性、配置项之间的关系和配置项的状态；⑧评估配置管理过程并持续改进；⑨参与变更管理过程评估；⑩对项目成员进行配置管理培训。

2. 配置管理员

配置管理员负责在整个项目生命周期中进行配置管理的主要实施活动，具体工作包括：①建立和维护配置管理系统；②建立和维护配置库或配置管理数据库；③配置项识别；④建立和管理基线；⑤版本管理和配置控制；⑥配置状态报告；⑦配置审计；⑧发布管理和交付。

3. 配置项负责人

配置项负责人确保所负责的配置项的准确和真实，具体工作包括：①记录所负责配置项的所有变更；②维护配置项之间的关系；③调查审计中发现的配置项差异，完成差异报告；④遵从配置管理过程；⑤参与配置管理过程评估。

目标与方针

1. 管理目标

在信息系统项目中，配置管理的目标主要用以定义并控制信息系统的组件，维护准确的配置信息，具体包括：①所有配置项能够被识别和记录；②维护配置项记录的完整性；③为其他管理过程提供有关配置项的准确信息；④核实有关信息系统的配置记录的正确性并纠正发现的错误；⑤配置项当前和历史状态得到汇报；⑥确保信息系统的配置项的有效控制和管理。

组织需要实现的配置管理目标主要包括：①确保软件配置管理计划得以制订，并经过相关人员的评审和确认；②应该识别出要控制的项目产品有哪些，并且制定相关控制策略，以确保这些项目产品被合适的人员获取；③应制定控制策略，以确保项目产品在受控范围内更改；④应该采取适当的工具和方法，确保相关组别和个人能够及时了解到软件基线的状态和内容。

2. 管理方针

配置管理的关键成功因素主要包括：①所有配置项应该记录；②配置项应该分类；③所有配置项要编号；④应该定期对配置库或配置管理数据库中的配置项信息进行审计；⑤每个

配置项建立后，应有配置负责人负责；⑥要关注配置项的变化情况；⑦应该定期对配置管理进行回顾；⑧能够与项目的其他管理活动进行关联。

管理活动

1. 制订配置管理计划

配置管理计划是对如何开展项目配置管理工作的规划，是配置管理过程的基础，应该形成文件并在整个项目生命周期内处于受控状态。CCB负责审批该计划。

2. 配置项识别

配置项识别是识别所有信息系统组件的关键配置，以及各配置项间的关系和配置文档等结构。它包括为配置项分配标识和版本号等。配置项识别是配置管理的一项基础性工作，要确定配置项的范围、属性、标识符、基准线及配置结构和命名规则等。

配置项识别的内容：①确定配置项范围；②确认和记录配置项属性；③为配置项定义标识符；④确定配置基准线；⑤确定配置结构；⑥确定配置项命名规则。

3. 配置项控制

配置项控制即对配置项和基线的变更控制，包括：标识和记录变更申请，分析和评价变更，批准或否决申请，实现、验证和发布已修改的配置项等任务。

配置项控制流程：①变更申请；②变更评估；③通过评估结果；④实施变更；⑤变更验证与确认；⑥变更发布；⑦基于配置库的变更控制（如图7-2所示）。

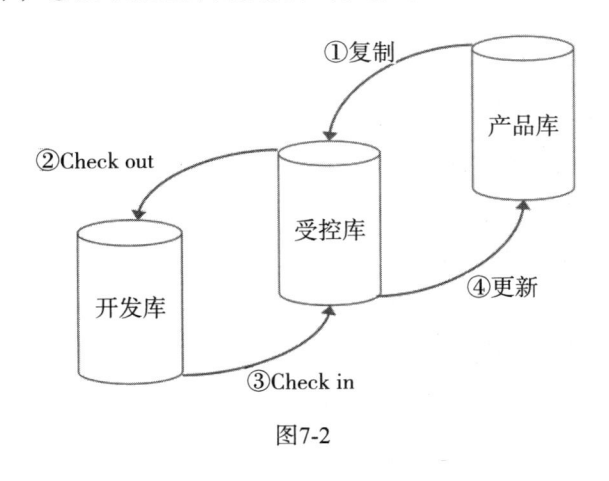

图7-2

4. 配置状态报告

配置状态报告也称配置状态统计，其任务是有效地记录和报告管理配置所需要的信息，目的是及时、准确地给出配置项的当前状况，供相关人员了解，以加强配置管理工作。在信息系统项目中，配置项在不停地演化着。配置状态报告就是要在某个特定的时刻观察当时的配置状态，对动态演化着的配置项取一张瞬时的"照片"，以利于在状态报告信息分析的基础上更好地进行控制。

配置状态报告应该主要包含：每个受控配置项的标识和状态；每个变更申请的状态和已批准的修改的实施状态；每个基线的当前和过去版本的状态及各版本的比较；其他配置管理过程活动的记录等。

5. 配置审计

配置审计也称配置审核或配置评价，包括功能配置审计和物理配置审计。配置审计的实施是为了确保项目配置管理的有效性，体现了配置管理的最根本要求，不允许出现任何混乱现象。例如，①防止向用户提交不适合的产品；②发现不完善的实现；③找出各配置项间不匹配或不相容的现象；④确认配置项已在所要求的质量控制审核之后纳入基线并入库保存；⑤确认记录和文档保持着可追溯性等。

功能配置审计是指审计配置项的一致性（配置项的实际功效是否与其需求一致），具体验证主要包括：①配置项的开发已圆满完成；②配置项已达到配置标识中规定的性能和功能特征；③配置项的操作和支持文档已完成并且是符合要求的等。

物理配置审计是指审计配置项的完整性（配置项的物理存在是否与预期一致），具体验证主要包括：①要交付的配置项是否存在；②配置项中是否包含所有必需的项目等。

一般来说，配置审计应当定期进行，应当进行配置审计的场景包括：①实施新的配置库或配置管理数据库之后；②对信息系统实施重大变更前后；③在一项软件发布和安装被导入实际运作环境之前；④灾难恢复之后或事件恢复正常之后；⑤发现未经授权的配置项后；⑥任何其他必要的时候等。

6. 配置管理回顾与改进

配置管理回顾与改进，即定期回顾配置管理活动的实施情况，发现在配置管理执行过程中有无问题，找到改进点，继而优化配置管理过程。

配置管理回顾及改进活动包括：

- 对本次配置管理回顾进行准备，设定日期和主题，通知相关人等参加会议。根据配置管理绩效衡量指标，要求配置项责任人提供配置项统计信息。
- 召开配置管理回顾会议，在设定日期召开回顾会议，对配置管理报告进行汇报，听取各方意见，回顾上次过程改进计划执行情况。
- 根据会议结论，制订并提交服务改进计划。
- 根据过程改进计划，协调、落实改进等。

7.1.2 变更管理

管理基础

变更管理的实质是根据项目推进过程中越来越丰富的项目认知，不断调整项目努力方向和资源配置，最大程度地满足项目需求，提升项目价值。

1. 变更管理与配置管理

如果把项目整体的交付物视作项目的配置项，配置管理可视为对项目完整性管理的一套系统，当用于项目基准调整时，变更管理可视为其一部分。亦可视变更管理与配置管理为相关联的两套机制，变更管理在由项目交付或基准配置调整时，由配置管理过程调用，变更管理最终应将对项目的调整结果反馈给配置管理过程，以确保项目执行与项目配置信息相一致。

2. 变更产生的原因

变更的常见原因包括：①产品范围（成果）定义的过失或者疏忽；②项目范围（工作）定义的过失或者疏忽；③增值变更；④应对风险的紧急计划或回避计划；⑤项目执行过程与基准要求不一致带来的被动调整；⑥外部事件；等等。

3. 变更的分类

根据变更性质，变更可分为重大变更、重要变更和一般变更，通过不同审批权限进行控制。

根据变更的迫切性，变更可分为紧急变更、非紧急变更。

根据行业特点进行分类，如弱电工程行业的常见分类方法为产品（工作）范围变更、环境变更、设计变更、实施变更和技术标准变更。

管理原则

变更管理的原则是项目基准化和变更管理过程规范化，主要内容包括：

- 基准管理：基准是变更的依据。
- 变更控制流程化。
- 明确组织分工：至少应明确变更相关工作的评估、评审、执行的职能。
- 评估变更的可能影响。
- 妥善保存变更产生的相关文档。

角色与职责

规范的项目实施提倡分权操作。项目经理是组织委托的项目经营过程负责者，其正式权利由项目章程取得，而资源调度的权力通常在基准中明确，基准中不包括的储备资源需经授权人批准后方可使用。

项目经理在变更中的作用：响应变更提出者的需求；评估变更对项目的影响及应对方案；将需求由技术要求转化为资源需求，供授权人决策；据评审结果实施（即调整基准），确保项目基准反映项目实施情况。

在信息系统项目中，除项目经理和CCB外，通常还会定义变更管理负责人、变更请求者、变更实施者和变更顾问委员会等。

（1）变更管理负责人，也称变更经理，通常是变更管理过程解决方案的负责人，其主要职责包括：①负责整个变更过程方案的结果；②负责变更管理过程的监控；③负责协调相关的资源，保障所有变更按照预定过程顺利运作；④确定变更类型，组织变更计划和日程安排；⑤管理变更的日程安排；⑥变更实施完成之后的回顾和关闭；⑦承担变更相关责任，并且具有相应权限；⑧可能以逐级审批形式或团队会议的形式参与变更的风险评估和审批等。

（2）变更请求者，负责记录与提交变更请求单，具体包括：①提交初步的变更方案和计划；②初步评价变更的风险和影响，给变更请求设定适当的变更类型；③对理解变更过程有能力要求等。

（3）变更实施者，需要拥有执行变更方案内容的技术能力，负责按照实施计划实施具体的变更任务。

（4）变更顾问委员会，负责对重大变更行使审批，提供专业意见和辅助审批，具体内容包括：①在紧急变更时，其中被授权者行使审批权限；②定期听取变更经理汇报，评估变更管理执行情况，必要时提出改进建议等。

变更工作程序

变更工作程序包括：①变更申请；②对变更的初审；③变更方案论证；④变更审查；⑤发出通知并实施；⑥实施监控；⑦效果评估；⑧变更收尾。

变更控制

（1）变更申请控制。变更申请的提交应当确保覆盖所有变更操作，项目应根据变更的影响和代价提高变更流程的效率，并在某些情况下使用进度管理中的快速跟进等方法。

（2）变更过程控制，包括对进度变更的控制，对成本变更的控制，对合同变更的控制。

版本发布和回退计划

版本发布前的准备工作包括：①进行相关的回退分析；②备份版本发布所涉及的存储过程、函数等其他数据的存储及回退管理；③备份配置数据，包括数据备份的方式；④备份在线生产平台接口、应用、工作流等版本；⑤启动回退机制的触发条件；⑥对变更回退的机制职责的说明，如通知相关部门，确定需要回退的关联系统和回退时间点等。

回退步骤通常包括：①通知相关用户系统开始回退；②通知各关联系统进行版本回退；③回退存储过程等数据对象；④配置数据回退；⑤应用程序、接口程序、工作流等版本回退；⑥回退完成通知各周边关联系统；⑦回退后进行相关测试，保证回退系统能够正常运行；⑧通知用户回退完成等。

7.1.3 项目文档管理

软件文档分类

软件文档一般分为三类：开发文档、产品文档、管理文档。

（1）开发文档描述开发过程本身，基本的开发文档包括：可行性研究报告和项目任务书；需求规格说明；功能规格说明；设计规格说明，包括程序和数据规格说明；开发计划；软件集成和测试计划；质量保证计划；安全和测试信息。

（2）产品文档描述开发过程的产物，基本的产品文档包括：培训手册；参考手册和用户指南；软件支持手册；产品手册和信息广告。

（3）管理文档记录项目管理的信息，例如，开发过程中每个阶段的进度和进度变更的记录；软件变更情况的记录；开发团队的职责定义；项目计划、项目阶段报告；配置管理计划。

文档的质量可以分为四级：

（1）最低限度文档（1级文档），适合开发工作低于一个人月的开发者自用程序。

（2）内部文档（2级文档），可用于不与其他用户共享资源的专用程序。

（3）工作文档（3级文档），适用于由同一单位内若干人联合开发的程序，或可被其他单位使用的程序。

（4）正式文档（4级文档），适合要正式发行供普遍使用的软件产品。关键性程序或具有重复管理应用性质（如工资计算）的程序需要4级文档。4级文档遵守GB/T 8567—2006的有关规定。

信息系统文档的规范化管理主要体现在文档书写规范、图表编号规则（如图7-3所示）、文档目录编写标准和文档管理制度等几个方面。

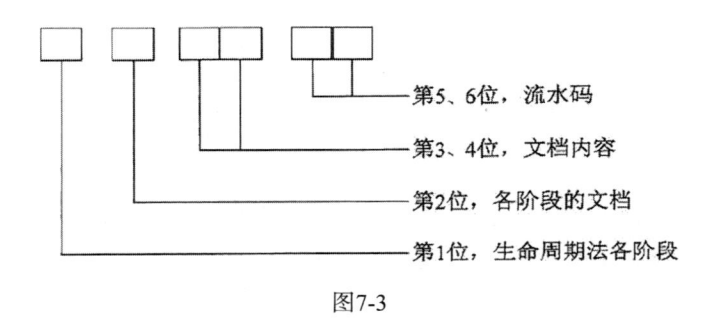

图7-3

7.1.4 本节练习

1. 配置管理是为了系统地控制配置变更，在信息系统项目的整个生命周期中维持配置的（   ）和（   ）。

    A. 完整性、可追踪性   B. 完整性、真实性

    C. 高效性、可追踪性   D. 高效性、真实性

2. （   ）负责在整个项目生命周期中进行配置管理的主要实施活动。

    A. 配置管理负责人   B. 配置项负责人

    C. 项目经理   D. 配置管理员

3. 若对配置项进行更改，配置项状态为（   ），当配置项修改完毕并重新通过评审

时，其状态变为（　　）。

　　A. 修改、正式　　　　　　　　　　B. 草稿、正式

　　C. 草稿、修改　　　　　　　　　　D. 正式、草稿

4. 配置管理的日常管理活动主要包括：制订配置管理计划、配置项识别、配置项控制、配置状态报告、（　　）、配置管理回顾与改进等。

　　A. 配置审计　　　　　　　　　　　B. 配置变更

　　C. 配置项重新定义　　　　　　　　D. 配置管理

5. 对于大型的变更，可以召开相关的变更方案论证会议，通常需要由（　　）（由相关技术和经济方面的专家组成）进行相关论证。

　　A. 变更控制委员会　　　　　　　　B. 变更实施委员会

　　C. 变更顾问委员会　　　　　　　　D. 配置管理委员会

6. 对于信息系统开发项目来说，其文档一般分为开发文档、产品文档和（　　）。

　　A. 管理文档　　B. 应用文档　　C. 指南文档　　D. 规范文档

7. 对于信息系统开发项目来说，参考手册和用户指南属于（　　）。

　　A. 规划文档　　B. 开发文档　　C. 配置文档　　D. 产品文档

8. 在配置审计工作中，（　　）不属于功能配置审计验证的内容。

　　A. 要交付的配置项是否存在

　　B. 配置项的开发已圆满完成

　　C. 配置项已达到配置标识中规定的性能和功能特征

　　D. 配置项的操作和支持文档已完成并且是符合要求的

9. 关于项目变更管理的描述，不正确的是（　　）。

　　A. 项目范围（工作）和产品范围（成果）定义的过失或者疏忽不属于变更的原因

　　B. 当项目规模小且与其他项目的关联度较低时，变更的提出和处理过程可在操作上力求简便、高效

　　C. 变更管理的实质是根据项目情况不断调整项目方向和资源配置，最大程度满足项目需求

　　D. 在项目变更过程控制中，需要对进度变更控制、成本变更控制和合同变更控制等进行重点关注

10. 文档的规范化管理主要体现在（　　）方面。

　　①文档书写规范　　②文档质量级别　　③图表编号规则

　　④文档目录编写标准　　⑤文档管理制度　　⑥文档安全标准

　　A. ①②③④　　B. ②③④⑤　　C. ③④⑤⑥　　D. ①③④⑤

参考答案：1. A；2. D；3. A；4. A；5. A；6. A；7. D；8. A；9. A；10. D。

7.2 高级项目管理

在信息系统项目管理工作中，组织管理者和项目管理者还会面临多项目的管理或组织级的项目管理、项目的量化管理等问题。

项目集管理、项目组合管理和组织级项目管理为组织当中的多项目管理和组织级管理提供了有效的指导。

量化项目管理为组织及项目管理的量化、数字化提供了指导。

PMI、ITSS、CMMI和PRINCE2等为各类信息系统项目管理提供了最佳实践，并提供了对组织的项目管理能力进行持续改进和评估的方法。

7.2.1 项目集管理

项目集管理标准

项目管理协会（PMI）2019年出版的《项目集管理标准》（第4版）为项目集管理的原则、实践和活动提供了指导。

该标准为项目集和项目集管理提供了公认的定义，为项目集管理绩效域、项目集生命周期，以及重要的项目集管理原则、实践和活动的成功提供了重要的概念。

该标准与PMI的核心基本标准和指导性文件保持一致，并做出补充。这些标准和文件包括《项目管理知识体系》（PMBOK指南）、《项目组合管理标准》、《组织级项目管理实践指南》和《PMI项目管理术语词典》。

项目集管理角色和职责

项目集发起人和受益人是负责承诺将组织的资源应用于项目集，并致力于使项目集取得成功的人。项目集发起人的角色往往由项目集指导委员会的高管担任。

项目集指导委员会应使项目集得到适当治理，由该委员会负责定义和实施适当的治理实践。

项目集经理是由执行组织授权、组建并带领团队实现项目集目标的人员。项目集经理对项目集的管理、实施和绩效负责。

其他影响项目集的干系人是指能够影响项目集决策、活动、结果，或者受到影响的个人或组织。他们可能来自项目内部，也可能来自项目外部，如客户、用户、供应商等。

项目集管理绩效域

在项目集过程活动或职能中，分为5个项目集管理绩效域，包括项目集战略一致性、项目集效益管理、项目集干系人参与、项目集治理和项目集生命周期管理（如图7-4所示）。

图7-4

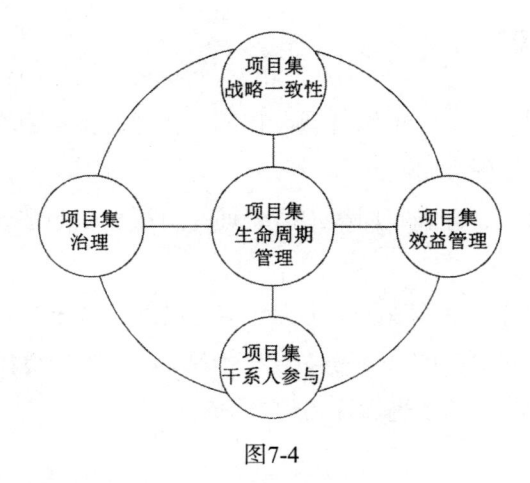

图7-5是项目集生命周期与项目集绩效域的关系。

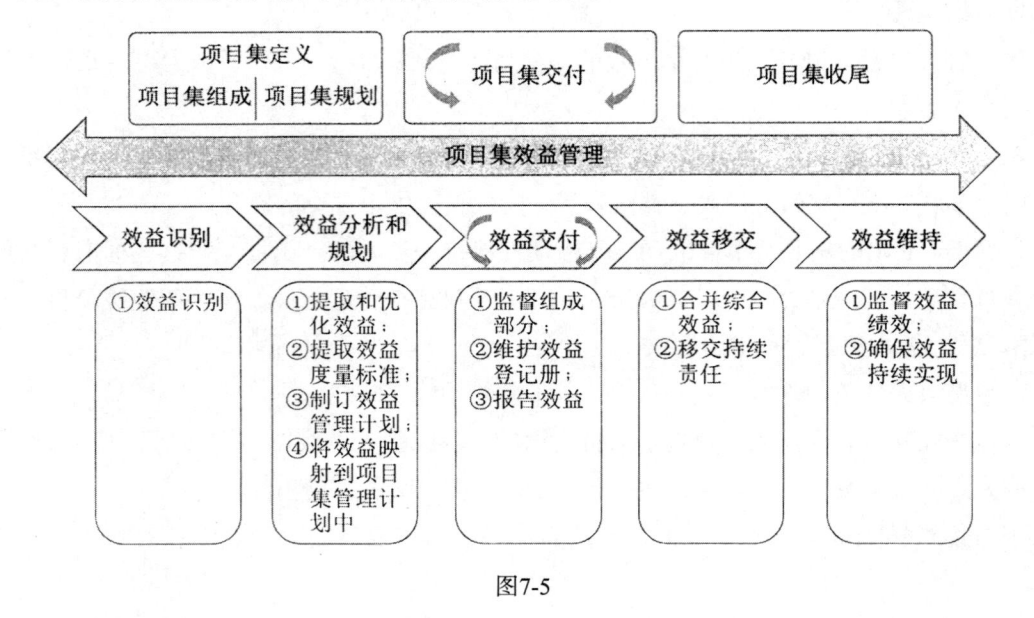

图7-5

7.2.2 项目组合管理

项目组合管理标准

PMI出版的《项目组合管理标准》（第4版）识别了被组织普遍认可且视为良好实践的项目组合管理原则和绩效管理域。

该标准包括一个常用的、统一的术语表，适合在项目组合管理中使用，以便推广、探讨、运用及持续改进项目组合的管理概念。

该标准与《项目管理知识体系》（PMBOK指南）、《项目集管理标准》提供的知识体系相匹配。

项目组合管理角色和职责

项目组合经理负责建立和实施项目组合管理。项目组合经理通常扮演许多重要角色，包括项目组合管理原则、过程和实践的架构师、促成者和引导者，以及项目组合分析师。

项目组合管理中的其他角色包括：①发起人；②项目组合治理机构；③项目组合、项目集和项目管理办公室（PMO）；④项目组合分析师；⑤项目集经理；⑥项目经理；⑦变更控制委员会。

项目组合管理绩效域

项目组合管理绩效域代表一系列良好实践，包括项目组合生命周期、项目组合战略管理、项目组合治理、项目组合产能与能力管理、项目组合干系人参与、项目组合价值管理和项目组合风险管理（如图7-6所示）。

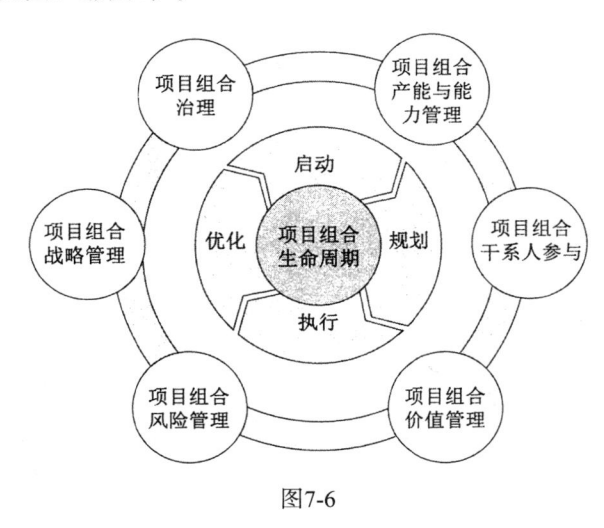

图7-6

7.2.3 组织级项目管理

组织级项目管理标准

PMI 2019年出版的《组织级项目管理标准》取代了其在2014年出版的《组织级项目管理实践指南》，并对内容进行了扩展。

该标准为组织在组织层级实施项目管理实践，为组织持续发展其能力和成熟度提供指导。OPM3（组织级项目管理成熟度模型）是用来测量这些能力，确定需要改进的领域，并提高与项目管理实践有关的组织成熟度等级的工具。

业务价值与业务评估

业务价值的实现始于全面的战略规划和管理，组织战略通过愿景和使命来表达，包括市场、定位、竞争和其他环境因素。通过不断整合和优化项目组合，执行业务影响分析及开发强健的组织驱动因素，实现组织业务价值的达成。

业务评估是建立OPM框架的必要组件。组织管理层或发起人需要说明实施OPM解决的业务问题、OPM特征和关键绩效指标的定义。尽可能通过财务量化的方式确定收益，确定OPM实施成本和投资回报。

OPM框架要素

组织级项目管理框架描述了提供持续支持所需的要素。

OPM框架的关键要素包括：OPM治理、OPM方法论、知识管理和人才管理（如图7-7所示）。

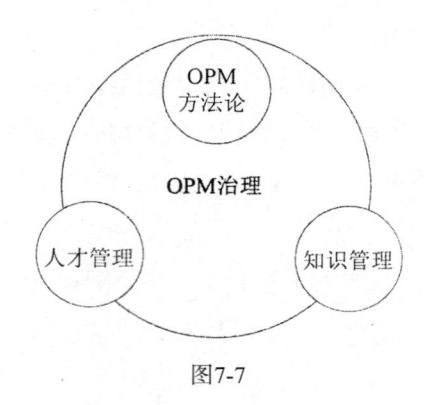

图7-7

7.2.4 量化项目管理

量化管理理论及应用

美国工程师和管理学家弗雷德里克·泰勒总结出了科学管理的五大原则：①工时定额化；②分工合理化；③程序标准化；④薪酬差额化；⑤管理职能化。

统计过程控制（SPC）是指应用统计技术对工作过程中的各个阶段进行分析、监控和评估，建立并保持工作过程处于可接受且稳定的水平，从而确保产品与服务符合规格要求的一种管理技术。

六西格玛是一种改善组织质量流程管理的技术，强调"零缺陷"的预防控制和过程控制，带动组织质量大幅提升，同时降低生产和交付成本的方法。

CMMI（Capability Maturity Model Integration）指的是能力成熟度模型集成。

组织级量化管理

组织开展量化管理工作的前提在于，该组织已经定义了产品或项目管理的组织级标准过程，各个产品或项目团队能够遵循组织统一的管理流程、规程和产出要求开展工作，组织收集的度量数据具备统计意义，可供开展量化管理建设。

建立组织级的量化管理体系的内容主要包括：定义组织量化过程性能目标、识别关键过程、建立度量体系及数据收集、建立过程性能基线和建立过程性能模型。

项目级量化管理

项目级量化管理包括：项目过程性能目标定义、过程优化组合、过程性能监控、项目性能预测。

7.2.5 项目管理实践模型

CMMI模型

4大能力域类别（行动、管理、使能、提高）共包含9个能力域。CMMI模型将196条实践分组形成了20个实践域，并将20个实践域分别归属于9个能力域。

CMMI模型共划分了5个成熟度级别，分为1~5级：第1级为初始级、第2级为管理级、第3级为定义级、第4级为量化管理级、第5级为优化级。

组织基于CMMI模型的改进工作主要包括：①定义改进目标；②建立改进团队；③开展差距分析；④导入培训和过程定义；⑤过程部署；⑥CMMI评估。

PRINCE2模型

PRINCE2（PRoject IN Controlled Environment，受控环境下的项目管理）是当今世界范围内广泛使用的项目管理方法之一，是一种基于经验的结构化项目管理方法。

PRINCE2结构包括原则、主题、流程，如图7-8所示。

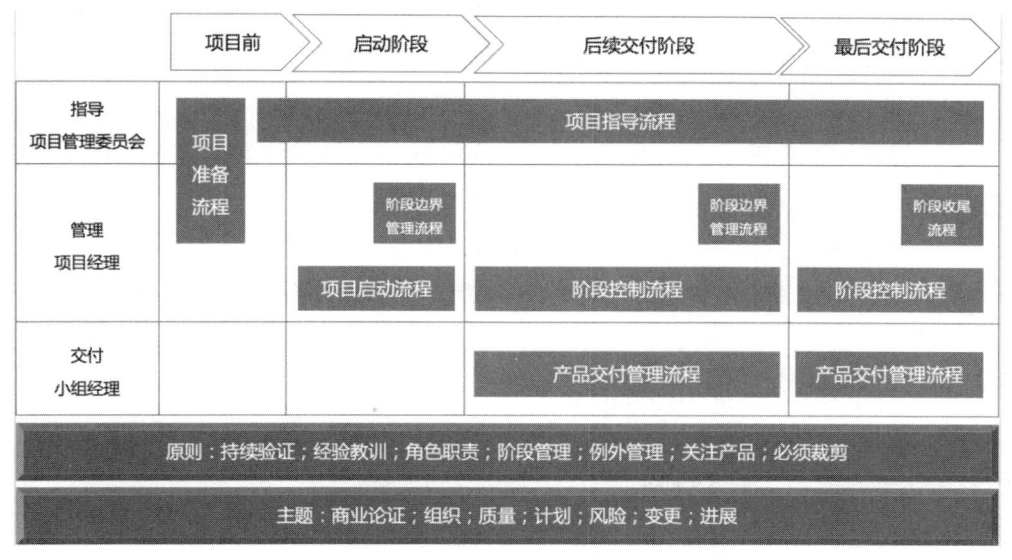

图7-8

7.2.6 本节练习

1. 关于项目集管理的理解，不正确的是（　　　）。
   A. 项目集经理是承诺将组织的资源应用于项目集，并致力于使项目集取得成功的人
   B. 当组件项目或项目集不能促进共同目标或互补目标的实现时，使用项目组合管理的效果更好
   C. 项目集管理绩效域包括项目集战略一致性、项目集效益管理、项目集干系人参与、项目集治理、项目集生命周期管理
   D. 项目集效益管理的主要活动包括效益识别、效益分析和规划、效益交付、效益移交、效益维持

2. 组织级项目管理（OPM）框架包括（　　）。

   A. OPM方法论、知识管理、人才管理

   B. OPM方法论、流程管理、资源管理

   C. OPM治理、OPM方法论、流程管理、资源管理

   D. OPM治理、OPM方法论、知识管理、人才管理

3. 关于统计过程控制方法的描述，不正确的是（　　）。

   A. 统计过程控制是一种预防性方法，强调全员参与

   B. 统计过程控制技术可以判定工作过程运行的状态是否稳定，也可以判断过程能力是否满足规格要求

   C. 统计过程控制方法认为任何组织或个人执行过程的能力都会有一定的波动性，这是正常的

   D. 统计过程控制方法认为项目团队或人员的能力应该是恒定的，不应发生波动

4. 关于六西格玛的描述，不正确的是（　　）。

   A. 五步循环改进法即DMAIC模式，包括定义（Define）、度量（Measure）、分析（Analyze）、改进（Improve）、控制（Control）

   B. 六西格玛是一种基于数据统计分析的管理方法，强调用数据来客观体现管理流程的能力

   C. 六西格玛的代表特征是组织有统一的管理流程、管理指标

   D. 六西格玛的五步实施流程并不是单一的，而是各个管理流程实施改进时相互关联的统一体

5. 项目集效益管理的主要活动包括（　　）。

   ①效益识别　　②效益分析和规划　　③效益交付

   ④效益移交　　⑤效益维持　　　　　⑥效益改进

   A. ①②③④⑥　　　　　　　　　B. ②③④⑤⑥

   C. ①②④⑤⑥　　　　　　　　　D. ①②③④⑤

6. 在项目组合管理生命周期中，（　　）属于启动阶段的活动。

   A. 确定项目组合组件范围

   B. 项目组合组件的优先排列顺序

   C. 为项目组合及其组件定义长期路线图

   D. 治理机构、发起人和干系人责任的确认

7. 关于组织级项目管理（OPM）框架的描述，正确的是（　　）。

   A. OPM框架的关键要素包括OPM方法论、人才管理、知识管理三个方面

   B. 组织通过建立和整合被认为最有可能提供预期收益的项目组合、项目集和项目方法论的要素来开发和改进OPM方法论

C. 人才管理侧重于实现绩效改进、创新、经验教训分享、记录最佳实践、流程整合和组织持续改进的组织目标

D. 知识管理应与项目组合经理、项目集经理和项目经理的职业化发展保持一致

8. 关于量化项目管理的描述，不正确的是（   ）。

A. 六西格玛和CMMI模型均提供了量化管理的方法和实践

B. 组织建立的过程性能基线是通过历史数据刻画组织当前的过程能力，为管理决策提供数据化支持

C. 识别模型因子时，如两个因子的相关性系数为0.8，代表可同时使用这两个因子建立模型

D. 项目级量化目标的定义通常需参考组织级的目标要求、客户或服务对象的管理要求，还需结合项目团队自身的过程能力数据

参考答案：1. A；2. D；3. D；4. C；5. D；6. C；7. B；8. D。

7.3 组织通用治理

随着社会变革和互联网技术的发展，组织所处的市场环境及自身的需求均发生了变化，这些变化对组织的治理提出了新的要求。

组织治理是协调组织利益相关者之间关系的一种制度安排，目标是确保组织的高效决策，实现利益相关者之间的利益均衡，提高组织的绩效，确保组织运行的可持续发展。良好的组织治理可为组织高质量和可持续发展提供重要支撑。

7.3.1 组织战略

组织战略是组织高质量发展的总体谋略，是组织相关干系方就其发展达成一致认识的重要基础。

组织战略是指组织针对其发展进行的全局性、长远性、纲领性目标的策划和选择。

组织战略体现了组织的使命、愿景和价值观，反映了管理者对行动、环境和业绩之间关键联系的理解。它是组织策划具体行动计划的起点。

组织战略要点

战略目标是组织在一定的战略期内总体发展的总水平和总任务。它决定了组织在该战略期间总体发展的主要行动方向，是组织战略的核心。

常见的组织总体战略类型主要包括：发展型战略、稳定型战略、紧缩型战略、其他类型（复合型战略、联盟战略、成本领先战略、差异化战略、集中化战略等）。

组织战略具备的特性通常包括：全局性、长远性、纲领性、指导性、竞争性、风险性、相对稳定性。

组织定位

组织愿景是在汇集组织每个员工个人心愿的基础上形成的全体员工共同心愿的美好愿景，描述了组织发展的目的和对如何到达那里的理性认知。

组织使命是管理者为组织确定的较长时期的业务发展的总方向、总目的、总特征和总的指导思想，描述了组织所处的社会价值范畴、当前的业务和宗旨。

组织文化是组织发展过程中凸显的精神特质与内涵，是组织区别于其他组织的关键因素。组织文化是组织最为本质的体现之一，是组织发展的原动力。

组织环境分析

组织环境是存在于组织内外部，影响组织发展的各种因素的总和。

组织外部环境分析的基本内容包括：政治环境分析、经济环境分析、社会-文化-技术环境分析、资源环境分析、市场需求分析和行业环境分析等。

组织内部环境分析的内容通常包括：理清组织自身的优势和劣势、查清造成劣势的原因、挖出内部的潜力、产品和服务竞争能力分析、技术开发能力分析、生产能力和服务效能分析、营销能力分析、产品和服务增值能力分析等。

常用的组织成功关键因素分析方法有 PEST 模型分析法和 SWOT 分析法等。

组织能力确认

组织基本能力包括：核心能力的管理、领导力、组织结构、信息技术。

人才战略是指根据组织总体战略的要求，为了适应组织生存和发展的需要，对组织人力资源进行开发、实现提高员工整体素质、培养和选拔优秀人才而进行的长远性的谋划与方略。

产品和服务战略的类型通常可以分为：技术密集型、成本导向型和目标动态型。

创新和改进

在分析和回顾战略实施过程中进行创新和改进的要素主要包括：

- 内外部发展环境对战略规划的影响，包括客户和用户需求、技术或监管环境等。
- 在业务增长、发展趋势等方面的预测及其与实际的差异。
- 提升业务增长和盈利的措施。
- 竞争优势和发展水平分析及措施。
- 风险分析及措施。

实施创新和改进还应包括对战略绩效管理体系和人力资源系统的整合优化。

7.3.2 绩效考核

绩效计划

绩效计划是组织管理者和员工之间就需要达成的工作绩效进行沟通后最终落实为正式的书面约定的过程。它是约定的双方在明晰责、权、利的基础上签订的一份内部协议。绩效计划的分类如图7-9所示。

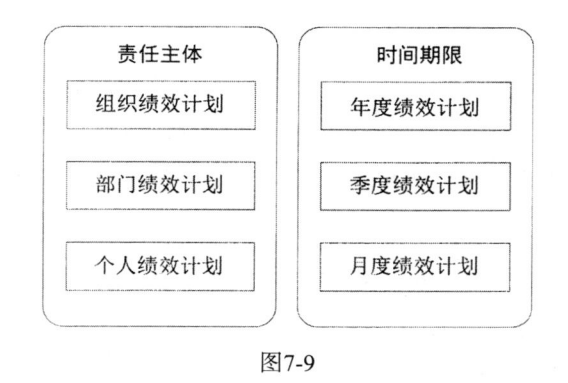

```
┌─────────────────┐  ┌─────────────────┐
│    责任主体     │  │    时间期限     │
│  ┌───────────┐  │  │  ┌───────────┐  │
│  │ 组织绩效计划│  │  │  │ 年度绩效计划│  │
│  └───────────┘  │  │  └───────────┘  │
│  ┌───────────┐  │  │  ┌───────────┐  │
│  │ 部门绩效计划│  │  │  │ 季度绩效计划│  │
│  └───────────┘  │  │  └───────────┘  │
│  ┌───────────┐  │  │  ┌───────────┐  │
│  │ 个人绩效计划│  │  │  │ 月度绩效计划│  │
│  └───────────┘  │  │  └───────────┘  │
└─────────────────┘  └─────────────────┘
```

图7-9

绩效实施

绩效实施的三大关键点：①统一思维；②引发热情；③训练能力。

绩效实施的主要特征包括：绩效实施是一个动态的过程；绩效实施的核心是持续沟通式的绩效辅导；绩效实施结果是为绩效评估提供依据的。

绩效实施的具体内容一般包括两个方面：①持续不断的绩效沟通；②绩效信息的记录和收集。

绩效治理

绩效治理是指为实现组织制定的战略和目标，采用科学的方式，通过对员工个人或群体的行为表现、劳动态度、工作业绩及综合素养的全面监测、考核、评估、分析，充分调动员工工作的积极性、主动性和创造性，不断改善员工和组织的行为，提高员工和组织的素养，挖掘其潜力的活动进程。

绩效评估

绩效评估是绩效治理各环节中技术性最强的，包括6个因素：被评估者、评估者、评估时间和周期、评价指标、评定形式、绩效评估数据的收集。

根据绩效评估的内容，其类型一般包括效果主导型、品质主导型、行为主导型。

绩效评估的方法：①排序法；②硬性分布法；③尺度评价表法；④关键事件法；⑤平衡积分卡法；⑥目标管理法。

绩效评价结果反馈

绩效反馈的内容通常包括：①通报被评估人当期绩效评估的结果；②分析被评估人的绩效差距与确定的改进措施；③沟通协商下一个绩效评估周期的工作任务与目标；④确定与工作任务和目标相匹配的资源配置。

绩效评价结果应用

通常绩效评价结果会应用于如下方面：①员工荣誉；②绩效改进；③薪酬调整；④人事调整；⑤在职培训；⑥员工职业生涯规划。

7.3.3 转型升级

战略转型升级

战略转型升级首先要确立转型方向,在此基础上再对战略转型进行规划设计和总体部署,确定战略转型的愿景、内涵、目标等,形成战略举措。战略转型升级包括:组织战略转型升级、组织文化转型升级、组织架构转型升级、绩效考核转型升级。

数字化转型实施

数字化转型是建立在数字化转换、数字化升级的基础上,进一步触及组织核心业务,以新建一种业务模式为目标的高层次转型。

数字化转型准备:①驱动因素识别;②数字化转型的评估;③转型组织的建立。

数字化转型策划:战略与愿景策划;管理模式策划;数据能力策划。

数字化转型内容:①组织数字文化;②数字人才队伍;③数字化绩效评价;④业务模式创新;⑤数字化产品和服务;⑥数字化营销。

7.3.4 本节练习

1. 关于组织战略的创新和改进的描述,不准确的是(　　)。
    A. 在不同的生存和发展阶段,组织会对目标、实力和环境做出不同的认识和反应,组织战略必须具备动态适应性,因此组织需要战略回顾和创新分析
    B. 通过财务目标跟踪是最有效的组织战略的回顾、创新和改进的方法
    C. 组织战略的回顾、改进和创新分析宜建立并维护战略绩效管理体系
    D. 把人力资源系统整合到战略里,推进对管理者的评价和激励有助于战略举措的成功执行

2. 组织环境影响组织发展,制定战略时需要进行组织外部和内部环境分析。下列不属于组织外部环境分析中市场分析的是(　　)。
    A. 组织总体市场的调查和分析　　　　B. 客户和服务对象的潜在需求
    C. 买方的议价能力　　　　　　　　　D. 组织细分市场需求的调查和分析

3. 关于组织文化建设,以下说法错误的是(　　)。
    A. 组织文化展现了组织成员共同遵循的价值观体系,它具有鲜明的组织特色,将不同的组织区别开来
    B. 组织文化应当是面向组织大众的卓越文化,在同类组织中具备优越性,可以拿来复制,从而实现组织的卓越发展
    C. 组织文化建设应从大局出发,同时也要注重细节,立足组织实际情况,建设有本组织特色的组织文化
    D. 组织文化建设须尊重成员的个人价值观和心理要求,使团体成员有着较为强烈的参与感,从而激发全员的积极性

4. 关于绩效计划的制订原则，不正确的是（   ）。
   A. 目标导向原则　　　　　　　　B. 价值驱动原则
   C. 全员参与原则　　　　　　　　D. 全面覆盖原则
5. 绩效评估是绩效治理各环节中技术性最强的，包括6个因素，这6个因素为（   ）。
   A. 被评估者、评估者、评估时间和周期、评价目标、评定范围、绩效评估数据收集
   B. 被评估者、评估者、评估时间和周期、评价指标、评定形式、绩效评估数据收集
   C. 被评估者、评估者、评估时间和周期、评价指标、评定范围、绩效评估数据收集
   D. 被评估者、评估者、评估时间和范围、评价指标、评定形式、绩效评估数据收集
6. 绩效信息的记录和收集有多种方法，但不包括（   ）。
   A. 观察法　　　　B. 工作记录法　　　　C. 网络收集法　　　　D. 他人反馈法
7. 关于战略转型升级的描述，不正确的是（   ）。
   A. 构建与组织战略相匹配的组织架构和持续改进组织创新文化可提高组织战略实施的价值
   B. 组织未来战略的选择只有在充分考虑与目前的组织文化和未来预期的组织文化相互包容和相互促进的情况下才能被成功地实施
   C. 组织发展战略与组织结构之间的关系是相互影响、互为目的的，组织战略与组织结构需要相互匹配
   D. 具有较高产业地位、明显竞争优势的组织维持现状，不进行转型升级也可以具备可持续发展的能力
8. 组织在推进数字化转型过程中的重要基石是（   ）。
   A. 技术　　　　　B. 产品　　　　　C. 数据　　　　　D. 市场

参考答案：1. B；2. C；3. B；4. D；5. B；6. C；7. D；8. C。

7.4 组织通用管理

7.4.1 人力资源管理

人力资源管理基础

人力资源管理的目标包括：①建立员工招聘和选择体系，以便获得最符合组织需要的员工；②充分挖掘每个员工的潜能，使其既服务于组织的发展目标，也能满足员工的事业发展需求；③留住那些通过自己的工作绩效助力组织实现目标的员工，同时淘汰那些无法满足组织发展需要的员工；④确保组织遵守人力资源方面的法律、法规、政策和标准等。

人力资源管理主要包括：规划、招聘、维护、提升、评价。

工作分析与岗位设计

工作分析是对组织分工和分工内容进行清晰的界定，让任职者更清楚工作的内容，甚至

未从事过某项工作的人也能清楚该工作是怎样完成的。

岗位设计是确定完成工作的方式、所需要完成的任务，以及界定该项工作在组织中与其他岗位工作的关系的过程。

定性的工作分析方法主要有工作实践法、直接观察法、面谈法、问卷法和典型事例法。

定量的工作分析方法主要有职位分析问卷法、管理岗位描述问卷法和功能性工作分析法等。

人力资源战略与计划

战略性人力资源管理的目标就是有效运用人力资源去实现组织的战略性要求和目标。

人力资源预测包括组织内部、外部的人力供给预测和组织的人力需求预测。

整体性的人力资源计划应该包括3个部分：①供给报表；②需求报表；③人力报表。

在对人力资源计划进行评价时，首先需要考虑人力资源计划目标本身的合理性问题，还需要将行动结果与人力资源计划进行对照，目的是发现计划与现实之间的差距，以指导后续的人力资源计划活动。

人员招聘与录用

人员的招聘活动通常包括招聘计划制订、招聘信息发布、应聘者申请、人员甄选与录用、招聘评估与反馈等。

组织常见的招聘渠道包括内部来源、招聘广告、职业介绍机构、猎头组织、校园招聘、员工推荐和申请人自荐、网络招聘和临时性雇员等。

招聘效果主要从5个方面进行评估：①招聘周期；②用人部门满意度；③招聘成功率；④招聘达成率；⑤招聘成本。

人员培训

员工培训的4个基本步骤：①评估组织开展员工培训的需求，确定组织绩效或发展要求方面的偏差是否可以通过员工培训来弥补；②设定员工培训的目标；③设计培训项目；④培训的实施和评估。

人员职业规划与管理

对员工职业道路的要求：①应该代表员工职业发展的真实可能性；②应该具有尝试性；③具有灵活性；④说明每个职位要求员工具备的技能、知识和其他品质，以及具备这些条件的方法。

组织在员工职业规划中的责任包括：①提供员工制订自己的职业规划所需要的职业规划模型、信息、条件和指导；②为员工和管理人员提供建立职业规划所需要的培训；③提供技能培训和在职培训。

组织在员工职业管理中的责任包括：①为管理人员的决策过程提供信息和程序；②负责组织内部各类信息的及时更新；③设计出收集信息、分析信息、解释信息和利用信息的便捷方法，以确保信息利用的有效性；④监控和评价员工职业管理过程的执行效果。

7.4.2 流程管理

流程基础

流程的基本要素包括：流程的输入资源、流程中的若干活动、活动的相互作用、输出结果、客户、最终流程创造的价值。

流程的特点主要包括：目标性、内在性、整体性、层次性。

流程规划

流程规划的方法：岗位职责开始（自下而上）和业务模型开始（自上而下）。

组织流程通常可分为战略流程、运行流程和支持流程。

流程执行

保障流程管理有效执行，可参考的措施包括：理解流程是执行流程的前提； 做好流程变更后的推广；新员工入职流程制度培训；找对流程执行负责人；流程审计及监控；把流程固化到信息系统中；把流程固化到制度中；流程文化宣导。

流程评价

常见的流程检查方法主要有流程稽查、流程绩效评估、满意度评估和流程审计等。

流程评价的应用：①流程优化；②绩效考核；③过程控制；④纠正措施；⑤战略调整。

流程持续改进

流程优化需要找到优化目标：一是找实现组织战略要求的目标；二是找组织需要解决的问题。找到目标后，流程优化就有了方向。

7.4.3 知识管理

知识管理基础

知识管理是以知识为对象，以知识、技术为手段，运用知识进行的管理。

知识管理的特征包括：①知识管理是优化的流程；②知识管理是管理；③知识管理依赖于知识。

知识管理可以达成的目标包括：①实现组织的可持续发展；②提高员工素质及工作效率；③增强服务对象的满意度；④提升组织的运作绩效。

实施知识管理一般遵循的原则包括：①领导作用；②战略导向；③业务驱动；④文化融合；⑤技术保障；⑥知识创新；⑦知识保护；⑧持续改进。

知识价值链

知识价值链的过程示例，如图7-10所示。

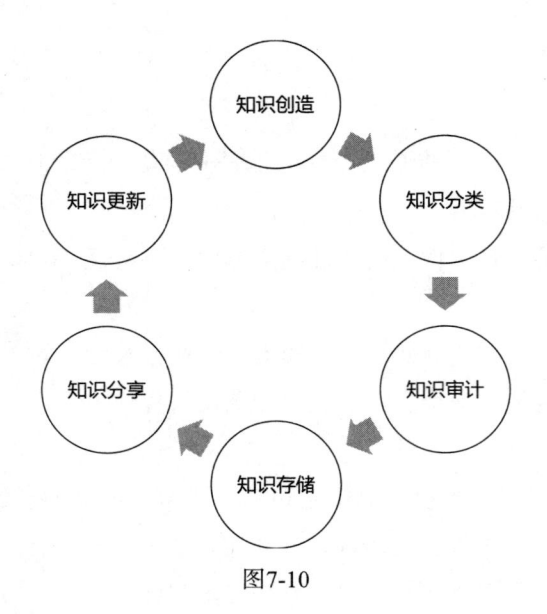

```
        知识创造
  知识更新        知识分类

  知识分享        知识审计
        知识存储
```

图7-10

显性知识与隐性知识

显性知识是在一定条件下，即特定的时间里具有特定能力的人，通过文字、公式、图形等表述或通过语言、行为表述并体现于纸、光盘、磁带、磁盘等客观存在的载体介质上的知识。

显性知识具有4个主要特征：①客观存在性；②静态存在性；③可共享性；④认知元能性。

隐性知识是难以编码的知识，主要基于个人经验。

隐性知识具有6个主要特征：①非陈述性；②个体性；③实践性；④情境性；⑤交互性；⑥非编码性。

知识管理过程

知识管理要遵循以下3条原则：①积累原则；②共享原则；③交流原则。

知识管理过程通常包括：知识获取与采集、知识组织与存储、知识交流与共享、知识转移与应用、知识管理审计与评估。

知识协同与创新

知识协同是指知识管理中的主体、客体、环境等达到的一种在时间、空间上有效协同的状态，知识主体之间或"并行"或"串行"地协同工作，并实现在恰当的时间和场所（空间包括实体空间和虚拟空间），将适当的信息和知识传递给恰当的对象，以实现知识创新的"双向"或"多向"的多维动态过程。

知识协同具有面向知识创新、知识互补性、共赢性、知识协同平台支撑和"1+1>2"的效应涌现等特征。

知识传播与服务

知识传播是在一定的环境中，一部分人员借助特定的知识传播媒介，向另一部分人员传播特定的知识与信息的活动过程，同时期待达到最初期望的传播效果。

知识服务是从大量隐性和显性信息资料中，依据需求将知识提炼出来，并有针对性地解决服务对象问题的过程，是以资源建设为基础的高级信息服务。

知识服务的建立过程包括：①知识获取；②知识分析和表示；③建立流程与知识的映射关系图；④知识服务封装。

7.4.4 市场营销

营销基础

市场营销过程的简单模型，如图7-11所示。

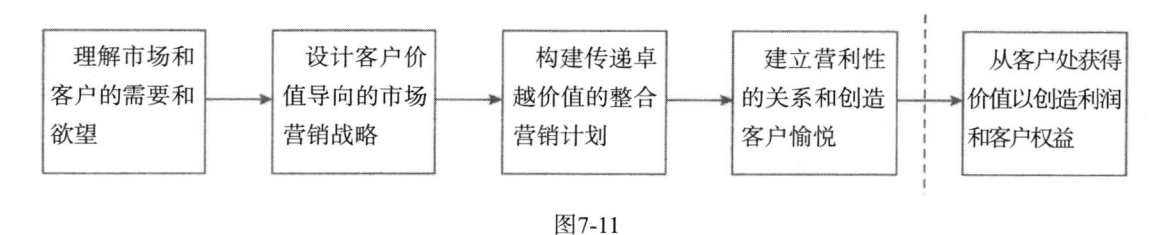

理解市场和客户的需要和欲望 → 设计客户价值导向的市场营销战略 → 构建传递卓越价值的整合营销计划 → 建立营利性的关系和创造客户愉悦 → 从客户处获得价值以创造利润和客户权益

图7-11

营销环境

市场营销的微观环境通常包括：组织、供应商、营销中介、客户、竞争者、公众等。
市场营销的宏观环境通常包括：人口、经济、自然、技术、政治与社会及文化等。

营销分析

市场营销者可以从内部资料、竞争性市场营销情报、市场营销调研中获得所需信息。
对市场营销者而言，核心的问题是：客户对组织可能采取的市场营销努力作何种反应。
组织购买者行为指一些组织为了出售、租赁或供应其他组织用于业务发展而购买产品和服务的行为。

营销管控

组织的营销控制需要重点关注营销活动管理、整合营销沟通和人员销售管理。
营销活动管理包括市场营销的分析、计划、执行、组织、控制。
市场营销者可通过如下活动开展整合沟通：确定目标受众、明确沟通目标、设计信息、选择沟通渠道和媒体、选择信息来源、收集反馈。
人员销售包括7个步骤：发掘潜在客户和核查资格、销售准备、接近客户、介绍和示范、处理异议、成交、跟进和维持。

7.4.5 本节练习

1.关于工作分析的核心流程的描述，不正确的是（　　）。
　A.影响工作分析对象的选择因素有工作的重要性、完成难度和工作内容变化
　B.主管人员收集工作分析信息的优点是，对工作有全面的了解且速度较快

C. 工作说明书包括工作描述和工作规范两个方面

D. 直接观察法适用于对脑力劳动要求较高的工作

2. 在组织战略执行保障体系中，经营分析活动属于（　　）。

　　A. 战略控制层　　　　　　　　　　B. 流程执行层

　　C. 信息系统支撑层　　　　　　　　D. 经营销售层

3. 运行流程以战略流程为导向，以战略流程确定的架构为基础展开，它的逻辑顺序是（　　）。

　　A. 战略—商业模式—运行流程　　　B. 商业模式—战略—运行流程

　　C. 运行流程—商业模式—战略　　　D. 战略—运行流程—商业模式

4. 直觉和预感这类知识属于（　　）。

　　A. 隐性知识　　　B. 显性知识　　　C. 言语性知识　　　D. 数字性知识

5. 组织显性知识获取与收集的途径不包括（　　）。

　　A. 资料采购　　　　　　　　　　　B. 营销与销售协议

　　C. 结构式访谈　　　　　　　　　　D. 数据挖掘

参考答案：1. D；2. A；3. A；4. A；5. C。

7.5　法律法规与标准规范

7.5.1　法律法规

民法典（合同编）

根据合同编规定，合同是民事主体之间设立、变更、终止民事法律关系的协议。

依法成立的合同受法律保护。

依法成立的合同，仅对当事人具有法律约束力，但是法律另有规定的除外。

当事人对合同条款的理解有争议的，应当依法确定争议条款的含义。

合同文本采用两种以上文字订立并约定具有同等效力的，对各文本使用的词句推定具有相同含义。各文本使用的词句不一致的，应当根据合同的相关条款性质、目的以及诚信原则等予以解释。

招标投标法

《中华人民共和国招标投标法》（以下简称《招投标法》）是国家用来规范招标投标活动、调整在招标投标过程中产生的各种关系的法律规范的总称。另外，国家还颁布了《中华人民共和国招标投标法实施条例》作为执行补充。

在这两部法律法规中，对招投标保护及其具体措施作出了明确的规定。

政府采购法

2014年8月31日通过，同日正式实施的《中华人民共和国政府采购法》与同年12月31日通过，2015年3月1日施行的《中华人民共和国政府采购法实施条例》规定，政府采购是指各级国家机关、事业单位和团体组织，使用财政性资金采购依法制定的集中采购目录以内的或者采购限额标准以上的货物、工程和服务的行为。

政府集中采购目录和采购限额标准依照政府采购法规定的权限制定。采购是指以合同方式有偿取得货物、工程和服务的行为，包括购买、租赁、委托、雇用等。货物是指各种形态和种类的物品，包括原材料、燃料、设备、产品等。工程是指建设工程，包括建筑物和构筑物的新建、改建、扩建、装修、拆除、修缮等。服务是指除货物和工程以外的其他政府采购对象。

专利法

2020年10月17日第四次修正的《中华人民共和国专利法》（以下简称《专利法》）通过，并于2021年6月1日正式实施。

《专利法》规定，发明创造是指发明、实用新型和外观设计。

发明是指对产品、方法或者其改进所提出的新的技术方案。

实用新型是指对产品的形状、构造或者其结合所提出的适于实用的新的技术方案。

外观设计是指对产品的整体或者局部的形状、图案或者其结合以及色彩与形状、图案的结合所作出的富有美感并适于工业应用的新设计。

著作权法

2020年11月11日发布第三次修正版《中华人民共和国著作权法》。

同时，国家主席习近平2020年11月11日签署第62号主席令，指出《全国人民代表大会常务委员会关于修改<中华人民共和国著作权法>的决定》已由中华人民共和国第十三届全国人民代表大会常务委员会第二十三次会议于2020年11月11日通过，现予公布，2021年6月1日起施行。在这部法律中，对著作权保护及其具体实施作出了明确的规定。

商标法

2019年4月23日通过，2019年11月1日起施行的《中华人民共和国商标法》是信息化领域政策法规的重要法律基础之一。

国务院工商行政管理部门商标局主管全国商标注册和管理的工作。国务院工商行政管理部门设立商标评审委员会，负责处理商标争议事宜。

经商标局核准注册的商标为注册商标，包括商品商标、服务商标、集体商标、证明商标。

商标注册人享有商标专用权，受法律保护。

集体商标是指以团体、协会或者其他组织名义注册，供该组织成员在商事活动中使用，以表明使用者在该组织中的成员资格的标志。

证明商标是指由对某种商品或者服务具有监督能力的组织所控制，而由该组织以外的单位或者个人用于其商品或者服务，用以证明该商品或者服务的原产地、原料、制造方法、质量或者其他特定品质的标志。

集体商标与证明商标注册和管理的特殊事项，由国务院工商行政管理部门规定。

网络安全法

2017年6月1日起正式实施的《中华人民共和国网络安全法》（以下简称《网络安全法》）是我国第一部全面规范网络空间安全管理方面问题的基础性法律。

《网络安全法》给出了网络、网络安全、网络数据等用语的定义，明确了部门、企业、社会组织和个人的权利、义务和责任，规定了国家网络安全工作的基本原则、主要任务和重大指导思想及理念。

《网络安全法》的制定是为了保障网络安全，维护网络空间主权和国家安全、社会公共利益，保护公民、法人和其他组织的合法权益，促进经济社会信息化健康发展。适用于在中华人民共和国境内建设、运营、维护和使用网络，以及网络安全的监督管理。

数据安全法

《中华人民共和国数据安全法》（以下简称《数据安全法》）于2021年9月1日起正式施行。《数据安全法》从数据安全与发展、数据安全制度、数据安全保护义务、政务数据安全与开放的角度对数据安全保护的义务和相应法律责任进行规定。

《数据安全法》作为数据安全领域最高位阶的专门法，与网络安全法一起补充了《中华人民共和国国家安全法》框架下的安全治理法律体系，更全面地提供了国家安全在各行业、各领域保障的法律依据。同时，《数据安全法》延续了《网络安全法》生效以来的"一轴两翼多级"的监管体系，通过多方共同参与实现各地方、各部门对工作集中收集和产生数据的安全管理。

7.5.2 标准规范

系统与软件工程标准

基础标准方面，主要包含GB/T 11457《系统与软件工程 软件工程术语》、GB/Z 31102《软件工程 软件工程知识体系指南》等标准。

生存周期管理标准方面，主要包含GB/T 8566《系统与软件工程 软件生存周期过程》、GB/T 22032《系统与软件工程 系统生存周期过程》等标准。

质量与测试标准方面，主要使用的标准是GB/T 25000《系统与软件工程 系统与软件质量要求和评价（SQuaRE）》等。

新一代信息技术标准

物联网相关标准主要有GB/T 33745《物联网 术语》、GB/Z 33750《物联网 标准化工作指南》、GB/T 33474《物联网 参考体系结构》等标准。

云计算相关标准主要有GB/T 32400《信息技术 云计算 概览与词汇》、GB/T 32399《信息技术 云计算 参考架构》等标准。

信息技术服务标准

信息技术服务标准体系可分为基础标准、通用标准、保障类标准、技术创新标准、数字化转型服务标准、业务融合标准等类别。

7.5.3 本节练习

1. 当事人订立合同可以采取（   ）方式。
   A. 要约   B. 承诺   C. 要约、承诺   D. 邀请

2. 政府采购不可以采用（   ）方式。
   A. 自行采购   B. 询价   C. 公开招标   D. 邀请招标

3. 商标的基本类型为（   ）。
   A. 商品商标、服务商标、集体商标、驰名商标
   B. 商品商标、服务商标、集体商标、证明商标
   C. 颜色商标、服务商标、集体商标、证明商标
   D. 商品商标、服务商标、集体商标、文字商标

4. 现有设计（   ）是指以前在国内外为公众所知的设计。
   A. 公布日   B. 申请日   C. 审查日   D. 公告日

5. 合同履行费用的负担不明确的，由（   ）分担。
   A. 履行义务的一方   B. 接受履行的一方
   C. 合同双方当事人   D. 协商确定

参考答案：1. C；2. A；3. B；4. B；5. A。

第8章 项目管理科学基础

科学管理的实质是反对凭经验、直觉、主观判断进行管理，主张用最好的方法、最少的时间和支出，实现最高的工作效率和最好的效果。其突破性进展是在第二次世界大战时期为解决国防需要而产生的"运筹学"，其发展了新的数学分析和计算技术。例如，统计判断、线性规划、排队论、博弈论、统筹法、模拟法和系统分析等，特别是随着电子计算机技术突飞猛进的发展，运筹学为在组织管理过程中运用数量方法和科学方法提供了广阔的空间，这进一步成就了"管理科学理论"。

在软考高项的考试中，本章的内容会在选择题考核5分，大家在学习时可以结合软考真题理解相关内容，掌握一些解题方法（例如，列方程解线性规划问题）即可。

8.1 工程经济学

资金的时间价值

将资金投入使用后，经过一段时间，资金便产生了增值（例如，把1万元存入银行，1年后就会有利息）。也就是说，不同时间相同数目的钱，价值不一样。

现值

现值，指的是n年之后的钱折合到现在的价值（"现值"中的"现"，是"现在"的意思，而不是现金的意思。现值体现资金的时间价值）。例如，5年后的100元钱，在现在只值60元，那么，这个60元就是5年之后的100元的现值（反过来理解就是，假如我现在有60元，存在银行，5年之后我会得到100元）。也就是说，如果n年之后的y元，其现值为x元，那么x一定小于y。把y折合到现在变成x，这个过程有时简称"折现"，是计算y的现值的过程。折现公式为$x=y/(1+r)^n$，其中，n为年份数，r为贴现率（贴现率可以简单地理解为利率。在题目中，y、n、r一般是已知信息）。

软考真题

1. 某项目的利润预期（单位：元）如表8-1所示，贴现率为10%，则第3年结束时利润总额的净现值约为（　　）元。

表 8-1

	第1年	第2年	第3年
利润预期	11000	12100	13310

A. 30000　　　　　B. 33000　　　　　C. 36000　　　　　D. 40444

解答：

所谓"利润总额的净现值"，就是各年现值之和，即"累计净现值"。

这道题没有成本信息，其问题就是这3年的利润的现值之和。

计算步骤：

（1）计算每年的现值。

第1年现值：$x_1=y_1/(1+0.1)^1=11000/1.1=10000$（元）

第2年现值：$x_2=y_2/(1+0.1)^2=12100/1.21=10000$（元）

第3年现值：$x_3=y_3/(1+0.1)^3=13310/1.331=10000$（元）

（2）计算累计净现值（即题目中的利润总额）=10000+10000+10000=30000（元）

所以，本题选A。

累计净现值计算步骤如图8-1所示。

	第1年	第2年	第3年
利润预期	11000	12100	13310
	÷(1+0.1)¹	÷(1+0.1)²	÷(1+0.1)³
利润现值	10000	10000	10000
累计净现值	10000	20000	30000

图8-1

2. 某项目各期的现金流量如表8-2所示，设贴现率为10%，则项目的净现值约为（　　）。

表 8-2

期数	0	1	2
净现金流量	−630	330	440

A. 140　　　　　B. 70　　　　　C. 34　　　　　D. 6

计算步骤：

（1）计算每年的现值。

第0年现值：$x_0=y_0/(1+0.1)^0=(-630)/1=-630$

第1年现值：$x_1=y_1/(1+0.1)^1=330/1.1=300$

第2年现值：$x_2=y_2/(1+0.1)^2=440/1.21≈364$

（2）计算净现值（求和）=–630+300+364=34，本题选C。

投资回收期

投资回收期，顾名思义就是"回本时间"。在软考的选择题中，投资回收期的单位通常为年。

根据是否考虑资金的时间价值，投资回收期可以分为静态投资回收期和动态投资回收期。

静态投资回收期不考虑资金的时间价值，其计算方法为：

静态投资回收期=回本年的年份数–1+（回本年上年累计净利润的绝对值/回本年净现金流量），其中，回本年为累计净利润开始出现正值的年份。

例题

某项目的利润预期（单位：万元）如表8-3所示，该项目的静态投资回收期为（　　）年？

表8-3

	第0年	第1年	第2年	第3年
现金流量	–600	400	400	400

计算步骤：

（1）在表中添加一行"累计净利润"，计算每年年底的累计净利润。

第0年为：–600万元。

第1年为：–600+400=–200万元。

第2年为：–600+400+400=200万元。

第3年为：–600+400+400+400=600万元。

（2）根据每年累计净利润确定回本年、回本年的当年现金流量（全年盈利能力），以及回本年上年的累计净利润。本题回本年是第2年，第2年的全年利润是400万元，第1年的累计净利润为–200万元。

（3）利用公式计算：静态投资回收期=回本年的年份数–1+（回本年上年累计净利润的绝对值/回本年净现金流量）=2–1+|–200|/400=1.5年。

具体的解题步骤如图8-2所示。

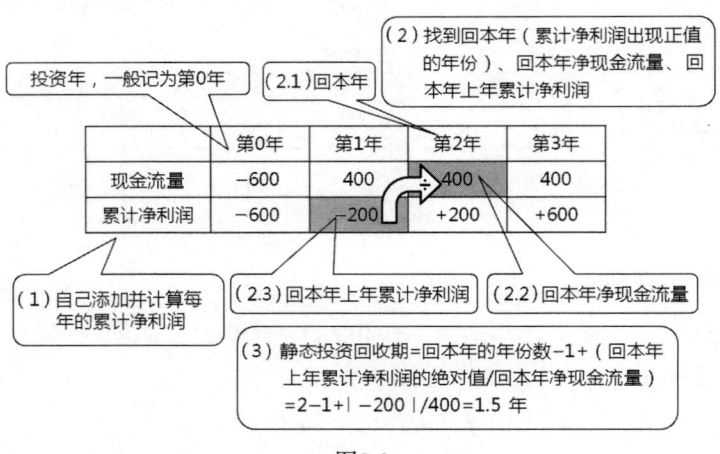

图8-2

此题的含义如下。

- 投资年（第0年）投资了600万元做一个项目。
- 第1年挣了400万元（此时还差200万元回本）。
- 第2年挣了400万元，此时已经回本并产生了200万元的利润（所以第2年为回本年）。那么，回本时间就是1年多不到2年（这个1年就是"回本年的年份数–1"）。
- 具体回本时间是"1年多"，但是多多长时间呢？因为回本年的上一年（第1年）还差200万元回本（第1年的累计净利润为–200万元），又因为回本年（第2年）的全年盈利能力为400万元，所以，第1年还差的200万元只需要200/400=0.5年即可挣得。因此，这个项目的回本时间就是1+0.5=1.5年。上面的200/400就是"回本年上年累计净利润的绝对值/回本年的全年盈利能力"。

动态投资回收期考虑资金的时间价值，其计算方法如下。

动态投资回收期=回本年的年份数–1+（回本年上年累计净现值的绝对值/回本年净现值），其中，回本年为累计净现值开始出现正值的年份。

例题

某项目的利润预期（单位：万元）如表8-4所示，贴现率为0.1，该项目的动态投资回收期为（　）年？

表 8-4

	第 0 年	第 1 年	第 2 年	第 3 年
现金流量	–600	400	400	400

计算步骤：

（1）在表中添加一行"现值"，计算每年现金流量的现值。

第0年为：$-600/(1+0.1)^0 = -600$万元。

第1年为：$400/(1+0.1)^1 \approx 364$万元。

第2年为：$400/(1+0.1)^2 \approx 331$万元。

第3年为：$400/(1+0.1)^3 \approx 301$万元。

（2）在表中再添加一行"累计净现值"，计算每年年底的累计净现值。

第0年为：–600万元。

第1年为：–600+364=–236万元。

第2年为：–600+364+331=95万元。

第3年为：–600+364+331+301=396万元。

（3）根据每年累计净现值确定回本年、回本年的当年现金流量的现值（全年盈利能力的现值），以及回本年上一年的累计净现值。本题回本年第2年的全年现金流现值是331万元，第1年的累计净现值为–236万元。

（4）利用公式计算：动态投资回收期=回本年的年份数–1+（回本年上年累计净现值的

绝对值/回本年净现金现值）=2−1+|−236|/331≈1.72年（计算投资回收期的时间时，年份数的小数点保留原则不是四舍五入，而是只入不舍，比如本题236÷331≈0.71299，那么本题的动态投资回收期保留小数点后两位，应该是1.72年而不是1.71年）。

动态投资回收期解题步骤如图8-3所示。

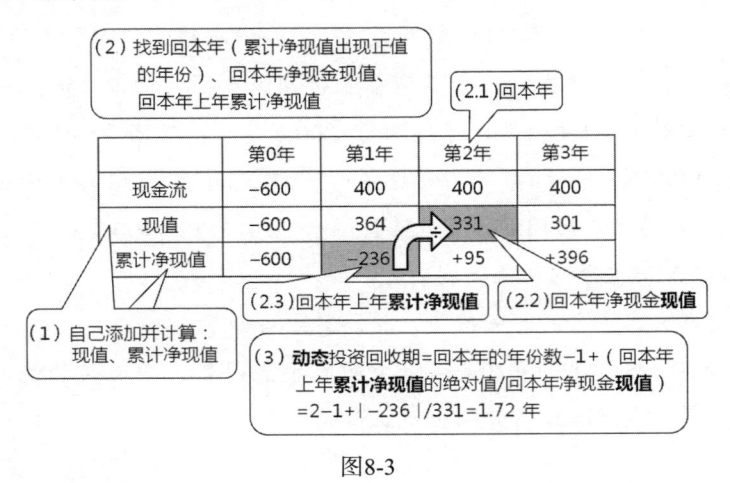

图8-3

不难发现：

- 动态投资回收期比静态投资回收期长（因为每年的利润需要折合成现值）。
- 与计算静态投资回收期相比，计算动态投资回收期只需要多算一行各年现金流量的现值，然后按照计算静态投资回收期的方法计算即可。

↳ 软考真题

某软件企业2006年年初计划投资2000万元人民币开发某产品，预计从2007年开始盈利，各年产品销售额如表8-5所示。根据表中的数据，该产品的静态投资回收期是（1）年，动态投资回收期是（2）年。（设贴现率为0.1）

表8-5

年度	2006	2007	2008	2009	2010
投资（万元）	2000	—	—	—	—
收益（万元）		990	1210	1198	1277

（1）A. 1.8　　　　B. 1.9　　　　C. 2　　　　D. 2.2
（2）A. 2　　　　　B. 2.1　　　　C. 2.2　　　D. 3

答案：（1）B；（2）C。

8.2 运筹学

8.2.1 线性规划

线性规划研究在资源有限的情况下，如何有效利用资源以实现最优的收益。

软考真题：

1. 某工厂生产两种产品S和K，受到原材料供应和设备加工工时的限制。单件产品的利润、原材料消耗及加工工时如表8-6所示。为获得最大利润，S应生产（　　　）件。

表8-6

产　品	S	K	资源限制
原材料消耗（公斤/件）	10	20	120
设备加工工时（小时/件）	8	8	80
利润（元/件）	12	16	

A. 7　　　　　　B. 8　　　　　　C. 9　　　　　　D. 10

解法1：列方程法。

（1）设定未知数：为了获得最大利润，S应生产x件，K应生产y件。

（2）根据资源约束条件列不定方程组。

$10x+20y \leq 120$①；$8x+8y \leq 80$②；其中，$x \geq 0$，$y \geq 0$。

（3）根据题意，为获得最大利润，应尽量多消耗资源（最好消耗完，因为消耗的资源越多，生产的产品就越多）。所以，将方程①和方程②中的小于或等于号改成等号（意味着消耗所有资源），联立求解，得：$x=8$，$y=2$。此时，最大利润为$8 \times 12+2 \times 16=128$元。此题选B。

解法2：代入排除法。

分别将4个选项中的数字代入，根据资源约束条件确定剩下的资源还能生产几件K，计算4个方案的利润，找出最大值即可。

方案一：S应生产7件，则原材料剩50公斤、设备加工工时剩24小时，此时最多能生产2件K（原材料限制），此时利润为$7 \times 12+2 \times 16=116$元。

方案二：S应生产8件，则原材料剩40公斤、设备加工工时剩16小时，此时最多能生产2件K，此时利润为$8 \times 12+2 \times 16=128$元。

方案三：S应生产9件，则原材料剩30公斤、设备加工工时剩8小时，此时最多能生产1件K，此时利润为$9 \times 12+1 \times 16=124$元。

方案四：S应生产10件，则原材料剩20公斤、设备加工工时剩0小时，此时最多能生产0件K（设备限制），此时利润为$10 \times 12+0 \times 16=120$元。

所以，选B。

2. 某企业需要采用甲、乙、丙3种原材料生产Ⅰ、Ⅱ两种产品。生产两种产品所需原材料数量、单位产品可获得利润，以及企业现有原材料数如表8-7所示。

表 8-7

		产品（吨）		现有原材料（吨）
		I	II	
所需资源	甲	1	1	4
	乙	4	3	12
	丙	1	3	6
单位利润（万元/吨）		9	12	

则公司可以获得的最大利润是（1）万元。取得最大利润时，原材料（2）尚有剩余。

（1） A. 21 　　B. 34 　　C. 39 　　D. 48
（2） A. 甲 　　B. 乙 　　C. 丙 　　D. 乙和丙

解答：

此题无法用代入排除法（因为没给对应的选项），只能用列方程法，解题步骤如下。

（1）设定未知数：为了获得最大利润，产品I应生产x吨，产品II应生产y吨。

（2）根据资源约束条件列不定方程组。

$x+y \leq 4$ ①； $4x+3y \leq 12$ ②； $x+3y \leq 6$ ③；其中，$x \geq 0$，$y \geq 0$。

（3）根据题意，为获得最大利润，应该尽量多消耗资源（最好消耗完）。所以，将方程①、方程②和方程③中的小于或等于号改成等号（等号意味着消耗所有资源），联立求解：

$x+y=4$ ④； $4x+3y=12$ ⑤； $x+3y=6$ ⑥。

此时方程组无解，也就是说，不存在这样一组x、y能够同时满足这3个方程（不可能同时消耗完3种资源）。我们只能退而求其次，争取消耗完2种资源，这就等价于将上述3个方程两两联立单独求解。

方程④、方程⑤联立，得到$x=0$，$y=4$，此时，能够消耗完材料甲、材料乙，但这组解不满足方程③的约束，即材料丙不够生产4吨产品II（方程④、方程⑤联立自然满足方程①、方程②），则这组解不能用。

方程④、方程⑥联立，得到$x=3$，$y=1$，此时，能够消耗完材料甲、材料丙，但这组解不满足方程②的约束（材料乙不够生产3吨产品I和1吨产品II），则这组解不能用。

方程⑤、方程⑥联立，得到$x=2$，$y=4/3$，此时，能够消耗完材料乙、材料丙，同时满足方程①的约束，此解能用。此时，利润为$2 \times 9 + 4/3 \times 12 = 34$万，材料甲有剩余。

答案：（1）B；（2）A。

3. 某航空公司为满足客运量日益增长的需要，拟购置一批新的远程、中程及短程喷气式客机。每架远程客机售价670万美元，中程客机售价500万美元，短程客机售价350万美元。该公司现有资金12000万美元用于购买飞机。据估计，每架远程客机的年净利润为82万美元，中程客机的年净利润为60万美元，短程客机的年净利润为40万美元。假设该公司现有的熟练驾驶员可支持30架新购飞机的飞行任务，维修能力足以满足新增加40架短程客机的维修需求，而每架中程客机的维修量相当于4/3架短程客机，每架远程客机的维修量相当于5/3架短程客机，为获取最大利润，该公司应购买各类客机分别为（　）架。

A. 远程17，中程1，短程0　　　　B. 远程15，中程1，短程2
C. 远程12，中程3，短程3　　　　D. 远程10，中程3，短程5

解答：

用代入排除法，分析每个选项对应的方案是否满足资源约束，比较各方案的利润选最大值即可，具体计算结果如表8-8所示。

表8-8

方案			费用（<12000）(万元)	飞行员（<30）	维修量（<40）	利润（万元）
A	17	1	0	11890	18	89/3	1454
B	15	1	2	11250	18	85/3	1370
C	12	3	3	10590	18	27	1284
D	10	3	5	9950	18	77/3	1200

此题4个选项都符合资源约束条件，选利润最大的方案，答案为A。

4. 某工厂可以生成A、B两种产品，各种资源的可供量、生产每件产品所消耗的资源数量及产生的单位利润如表8-9所示。A、B两种产品的产量为（　　　）时利润最大。

表8-9

资源	产品A	产品B	资源限制条件
电（度）	5	3	200
设备（台时）	1	1	50
劳动力（小时）	3	5	220
单位利润（百万元）	4	3	

A. A=35，B=15　　B. A=15，B=35　　C. A=25，B=25　　D. A=30，B=20

解答：

用代入排除法。选项A、选项D不满足电量限制，选项C比选项B利润高。答案为C。

5. 某工厂计划生产甲、乙两种产品，生产每套产品所需的设备台时、A和B两种原材料量、可获取利润，以及可利用资源数量如表8-10所示。则应按（　　　）方案来安排计划以使该工厂获利最多。

表8-10

	甲	乙	可利用资源
设备（台时）	2	3	14
原材料A（千克）	8	0	16
原材料B（千克）	0	3	12
利润（万元）	2	3	

A. 生产甲2套，乙3套　　　　B. 生产甲1套，乙4套
C. 生产甲3套，乙4套　　　　D. 生产甲4套，乙2套

解答：

用代入排除法。分析选项，选项C和D无法实现（因为原材料A的限制，不可能生产甲超过2套）。选项A和B都满足资源约束条件，而选项B的利润更高，所以选B。

6. 某企业生产甲、乙两种产品，这两种产品都需要A、B两种原材料。生产一个甲产品需要3万个A和6万个B，销售收入为2万元；生产一个乙产品需要5万个A和2万个B，销售收入为1万元。该企业每天可用的A数量为15万个，可用的B数量为24万个。为了获得最多的销售收入，该企业每天生产的甲产品的数量应为（1）万个，此时该企业每天的销售收入为（2）万元。

（1）A. 2.75　　　　B. 3.75　　　　C. 4.25　　　　D. 5

（2）A. 5.8　　　　B. 6.25　　　　C. 8.25　　　　D. 10

解答：

设生产甲产品x万个，乙产品y万个，则：$3x+5y=15$；$6x+2y=24$，得出：$x=3.75$，$y=0.75$，得到利润$=2x+y=8.25$。答案：（1）B；（2）C。

8.2.2 运输问题

一般的运输问题就是要解决以下问题：把某种产品从若干产地调运到若干销地，在每个产地的供应量与每个销地的需求量已知，并知道各地之间的运输单价的前提下，确定一个使得总运输费用最低的方案。

例题

假设某产品有3个产地A_1、A_2、A_3，4个销地B_1、B_2、B_3、B_4，其供应量、需求量和产品运输单价如表8-11所示。求使总运费最低的运输方案。

表8-11

产地	销地				供应量
	B_1	B_2	B_3	B_4	
A_1	2	3	2	1	3
A_2	10	8	5	4	7
A_3	7	6	6	8	5
需求量	4	3	4	4	

解答：

首先，得看懂题意。对上面例题中已知信息的分析和理解如图8-4所示。

分析题目可知以下信息。

（1）题目的最终目的是：找到一个运输方案，让所有销地的需求量得以满足，同时价格最低。

（2）3个产地的供应量之和（3+7+5=15）与4个销地的需求量之和（4+3+4+4=15）相等，也就是说，产地中的货物不会有剩余。

（3）如果不考虑价格因素，那么运输方案太多，不可能用遍历法手算求解。

对于这种题，建议用"横竖综合分析法"（这个名字是我起的，并不是数学上的专属名词），对比每一列或者每一行的最小值与次小值的差，差越大，说明越应该选择最小值。此题具体的分析思路和解题步骤如图8-4所示。

产地对应供应量，销地对应需求量。
所以，把原表改成这样的表头其实更容易理解。
A_1供应量为3，指的是A_1这个产地目前有3件货物可以给销地。
B_1需求量为4，指的是B_1这个销地需要4件货物。

产地／供应量	销地／需求量			
	B_1／4	B_2／3	B_3／4	B_4／4
A_1／3	2	3	2	1
A_2／7	10	8	5	4
A_3／5	7	6	6	8

中间的数字为"运输单价"。
这个**2**指的是从A_1往B_1运送1件货物的单价是2元（或者2千元、2万元，题目没说，但不影响分析）。
同理，这个8指的是从A_2往B_2运送1件货物的单价是8元。

从产地往销地运送货物的可能的方案有很多，比如：
方案一：A_1→3件→B_1、A_3→1件→B_1、A_2→3件→B_2、A_2→4件→B_3、A_3→4件→B_4
　　方案一的价格：3×2+1×7+3×8+4×5+4×8=89元
方案二：A_1→3件→B_2、A_2→4件→B_1、A_2→3件→B_3、A_3→1件→B_3、A_3→4件→B_4
　　方案二的价格：3×3+4×10+3×5+1×6+4×8=102元
……
例题中的问题就是，要从这么多种可能的方案中，选择价格最便宜的。

图8-4

按照图8-5中的方案，例题中价格最低的运输方案为：①A_1→3件→B_1，成本3×2=6元；②A_3→1件→B_1，成本1×7=7元；③A_2→4件→B_4，成本4×4=16元；④A_2→3件→B_3，成本3×5=15元；⑤A_3→3件→B_2，成本3×6=18元；⑥A_3→1件→B_3，成本1×6=6元。此方案的总成本为：6+7+16+15+18+6=68元。

需要特别说明的是，这个横竖综合分析法并不能保证找到的方案是最优的方案，一般按照这个方法找2~3个方案，然后比较一下各方案的成本就可以了。另外，相比高项官方教程21.2.2节给出的方法，这种方法相对更容易理解，实用性也更强。

产地 / 供应量	销地 / 需求量			
	B₁ / 4	B₂ / 3	B₃ / 4	B₄ / 4
A₁ / 3	2	3	2	1
A₂ / 7	10	8	5	4
A₃ / 5	7	6	6	8

(1) 横向分析。

从A₁往4个销地运送的成本价格差别不大（最大的价格差是3-1=2），最好别从A₁往B₂运送。

- 同理，最好不要从A₂往B₁和B₂运送，比较贵。
- 最好不从A₃往B₄运送。

产地 / 供应量	销地 / 需求量			
	B₁ / 4	B₂ / 3	B₃ / 4	B₄ / 4
A₁ / 3	2	3	2	1
A₂ / 7	10	8	5	4
A₃ / 5	7	6	6	8

(2) 竖向分析。

- 对于B₁而言，最便宜是从A₁运送，第二便宜是从A₃运送，这两种价格差7-2=5，价格差比较大，因此最好从A1运送。
- 同理，送往B₂的最便宜与第二便宜的方案价格差6-3=3；B₃的是5-2=3；B₄的是4-1=3。

(3) 综合分析。A₁送往各销地都最便宜，但是A₁只有3件。B₁最好由A₁送，别的太贵。

- 因此，可以决定：①A₁→3件→B₁，②A₃→1件→B₁。此时B₁需求量被满足，A₁没有货物，A₃还剩4件。
- 再分析从A₂/A₃往B₂/B₃/B₄送货的方案。
- 此时，容易决定从A₂往B₄送货（因为从A₃送会贵8-4=4，价格差最大。
- 那么，剩余方案就是：③ A₂→4件→B₄，④A₂→3件→B₃，⑤A₃→3件→B₂，⑥A₃→1件→B₃。
- 上述方案的思考顺序如下图的①②③④⑤⑥所示。

产地 / 供应量	销地 / 需求量			
	① B₁ / 4 ②	B₂ / 3	B₃ / 4	B₄ / 4
A₁ / 3 3件	3×2=6	3	2	1
A₂ / 7	10	8	5	4
A₃ / 5 1件	1×7=7	6	6	8

产地 / 供应量	销地 / 需求量				
	B₁ / 4	⑤ B₂ / 3	④ B₃ / 4 ⑥	B₄ / 4 ③	
A₁ / 3-3=0	3×2=6	3	2	1 4件	
A₂ / 7	10	8 3件	3×5=15	4×4=16	
A₃ / 5-1=4	1×7=7 3件	3×6=18	1件 1×6=6	8	

图8-5

> **软考真题**

1. 两家工厂A1和A2向3个零售店B1、B2和B3供应某种商品。A1和A2可供应的商品件数分别是200和300，而B1、B2和B3的需求量分别是100件、200件和50件。各工厂和零售店之间可以进行转运。如果运输的单位成本如表8-11所示（例如，表中第4列第3行的数字5表示将一件商品从A2运到B1的成本）。

表 8-11

	A1	A2	B1	B2	B3
A1	0	6	7	8	9
A2	6	0	5	4	3
B1	7	2	0	5	1
B2	1	5	1	0	4
B3	8	9	7	6	0

那么在最优的转运安排中，满足各零售店需求的运输总成本是（　　）。

A. 1750　　　　　　B. 1550　　　　　　C. 1350　　　　　　D. 850

解答：

该题允许转运，因此复杂度进一步增加，其分析和解题的步骤如图8-6所示。

		目的地/需求量				
		A1	A2	B1/100	B2/200	B3/50
出发地/ 初始货物 数量	A1/200	0	6	7	8	9
	A2/300	6	0	5	4	3
	B1/0	7	2	0	5	1
	B2/0	1	5	1	0	4
	B3/0	8	9	7	6	0

(1) 竖向分析。
- B2有1件货物的最低成本为4（A2→B2）。
- B1有1件货物的最低成本为5（A2→B1）（注意！最低不是1，因为B2给B1送货的前提是B2有货，而B2有货最低也需要4（A2→B2），因此如果B2给B1送货，那么最低成本是4+1=5）。
- B3有1件货物的最低成本为3（A2→B3）（不是1，因为B1给B3送货的前提是B1有货）。
- 可知，A2往B1、B2、B3送货最便宜。假设A2货源足够，则最低的运费为：
100×5+200×4+50×3=1450，排除选项C和选项D。

(2) 横向分析。
- 比较A1与A2送往B1、B2、B3的价格差，发现最大的价格差是B3的9-3=6，也就是说，要优先把A2的货物送往B3，否则太贵。
- 因此，最优的方案的第一步为：① A2→50件→B3（成本：50×3=150），此时A2还剩250件。
- 同理，用A2剩余的货物满足B2的需求，② A2→200件→B2（成本：200×4=800），此时A2还剩50件。
- ③ A2→50件→B1（成本：50×5=250），此时A2剩余0件。
- ④ A1→50件→B1（成本：50×7=350）。
- 最优的成本为：
150+800+250+350=1550，选B。

图8-6

注意，这是一道选择题，所以选项是可以辅助我们解题的。在竖向分析时，可以利用理论上的最低运费来排除选项C和选项D；在横向分析时，我们找到的方案的成本为1550（选项B），此时不用再验证这个方案是否是最优的，因为它比选项A更低。

2. 某公司有东部、中部、西部3个生产基地，生产的产品需要运送到甲、乙、丙、丁4个市场，从生产基地到各个市场的单位运价如表8-12所示。完成该运输任务所需的运费最少为（　　）。东部、中部、西部的产量分别为16、10、22件，甲、乙、丙、丁4个市场的需求量分别为8、14、12、14件。

A. 242　　　　　　B. 244　　　　　　C. 289　　　　　　D. 302

表 8-12

	甲	乙	丙	丁
东部	4	12	4	11
中部	2	10	3	9
西部	8	5	11	6

解答：

各行各列中，最小值与次小值的差最大的是乙对应的列（10-5=5），因此，①西部→14件→乙，此时，乙满足需求，西部还剩22-14=8件，费用14×5=70。

②西部→8件→丁，此时，丁还差14-8=6，西部还剩0件，费用8×6=48。

③中部→8件→甲，此时，甲满足需求，中部还剩10-8=2件，费用8×2=16。

④中部→2件→丁，此时，丁还差6-2=4，中部还剩0件，费用2×9=18。

⑤东部→4件→丁，此时，丁满足需求，东部还剩16-4=12件，费用4×11=44。

⑥东部→12件→丙，此时，丙满足需求，东部还剩0件，费用12×4=48。

该方案总成本为：70+48+16+18+44+48=244，计算步骤如图8-7所示。

	甲/8	乙/14 ①	丙/12	丁/14 ②
东部/16	4	12	4	11
中部/10	2	10	3	9
西部/22	8	5　**14件**	11	**8件** 6

	甲/8 ③	乙/14	⑥ 丙/12	丁/14-8=6
东部/16	4	12　**12件**	4	④ 11　⑤ **4件**
中部/10	**8件** 2	10	3　**2件**	9
西部/22	8	5	11	6

图8-7

另外，上述方案其实不是唯一的方案。在第③步时，可以优先用中部的产品满足丁的需求，再用中部剩余的产品给甲，最后用东部的产品满足甲的剩余需求和丙的全部需求，这种方案的成本也是244，具体如下。

①西部→14件→乙，此时，乙满足需求，西部还剩22-14=8件，费用14×5=70。

②西部→8件→丁，此时，丁还差14-8=6，西部还剩0件，费用8×6=48。

③中部→6件→丁，此时，丁满足需求，中部还剩10-6=4件，费用6×9=54。

④中部→4件→甲，此时，甲还差8-4=4，中部还剩0件，费用4×2=8。

⑤东部→4件→甲，此时，甲满足需求，东部还剩16-4=12件，费用4×4=16。

⑥东部→12件→丙，此时，丙满足需求，东部还剩0件，费用12×4=48。

此方案的成本为：70+48+54+8+16+48=244。

最后需要说明两点：一是运输问题的解题过程比较复杂，如果在考试时遇到运输问题，建议放在最后做，以免耽误整体时间；二是运输问题只在软考高项的选择题中出现，通常每2~3次考试出现一次，只占选择题的1~2分，同学们不用太焦虑。

8.2.3 指派问题

指派问题指：有n项任务，恰好有n个人可以分别去完成其中任何一项，由于任务的性质和每个人的技术专长各不相同，因此，各人去完成不同任务的效率也不一样。于是提出如下问题：应当指派哪个人去完成哪项任务，才能使总体效率最高？类似的指派问题还有：n台机床加工n项任务，n条航线安排n艘船或n架客机等。

例题

某公司有B1、B2、B3、B4共4项任务，由A1、A2、A3、A4共4个人去完成。由于任务性质及每个人的技术水平不同，他们完成各项任务所需的时间（单位：小时）如表8-13所示。怎样指派才能使4项任务耗费的总时间最少？

表8-13

人员	任务			
	B1	B2	B3	B4
A1	2	45	13	4
A2	10	4	14	15
A3	9	14	16	13
A4	7	8	11	9

解答：

本质上这是排列组合问题，如果2个人完成2项任务，有2种组合；3个人完成3项任务就有3×2=6种组合；4个人完成4项任务，就有4×3×2=24种组合。24种组合不是特别多，结合表格中的具体数字进行分析，找到最优方案不是很难。

分析表8-13，容易决定：不让A1做B2和B3，因为时间差太大（13-4=9，不合算）。那么只分析A1做B1或A1做B4，这样就减少了一半的方案，还剩12种组合。具体的分析步骤如图8-8所示。

人员	任务			
	B1	B2	B3	B4
A1	**2**	15	13	4
A2	10	4	14	15
A3	9	14	16	13
A4	7	8	11	9

假设让A1做B1，那么只需要分析A2、A3、A4与B2、B3、B4的分配即可，也就是阴影区域（此时共有3×2=6种可能的方案）。在这个区域进行横竖综合分析，决定让A2做B2。

人员	任务			
	B1	B2	B3	B4
A1	**2**	15	13	4
A2	10	**4**	14	15
A3	9	14	16	13
A4	7	8	11	9

此时只需要分析A3、A4与B3、B4的分配，只有2种方案：
① A3做B3，A4做B4，时间为16+9=25；
② A3做B4，A4做B3，时间为13+11=24；
选方案②。
此时的整体方案就是A1做B1、A2做B2、A3做B4、A4做B3，总时间为：2+4+13+11=30。

图8-8

人员	任务			
	B1	B2	B3	B4
A1	2	15	13	4
A2	10	4	14	15
A3	9	14	16	13
A4	7	8	11	9

> 如果让A1做B4，那么就分析A2、A3、A4与B1、B2、B3的分配。利用横竖综合分析，决定让A2做B2。

人员	任务			
	B1	B2	B3	B4
A1	2	15	13	4
A2	10	4	14	15
A3	9	14	16	13
A4	7	8	11	9

> 此时只需分析A3、A4与B1、B3的分配，有2种方案：
> ①A3做B1、A4做B3，时间为9+11=20；
> ②A3做B3、A4做B1，时间为16+7=23；
> 选方案①。
> 此时的方案就是A1做B4、A2做B2、A3做B1、A4做B3，总时间为：
> 4+4+9+11=28。
> 28<30，选择此方案。

图8-8（续）

软考真题

1. 某公司要把4个能源工程项目发包给4个互不相关的承包商，规定每个承包商只能且必须承包一个项目，各承包商对工程的报价如表8-14所示，在总费用最低的条件下确定各个项目的承包者，总费用为（　　）。

A. 70　　　　　　B. 69　　　　　　C. 71　　　　　　D. 68

表8-14

投标者	项目			
	A	B	C	D
甲	15	18	21	24
乙	19	23	22	18
丙	26	17	16	19
丁	19	21	23	17

解答：

分析思路还是用横竖综合分析法，分析各行各列最小值与次小值的差，差越大说明越应该优先用最小值。对于表8-14，价格差最大的是C对应的列（价格差=21-16=5），因此，先确定让丙做C。此时，分析甲、乙、丁与A、B、D的分配，一共有6种组合，已经可以用遍历法分析了。

此题，总费用最低的方案有2个（选A）：

① 丙做C、甲做B、乙做A、丁做D，费用为：16+18+19+17=70。

② 丙做C、甲做A、乙做D、丁做B，费用为：16+15+18+21=70。

2. 分配甲、乙、丙、丁4个人去完成5项任务。每人完成各项任务的时间如表8-15所示。由于任务多于人数，故规定其中有一个人可完成2项任务，其余3个人每人完成一项任务。为了花费时间最少，（　　）应该完成2项任务。

A. 甲　　　　　　B. 乙　　　　　　C. 丙　　　　　　D. 丁

表 8-15

人	任务				
	任务1	任务2	任务3	任务4	任务5
甲	25	25	31	43	33
乙	38	33	25	20	28
丙	41	27	32	45	32
丁	23	37	35	23	40

解答：

这道题表格里的数字比较大，分析起来会很麻烦，我们可以将表格里的所有数字都减25（这个25不是绝对的，用20、21、22、23……都可以），等方案出来后，给总时间再加上25×5=125即可。如表8-16所示，每个数字都减25后，分析起来就简单多了。

表 8-16

人	任务				
	①任务1	①任务2②	任务3	任务4	任务5
甲	0	0	①6③②	18②	8
乙	13	8	0	-5	①3③②
丙	③16②	2	7	①20③	7
丁	-2	12	10	-2	15

根据题目的已知信息，必须有一个人做2项任务，所以先横向分析，比较每行中次小的数字。不难发现，丙不能承担2项任务，因为其次小的数字比较大。然后分析甲、乙、丁分别承担2项任务的情况。

方案①：甲承担任务1和任务2，分析乙、丙、丁、任务3、任务4和任务5的分配，可以很快地确定此时最优的方案是：乙做任务3、丙做任务5、丁做任务4。该方案的整体耗时：125+（0+0+0+7+（-2））=130。

方案②：乙承担任务3和任务4，同理可知此时最优的分配是：甲做任务2、丙做任务5、丁做任务1，整体耗时：125+（0+0+（-5）+7+（-2））=125。

方案③：丁承担任务1和任务4，可知此时最优的分配是：甲做任务2、乙做任务3、丙做任务5，整体耗时：125+（-2-2+0+0+7）=128。

方案②总耗时最少，也就是让乙承担2项任务，选B。

指派问题，在软考高项的选择题中出现的频率比运输问题还低，一般4~5次考试才考1次（占1分）。

8.2.4　动态规划

动态规划，解决资源或资金有限的情况下获取最大收益的问题。

软考真题

1. 某公司现有400万元用于投资甲、乙、丙3个项目，投资额以百万元为单位，已知甲、乙、丙3项投资的可能方案及相应的收益如表8-17所示。

表8-17　　　　　　　　　　　　　　　　　　　　　　　　单位：百万元

项目	投资 1	2	3	4
甲	4	6	9	10
乙	3	9	10	11
丙	5	8	11	15

则该公司能够获得的最大收益是（　　）百万元。

A. 17　　　　　　B. 18　　　　　　C. 20　　　　　　D. 21

解答：

首先要看懂题意，尤其是看懂表格（先看表头）。表8-17中第3行第3列的6，指的是甲项目投资2百万元收益6百万元。既然要获得最大的收益，那么一个很简单的原则就是把可用的投资用完。解此类问题，可以有两种方法。

解法一：遍历法（穷举法）。

（1）分析题目：一共有4百万元，投资3个项目，投资金额为0~4百万元，取整数。

（2）确定分类依据，对所有可能的方案进行分类。

以"向甲项目投资的金额"为依据进行分类，那么所有的投资方案一共有5类（这样的分类既包括了所有可能的方案，又不重复）。

第1类：向甲项目投资0百万元（记为"甲-0"，下同）；第2类：向甲项目投资1百万元；第3类：向甲项目投资2百万元；第4类：向甲项目投资3百万元；第5类：向甲项目投资4百万元。

（3）列出每类方案具体的投资并计算收益，如表8-18所示。

表8-18　　　　　　　　　　　　　　　　　　　　　　　　单位：百万元

	投资（括号内为收益） 甲	乙	丙	收益		投资（括号内为收益） 甲	乙	丙	收益
第1类 甲-0	0（0）	0（0）	4（15）	0+0+15=15	第3类 甲-2	2（6）	0（0）	2（8）	6+0+8=14
	0（0）	1（3）	3（11）	0+3+11=14		2（6）	1（3）	1（5）	6+3+5=14
	0（0）	2（9）	2（8）	0+9+8=17		2（6）	2（9）	0（0）	6+9+0=15
	0（0）	3（10）	1（5）	0+10+5=15	第4类 甲-3	3（9）	0（0）	1（5）	9+0+5=14
	0（0）	4（11）	0（0）	0+11+0=11		3（9）	1（3）	0（0）	9+3+0=12
第2类 甲-1	1（4）	0（0）	3（11）	4+0+11=15	第5类 甲-4	4（10）	0（0）	0（0）	10+0+0=10
	1（4）	1（3）	2（8）	4+3+8=15	说明	1. A（B），A为投资金额，B为收益（查表所得）。 2. 甲-0，意思就是向甲项目投资0百万元。			
	1（4）	2（9）	1（5）	4+9+5=18					
	1（4）	3（10）	0（0）	4+10+0=14					

（4）找到最大收益：当向甲项目投资1百万元、向乙项目投资2百万元、向丙项目投资1

百万元时，获得最大收益，为18百万元，选B。

这就是遍历法，也就是把所有可能的方案都找到，然后逐一计算收益。有的考生也许会担心"考试的时间有限，是不是来得及用遍历法解此类问题？"，答案是来得及！这与高项选择题的考试时间以及试题特点相关，根据我们的统计，绝大多数考生能在90~100分钟内答完70道非数学题，所以还有50多分钟去做这5道数学题，也就是说时间足够。

解此类问题的注意事项如下。

- 一定要看懂题目。估计可能的方案大约有多少，是不是能用遍历法来做。
- 给所有可能的方案进行分类之前，找到合适的分类依据很关键，分类要做到既包括全部可能，又不出现重复方案。

解法二：性价比分析法。

所谓"性价比"，需要具体问题具体分析，对于此题，分析步骤如下。

（1）分析题目，看懂题意。

（2）针对每个项目，计算不同投资金额对应的"百万元投资收益率"，如表8-19所示。

表8-19

项目	投资			
	1	2	3	4
甲	4	6÷2=3	9÷3=3	10÷4=2.5
乙	3	9÷2=4.5	10÷3=3.33	11÷4=2.75
丙	5	8÷2=4	11÷3=3.67	15÷4=3.75

（3）选择投资收益率高的投资方案。此题的选择顺序为：①选择最大收益率（为5），即丙-1；②选择次大收益率（为4.5），即乙-2；③此时，只剩下1百万元，只能投给甲（因为前面已经选择了丙-1和乙-2，就不能再向丙、乙项目投资了），即甲-1如图8-9所示。此时，总收益为18百万元。

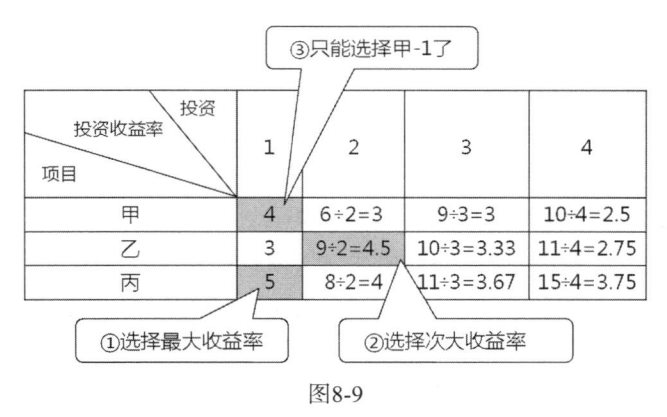

图8-9

可以发现，性价比分析法比遍历法要快得多，但是它并不严谨。当按照性价比选择时，我们只能保证前面的选择步骤（先选最大，再选次大）是合适的，但最后一步是被迫选择的（因为已经确定了丙-2、乙-1，则只能选甲-1了），这就有可能使得最后的总收益不是最优解。例如，如果该题目甲-1的收益是2百万元，那么这种方法得到的方案为丙-2、乙-1、甲-1，收益为16百万元，不是最大的。

虽然性价比分析法不严谨，但可以用这种方法快速分析题意，这有助于简化问题

2. 某公司打算在它的3个营业区增设6个销售店，每个营业区至少增设1个。各营业区年增加的利润与增设的销售店个数有关，具体关系如表8-20所示。可以调整各营业区增设的销售店的个数，使公司总利润增加额最多达（　　　）万元。

表8-20　　　　　　　　　　　　　　　　　　　　　　　单位：万元

增设销售店个数	营业区A	营业区B	营业区C
1	100	120	150
2	160	150	165
3	190	170	175
4	200	180	190

A. 520　　　　B. 490　　　　C. 470　　　　D. 510

解答：

采用遍历法，步骤如下。

（1）分析题目，看懂题意：一共有6个店，每个区域不能为0。

（2）以"在A区增设的店的数量"为依据分为4类：第1类，在A区增设1个店（记为"A-1"，下同）；第2类，在A区增设2个店；第3类，在A区增设3个店；第4类，在A区增设4个店（不能在A区增设5个店，因为B、C不能为0）。

（3）列出每类方案具体的投资并计算收益，如表8-21所示。

表8-21

	店数（括号内为收益，单位为万元）			收益（万元）		店数（括号内为收益，单位为万元）			收益（万元）
	A	B	C			A	B	C	
A-1	1（100）	1（120）	4（190）		A-2	2（160）	1（120）	3（175）	455
	1（100）	2（150）	3（175）			2（160）	2（150）	2（165）	475
	1（100）	3（170）	2（165）			2（160）	3（170）	1（150）	480
	1（100）	4（180）	1（150）		A-3	3（190）	1（120）	2（165）	475
A-4	1（100）	1（120）	1（150）			3（190）	2（150）	1（150）	490

（4）找到最大收益：490万元，选B（A-3、B-2、C-1）。

3. 有一辆货车每天沿着公路给4个零售店运送6箱货物，各零售店出售该货物所得利润如表8-22所示，适当规划在各零售店卸下的货物的箱数，可获得最大利润（　　　）万元。

表8-22　　　　　　　　　　　　　　　　　　　　　　　单位：万元

箱数	零售店			
	1	2	3	4
1	4	2	3	4
2	6	4	5	5
3	7	6	7	6

箱数	零售店			
	1	2	3	4
4	7	8	8	6
5	7	9	8	6
6	7	10	8	6

A. 15　　　　　　B. 17　　　　　　C. 19　　　　　　D. 21

解答：

采用综合法，步骤如下。

综合法，指的是先用性价比分析法，然后进行"不完全的遍历"，多试几种方案。

（1）分析题目：此题可能的方案太多，果断放弃完全遍历法。

（2）分析题目中的表格发现，在向一个店送货超过3箱以后，收益几乎不增加（店1、店3、店4都不增加收益，店2增加很少），所以，决定只考虑向各店送货0~3箱。

（3）分析性价比（每箱货物的收益率），从性价比最高的开始选择，如图8-10所示。

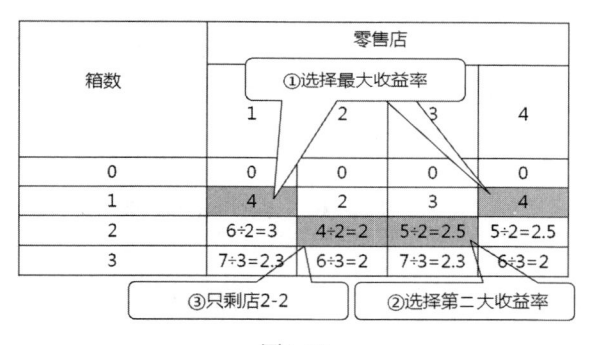

箱数	零售店			
	1	2	3	4
0	0	0	0	0
1	4	2	3	4
2	6÷2=3	4÷2=2	5÷2=2.5	5÷2=2.5
3	7÷3=2.3	6÷3=2	7÷3=2.3	6÷3=2

①选择最大收益率　②选择第二大收益率　③只剩店2-2

图8-10

（4）分配方案为：店1-1、店4-1、店3-2、店2-2，收益为17万元，选B。（店1-1意思为向1号店送1箱货，下同）。

需要说明的是，这道题获得最大收益的分配方案并不唯一，下面5种方案都能得到17万元的最大收益：店1-1、店4-1、店2-1、店3-3；店1-1、店4-1、店2-3、店3-1；店4-1、店1-2、店2-1、店3-2；店4-1、店1-2、店2-1、店3-1；店4-1、店1-2、店2-0、店3-3。

4. 某公司拟将5百万元资金投放下属A、B、C 3个子公司（以百万元的倍数分配投资），各子公司获得部分投资后的收益如表8-23所示（以百万元为单位）。该公司投资的总收益至多为（　　）百万元。

表8-23　　　　　　　　　　　　　　　　　　　　　　　　　　单位：百万元

项目	0	1	2	3	4	5
A	0	1.2	1.8	2.5	3	3.5
B	0	0.8	1.5	3	4	4.5
C	0	1	1.2	3.5	4.2	4.8

A. 4.8　　　　　　B. 5.3　　　　　　C. 5.4　　　　　　D. 5.5

解答：

此题请大家自己练习，建议用综合法，答案为D（A-1、B-1、C-3）。

8.2.5 图与网络

此类问题给出一张图，需要考生从中找出最优路线。不同的题目，图的类型和性质可能不一样，审题时一定要准确理解题意。

↘ **软考真题**

1. 某公司从甲地向丁地运送物资，运输过程中先后经过乙、丙两个中转站，其中乙中转站可以选择乙1和乙2两个地点，丙中转站可以选择丙1、丙2、丙3三个地点，相邻两地之间的距离如表8-24所示，则甲地和丁地之间的最短距离是（　　　）

表 8-24

	乙1	乙2	丙1	丙2	丙3	丁
甲	26	30				
乙1			18	28	32	
乙2			30	32	26	
丙1						30
丙2						28
丙3						20

A. 64　　　　B. 74　　　　C. 76　　　　D. 68

解答：

此类问题的解题思路就是"分步计算"，具体的解题步骤如下。

（1）根据已知信息，画出路线图（如果题干已经给出路线图，则此步骤省略）。本题的路线图如图8-11所示。

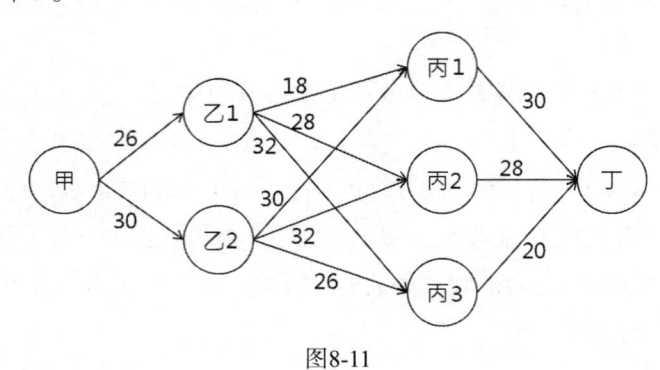

图 8-11

（2）计算从甲出发到达两个乙节点的最短路径。

　　（2.1）计算从甲出发到达乙1的最短路径（26）。

　　（2.2）计算从甲出发到达乙2的最短路径（30）。

（3）计算从甲出发经过乙到达3个丙节点的最短路径。

　　（3.1）计算到达丙1的最短路径：从甲出发经过乙1到丙1的距离为26+18=44，从甲出发经过乙2到达丙1的距离为30+30=60，所以最短距离为44。

（3.2）计算到达丙2的最短路径：从甲出发经过乙1到达丙2的距离为26+28=54，从甲出发经过乙2到达丙2的距离为30+32=62，所以最短距离为54。

（3.3）计算到达丙3的最短路径：从甲出发经过乙1到达丙3的距离为26+32=58，从甲出发经过乙2到达丙3的距离为30+26=56。

（4）计算到达丁节点的最短路径。经过丙1到达丁的距离为44+30=74；经过丙2到达丁的距离为54+28=82；经过丙3到达丁的距离为56+20=76。

（5）从甲出发到达丁的最短路径为甲→乙1→丙1→丁，距离74。

解题步骤如图8-12所示。

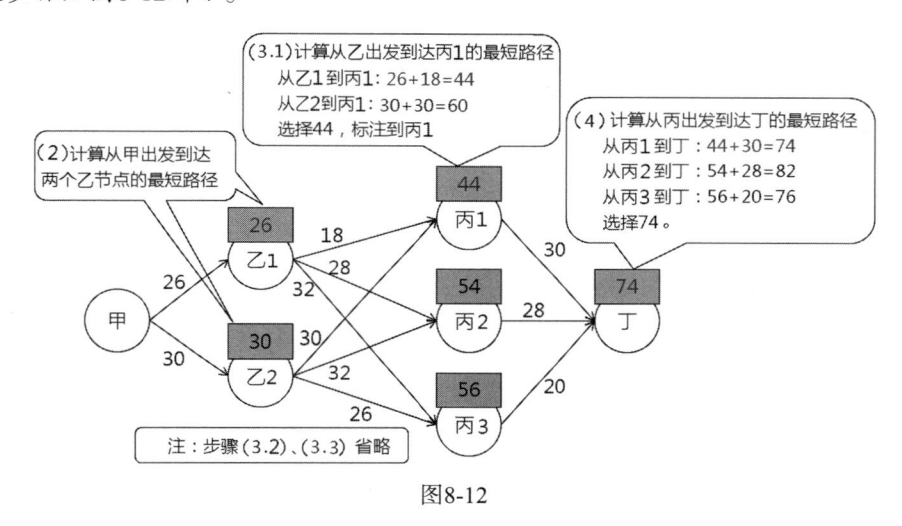

图8-12

这种方法的计算量比"遍历法"少一些，而且通过"分节点"计算的方式可以有效厘清思路、避免计算混乱。

2. 图8-13中，从A到E的最短长度是（　　）（图中每条边旁的数字为这条边的长度）。

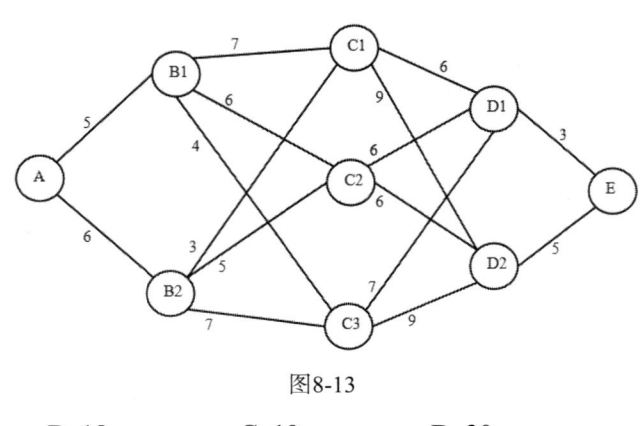

图8-13

A. 17　　　　　　B. 18　　　　　　C. 19　　　　　　D. 20

解答：

从A到E各节点的最短长度如图8-14所示。

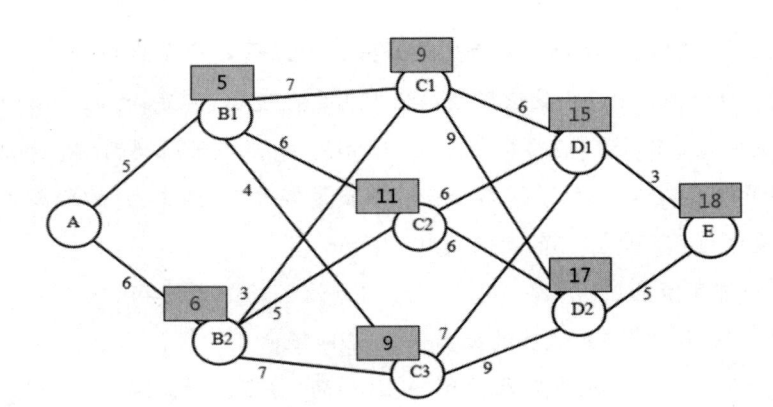

图8-14

答案选B。

3. 已知网络图各段路线所需费用如图8-15所示，图中甲线和乙线上的数字分别是对应点的费用，从甲线到乙线的最低费用路线是（1）条，最低费用为（2）。

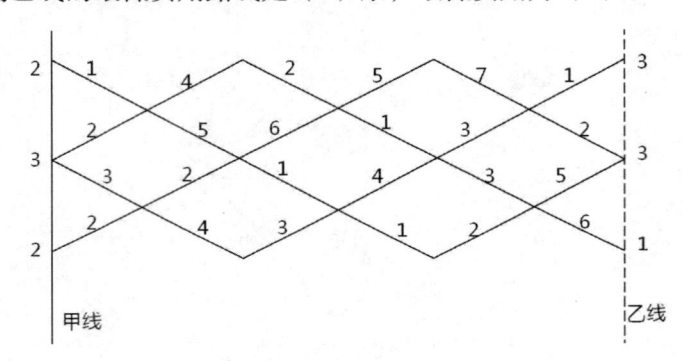

图8-15

（1）A. 1　　　　　　B. 2　　　　　　C. 3　　　　　　D. 4
（2）A. 15　　　　　 B. 16　　　　　 C. 17　　　　　 D. 18

解答：

从甲线到乙线的最低费用如图8-16所示。

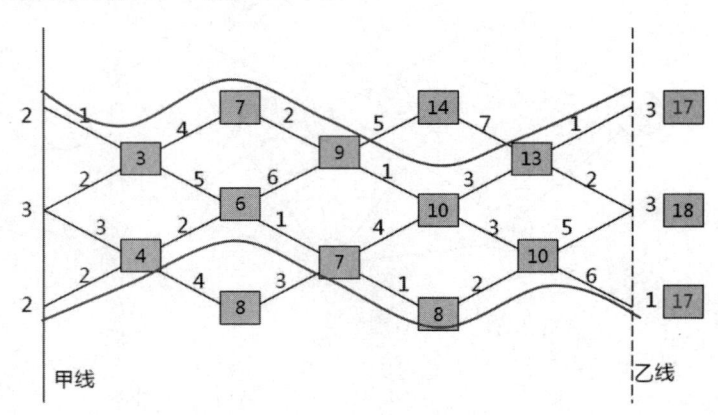

图8-16

答案：（1）B、（2）C。

4. 图8-17为某地区的通信线路图，图中的节点为8个城市，节点间标识的数字为城市间铺设通信线路的长度（单位：千米），为保证8个城市的通信，需要至少铺设（　　　）千米的线路。

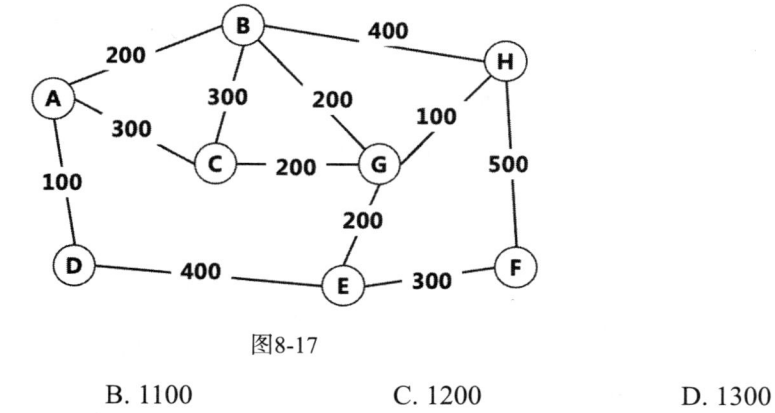

图8-17

A. 1000　　　　　　B. 1100　　　　　　C. 1200　　　　　　D. 1300

这种问题的核心是：如果3个节点之间有3条线，那么可以删除1条线而不影响连通性。因此，解题时可以从最长的线路开始，逐步断开，每断开一条马上检查是否有孤立的节点。解题步骤如图8-18所示。

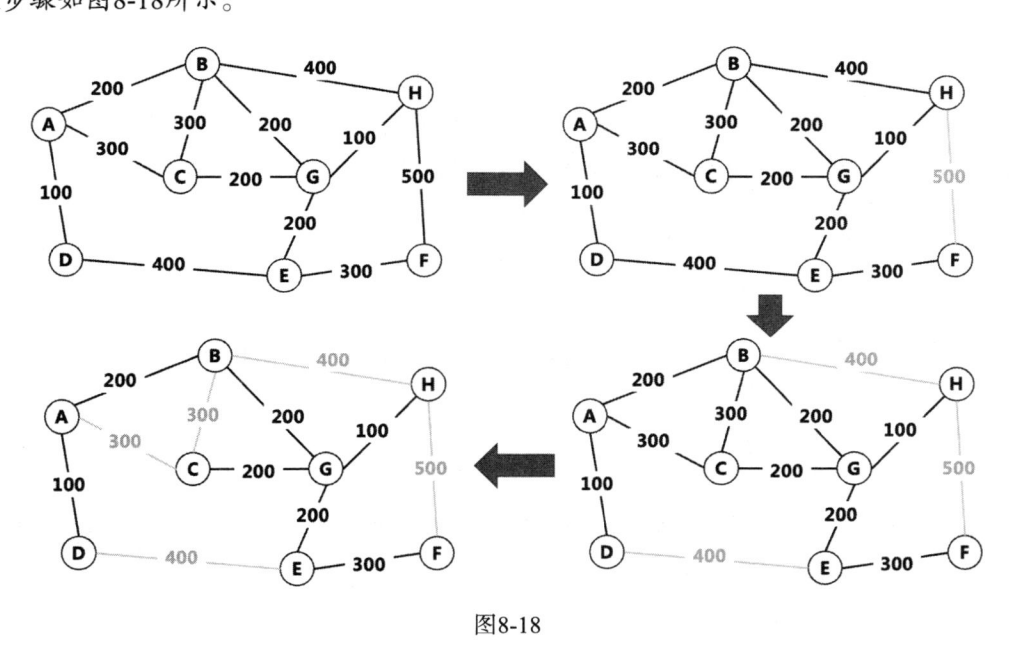

图8-18

答案选D。

8.2.6 后悔值决策

最小最大后悔值法（在最大后悔值中选择最小的）也叫机会损失最小值决策法，是一种根据机会成本进行决策的方法，以各方案机会损失大小来判断方案的优劣。

后悔值指当某种自然状态出现时，决策者从若干方案中选优时没有采取能获得最大收益的方案，以致在收益上产生了某种损失。

后悔值=各个方案在该概率事件下的最大收益−该概率事件下该方案的收益

最小最大后悔值做决策的步骤。

（1）计算每个方案在各种情况下的后悔值。

（2）找出各方案的最大后悔值。

（3）选择最大后悔值最小的方案作为最优方案。

最小最大后悔值法是管理学中不确定决策的一种方法，软考高项的选择题曾经考过几次。对于这样的题目，只要掌握决策标准，正确作答并不困难。

▶ 软考真题

1. 某企业开发了一种新产品，拟定的价格方案有3种：较高价、中等价、较低价，估计这种产品的销售状态也有3种：销路较好、销路一般、销路较差。根据以往的销售经验，这3种价格方案在3种销售状态下的收益值如表8-25所示。

表8-25　　　　　　　　　　　　单位：万元

	销路较好	销路一般	销路较差
较高价	20	11	8
中等价	16	16	10
较低价	12	12	12

企业一旦选择了某种决策方案，在同样的销售状态下，就可能产生后悔值（即所选决策方案产生的收益与最佳决策收益值的差值）。例如，如果选择较低价方案，在销路较好时，后悔值就为8万元。因此，可以根据表8-25计算后悔值，如表8-26所示（空缺部分有待计算）。

表8-26　　　　　　　　　　　　单位：万元

	销路较好	销路一般	销路较差
较高价	0		
中等价		0	
较低价	8		0

企业做定价决策前，首先需要选择决策标准。该企业决定采用最小最大后悔值决策标准（坏中求好的保守策略），为此，该企业应选择决策方案（　　　）。

A. 较高价　　　　B. 中等价　　　　C. 较低价　　　　D. 中等价或较低价

解答：

与决策树方法类似，在求解最小最大后悔值的问题之前，先根据题目的已知信息确定"可选方案"（一般为选择题中的选项）和"概率事件"。解题步骤如下。

（1）确定可选方案和概率事件——此题的可选方案为较高价、中等价、较低价；概率事件为销售状态（销路较好、销路一般、销路较差）。

（2）以概率事件为维度，逐一计算每种概率事件下各方案的后悔值。

（2.1）找到每种概率事件下的最优值。

（2.2）各方案在该概率事件下的后悔值=最优值–该方案在该概率事件下的收益。

（2.3）将后悔值填到表中的对应位置。

（3）以可选方案为维度，确定每个方案后悔值中的最大值。

（4）选择最大后悔值最小的方案。

最小最大后悔值决策法的计算过程如图8-19所示。

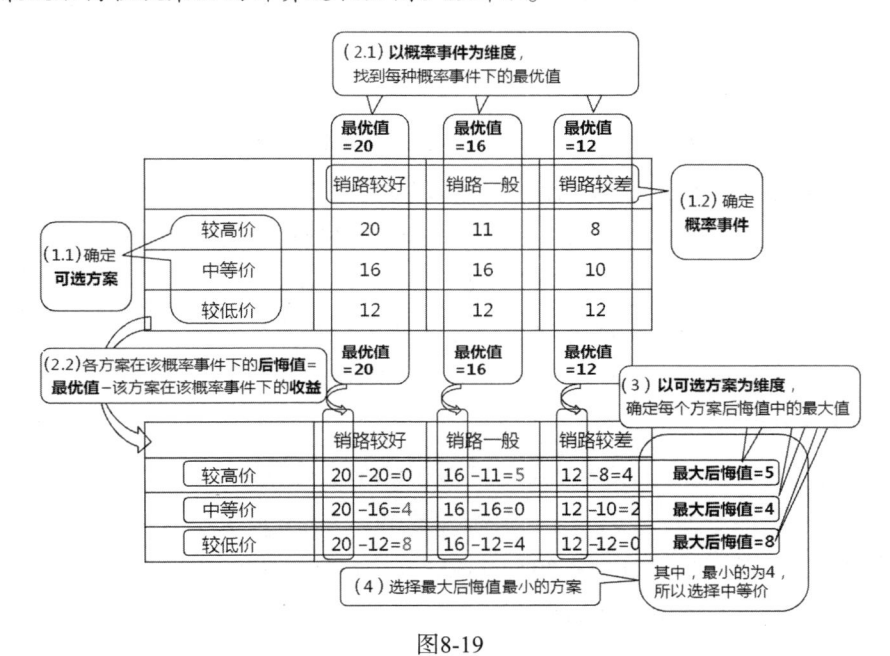

图8-19

8.2.7 概率问题

概率是对随机事件发生的可能性的度量，通常以一个0~1的实数表示一个事件发生的可能性。

古典概型讨论的对象局限于随机试验所有可能结果为有限个的情形（软考高项选择题绝大多数是这种类型）。

在分析概率问题时，需要先理解以下概念（以掷骰子为例）。

基本事件：点数为1、点数为2、点数为3、……、点数为6。

基本事件总数：n，掷骰子中的$n=6$。

基本事件的概率为$1/n$。

组合事件：包含多个基本事件的事件，比如"某次掷骰子的点数大于3"。

组合事件的概率=组合事件中的基本事件个数÷基本事件总数。例如"某次掷骰子的点数大于3"中的基本事件包括点数为4、点数为5、点数为6共3个，所以该组合事件的概率为3/6。

↳ 软考真题

1. 有一种游戏为掷两颗骰子，其规则为：当点数和为2时，游戏者输9元；当点数和为7或者11时，游戏者赢X元；其他点数时均输1元。依据EMV准则，当X超过（　　）才对游戏者有利。

A. 3.5　　　　　　B. 4　　　　　　C. 4.5　　　　　　D. 5

分析：

基本事件为"骰子A点数/骰子B点数"，包括1/1、1/2、1/3、1/4、1/5、1/6、2/1、2/2、2/3、……、6/6，共计36个。

点数和为2的事件有1个（1/1），概率为1/36。

点数和为7的事件有1/6、2/5、3/4、4/3、5/2、6/1共6个，概率为6/36。

点数和为11的事件有5/6、6/5共2个，概率为2/36。

点数和为其他（非2、7、11）的事件有36−1−6−2=27个，概率为27/36。

每投一次骰子：

$$游戏者可能赢得的钱=(6/36+2/36)X$$

$$游戏者可能输掉的钱=9×1/36+1×27/36$$

为使游戏者有利，则

$$(6/36+2/36)X>9×1/36+1×27/36$$

$$X>4.5$$

2. 袋子里有50个乒乓球，其中有20个黄球、30个白球。现在两个人依次不放回地从袋子中取出一个球，第二个人取出黄球的概率是（　　）。

A. 1/5　　　　　　B. 3/5　　　　　　C. 2/5　　　　　　D. 4/5

分析：

第一个人取出黄球（概率为20/50）时，剩下的49个球中有19个黄球，此时第二个人取出黄球的概率为19/49。也就是说，第一个人取出黄球、第二个人取出黄球的概率为（20/50）×（19/49）。

第一个人取出白球（概率为30/50）时，剩下的49个球中有20个黄球，则此时第二个人取出黄球的概率为20/49。也就是说，第一个人取出白球、第二个人取出黄球的概率为（30/50）×（20/49）。

第二个人取出黄球的概率=第一个人取出黄球、第二个人取出黄球的概率+第一个人取出白球、第二人取出黄球的概率=（20/50）×（19/49）+（30/50）×（20/49）≈2/5。

3. 假设某项目风险列表中，风险分为一、二、三级，所占比例分别为10%、30%、60%，项目经理小李随机抽查一个风险等级情况，结果不是一级风险，则抽查到三级风险的概率是（　　）。

A. 2/3　　　　　　B. 1/3　　　　　　C. 3/5　　　　　　D. 2/5

分析：

结果不是一级风险，说明不是二级风险就是三级风险。

此时，基本事件包括：

结果是二级风险，个数为0.3；

结果是三级风险，个数为0.6；

基本事件总数：0.3+0.6=0.9。

所以，结果是三级风险的概率=0.6÷（0.3+0.6）=2/3。

4. 同时抛掷3枚均匀的硬币，恰好有两枚正面向上的概率为（　　）。

A. 1/4 B. 3/8 C. 1/2 D. 1/3

分析：

同时抛掷3枚均匀的硬币，结果设为"A/B/C"，A为硬币A的面、B为硬币B的面、C为硬币C的面。

基本事件：正/正/正、正/正/反、正/反/正、正/反/反、
反/正/正、反/正/反、反/反/正、反/反/反。

基本事件总数：8。

组合事件"恰好有两枚正面向上"包括：正/正/反、正/反/正、反/正/正，共3个。

组合事件"恰好有两枚正面向上"的概率为：3/8。

8.3　本章练习

8.1节、8.2节的题目并不能覆盖软考高项选择题中5分数学题的所有类型。本节把2021年11月、2022年5月、2022年11月、2023年5月这4次考试选择题中的5分数学题进行了整理，供大家练习。

2021年11月考试-选择题-第66、67题

某项目2016年投资额为12万元，2018年开始取得项目的净收益6万元/年，2018—2021年每年还会产生其他成本1.1万元、增值税0.35万元、营业税金及附加0.05万元，如表8-27所示。则该项目的静态投资回收期（66）年，截至2021年年底该项目的投资收益率为（67）。

表 8-27　　　　　　　　　　　　　　　　　　　　　　　　单位：万元

	2016	2017	2018	2019	2020	2021
投入	-12					
收入			6	6	6	6
其他成本，营业税金及附加			1.5	1.5	1.5	1.5
利润			4.5	4.5	4.5	4.5
累计净收入			4.5	9	13.5	18

（66）A. 2.0 B.2.67 C. 3.25 D. 3.67

（67）A. 0.25　　　　　B. 0.33　　　　　C. 0.35　　　　　D. 0.6

分析：

此题的解析如图8-20所示。

	第0年 2016	第1年 2017	第2年 2018	第3年 2019	第4年 2020	第5年 2021
投入	-12					
收入			6	6	6	6
其他成本，营业税金及附加			1.5	1.5	1.5	1.5
利润			4.5	4.5	4.5	4.5
累计净收入			4.5	9	13.5	18
累计净利润	-12	-12	-7.5	-3	+1.5	+6

此时盈利

可知：投资回收期=（盈利年的年份数-1）/（上年累计净利润的绝对值/盈利年的利润）
　　　　　　　=(4-1)+(3/4.5)=3.67 年
其中，盈利年的年份数=4，上年累计净利润的绝对值=3，盈利年的利润=4.5
截至2021年年底，投资收益率=总利润/总投入=6/(12+1.5×4)=1/3=0.33
说明：此题的问题是"截至2021年年底"，因此第67问的问题指的是从第0年到第5年这6年间总的投资收益率，所以用"投资收益率=总利润/总投入"这个公式。

图8-20

答案：66.D；67.B。

2021年11月考试-选择题-第68、69题

已知某公司生产A、B两种产品，其中生产1件A产品需要1个单位的甲资源、3个单位的丙资源；生产1件B产品需要2个单位的乙资源、2个单位的丙资源。现分别有甲、乙、丙3种资源4个单位、12个单位和18个单位。通过市场预测，可知A产品的单位市场利润为2元，B产品的单位市场利润为5元。该公司若想获得最大的市场利润，则应生产A产品（68）件，此时（69）资源仍有剩余。

（68）A. 0　　　　　B. 2　　　　　C. 4　　　　　D. 6
（69）A. 甲　　　　　B. 乙　　　　　C. 丙　　　　　D. 甲及丙

分析：

根据题意，先画出表8-28辅助分析。

表8-28

	A/2 元	B/5 元
甲 /4	1	
乙 /12		2
丙 /18	3	2

解法一：

设生产A产品X件，B产品Y件，设利润为Z，则Z=2X+5Y。

基于资源限制：X≤4；2Y≤12；3X+2Y≤18。

求得两组可能的解：① X=4，Y=3；② X=2，Y=6。

对应第一组解，Z=23；对应第二组解，Z=34。

所以当 X=2 时利润最大，此时甲有剩余。

解法二：

尽量多生产B产品，因为其利润高。受制于乙，最多生产6件B产品 →还剩6单位丙 →生产2件A产品 →剩余2单位甲。

答案：68.B；69.A。

2021年11月考试-选择题-第70题

分配甲、乙、丙、丁4个人完成5项任务。每个人完成各项任务的时间如表8-29所示。由于任务数多于人数，故规定其中有一个人可完成两项任务，其余三个人每个人完成一项任务。为了花费时间最少，（　　）应该完成两项任务。

A. 甲　　　　　　　B. 乙　　　　　　　C. 丙　　　　　　　D. 丁

表 8-29

人	任务				
	任务 1	任务 2	任务 3	任务 4	任务 5
甲	25	25	31	43	33
乙	38	33	25	20	28
丙	41	27	32	45	32
丁	23	37	35	23	40

分析见本章8.2.3节。答案选B。

2022年5月考试-选择题-第66、67题

某炼油厂每季度需供应合同单位汽油15吨、煤油12吨、重油12吨，该厂从甲、乙两处运回原油提炼，已知两处原油成分如表8-30所示。从甲处采购原油价格（含运费）为2000元/吨，乙处为2900元/吨，为了使成本最低，炼油厂每季度应从甲处采购（66）吨，从乙处采购（67）吨。

表 8-30

原油成分	甲	乙
汽油	0.15	0.50
煤油	0.20	0.30
重油	0.50	0.15
其他	0.15	0.05

（66）A. 15　　　　　　B. 20　　　　　　C. 25　　　　　　D. 30

（67）A. 20　　　　　　B. 25　　　　　　C. 30　　　　　　D. 35

分析：

设从甲处采购x吨，从乙处采购y吨，成本最低，则：

①：0.15x+0.5y≥15；　　②：0.2x+0.3y≥12；　　③：0.5x+0.15y≥12。

将 ≥ 改成 = 后，两两联立求解：

①②联立，得 x=3/0.11，根据第66题的选项，排除。

①③联立，得 y=1140/45.5，根据第67题的选项，排除。

②③联立，得 x=15，y=30。

答案： 66.A；67.C。

2022年5月考试-选择题-第68题

某公司有东部、中部、西部3个生产基地，生产的产品需要运送到甲、乙、丙、丁4个市场，从生产基地到各个市场的单位运价如表8-31所示。完成该运输任务所需运费最少为（　　）。东部、中部、西部生产基地的产量分别为16、10、22，甲、乙、丙、丁市场的需求量分别为8、14、12、14。

表8-31

	甲	乙	丙	丁
东部	4	12	4	11
中部	2	10	3	9
西部	8	5	11	6

A. 242　　　　　　B. 244　　　　　　C. 289　　　　　　D. 302

分析见本章8.2.2节。答案选B。

2022年5月考试-选择题-第69题

图8-21是某地的街区网络图（单位：千米），疫情防控期间，一辆消毒车从疾控中心出发，需要消杀所有的街道并返回疾控中心。该消毒车完成消杀工作至少需要运行（　　）千米。

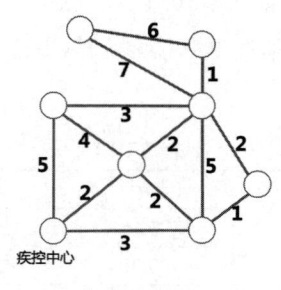

图8-21

A. 43　　　　　　B. 45　　　　　　C. 46　　　　　　D. 48

分析：

首先，题目要求消杀所有街道，也就是要覆盖图形的所有边。

其次，题目要求从疾控中心出发，最终回到疾控中心。

答案如图8-22所示，路线只重复走了最左侧的5。

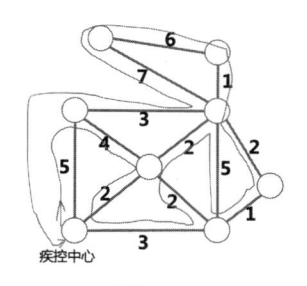

图8-22

因此，总距离=43（所有边之和）+5=48。

做题时，不要因为图中三角形的边长不符合"两边之和大于第三边"的规律而感到困惑，毕竟街道不一定是直线，把它当作示意图就好。

2022年5月考试-选择题-第70题

某公司投资一个使用寿命为5年的项目，第一年年初投入1000万元，从第1年到第5年，每年年末都有净现金流量300万元。则项目的静态投资回收期为（　　）年。

A. 2　　　　　B. 2.5　　　　　C. 3　　　　　D. 3.3

分析：

先把题目的已知信息画成表格，如表8-32所示。

表8-32

	第0年年末	第1年年末	第2年年末	第3年年末	第4年年末	第5年年末
净现金	−1000	300	300	300	300	300
累计净现金	−1000	−700	−400	−100	+200	

静态投资回收期：（4−1）+（100/300）≈3.34（年）。

只能选D。

需要说明的是，在计算投资回收期时，一般"只入不舍"，对于3.33年，保留小数点后一位应该是3.4年。但是，根据此题的选项，只能选D了。

2022年11月考试-选择题-第66、67题

某公司承接了一项业务：研发2个新产品A和4个新产品B。完成该任务需要市场上两种设备甲和乙。甲售价300万元/台，可支持研发1个新产品A和2个新产品B。乙售价200万元/台，可支持研发2个新产品A和1个新产品B，该公司应购买甲乙各（66）台，即可完成业务且花费的成本最低，最低成本为（7）万元。

（66）A. 2、1　　　　B. 1、2　　　　C. 0、2　　　　D. 2、0

（67）A. 800　　　　B. 700　　　　C. 600　　　　D. 400

分析：

画出表8-33。

表 8-33

	1甲 -300万	1乙 -200万
A/2	1	2
B/4	2	1

采用代入排除法。

分析第66题的选项：首先，C不满足要求；其次，D满足要求（2台甲刚好研发2个A和4个B）；最后，D比A、B都便宜。

所以，第66题肯定选D。那么，第67题选C。

2022年11月考试-选择题-第68题

有10名员工要参加6门技术考试，表8-34代表每名员工应该参加考试的科目。另外，规定考试需要在3天内结束，每天上下午各安排一门。员工则希望每人每天最多考一门，课程A必须安排在第一天上午考，课程F必须最后考，课程B只能安排在下午考，则C课程应该安排在（　　）。

表 8-34

	A	B	C	D	E	F
员工1	*	*		*		
员工2	*		*			
员工3	*					*
员工4		*			*	
员工5	*		*	*		
员工6			*		*	
员工7			*		*	*
员工8		*		*		
员工9	*	*				*
员工10	*		*			*

A. 第一天下午　　　　B. 第二天上午　　　　C. 第二天下午　　　　D. 第三天上午

分析：

分析步骤如图8-23所示。答案选B。

课程安排		分析
第1天上午	① A	②：员工1、2、3、5、9、10考A，所以他们下午不能再考试了（B、C、D不能考了）
第1天下午	E	③：只能安排E（还剩B、C、D没安排）
第2天上午	C	⑦：安排C
第2天下午	B	⑥：B只能下午考（还剩C）
第3天上午	D	⑤：只能安排D（还剩B、C没安排）
第4天下午	① F	④：员工3、7、9、10考F，所以他们上午不能考试（上午不能考B、C）

图8-23

2022年11月考试-选择题-第69题

某公司出于业务需要，决定在现有生产条件不变的情况下，生产一种新产品，现可供生产的产品有甲、乙、丙、丁4种。由于缺少相关资料，对新产品的市场需求只能估计为大、中、小3种状态，在不同的市场需求下，新产品的收益值如表8-35所示，如果决策者采用后悔值方法进行决策，则该公司应生产（　　）。

表 8-35

产品	市场需求		
	需求量大	需求量中	需求量小
甲	800	320	−250
乙	600	300	−200
丙	300	150	50
丁	400	250	100

A. 甲　　　　　　B. 乙　　　　　　C. 丙　　　　　　D. 丁

分析：

分析如表8-36所示。答案选B。

表 8-36

后悔值	市场需求		
	需求量大	需求量中	需求量小
甲	800−800=0	320−320=0	100−(−250)=350
乙	800−600=200	320−300=20	100−(−200)=300
丙	800−300=500	320−150=170	100−50=50
丁	800−400=400	320−250=70	100−100=0

2022年11月考试-选择题-第70题

某项目现金流量如表8-37所示，则该项目的静态投资回收期为（　　）年。

表 8-37

年末	0	1	2	3	4	5	6
现金流出	900						
现金流入		200	300	400	400	400	400

A. 2　　　　　　　B. 2.5　　　　　　C. 3　　　　　　D. 3.5

分析：

分析如表8-38所示。答案选C

表 8-38

年序	0	1	2	3	4	5	6
现金流出	900						
现金流入		200	300	400	400	400	400
累计净现金流量		−700	−400	0	400	800	1200

2023年5月考试-选择题-第66题

某项目现金流量如表8-39所示，则项目的动态投资回收期为（　　　）年（折现率按0.1计算）。

表8-39

年序	0	1	2	3	4	5
现金流出	200					
现金流入		60	60	60	60	60

A. 4.27　　B. 4.37　　C. 4.43　　D. 5.03

分析：

分析如表8-40所示。答案选A。

表8-40

年序	0	1	2	3	4	5
现金流出	200					
现金流入		60	60	60	60	60
净现值	−200	$60/1.1 \approx 54.6$	$60/1.1^2 \approx 49.6$	$60/1.1^3 \approx 45.1$	$60/1.1^4 \approx 41$	$60/1.1^5 \approx 37.3$
累计净现值	−200	−145.4	−95.6	−50.6	−9.8	27.4
动态投资回收期 =（5−1）+9.8/37.3=4.27 年						

2023年5月考试-选择题-第67、68题

一个项目需要A和B两种资源，每种资源包含材料1、材料2的数量及价格如表8-41所示。对于项目来说，材料1和材料2的每日需要量分别为20个和15个。请问项目每日使用资源A的量为（67），使用资源B的量为（68），可使在满足要求的情况下总费用最少。

表8-41

	资源A	资源B
包含材料1（个）	10	4
包含材料2（个）	5	5
价格（万元）	6	3

（67）A. 4/3　　B. 5/3　　C. 2　　D. 7/3

（68）A. 4/3　　B. 5/3　　C. 2　　D. 7/3

分析：

设最低成本时，每日使用资源A的量为x、使用资源B的量为y。

$10x+4y \geq 20$ ①；$5x+5y \geq 15$ ②。

将≥改为=，联立求解，得：$x=4/3$，$y=5/3$。

答案：67.A；68.B。

2023年5月考试-选择题-第69、70题

图8-24中V1是物流集散地，其他点均为不同的二级转运站，线上的数字代表两点间的距

离（单位：千米），则V1到二级转运站（69）最远，其最短距离为（70）千米。

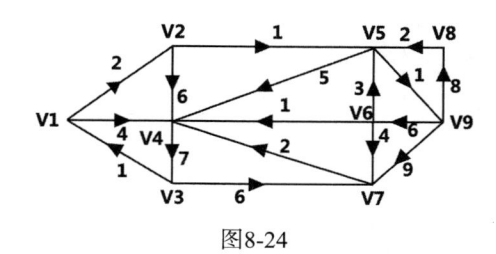

图8-24

（69）A. V6　　　　　　　B. V7　　　　　　　C. V8　　　　　　　D. V9
（70）A. 17　　　　　　　B. 14　　　　　　　C. 13　　　　　　　D. 11

分析：

分析4个选项，用排除法。参考图8-25。

到V9只需要4千米。（V1→V2→V5→V9）。

到V8需要4+8=12（千米）。

到V6需要4+6=10（千米）。

到V7需要4+9=13（千米）。

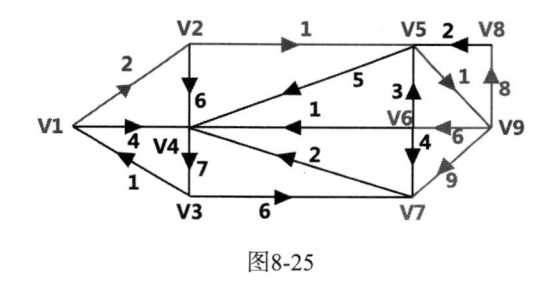

图8-25

答案：69.B；70.C。

第三篇

应试专题篇

1.3节提到，软考高项选择题面广、案例题题难、论文难写，那么该如何高效应对？

除了系统学习相关知识（本书第二篇的内容），还应该有针对性地根据各科目考试特点进行练习。

本篇重点讲解各科目的应试方法和技能。

- 选择题：基于重点考点，练习排除法，提高阅读理解能力（第9章）。
- 案例题：熟练掌握计算题和万能钥匙，这是案例题顺利通过的充分必要条件（第10~13章）。
- 论文：既要仔细审题、设计结构，也要精心准备论文素材、反复打磨论文内容（第14章）。

所有这一切，都是从应试软考高项的角度来设计的，但我希望，在大家读完这部分内容、做完相关练习、成功通过软考高项之后，能够真正理解项目管理精髓，提升自己的认知水平。

第9章

选择题专题

1.3.1节根据知识属性对选择题进行分类，我们还可以根据每道题的难度对选择题进行分类。不同难度的题目，应试策略不一样，下面详细论述。

9.1 难度分类

按照难度不同，我把选择题分成了3类：送分题、悲剧题、要命题。

1.送分题

感受是"这题我会做，我肯定能得分"。之所以会做，可能是因为这道题的知识点你重点复习过，掌握得很牢靠；也可能是因为题目本身很简单，3个干扰项很容易排除。

↳ 软考真题

1．关于成本估算的描述，正确的是（　　）。

　　A. 只能用货币单位进行成本估算，不能用人天数或人时数作为计量单位

　　B. 通货膨胀补贴、融资成本不应纳入成本估算

　　C. 参数估算可以针对整个项目，也可以针对项目中的某个部分

　　D. 应急储备用于应对项目中不可预知的风险

分析：如果学习了项目成本管理相关基础知识，这道题就很容易做对。答案选C，A应该是"能"，B应该是"应该纳入"，D应该是"已知-未知风险"。

2．我国企业信息化发展的战略要点不包括（　　）。

　　A. 信息化企业业务全过程的融合、渗透

　　B. 高度重视信息安全

　　C. 全面深化电子政务应用

　　D. 信息产业发展与企业信息化良性互动

分析：即便没有学过官方教程或者课程讲义，只要注意到选项C中的"电子政务"，就能做对这道题，因为电子政务明显是政府的职能而不是企业的，因此答案选C。

2.悲剧题

感受是"这题我不会，只能蒙着做"。不会做的原因在于对题目的题干或者选项的某些关键概念完全不理解。

> 软考真题

GB/T 34960.1中定义了IT治理框架，（　　）不属于IT治理框架的三大治理域。

A. 管理体系　　　　B. 技术体系　　　　C. 顶层设计　　　　D. 资源

这题是不是只能蒙着做了？原因在于对IT治理框架和治理域这两个关键词没概念。

3.要命题

感觉能看懂题干和选项的字面意思，用排除法能选出一个选项，但是不保证选对。

> 软考真题

没有调查就没有发言权，全面、及时而准确地掌握项目各方面的情况，是判断、决策和指导项目工作的基础，这体现了项目经理权力中的（　　）。

A. 权限　　　　B. 感化影响　　　　C. 知情力　　　　D. 领导力

图9-1是对2021—2023年的软考高项选择题按照难度进行分类后的统计结果。

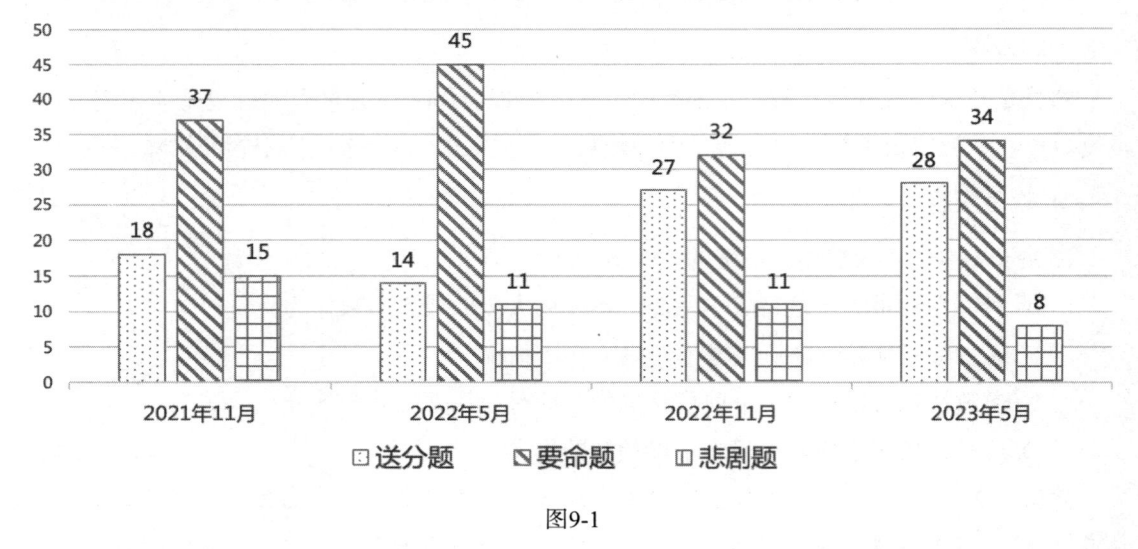

图9-1

说明：
- 柱状图上面的数字是分值，例如2021年11月考试中的送分题有18分、要命题有37分、悲剧题有15分。
- 以上统计不涉及5分的英文题，所以每年的题目中3种类型的题目分值之和为70分。

9.2 应试策略

根据图9-1的统计结果，可以得出几个非常重要的结论，同时也是选择题复习和应试的策略。

（1）送分题是基础。送分题平均22分，这部分题目是一定要拿分的，这些分是选择题能够及格的基础分。做对送分题，关键在于对重点考点（本书第二篇的内容）的学习和理解，而学习和理解这些重点考点，是需要同学们投入相应的时间和精力的。

（2）要命题是关键。要命题平均40分，占比最大。根据我们的经验以及图9-1的统计结果可知，要命题答对50%左右，再加上送分题的分数，选择题部分就能及格（45分及格）。想要做到答对50%以上的要命题，除了要学习和理解重点考点，还需要强化阅读理解能力和用排除法分析题目的能力，这一点至关重要。

（3）悲剧题不可怕。悲剧题每年有10分左右，这部分题目是每次考试都会有的。在考试时遇到悲剧题，千万不要太纠结，放平心态接受它，然后在4个选项中随便选一个就好。另外，因为悲剧题中一定有一些关键概念我们看不懂，所以在做悲剧题时不要浪费太多时间。

考试时的时间分配方面：

- 对于悲剧题，快速作答即可，时间控制在每道题1分钟以内。
- 对于送分题，要细心，一定要杜绝因为粗心而丢分的情况。建议每道题的作答时间在1~1.5分钟。
- 对于要命题，不要着急，仔细阅读题干和选项的字面意思，分析题干中的核心问题，比较各个选项的区别，最后给出最适合的答案。建议作答时间在每道题1.5分钟左右。
- 对于数学题（往往也是要命题，主要类型在第8章），如果能看懂题目，有思路，那么建议放在最后做。每道数学题的作答时间控制在10分钟左右就可以，时间足够用。

9.3 应试技巧

9.2节得出结论，选择题及格的充分必要条件是：送分题都答对+要命题答对50%以上，那么该如何做到？

（1）认真学习并理解重点考点。这需要投入时间和精力踏实地"学"。

（2）提高应试技巧。这需要结合软考真题有针对性地"练"。本节讲解选择题的应试技巧。

9.3.1 找问题

下面通过题目进行讲解。

➥ **软考真题**

1. 2005年，我国发布《国务院办公厅关于加快电子商务发展的若干意见》（国办发〔2005〕2号），提出我国促进电子商务发展的系列举措。其中，提出的加快建立我国电子商务支撑体系的5方面内容指的是（　　）。

  A. 电子商务网站、信用、共享交换、支付、现代物流
  B. 信用、认证、支付、现代物流、标准
  C. 电子商务网站、信用、认证、现代物流、标准
  D. 信用、支付、共享交换、现代物流、标准

分析：

我相信同学绝不可能会背国办发〔2005〕2号文件的内容，那么这道题就是"悲剧题"吗？并不是。因为题干和选项的字面意思我们都能看懂，这是典型的"要命题"。

很多同学会把注意力集中在4个选项上，分析各选项的区别。这不是不对，却忽略了做要命题最重要的第一步——找问题。

请思考，这道题题干的问题是下面的哪个：

T1：在2005年应该由社会全体加快建立的我国的电子商务支撑体系有哪5方面？

T2：在2005年应该由政府机关加快建立的我国的电子商务支撑体系有哪5方面？

如果是T1，那么选项B、C都对。

如果是T2，那么答案选B。（发现T1与T2的区别了吗？）

所谓"找问题"，应该这么找：

（1）题干的问题是"其中，提出的加快建立我国电子商务支撑体系的5方面内容指的是"，这句话中的"其中"的"其"，代指的是国办发〔2005〕2号文件。

（2）也就是说，题干问题完整描述应该是"在国办发〔2005〕2号文件当中提出的，加快建立的我国的电子商务支撑体系有哪5方面"。

（3）那么，进一步，我们就可以分析这个文件是发给谁的？会发给马云、刘强东吗？显然不会。国务院的文件只会发给那些国务院管辖的、与该文件有关的国家政府机关。

（4）因此，题干真正的问题是"在2005年应该由政府机关加快建立的我国的电子商务支撑体系有哪5方面？"。

找到了真正的问题，答案就不难甄别了。选B。

2. 骑摩托车戴头盔，属于风险应对策略的（　　）类型。

  A. 减轻　　　　　　　　B. 避免

分析：

"送分题！选A！"这是绝大部分同学的想法吧？A不对！

你心里一定认为戴头盔这种做法应对的风险是出了车祸头部受到伤害，那么这种应对策略属于减轻。

但是，如果戴头盔这种做法应对的风险是交警扣分呢？那就属于避免了！

通过这道题，我想再次向大家强调"找问题"的重要性。如果你具备找问题的能力、能够一针见血地抓住问题的主要矛盾，那么你就应该知道，当我们判断一个具体的风险应对策略属于什么类型时，不能忽略这个策略所对应的风险。

大家切记，当面对感觉要命的选择题的时候，再看一遍题干，去找问题！

9.3.2 品区别

所谓品区别，指的是对于那些你感觉模棱两可的选项，要努力通过字面意思去推敲选项的区别。我们来看下面这道题。

> **软考真题**

1. 为了改进应用软件的可靠性和可维护性，并适应未来软硬件环境的变化，应主动增加新的功能以使应用系统适应各类变化而不被淘汰。为了适应未来网络带宽的需要，在满足现有带宽需求下，修改网络软件从而使之支持更大的带宽，这种软件维护工作属于（　　）。

　　A. 更正性维护　　　　　　B. 适应性维护
　　C. 完善性维护　　　　　　D. 预防性维护

分析：

这道题的问题比较明确，是题干的最后一句话"为了适应未来网络带宽的需要，在满足现有带宽需求下，修改网络软件从而使之支持更大的带宽，这种软件维护工作属于（　　）"，在找到问题之后，对于这类题，重点是分析选项之间的区别，找到区别后，再结合问题做选择。

这里提出的品区别，不是要求大家在考试时能背诵4种软件维护类型的定义，而是希望大家在考试现场能够根据选项的字面意思（结合备考学习的相关知识），努力去体会选项之间的不同点、用自己能够理解的语言去推敲选项之间的差别。

- 更正性维护，重点是"软件出错了，我去改错"（引号中的白话就是上文提到的"自己能够理解的语言"）。
- 适应性维护，说的是"环境变了，我要跟着变"。
- 完善性维护，指的是"变得更好用一些"。
- 预防性维护，特别强调"针对未来"。针对未来的错，我现在改；针对未来的环境变化，我现在变；针对未来的更大的带宽，我现在调整。这些都属于预防性维护。

所以，这道题选D。

品区别最重要的依据，是选项的字面意思。软考高项中的很多选择题，尤其是选择题中的要命题，并不是教程中的原文（死读书绝不是正确的学习方法），这就需要大家根据选项的字面意思结合题干中的问题，去品读选项的真实含义，用自己真正理解的语言去解读选项，从而把握区别，选出正确的答案。

与找问题一样，品区别也是一种能力，需要大家通过历年软考高项选择题真题进行有意识地练习。

2. 以下不属于主动式攻击策略的是（　　）。
　　A. 中断　　　　　　B. 篡改　　　　　　C. 伪造　　　　　　D. 窃听

分析：

针对这道题，正确的思考顺序如下。

（1）推敲问题中"主动式攻击"的内涵。

（2）启发自己去思考："有主动式攻击，就应该有被动式攻击"，这样就能避免进入"所有攻击都是主动式攻击"的误区。

（3）如果对于信息系统的攻击手段不熟悉，那么发散思维，找一个自己熟悉的攻击场景，去做对比。比如，在游戏《植物大战僵尸》里，土豆地雷就属于被动式攻击，而豌豆射手就属于主动式攻击。

（4）再分析4个选项，推敲是否有1个选项与其他3个不同。

（5）做出选择。

这道题的重点是准确地发散思维，做对比思考。该题选D。

9.3.3　阅读理解

阅读理解，是一个人学习知识、分析问题最基础也最重要的能力。前文提到的找问题和品区别，本质上都需要发挥阅读理解能力。

▶ 软考真题

没有调查就没有发言权，全面、及时而准确地掌握项目各方面的情况，是判断、决策和指导项目工作的基础，这体现了项目经理权力中的（　　）。
　　A. 权限　　　　　　B. 感化影响　　　　C. 知情力　　　　　D. 领导力

分析：

这道题题干中"这体现了项目经理权力中的"的"这"指的是什么？指的是"调查"的能力和"全面、及时而准确地掌握项目各方面的情况"的能力。也就是说，这道题的问题并不是"4个选项中的哪一个是项目经理的权力"，而是"调查"的能力以及"全面、及时而准确地掌握项目各方面的情况"的能力，属于4个选择中的哪一个能力类型。那么，调查和掌握情况的能力当然属于知情的能力。

选择题的答题技巧很多，比如排除法、类比法、发散联想法等，我在这里想强调的是，阅读理解是做题的基础，也是其他答题技巧能够发挥作用的前提。在备考阶段，大家千万不要为了技巧而技巧，还是要把注意力放在对知识的学习上，这才是关键。

9.4 专项练习

本节题目均为历年软考真题中典型的要命题，同学们在看解析之前一定要独立做一下，锻炼阅读理解、找问题、品区别、做排除等能力。

1. 《"十四五"信息化和工业化深度融合发展规划》中推进两化深度融合的5项重点工程是：制造业数字化转型行动、两化融合标准引领行动、工业互联网平台推广工程、系统解决方案能力提升行动和（　　）行动。

　　A. 数据要素市场培育　　　　B. 产业链供应链数字化升级
　　C. 数字化政务服务提升　　　D. 多元协同治理能力提升

分析：
题干关键词"信息化和工业化""制造业""工业互联网"，看到这些词，就应该从4个选项中找一个跟"工业化"更相关的。答案选B。

2. 某公司在教育服务领域持续发展，已有丰富的项目经验，近日新立项的教育服务项目A需要规划质量管理，则应采用（　　）的方法。

　　A. 成本收益分析法　　　　B. 质量成本法
　　C. 标杆对照法　　　　　　D. 实验设计

分析：
注意到题干关键词"已有丰富的项目经验"，说明项目有"标杆"可以"对照"。答案选C。

标杆对照是将实际或计划的项目实践与可比项目实践进行对照，以便识别最佳实践，形成改进意见，并为绩效考核提供依据。

3. 某软件技术公司，主营业务为软件项目研发和交付，公司项目经理均为软件项目经理。为扩大发展，公司承接了一个技术改造项目，涉及硬件的升级、更新，以及相关软件的开发和部署。关于新项目经理的人选，合适的是（　　）。

　　A. 从现有软件项目经理中挑选任命，在新项目中锻炼一下
　　B. 从现有的软件项目经理中挑选，脱产学习半年后任命
　　C. 对外招聘一位有软硬件项目经验的项目经理
　　D. 设置2个项目经理岗位，软件部分从现有的软件项目经理中遴选，硬件部分由公司老总担任

分析：排除法分析。

首先排除选项B和D。选项B，脱产半年学习显然代价太大，而且一般项目也不可能因为某个人耽误半年。选项D，硬件部分由老总担任明显不合理，另外一个项目应该由一位项目经理负责。

然后分析选项A与C哪个更好一些。选项C的人选已经有经验，比较而言比选项A更合适。答案选A。

4. "十四五"规划和2035年远景目标纲要提出，在推进产业数字化转型中，实施（　　）行动，推动数据赋能全产业链协同转型。

  A. 上云用数赋智　　　　　　　　B. 数字技术

  C. 智能资源　　　　　　　　　　D. 平台化功能

分析：

  B、C、D这3个选项后面接"行动"两个字都不通顺，"行动"前面应该是动词或者动宾短语，得有动作，而选项B、C、D都是名词，后面接"行动"不合理。"上云"中的"上"、"用数"中的"用"、"赋智"中的"赋"都是动词，后面接"行动"是合理的。答案选A。

  "上云用数赋智"行动中的"上云"是指探索推行普惠型的云服务支持政策；"用数"是在更深层次推进大数据的融合运用；"赋智"是要加大对企业智能化改造的支持力度，特别是要推进人工智能和实体经济的深度融合。"上云用数赋智"能够解决企业"不会转、没钱转、不敢转"等问题。

5. 监控项目工作过程包括监视和控制两方面的活动，（　　）属于控制活动。

  A. 采取预防措施　　　　　　　　B. 收集绩效信息

  C. 测量绩效信息　　　　　　　　D. 评价测量结果

分析：

  监视，就是观察、测量项目的各种进展情况（就是项目绩效）；控制，是根据监视的结果采取措施。答案选A。

6. （　　）是有效领导力的关键要素。

  A. 尊重和信任　　　　　　　　　B. 畏惧和顺从

  C. 独立和创新　　　　　　　　　D. 果断和勇敢

分析：

  首先排除B，因为答案不可能是贬义词。然后仔细分析选项C和D，能够发现选项C和D描述的都是个人的特质，与"领导力"相关性不大。答案选A。

7. 数据价值化是指以（　　）为起点，经历数据资产化、数据资本化的阶段，实现数据价值化的过程。

  A. 数据智能化　　　　　　　　　B. 数据资源化

  C. 数据安全性　　　　　　　　　D. 数据产业化

分析：

  根据题干的上下文，答案应该是"数据××化"更合适，那么重点分析选项B和D。一个有价值的东西，应该先被看作"资源"，然后才变成"资产"，最后成为"资本"。答案选B。

8. 知识管理需要遵循积累原则、共享原则和交流原则。其中（　　）是实施知识管理的基础，（　　）需要建立有利于知识管理的组织结构和文化气氛。

A. 共享原则　　交流原则　　　　　B. 积累原则　　交流原则

C. 积累原则　　共享原则　　　　　D. 交流原则　　共享原则

分析：

先分析第一个括号，共享、积累、交流中哪一个是知识管理的基础？管理知识的基础或前提应该是获取各种各样的知识（有了知识才能进一步管理），那么怎么获取知识？先积累。所以基础应该是"积累"。再集中分析选项B和C，共享和交流谁更需要"文化气氛"？交流！答案选B。

知识管理是一个复杂的过程，要遵循以下3条原则

（1）积累原则。知识积累是实施知识的管理基础。

（2）共享原则。知识共享是指一个组织内部的信息和知识要尽可能公开，使每个员工都能接触和使用组织的知识和信息。

（3）交流原则。知识管理的核心就是要在组织内部建立一个有利于交流的组织结构和文化气氛，使人员之间的交流毫无障碍。

知识管理从管理视角出发，是一个系统化、程序化的过程。知识管理过程通常包括知识获取与采集、知识组织与存储、知识交流与共享、知识转移与应用、知识管理审计与评估。

9. 关于项目管理原则中"驾驭复杂性原则"的描述，不正确的是（　　）。

A. 复杂性可能在项目生命周期的任何时间出现

B. 影响价值、沟通、技术、风险的因素都可能造成复杂性

C. 项目团队能够实时预测未来复杂性的出现并分析其原因

D. 复杂性是由系统交互、不确定性和模糊性等造成的

分析：

既然"复杂"，就不应该或者不能够"实时预测"。答案选C。

10. （　　）是一种新型的计算模式，其核心在于对开放网络环境下的大规模互联网用户群体资源进行有效管理和系统利用，以实现智能最大化。

A. 群智协同计算　　　　　　　　B. 边缘计算

C. 泛在计算　　　　　　　　　　D. 量子协同计算

分析：

根据题干的"大规模互联网用户群体资源"中的"群体"，以及"智能最大化"中的"智能"，答案选A。

可能有同学感觉上面的这些题目好像不看书也能做对，确实，有些要命题仅凭阅读理解就能做对。但是，更多的要命题和送分题是必须要看书、要学习重点知识的，千万不要因为几道题没看书就能做对就觉得看书学习不重要，这个锅我不背。

第10章

案例题专题

案例题中的计算题、找茬题、背书题所占的分值比较平均，几乎各占1/3。针对这个特点，该如何进行更有针对性的备考？

案例题有哪些答题技巧？需要注意什么？

本章回答上面的问题。

10.1 应试策略

案例题的3类问题，有如下特点。

- 计算题：会做的同学能得满分，不会做的只能得0分，所以必须掌握！
- 找茬题：考核考生对项目管理理论体系的理解（有方法，需熟练）。
- 背书题：常考的知识点能够从历年考试题中分析得到，但内容也比较多。

根据这个特点，想要案例题顺利及格，最高效也最合理的应试策略是：得到100%计算题的分数，得到60%找茬题的分数，得到20%背书题的分数。

软考高项案例题的计算题只考核网络图、挣值分析这两类知识点，而且计算的难度不大，因此只要会做就能得满分。

对于下面的软考高项计算题，先重点关注答案。

▶ 软考真题

1.阅读下列说明，回答问题1至问题5，将答案填入答题纸的对应栏内。

【说明】某项目的网络图如图10-1所示。

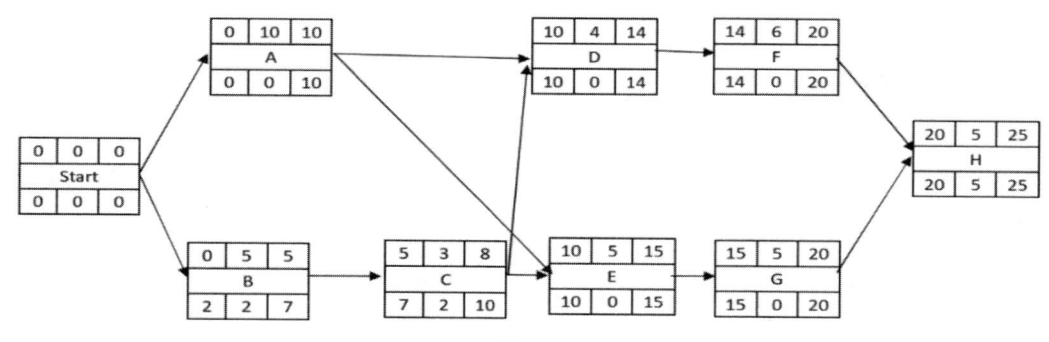

图10-1

其中，各活动正常完工时间、正常完工直接成本、最短完工时间、赶工增加直接成本如表10-1所示。另外，项目的间接成本为500元/天。

表 10-1

活动	正常完工时间（天）	正常完工直接成本（百元）	最短完工时间（天）	赶工增加直接成本(百元/天)
A	10	30	7	4
B	5	10	4	2
C	3	15	2	2
D	4	20	3	3
E	5	25	3	3
F	6	32	3	5
G	5	8	2	1
H	5	9	4	4
合计		149		

[问题1]（4分）请确定项目的关键路径。

[问题2]（3分）根据网络图确定项目正常完工的工期是多少天？所需的成本是多少？

[问题3]（3分）讨论下列事件对计划项目进度有何影响：

- 活动D拖期2天。
- 活动B拖期2天。
- 活动F和G在规定进度之前1天完成。

[问题4]（7分）项目想提前一天完工，基于成本最优原则，可以针对哪些活动赶工？赶工后的项目成本是多少？

[问题5]（8分）基于项目整体成本最优原则，请列出需要赶工的活动及其工期。基于以上结果，确定赶工后的项目工期及所需成本。

参考答案：

[问题1] 关键路径为ADFH 和 AEGH。

[问题2]

工期25天。成本=直接成本+间接成本=14900+500×25=27400元。

[问题3]

（1）活动D拖期2天，项目延期2天。

（2）活动B拖期2天，对项目无影响。

（3）活动F和G在规定进度之前1天完成，项目提前1天。

[问题4]

方案1：A赶工1天，项目成本=27400+400–500=27300元。

方案2：H赶工1天，项目成本=27400+400–500=27300元。

方案3：G、D各赶工1天，项目成本=27400+100+300–500=27300元。

可对A或H或G、D赶工，赶工后成本为27300元。

[问题5]

需赶工活动：

A赶工2天，工期8天。　　　　H赶工1天，工期4天。

G赶工1天，工期4天。　　　　D赶工1天，工期3天。

项目工期=25–2–1–1=21天。

成本=27400+400×2+400+100+300-500×4=27000元。

可以发现此题计算的难度一点儿都不大，只要细心一些就能得满分。

所以，计算题最重要的是两点：深刻理解并熟练掌握网络图、挣值分析相关的基本概念和公式；看懂题目的已知信息和问题。如果能做到，计算题就能得满分。正因为计算题有这个特点，所以我给大家的应试策略才是"得到100%计算题的分数"。

对于下面的找茬题和背书题，先重点关注答案。

2. 阅读下列说明，回答问题1至问题4，将答案填入答题纸的对应栏内。

【说明】为实现空气质量的精细化治理，某市规划了智慧环保项目。该项目涉及网格化监测、应急管理、执法系统等多个子系统。作为总集成商，A公司非常重视，委派李经理任项目经理，对公司内研发部门与项目相关的各产品线研发人员及十余家供应商进行统筹管理。李经理明确了关键时间节点，识别出项目干系人为客户和供应商后，开始了项目建设工作。

项目开始建设5个月后，公司高层希望了解项目情况，要求李经理进行阶段性汇报。李经理对各方面工作进展进行汇总，发现了3个问题：一是原本该到位的服务器、交换机，采购部门迟迟没有采购到位，部分研发完成的功能无法部署到现场与客户进行演示确认；二是S公司作为A公司的供应商，承担空气质量监测核心算法工作，一直与客户方直接对接，其进度已经不受李经理掌控，且S公司作为核心算法国内唯一权威团队，可以确保算法工作按期交付，因此其认为不需要向李经理汇报工作进度；三是公司研发部门负责人因其他项目交付紧迫性更高，从该项目抽调走了2名研发人员张工、王工，项目目前研发人员的空缺需要后续填补。

李经理向公司高层汇报完项目进展后，公司政策研究院相关领导表示，国家在环境执法方面的法律法规本月初已经进行了较大改动，项目相关子系统会有关联。营销副总裁听完项目汇报后表达不满：该项目是公司的重点项目，本希望作为全国性的标杆项目进行展示和推广，但当前各子系统的研发成果基本照搬了公司现有产品，没有体现任何创新性，不利于公司后期的宣传推广。PMO提醒李经理依据财务部门推送的数据，公司对部分供应商已经完成了第二节点款项支付，但A公司作为总集成商，与客户的第二个合同付款节点还未到，项目的成本支出和收益方面将面临较大压力。人力资源负责人提醒李经理，项目成员张工和王工的本月绩效评价还未提交，截止日期为2天后。

【问题1】（12分）结合案例，请指出李经理在资源管理和沟通管理方面存在的问题。

【问题2】（5分）请将下面（1）~（5）处的答案填写在答题纸的对应栏内。本案例中，项目的组织结构是（1），李经理发现人员空缺时需要再选2~3名研发人员进入项目，选择标准包括经验、（2）、（3）、（4）、（5）、成本、能力和国际因素。

【问题3】（3分）结合案例，请帮助李经理补充他没有识别到的其他干系人。

【问题4】（5分）请写出项目资源管理包含的过程，并描述每个过程的主要作用。

参考答案：

[问题1]

（1）缺少资源管理计划。
（2）获取资源有问题，相关设备和人员没有及时到位。
（3）没有及时评价团队成员的绩效。
（4）资源控制问题，对S公司缺少监督和沟通。
（5）缺少合理的沟通管理计划。
（6）与干系人沟通存在不及时、不到位的情况。
（7）S公司直接与客户沟通不妥，总集成方A公司应该参与。
（8）与公司内部各重要干系人沟通不及时，对于可能项目的重要信息掌握不够及时。

[问题2]

（1）强矩阵；（2）知识；（3）技能；（4）态度；（5）可用性。

[问题3]

A公司高层（营销副总裁、PMO），A公司各职能部门负责人（政策研究院领导、人力资源部发行人、研发部负责人），供应商（尤其是S公司相关项目负责人）。

[问题4]

（1）规划资源管理。主要作用：根据项目类型和复杂程度确定适用于项目资源的管理方法和管理程度。

（2）估算活动资源。主要作用：明确完成项目所需的资源种类、数量和特性。

（3）获取资源。主要作用：①概述和指导资源的选择；②将选择的资源分配给相应的活动。

（4）建设团队。主要作用：改进团队协作、增强人际关系技能、激励员工、减少摩擦，以及提升整体项目绩效。

（5）管理团队。主要作用：影响团队行为、管理冲突和解决问题。

（6）控制资源。主要作用：①确保所分配的资源适时、适地可用于项目；②资源在不再被需要时被释放。

上面这道题的问题1和问题3就是找茬题，问题2和问题4就是背书题。

对于找茬题，要掌握答题的规律，这个规律叫作"万能钥匙"（10.3节详述）。只要理解并灵活运用这个万能钥匙，就可以得到找茬题60%以上的分数。

对于背书题，重要的考点都在本书第二篇里。我们在复习选择题的过程中也相当于对背书题的考点进行了复习，所以得到20%以上的分数并不会很难。

综上所述，我设计的案例题的应试策略（得到100%计算题的分数；得到60%找茬题的分数；得到20%背书题的分数），是相对最容易实现的，同学们只要做到以下3点，案例题就能顺利及格。

（1）认真学习本书第二篇的内容，同时在备考选择题的过程中多理解项目管理知识，这样就能得到20%背书题的分数。

（2）熟练掌握万能钥匙，配合相关答题技巧和注意事项（10.2节、10.3节），这样就能得到60%找茬题的分数。

（3）深入学习网络图专题、挣值分析专题、综合计算专题，彻底理解相关的基本概念和公式，然后按照先易后难的顺序刻意练习相关软考案例计算题（第11~13章的内容），这样就能得到100%计算题的分数。

10.2 应试技巧

无论是2023年10月之前的纸笔考试，还是2023年10月以后的线上机考，在解答案例题时，都有一些通用的应试技巧，掌握这些技巧，对于正确答题很有帮助。

▶ 软考真题（节选）

项目经理张某领导的项目小组有2个新招聘的高校毕业生，技术和经验十分欠缺，一遇到技术难题，就请张某进行技术指导。有时张某干脆亲自动手编写代码来解决问题，因为教这些新手如何解决问题反而更费时间。由于有些组员是张某之前的老同事，在他们没能按计划完成工作时，张某不好意思当面指出，只好亲自将他们未做完的工作做完或将不合格的地方修改好。

该项目的客户方是某政府行政管理部门，客户代表是该部门的主任，他和公司老总的关系很好。因此，对于客户方提出的各种要求，张某和组内的技术人员基本全盘接受，生怕得罪了客户，影响公司老总对自己能力的看法。

对于在项目中遇到的各种问题和困惑，张某感觉无处倾诉。项目的进度已经严重滞后，客户的新需求不断增加，各种问题纷至沓来，张某觉得项目上的各种压力都集中在他一个人身上，其他成员没有一个人能帮上忙。

[问题2]（10分）

请结合本案例，分析张某在工作中存在的问题。

这是一道典型的找茬题，有的同学在看完案例后，会这么回答：

张某在工作中存在的问题有：应该对新人进行技术培训，应该对老同事的问题当面指出，应该建立范围变更流程。

这么答不合适！因为这个答案是给张某的建议，而不是分析张某的问题。

技巧1：所答即所问

对于任何问题，都应该做到紧紧围绕问题本身来回答。

比如对于上面的问题2，问题是找到张某在工作中的"问题"，那么答案就应该写张某"不应"怎么做，或者张某这么做"不妥当""缺少××措施"等，而不要写"建议"。同样的问题点，这道题的回答方式如下（形式-①）。

张某在工作中存在的问题有：不应亲自动手解决新人的技术问题；不应对老同事的问题不好意思当面指出；不应全盘接受客户的要求。

技巧2：注意换行

注意换行的意思，指的是从卷面外观的角度让判卷人能够一目了然地看清楚你的回答包含几个方面。比如上面的回答，建议写成如下形式（形式-②）。

答：张某存在的问题包括：

1. 不应亲自动手解决新人的技术问题。

2. 不应对老同事的问题不好意思当面指出。

3. 不应全盘接受客户的要求。

我在2011年因为工作关系参与过软考的阅卷工作，在判案例题的过程中我发现，如果答案条理清晰、形式上一目了然（如形式-②），就很容易得高分；反过来，如果答案写得比较乱，形式上不是很直观（如形式-①），那么有可能出现"你本来写了5条，判卷老师只看到了4条"的情况，导致丢分。

技巧3：注意分值、尽量多写、不用展开

"注意分值"指的是要注意每个小问题的分值，然后从分值的角度分析答案至少应该包括几条。

以上面的问题2为例展开讲解。

[问题2]（10分）

请结合本案例，分析张某在工作中存在的问题。

这个小问题价值10分，说明答案最少要写5条。对应软考高项案例题的评分，找茬题通常每条答案占2分，背书题通常每条答案占1分。

"尽量多写、不用展开"的意思是，在回答案例题的找茬题和背书题时，要根据每个小问题的分值，尽量多写几条，但是每一条不用详细展开论述，原因如下。

（1）软考高项案例题的阅卷原则有一个是"写错了不扣分"，所以在写答案时尽量多写几条不会有负面作用。比如，如果题目是"请分析有哪些因素会导致项目进度落后"，一个同学回答"团队绩效很高"，这明显答错了，但是也不会扣分。

（2）还有一个阅卷原则是"意思对了就给分，不用与标准答案完全一样"。比如，如果题目是"请分析有哪些因素会导致项目进度落后"，标准答案有一条是"范围蔓延"，如果同学回答"范围控制不到位"，那么也能得到这一条的分数。

（3）老师判卷子时会根据关键的采分点评判，只要写对关键的采分点（意思对就行）就能得分。因此对于每个采分点，不用详细展开论述，避免浪费时间。比如，如果题目是"请分析有哪些因素会导致项目进度落后"，标准答案有一条是"范围蔓延"，那么写"范围控制不到位"（7个字）就能得到2分。如果写成"信息化项目需求多变，通常会出现甲方不熟悉技术而乙方不熟悉业务的情况，这就给信息系统项目的需求和范围管理带来挑战，在项目实施过程中如果出现临时增加需求而范围控制不规范、不及时的情况，就会导致项目进度落后"（100个字），也是得2分。所以，不要展开。

因此，问题2（10分）的答案形式如下。

答：张某存在的问题包括：

1. 不应亲自动手解决新人的技术问题。

2. 不应对老同事的问题不当面指出。

3. 不应全盘接受客户的所有要求。

4. 不应……

5. 缺乏……

6. ……不妥当。

7. ……不合理。

读到这里，相信同学们会有这个感受：注意换行，这点比较容易做到；所答即所问，紧扣问题，这一点也不是很难做到；"注意分值、不要展开"也好办；最难的是"尽量多写"。

万能钥匙就是帮助同学们做到"尽量多写"。

10.3 万能钥匙

10.3.1 万能钥匙的原理

首先请思考一个问题：

如果一个项目没有管理好，一般是在哪些方面没管理好？

很多人会觉得无法回答这个问题，因为没有任何具体案例，所以没有思路。其实，我们可以逆向思维，把上面的问题换成：

如果要管理好一个项目，一般都应该关注哪些方面？

这个问题的答案，说得通俗一些就是"管理一个项目，都包括什么工作"。其实，任何一个项目，都是由若干"过程"组成的。所谓过程，是为创建预定的产品、服务或成果而执行的一系列相互关联的行动和活动。而一个项目所包含的所有过程，可以分为以下两类。

- 项目管理过程。这些过程保证项目在整个生命周期中顺利进行，借助各种工具与技术，实现各知识领域的技能和能力（管项目）。
- 产品导向过程。这些过程定义并创造项目的产品。产品导向过程通常由项目生命周期来定义，并因应用领域而异，也因产品生命周期的阶段而异（做项目）。

也就是说，管理一个项目，最重要的是"项目管理过程"。那么，从理论上讲，如果一个项目没有管理好，一定是这些项目管理过程或多或少没有做好。

对于软考高项案例题中的找茬题，就从项目管理过程入手提建议，这就是案例题的万能钥匙。

依据第6版PMBOK和软考高项教程，项目管理过程分为10个知识域、5个过程组共49个过程，如表10-2所示（这个表一定要背下来），这是万能钥匙的理论基础。

表 10-2

知识域	启动	规划	执行	监控	收尾
整合管理	制定项目章程	制订项目管理计划	指导和管理项目工作、管理项目知识	监控项目工作、实施整体变更控制	结束项目或阶段
范围管理		规划范围管理、收集需求、定义范围、创建WBS		确认范围 控制范围	
进度管理		规划进度管理、定义活动、排列活动顺序 估算活动时间、制订进度计划		控制进度	
成本管理		规划成本管理、估算成本、确定预算		控制成本	
质量管理		规划质量管理	管理质量	控制质量	
资源管理		规划资源管理、估算活动资源	获取资源、建设团队、管理团队	控制资源	

续表

知识域	启动	规划	执行	监控	收尾
沟通管理		规划沟通管理	管理沟通	监督沟通	
风险管理		规划风险管理、识别风险、实施定性风险分析、实施定量风险分析、规划风险应对	实施风险应对	监督风险	
采购管理		规划采购管理	实施采购	控制采购	
干系人管理	识别干系人	规划干系人参与	管理干系人参与	监督干系人参与	

除了上述49个项目管理过程，我们还可以从8个项目绩效域、人的因素等方面来进一步拓展"找茬"的思路，从而做到尽量多写。

10.3.2 万能钥匙的内容

基于表10-2中的项目管理过程，并结合软考高项的历年真题和答案，案例题的万能钥匙包括以下内容。

10个知识域

包括：整合、范围、进度、成本、质量、资源、沟通、风险、采购、干系人。

10个知识域，就是将49个项目管理过程从知识的层面进行分类，某个过程属于哪个知识域其实就是看"这个过程针对项目管理的哪个方面"。项目管理包含10个知识域，那么，如果一个项目没管理好，一定是这10个方面或多或少没做好。因此，从10个知识域的维度去挑毛病、提建议一定没错。

5个过程组

包括：启动、规划、执行、监控、收尾。

5个过程组是对49个项目管理过程的逻辑分组，也就是说，项目管理工作是可以分成这5类的。那么如果一个项目没有管理好，也一定是这5个类型的工作有没做好的地方。

49个项目管理过程

在软考高项案例题中，有的题目会具体问某个知识域的管理上存在哪些不足，下面给出案例。

> **软考案例真题（节选）：**

[问题1]（10分）（案例描述略）

请指出该项目经理在项目风险管理方面存在哪些问题？

分析：

面对这种问题时，从这个知识域包含的各个过程来找茬即可。

项目经理在项目风险管理方面存在的问题如下。

1.利用并不类似的项目模板编制风险管理计划不科学。（规划风险管理）

2. 风险管理计划与项目的实际情况不相符，失去了意义。（规划风险管理）
3. 没有全面有效地识别项目所面临的风险。（识别风险）
4. 没有对识别的风险进行定性、定量分析。（实施定性风险分析和实施定量风险分析）
5. 风险监控不够，对于项目实际面临的风险处理不当。（监督风险）
6. 项目经理及团队缺少项目风险管理相关知识。（人的因素）

这里再次强调：表10-2的内容一定要背下来！这对于选择题、案例题、论文都是非常重要的。

变更流程

"变更流程出问题"或者"项目缺少规范的变更流程"，这是案例题中的找茬题非常高频的答案之一。这一条内容是基于找茬题答案的统计分析得到的，是经验。

规范的整体变更控制是项目管理很重要的原则，在软考高项案例题中，有很多由于缺少变更控制导致项目失控的情况，因此，变更流程也可以作为万能钥匙的一条。

通常情况下，整体变更控制流程包括：①提出变更申请；②进行变更影响分析；③与相关干系人沟通；④CCB审批变更；⑤按照批准的方案执行；⑥跟踪（记录）变更执行情况；⑦评估变更效果、整理相关文档。

人的因素

人的因素，也是基于答案的统计分析得到的经验总结。

"项目经理缺少项目管理知识""项目团队成员的质量意识不强"等，也经常出现在找茬题的答案中，因此，我们将其提炼出来作为万能钥匙的内容之一。

8个绩效域

包括：干系人绩效域、团队绩效域、开发方法和生命周期绩效域、规划绩效域、项目工作绩效域、交付绩效域、度量绩效域、不确定性绩效域。

本质上项目绩效域（第7版PMBOK）是项目管理知识体系从基于过程的理论（第6版PMBOK）升级后的结果，这两个版本的理论有很大区别。不过在学习时，我们仍然可以通过体会这两者之间的内在联系来对项目管理本身进行深入理解，进而找到案例找茬的思路。

项目绩效域与49个过程（10个知识域、5个过程组）之间的内在联系包括：干系人绩效域对应干系人管理知识域、团队绩效域对应资源管理知识域、开发方法和生命周期绩效域对应《项目管理计划》的一个核心内容、规划绩效域对应规划过程组、项目工作绩效域对应执行过程组、交付绩效域对应范围管理知识域+质量管理知识域+收尾过程组、度量绩效域对应监控过程组、不确定性绩效域对应风险管理知识域。

在找茬时，从这8个绩效域的角度来分析当然也是没问题的，例如，"该项目的开发方法不匹配项目特点""项目绩效的度量指标设置得不合理"等。

10.3.3 万能钥匙的应用

本节挑选软考高项典型真题，帮助大家体会如何在找茬题中灵活地使用万能钥匙。

↳ 软考真题

1. 某系统集成商业务发展过快，项目经理人员缺口较大，公司决定从工作3年以上的业务骨干中选拔一批项目经理。张某原是公司的一名技术骨干，编程水平很高，在同事中有一定的威信，因此被选中担任某系统集成项目的项目经理。张某很珍惜这个机会，决心无论多么辛苦也要把这个项目做好。

随着项目的逐步展开，张某遇到很多困难。他领导的小组有两个新招聘的高校毕业生，技术和经验十分欠缺，一遇到技术难题，就请张某进行技术指导。有时张某干脆亲自动手编码来解决问题，因为教这些新手如何解决问题反而更费时间。由于有些组员是张某之前的老同事，在他们没能按计划完成工作时，张某为了维护同事关系，不好意思当面指出，只好亲自将他们未做完的工作做完或将不合格的地方修改好。该项目的客户方是某政府行政管理部门，客户代表是该部门的主任，和公司老总的关系很好。因此对于客户方提出的各种要求，张某和组内的技术人员基本全盘接受，生怕得罪了客户，进而影响公司老总对自己能力的看法。对于在项目中遇到的各种问题和困惑，张某也感觉无处倾诉。项目的进度已经严重滞后，而客户的新需求不断增加，各种问题纷至沓来，张某觉得项目上的各种压力都集中在他一个人身上，而项目组的其他成员没有一个人能帮上忙。

[问题1]（9分）
请问该公司在项目经理选拔与管理方面的制度是否规范？为什么？

[问题2]（10分）
请结合本案例，分析张某在工作中存在的问题。

[问题3]（6分）
结合本案例，如果你作为项目经理，可以向张某提出哪些建议？

分析：

解答任何问题，最重要的是要做到"所答即所问"，要紧紧抓住"所问"，针对问题进行回答。

问题1要求找公司的毛病，什么毛病？公司在项目经理的选拔和管理上的毛病。

问题2用万能钥匙可以得满分，要注意的是：找问题≠提建议。

问题3根据问题2的答案写建议就好。

参考答案：

[问题1]

1. 不规范。

2. 原因如下。

(1）公司仅从技术能力方面选拔项目经理，没有或较少考虑其管理方面的经验、能力。

(2）公司对项目经理缺乏必要的管理知识与技能方面的培训。

(3）公司对项目经理的工作缺乏指导和监督。

(4）公司和项目经理之间缺乏完善的沟通渠道。

[问题2]

张某在工作中存在的问题如下。

1. 没有控制好项目范围，导致需求蔓延。（范围管理问题）

2. 进度控制不力，导致进度严重滞后。（进度管理问题、控制因素）

3. 缺乏团队领导经验，事必躬亲的做法不正确。（资源管理问题）

4. 缺乏团队合作精神，没有做好团队建设工作，不能充分发挥团队整体效用。（团队建设问题）

5. 缺乏良好的沟通能力和沟通技巧。（沟通管理问题）

6. 计划不周、分工不明、责权不清。（计划因素）

7. 在项目管理方面经验不足，未能完成从技术骨干到项目经理的角色转变。（人的因素）

[问题3]

1. 在客户和管理层等项目干系人之间建立良好的沟通渠道。

2. 根据项目计划，进行良好的项目分工，明确工作要求，发挥团队的集体力量。

3. 对客户提出的新需求，按照变更管理的流程管理。

4. 对项目组成员，按照岗位要求提供相应培训。

5. 对已完成工作和剩余工作进行评估，重新平衡资源，如有问题，应及时协调。

2. 某涉密单位甲计划建设一套科研项目管理系统，因项目涉密，通过考察和比较，选择了具有涉密系统集成资质的单位乙来为其实施该项目。

甲单位要求所有开发工具必须在现场制作完成，项目所有资料归甲单位所有，双方签订了合同和保密协议。合同中规定项目应在当年的年底前完成。

乙单位派出项目经理小李带领项目组进驻甲单位现场，小李首先与客户沟通了需求，确定了大致的需求要点，形成了一份需求文件。经过客户确认后，小李安排项目组成员开始开发。为了更好地实现需求，小李在每天工作结束后，都将工作进度和成果汇报给甲方的客户代表，由客户提出意见，并形成一份备忘录。客户不断提出对软件的修改意见，小李也仔细地将修改意见记录在每天的备忘录中，并在第二天与项目组讨论，安排开发人员尽量实现。随着软件逐渐成型，小李发现客户提出的一些需求跟某些已实现的需求矛盾，对于一些新需求，实现难度也越来越大。此时软件的实际功能与最初的需求文件中确定的功能已经相差很远，眼看时间越来越接近年底，小李不知道该怎么办才好。

[问题1]（3分）

请问该项目是否可以不公开招标？为什么？

[问题2]（4分）

项目需求发生变更后，可能导致项目的哪些方面同时发生变更？

[问题3]（8分）

请指出该项目在项目整体管理方面存在哪些问题？

[问题4]（5分）

针对案例中心项目的现状，请指出在继续实施此项目时小李可采取哪些措施？

[问题5]（5分）

请简要说明实施整体变更控制的完整流程。

题目分析

问题2，想想10个知识域即可。

问题3、问题4、问题5，万能钥匙很适合。

参考答案：

[问题1]

可以不公开招标。

《中华人民共和国招标投标法》第六十六条规定，涉及国家安全、国家秘密、抢险救灾或者属于利用扶贫资金实行以工代赈、需要使用农民工等特殊情况，不适宜进行招标的项目，按照国家有关规定可以不进行招标。

[问题2]

项目需求发生变更后，可能导致的变更有：范围变更、进度变更、成本变更、质量变更、沟通计划变更、风险计划变更、合同变更等。（从10个知识域当中挑选即可）

[问题3]

该项目在项目整体管理方面存在的问题如下。

  1. 缺少项目整体管理计划及相关子计划。（计划因素）

  2. 缺少变更控制机制，未设立变更控制委员会等机构，没有明确相关人员职责。（控制因素、人的因素）

  3. 需求定义不准确、项目范围不明确就匆忙开发。（范围管理-收集需求）

  4. 对客户的新需求没有进行充分分析就盲目开发。（范围管理-定义范围）

  5. 项目整体控制不到位，导致新旧需求矛盾，进度落后。（控制因素、进度管理问题）

[问题4]（针对问题3的答案提建议即可）

  1. 制订项目整体管理计划，并严格执行。

  2. 以合同为依据，与客户详细确认需求，明确项目范围。

  3. 建立变更管理机制，并与客户沟通。

  4. 对于新需求，按照变更控制流程处理，在实施前进行全面分析。

  5. 严格进行项目范围控制，防止范围蔓延。

6. 针对目前进度落后的情况，重新制订进度计划并与客户沟通。

[问题5]

整体变更控制流程如下。（变更流程）

    1. 提出变更申请。

    2. 进行变更分析。

    3. 与相关干系人沟通。

    4. CCB审批变更。

    5. 按照批准的方案执行变更。

    6. 监督变更过程。

    7. 评估变更结果，整理相关文档。

3. 系统集成商B公司中标了某电子商务A企业的信息系统硬件扩容项目，项目内容为采购用户指定型号的多台服务器、交换设备、存储设备，并保证系统与原有设备对接，最后实现A企业的多个应用系统迁移，公司领导指定小周为该项目的项目经理。小周担任过多个应用软件开发项目的项目经理，但没有负责过硬件集成项目。

小周召开了项目启动会，对项目进行了分解，并给项目成员分配了任务。接下来，小周安排负责技术的小组长编制项目技术方案，同时根据合同中规定的时间编制了项目的进度计划并发送给项目组成员，进度计划中确定了几个里程碑节点：技术方案集成、设备到货、安装调试完成、应用系统迁移完成。由于该项目需要采购多种硬件设备，小周将进度计划发送给了采购部经理，并与采购部经理进行了电话沟通。

技术方案通过项目组的内部评审后，项目组按照方案开始进行设备调试的准备工作。小周找到采购部经理确认设备的到货时间，得到的答复是：服务器可以按时到场，但由于运输原因，存储设备要晚一周到货。

由于存储设备晚到，安装调试工作比计划延误了一周。在系统调试的过程中，项目组发现技术方案中存在一处错误，又改进了技术方案，造成实际进度比计划延误了两周。A企业得知系统迁移时间要延后，非常不满意，并找到B公司高层领导投诉。

[问题1]（12分）

请分析该项目执行过程中存在哪些问题？

[问题2]（3分）

请将下面（1）~（3）处的答案填写到答题纸上。

在项目里程碑节点进行里程碑评审，里程碑评审由（1）、（2）、（3）参加。

[问题3]（8分）

（1）项目的整体管理计划还应该包括哪些子计划？

（2）小周应该采取哪些措施来保证采购设备按时到货？

[问题4]（2分）

公司高层领导接到客户投诉后恰当的做法是（　　　）。

A. 向客户道歉并立即更换项目经理

B. 向客户道歉并承诺赔偿部分损失

C. 向项目组增派相关领域技术水平高的人，力争在系统迁移过程中追回部分时间

D. 与客户充分沟通，说明进度延误是由于设备到货时间延误造成的，希望客户顺延项目工期

题目分析：

问题1，结合案例中的问题用万能钥匙即可。

问题3，看似背书题，其实同样可以使用万能钥匙。

参考答案：

[问题1]

该项目执行过程中存在的问题如下。

 1. 不应由项目经理对工作进行分解，分解工作应该由项目团队完成。（人的因素）

 2. 技术方案未完成就制订进度计划存在风险。（进度管理问题-制订进度计划）

 3. 制订进度计划仅依据合同不全面。（进度管理问题-制订进度计划）

 4. 重要里程碑节点未得到客户确认。（范围管理问题-确认范围）

 5. 与采购经理仅进行电话沟通不合适。（沟通管理问题）

 6. 未能识别设备延期到货的风险，也没有相应的风险应对措施。（风险管理问题）

 7. 对于进度延期缺乏相应的赶工措施和变更控制流程。（控制因素、变更流程）

 8. 项目经理缺乏硬件集成工作经验，公司对项目经理也缺乏指导。（人的因素）

[问题2]

客户代表、项目团队成员、公司管理人员。

[问题3]

项目的整体管理计划应该包括的子计划如下。（在万能钥匙中10个知识域的名字后面加计划即可）

 1. 范围管理计划。

 2. 需求管理计划。

 3. 进度管理计划。

 4. 成本管理计划。

 5. 质量管理计划。

 6. 资源管理计划。

 7. 沟通管理计划。

 8. 风险管理计划。

9. 采购管理计划。

10. 干系人管理计划。

为保证设备按时到货，小周应该采取的措施如下。

1. 与采购部门就采购计划进行详细沟通，明确项目采购时间要求，并让采购部签字确认。（沟通管理问题）

2. 在采购合同中明确延期到货的相关惩罚措施。（采购管理问题-实施采购）

3. 关注实际采购进程，控制采购进度，预判可能的延期到货风险。（采购管理问题-控制采购）

[问题4]

C

4. 某系统集成企业承接了一个环保监测系统项目，为某市的环保局建设水污染自动监测系统。该企业以往的主要业务领域为视频监控及信号分析处理，对自动控制系统也有较强的技术能力，但从未在环保领域开发应用。该企业的老李被任命为此项目的项目经理。

该企业已按照ISO9001标准建立了一套质量管理体系，对于项目管理、软件开发等的流程均有明确的书面规定。但公司中很多人认为这套管理体系的要求对于项目来说是多余的，条条框框的约束太多，大部分项目经理在项目结项前才把质量体系要求的文档补齐以便能通过结项审批。公司的质量管理员对此也习以为常，只要在项目结束前能把文档补齐，就不会干涉项目建设。

老李组织技术骨干对客户的需求进行了调研，通过对客户需求的分析和整理，项目组制定了总体技术方案。然后，老李制订了一个较粗略的项目计划：①对市场上的采集设备进行调研，选择一款进行采购；②利用公司已有的控制软件平台直接进行修改开发；③待设备选定后，将软件与采集设备进行联调实验，实现软件与设备的控制功能；④联调成功后，按技术方案开展整个项目的实施工作。

在软件与采集设备的联调过程中，老李请环保局的客户代表来检查工作。客户代表发现，由于项目组不了解环保领域的一些参数指标，系统达不到客户方的要求。由于项目从一开始就没有完整的项目文档，为了避免出现重大问题，老张只好重新进行需求调研。客户方很不满意，既担心项目不能按时上线，又担心无法保证项目质量。

[问题1]（6分）

请指出该项目的需求活动存在哪些问题。

[问题2]（7分）

请简要分析该项目在项目管理方面存在哪些问题。

[问题3]（12分）

该企业的质量管理体系可能存在哪些问题？应该如何改进？

分析：

3个问题都是找茬题，结合案例中的描述灵活运用万能钥匙。

参考答案：

[问题1]

该项目的需求活动存在的问题如下。

1. 缺乏对需求工程相关知识的了解，对需求开发和需求管理认识不到位。（人的因素）
2. 缺少需求管理和开发的计划。（计划因素）
3. 调研需求时，缺少跟客户的沟通。（范围管理问题-收集需求）
4. 没有形成规范的需求规格说明。（范围管理问题-定义范围）
5. 开发系统前，缺少客户确认需求的过程。（范围管理问题-确认范围）
6. 没有进行需求跟踪工作。（控制因素）
7. 缺少需求管理的相关文档。

[问题2]

该项目的项目管理方面存在的问题如下。

1. 项目经理缺乏项目管理方面的知识。（人的因素）
2. 整合管理方面，制订的粗略项目计划缺乏项目需求及范围定义、进度计划、成本预算和沟通计划等重要内容。（整合管理问题）
3. 项目需求和范围方面，不重视开发需求和管理活动，在项目前期就项目需求缺乏与客户的沟通。（范围管理问题）
4. 质量管理方面，不理解公司质量体系的意义，不重视质量管理，缺乏相关质量规划、保证、控制工作。（质量管理问题）
5. 进度方面，重要里程碑节点缺少验收标准和进度要求。（进度管理问题）
6. 沟通方面，缺少沟通计划以及阶段性地向项目干系人进行绩效报告，导致系统达不到客户方的要求。（沟通管理问题）
7. 采购的设备不能满足项目需求。（采购管理问题）
8. 对于项目的实施，在管理上，其监督和控制工作不到位。（控制因素）

[问题3]

该企业的质量管理体系可能存在的问题如下。

1. 企业及员工对质量管理体系的作用和意义认识不到位。（人的因素）
2. 质量方针不明确，质量规划不合理。（规划质量管理）
3. 缺少质量控制相关方法及措施。（质量控制）
4. 缺少质量保证、质量改进等制度。（质量管理）
5. 质量审批不严格，流于形式。
6. 质量管理员工作不负责任。（人的因素）

改进建议如下。（针对问题提建议）

1. 全员参与质量管理，学习质量管理体系的内容，重视质量体系建设和改进工作。
2. 明确质量方针，对每个项目落实质量规划、保证、控制等相关工作。
3. 明确质量控制的方法和措施，认真开展质量控制工作。
4. 制定质量保证、质量改进等制度和措施。
5. 严格进行质量审批，明确相关责任及制度。
6. 明确质量管理员责任及考核机制，严格要求其按规定行使职责。

在应试过程中，不要盲目地使用万能钥匙，而是要先快速、仔细地阅读案例及问题，然后针对问题进行"所答即所问"。在组织答案时，从理论和经验两个方面灵活运用万能钥匙，这样就能得到理想的结果。

第11章 网络图专题

软考高项案例题的计算题包括3种类型：网络图、挣值分析、综合计算（同一道题既包括网络图问题又包括挣值分析问题）。

本章讲解网络图专题。

11.1 网络图基本概念

网络图简介

1956年，为了适应对复杂系统进行管理的需要，美国杜邦·耐莫斯公司的摩根·沃克与莱明顿公司的詹姆斯·E·凯利合作，利用公司的计算机，开发了一种合理安排进度计划的方法，即关键路线法（Critical Path Method，CPM）。1958年年初，该方法被用于一所价值1000万美元的新化工厂的建设，经过与传统的横道图对比，实际工期缩短了4个月。后来，该方法又被用于设备维修，使工期缩短了78小时。从此，网络计划技术的关键路线法得以广泛应用。

1958年，美国海军特种计划局着手研制北极星导弹核潜艇，这一项目被命名为北极星计划。北极星计划规模庞大，组织管理复杂，由8家总承包公司，250家分包公司，3000家三包公司，9000多家厂商承担。该项目采用网络计划评审技术（Program Evaluation and Review Technique，PERT），使原定6年的研制时间缩短为4年。1960年，美国又把PERT技术使用在阿波罗载人登月计划中。该计划耗资400亿美元，拥有一个7000人的中心实验室，把120所大学、2万多家企业、42万人组织在一起。1969年，人类第一次登上了月球，这使PERT法声誉大振，网络技术风靡全球。

网络图是CPM法、PERT技术的基础，网络图的定义为：表示项目进度活动之间的逻辑关系（也叫依赖关系）的图形。为了更好地理解网络图的意义，我们来看下面的一个例子。

表11-1显示了一个"沏杯茶"项目包含的各个活动的活动名称、代号、紧前工作、历时

等信息。

表 11-1

活动名称	代号	紧前工作	历时（分钟）
准备工作	A	—	1
洗茶杯	B	A	2
倒茶叶	C	B	1
烧水	D	A	5
泡茶	E	C、D	2

如果我们要计算沏杯茶一共需要的时间（项目总工期），那么只看这个表很难直观地算出来。注意，项目总工期不等于所有活动历时之和，因为有的活动是可以并行开展的。如果看图11-1呢？

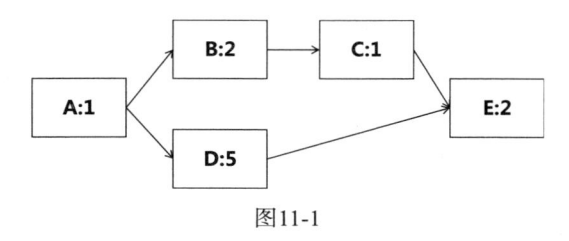

图 11-1

我相信即便没学过网络图的同学也能算出来，这个沏杯茶的项目需要的总时间是8分钟。这就是数据可视化的意义。图11-1中每个方框代表一个活动，方框里的字母是活动代号，方框里的数字是这个活动的持续时间（历时）。

网络图最原始的定义是"表示项目活动逻辑关系的图形"，在初步绘制网络图时我们可能还不知道每个活动的持续时间。等估算完活动持续时间，并将其标注到网络图中后，我们就可以利用网络图进一步分析项目的关键路径、计划项目总工期、分析各个活动的进度灵活性等，为进度管理提供清晰准确的依据。

重要概念

关于活动、活动之间的逻辑关系、单代号网络图、双代号网络图等概念的基本定义，请大家参考5.3.3节的相关内容。本节从应试出发，为大家详述与网络图计算题相关的重难点，如表11-2所示。

表 11-2

描述对象	概念	定义	计算方法
描述整个网络图	关键路径	所有从开始到结束的路径中，各项活动历时（D）之和最大的路径	
	总工期	任一关键路径上的各项活动历时之和	
描述单个活动	最早开始时间（ES）	所有开始条件都达成的最早时刻（开始活动的 ES=0）	正推，选大
	最早结束时间（EF）	EF=ES+D	

描述对象	概　念	定　义	计算方法
描述单个活动	最晚结束时间（LF）	不影响总工期的最晚的结束时间（结束活动的LF=总工期）	反推，选小
	最晚开始时间（LS）	LS=LF−D	
	总时差（TF）	此活动最长可耽误的时间段，而不影响总工期	关键路径的总时差和自由时差为0
		TF=LS−ES=LF−EF	
	自由时差（FF）	此活动最长可耽误的时间段，而不影响任何紧后活动的ES	
		FF= 各紧后活动ES的最小值 − 此活动的EF	

上述概念中，关键路径和总工期用于描述整个项目（整个网络图），其余概念用于描述每个活动。所有这些概念，要求大家必须熟练掌握，下面结合图11-2~图11-5给大家讲解。

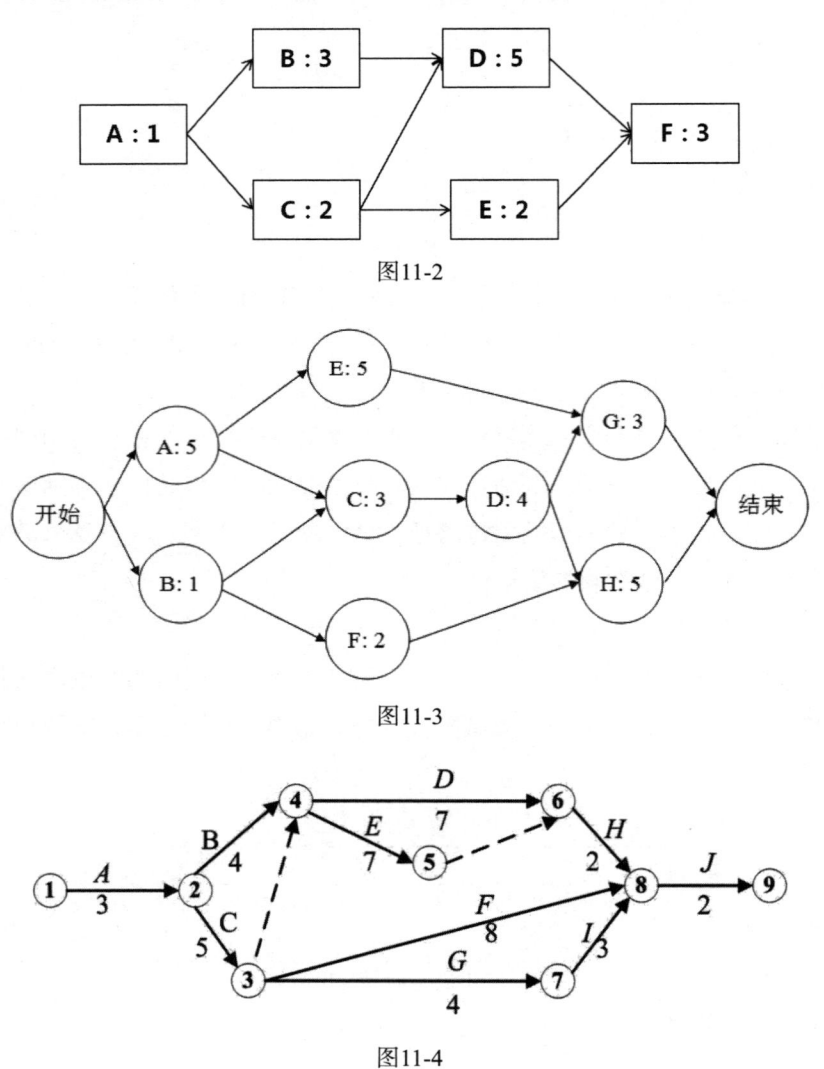

图11-2

图11-3

图11-4

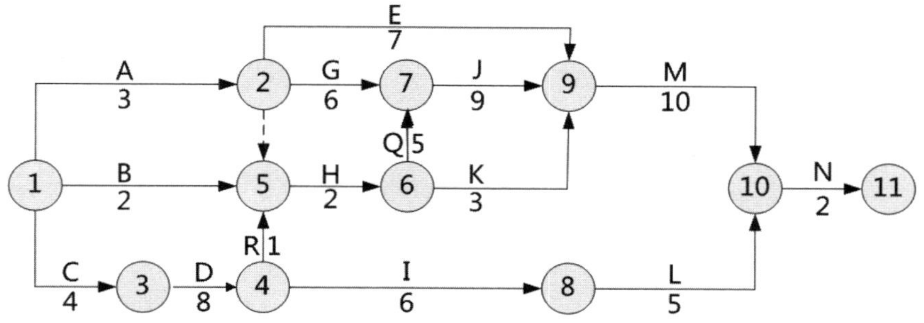

图11-5

概念解读

路径：从起点开始，沿着箭头方向，经过一系列活动，到达网络图终点的通道。

- 一般沿箭头方向、按先后顺序、以活动序列来描述路径，例如，图11-2中有3条路径：ABDF、ACDF、ACEF。
- 单代号网络图如果有多个开始或结束活动，则可以人为地增加一个开始或结束节点，以使得网络图封闭，如图11-3所示（一共有6条路径）。单代号网络图节点比较规范的画法是用方框表示，如图11-2所示。像图11-3这样用圆圈表示节点的情况在软考中也会出现，这一点请同学们注意。单代号网络图与双代号网络图的本质区别是表示活动的方法不同，单代号网络图用节点表示活动、双代号网络图用箭头表示活动，节点是方框还是圆圈并不是关键。
- 双代号网络图中的虚活动可以走通，分析时把虚活动看作一个持续时间为0的实线箭头即可，如图11-5所示，路径AHKMN存在。

关键路径：所有路径中，各项活动历时之和最大的路径。

- 关键路径不一定唯一。只要路径上的活动持续时间之和最大，该路径就是关键路径。例如，图11-4的关键路径有2条：ACDHJ和ACEHJ。
- 找关键路径是网络图计算的基本技能，必须熟练掌握，一般用遍历法即可。图11-5几乎是软考中出现的最复杂的网络图，大家找一下该图的关键路径，并记录下用时（关键路径是CDRHQJMN，总工期是41，假设单位为天）。

总工期：任意一条关键路径上的各项活动历时之和。

- 总工期的对应时间就是项目所有活动都完成的最短用时。可以将其理解为最长的路径完成，其他路径自然也已经完成。
- 这里的"总工期"应被理解为，仅根据网络图给出的活动逻辑关系和持续时间推导得到的初步的项目"计划总工期"。在实际工作或做题时，总工期可能需要根据实际的其他已知信息加以调整，例如外部约束、资源限制等。
- 图11-2~图11-5的总工期分别为12、17、19、41（假设单位为天）。
- 特别强调，"计划"不一定等于"实际"，这在做题时一定要注意。

最早开始时间（ES）为所有紧前活动（EF）的最大值（默认开始活动的ES为0）。

- 某活动的ES就是根据网络图（逻辑关系和持续时间）推导出的该活动所有前提条件都达成的最早时刻。
- ES是时刻（时间点），准确描述ES应该是"第n天末"。例如，图11-2中的活动A的ES为0，其准确描述为"活动A的ES是第0天末"。
- 本质上，"第0天末"和"第1天初"为同一时刻，在分析网络图时，一般把开始活动的ES记为0（第0天末），这是为了方便后续计算。也有极少数的软考试题中将开始活动的ES记为1（第1天初），在做题时小心仔细即可。
- 有了ES，某活动的EF可以马上得到：EF=ES+D（D为该活动的持续时间）。EF也是时刻，通常情况下，EF的计算方法与ES相同，ES=n，则EF为n+D，也就是"第n+D天末"。
- 推导活动的ES或EF应顺着箭头方向，从项目的开始节点向后推，这就是所谓的"最早、正推"。
- 某活动的紧前活动就是紧挨着这个活动的前项活动，某活动的紧后活动就是紧挨着这个活动的后项活动。
- 通常情况下，在活动的左上角标注ES，右上角标注EF。
- 在正推某活动的ES时，如果有多条路线（某活动的紧前活动不止一个），则选值较大的，即"正推选大"，如图11-6所示。

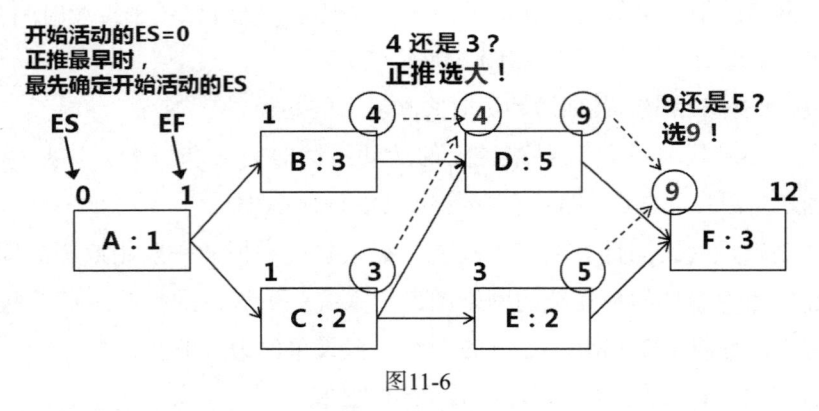

图11-6

在图11-6中，活动D有两个紧前活动B和C，活动B的ES=4，活动C的ES=3，那么，活动D的ES=4（4和3中选择大的）。活动F的ES也是这种情况，在9和5中选9。

- "正推选大"的原理：如果选小，则该活动的开始条件不能达成。以图11-6为例，活动D的开始条件是"活动B、C都完成"，在第3天末，虽然活动C可以完成，但活动B不能完成，所以活动D不能开始。

☆练习

在图11-3上标注所有活动的ES和EF。

答案如图11-7所示。

图11-7

☆**练习**

在图11-4上标注所有活动的ES和EF。

答案如图11-8所示。

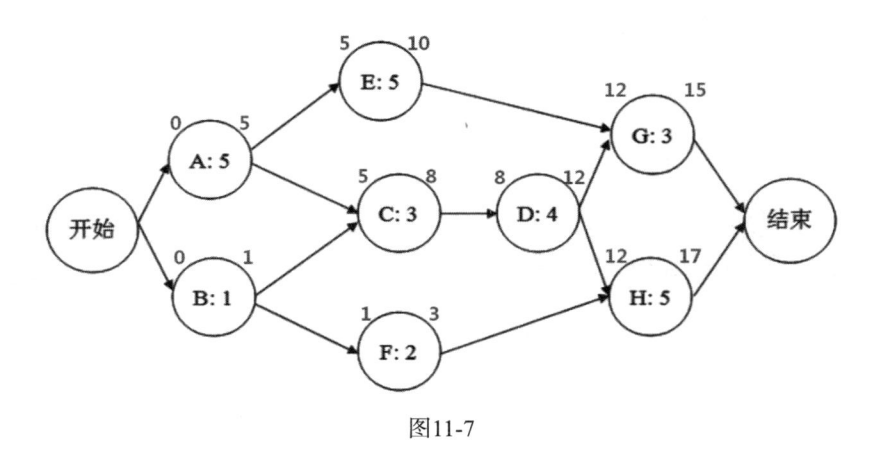

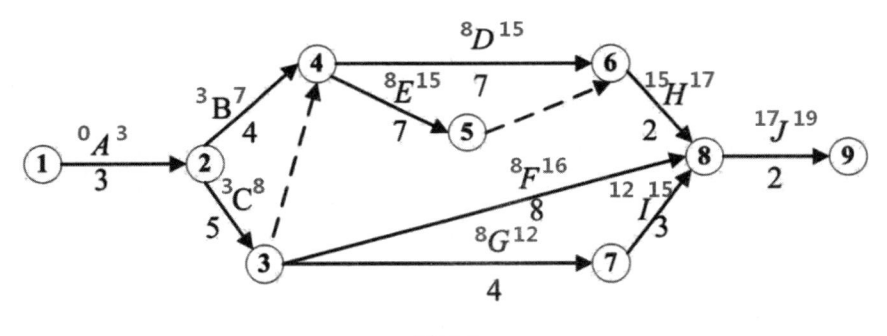

图11-8

说明：无论是单代号网络图，还是双代号网络图，在分析活动的ES、EF时，都要把这两个时间参数标注到"活动"上（单代号网络图的活动是节点，双代号网络图的活动是箭头）。

推导网络图中的活动的ES、EF是分析网络图的基本技能，同学们一定要多加练习。

最晚结束时间LF为所有紧后活动LS的最小值。

- 某活动的LF指在不影响总工期的前提下，该活动最晚的结束时刻。
- "最晚"的意思就是"没按计划"（各活动按计划的开始和结束时间是ES、EF），如果不按计划，并且没有任何约束条件，那么任何活动的最晚结束时间都是无穷晚，而网络图中定义的最晚时间约束条件，就是不影响总工期。
- LF的计时规则与ES相同，也使用"第n天末"。
- 由于LF的约束条件是不影响总工期，所以推导LF时要以总工期为起点，从项目结束节点开始，逆着箭头方向推导，这就是"最晚、反推"。

- 所有项目的结束活动（结束活动可能不唯一，例如图11-3中的活动G、H）的LF均等于总工期所对应的时间点。例如，图11-3中的项目总工期为17天，则活动G、H的LF均为第17天末。
- LS=LF–D，计时方式与LF相同，若LF=n，则LS=n–D，也就是"第n–D天末"。
- 通常情况下，在活动的右下角标注LF，左下角标注LS。
- 反推某活动的LF时，当有多条反推路线（某活动的紧后活动不止一个）时，选择值较小的，即"反推选小"，如图11-9所示。

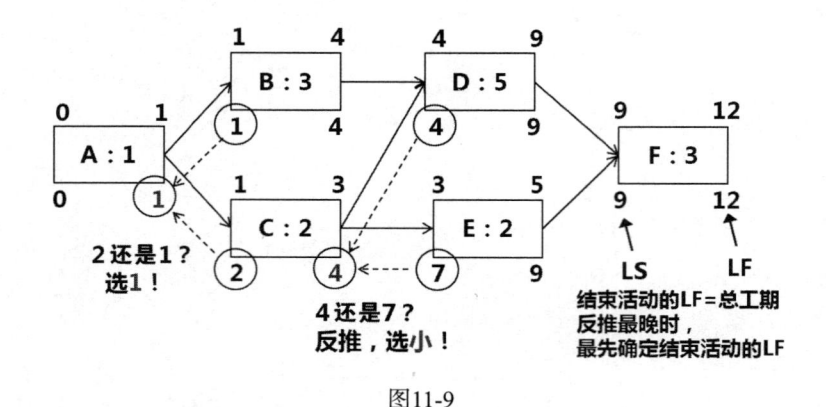

图11-9

图11-9中的活动C有两个紧后活动D和E，活动D的LS=4，活动E的LS=7，那么，活动C的LF=4（4和7中选小的）。活动A的LF也是这种情况，在2和1中选择1。

- "反推选小"的依据：如果选大，则总工期将受影响。以图11-9为例，如果活动C的LF选7，那么活动D只能7开始12结束，活动F只能12开始15结束，总工期受到影响。

☆练习

在图11-3上标注所有活动的LF和LS。

答案如图11-10所示。

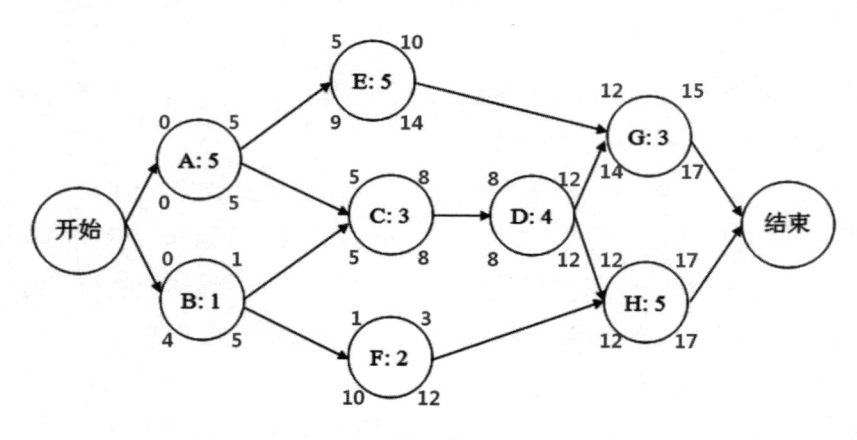

图11-10

☆练习

在图11-4上标注所有活动的LF和LS。

答案如图11-11所示。

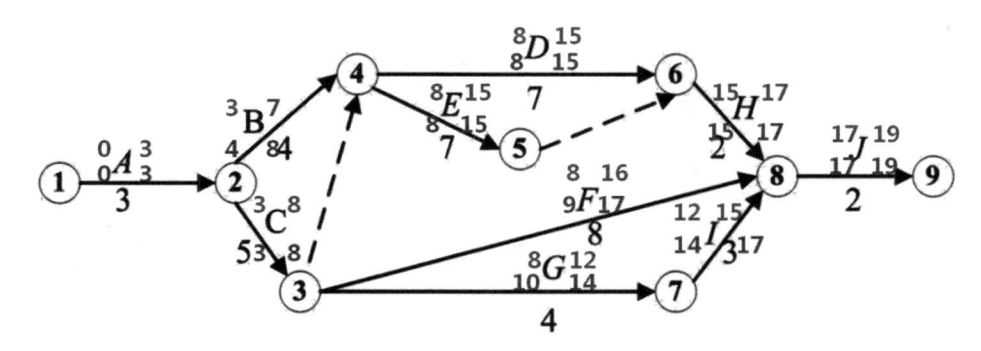

图11-11

活动LF、LS的推导同样需要多加练习。

活动的总时差（也称总浮动时间）和自由时差（也称自由浮动时间）反映的是这个活动的进度灵活性。所谓进度灵活性，指的是该活动如果没有按照计划完成（最早结束时间即计划完成时间），允许耽误的时间。当然，如果不按照计划、又没有任何约束条件，那么任何活动能耽误的时间都是无限长的，所以，活动的总时差和自由时差的定义均包含约束条件，约束条件的不同正是总时差和自由时差定义的最核心区别。

总时差（TF）：在不影响总工期的前提下，该活动最长可以耽误的时间。

- 公式：某活动的总时差=（该活动的）LF–EF=LS–ES。
- 活动的LF指在不影响总工期的前提下，最晚可以结束的时间；而活动的EF就是该活动按计划应该结束的时间。LF–EF就是"在不影响总工期的前提下，该活动最长可以耽误的时间"，即总时差。
- 只要准确计算出活动的最早、最晚时间，总时差按公式很容易计算，如图11-12所示。

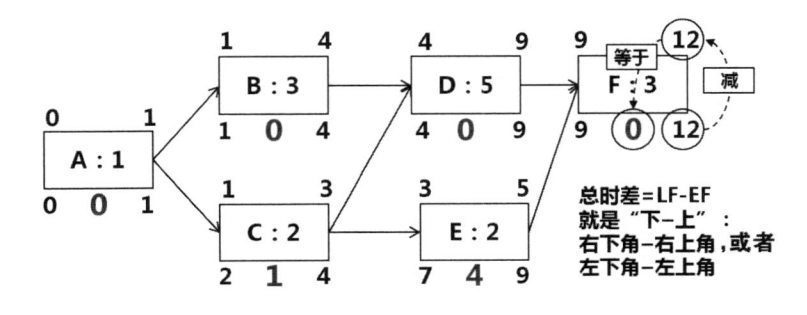

图11-12

☆练习

在图11-3上标注所有活动的TF。

答案如图11-13所示。

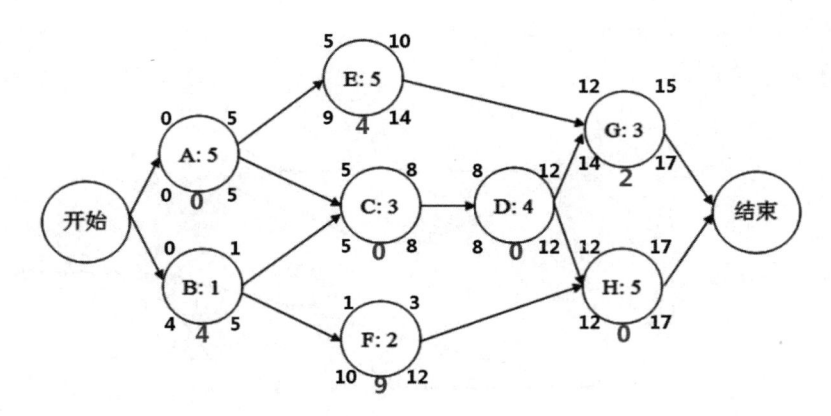

图11-13

通过以上分析，可以得出重要结论如下。

- 关键活动（关键路径上的活动）的TF=0。
- 因为总工期就是关键路径上的各项活动历时之和，所以，只要关键活动耽误（历时变大），总工期就一定耽误，这就等价于关键活动的总时差为0。
- 关键活动总时差为0等价于关键活动的LF=EF。
- 对于任一网络图，在完成正推最早得到各活动的最早时间后，反推最晚时，让关键活动的最晚时间直接等于相应的最早时间即可。

总时差的公式和物理意义理解起来不难，需要强调并且大量练习的是正确推导网络图中各活动的最早、最晚时间。

自由时差（FF）：在不影响任何紧后活动的ES的前提下，该活动最长可以耽误的时间。

- 公式：某活动的自由时差=此活动所有紧后活动ES中的最小值–此活动的EF。
- 自由时差的约束条件是"不能影响任何紧后活动在ES时刻开始"。
- 只要准确计算出各相关活动的最早时间，计算自由时差同样不难，如图11-14所示。

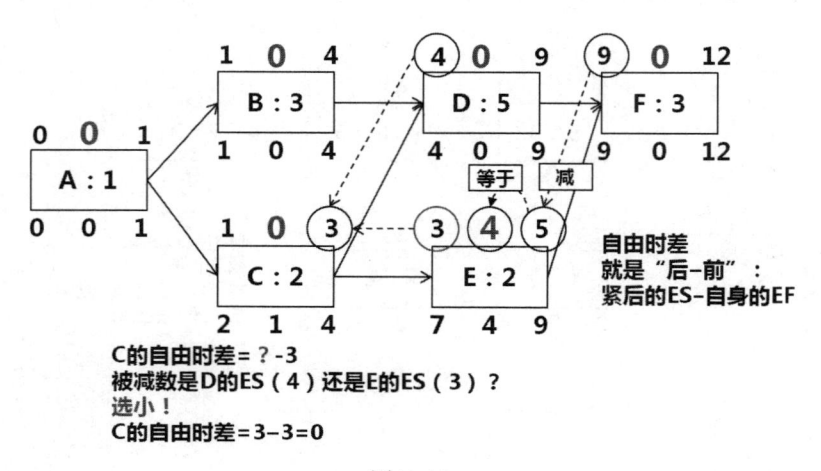

图11-14

在图11-14中，活动E的自由时差=活动F的ES–活动E的EF=9–5=4（天）

在计算活动C的自由时差时，发现C活动有两个紧后活动（D和E），并且这两个活动的ES不同，此时，公式中的被减数（减号左边）选活动D和活动E的ES中的较小值（在4和3中选择3）。

因此，结束活动的自由时差=总工期–此活动的EF。例如，图11-14中的活动F的自由时差为12–12=0（天）

☆练习

在图11-3上标注所有活动的FF。

答案如图11-15所示。

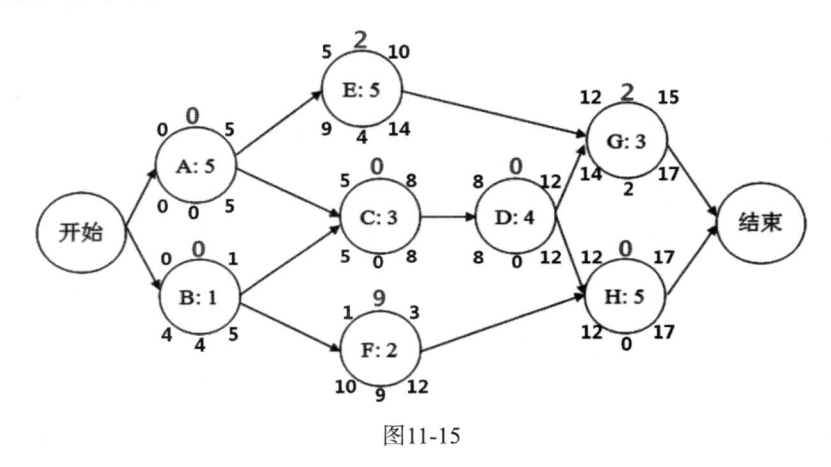

图11-15

通过上述分析，可以得出如下重要结论。

- 某活动的FF小于或等于该活动的TF，因为自由时差比总时差的约束性更强。例如图11-15中的活动B可以耽误4天而不影响总工期（B的TF=4），但B一旦耽误就会影响活动F（B的FF=0）。
- 关键活动的FF=0。因为关键活动的TF=0，又因为FF≤TF，所以，关键活动的FF=0。

可以发现，推导计算网络图中各活动的最早时间（ES、EF）和最晚时间（LS、LF）是计算活动总时差和自由时差的基础，也是软考网络图相关试题的解题关键，因此请同学们一定要多加练习，不仅要做到准确无误，还要做到熟练快速。

11.2 画单代号网络图

已知网络图，寻找关键路径、推导各活动的各种时间参数是进行网络图分析所需的基本能力，也是软考的必考点。但是，如果网络图未知呢？同学们还需具备"看表画图"的能力。

无论是在考试时还是在实际工作中，为了制订项目的进度计划、画出完整的网络图，必须先进行活动定义、活动排序、活动历时估算等前序工作（这也是"制订进度计划"的输入），而上述前序工作的结果往往以表格的形式给出。根据含有活动名称、活动排序结果和活动历时估算结果的表格，画出网络图，就是所谓的"看表画图"。

如表11-3所示，已知项目各活动代号、紧前活动、活动历时，请画出该项目的单代号网络图。

表 11-3

活动代号	紧前活动	活动历时（天）
A	—	5
B	A	2
C	A	8
D	B、C	10
E	C	5
F	D	10
G	D、E	11
H	F、G	10

画图步骤

（1）在稿纸最左侧画一个开始节点。如果项目只有一个开始活动，则可以以该开始活动为开始节点，如图11-16所示。

（2）以"活动"为维度，从左至右逐一画出图表中各活动及相关逻辑关系。以表11-3的活动B为例，表11-13中第3行第2列的意思是"活动B的紧前活动是A"，说明A和B之间有FS关系（只有当A结束后B才能开始）。同理，活动D与活动B、活动D与活动C之间也存在FS关系（活动B结束后活动D才能开始，活动C结束后活动D才能开始，这等价于"只有活动B和活动C都结束后活动D才能开始"）。

（3）在各活动上标注持续时间。

（4）画完之后检查整个网络图各活动之间的逻辑关系是否正确。

表11-3对应的单代号网络图的画图步骤如图11-16所示，该图只画出了前5个活动，同学们可以自己画完，再与图11-17对照一下，看是否正确。

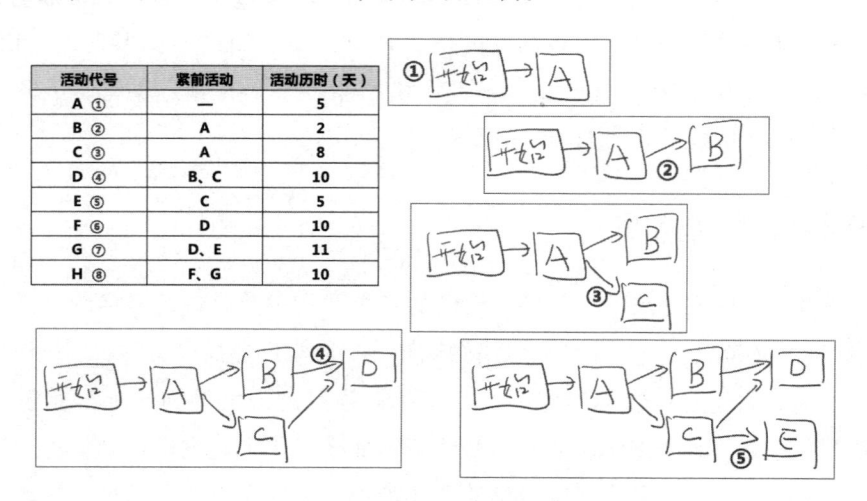

图11-16

```
         ┌─────┐      ┌──────┐     ┌──────┐
         │ B:2 │─────▶│ D:10 │────▶│ F:10 │
         └─────┘      └──────┘     └──────┘
       ↗         ↗              ↘          ↘
  ┌─────┐                                  ┌──────┐
  │ A:5 │                                  │ H:10 │
  └─────┘                                  └──────┘
       ↘         ↘              ↗          ↗
         ┌─────┐      ┌──────┐     ┌──────┐
         │ C:8 │─────▶│ E:5  │────▶│ G:11 │
         └─────┘      └──────┘     └──────┘
```

图11-17

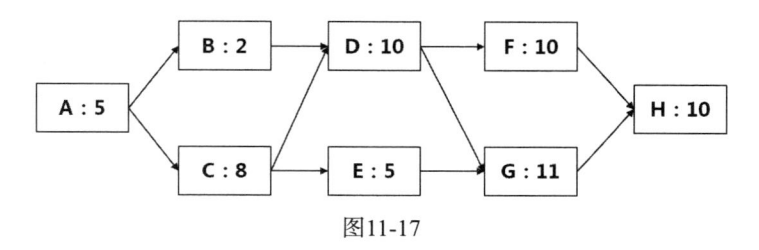

在画单代号网络图时，需要遵循如下规则。

（1）图中禁止出现循环回路（顺着箭头走，不能有闭合的圈）。

（2）每个节点表示一项活动，所以各节点的代号不能重复。

（3）图中禁止出现双向箭头或者无箭头的连线。

（4）在单代号网络图中，只有一个开始节点和一个结束节点。如果在网络图中有多项开始活动（项目一开始，活动就可以马上开始）或多项结束活动（无紧后活动的活动），则应该在网络图的两端分别设置一个节点，作为该网络图的开始节点和结束节点。

（5）除开始节点和结束节点外，其他节点都应该有指向箭线和背向箭线。

（6）在画网络图时，单代号和双代号的画法不能混用。

▶ 软考真题

1. 某项工程包含的活动及相关信息如表11-4所示，则该工程的关键路径为（　　）。

表 11-4

活动	紧前活动	所需天数	活动	紧前活动	所需天数
A	—	3	F	C	8
B	A	4	G	C	4
C	A	5	H	D、E	2
D	B，C	7	I	G	3
E	B，C	7	J	F，H，I	2

A. ABEHJ　　　　B. ACDHJ和ACEHJ　　　　C. ACGIJ　　　　D. ACFJ

解答：表11-4对应的网络图如图11-18所示。

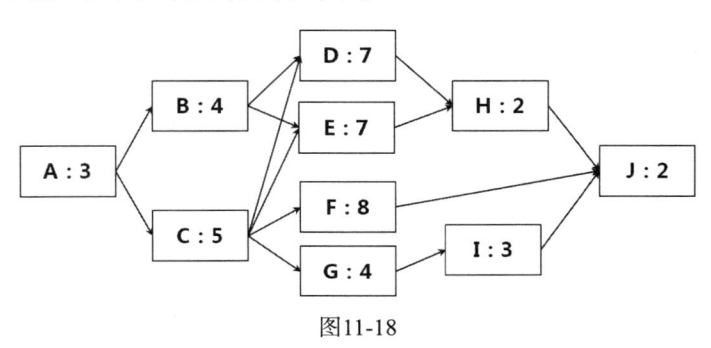

图11-18

关键路径有两条，分别为ACDHJ和ACEHJ（总工期为19天），选B。

2. 某项目各项活动的先后顺序及持续时间如表11-5所示，该项目的总工期为（　　）天。

表 11-5

序号	活动名称	紧前活动	活动持续时间（天）
1	A	—	5
2	B	A	7
3	C	A	5
4	D	A	6
5	E	B	9
6	F	C、D	13
7	G	E、F	6
8	H	F	5
9	I	G、H	2

A.31　　　　　　　B.32　　　　　　　C.33　　　　　　　D.34

解答：表11-5对应的网络图如图11-19所示。

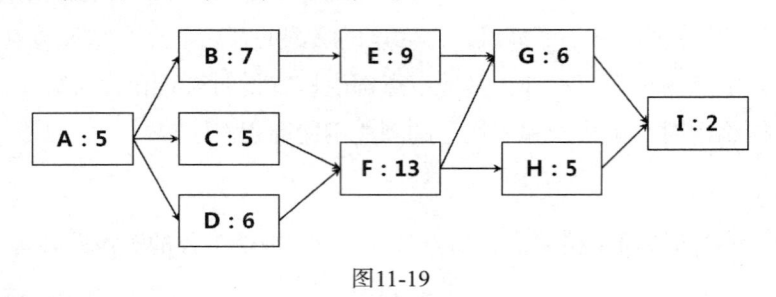

图11-19

关键路径为ADFGI，总工期32天，选B。

11.3　画双代号网络图

如果做选择题（题干给出了表格）需要画网络图，那么我建议同学们在草稿纸上画单代号网络图即可，因为单代号网络图相对容易一些。但是有的软考高项案例题会要求在答题纸（机考中就是答题的对话框）上画双代号网络图，所以我们还需要掌握画双代号网络图的方法。

如图11-4所示，双代号网络图最大的特点是用箭线（箭头）表示活动，而单代号网络图是用节点表示活动，关于双代号网络图的一些概念，请查看下面的定义。

- 箭线：代表项目进度活动，任意一条箭线（实线）都需要占用时间、消耗资源，活动名称和持续时间写在箭线上。
- 节点：也叫事件，反映的是前后工作的交接点，节点中的编号不一定连续，但应保证后续工作的节点比前面节点的编号大，且不得有重复。两个节点之间不能有两条或两条以上的箭线。
- 虚箭线：也叫虚活动，是实际工作中不存在的一项虚设工作，因此不占用资源，不消耗时间，一般用于正确表达工作之间的逻辑关系。如果两个节点之间存在多个活动，就需要增加虚箭线。比如图11-4中的节点⑤到节点⑥，该虚箭线代表活动E与活动H之间存在FS关系。此图中，活动D与活动H之间存在FS关系，活动E与活动H之间也存在FS关系，而节点④和节点⑥之间不能画两条箭线，只能在活动E后面增加一个节点⑤，然后在节点⑤与⑥之间画虚箭线。同理，节点③与④之间的虚箭线，说明活动C与活动D和活动E之间存在FS关系。如果没有这个虚箭线，活动C与活动D（或活动C与活动E）就没有逻辑关系。可以参考图11-20来辅助理解上面的分析。

- 开始节点：第一个节点，它只有外向箭线（即箭头离向节点）。
- 结束节点：最后一个节点，它只有内向箭线（即箭头指向节点）。
- 中间节点：既有内向箭线又有外向箭线的节点。
- 路径：也叫线路，即网络图中从开始节点开始，沿箭头方向通过一系列箭线与节点，最后达到结束节点的通路。一个网络图中一般有多条路径，路径可以包含虚箭线，比如图11-4中，ACEHJ是一条路径。
- 关键路径：即持续时间最长的线路，一般用双线或粗线标注，网络图中至少有一条关键线路，关键线路上的节点叫关键节点，关键线路上的工作叫关键工作。

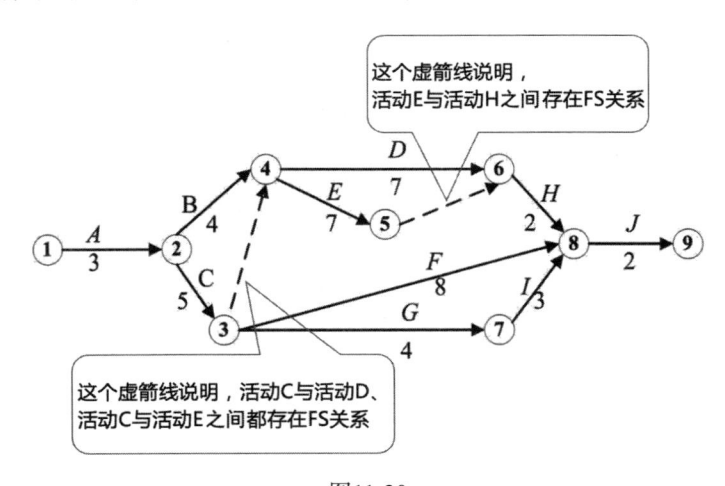

图11-20

如果我们被要求依据表11-3画出双代号网络图，该怎么画？双代号网络图的画图步骤如图11-21所示。

活动代号	紧前活动	活动历时（天）
A	-	5
B	A	2
C	A	8
D	B、C	10
E	C	5
F	D	10
G	D、E	11
H	F、G	10

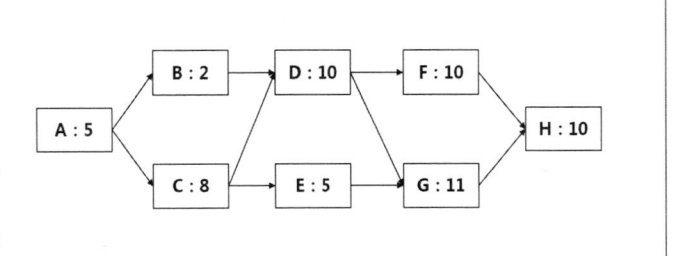

步骤1：根据表格画出单代号网络图。等到同学们对双代号网络图的画法熟悉了以后，这个步骤可以省略。

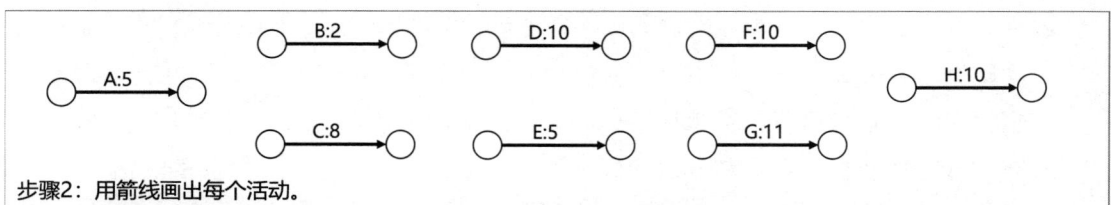

步骤2：用箭线画出每个活动。
每个箭线的起点和终点都用节点（空心圆圈）表示，活动之间的位置布局（上下左右）可参考单代号网络图。

步骤3：根据表格或单代号网络图，用虚箭线画出各活动之间的逻辑关系。

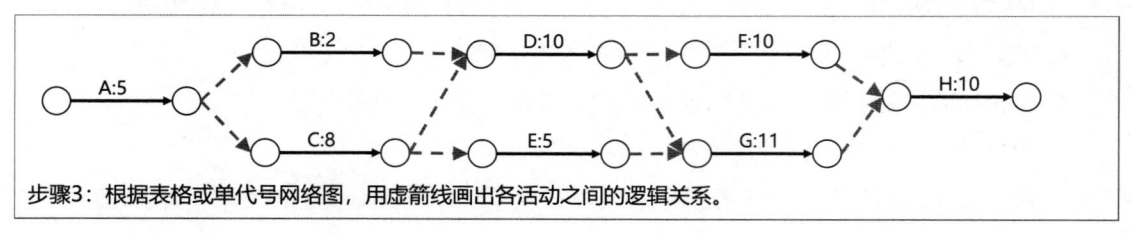

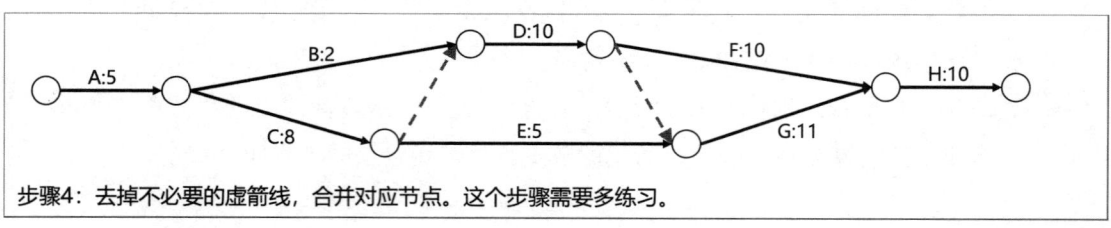

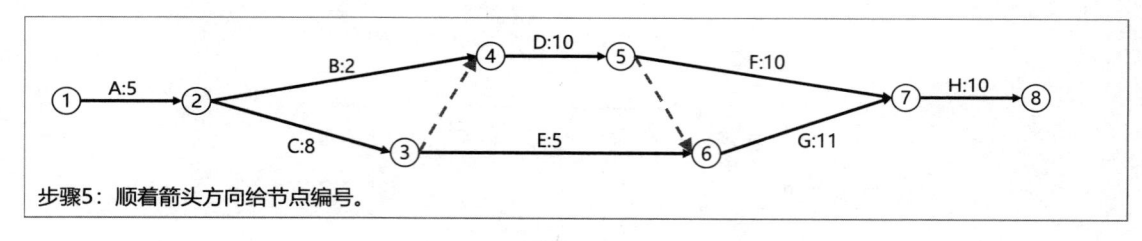

步骤4：去掉不必要的虚箭线，合并对应节点。这个步骤需要多练习。

步骤5：顺着箭头方向给节点编号。

图11-21

☆练习

1. 画出图11-3项目的双代号网络图。

答案如图11-22所示。

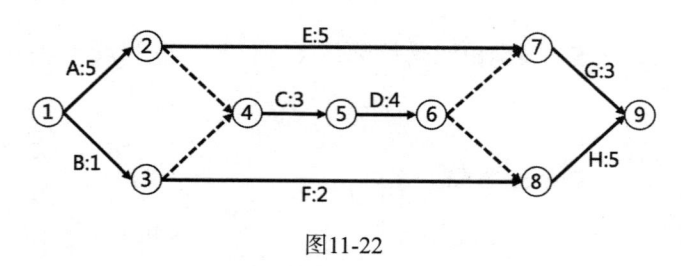

图11-22

2. 画出图11-18项目的双代号网络图。

答案如图11-4所示。

还有一种特殊的双代号网络图，叫作"双代号时标网络图"，如图11-23所示。

```
 0      1      2      3      4      5      6      7      8
 ①  A:1  ②  B:2      ③  C:1  ～～～～～
                                              ↓
                      D:5                     ④  E:2   ⑤
```

图11-23

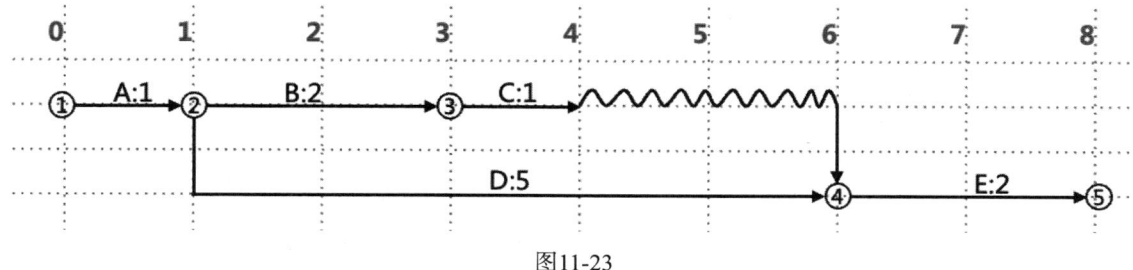

关于双代号时标网络图，进行如下说明。

- 双代号时标网络图的本质仍是双代号网络图（用箭线表示活动）。
- 图中水平方向的横轴是时间轴。
- 每一个活动用水平方向（横轴）的箭线表示。每条箭线横轴方向的长度与该活动的持续时间成正比（箭线横向越长，代表其持续时间越长）。
- 每个箭线的起点对应的横坐标就是该活动的最早开始时间。例如，图11-23中活动B的起点对应的横坐标是第1天末，这代表活动B的最早开始时间是第1天末。
- 每个箭线的终点对应的横坐标就是该活动的最早结束时间。例如，图11-23中活动C的终点对应的横坐标是第4天末，这代表活动C的最早结束时间是第4天末。
- 双代号时标网络图的最后一个节点（图11-23中的节点⑤）对应的横坐标（第8天末）就是项目的计划完成时间，其对应的时间段就是项目的总工期（该项目总工期是8天）。
- 波浪线表示浮动时间（时差）。例如，在图11-23中，活动C的紧后活动是E，但是C在第4天末结束（按照最早结束时间计算），而E的最早开始时间是第6天末，因此C的结束跟E的开始之间的2天用波浪线表示，代表此时没有活动在执行。本质上这个波浪线对应的时间段（2天）就是活动C的自由浮动时间。
- 垂直方向的箭线或者线段只代表逻辑关系，不是独立的活动。例如，图11-23中的活动C与活动E之间存在FS关系，所以在波浪线后用垂直向下的箭头与节点④相连。
- 其余概念（箭线、节点、路径等）与双代号网络图的定义一样。

如果考试中题干直接给出了双代号时标网络图，那么我们需要具备利用网络图分析各活动相关时间参数的能力。

↳ 软考真题（节选）

1. 分析图11-24中各活动的ES、EF、LS、LF（如图中活动B所示），并标注在网络图中。

图11-24

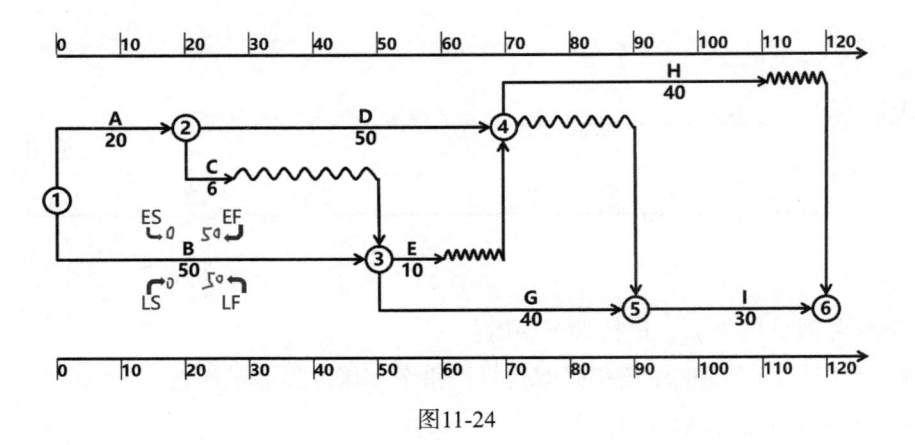

解答：

首先，根据双代号时标网络图的特点，各活动开始节点和结束节点对应的横坐标即为该活动的ES、EF，因此我们先标注各活动的ES和EF（当然，也可以按照11.1节所述，用最早正推的方法计算得到ES和EF），结果如图11-25所示。

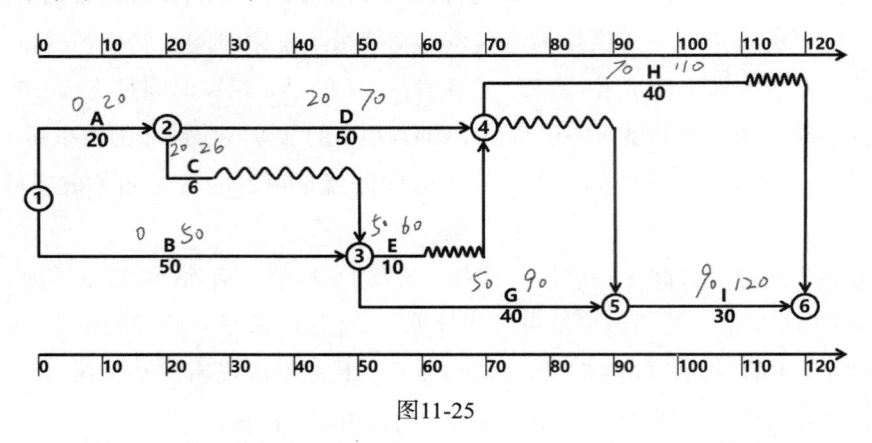

图11-25

然后，我们利用"关键路径上的活动总时差为0"这个结论，把关键活动的最晚结束和最晚开始时间标注好（对于关键活动，LF=EF，LS=ES），如图11-26所示。

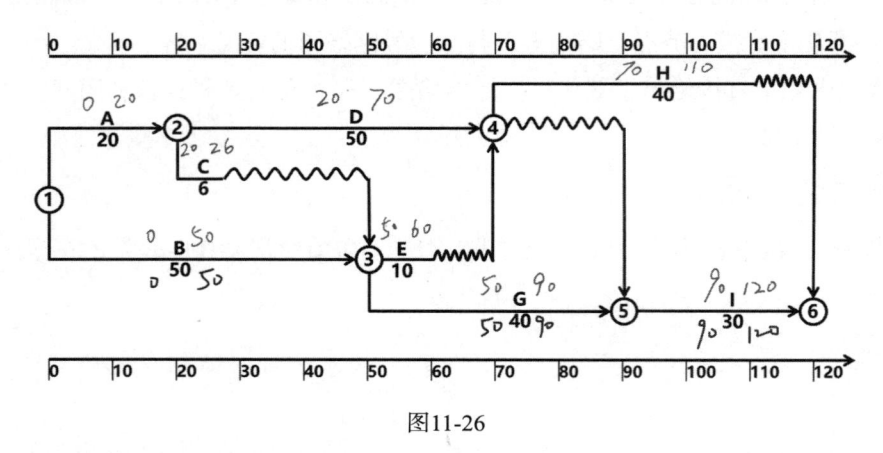

图11-26

最后，反推剩余活动的LF和LS，结果如图11-27所示（在看结果之前，强烈建议大家自已先推导一遍）。

图11-27

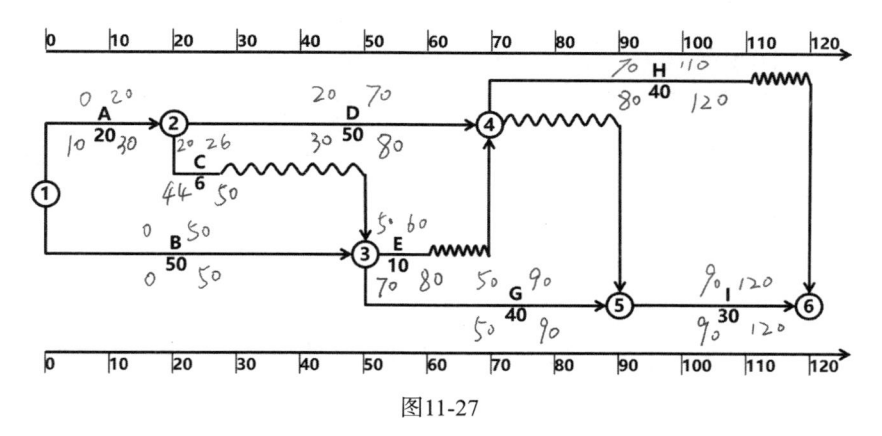

最后一步是最容易出错的，大家在推导时一定要基于对最晚结束时间的基本定义的理解来推导，从结束节点出发，逆着箭头方向计算（此时要细心，不要漏掉某些反推路径）。

例如，图11-27中活动H的LF，就是节点⑥对应的时间（第120天末），活动H的LF=120，那么活动H的LS=120–40=80。

在推导活动D的LF时，一定要注意有两条反推路线。路线1为节点⑥→活动H→节点④，路线2为节点⑥→活动I→节点⑤→节点④。路线1推导出活动D的结束（节点④）时间是80（第80天末），路线2推导出节点④的结束时间是90（第90天末），利用"反推选小"这个规律，可知D的LF为80（第80天末）。

同理可知，活动E的LF为80。

本题最易出错的是对活动C的LF的推导，很多同学可能第一次推导时认为C的LF为70，这是错的，因为反推到C也有两条路线。路线1为活动E→节点③，路线2为活动G→节点③。路线1的时间是70，路线2的时间是50，反推选小，所以C的LF应该是50。本质上，C的LF不能是70的原因是：如果C在第70天末结束，就会影响活动G最晚在第50天末开始（因为活动C与G之间存在FS关系），而G是关键活动，只要G被影响，总工期就会被影响，所以C就不能在第70天末结束（C的LF为50）。

关于手动画双代号时标网络图，在以前软考高项案例题中，曾经考过2次，不过考试题目中活动之间的逻辑关系都非常简单。

2. 已知某公司承担一个旅游信息监管系统的开发工作，整个项目划分为4个阶段9项活动，项目相关信息如表11-6所示。

表 11-6

	活动名称	工期/天	紧前活动	人数/人	总预算/万元
需求分析	A 任务下达	（1、4、7）		6	0.6
	B 需求分析	（12、14、22）	A	15	6.3

续表

	活动名称	工期/天	紧前活动	人数/人	总预算/万元
研发设计	C 总体设计	（13、14、21）	B	13	10.4
	D 初样实现	（8、9、16）	C	17	24.7
	E 正样实现	（10、17、18）	D	18	10.2
系统测试	F 密码评测	（6、7、8）	E	9	5.1
	G 软件测试	（5、8、11）	E	12	10.6
	H 用户试用	（9、16、17）	F、G	20	15.7
项目收尾	I 收尾	（3、5、7）	H	10	3

[问题1]（12分）

（1）每个活动的乐观、可能和悲观时间服从贝塔分布，请计算每个活动的成本，并绘制项目的双代号时标网络图。

（2）如果项目人员均为多面手，可以从事任意项活动，请指出项目实施需要的最少人数。

解答：

（1）按照贝塔分布，各活动持续时间的期望值如下。

A：（1+4×4+7）/6=4；B：（12+4×14+22）/6=15；C：（13+4×14+21）/6=15；
D：（8+4×9+16）/6=10；E：（10+4×17+18）/6=16；F：（6+4×7+8）/6=7；
G：（5+4×8+11）/6=8；H：（9+4×16+17）/6=15；I：（3+4×5+7）/6=5。

双代号时标网络图如图11-28所示。

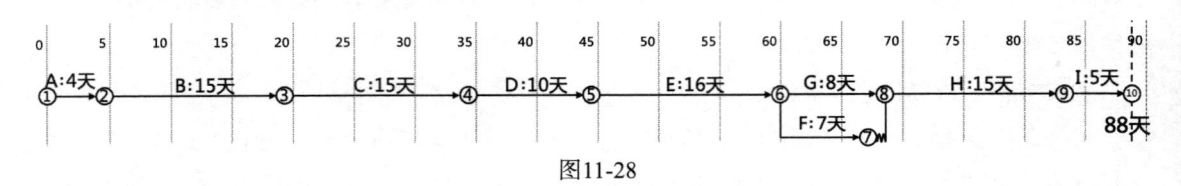

图11-28

（2）项目最少需要21人（F、G并行工作的时候需要）。

如果同学们感兴趣，可以试着把本章之前的一些网络图画成双代号时标网络图作为练习，图11-29、图11-30是两个例子。

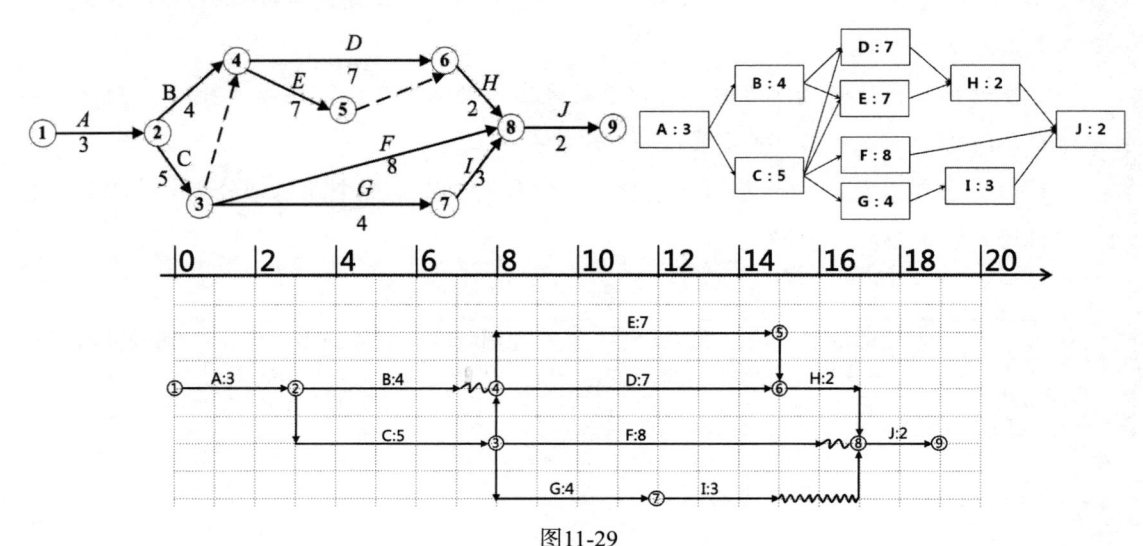

图11-29

图11-30

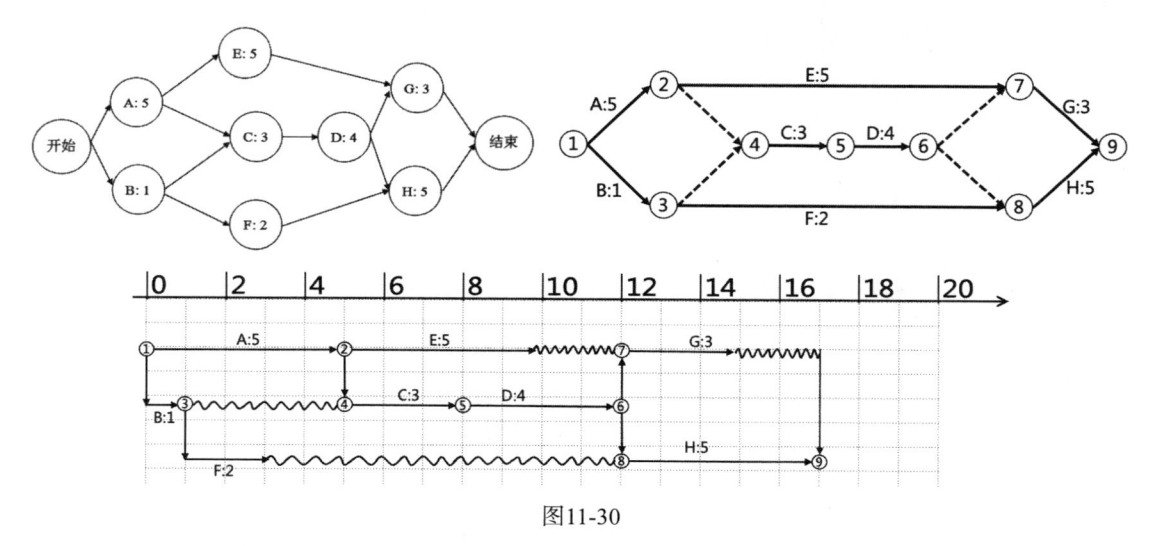

无论画何种类型的网络图，请一定记住：画完一定要检查一下各个活动之间的逻辑关系。这一点非常重要！我自己在画图11-30中的双代号时标网络图时，前两次都画错了，图11-31就是我画错的一次，同学们可以分析一下哪里画错了（答案见本章内容的最后一行）。

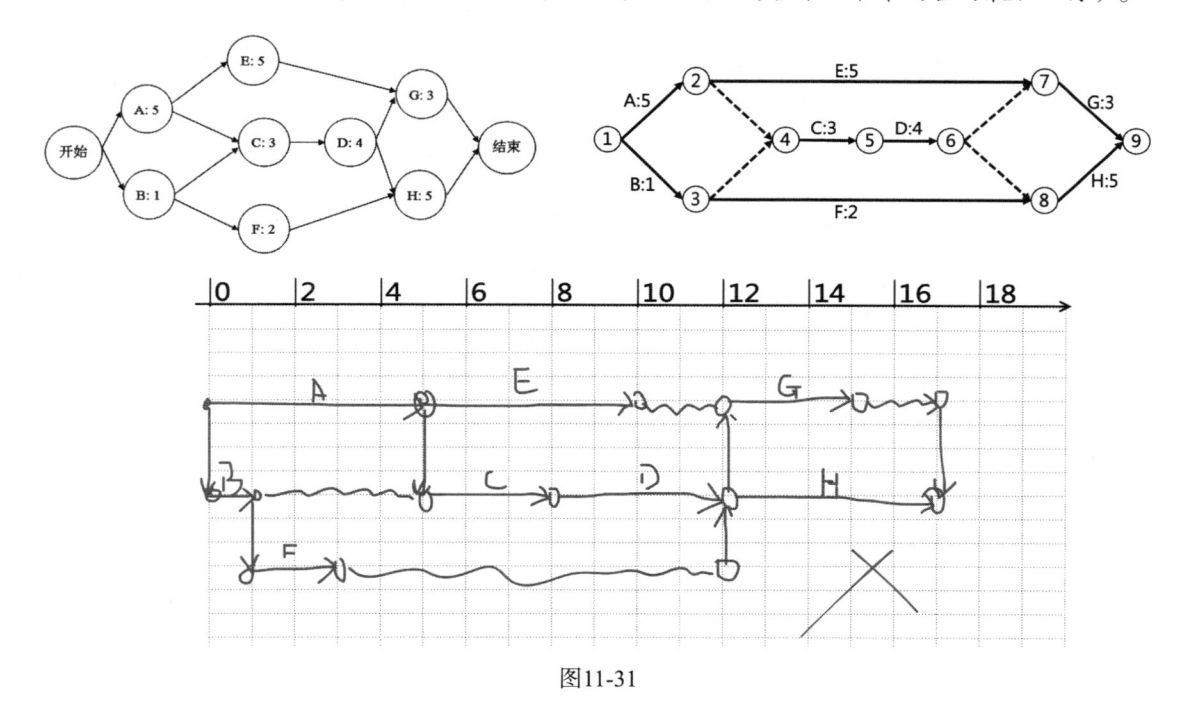

图11-31

学到这里，我特别希望所有同学回顾一下网络图所学内容，可能会有很多同学觉得网络图太复杂了：最早开始时间、最晚结束时间、自由时差、总时差、正推、反推、单代号、双代号、双代号时标，概念太多了。高效学习，应该能够化繁为简、举一反三。网络图的本质就是"展示活动逻辑关系的图形"，所以，活动的逻辑关系是否正确，是检查网络图是否正确的关键。单代号、双代号、双代号时标只不过是用不同的方式来展现活动以及活动的逻辑关系而已，其本质并没有什么不同。

11.4　网络图真题之选择题

1. 图11-32是某项目的箭线图（单位：周），其关键路径是（1），工期是（2）周。

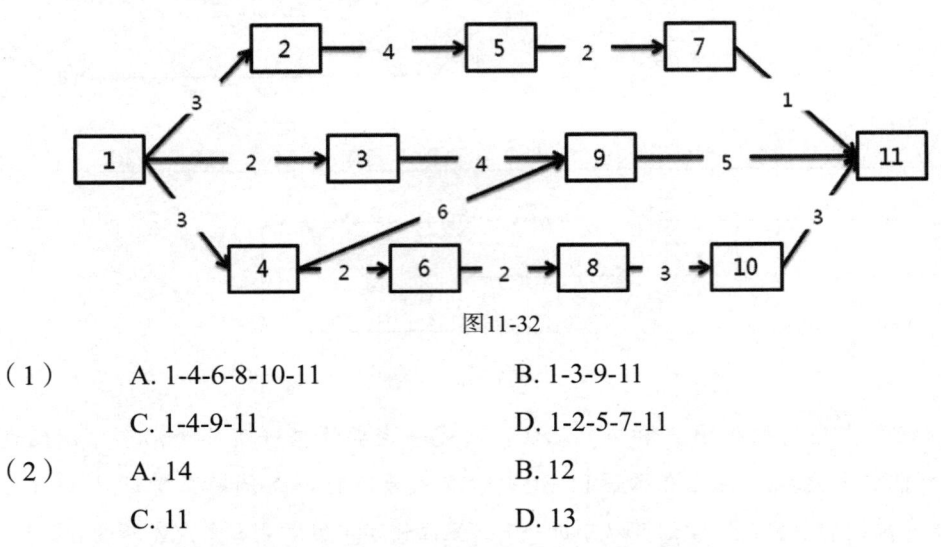

图11-32

（1）　A. 1-4-6-8-10-11　　　　　B. 1-3-9-11
　　　C. 1-4-9-11　　　　　　　　D. 1-2-5-7-11

（2）　A. 14　　　　　　　　　　　B. 12
　　　C. 11　　　　　　　　　　　D. 13

2. 在下面的项目网络图中（单位：天），活动B的自由时差和总时差分别为（3），如果活动A的实际开始时间是5月1日早8时，那么在不延误项目工期的情况下，活动B最晚应在（4）前结束。

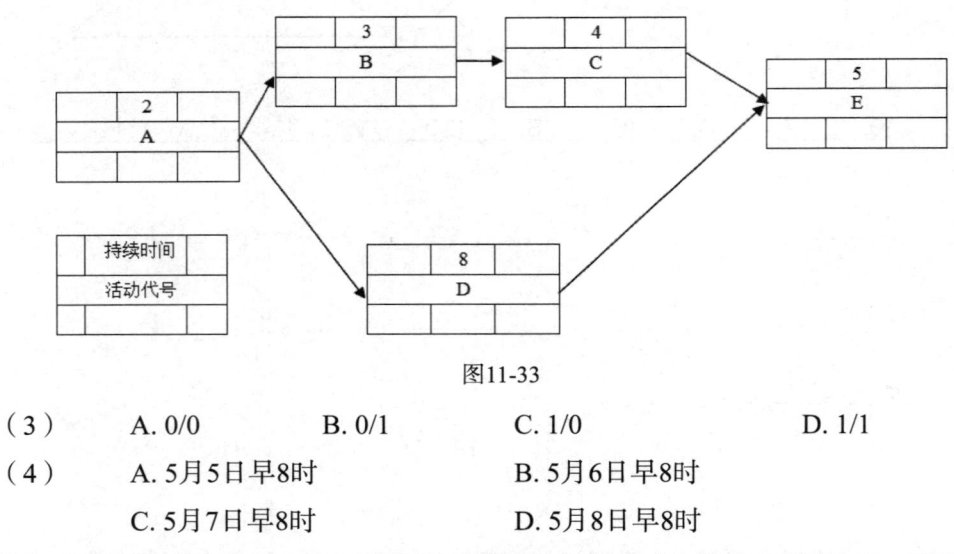

图11-33

（3）　A. 0/0　　　B. 0/1　　　C. 1/0　　　D. 1/1
（4）　A. 5月5日早8时　　　　　　B. 5月6日早8时
　　　C. 5月7日早8时　　　　　　D. 5月8日早8时

3. 在工程网络计划中，工作M的最早开始时间为第16天，持续时间为5天。该工作有3项紧后工作，最早开始时间分别为第25天、第27天和第30天，最晚开始时间分别为第28天、第29天和第30天。工作M的总时差为（　　）天。

　　　A. 5　　　　　B. 6　　　　　C. 7　　　　　D. 9

参考答案

1.（1）C；（2）A。

解析：

注意题干中说明了是"箭线图"，也就是"双代号网络图"，因此箭头代表活动，而不是节点。所以，箭头上的数字为活动的持续时间。另外，根据选项可以判断，题目中的关键路径是用节点的编号描述的（本题中的活动没有编号，所以无法用活动代号描述路径，这是此题非常不严谨的地方）。

2.（3）B；（4）C。

解析：

将题干中网络图上的各活动的最早、最晚时间参数标注到活动节点的4个角，将活动的总时差标注到活动节点下部，如图11-34所示。

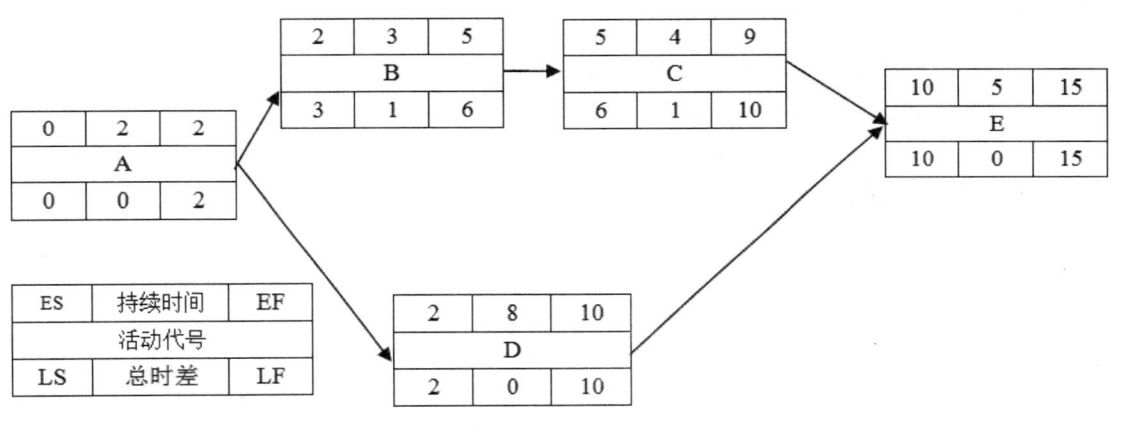

图11-34

活动B的总时差为：$LF_B - EF_B = 6 - 5 = 1$（天）

活动B的自由时差为：$ES_C - EF_B = 5 - 5 = 0$（天）

根据题意，在不延误项目工期的情况下，活动B最晚应在第6天末结束，即活动B的LF。注意，这是按照网络图的时间定义的，按此定义，项目应在第0天末开始。结合题干，第0天末等价于5月1日早8时，所以，第6天末就是5月7日早8时。

3.C。

解析：

根据题干的已知信息，可以画出如图11-35所示的网络图（设M的3个紧后活动为X、Y、Z）。

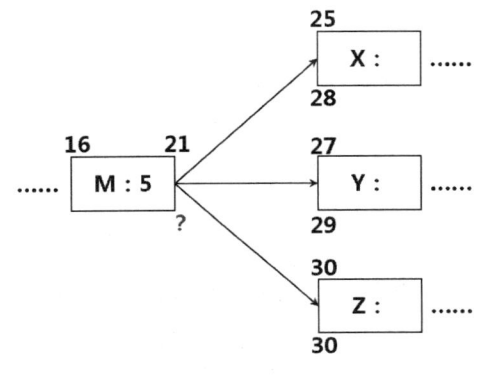

图11-35

此题特点是看不到网络图的全貌。但是，此题的问题是M的总时差，那么只需要知道M的LF和EF即可（两者相减即为总时差）。对于M，EF=ES+D=16+5=21。M的LF是本题的解题关键，根据图11-35，M的LF一定会在反推过程中经过X/Y/Z（不管有多少条反推路径，反推到达M之前，一定要经过X/Y/Z中的一个），又根据网络图反推结论"反推选小"，M的LF为28（在28/29/30中选择小的）。因此，M的总时差为28–21=7。注意，此题X/Y/Z的最早开始时间在解题时没有用到。

做任何题目，关键是"紧紧抓住问题"，根据问题反推"我需要什么信息"，而不是盲目分析题干都给了什么信息。已知信息并不一定都是有用的。

11.5 网络图真题之案例题

1. 张某是M公司的项目经理，有着丰富的项目管理经验，最近负责开发某电子商务系统的项目管理工作。该项目经过工作分解后，范围已经明确。为了更好地对项目的开发过程进行监控，保证项目顺利完成，张某拟采用网络计划对项目进度进行管理。经过分析，张某得到了一张工作计划表，如表11-7所示。

表 11-7

工作代号	紧前工作	计划历时（天）	最短历时（天）	每缩短一天所需增加的费用（万元）
A	—	5	4	5
B	A	2	2	—
C	A	8	7	3
D	B、C	10	9	2
E	C	5	4	1
F	D	10	8	2
G	D、E	11	8	5
H	F/G	10	9	8
每天的间接费用为 1 万元				

事件1：为了说明各活动之间的逻辑关系，计算工期，张某将任务及有关属性用图11-36表示，然后根据工作计划表，绘制单代号网络图。

ES	工期	EF
	工作编号	
LS	总时差	LF

图11-36

事件2：张某的工作计划得到了公司的认可，项目建设方（甲方）提出，因该项目涉及融资，希望项目工期能够缩短2天，并额外支付8万元项目款。

事件3：张某将新的项目计划上报公司，公司请财务部估算项目的利润。

[问题1]（13分）

（1）请按照事件1的要求，帮助张某完成此项目的单代号网络图。

（2）指出项目的关键路径和工期。

[问题2]（6分）

在事件2中，请简要分析张某应如何调整工作计划，才能既满足建设方的工期要求，又尽量节省费用。

[问题3]（6分）

请指出事件3中，财务部估算的项目利润因工期提前变化了多少，为什么？

分析

绘制网络图的步骤如下。

（1）在草稿纸上画图并检查，如图11-37所示。

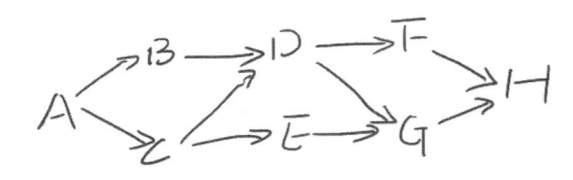

图11-37

（2）在答题纸上画图，标注活动历时并检查，如图11-38所示。

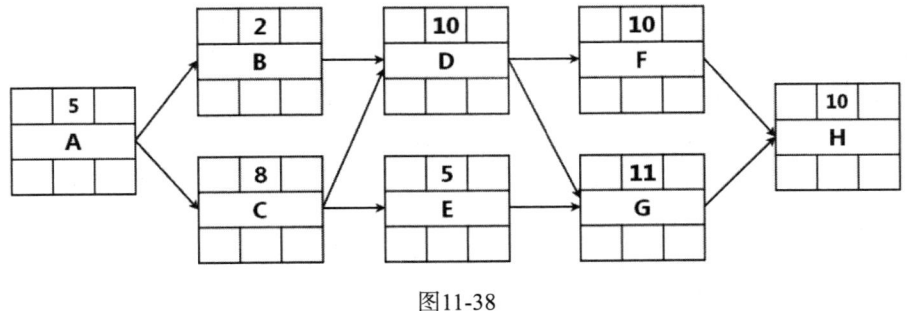

图11-38

（3）正推最早时间，确定关键路径为ACDGH，如图11-39所示。

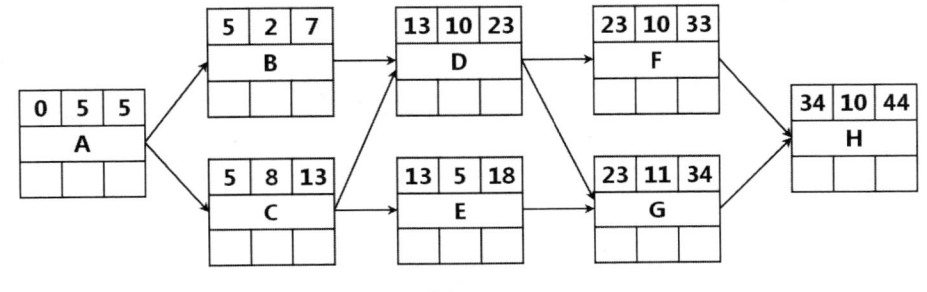

图11-39

（4）关键活动总时差为0，LF=EF，直接填写，不用反推，节省时间，如图11-40所示。

图11-40

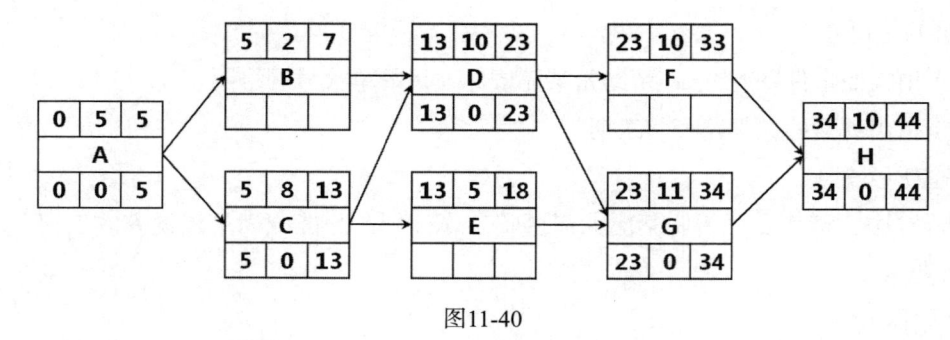

（5）反推非关键活动的最晚时间，如图11-41所示。

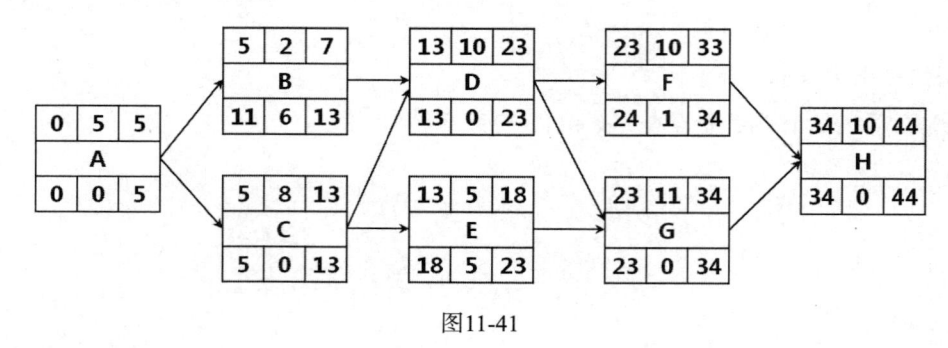

图11-41

参考答案

[问题1]

（1）网络图如图11-42所示。

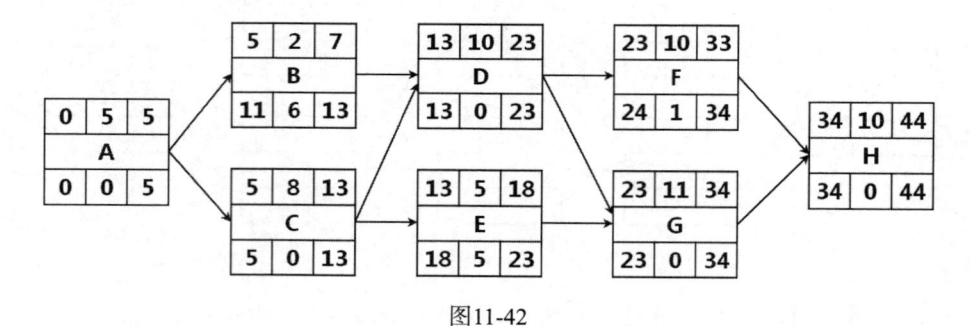

图11-42

（2）关键路径为A→C→D→G→H，工期为44天。

[问题2]

应压缩关键工作C、D时间各1天（此时，增加费用5万元，工期为42天）。

[问题3]

利润变化为+5万元。因为：

  1. 压缩关键工作C、D时间各1天后，成本增加5万元（-5）。

  2. 甲方增加8万元（+8）。

  3. 根据"每天的间接费用1万元"，缩短2天工期，节省间接费用2万元（+2）。

所以，利润变化为：-5+8+2=5万元。

2. 图11-43给出了一个信息系统项目的进度网络图。

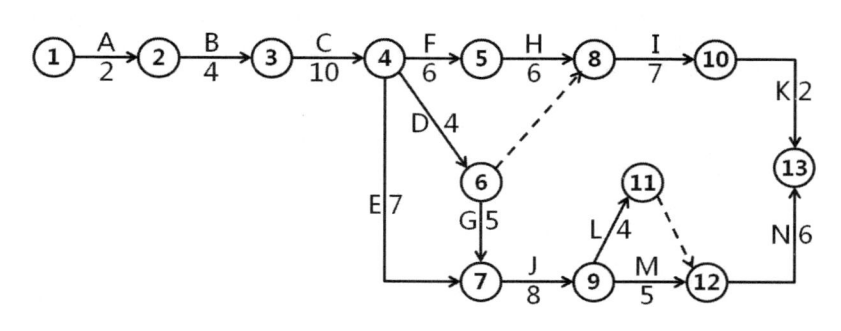

图11-43

表11-8给出了该项目各项作业正常工作与赶工工作的时间和费用。

表 11-8

活动	正常工作		赶工工作	
	时间/天	单日费用/元	时间/天	单日费用/元
A	2	1200	1	1500
B	4	2500	3	2700
C	10	5500	7	6400
D	4	3400	2	4100
E	7	1400	5	1600
F	6	1900	4	2200
G	5	1100	3	1400
H	6	9300	4	9900
I	7	1300	5	1700
J	8	4600	6	4800
K	2	300	1	400
L	4	900	3	1000
K	5	1800	3	2100
N	6	2600	3	2960

[问题1]（3分）

请给出项目关键路径。

[问题2]（3分）

请计算项目总工期。

[问题3]（19分）

（1）请计算关键路径上各活动的可缩短时间，以及每缩短一天增加的费用和增加的总费用。将关键路径上各活动的名称以及对应的计算结果填入表11-9。

表 11-9

活动	可缩短时间/天	每缩短1天增加费用	增加的总费用
A			
B			
C			
D			
E			
F			
G			
H			
I			
J			
K			
L			
K			
N			

（2）如果要求项目工期缩短到38天，请给出具体的工期压缩方案并计算需要增加的最少费用。

参考答案

[问题1]

项目关键路径为A→B→C→D→G→J→M→N。

[问题2]

项目总工期为44天。

[问题3]

（1）见表11-10。

表 11-10

活动	可缩短时间/天	每缩短1天增加费用/元	增加的总费用/元
A	1	300	300
B	1	200	200
C	3	300	900
D	2	350	700
E	2	100	200
F	2	150	300
G	2	150	300
H	2	300	600
I	2	200	400
J	2	100	200
K	1	100	100

续表

活动	可缩短时间/天	每缩短1天增加费用/元	增加的总费用/元
L	1	100	100
K	2	150	300
N	3	120	360

（2）具体的工期压缩方案如下。（两种方案均可）

方案1：活动J压缩2天、活动N压缩3天、活动G压缩1天，此时，增加的总费用为200+360+150=710元。

方案2：活动J压缩2天、活动N压缩3天、活动M压缩1天，此时，增加的总费用为200+360+150=710元。

总结：

结合本节中的两道案例题，我们发现软考高项考试中经常出现一种题型：在一个基础的网络图上进行进度压缩。通常情况下，进度压缩的流程如图11-44所示。

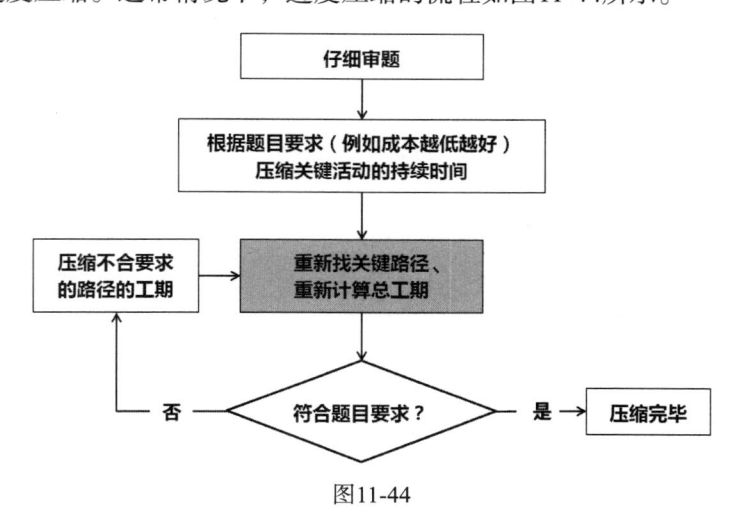

图11-44

需要特别强调的是阴影部分的"重新找关键路径、重新计算总工期"这个环节。当把关键活动的历时压缩后，可能引起关键路径的变化，进而导致压缩后的总工期与期望总工期不符，所以需要检查。

例如图11-45的情况。

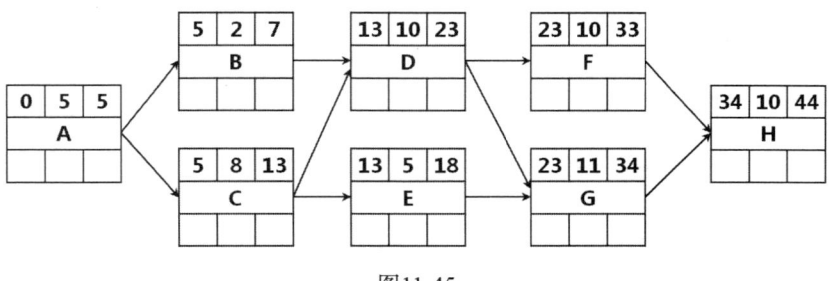

图11-45

目前项目总工期是44天，期望总工期为42天。如果把关键活动G的时间从11天压缩到9天，则不满足要求，因为G变成9天后，项目关键路径将变成ACDFH，总工期为43天，而不是42天。

图11-31的错误在于：活动F与活动G之间存在FS关系，但图中的这两个活动之间未存在FS关系。

第12章

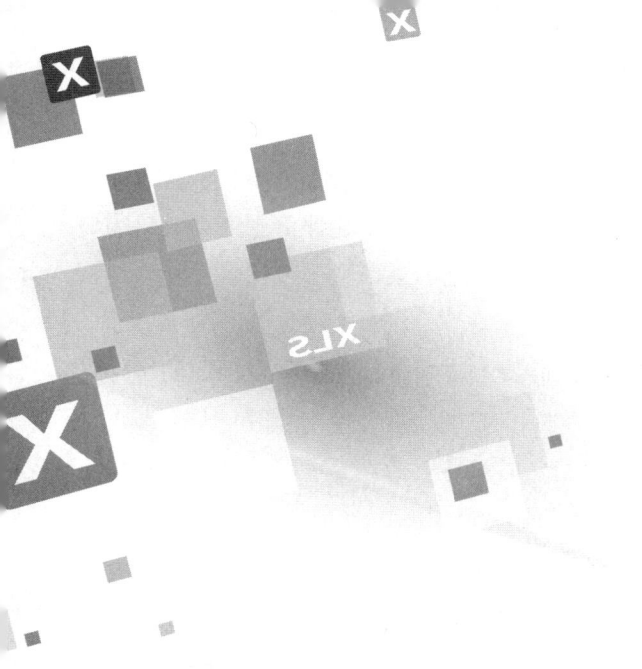

挣值分析专题

本章将讲解挣值分析专题。

作为项目管理最经典的三大技术（WBS、网络图、挣值分析）之一，挣值分析广泛应用于各类项目的管理工作，其基本信息如下：

- 挣值管理（Earned Value Management，EVM）是将范围、进度、成本整合起来，进而客观测量项目绩效的一种方法。
- 1967年，美国国防部成功地将挣值分析应用于国防工程中，并逐步获得广泛应用。
- 1998年，美国标准协会发布挣值管理国家标准：ANSI/EIA-748-1998（美国国防部规定，如果企业不符合该标准，则没有项目投标资格）。
- 澳大利亚、加拿大、英国、瑞典等国也相继把EVMS（挣值管理标准）作为政府和工业界的标准。日本规定公共工程于2004年以前全面采用这套管理方法。
- 因其能够清晰且客观地反映项目现状，并预测项目的未来，所以挣值管理被誉为"亮灯管理"。

对于软考高项考试而言，挣值分析的知识在选择题中常常出现，更重要的是，它几乎是案例题的必考题，而且分值占比很高，不会做就相当于考试失败。所以，不管是为了很好地学习项目管理知识，还是为了顺利通过高项考试，挣值分析的知识都必须熟练掌握。

12.1 挣值分析基本概念

12.1.1 评价进度绩效（EV和PV）

首先我们思考一下下面的问题。

假如你是一个项目的项目经理，这个项目已经开始，还没有结束，那么在当前时间，你如何评价这个项目的进度绩效？你需要哪些信息？

若要回答这些问题，首先要弄清楚什么是"进度绩效"。这个概念很简单，项目当前的进度绩效就是项目当前的实际进度与项目当前的计划进度之比。所以，评价进度绩效只需要两条信息：项目当前的实际进度、项目当前的计划进度。对这两条信息进行比较，就能得到进度绩效。

用挣值分析量化计算项目当前的进度绩效，也只需要上述两条信息（项目当前的实际进度和计划进度）。

挣值分析基本概念：

- PV（Planed Value）：当前计划工作量的预算价值。
- EV（Earned Value）：当前实际工作量的预算价值。

这两个概念（PV、EV）是挣值分析比较重要的基本概念，大家一定要深入学习，做到真正理解。

下面是对PV和EV知识的解读。

- PV、EV的单位是元。
- PV、EV的本质不是钱，是工作量（挣值分析只不过是用钱来描述工作量）。
- PV指的是项目在某段时间内的计划工作量。
- EV指的是项目在某段时间内的实际工作量。
- 概念中的"当前"是简称，一般指"项目从开始时间截止到当前这段时间"。
- 在高项绝大多数挣值分析的考试题中，计算PV、EV时都只给一个时间点。因此一定要清楚地找到这个时间段（比如，"项目在3个月末，计划完成……实际完成了……，请计算PV、EV……"这时，计算PV、EV一般指的是项目前3个月的计划工作量和实际工作量）。

理解了PV、EV的真正含义后，我们就可以利用这两个概念去评价项目的进度绩效。进度绩效是把实际进度与计划进度进行比较，从数学上看，对两个物理量做比较就是将这两个物理量做减法或做除法。所以，人们利用PV、EV衍生出了评价进度绩效的概念。

挣值分析衍生概念：

- SV（Schedule Variance）：进度偏差，SV=EV–PV。
- SPI（Schedule Performed Index）：进度绩效指数，SPI=EV/PV。

结论：

EV>PV ⇔ SV>0 ⇔ SPI>1 ⇔ 实际进度>计划进度 ⇔ 进度超前。

我们来做一个练习。

↳ 椅子项目

某项目计划生产100把椅子，每月计划完成10把，每把椅子预算为1万元，在第4个月末时，发现实际完成了50把。

问题：计算该项目第4个月末的PV、EV、SV、SPI，评价项目当前的进度绩效。

参考答案：

PV=（4个月）×（10把/月）×（1万元/把）=40万元。

EV=50把×1万元/把=50万元。

SV=EV−PV=50−40=10（万元），SPI=EV/PV=50/40=1.25，说明项目当前进度超前。

12.1.2　评价成本绩效（EV和AC）

下面，我们分析成本。请思考下面这个问题。

如果一个项目在前4个月的计划成本是40万元，实际成本是60万元，是不是说这个项目在前4个月的成本超支？

"当然超支了，这还用问？"——这肯定是很多人的想法。

实际上，这个结论不对。只依据上述已知信息不能判断成本绩效。

大家看下面的椅子项目：

某项目计划生产100把椅子，每月计划完成10把，每把椅子预算为1万元，在第4个月末时，发现实际成本为60万元，完成了80把椅子。

这个项目是不是说"一个项目在前4个月的计划成本是40万元，实际成本是60万元"？是的，没错。但是，这个项目在第4个月末时成本节约了，因为项目花了60万元就完成了80把椅子。

所以，我们评价一个项目在某段时间内的成本情况，当然也是比较这段时间的实际成本和计划成本，但是，这个实际成本和计划成本都应该针对实际工作量。以椅子项目为例，在第4个月末的计划成本是40万元，但第4个月末的计划成本对应的是第4个月末的计划工作量（40把椅子），而实际成本60万元对应的是实际工作量（80把椅子）。所以，这个40万元与60万元之间就没有可比性。应该将实际工作量（80把椅子）的计划成本（80万元）与实际成本（60万元）进行比较才有意义。

挣值分析计算项目的成本绩效用了两个概念：一个对应实际工作量的计划成本，另一个对应实际工作量的实际成本。

挣值分析基本概念：

- EV（Earned Value）：当前实际工作量的预算价值。
- AC（Actual Cost）：当前实际工作量的实际成本。

不难发现，"实际工作量的计划成本"就是EV。所以，在评价成本绩效时，挣值分析用EV和AC比较即可。AC就是挣值分析最重要的三个基本概念中的最后一个。

与进度绩效类似，我们将EV与AC做减法和除法，就衍生出了成本绩效的相关概念。

挣值分析衍生概念：

- CV（Cost Variance）：成本偏差，CV=EV−AC。

- CPI（Cost Performed Index）：成本绩效指数，CPI=EV/AC。

结论：

EV>AC ⇔ CV>0 ⇔ CPI>1 ⇔ 实际工作量的计划成本>实际工作量的实际成本 ⇔ 成本节约。

对于挣值分析的这三个基本概念，大家一定要反复阅读并"吃透"。

挣值分析基本概念解读：

- 在PV、EV、AC中，EV和PV是一组，用来评价进度；EV和AC是一组，用来评价成本。
- 对PV与AC进行比较无意义。
- PV就是计划的活儿，EV就是干完的活儿，AC就是花的钱。

继续用椅子项目做练习：

某项目计划生产100把椅子，每月计划完成10把，每把椅子预算为1万元，在第4个月末时，发现实际完成了50把，实际花了60万元。

问题：计算该项目第4个月末的EV、AC、CV、CPI，评价项目当前的成本绩效。

参考答案：

AC=60万元（这是题目的已知信息）；EV=50把×1万元/把=50万元；CV=EV-AC=50-60=-10（万元）；CPI=EV/AC=50/60=0.83。说明项目当前成本超支。

学习新技术、新知识最好也是最重要的方法，就是先理解概念，然后进行练习。

软考真题

某土方工程总挖方量为4000立方米，预算单价为45元/立方米，计划用10天完成，每天挖400立方米。开工后第7天早晨去测量，取得了两个数据：已完成挖方2000立方米，累计已支付120000元，那么此时项目CPI和SPI分别为（　　　）。

A. CPI=0.75；SP1=0.75　　　　　B. CPI=0.83；SPI=0.83

C. CPI=0.75；SPI=0.83　　　　　D. CPI=0.83；SPI=0.75

分析：

①先确定"时间段"。

②根据题意，寻找这段时间内项目的实际花费（就是AC）。

③根据题意，寻找这段时间内项目应该干的活儿（乘以预算单价，即PV）。

④根据题意，寻找这段时间内项目已经干完的活儿（乘以预算单价，即EV）。

参考答案：

时间段为"前6天"；AC=12万元；PV=6×400×45=10.8（万元）；EV=2000×45=9（万元）；

CPI=EV/AC=9/12=0.75；SPI=EV/PV=9/10.8=0.83。

挣值分析的基本概念必须熟练掌握，因此需要进行大量练习。

12.1.3　预测未来

利用挣值分析的三个基本概念，可以分析项目当前的进度、成本绩效；利用项目当前的绩效，也可以对项目未来的绩效情况进行预测，不过这需要结合其他一些概念知识。

挣值分析预测相关概念：

- BAC（Budget at Completion）：所有工作量的预算价值，即总预算。
- ETC（Estimate to Complete）：当前剩余工作量的预计成本，即完工尚需估算。当前的成本偏差为非典型偏差时，ETC=BAC-EV；当前的成本偏差为典型偏差时，ETC=（BAC-EV）/CPI。
- EAC（Estimate at Completion）：当前估计的项目总成本（完工估算）。
- EAC=AC+ETC。

对于上述概念，一定要做到真正理解，下面是对上述概念的解读：

- BAC可以被简单理解为"总工作量"（以最初预算的方式来衡量工作量）。
- BAC与时间无关（从BAC的定义就可以发现）。
- 当前的成本偏差非典型，说明在预测剩余工作量需要多少钱的时候，不参考当前的成本绩效。那么，剩下的活儿=所有的活儿—干完的活儿（ETC=BAC-EV）。这种情况的ETC可以理解为"按最初预算，剩余工作量需要多少钱"。
- 当前的成本偏差典型，说明在预测剩余工作量需要多少钱的时候，参考当前的成本绩效，则ETC=（BAC-EV）/CPI。这种情况的ETC可以理解为"按当前绩效，剩余工作量需要多少钱"。
- 在当前时间，估计项目总花费的时候，最科学的预测就是将项目分成两部分，一部分是干完的（这部分的成本就是AC），另一部分是剩下的（成本只能估计，即ETC），所以，EAC=ETC+AC。

我们仍然用椅子项目来学习。

某项目计划生产100把椅子，每月计划完成10把，每把椅子预算为1万元，在第4个月末时，发现实际完成了50把，实际花了60万元。

问题：分别计算该项目第4个月末在非典型偏差和典型偏差情况下的ETC和对应的EAC。

参考答案：

项目BAC=1×100=100（万元）。

第4个月末时，EV=50万元，AC=60万元，CPI=EV/AC=5/6。

非典型偏差时：ETC=BAC-EV=100-50=50（万元），EAC=ETC+AC=50+60=110（万元）。典型偏差时：ETC=（BAC-EV）/CPI=（100-50）/（5/6）=60（万元），EAC=ETC+AC=60+60=120（万元）。

关于典型偏差和非典型偏差，我们以椅子项目为例做进一步阐述。

在第4个月末，项目当前的状况是花了60万元（AC）完成了50把椅子（EV）。也就是说，成本超支了10万元（CV=-10万元），现在我们要估计完成剩下的50把椅子需要多少钱（ETC）。此时，应该分析造成成本超支的原因，以及这个原因是否会影响后续工作，一般有两种情况（典型、非典型）。

- 情况-1：成本超支的原因是工人疏忽。工人在完成50把椅子的过程中发现少了一道工序，不得不进行返工，从而超支了10万元。此时，项目经理分析认为，这个问题可以在剩下的工作中避免（不再少工序即可）。也就是说，造成前4个月成本超支的原因不典型（这个原因能够克服，不会在后续工作中发生），"不典型"就意味着剩下工作的成本不需要参考当前的超支原因。那么，剩下工作（完成50把椅子）的成本按照原成本预算估计即可（ETC=50万元）。

- 情况-2：成本超支的原因是木材原材料涨价，核算下来，平均1.2万元/把，从而超支了10万元。此时，项目经理分析后认为，这个问题在剩下的工作中不可避免（木材价格不会回落）。也就是说，造成成本超支的原因典型（这个原因还会继续影响后续工作），"典型"就意味着剩下工作的成本需要参考当前的成本绩效。那么，剩下50把椅子的成本就需要按照造成当前超支的原因去修正，这个修正方法就是用剩下工作最初的预算除以CPI，即ETC=（BAC-EV）/CPI=60（万元）。其中，BAC-EV就是剩下工作的最初预算。

当前的原因不典型，就不按照当前去估计，而是按最初预算去估计；当前的原因典型，就得按照当前的情况去估计。记忆口诀如下：

- 典型就按当前绩效。
- 不典型就按原预算。

在实际考试的过程中，考生要根据题干的已知信息判断是典型偏差还是非典型偏差，从而决定是按最初计划还是按当前计划实施。

下面做一道练习题。

↘ 软考真题

某大楼布线工程基本情况为：从一层到四层，必须在低层完成后才能进行高层布线。每层工作量完全相同。项目经理根据现有人员和工作任务，预计每层需要一天完成。项目经理编制了该项目的布线进度计划，并在2011年3月18日的工作时间结束后对工作完成情况进行了绩效评估，如表12-1所示。

表 12-1

（成本单元：万元）		2011-03-17	2011-03-18	2011-03-19	2011-03-20
计划	计划进度	完成第一层	完成第二层	完成第三层	完成第四层
	预算	1	1	1	1
实际	实际进度		完成第一层		
	实际花费		0.8		

[问题1]

请计算2011年3月18日对应的PV、EV、AC、CPI和SPI。

[问题2]

如果在2011年3月18日进行绩效评估后，找到了影响绩效的原因，并纠正了项目偏差，请计算ETC和EAC，并预测此种情况下的完工日期。

[问题3]

如果在2011年3月18日进行绩效评估后，未进行原因分析和采取相关措施，仍按当前状态开展工作，请计算ETC和EAC，并预测此种情况下的完工日期。

分析：

①先确定"时间段"。②寻找实际花费。③寻找计划的活儿。④寻找干完的活儿。

参考答案：

[问题1]：时间段是前两天，计划完成前两层，实际完成第一层。

AC=0.8万元；PV=1+1=2万元；EV=1万元；CPI=1/0.8=1.25；SPI=1/2。

[问题2]：纠正了偏差意味着剩下的工作不再有偏差，就是不参考当前偏差，也即当前偏差"非典型"。

ETC=BAC-EV=4-1=3（万元），EAC=ETC+AC=3+0.8=3.8（万元）。

[问题3]：仍按当前状态开展工作，就是"按当前"，也即当前偏差典型。

ETC=（BAC-EV）/CPI=（4-1）/1.25=2.4（万元），EAC=ETC+AC=2.4+0.8=3.2（万元）。

为方便学习和理解，我们将挣值分析的重要概念和公式整理成如表12-2所示的形式。

表 12-2

PV	当前计划工作量的预算价值			计划的计划	
EV	当前实际工作量的预算价值			实际的计划	
AC	当前实际工作量的实际花费			实际的实际	
SV=EV-PV，SPI=EV/PV		EV>PV ⇔ SV>0 ⇔ SPI>1 ⇔ 进度超前			EV的左边
CV=EV-AC，CPI=EV/AC		EV>AC ⇔ CV>0 ⇔ CPI>1 ⇔ 成本节约			EV越大越好
BAC	所有活儿的预算价值				
ETC	按最初计划，当前剩下的活儿需要多少钱			=BAC-EV（非典型偏差）	
	按当前纯净，当前剩下的活儿需要多少钱			=（BAC-EV）/CPI（典型偏差）	
EAC	=ETC+AC	按最初	EAC=（BAC-EV）+AC		
		按当前	EAC=（BAC-EV）/CPI+AC=BAC/CPI		

说明：
- PV记成"计划的计划"，指的是PV可以理解为"计划工作量的计划成本"，EV、AC也可以用同样的记忆法（前面是工作量，后面是成本）。
- 对于SV、SPI、CV、CPI公式而言，"EV在左边"指的是EV在减号或者除号的左边，方便记忆；"EV越大越好"指的是当EV比PV大时，进度超前，我们理解为进度"好"（当EV比AC大时，成本好），方便理解。
- 在按当前绩效计算EAC时，EAC=BAC/CPI（根据原始公式推导即得）。

12.1.4　其他概念

表12-2中的概念是软考高项案例题和选择题中挣值分析考试题最常考核的概念。本节简要说明一下与挣值分析相关的一些其他概念。

挣值分析其他概念：
- VAC（Variance at Completion）：完工偏差。也就是说，当项目完工时，总费用是超支了还是节约了。VAC=BAC−EAC。
- TCPI（To-Complete Performance Index）：项目完工尚需绩效指数。为实现某个特定目标（BAC或EAC），该以什么样的利用率来使用剩余资源。若要达成BAC的目标，则TCPI=（BAC−EV）/（BAC−AC）；若要达成EAC的目标，则TCPI=（BAC−EV）/（EAC−AC）。
- 若未来的成本受到当前的进度绩效和成本绩效的共同作用，则ETC=（BAC−EV）/（CPI×SPI）。
- 若当前的绩效和最初的预算均不适用于目前项目的状态，则ETC=自下而上地对剩余工作进行重新预算。

简要说明：
- VAC帮助项目经理在当前时间预测，当项目完工时，总费用是超支了还是节约了。当VAC为正时，表示节约；当VAC为负时，表示超支。
- TCPI是指为实现目标，在完成剩下工作的时候，需要将1元钱当作多少来花。比如，在椅子项目中，BAC=100万元，在第个4月末，EV=50万元，AC=60万元。若最终的成本目标是100万元（老板说总预算不能变），则TCPI=（100−50）/（100−60）=1.25。也就是说，"接下来的工作必须用40万元完成原预算50万元的活儿（完成50把椅子）"等价于"接下来要将1元当1.25元花"（1元要完成原预算1.25元的活儿）。

本节中的概念在以前的软考高项的考试中很少涉及。另外，如果能够真正理解表12-2中的概念，那么本节的概念学习起来就没有难度。

12.2　挣值分析二维图

我们可以用二维坐标图来表示项目计划、当前进展等信息，这就是典型的挣值分析二维图（也叫S曲线），如图12-1所示。

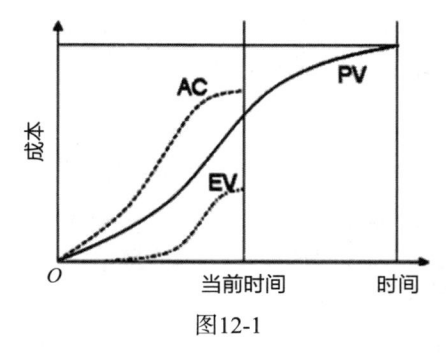

图12-1

在图12-1中，横轴为时间，纵轴为以成本来衡量的工作量价值。当项目进行到某个"当前时间"时，可以在图中比较EV与PV（或AC）的大小，从而方便地分析项目进度（或成本）绩效。图12-1所示的项目在当前时间的进度落后，成本超支。

↘ 椅子项目

某项目计划生产100把椅子，每月计划完成10把，每把椅子预算为1万元，在第4个月末时，发现实际完成了50把，实际花了60万元。

[问题1]
请画出该项目第4个月末的挣值分析二维图。

[问题2]
按照典型偏差和非典型偏差两种情况，预测并画出项目完工时的EV、AC曲线。

参考答案

[问题1]：该项目第4个月末的挣值分析二维图如图12-2所示。

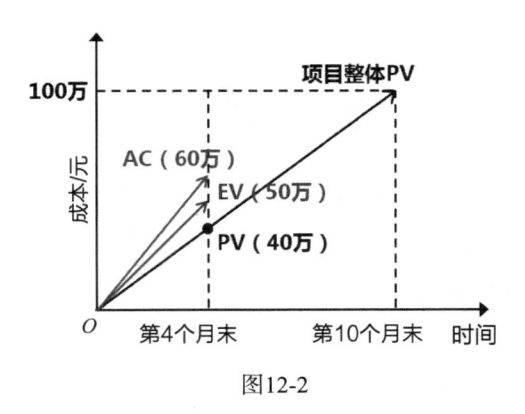

图12-2

解读：
- PV是计划，所以，只要项目的计划制订完成，项目整体PV就可以完整地画出来，不受当前进度的影响。
- 项目整体PV的终点对应的横坐标就是项目的计划总工期（椅子项目的总工期是10个月）。

- 项目整体PV的终点对应的纵坐标就是项目的BAC（椅子项目的预算是100万元）。
- EV、AC都针对实际工作量，因此EV和AC只能随着项目实际进展一点儿一点儿地记录得到，所以一般EV和AC到当前时间截止（对未来进行预测时，可以超越当前时间见后文）。

[问题2]：非典型偏差和典型偏差的挣值分析预测图分别如图12-3、图12-4所示。

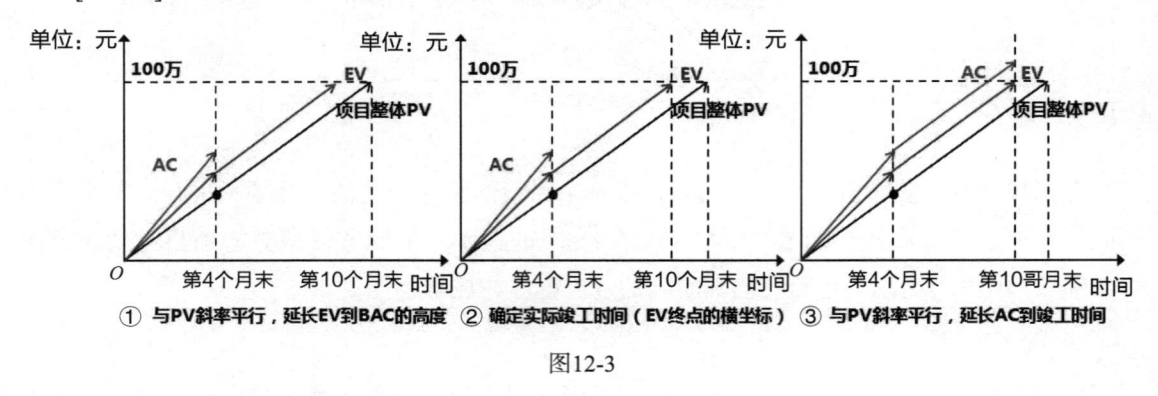

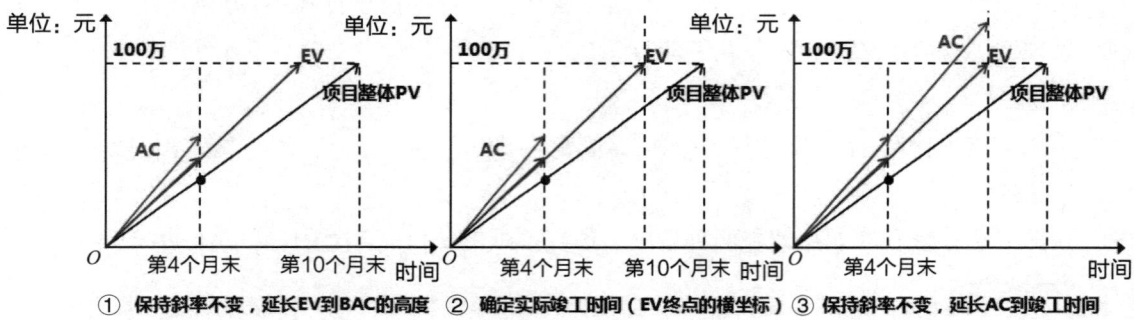

① 与PV斜率平行，延长EV到BAC的高度　② 确定实际竣工时间（EV终点的横坐标）　③ 与PV斜率平行，延长AC到竣工时间

图12-3

① 保持斜率不变，延长EV到BAC的高度　② 确定实际竣工时间（EV终点的横坐标）　③ 保持斜率不变，延长AC到竣工时间

图12-4

解读：
- 非典型偏差就是"以后的工作按最初计划完成"，也即从现在开始，EV、AC按照PV的斜率预测。
- 典型偏差就是"以后的工作按当前绩效完成"，也即EV、AC按照自己的斜率预测。
- 当EV=BAC时，项目实际完工（EV=BAC ⇔ 完成的工作量=所有的工作量，当完成的工作量等于所有的工作量时，当然就是竣工）。

12.3　挣值分析真题：选择题

▸ 软考真题

1. 某大型项目进行到两年时，使用挣值分析所需的三个中间变量的数值分别是：计划值（PV）为400万元，实际成本（AC）为200万元，挣值（EV）为100万元。基于该项目的成本偏差，下列描述中正确的是（　　）；基于该项目的成本绩效指数，下列描述中正确的是

( )。

（1）A. 项目成本偏差为负，且项目处于超支状态
　　　B. 项目成本偏差为正，且项目处于超支状态
　　　C. 项目成本偏差为负，且项目处于成本节约状态
　　　D. 项目成本偏差为正，且项目处于成本节约状态

（2）A. 成本绩效指数小于1，且实际发生的成本是预算成本的2倍
　　　B. 成本绩效指数大于1，且实际发生的成本是预算成本的一半
　　　C. 成本绩效指数小于1，且实际发生的成本是预算成本的一半
　　　D. 成本绩效指数大于1，且实际发生的成本是预算成本的2倍

2. 项目经理小李对自己的项目采用挣值法进行分析后，发现SPI>1、CPI<1，则该项目（ ）。

　　A. 进度超前，成本节约　　　　　　B. 进度超前，成本超支
　　C. 进度延后，成本节约　　　　　　D. 进度延后，成本超支

3. 某ERP软件开发项目共有12个模块，项目经理对软件进行了成本预算，预算每个模块的开发成本为5万元，按照项目管理计划，每月开发一个模块，12个月完成开发工作。在项目进行到第3个月末的时候，项目经理对照计划发现刚完成了两个模块的开发工作，统计实际花费成本为15万元。若按照目前的绩效情况，到所有的模块开发完成时预计花费的总成本为（4）。

　　A. 90万元　　　　B. 75万元　　　　C. 70万元　　　　D. 66.7万元

4. 已知某综合布线工程的挣值曲线如图12-5所示：总预算为1230万元，到目前为止，已支出900万元，实际完成了总工作量的60%，该阶段的预算费用是850万元。按目前的状况继续发展，要完成剩余的工作还需要（ ）。

　　A. 330万元　　　　B. 492万元　　　　C. 600万元　　　　D. 738万元

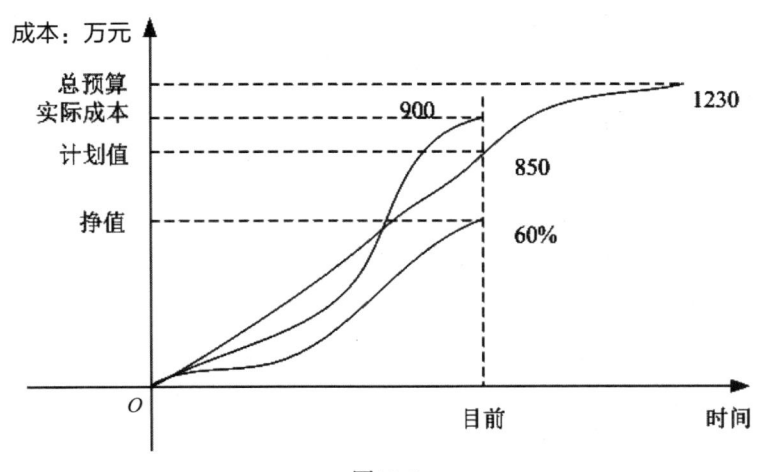

图12-5

5. 某项目计划工期为4年，预算总成本为800万元。在项目实施的过程中，通过对成本核算和有关成本与进度的记录得知，开工后第2年末实际成本发生额为200万元，所完成工作的计划预算成本额为100万元。与项目预算成本比较可知：当工期过半时，项目的计划成本发生额应该为400万元。此时如果不采取任何纠正措施，照此速度发展下去，那么到开工后第4年末项目就会出现（　　　）万元的成本超支。

  A. 50   B. 100   C. 200   D. 400

6. 根据图12-6，表示竣工费用超支情况的是（　　　）。

  A. ①   B. ②   C. ③   D. ④

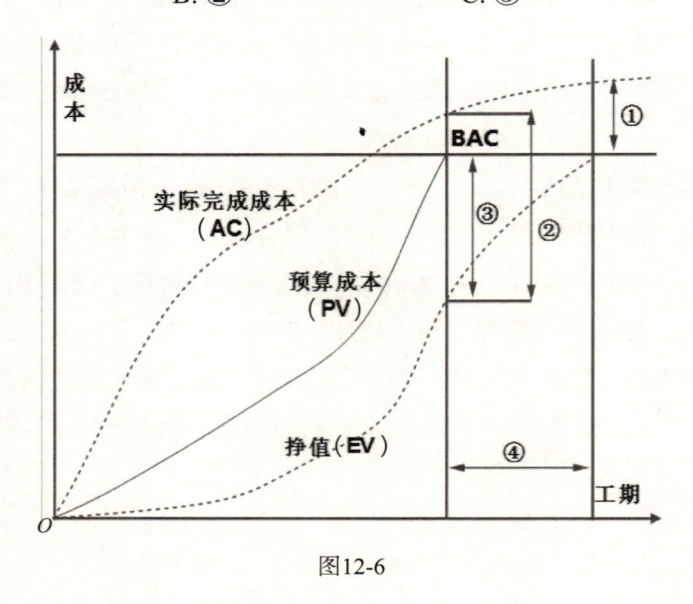

图12-6

参考答案：

1.（1）A；（2）A；2. B；3. A。

分析：

解法一：BAC=12×5=60（万元）；前3个月的AC=15万元，EV=2×5=10（万元）；CPI=EV/AC=10/15=2/3。

由于题干说明"若按照目前的绩效情况"，采用典型偏差（按当前），所以：

ETC=（BAC−EV）/CPI=（60−10）/（2/3）=75（万元）；EAC= AC+ETC=15+75=90（万元）。

解法二：先分析问题。问题是"若按照目前的绩效情况，到所有的模块开发完成时预计花费的总成本为"，那么，就要找到"目前的绩效情况"。根据题干不难发现，目前的绩效情况是："在项目进行到第3个月末的时候，项目经理对照计划发现刚完成了两个模块的开发工作，统计实际花费成本为15万元。"即"用3个月完成了两个模块，花了15万元"。再回到问题"若按照目前的绩效情况，到所有的模块开发完成时预计花费的总成本是多少？"，梳理已知条件：①所有的模块共有12个。②完成了两个模块，花了15万元（也就是7.5万元/个）。

所以，按当前绩效，到所有的模块完成时预计花费的总成本为：12个×7.5万元/个=90万元。

4. C。

分析：

解法一：BAC=1230万元，AC=900万元，EV=1230×60%=738（万元）。
ETC=(BAC-EV)/CPI=(1230-738)/(738/900)=600（万元）。

解法二：由于题目的问题是"按目前的状况继续发展，要完成剩余的工作还需要多少万元"。因此，分析"目前状况"。目前状况是"花了900万元，完成了60%，还剩40%"，因此，剩下的40%需要(900/0.6)×0.4=600（万元）。

深入理解：

根据第4、5题可以发现，当按照当前绩效预测剩余工作量成本的时候，最初的预算无用（将第4题的5万元/个、第5题的1230万元改成任意数字，结果不变），这是因为既然按当前预测，那么最初预算就无效。

5. C。

分析：

一种错误分析：问题是如果4年末的成本超支，那么寻找4年末的计划成本和实际成本进行比较即可。根据题意：4年末的计划成本（总预算成本）是800万元；第2年末的实际成本是200万元，并且"照此速度发展下去"，则第4年末的实际成本将是400万元。所以，第4年末的成本超支400万元。

大家思考这种分析错在哪里？

除了结论错误，上述分析的问题在于"照此速度发展下去，第4年末的计划成本是800万元"，因为照此发展，第4年末干不完（若干不完，则预算就不是800万元）。

正确解法：题干问题是"照此速度发展下去，第4年末的成本超支多少"，那么，我们计算第2年末的成本超支，再乘以2即可。根据题意，在当前时间（第2年末），实际成本为200万元；而题干"所完成工作的计划预算成本额为100万元"就是这200万元对应的工作量的计划成本。所以，在第2年末，项目超支了100万元（即200-100）。因此第4年末将超支200万元。

另外，"所完成工作的计划预算成本额"这句话其实就是EV的定义。

此题题干给我们的信息包括：项目总预算为800万元、计划总工期为4年、在第2年末的AC=200万元、EV=100万元、PV=400万元（题干中"当工期过半时，项目的计划成本发生额应该为400万元"，这句话说明在第2年末的PV是400万元。因为，当一个人跟你说"某项目在某阶段的计划成本是××元"时，隐含的意思一定是"某项目在某阶段的计划工作量的计划成本是××元"）。而此题的问题是"照此速度发展，第4年末的成本超支"。那么，为了回答这个问题，我们需要的信息只包括"第2年末的AC和EV"，其他信息不需要。

做题原则：

做题的关键是"紧紧抓住问题"。根据问题倒推"我需要什么信息"，而不是盲目地分析题干给出了什么信息。已知信息并不一定都是有用的。

另外，根据题干中的已知信息，我们可以推出一些其他结论，照此速度发展：

- 当前（第2年末）完成了总工作量的1/8（因为EV=100万元，BAC=800万元）。
- 项目完工成本将会是1600万元（因为花了200万元完成了项目的1/8）。
- 项目完工工期将会是16年（因为用了2年完成了项目的1/8）。
- 所有这些结论的推导都没用到PV（因为是按当前，所以原计划就无用了）。

6. A。

①是竣工时的成本超支。②是在计划完工日期时的成本超支。③是在计划完工日期时的SV。④是竣工时的进度延期时间。

12.4 挣值分析真题：案例题

↘ **软考真题**

1. 某项目经理将其负责的系统集成项目进行了工作分解，计划4个月完工，对每个工作单元进行了成本估算，得到其计划成本。在第4个月末时，各任务的计划成本、实际成本及完成百分比如表12-3所示。

表 12-3

任务名称	计划成本（万元）	实际成本（万元）	完成百分比
A	10	9	80%
B	7	6.5	100%
C	8	7.5	90%
D	9	8.5	90%
E	5	5	100%
F	2	2	90%

[问题1]（10分）

请分别计算该项目在第4个月末的PV、EV、AC值，并写出计算过程。请从进度和成本两方面评价此项目的执行绩效如何，并说明依据。

[问题2]（5分）

有人认为：项目某一阶段实际花费的成本（AC）如果小于计划支出成本（PV），则说明此时项目成本是节约的，你认为这种说法对吗？请结合本题说明为什么。

[问题3]（10分）

（1）如果从第5个月开始，项目不再出现成本偏差，则此项目预计的完工估算（EAC）是多少？

（2）如果项目仍按目前状况继续发展，则此项目预计的完工估算（EAC）是多少？

（3）针对项目目前的状况，项目经理可以采取什么措施？

参考答案：

[问题1]：

在第4个月末：PV=10+7+8+9+5+2=41（万元）。

EV=10×0.8+7+8×0.9+9×0.9+5+2×0.9=37.1（万元）。

AC=9+6.5+7.5+8.5+5+2=38.5（万元）。

该项目目前进度滞后，成本超支。进度滞后的原因是EV小于PV；成本超支的原因是EV小于AC。

[问题2]：

这种说法不对。

因为根据PV与AC的定义可知，PV与AC之比无意义。如本题，虽然AC小于PV，但AC的费用对应的工作量是EV，所以项目成本是超支的。

[问题3]：

（1）根据本题已知条件，BAC=41（万元）；ETC=BAC-EV=41-37.1=3.9（万元）；EAC=AC+ETC=3.9+38.5=42.4（万元）。

（2）ETC=（BAC-EV）/CPI；EAC=AC+ETC=38.5+3.9/（37.1/38.5）=42.55（万元）。

（3）采取的措施包括：赶工或快速跟进，同时控制成本。

2. 某项目由A、B、C、D、E、F、G、H、I、J共10个工作包组成，项目计划执行时间为5个月。在项目执行到第3个月末的时候，公司对项目进行了检查，检查结果如表12-4所示（假设项目工作量在计划期内均匀分布）。

[问题1]（4分）

计算项目的PV、EV到目前为止分别为多少？

[问题2]（11分）

假设该项目到目前为止已支付80万元，请计算项目的CPI和SPI，并指出项目整体的成本和进度执行情况，以及项目中哪些工作包落后于计划进度，哪些工作包超前于计划进度。

[问题3]（10分）

如果项目的当前状态代表项目未来的执行情况，预测项目未来的结束时间和总成本，并针对项目目前的状况，提出相应的应对措施。

表12-4

工作包	预算（万元）	预算按月分配（万元）					实际完成（%）
		第1个月	第2个月	第3个月	第4个月	第5个月	
A	12	6	6				100
B	8	2	3	3			100

续表

| 工作包 | 预算（万元） | 预算按月分配（万元） ||||| 实际完成（%） |
		第1个月	第2个月	第3个月	第4个月	第5个月	
C	20		6	10	4		100
D	10		6		4		75
E	3	2	1				75
F	40			20	15	5	50
G	3					3	50
H	3				2	1	50
I	2				1	1	25
J	4				2	2	25

分析：

本题首先要准确理解题干中的已知信息，分清楚"计划"与"实际"，如图12-7所示。

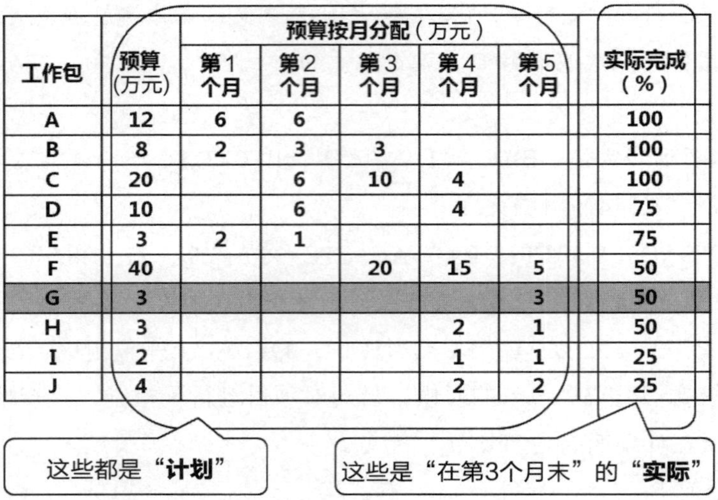

| 工作包 | 预算（万元） | 预算按月分配（万元） ||||| 实际完成（%） |
		第1个月	第2个月	第3个月	第4个月	第5个月	
A	12	6	6				100
B	8	2	3	3			100
C	20		6	10	4		100
D	10		6		4		75
E	3	2	1				75
F	40			20	15	5	50
G	3					3	50
H	3				2	1	50
I	2				1	1	25
J	4				2	2	25

这些都是"**计划**"　　这些是"在第3个月末"的"**实际**"

图12-7

在表12-4中，每个工作包都有自己的计划和在第3个月末的实际情况，以G为例：

- 它的计划是"在第5个月完成3万元的工作量"。
- 它在第3个月末的实际情况是"完成了50%"。

很多人在做这道题时不理解，认为上面这两条信息互相矛盾。实际不然，因为实际情况可以与计划不符。从表12-4中我们可以知道，虽然工作包G按计划应该在第5个月开始进行，但是它在第3个月末就完成了50%（G提前干了）。也就是说，这个工作包的进度提前了。

此题最大的陷阱就是表12-4中最后一列的百分比应该"乘以多少？"，比如工作包C，总工作量是20万元，前3个月的计划工作量是16万元（即6+10），实际完成了100%，那么对于C而言，前3个月的实际工作量是"100%乘以16"还是"100%乘以20"？这是本题的一个歧义点，如果只看C行，其实很难判断。不过当我们看表12-4的后四行时就能判断了。以工作包G为例，G的总工作量是3万元，前3个月的计划工作量是0，那么，实际完成的50%肯定是3万元的50%，因为如果是0的50%就没有意义。所以，根据G行能判断：表12-4最后一列的完成百分比对应这个工作包总工作量的百分比。

虽然第3个月末的SPI大于1，但这不意味着项目最终完工一定会提前。如本题，因为工作包F是按进度计划执行的，并且它在第5个月有任务。也就是说，活动F将在5月底完工，所以，整个项目只能在5月底完工，并不会提前（只有所有的工作包都完成，项目才算完成）。

参考答案：

[问题1]：

到第3个月末，PV=6+2+2+6+3+6+6+1+3+10+20=65（万元）。

EV=12×100%+8×100%+20×100%+10×75%+3×75%+40×50%+3×50%+3×50%+2×25%+4×25%=74.25（万元）。

[问题2]：

已知AC=80（万元），求得：CPI=EV/AC=74.25/80=92.8%；SPI=EV/PV=74.25/65=114.2%。

所以，当前整体项目成本超支、进度提前。

进度落后的工作包是E，进度提前的工作包是C、D、G、H、I、J。

[问题3]：

项目总预算：BAC= 12+8+20+10+3+40+3+3+2+4=105（万元）。

按当前状态预测，项目未来总成本：

EAC=ETC+AC=（BAC−EV）/CPI+AC=（105−74.25）/92.8%+80=113.13（万元）。

对于项目完成时间，如果仅按照项目当前SPI（大于1）预测，那么项目总工期可以简单计算为：当前预测的项目总工期=原计划工期/SPI=5/1.142=4.38（月）。

对于本题的项目而言，因为工作包F是按进度计划执行的，并且它在第5个月有任务，所以，如果F不能提前，那么整个项目也不会提前，因为只有所有的工作包都完成，项目才算完成。

针对目前的情况，可以采取如下改进措施：

①分析成本超支原因，在后续阶段改进成本绩效。

②对于进度超前的活动，可以适当减慢速度，以节约成本。

③如果成本超支的程度超过临界值，而且后续很难补回，则可能需要变更流程来调整成本基准。

3. 某项目的工期为6个月，该项目的项目经理在第3个月末对项目进行了中期检查，检查结果发现完成了计划进度的90%，相关情况如表12-5所示，表中活动之间存在F-S关系。

表 12-5

序号	活动	第1个月	第2个月	第3个月	第4个月	第5个月	第6个月	PV值（万元）
1	编制计划	4	4					8
2	需求调研		6	6				12
3	概要设计			4	4			8
4	数据设计				8	4		12
5	详细设计					8	2	10
	月度PV	4	10	10	12	12	2	
	月度AC	4	11	11				

[问题1]（8分）

计算中期检查时项目的CPI、CV和SV，以及"概要设计"活动的EV和SPI。

[问题2]（4分）

按照当前的绩效计算项目的ETC和EAC。

[问题3]（8分）

请对该项目目前的进展情况做出评价。如果公司规定，在项目中期评审中，项目的进度绩效指标和成本绩效指标在计划值的正负10%，即为正常，则该项目是否需要采取纠正措施？如果需要，那么请说明可采取哪些纠正措施进行成本控制；如果不需要，就请说明理由。

[问题4]（5分）

结合本案例，判断下列选项的正误（填写在答题纸的对应栏内，正确的选项填写"√"，错误的选项填写"×"）。

（1）应急储备是包含在成本基准内的一部分预算，用来应对已经接受的已识别风险，并已经制订应急或减轻措施的已识别风险。（   ）

（2）管理储备主要应对项目的"已知—未知"风险，是为了管理控制的目的而特别留出的项目预算。（   ）

（3）管理储备是项目成本基准的有机组成部分，不需要高层管理者审批就可以使用。（   ）

（4）成本基准就是项目的总预算，不需要按照项目工作分解结构和项目生命周期进行分解。（   ）

（5）成本管理过程及其使用的工具和技术会因应用领域的不同而变化，一般在项目生命周期的定义过程中对此进行选择。（   ）

分析：

假设在前3个月编制计划还没完成，则根据活动之间是F-S关系可知，编制计划后续的活动都不能开始，进而可知项目整体EV一定小于8万元。

因为前3个月项目整体EV=21.6万元（大于8），所以，编制计划一定全部完成了。

同理,需求调研也全部完成。

可知:前3个月编制计划的EV=8万元,需求调研的EV=12万元。

参考答案:

[问题1]:

前3个月的AC=4+11+11=26(万元),PV=4+10+10=24(万元)。

因为"检查结果发现完成了计划进度的90%",所以,EV=PV×90%=21.6(万元)。

CPI=EV/AC=21.6/26=83%,CV=EV-AC=21.6-26=-4.4(万元),SV=EV-PV=21.6-24=-2.4(万元)。

前3个月概要设计的EV=21.6-8-12=1.6(万元);前3个月概要设计的SPI=前3个月概要设计的EV/前3个月概要设计的PV=1.6/4=40%。

[问题2]:

BAC=8+12+8+12+10=50(万元);ETC=(BAC-EV)/CPI=(50-21.6)/0.83=34.22(万元);EAC=ETC+AC=34.22+26=60.22(万元)。

[问题3]:

项目目前进度落后,成本超支。CPI=83%,超过公司要求,所以成本需要采取纠正措施(进度不需要)。

可采取的成本纠正措施包括:

①分析成本超支的原因。

②指派经验更丰富的人去完成或帮助完成项目工作。

③(如果可以)减小活动范围或降低活动要求。

④通过改进方法或技术提高生产效率。

[问题4]:

(1)√;(2)×;(3)×;(4)×;(5)√

4. 某公司完成一个工期为10周的系统集成项目,该项目包含A、B、C、D、E五项任务。项目经理制订了成本预算表[如表12-6所示的成本预算表(简称表A)],并在执行过程中记录了每个时段项目的执行情况[如表12-7所示的成本支出表(简称表B)和如表12-8所示的任务完成百分比表(简称表C)]。

表12-6 (单位:万元)

任务	第1周	第2周	第3周	第4周	第5周	第6周	第7周	第8周	第9周	第10周
A	10	15	5							
B		10	20	20						
C				5	5	25	5			
D						5	15	10	10	
E								5	20	25
合计	10	25	25	25	10	40	15	15	20	25

表 12-7

任务	第1周	第2周	第3周	第4周	第5周	第6周	第7周	第8周	第9周	第10周
A	10	14	10							
B		10	14	20						
C				5	5	10				
D					5	8				
E										
合计	10	24	24	25	10	18	0	0	0	0

表 12-8

任务	第1周	第2周	第3周	第4周	第5周	第6周	第7周	第8周	第9周	第10周
A	30%	50%	100%							
B		20%	50%	100%						
C				5%	10%	40%				
D					10%	20%				
E										
合计										

[问题1]（5分）

项目执行到了第6周，请填写如表12-9所示的项目EV表，将答案填写在答题纸的对应栏内。

表 12-9

任务	1周	2周	3周	4周	5周	6周	7周	8周	9周	10周
A										
B										
C										
D										
E										
合计										

[问题2]（14分）

（1）经分析，任务C的成本偏差是非典型的，而任务D的偏差是典型的。针对目前的情况，请计算项目完工时的成本估算值EAC。

（2）判断项目目前的绩效情况。

[问题3]（6分）

针对项目目前的进度绩效，请写出项目经理可选的措施。

分析：

本题最大的难度在于两点：①对表A（见表12-6）和表B（见表12-7）的理解。②对表12-9该怎么填写。

对表A（见表12-6）的理解请见图12-8，表A就是该项目各任务在每周当周的计划。

表A中的数字是：各任务在当前周计划工作的预算（PV）。
比如：第二行(A)中各个数字的意义是：
表"A-1周"中的10指的是：任务A在第1周当周，计划干10万元的活儿。
表"A-2周"中的15指的是：任务A在第2周当周，计划干15万元的活儿。
表"A-3周"中的5指的是：任务A在第3周当周，计划干5万元的活儿。
表"A-4周"～"A-10周"是空白的，指的是：任务A的计划就是前3周干完，后7周就没有工作了。
也就是说，任务A的预算是30万元（即10+15+5），进度计划是：第1周计划完成10万元的活儿、第2周为15万元、第3周为5万元。
本质上，表A就是这个项目各任务在每周（当周）的进度和成本计划。

（单位：万元）

任务	第1周	第2周	第3周	第4周	第5周	第6周	第7周	第8周	第9周	第10周
A	10	15	5							
B		10	20	20						
C				5	5	25	5			
D					5	15	10	10		
E								5	20	25
合计	10	25	25	25	10	40	15	15	20	25

图12-8

对表C（见表12-8）的理解如图12-9所示，表C中各百分比指的是"该任务从开始到现在这段时间累计完成了该任务总工作量的百分比"。比如第2行第3列的50%指的就是任务A在前两周（14天内）累计完成了任务A所有工作量（30万元的活儿）的50%。如果不这么理解，那么任务A在前三周应该还没干完，第4周就不是空白的。其实，这一点是本题不严谨（有歧义）的地方。

表C中的百分比是：各任务在该周的周末累计完成的百分比。
比如：第二行(A)中各个数字的意义是：
表"A-1周"中的30%指的是：任务A在第1周末，完成了全部任务A的30%的工作。
表"A-2周"中的50%指的是：任务A在第2周末，累计完成了全部任务A的50%的工作（前2周完成了50%）。
表"A-3周"中的100%指的是：任务A在第3周末，累计完成了全部任务A的100%的工作（到第3周末全干完了）。
表"A-4周"～"A-10周"是空白的，指的是任务A实际在第3周末就干完了，后7周就没有任务A的工作了。
简言之，表C中的百分比是"累计"值，这与表A不一样。
表C的本质是：项目各任务在该周末累计实际完成的工作量是"该任务在前几周的累计EV"。

任务	第1周	第2周	第3周	第4周	第5周	第6周	第7周	第8周	第9周	第10周
A	30%	50%	100%							
B		20%	50%	100%						
C				5%	10%	40%				
D					10%	20%				
E										
合计										

图12-9

对于问题1中表12-9的填写也存在歧义：是按照表A的当周来填写（见图12-10），还是按照表C的累计来填写（见图12-11）？其实根据题目的所有已知信息很难判断该按照哪种方式填写。因此，无论按照哪种方式填写，只要算对都给分。

说明：如果我考试遇到这道题，我会按照表A来写问题1的表格，因为一方面，这道题的表A、表B都是按照当周填写的，另一方面，其实从项目管理的角度，在进行进度和成本控制的时候，真实的场景是先记录每周当周的实际工作量（问题1的表格）和当周的实际成本（表B），再将实际进度（问题1的表格）与计划进度（表A）对比得到表C。所以从这两个角度出发，我会按照当周来填写问题1（见图12-10右下角所示）。

如果按照表A（当周）来填写，那么问题1的表中就写各任务在当周实际完成的工作对应的预算（当周EV）。

第1周，A实际完成了30万元的30%，就是30×30%=9（万元）；

前2周，A累计完成了30万元的50%，也就是30×50%=15（万元），这个15万元包含了第1周完成的9万元，那么第2周当周就完成了15-9=6（万元）；

前3周，完成了100%（30万元），第3周当周就是30-15=15（万元）。

图12-10

如果按照表C（累计）来填写，那么问题1的表中就写各任务在时间累计实际完成的工作对应的预算（累计EV）。

第1周，A实际完成了30万元的30%，就是30×30%=9（万元）；

前2周，A累计完成了30万元的50%，也就是30×50%=15（万元）；

前3周，完成了100%，就是30万元。

图12-11

参考答案：

[问题1]：答案见上文的分析。

[问题2]：

（1）任务C的ETC：ETCC=BACC−EVC=40−16=24（万元）。

任务D的ETC：ETCD=(BACD−EVD)/(EVD/ACD)=(40−8)/(8/13)=52（万元）。

项目ETC= ETCA+ ETCB+ ETCC+ ETCD+ ETCE+=0+0+24+52+50=126（万元）。

项目AC=10+24+24+25+10+18=111（万元）。

项目EAC=AC+ETC=111+126=237（万元）。

（2）项目EV=104（万元），项目PV=10+25+25+25+10+40=135（万元）。

项目CPI=EV/AC=104/111，项目目前的成本超支。

项目SPI=EV/PV=104/135，项目目前的进度落后。

[问题3]

项目经理可选的措施如下。

①对于剩余的工作，进行快速跟进。

②改进方法或更换人员，提高工作效率。

③提出变更请求，变更相关基准。

④加强质量管理和风险控制，减少返工。

第13章

综合计算专题——"图+"

软考高项的案例题中有一类计算题：在一道题中既考核网络图，又考核挣值分析，或者在已知网络图的基础上考虑外部约束条件（人员限制、成本最优等），进而制订最终计划，我们把这种题目称为综合计算题。

综合计算题的特点如下。

- 近年考试中经常出现，一般难度比较大。
- 综合考核网络图、挣值分析的相关概念和公式。
- 需要真正理解网络图、挣值分析、资源优化等相关概念的本质。
- 是软考高项案例题能否及格的关键。

"图+"是我根据综合计算题的特点起的名字（大家可以对比"互联网+""AI+"等概念来理解）。"图"指的是网络图、甘特图、资源直方图等各种项目管理中常用的图形。"图+"有两层含义：一是指综合计算题包含网络图和其他知识点，比如图+挣值分析、图+资源优化、图+计划编制等；二是指在应对综合计算题的时候，需要灵活运用各种图形来分析问题（指利用图形来分析问题的能力）。这种能力不仅对应试高项考试很有帮助，而且对大家的实际工作也有一定的启发意义，正所谓"一图胜千言"。

13.1 甘特图

甘特图（Gantt chart）又被称为横道图、条状图（Bar chart），它是以提出者亨利·劳伦斯·甘特（Henry Laurence Gantt）先生的名字命名的。我们可以通过甘特图来展示项目各活动的进度情况。

如图13-1所示，甘特图的横轴代表时间，纵轴方向是项目包括的各项任务。其中的各项任务用长短不一的条形图（图13-1中长度不同的各个矩形）来表示，每一个条形图在水平方向上的长度与该任务的持续时间成正比。

图13-1

以图13-1上半部的项目计划为例，不难发现，这个项目的整体进度计划为：6月（JUNE）上旬进行项目启动，6月中下旬进行系统分析工作，7月（JULY）做系统设计，8（AUG）~10月（OCT）这3个月进行编码工作，11月（NOV）做测试，12月（ODC）初交付。而该项目的实际情况可以从图13-1的下半部发现，6月初项目启动，6月中旬~10月底一直没进行项目工作，11月初赶紧进行分析、设计、编码、测试（时间来不及了，各任务只能并行开展，其中的分析工作用了不到半个月，设计、编码和测试工作用了两个月），12月交付（交付了1个月）。

甘特图的本质是图形化地展示项目各活动的进度（开始时间和结束时间），这个进度既可以是计划进度，也可以是实际进度（如果是实际进度，就要及时记录、不断更新）。而网络图则强调展示活动的逻辑关系，一旦我们在网络图中标注好各活动的持续时间，就可以进一步分析各活动的开始时间和结束时间（内容详见第11章），从而可以利用网络图画出对应的甘特图，如图13-2所示，展示了同一个项目的网络图和甘特图。

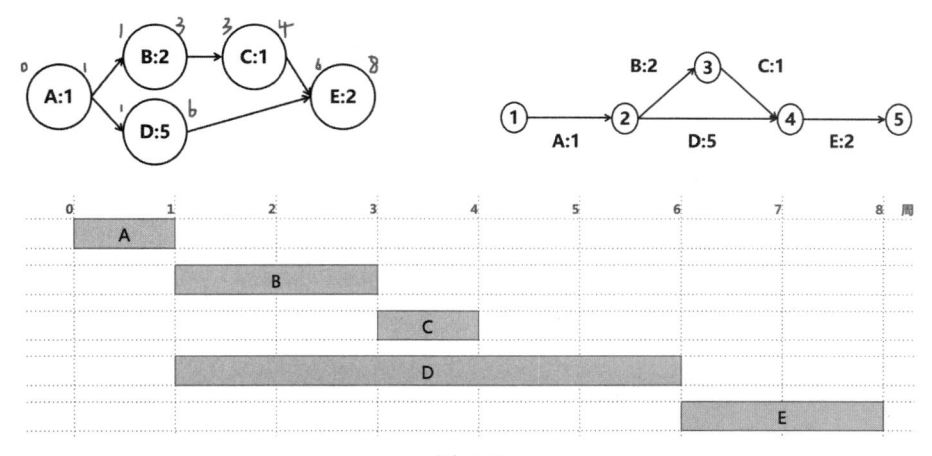

图13-2

如果没有其他约束条件或特殊要求（比如资源优化或者成本优化等，后面的真题会举例），我们通常会默认网络图中各活动的最早开始时间（ES）和最早结束时间（EF）是这些活动的进度计划，那么根据各活动的ES和EF，我们就可以快速画出对应的甘特图。图13-3是另一个项目的网络图与甘特图示例。

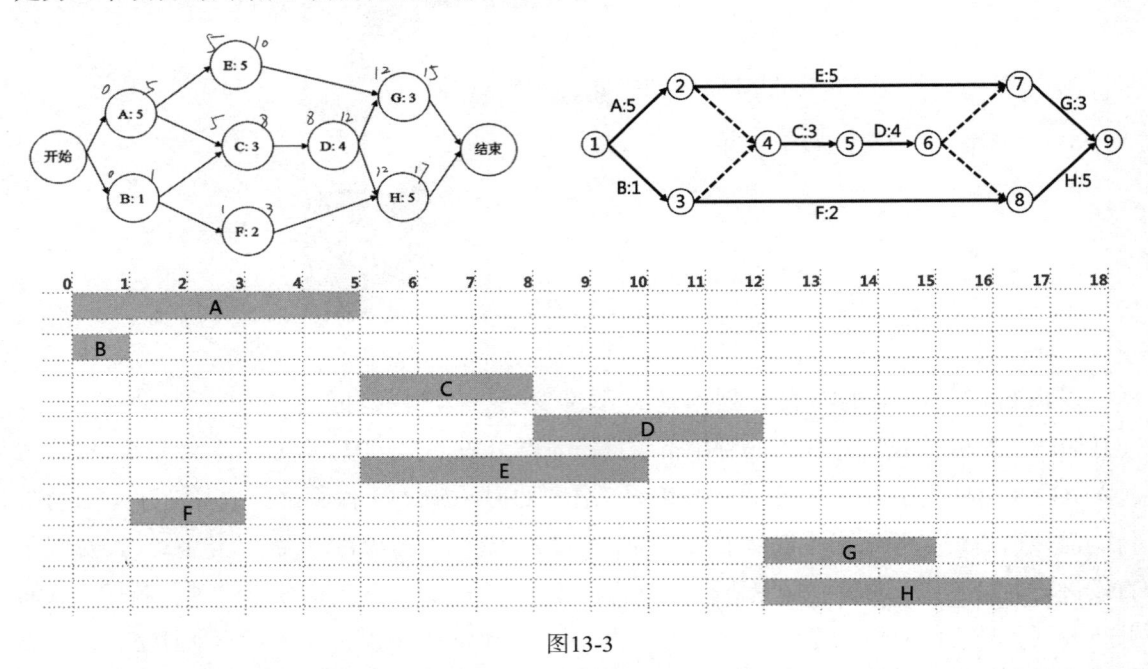

图13-3

为什么要画甘特图？因为甘特图直观。在本章后面的综合计算题中大家就会发现，在面对一些复杂问题的时候，结合甘特图进行分析会大大提高分析的效果，可以说甘特图是辅助分析综合计算题的"神器"。

13.2 图 + 挣值分析

如何根据网络图计算项目在某一时刻的PV、EV？我们来看下面的问题。

↳ 问题导入

某项目包含A、B、C这3个活动，活动的逻辑关系、持续时间如图13-4所示，每个活动每一天的预算均为1万元。在第3天末，刚好完成活动A，活动B还没有开始，实际成本为2.5万元。计算项目在第3天末的SV、CV。

图13-4

若计算SV、CV，就需要知道EV、PV、AC。根据题干中的已知条件，AC为2.5万元，所以本题的关键是确定在第3天末该项目的PV和EV。如何计算？回答这个问题的本质是要弄清楚两件事：①什么是"第3天末项目的PV（或EV）"？②怎么计算"第3天末项目的PV（或EV）"？

根据挣值分析基本概念的定义，某项目在某时间段的PV，就是该项目在这段时间计划工作量的预算。对于本题，时间段是"前3天"，接下来找"该项目前3天的计划工作量"（然后折合成预算，就是PV）。

虽然网络图展示了项目进度的计划，但甘特图更直观，因此我们先根据图13-4的网络图画出该项目进度计划的甘特图，如图13-5所示。

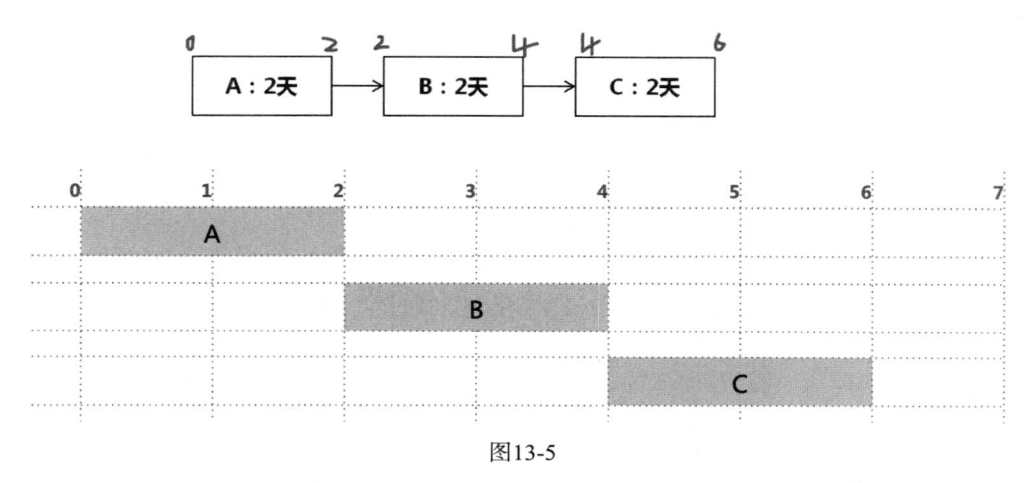

图13-5

看到甘特图后，相信大家已经知道"该项目前3天的计划工作量"为：A的全部工作量（2天的工作量）+B的一半工作量（1天的工作），如图13-6所示。根据题目信息"每个活动每一天的预算均为1万元"可知，该项目前3天的PV=2+1=3（万元）。

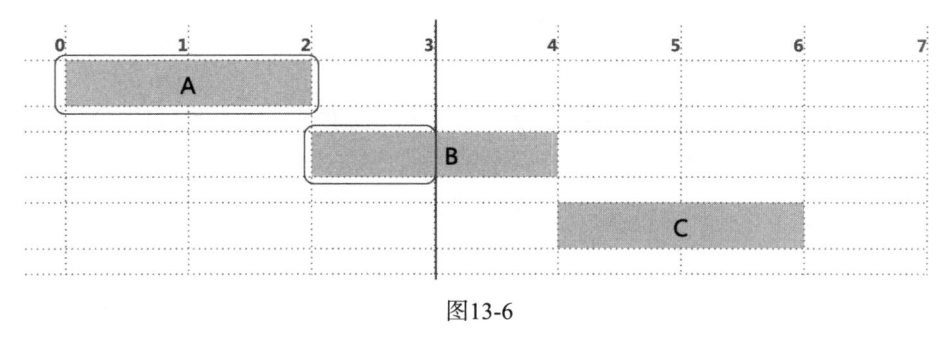

图13-6

下面举一反三，做两个练习。

练习1：请问在图13-2对应的项目中，前4天的PV是多少（假设每个活动每天预算是1万元）？

答案：根据图13-2中的甘特图可知，该项目前4天的计划工作量为：A的工作量（1天）+B的工作量（2天）+C的工作量（1天）+D前3天的工作量（3天）。该项目前4天的PV=1+2+1+3=7（万元）。

练习2：请问在图13-3对应的项目中，前10天的PV是多少（假设每个活动每天预算是1万元）？

答案：根据图13-3中的甘特图可知，该项目前10天的计划工作量为：A的工作量（5天）+B的工作量（1天）+C的工作量（3天）+D前两天的工作量（2天）+E的工作量（5天）+F的工作量（2天），即PV=5+1+3+2+5=16（万元）。

根据挣值分析的基本概念，某项目在某时间段的EV是该项目在这段时间实际工作量的预算。对于图13-4对应的项目，前3天的实际工作量需要根据题目的已知信息——"在第3天末，刚好完成活动A，活动B还没有开始"，这说明该项目的实际工作量就是A的工作量（2天），那么，该项目前3天的EV=2万元。

总结：

- 做任何题之前，都要先理解"是什么"，再思考"怎么算"（先理解问题，再解决问题）。
- 要理解问题，最重要的是理解问题中的关键概念。比如"请问该项目前3天的PV是多少"，这个问题中的关键概念就是PV。若能理解PV，那么这个问题就不难理解。
- 理解问题后，解决问题需要从已知信息中去寻找需要的信息。比如"请问该项目前3天的PV是多少"，那么我们就从题目的已知信息中去寻找两个信息：①该项目前3天的计划工作量；②这些工作量对应的预算。
- 对于寻找项目某时间段PV的问题，网络图其实包含了足够的信息，只不过甘特图更直观。
- 画甘特图的步骤为：①画出网络图；②标注各活动的ES和EF；③画时间轴和甘特图。

软考真题

已知某信息工程由A、B、C、D、E、F、G、H共8个活动构成，项目的活动历时、活动所需人数、活动费用及活动逻辑关系如表13-1所示。

表 13-1

活动	历时（天）	所需人数	费用（元/人天）	紧前活动
A	3	3	100	-
B	2	1	200	A
C	8	4	400	A
D	4	3	100	B
E	10	2	200	C
F	7	1	200	C
G	8	3	300	D
H	5	4	200	E、F、G

[问题1]（4分）

请给出该项目的关键路径和工期。

[问题2]（12分）

第14天末的监控数据显示活动E、G均完成一半，F尚未开始，项目实际成本支出为12000元。

（1）计算此时项目的计划值（PV）和挣值（EV）。

（2）计算此时项目的成本偏差（CV）和进度偏差（SV），以及成本和进度执行情况。

[问题3]（3分）

若后续不进行调整，项目工期是否有影响？为什么？

[问题4]（6分）

（1）请给出总预算（BAC）、完工尚需估算（ETC）和完工估算（EAC）的值。

（2）请预测是否会超出总预算（BAC）？完工偏差（VAC）是多少？

分析：

根据表13-1，在草稿纸上画出网络图（图中括号内为活动人数）和甘特图，如图13-7所示。

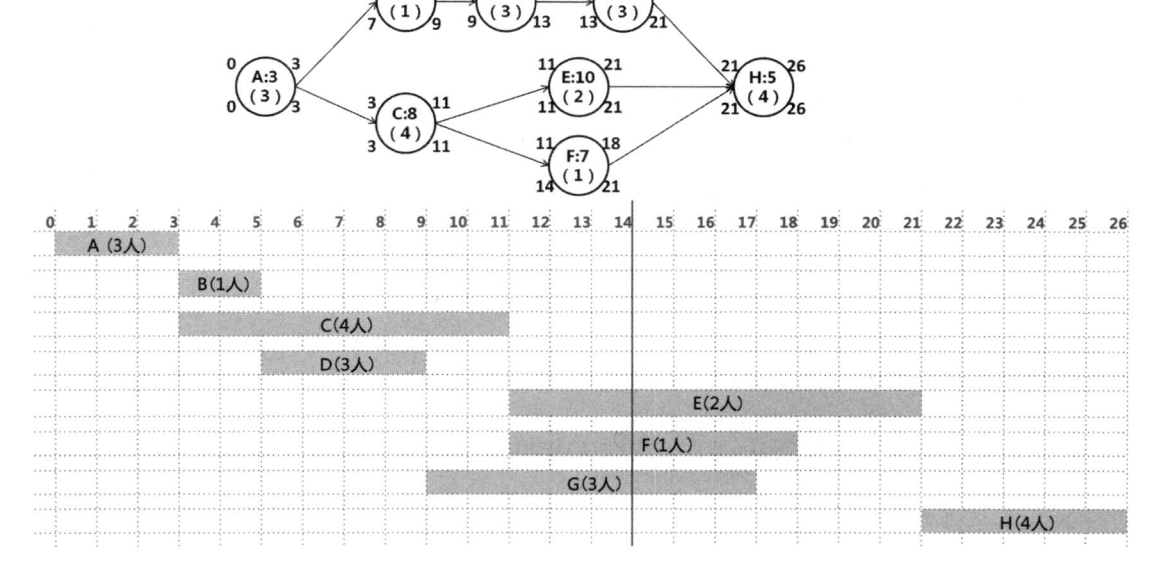

图13-7

参考答案：

[问题1]：项目关键路径A→C→E→H，总工期为26天。

[问题2]：

（1）项目第14天末的PV=A+B+C+D+E的前3天+F的前3天+G的前5天

=3×3×100+2×1×200+8×4×400+4×3×100+3×2×200+3×1×200+5×3×300

=21600（元）

第14天末的EV=A+B+C+D+E的1/2+G的1/2

=3×3×100+2×1×200+8×4×400+4×3×100+1/2×10×2×200+1/2×8×3×300

=20900（元）

（2）CV=EV-AC=20900-12000=8900（元）

SV=EV-PV=20900-21600=-700（元）

项目成本节约明显，进度稍有落后。

[问题3]：SPI=EV/PV=20900/21600≈96.8%

若不进行调整，则项目总工期≈26/SPI≈26.86（天），所以，工期略有落后。

[问题4]：BAC=3×3×100+2×1×200+8×4×400+4×3×100+10×2×200+7×1×200+8×3×300+5×4×200=31900（元）

ETC=（BAC-EV）/CPI=（31900-20900）/（20900/12000）=6315.8（元）

EAC=ETC+AC=6315.8+12000=18315.8（元），说明没有超过总预算。

VAC=BAC-EAC=31900-18315.8=13584.2（元）

2. 已知某信息工程项目由A、B、C、D、E、G、H、I共8个活动构成，项目工期要求为100天。项目组根据初步历时估算、各活动之间的逻辑关系得出的初步进度计划网络图如图13-8所示。

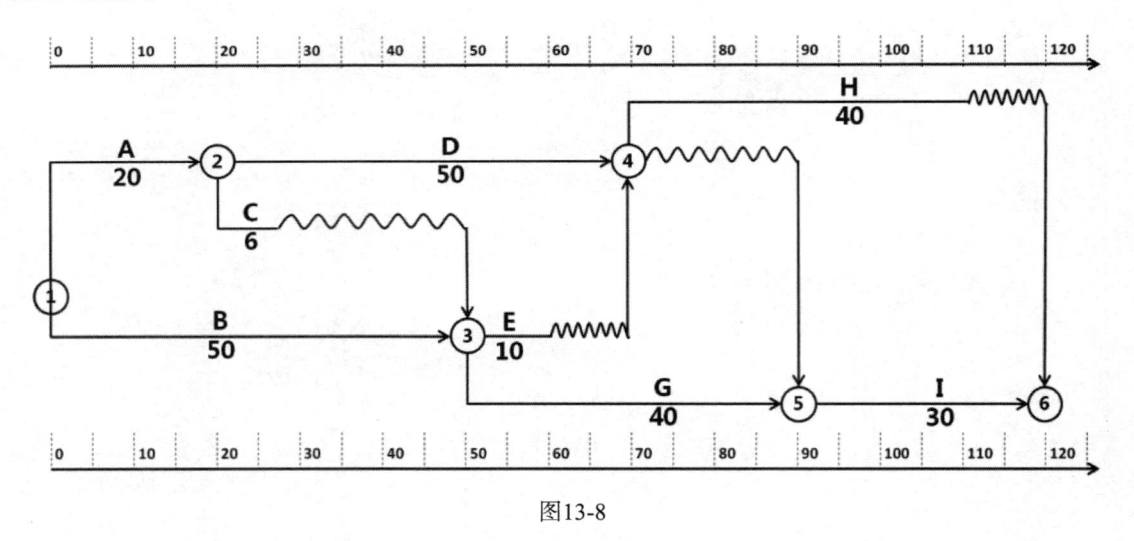

图13-8

[问题1]（7分）

（1）请给出该项目初步进度计划的关键路径和工期。

（2）该项目进度计划需要压缩多少天才能满足工期要求？可能需要压缩的活动都有哪些？

（3）若项目组将B和H的工期均压缩至30天，是否能满足工期要求？压缩后项目的关键路径有多少条？关键路径上的活动有哪些？

[问题2]（9分）

项目组根据工期要求，对资源情况及预算进行了工期优化：将活动B的工期压缩至30天，将活动D的工期压缩至40天，并形成了最终的进度计划网络图，给出的项目所需资源数量与费率如表13-2所示。

表 13-2

活动	资源	费率（元/人天）	活动	资源	费率（元/人天）
A	1人	180	E	1人	180
B	2人	220	G	2人	200
C	1人	150	H	2人	100
D	2人	240	I	2人	150

按最终进度计划执行到第40天末对项目进行监测时发现，活动D完成一半，活动E准备第二天开始，活动G完成了1/4，此时累计支付的实际成本为40000元，请在表13-3中填写此时该项目的绩效信息。

表 13-3

活动	PV	EV
A		
B		
C		
D		
E		
F		
G		
H		
I		
合计		

[问题3]（6分）

请计算第40天末项目的CV、SV、CPI、SPI（给出计算公式和计算结果，结果保留两位小数），评价当前项目绩效，并给出改进措施。

[问题4]（3分）

项目组发现问题后及时进行了纠正，对项目的后续执行没有影响。请预测项目完工尚需估算（ETC）和完工估算（EAC）（给出计算公式和计算结果）。

分析：

图13-8是双代号时标网络图。我们在本书11.3节已介绍过，双代号时标网络图的总工期看最后一个节点对应的横坐标即可，本题项目的总工期为120天，关键路径是BGI。不难发现，在双代号时标网络图中，关键路径一定是没有波浪线的。

对于问题1中的第（2）问要求项目100天完成，那么与原来的网络图显示的总工期（120天）相比，需要压缩20天。关键是压缩哪些活动？根据本书图11-44，在网络图的基础上通过压缩活动的持续时间来压缩整体进度时（活动之间的逻辑关系不变），第一步是压缩关键路径上的活动，但是压缩完关键路径后一定要检查，看整体项目总工期是否满足要求。比如，在本题中，压缩B、G、I这3个活动的工期20天后（具体的压缩方案有很多，比如，方案-1：B压缩10天+I压缩10天；方案-2：B压缩10天+G压缩5天+I压缩5天……只要保证B、G、I一共压缩20天即可），重新找关键路径就会发现，此时关键路径变为ADH、总工期为110天，不满足100天的要求，因为A、D、H这3个活动一共压缩10天工期才可以。

对于问题1中的第（3）问，在分析时，首先根据题目的已知信息在原网络图中修改活动的持续时间，然后不再对应时间坐标轴即可（因为活动的逻辑关系并没有改变），如图13-9所示，把B、H的持续时间修改一下，接着按照普通的双代号网络图去分析各活动的最早时间和最晚时间即可。

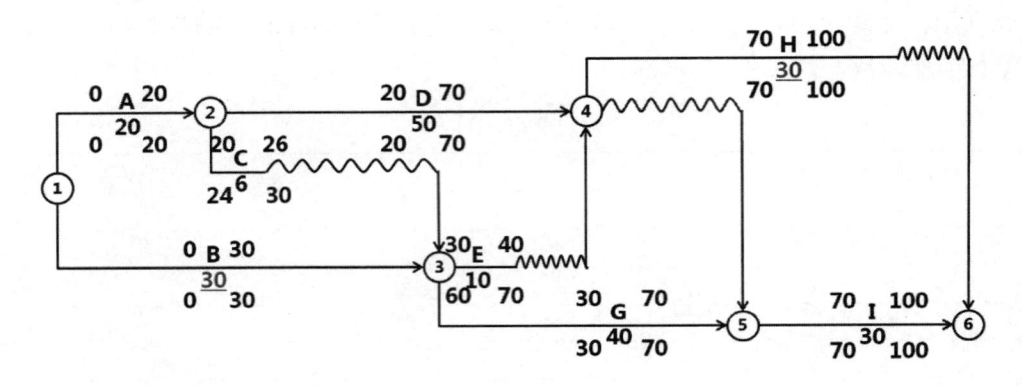

图13-9

在问题2中，"将活动B的工期压缩至30天，将活动D的工期压缩至40天"，对应的网络图和甘特图分别如图13-10、图13-11所示。

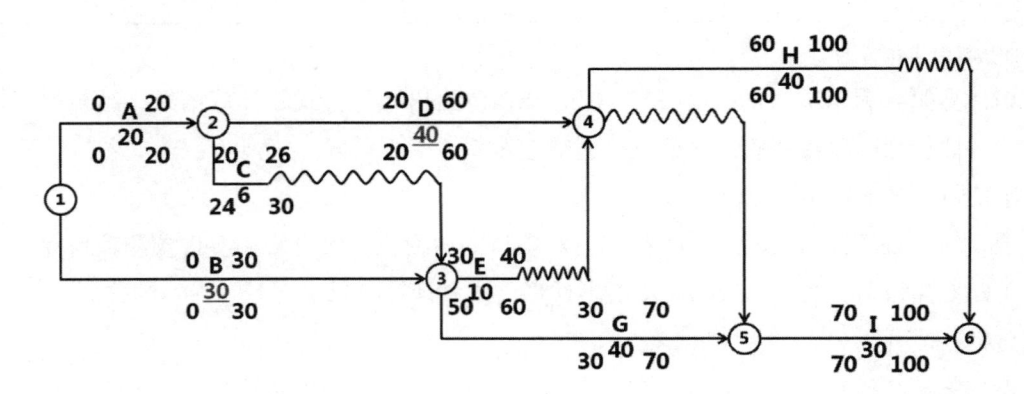

图13-10

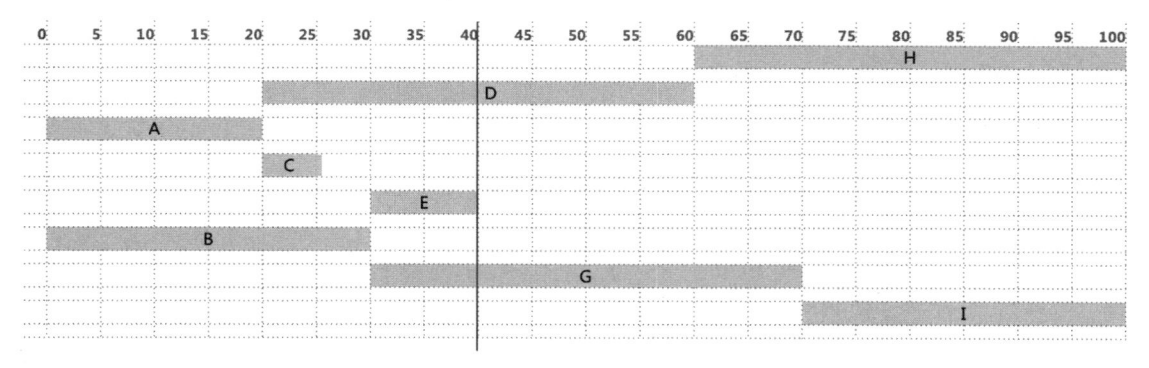

图13-11

参考答案：

[问题1]：

（1）关键路径为B→G→I，工期为120天。

（2）进度需要压缩20天才能满足工期需求，可能压缩的活动有A、D、H、B、G、I。

（3）能满足。

压缩后的关键路径有3条，分别是A→D→H，A→D→I，B→G→I。

关键路径上的活动有A、D、H、B、G、I。

[问题2]：

参考图13-10和图13-11。

在前40天：项目计划工作量（PV）为A、B、C、E、D的前20天，G的前10天。项目实际工作量（EV）为A、B、C、D的一半，G的1/4。

[问题3]：

CV=EV−AC=31300−40000 =−8700（元）；SV=EV−PV=31300−33100 = −1800（元）；

CPI=EV/AC=31300/40000= 0.78 ；SPI=EV/PV=31300/33100 = 0.95。

当前项目绩效情况是成本严重超支，进度略微落后。

采取措施：控制成本，追赶进度。使用优质资源替换一般资源来完成后续的工作内容。适当加班和快速跟进。

[问题4]：

BAC=1×180×20+2×220×30+1×150×6+2×240×40+1×180×10+2×200×40+2×100×40+2×150×30=71700（元）；

ETC=BAC−EV=71700−31300=40400（元）；

EAC=ETC+AC=40400+40000=80400（元）。

13.3 图＋资源优化

在资源（主要指人力资源）有限的情况下，怎么制订最优的项目计划？我们来看下面的问题。

> **问题导入**

某项目包含A、B、C这3个活动,活动的关系、需要的人员和时间如图13-12所示。请制订活动执行顺序,使得在不影响总工期的前提下,所需人数最少。

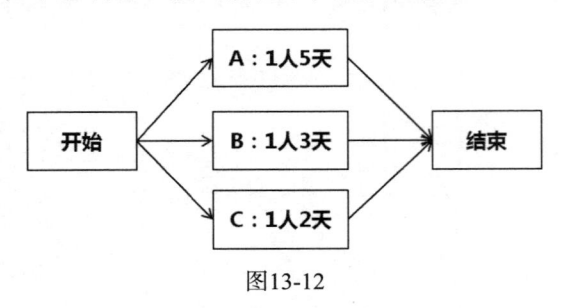

图13-12

依据网络图可知,活动A、B、C可以并行开展,总工期是5天。如果按照网络图中各活动的最早开始时间作为计划,则项目在第1~2天需要3人,第3天需要2人,第4~5天需要1人,项目资源分布图如图13-13所示(因为题目要求人数最少,所以我们需要关注项目投入的人数,那么在分析问题的时候,用图13-13的资源分布图最合适,其横轴代表时间,纵轴代表项目所需人数)。这种资源分布图其实很像甘特图,只不过多了一个纵轴,并且每个活动对应的长方形的高度与活动人数成正比。

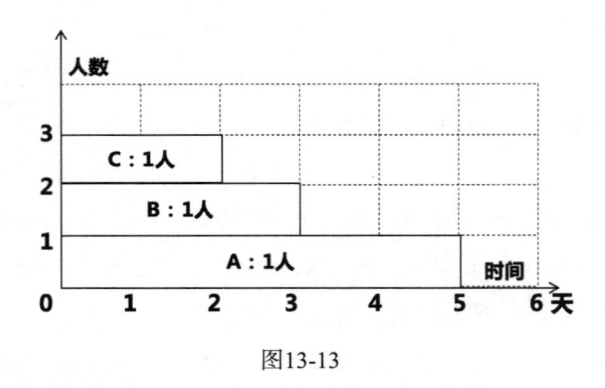

图13-13

对于这个项目,最多时需要3人(前两天),这就是"初步计划",这个计划不一定符合"所需人数越少越好"的要求。

在进度管理知识域的"制订进度计划"这个过程有一个技术叫作资源优化,资源优化又分为资源平衡和资源平滑,其中资源平滑是指通过调整非关键活动的开始时间实现在不影响总工期的前提下优化资源配置。

在原网络图的基础上,调整某些非关键活动的开始时间(调整开始时间就是调整初步计划),人为将其延后一定的时间(只要延后时间不大于其总时差,就不影响总工期),这样就可能会使项目所需人数减少。

对于上面的题目,人数最少的计划如图13-14所示,具体如下。

- 第0天至第5天末，投入1人做A。
- 第0天至第3天末，投入1人做B。
- 第3天末至第5天末，此时，B已经完成，投入该人做C。

这样，项目仍然可以5天完成，只需要2人。另外，活动B和活动C的先后顺序可以改变（活动C在活动B之前也可以）。

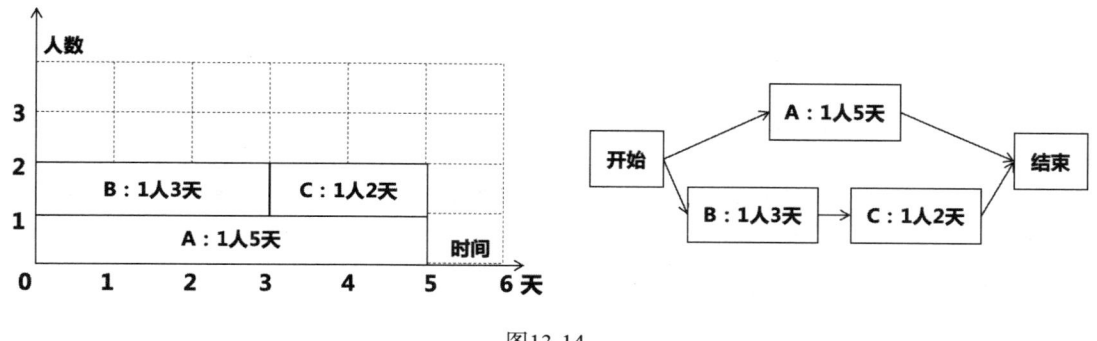

图13-14

总结：

- 在原计划中，3个活动可以并行开始（即从项目一开始，3个活动就可以同时开始），但"可以并行"不是"必须并行"，我们人为调整计划，让活动B、活动C串行，其目的是使需要的资源最少。
- 需要说明的是，如果两个活动"并行"（见图13-12中的活动A与活动B、活动A与C、活动B与活动C），说明这两个活动之间没有逻辑关系（既然没有关系，我们当然可以按照我们的意图安排），这与两个活动是"开始—开始"关系不一样。
- 这个例子本质上就是利用"资源平滑"技术来调整计划。
- 如果这个例子的外部约束条件变为"若只有1名可使用的人员"，那么，这个项目的活动执行顺序就只能是3个活动串行，此时总工期就要变成10天。这就是"资源平衡"技术的应用（它通常会导致总工期延长）。
- 无论是资源平滑技术还是资源平衡技术，都不会改变项目的总工作量。比如，无论是图13-12中的初步计划，还是图13-14中资源平滑后的最终计划，项目的总工作量都是10人天。
- 一般地，资源优化技术能够减小项目资源需求的变化。比如，在本节的题目中，使用资源平滑技术之前，项目对资源的需求为第1~2天需要3人，第3天需要2人，第4~5天需要1人，从3人到2人，再到1人，变化很大。而利用资源平滑技术后，5天均需要2人，其对资源的需求没有变化（一直为2人）。

↳ 软考真题（节选）

1. 已知某项目各活动所需资源、持续时间以及逻辑关系如表13-4所示。

表 13-4

活动	历时（天）	资源（人）	紧前活动
A	10	2	-
B	20	8	A
C	10	4	A
D	10	5	B
E	10	4	C
F	20	4	D
G	10	3	D
H	20	7	E、F
I	15	8	G、H

问题：在不影响总工期的前提下，项目最少需要几人？（不考虑人员差异）

分析：

首先根据表13-4中活动的逻辑关系画出网络图，如图13-15所示，图中括号内为活动所需人数。然后根据各活动的最早开始时间和所需人数画出项目最初计划对应的资源分布图，如图13-16所示。

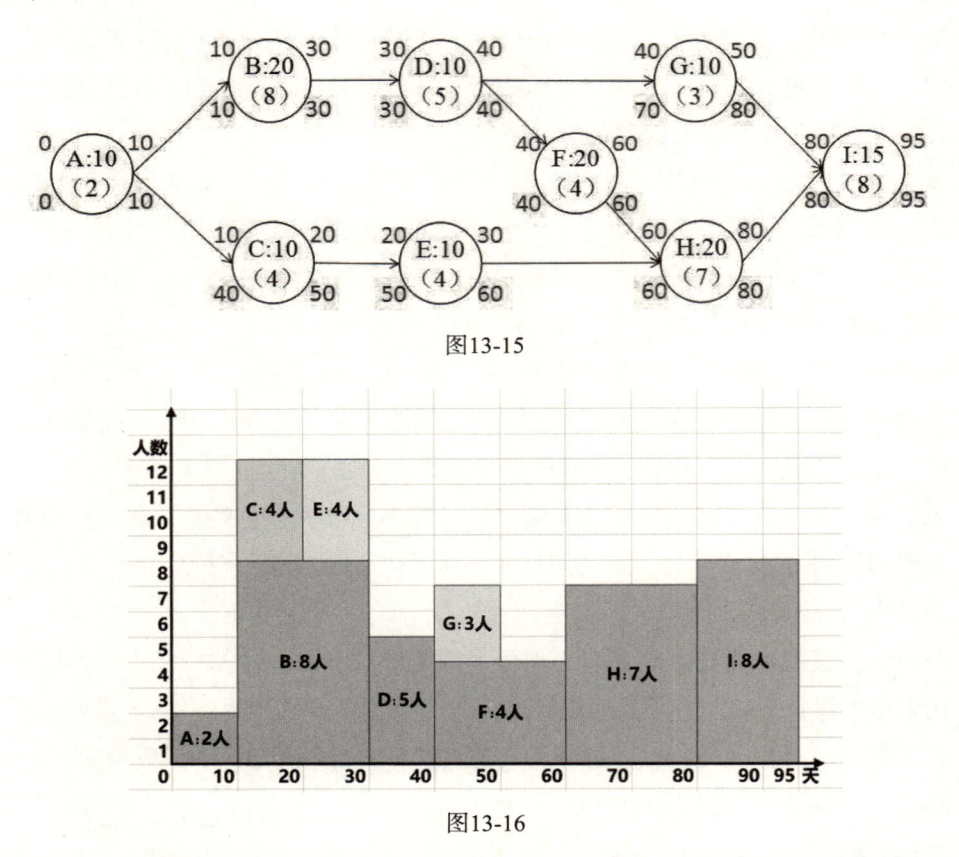

图13-15

图13-16

可以发现，按照最初计划，项目最多时需要12人（第10天末到第30天末）。

题目要求不影响总工期，所以关键活动不能延期。也就是说，关键活动（A、B、D、

F、H、I）的开始时间以及对应人数不能调整，否则就会影响总工期，也就是图13-16中的这些关键活动不能调整，可以调整的活动只有C、E、G。为了让总人数越少越好，我们让活动C和E延后开始，不和活动B并行，如图13-17所示。此时，项目最多时需要9人（第30天末到第40天末）。

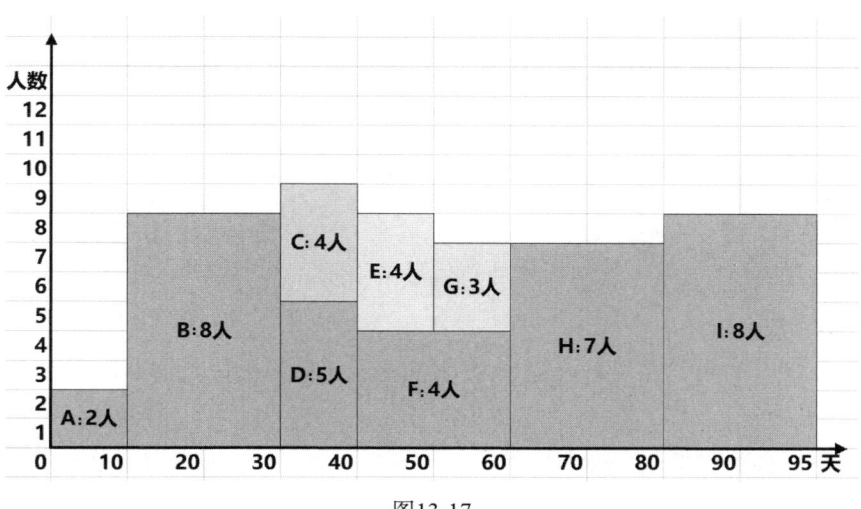

图13-17

使用资源平衡时一定要注意：

- 在调整非关键活动时，不要让这些非关键活动的开始时间晚于它的最晚开始时间，因为根据活动最晚开始时间的定义，如果一个活动的开始时间晚于最晚开始时间，那么总工期就会延误。
- 在调整非关键活动时，不要违背活动的逻辑关系。比如在这个项目中，不能让活动G与活动D并行（然后让活动C和活动E与活动F并行，此时最多需要8人），因为根据网络图可以知道，活动D与活动G存在FS关系，也就是说，只有活动D完成后，活动G才能开始。

参考答案：

在不影响总工期的前提下，项目最少需要9人。

2. 某项目的任务计划如表13-5所示。

表 13-5

序号	包	任务	紧前任务	人数	计划工期（月）	计划任务完成率安排					
						1月	2月	3月	4月	5月	6月
1	包A	任务1		4	2	50%	50%				
2		任务2	任务1	2	1			100%			
3		任务3	任务2	1	1				100%		
4	包B	任务4		4	2	50%	50%				
5		任务5	任务1、任务4	3	3			40%	40%	20%	

续表

序号	包	任务	紧前任务	人数	计划工期（月）	计划任务完成率安排					
						1月	2月	3月	4月	5月	6月
6	包C	任务6	任务3	2	2					60%	40%
7		任务7	任务3	2	2					50%	50%
8	包D	任务8	任务1、任务4	2	3			40%	30%	30%	
9		任务9	任务5、任务8	1	1						100%

计划任务完成率：某任务当月计划完成量与该任务全部工作量的比值

[问题1]（4分）

请根据项目任务计划表，绘制项目的单代号网络图。

[问题2]（7分）

（1）项目参与人员均可胜任任意一项任务。请计算项目每月需要的人数，并估算项目最少需要多少人？

（2）项目经理希望采用资源平滑技术减少项目人员，请问该方法是否可行？为什么？

参考答案：

[问题1]：项目单代号网络图如图13-18所示。（考试时不用标注人数）

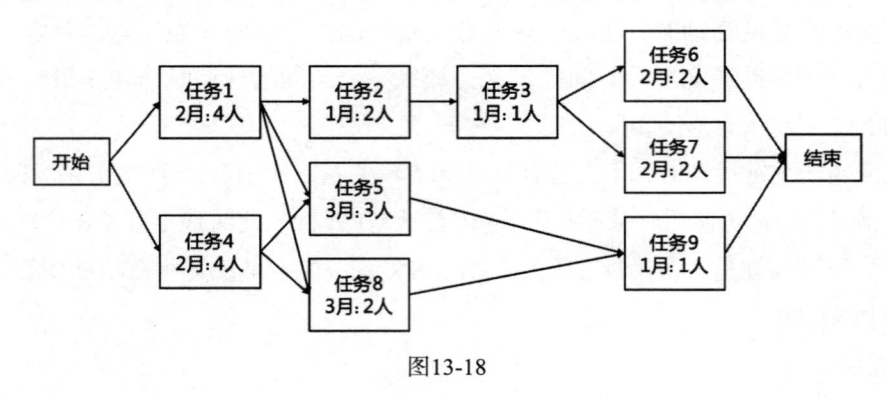

图13-18

[问题2]：

参考图13-19，考试时建议在草稿纸上画图分析。

（1）项目每月需要的人数：1月需要8人，2月需要8人，3月需要7人，4月需要6人，5月需要9人，6月需要5人。项目最少需要9人。

（2）采用资源平滑技术减少项目人员不可行。因为资源平滑需要利用活动的总时差和自由时差来优化资源配置，但是本项目所有活动的自由时差和总时差都是0，所以无法采用资源平滑技术。

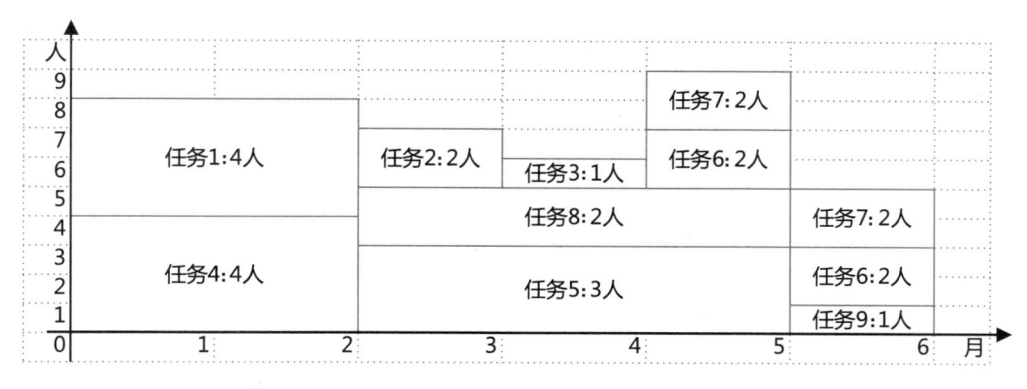

图13-19

13.4 图 + 计划制订

项目进度、成本等计划的制订往往不是一蹴而就的，可能需要先制订一个初步的版本（比如给出一个网络图），然后在此基础上根据一些外部制约因素进行调整，这些外部因素可能是总工期限制、成本限制、人员限制等。在高项的案例题中，这类根据外部制约因素制订最终计划的题目往往比较难。因此，大家在分析问题时要灵活运用合适的图形辅助分析。

▶ 软考真题

1. 一个信息系统集成项目有A、B、C、D、E、F、G共7个活动，各个活动的顺序关系、计划进度和成本预算如图13-20所示，图中，大写字母为活动名称，其括号中的第一个数字是该活动计划进度持续的周数；第二个数字是该活动的成本预算，单位为万元。该项目资金分三次投入，分别在第1周初、第10周初和第15周初。

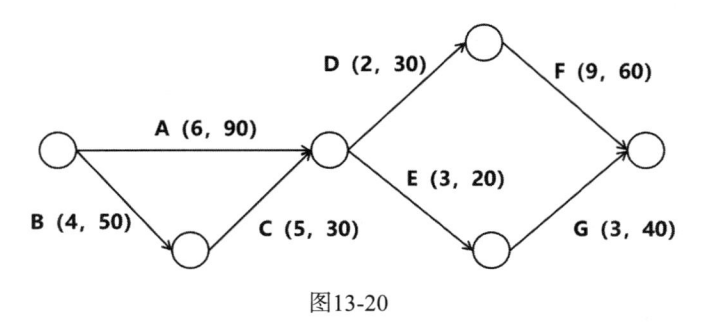

图13-20

项目进行的前9周，由于在第3周时公司有一个临时活动，因此停工1周。为赶进度，从其他项目组中临时抽调4名开发人员到本项目组。在第9周末时，活动A、B和C的信息如下（其他活动均未进行）。

活动A：实际用时8周，实际成本为100万元，已完成100%。
活动B：实际用时4周，实际成本为55万元，已完成100%。
活动C：实际用时5周，实际成本为35万元，已完成100%。

从第10周开始，抽调的4名开发人员离开本项目组，这样项目进行到第14周末的情况如下。

活动D：实际用时2周，实际成本为30万元，已完成100%。

活动E：实际用时0周，实际成本为0万元，已完成0%。

活动F：实际用时3周，实际成本为40万元，已完成20%。

活动G：实际用时0周，实际成本为0万元，已完成0%。

其中由于对活动F的难度估计不足，导致进度和成本的偏差。

[问题1]（10分）

在不影响项目总体工期的前提下，制订能使资金成本最优化的资金投入计划。请计算三个资金投入点分别要投入的资金量，并写出在此投入计划下项目各个活动的执行顺序。

[问题2]（5分）

请计算项目进行到第9周末时的成本偏差（CV）和进度偏差（SV），并分析项目的进展情况。

[问题3]（5分）

请计算项目进行到第15周时的成本偏差（CV）和进度偏差（SV），并分析项目的进展情况。

[问题4]（5分）

项目进行到第15周时，若要计算完工尚需估算（ETC）和完工估算（EAC），那么采用哪种方式计算更合适？写出计算公式。

分析：

解本题最重要的是读懂问题1的要求。让我们用下面一系列的自问自答方式来分析这个问题（这里的"自问自答"就是考试时考生面对问题进行分析的过程）。

提问-1：问题1中"在不影响项目总体工期的前提下，制订能使资金成本最优化的资金投入计划。计算三个资金投入点分别要投入的资金量，并写出在此投入计划下项目各个活动的执行顺序"，这到底是要做什么事情？

回答-1：其实，问题1就是要制订计划。既要制订资金的投入计划（成本计划），又要制订活动的执行顺序（进度计划），并且这个计划还要满足以下一些约束条件。

①不影响总工期。

②能使资金成本最优化。

提问-2：什么是"能使资金成本最优化"？（这是分析本题的关键）。

回答-2：既然是资金"投入"计划，那么我们就应该是站在甲方（资金投入方）的立场，所以，最优的投入就是"越晚投入钱越好"。

提问-3：既然越晚投入钱越好，那么在项目结束时（根据题干的网络图可知是第20周末）再投入资金可行吗？

回答-3：不可行。因为题干说明资金只能在三个时间点（第1周初、第10周初和第15周初）投入。

提问-4：在最晚的时间点（第15周初）投入全部资金可以吗？

回答-4：不行。因为这样不符合本题的意图。如果这样算可行，题干中其他两个时间点就没有用了。（进一步分析）既然有"第1周初"这个时间点，那么出题人的意图应该是这个项目不能欠钱干活儿，否则，若可以欠钱干活儿，那么制订最优化的资金投入计划就没有意义，因为项目都干完了，再投入钱就是最优的。

提问-5：为什么要"制订活动执行顺序"？本题的网络图中不是已经有活动顺序了吗？

回答-5：因为本题中的网络图只是初步的进度计划，不是最终的进度计划。为了使钱越晚投入越好，可能需要人为延后一些非关键活动的开始时间（这与资源平滑类似）。

分析结果：

问题1就是让我们制订计划。这个计划包括资金投入计划和活动执行顺序，它需要满足下列约束条件：

①不影响总工期。

②不能欠钱干活儿。

③钱越晚投入越好。

首先，我们把图13-20中各活动的ES、EF、LS、LF标注在活动上，然后画出甘特图（灰色边框是非关键活动A、E、G按照最早的开始时间，黑色边框是按照最晚的开始时间），如图13-21所示。

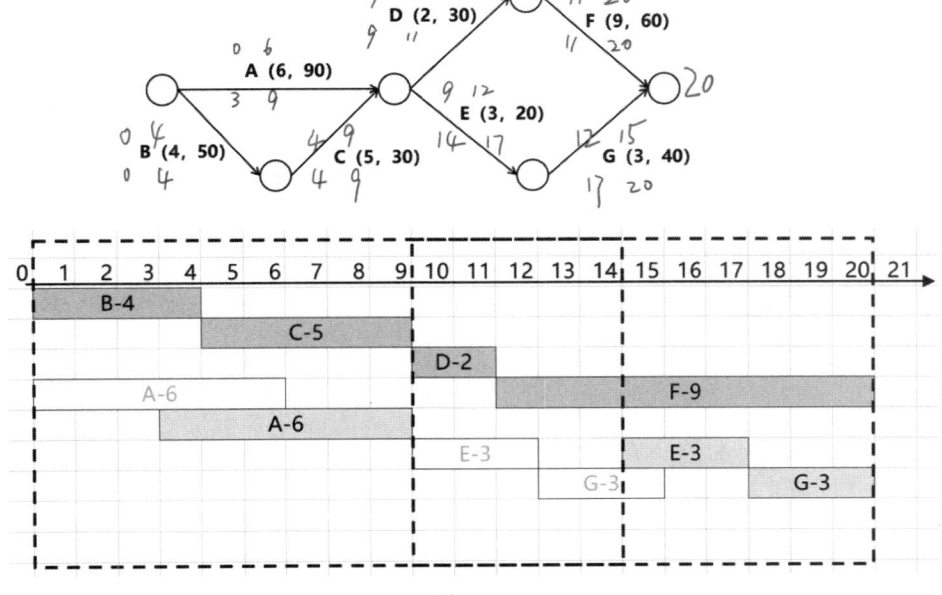

图13-21

因为第一次资金投入与第二次资金投入时间间隔为9周，所以，在第一次投入资金的时候，投入的资金让项目在不影响总工期的前提下正常运行9周即可。根据图13-21可知，这个项目在前9周至少（"至少"的目的就是越晚投入资金越好）要完成A、B、C这3个活动。这个结论根据各活动的LF确定，比如活动A的LF=9，说明在不影响总工期的前提下，A最晚要在第9周末完成（这其实就是LF的定义）。

同理，第二次与第三次资金投入的时间间隔为5周（是第9周末至第14周末），分析图13-21可以发现，在不影响总工期的前提下，项目最少要完成的活动为D和F的前3周，而活动E和G可以先不做（因为活动E的LS为第14周末，所以，在第9周末到第14周末这段时间不开始做活动E也不影响总工期）。因此，在第二次资金投入时间点，投入的资金只需保证活动D的资金和活动F前3周的资金即可。

最后一次的资金投入，将剩余活动所需的资金投入即可。此时（第14周末）剩余的活动包括活动F的后6周、活动E和活动G。

其实，既然钱越晚投入越好，那么我们让各个活动都按照最晚的开始时间开始就满足要求了。本质上，这道题就是让我们在网络图的基础上根据外部约束（三个资金投入点、越晚投钱越好）来制订最终的进度和成本计划。

另外，我们在分析网络图时，都是将"第0周"作为起始时间分析的，在考试时根据题干的要求写明即可。比如，第9周末到第14周末等价于第10周初到第15周初。

参考答案：

[问题1]：

第1周初活动执行顺序：第1周初~第6周末执行活动A，第1周初~第4周末执行活动B，第5周初~第9周末执行活动C。

投入资金：90+50+30=170（万元）。

第10周初活动执行顺序：第10周初~第11周末执行活动D，第12周初~第14末周执行活动F的前3周工作。

投入资金：30+60×（3/9）=50（万元）。

第15周初活动执行顺序：第15周初~第20周末执行活动F的后6周工作，第15周初~第17周末执行活动E，第18周初~第20周末执行活动G。

投入资金：60×（6/9）+20+40=100（万元）。

[问题2]：

根据题意，在第9周末时，项目应该完成A、B、C共3个活动，实际完成了A、B、C共3个活动，所以，在第9周末时，有：

PV=90+50+30=170（万元）；EV=90+50+30=170（万元）；AC=100+55+35=190（万元）；CV=EV-AC=170-190=-20（万元）；SV=EV-PV=170-170=0（万元）。

项目进度持平、成本超支。

[问题3]：

根据题意以及问题1的答案，在第14周末时，项目应该完成A、B、C、D这4个活动的全部和活动F的1/3，实际完成了A、B、C、D的全部和活动F的20%，所以，在第9周末时，有：

PV=170+30+60×（3/9）=220（万元）；EV=170+30+60×（20%）=212（万元）；

AC=190+30+40=260（万元）；CV=EV-AC=212-260=-48（万元）；SV=EV-PV=212-220=-8（万元）

项目进度落后、成本超支、效率低下。

[问题4]：

根据问题2、问题3的答案可知，该项目在执行时，成本一直超支。所以，在估算ETC和EAC时，采用"典型偏差"计算更合理。

ETC=（BAC-EV）/CPI；EAC=ETC+AC，其中：

BAC=90+50+30+30+60+20+40=320（万元）；EV=212万元；AC=260万元；CPI=EV/AC。

2. 某软件项目包含8项活动，活动之间的依赖关系，以及各活动的工作量和所需的资源类型如表13-6所示。假设不同类型的工作人员之间不能互换，但是同一类型的人员都可以从事与其相关的所有工作。所有参与该项目的工作人员从项目一开始就进入项目团队，直到项目结束时才能离开，在项目进行过程中不能参与其他活动（所有的工作都按照整天计算）。

表 13-6

活动	工作量（人天）	依赖关系	资源类型
A	4		SA
B	3	A	SD
C	2	A	SD
D	4	A	SD
E	3	B	SC
F	3	C	SC
G	8	C、D	SC
H	2	E、F、G	SA

SA：系统分析人员；SD：系统设计人员；SC：软件编码人员

[问题1]（14分）

假设该项目团队有SA人员1名、SD人员2名、SC人员3名，请将下面①～⑪处的答案填写在答案纸的对应栏内。

（1）活动A结束后，先投入（①）个SD完成活动C，需要（②）天。

（2）活动C结束后，再投入（③）个SD完成活动D，需要（④）天。

（3）活动C结束后，投入（⑤）个SC完成（⑥），需要（⑦）天。

（4）活动D结束后，投入SD完成B。

（5）活动C、D结束后，投入（⑧）个SC完成活动G，需要（⑨）天。

（6）活动G结束后，投入（⑩）个SC完成活动E，需要1天。

（7）活动E、F、G完成后，投入1个SA完成活动H，需要2天。

活动项目总工期为（⑪）天。

[问题2]（7分）

假设现在市场上1名SA每天的成本为500元，1名SD每天的成本为500元，1名SC每天的成本为600元，项目进度要压缩至10天完成。那么

（1）应增加什么类型的资源？增加多少？

（2）项目成本是增加还是减少？增加或减少多少？（请给出简要计算步骤）

[问题3]（6分）

请判断以下描述是否正确（填写在答题纸的对应栏内，正确的选项填写"√"，不正确的选项填写"×"）。

（1）活动资源估算过程与费用估算过程紧密相关，外地施工团队聘用熟悉本地相关法规的资讯人员的成本不属于活动资源估算的范畴，只属于项目的成本部分。（　　）

（2）制订综合资源日历属于活动资源估算过程的一部分，一般只包括资源的有无，不包括人力资源的能力和技能。（　　）

（3）项目变更造成项目延期，应在变更确认时发布，而非在交付前发布。（　　）

分析：

相信大家在读完题目后，都会在草稿纸上快速地画出各活动的逻辑关系图（或者被称为"初步的进度计划"，这个图不包括活动的持续时间，因为活动的持续时间在已知信息里没有确定），如图13-22所示。

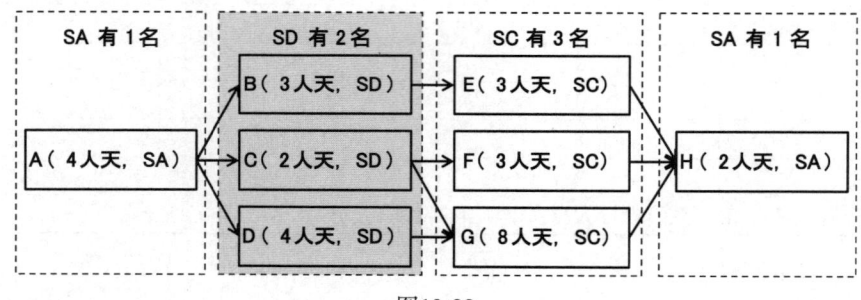

图13-22

这里的不确定因素太多，比如，我们让2名SD先投入做B，或者让1名SD做B的同时1名SD做C，或者让2名SD先做D……可能性太多，怎么分析？

实际上，本题没有那么复杂。因为问题1是填空题，只需要填空，没有空的地方不需要质疑。所以，问题1中活动的执行顺序是确定的。

分析过程如图13-23所示，当读到第（2）句"活动C结束后，再投入（③）个SD完成活

动D，需要（④）天"时，不管③、④填什么，这句话都说明"先做活动C，再做活动D"。依次类推，读完问题1以后，活动的执行顺序就完全确定了，如图13-24所示。

- 活动A结束后，先投入（①）个SD完成活动C，需要（②）天。
- 活动C结束后再投入（③）个SD完成活动D，需要（④）天。
- 活动C结束后，投入（⑤）个SC完成（⑥），需要（⑦）天。
- 活动D结束后，投入SD完成活动B。
- 活动C、D结束后投入（⑧）个SC完成活动G，需要（⑨）天。
- 活动G结束后，投入（⑩）个SC完成活动E，需要1天。
- 活动E、F、G完成后，投入1个SA完成活动H，需要2天。
- 项目总工期为（⑪）天。

1. 说明是先活动C，再活动D。不是活动C、D并行
2. 说明是先活动D，再活动B。不是活动D、活动B并行
3. 说明⑥填活动F
4. 此时，活动顺序已完全确定

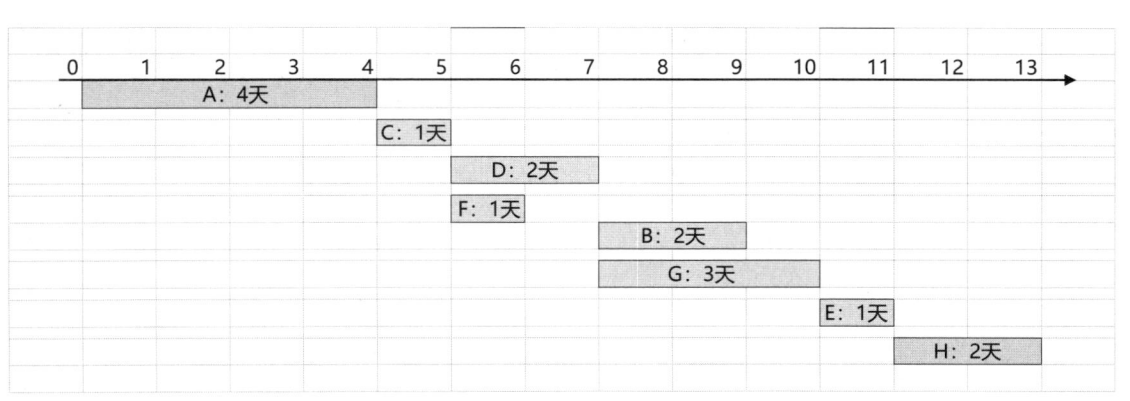

图13-23

图13-24

根据问题1的描述，我们可以画出如图13-24所示的甘特图，其中各活动的执行顺序其实在问题1的描述中都已经确定，而投入的人员数量在确定活动执行顺序以后也是完全可以确定的。比如，根据问题1的第（1）、（2）、（4）问可以确定，活动B、C、D的执行顺序是先活动C，再活动D，最后是活动B（而不是并行执行），所以在执行活动C的时候，一定是把2名SD都投入给活动C。同理，活动E、F、G的执行顺序是先活动F，再活动G，最后是活动E。因此，投入SC的顺序也是让3名SC一起先做活动F，再做活动G，最后做活动E。

也许会有人会问"图13-22与图13-24的活动顺序不一样，这矛盾吗？"不矛盾。准确地说，应该是"图13-24所示的甘特图不违背图13-22网络图的活动逻辑关系"。在图13-22所示的网络图中活动B、C、D之间并没有相互制约的关系，逻辑上只要活动A完成，活动B、C、D就可以同时开始，但也可以不同时开始。本题因为人员限制，就不能让这3个活动同时

开始。其实，即便没有问题1的填空的引导，把问题1改成"请制订总工期最短的项目进度计划"，答案也如图13-24所示。弄懂了这道题的问题1，相信大家对"网络图不一定是最终的进度计划"就有了更深入的理解。

我们来看问题2。问题2的要求是"要让项目进度压缩至10天，应该增加几名什么样的资源，需要增加或者减少多少费用"。首先，通过增加资源来缩短进度，怎么还可能减少成本？这是题目在故弄玄虚吗？

不是。因为题干中有这样的描述"所有参与该项目的工作人员，从项目一开始就进入项目团队，直到项目结束时才能离开，在项目进行过程中不能参与其他活动。"这句话就是说——以问题1的计划（见图13-24）中的SA为例——即便这名SA在项目中只工作6天，但因为项目总工期为13天，也要给这名人员13天的费用。因此，若项目总工期缩短为10天，并且增加的资源不多，那么确实有可能减少成本。

其次，虽然问题2中没有明确说明"制订最优方案"，但如果我们有多种方案能够使项目进度压缩至10天，那么我们在写问题2的答案时当然也应该选择最优方案。而根据题干和问题中的所有已知信息，这个"最优方案"一定就是那个成本最优的方案。

如何得到最优方案？当然是在满足工期压缩到10天的前提下，增加的资源越少越好。根据图13-22和图13-24可知，只需要增加1名SA，就能让项目总工期变成10天。因为，如果有2名SA，那么活动A将缩短2天，活动H将缩短1天，总工期将变成10天。

进一步分析不难发现，再无其他只增加1名人员就能满足要求的方案了（无论是增加1名SC还是增加1名SD，都不能使总工期压缩到10天）。那么，增加1名SA这个方案就是最优方案。

参考答案：

[问题1]：
- 活动A结束后，先投入（①=2）个SD完成活动C，需要（②=1）天。
- 活动C结束后，再投入（③=2）个SD完成活动D，需要（④=2）天。
- 活动C结束后，投入（⑤=3）个SC完成（⑥=F），需要（⑦=1）天。
- 活动D结束后，投入SD完成活动B。
- 活动C、D结束后，投入（⑧=3）个SC完成活动G，需要（⑨=3）天。
- 活动G结束后，投入（⑩=3）个SC完成活动E，需要1天。
- 活动E、F、G完成后，投入1个SA完成活动H，需要2天。
- 项目总工期为（⑪=13）天。

[问题2]：

（1）应增加SA，增加1名。

（2）项目成本会减少。

增加前，项目工期为13天，成本为：13×（500+2×500+3×600）=42900（元）。

增加后，项目工期为10天，成本为：10×（2×500+2×500+3×600）=38000（元）。

因此，增加后，项目成本将减少：42900-38000=4900（元）。

[问题3]：

（1）（×）。（2）（×）。（3）（√）

3. 某项目的网络图如图13-25所示。其中，各活动正常完工时间、正常完工直接成本、最短完工时间、每赶工1天增加的直接成本如表13-7所示。另外，项目的间接成本为500元/天。

图13-25

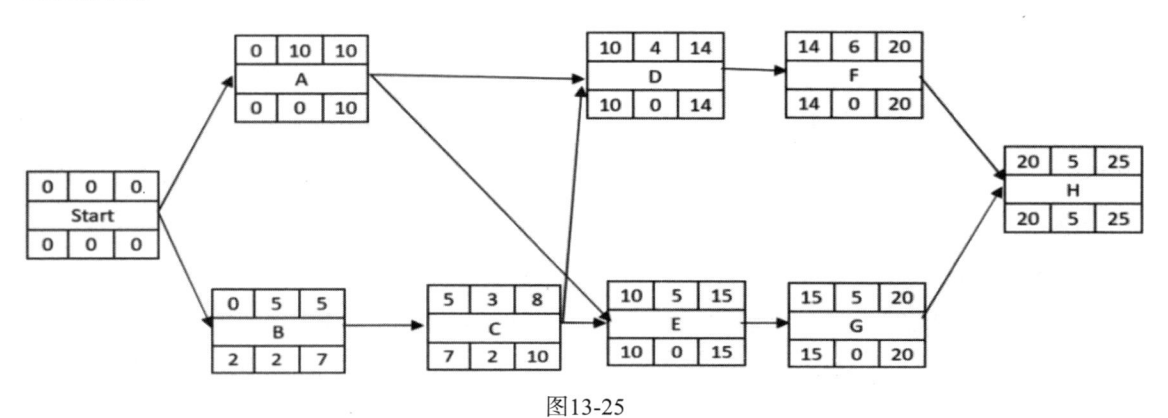

表13-7

活动	正常完工时间（天）	正常完工直接成本（百元）	最短完工时间（天）	每赶工1天增加的直接成本（百元）
A	10	30	7	4
B	5	10	4	2
C	3	15	2	2
D	4	20	3	3
E	5	25	3	3
F	6	32	3	5
G	5	8	2	1
H	5	9	4	4
合计		149		

[问题1]（4分）

请确定项目的关键路径。

[问题2]（3分）

根据网络图确定项目正常完工的工期是多少天？所需的成本是多少？

[问题3]（3分）

讨论下列事件对计划项目进度有何影响。

（1）活动D拖期2天。

（2）活动B拖期2天。

（3）活动F和活动G在规定进度之前1天完成。

[问题4]（7分）

项目想提前1天完工，基于成本最优原则，可以针对哪些活动赶工？赶工后的项目成本是多少？

[问题5]（8分）

基于项目整体成本最优原则，请列出需要赶工的活动及其工期。基于以上结果，确定赶工后的项目工期及所需成本。

分析：

本题的难度在于问题4和问题5。

问题4要求提前1天，那么原来项目的两条关键路径都需要缩短1天才可以。也就是说，ADFH和AEGH这两条路径需要同时缩短1天。

此时若不考虑成本，则可行的方案有3类。

第1类：活动A压缩1天（压缩A，增加400元，两条关键路径都会压缩1天）。

第2类：活动H压缩1天（压缩H，增加400元，两条关键路径都会压缩1天）。

第3类：活动D或活动F任选一个压缩1天，同时活动E或活动G任选1个压缩1天（此时每条关键路径也会缩短1天），有4种可能：

- D和E各压缩1天（成本增加300元+300元=600元）。
- D和G各压缩1天（成本增加300元+100元=400元）。
- F和E各压缩1天（成本增加500元+300元=800元）。
- F和G各压缩1天（成本增加500元+100元=600元）。

若考虑成本问题。根据题目中的表格，若活动A或活动H压缩1天都是增加400元，同时项目总工期会缩短1天，那么项目的间接费用就会节约500元。因此，第1类和第2类方案压缩后，项目总成本会减少100元。在第3类的4种可能的方案中，活动D和活动G各压缩1天是最省钱的方案，此时活动压缩会增加400元成本，总工期减少会节约500元成本。

基于对问题4的分析，我们发现：如果活动压缩增加的成本比总工期减少节约的成本低，那么项目的总成本会节约。基于这个理解，可以逐步分析并得到成本最优的方案：活动H压缩1天+活动A压缩2天+活动D和活动G各压缩1天。需要特别注意的是，每压缩一个活动后，一定要重新找一下关键路径和总工期，看是否符合预期。比如，根据表格，活动A可以压缩3天，但是，如果活动A压缩3天，则总工期只能缩短2天，因为此时关键路径变为BCDFH和BCEGH，活动A多压缩的1天的成本就白花了。

参考答案：

[问题1]：关键路径为：ADFH 和 AEGH。

[问题2]：工期25天。

成本=直接成本+间接成本=14900+500×25=27400（元）。

[问题3]：

（1）活动D拖期2天，项目延期2天。

（2）活动B拖期2天，对项目无影响。

（3）活动F和活动G在规定进度之前1天完成，项目提前1天。

[问题4]：成本最优的方案有3种：

方案1：活动A赶工1天，项目成本=27400+400-500=27300（元）。

方案2：活动H赶工1天，项目成本=27400+400-500=27300（元）。

方案3：活动G、D各赶工1天，项目成本=27400+100+300-500=27300（元）。

[问题5]：需赶工活动：

活动A赶工2天，工期为8天。

活动H赶工1天，工期为4天。

活动G赶工1天，工期为4天，同时活动D赶工1天，工期为3天。

此时，项目工期=25-2-1-1=21（天）

成本=27400+400×2+400+100+300-500×4=27000（元）。

总结：

本题与其说是计算题，不如说是"综合能力"考核题，因为题目中的计算难度很小，难的是真正理解项目管理各种工具技术（挣值分析、网络图、甘特图、资源分布图等）的基本原理，以及利用这些技术来解决具体的管理问题（比如制订计划、调整计划、考核绩效等）。

第14章 论文专题

软考高项的论文是考生在考试中最令人头疼的一个科目。的确，论文很难，其难度在于：

- 考生需要对项目管理知识体系有自己真正的认知和理解，并能用自己的语言表达出来（死记硬背是不行的，因为论文考核的是大家对项目管理的理解，而不是记忆）。
- 考生需要结合一个真实的信息系统项目，围绕论文主题（比如进度管理、成本管理等）进行论述，这对项目经验不足的考生提出了更大的挑战。

以上两点综合为一句话就是：要能够理论联系实际。

本章从论文的题目分析、结构设计、内容编写、参考范文、论文神器等方面展开论述。

14.1 题目分析

14.1.1 论文题目详解

软考高项的论文是命题作文，每次论文考试的题目都有明确的主题（参见第1章中表1-2）以及相关的内容要求，下面列举两个论文题目给大家参考。

论文题目举例1（2023年5月论文考试题目）

论信息系统项目的风险管理

项目风险管理旨在识别和管理未被项目计划及其他过程所管理的风险，如果不妥善管理，这些风险就可能导致项目偏离计划，无法达成既定的项目目标。

请以"论信息系统项目的风险管理"为题进行论述。

1. 概要叙述你参与管理过的信息系统项目（项目背景、项目规模、发起单位、目的、项目内容、组织结构、项目周期、交付的成果等），并说明你在其中承担的工作（项目背景要求本人真实经历，不得抄袭及杜撰）。

2. 请结合你所叙述的信息系统项目，围绕以下要点论述你对信息系统项目风险管理的认识。

（1）请根据你所描述的项目，详细阐述你是如何进行风险识别和风险应对的。

（2）请根据你所描述的项目，写出该项目的风险登记册，并描述风险登记册的具体内容在项目风险管理的整个过程中是如何逐步完善的。

论文题目举例2（2024年5月第1批论文考试题目）

论信息系统项目的进度管理

项目进度管理是指在项目实施过程中，对各阶段的进展程度和项目最终完成的期限所进行的管理。它的目的是保证项目能在满足其时间约束条件的前提下实现项目的总体目标。为了保证项目能够按时完成，需要制订详尽的可操作的项目进度管理计划，才可以统筹安排整个项目工作。

请以"论信息系统项目的进度管理"为题进行论述。

1. 概要叙述你参与管理过的信息系统项目（项目背景、项目规模、发起单位、目的、项目内容、组织结构、项目周期、交付的成果等），并说明你在其中承担的工作（项目背景要求本人真实经历，不得抄袭及杜撰）。

2. 结合项目管理实际情况并围绕以下要点论述你对信息系统项目进度管理的认识。

（1）结合你描述的项目，写出你制订的进度管理计划的主要内容。

（2）结合你描述的项目，结合各子过程的主要成果，说明你是如何进行进度管理的。

（3）结合你描述的项目，说明你是如何进行资源优化的。

对这两个题目的分析分别如图14-1、图14-2所示。

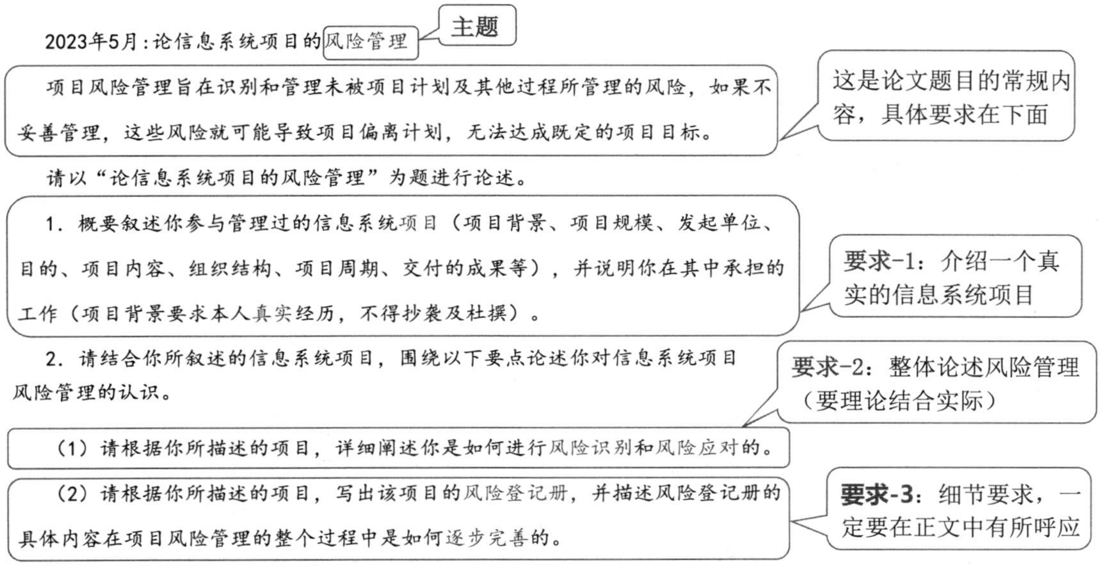

图14-1

2024年5月第1批论信息系统项目的**进度管理** 〔主题〕

项目进度管理是指在项目实施过程中，对各阶段的进展程度和项目最终完成的期限所进行的管理。它的目的是保证项目能在满足其时间的约束条件的前提下实现项目的总体目标。为了保证项目能够按时完成，需要制订详尽的可操作的项目进度管理计划，才可以统筹安排整个项目工作。〔这是论文题目的常规内容，具体要求在下面〕

请以"论信息系统项目的进度管理"为题进行论述。

1. 概要叙述你参与管理过程的信息系统项目（项目背景、项目规模、发起单位、目的、项目内容、组织结构、项目周期、交付的成果等），并说明你在其中承担的工作（选择的背景要求本人真实经历，不得抄袭及杜撰）。〔要求-1：介绍一个真实的信息系统项目〕

2. 结合项目管理实际情况并围绕以下要点论述你对信息系统项目进度管理的认识。〔要求-2：细节要求，一定要在正文中有所呼应〕

（1）结合你描述的项目，写出你制订的进度管理计划的主要内容。

（2）结合你描述的项目，结合各子过程的主要成果，说明你是如何进行进度管理的。〔要求-3：整体论述进度管理（要理论结合实际）〕

（3）结合你描述的项目，说明你是如何进行资源优化的。〔要求-4：细节要求，一定要在正文中有所呼应〕

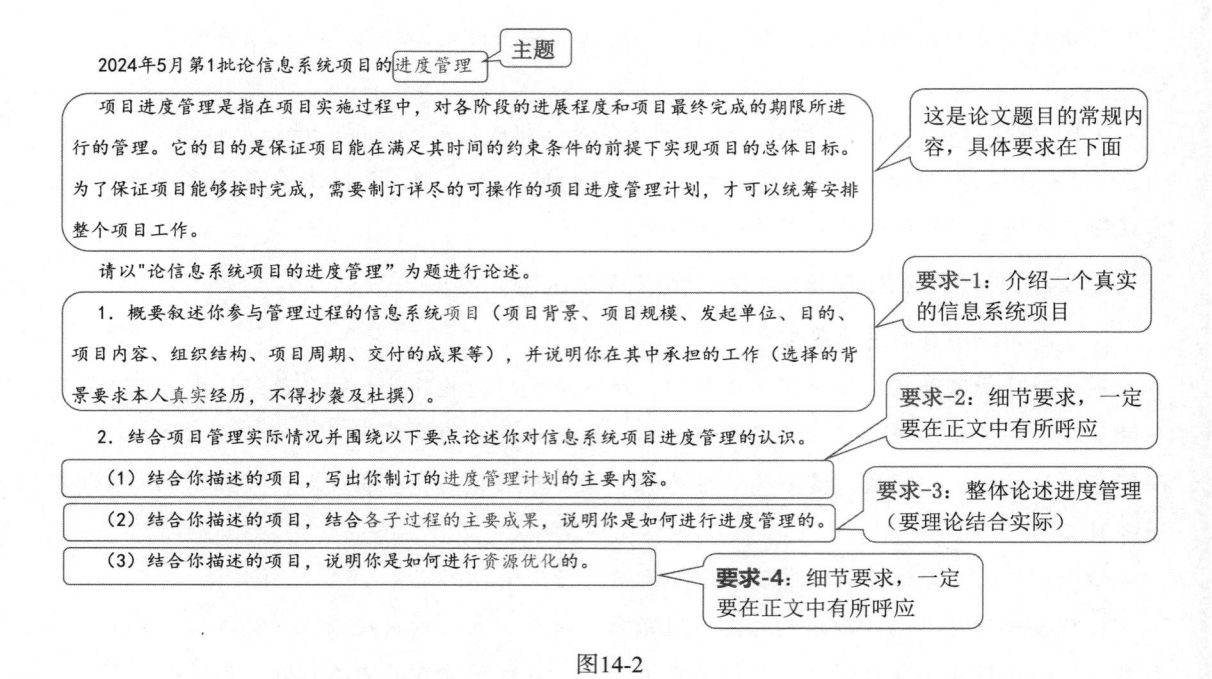

图14-2

通过对上面两个论文题目的分析，我们可以发现软考高项论文的题目具有以下共性。

- 要求考生介绍一个自己参与过的真实的信息系统项目，包括项目背景、项目规模、发起单位、目的、项目内容、组织结构、项目周期、交付的成果等。
- 要求考生结合这个真实的信息系统项目论述自己对于某项目管理主题（比如风险管理、进度管理等）的认识和理解。这里要做到理论结合实践来论述。
- 题目存在细节要求（比如风险登记册、资源优化等），需要考生在论文中论述这些细节内容。

准确理解论文题目的要求，是设计论文结构、组织论文内容的前提和关键，因为只有真正理解了题目要求，才有可能写出符合这个要求的论文。

14.1.2 近年论文题目汇总

本节为大家整理了2020年—2024年的软考高项论文题目，帮助大家体会论文要求，把握论文特点。

2020年11月论文题目1

论信息系统项目的成本管理

项目成本管理在项目管理中占非常重要的地位，成本管理是在项目实施过程中，通过对成本进行管理，使项目实际发生的成本控制在预算范围内。

请以"论信息系统项目的成本管理"为题进行论述。

1. 概要叙述你参与管理过的信息系统项目（项目背景、项目规模、发起单位、目的、项目内容、组织结构、项目周期、交付的成果等），并说明你在其中承担的工作（项目背景要求本人真实经历，不得抄袭及杜撰）。

2. 请结合你所叙述的信息系统项目，围绕以下要点论述你对信息系统项目成本管理的认识，并总结你的心得体会。

（1）项目成本管理的过程。

（2）项目预算的形成过程。

2020年11月论文题目2

论信息系统项目的采购管理

项目采购管理是从项目团队外部购买或获得为完成项目工作所需的产品、服务或成果的过程。

请以"论信息系统项目的采购管理"为题进行论述。

1. 概要叙述你参与管理过的信息系统项目（项目背景、项目规模、发起单位、目的、项目内容、组织结构、项目周期、交付的成果等），并说明你在其中承担的工作（项目背景要求本人真实经历，不得抄袭及杜撰）。

2. 请结合你所叙述的信息系统项目，围绕以下要点论述你对信息系统项目采购管理的认识，并总结你的心得体会。

（1）项目采购管理的过程。

（2）如果需要进行招投标，那么请阐述招投标程序。

2021年5月论文题目1

论信息系统项目的范围管理

项目范围管理必须清晰地定义项目范围，其主要工作是要确定哪些工作是项目应该做的，哪些不应该包括在项目中。

请以"论信息系统项目的范围管理"为题进行论述。

1. 概要叙述你参与管理过的一个信息系统项目（项目背景、项目规模、发起单位、目的、项目内容、组织结构、项目周期、交付的成果等），并说明你在其中承担的工作（项目背景要求本人真实经历，不得抄袭及杜撰）。

2. 请结合你所叙述的信息系统项目，围绕以下要点论述你对信息系统项目范围管理的认识，并总结你的心得体会。

（1）项目范围管理的过程。

（2）根据你所描述的项目范围，写出核心范围对应的需求跟踪矩阵。

3. 请结合你所叙述的项目范围和需求跟踪矩阵，给出项目的 WBS。（要求与描述项目保持一致，符合 WBS 原则，至少分解至5层）

2021年5月论文题目2

论信息系统项目的合同管理

项目合同管理是通过对项目合同的全生命周期进行管理，以回避和减轻可识别的项目风险。

请以"论信息系统项目的合同管理"为题进行论述。

1. 概要叙述你参与管理过的信息系统项目（项目背景、项目规模、发起单位、目的、项目内容、组织结构、项目周期、交付的成果等），并说明你在其中承担的工作（项目背景要求本人真实经历，不得抄袭及杜撰）。

2. 请结合你所叙述的信息系统项目，围绕以下要点论述你对信息系统项目合同管理的认识，并总结你的心得体会。

（1）项目合同管理的过程。

（2）在有监理参与的情况下，结合项目管理实际写出详细的合同索赔流程。

3. 请结合你所叙述的信息系统项目，编制一份相对应的项目合同。（列出主要的条款内容）

2021年11月论文题目1

论信息系统项目的进度管理

项目进度管理是在项目实施过程中，对各阶段的进展程度和最终完成期限进行管理。其目的是保证项目能在满足时间约束条件的前提下实现其总体目标。

请以"论信息系统项目的进度管理"为题进行论述。

1. 概要叙述你参与管理过程的信息系统项目（项目背景、项目规模、发起单位、目的、项目内容、组织结构、项目周期、交付的成果等），并说明你在其中承担的工作（项目背景要求本人真实经历，不得抄袭及杜撰）。

2. 请结合你所叙述的信息系统项目，围绕以下要点论述你对信息系统项目进度管理的认识，并总结你的心得体会。

（1）项目进度管理的过程。

（2）如果在进度管理过程发生进度延迟，那么请结合实践给出处理办法。

3. 请结合你所叙述的信息系统项目，用甘特图编制一份对应的项目进度计划。

2021年11月论文题目2

论信息系统项目的招投标管理

招投标管理是应用技术经济的方法和市场经济的竞争作用，有组织开展的一种择优成交的方式。

请以"论信息系统项目的招投标管理"为题进行论述。

1. 概要叙述你参与管理过的一个信息系统项目（项目背景、项目规模、发起单位、目的、项目内容、组织结构、项目周期、交付的成果等），并说明你在其中承担的工作（项目背景要求本人真实经历，不得抄袭及杜撰）。

2. 请结合你所叙述的信息系统项目，围绕以下要点论述你对信息系统项目招投标管理的认识，并总结你的心得体会。

（1）项目招投标管理的过程。

（2）根据你所描述的项目，编制一份招标文件中的评分表。

3. 请结合你所叙述的项目招投标管理和投标文件，写出从投标文件编写到投送过程中的注意事项。

2022年5月论文题目

论信息系统项目的干系人管理

项目干系人管理是对项目干系人需求、希望和期望的识别，并通过沟通上的管理来满足其需要解决问题的过程。

请以"论信息系统项目的干系人管理"为题进行论述。

1. 概要叙述你参与管理过的信息系统项目（项目背景、项目规模、发起单位、目的、项目内容、组织结构、项目周期、交付的成果等），并说明你在其中承担的工作（项目背景要求本人真实经历，不得抄袭及杜撰）。

2. 请结合你所叙述的信息系统项目，围绕以下要点论述你对信息系统项目干系人管理的认识。

（1）项目干系人管理的过程。

（2）请根据你所描述的项目，说明干系人管理、沟通管理和需求管理的联系与区别。

（3）请根据你所描述的项目，写出项目中所涉及的所有干系人，并按照权利/利益方进行分析，给出具体的干系人的管理策略。

3. 请结合你所参与管理过的信息系统项目，论述你进行项目干系人管理的具体做法，并总结心得体会。

2022年11月论文题目

论项目质量管理

项目质量管理是项目管理的重要组成部分，包括确定质量政策、目标与职责的各个过程和活动，从而使项目满足预定的需求。

请以论信息系统项目的质量管理为题进行论述。

1. 概要叙述参与管理过的信息系统项目（项目背景、项目规模、发起单位、目的、项目内容、组织结构、项目周期、交付的成果等），并说明你在其中承担的工作（项目背景要求本人真实经历，不得抄袭及杜撰）。

2. 请结合你所叙述的信息系统项目，围绕以下要点论述你对信息系统项目质量管理的认识。

（1）该项目质量管理的过程（包含工作内容、目的、涉及角色和主要工作成果）。

（2）请根据你所描述的项目，详细阐述你是如何进行质量保证的。

（3）请根据你所描述的项目，帮助QA制订一份质量核对单。

2023年5月论文题目

论信息系统项目的风险管理

项目风险管理旨在识别和管理未被项目计划及其他过程所管理的风险，如果不妥善管理，那么这些风险可能导致项目偏离计划，无法达成既定的项目目标。

请以"论信息系统项目的风险管理"为题进行论述。

1. 概要叙述你参与管理过的信息系统项目（项目背景、项目规模、发起单位、目的、项目内容、组织结构、项目周期、交付的成果等），并说明你在其中承担的工作（项目背景要求本人真实经历，不得抄袭及杜撰）。

2. 请结合你所叙述的信息系统项目，围绕以下要点论述你对信息系统项目风险管理的认识。

（1）请根据你所描述的项目，详细论述你是如何进行风险识别和风险应对的。

（2）请根据你所描述的项目，写出该项目的风险登记册，并描述风险登记册的具体内容在项目风险管理整个过程中是如何逐步完善的。

2023年11月第1批论文题目

论信息系统项目的干系人管理

1. 概要叙述你参与管理过的信息系统项目（项目背景、项目规模、发起单位、项目目的、项目内容、组织结构、项目周期、交付的成果等），并说明你在其中承担的工作（项目背景要求本人真实经历，不得抄袭及杜撰）。

2. 请结合你所叙述的信息系统项目，围绕以下要点论述你对信息系统项目干系人管理的认识。

（1）项目干系人管理的过程，各过程的执行要点。

（2）利用干系人参与度评估矩阵分析，详细说明你所描述的项目中所有干系人，你是如何进行分类管理的。

2023年11月第2批论文题目

论信息系统项目的项目工作绩效域

1. 概要叙述你参与管理过的信息系统项目（项目背景、项目规模、发起单位、项目目的、项目内容、组织结构、项目周期、交付的成果等），并说明你在其中承担的工作（项目背景要求本人真实经历，不得抄袭及杜撰）。

2. 请结合你所叙述的信息系统项目，围绕以下要点论述你对信息系统项目工作绩效域的认识。

（1）结合项目情况，论述项目工作绩效域的绩效要点。

（2）请根据你所描述的项目，论述哪些绩效域更需要重点管理。

2023年11月第3批论文题目

论信息系统项目的合同管理

1. 概要叙述你参与管理过的信息系统项目（项目背景、项目规模、发起单位、目的、项目内容、组织结构、项目周期、交付的成果等），并说明你在其中承担的工作（项目背景要求本人真实经历，不得抄袭及杜撰）。

2. 请结合你所叙述的项目，围绕以下要点论述你对信息系统项目合同管理的认识，并总结你的心得体会。

（1）项目合同管理的过程及主要内容。

（2）请结合你所叙述的信息系统项目，编制一份相对应的项目合同（列出主要的条款内容）。

2023年11月第4批论文题目

论信息系统项目的项目资源管理

项目中包括人力资源和非人力资源，信息系统项目管理中，人力资源比非人力资源更加重要。如何充分发挥人的作用，使团队成员达到更好的绩效，对于项目管理者来说是不能忽视的任务。

请以"信息系统项目的资源管理"为题，分别从以下方面进行论述。

1. 概要叙述你参与管理过的信息系统项目（项目背景、项目规模、发起单位、目的、项目内容、组织结构、项目周期、交付的成果等），并说明你在其中承担的工作（项目背景要求本人真实经历，不得抄袭及杜撰）。

2. 结合项目管理实际情况并围绕以下要点论述你对信息系统项目资源管理的认识：

（1）项目资源管理的基本过程。

（2）资源管理过程中实物资源和人力资源在获取资源和管理控制方面有哪些不同。

2024年5月第1批论文题目

论信息系统项目的进度管理

项目进度管理是指在项目实施过程中，对各阶段的进展程度和项目最终完成的期限所进行的管理。它的目的是保证项目能在满足其时间约束条件的前提下实现项目的总体目标，也就是项目按时完成所必需的管理过程。为了保证项目能够按时完成，需要制订详尽的具有可操作性的项目进度管理计划，才可以统筹安排整个项目工作。

请以"论信息系统项目的进度管理"为题进行论述。

1. 概要叙述你参与管理过程的信息系统项目（项目背景、项目规模、发起单位、目的、项目内容、组织结构、项目周期、交付的成果等），并说明你在其中承担的工作（选择的背景要求本人真实经历，不得抄袭及杜撰）。

2. 结合项目管理实际情况并围绕以下要点论述你对信息系统项目进度管理的认识。

（1）结合你描述的项目，写出你制订的进度管理计划的主要内容。

（2）结合你描述的项目，结合各子过程的主要成果，说明你是如何进行进度管理的。

（3）结合你描述的项目，说明你是如何进行资源优化的。

2024年11月第2批论文题目

论信息系统项目的成本管理

项目成本管理是为了项目在批准的预算内完成，而对成本进行规划、估算、预算、管理和控制的过程。

请以"论信息系统项目的成本管理"为题论题。

1. 概要叙述你参与管理过程的信息系统项目（项目背景、项目规模、发起单位、目的、项目内容、组织结构、项目周期、交付的成果等），并说明你在其中承担的工作（选择的背景要求本人真实经历，不得抄袭及杜撰）。

2. 结合项目管理实际情况并围绕以下要点论述你对信息系统项目成本管理的认识。

（1）根据你所描述的项目，写出项目成本基准形成过程。

（2）根据你所描述的项目，画出项目的S曲线图。

（3）结合你描述的项目，根据成本控制的目标，写出项目进展过程中你是如何进行成本控制的。

14.2 结构设计

对于论文结构或者一篇文章的结构，其本质就是表明这篇文章一共有几部分，每部分写多少字（各部分占比）。

在论文内容方面，基于14.1.1节对论文题目的解读我们可以发现，无论具体考的主题是什么，软考高项的论文都要求考生在论文中写出：①考生参与管理的一个信息系统项目的相关信息（包括项目背景、项目规模、发起单位、目的、项目内容、组织结构、项目周期、交付的成果等）。②某项目管理主题相关的理论。③考生在这个项目中针对该主题的具体的项目管理工作。④简单的总结作为论文收尾。这里把这4部分内容简称为：项目概述、理论、实践、总结。

在论文篇幅（字数）方面，根据考试要求和笔者15年软考高项的培训经验，一般高项论文的字数为2200~2800字是合理的（若字数太少，则有可能被认为内容不够，字数太多则可能写不完）。现在假设考生的目标是写一篇2500字左右的高项论文，那么建议项目概述、相关理论、具体实践、总结这4部分内容的占比如下。

一、项目概述——500字左右。

二、相关理论——600字左右。

三、具体实践——1200字左右。

四、总结——200字左右。

说明：上面各部分内容的字数不是绝对的，每部分的字数±100字都是可以的，但不要差得太多。

我们从上述内容占比不难发现，论文最大的特点是突出实践。为什么要突出实践？因为实践内容是最能体现考生真实水平的，也是判卷人最关注的内容。对于项目概述，从网上可以很方便地搜索和下载；对于相关理论，大家写的内容都差不多，因为考生学的都一样（都是项目管理知识体系）。因此，具体实践部分要比项目概述和理论部分重要得多，也难写得多。

按照这个比例，具体的论文结构可以有多种，下面分别论述。

14.2.1 论文结构1：按内容（四部分）

如前文所述，高项论文的结构可以被简单地设计成如下形式。

一、项目概述——500字左右。

二、相关理论——600字左右。

三、具体实践——1200字左右。

四、总结——200字左右。

以2023年5月的高项论文题目为例，用结构1来设计论文，可以把论文的结构详细设计成下面的形式。

2023年5月论文题目

论信息系统项目的风险管理

项目风险管理旨在识别和管理未被项目计划及其他过程所管理的风险，如果不妥善管理，这些风险就可能导致项目偏离计划，无法达成既定的项目目标。

请以"论信息系统项目的风险管理"为题进行论述。

1. 概要叙述你参与管理过的信息系统项目（项目背景、项目规模、发起单位、目的、项目内容、组织结构、项目周期、交付的成果等），并说明你在其中承担的工作（项目背景要求本人真实经历，不得抄袭及杜撰）。

2. 请结合你所叙述的信息系统项目，围绕以下要点论述你对信息系统项目风险管理的认识。

（1）请根据你所描述的项目，详细阐述你是如何进行风险识别和风险应对的。

（2）请根据你所描述的项目，写出该项目的风险登记册，并描述风险登记册的具体内容在项目风险管理整个过程中是如何逐步完善的。

用结构1进行详细设计

论信息系统项目的风险管理

一、项目概述（500字左右）

用2至3个自然段写一下：项目背景、项目规模、发起单位、目的、项目内容、组织结构、项目周期、交付的成果、承担的工作。

二、相关理论（600字左右）

首先写风险管理的意义和作用，然后分段简要介绍7个风险管理过程（规划风险管理、识别风险、实施定性分析、实施定量风险分析、规划风险应对、实施风险应对、监督风险）。

三、具体实践（1200字左右）

3.1 项目计划阶段的风险识别和分析（600字左右）

详细介绍本项目的风险识别工作：谁、何时、用什么方法、识别出了哪些具体的风险、创建风险登记册、把已识别的风险记录在风险登记册中。

结合上面已识别的具体风险，举例介绍风险分析和规划应对工作，比如用概率和影响矩阵对风险进行优先级排序，对于某具体风险计划采取何种应对措施（比如针对团队不熟悉AI算法可能导致进度落后这个风险，采取培训结合进度储备来应对），将分析结果和应对措施更新到风险登记册中。

3.2 项目实施阶段的风险应对和监督（600字左右）

写一个已识别风险发生后，按照计划的应对措施去应对的例子，写清楚风险发生的时间、对项目的具体影响、谁、采取什么措施应对、应对的效果如何，并将这些内容更新到风险登记册中（这就是实施风险应对的例子）。

写一个监督风险过程中发现的新风险，何时发生的、如何分析、如何应对，并记录到风险登记册中。

四、总结（200字左右）。

需要说明的是，在考试时，没必要写出这么详细的结构设计（但在动笔写论文之前，考生在心里一定要想清楚每部分都要写什么内容）。下面再举一个相对简单的结构1的例子。

2022年11月论文题目

论项目质量管理

项目质量管理是项目管理的重要组成部分，包括确定质量政策、目标与职责的各个过程和活动，从而使项目满足预定的需求。

请以"论信息系统项目的质量管理"为题进行论述。

1. 概要叙述参与管理过的信息系统项目（项目背景、项目规模、发起单位、目的、项目内容、组织结构、项目周期、交付的成果等），并说明你在其中承担的工作（项目背景要求本人真实经历，不得抄袭及杜撰）。

2. 请结合你所叙述的信息系统项目，围绕以下要点论述你对信息系统项目质量管理的认识。

（1）该项目质量管理的过程（包含工作内容、目的、涉及角色和主要工作成果）。

（2）请根据你所描述的项目，详细阐述你是如何进行质量保证的。

（3）请根据你所描述的项目，帮助QA制订一份质量核对单。

用结构1进行设计

论项目质量管理

一、项目概述（500字左右）

二、相关理论（600字左右）

质量管理的过程（包含工作内容、目的、涉及角色和主要工作成果）。

三、具体实践（1200字左右）

  3.1 计划阶段：规划质量管理，制订质量管理计划（300字左右）。

  3.2 实施阶段：管理质量，利用核对单保证工作规范性（重点写，500字左右）。

  3.3 测试阶段：控制质量，质量问题及解决（400字左右）。

四、总结（200字左右）

这个例子比较简洁，在考试过程中，建议考生在写正文前，把这种结构写在草稿纸上，用以指导论文正文的写作。

结构1中最重要的部分是"三、具体实践"，在构思这部分内容时，我们要注意内容组织的逻辑性（比如上面例子中按照项目阶段来组织内容），并且要在内容上呼应题目中的细节要求。

结构1是通用的结构，几乎所有的高项论文都可以按照结构1来写（因为论文题目就要求写这些内容）。同时，结构1也是笔者的学员用得最多的结构，很多考生在考试的时候用结构1写出的论文都能及格。

14.2.2 论文结构2：按项目生命周期（按阶段）

另一种论文结构的设计方式是按照项目的生命周期（项目各阶段）来设计，因为一般的信息系统项目都可以按时间顺序分为立项阶段、计划阶段、实施阶段、收尾阶段，所以在写论文的时候也可以按照项目的阶段来设计论文结构。

下面仍以2023年5月的论文题为例，用结构2进行详细设计。

论信息系统项目的风险管理

一、立项阶段（500字左右）

首先介绍项目背景（甲方、基于什么原因、决定立项一个什么项目……）。

然后介绍项目的基本信息（几月几日、我公司中标了该项目、与甲方签订了合同、项目的主要相关方、我公司内部根据合同制订了项目章程（明确了项目目标、总体范围、进度、成本等要求，并任命我为项目经理）、召开了项目启动会。

简单描述一下项目特点（例如需求不清晰、客户配合度可能不高等），引出风险管理对于本项目的重要性。

二、计划阶段（900字左右）

先简单介绍一下计划阶段的核心工作（明确项目基准、制订各子计划、整合成一份综合的《项目管理计划》）（100字左右）。

简述风险管理在规划过程组中的过程（这是理论部分，包括规划风险管理、识别风险、定性分析、定量分析、规划风险应对）（300字左右）。

着重介绍本项目计划阶段风险管理的工作（500字左右）。

风险识别工作包括：谁、何时、用什么方法、识别出了哪些具体的风险、创建风险登记册、把已识别的风险记录在风险登记册中。

结合上面已识别的具体风险，举例介绍风险分析和规划应对工作，比如用概率和影响矩阵对风险进行优先级排序，对于某具体风险计划采取何种应对措施（比如针对团队不熟悉AI算法可能导致进度落后这个风险，采取培训结合进度储备来应对），将分析结果和应对措施更新到风险登记册中。

三、实施阶段（900字左右）

简述实施阶段的常规工作（执行+监控）（150字左右）。

简述风险管理的执行过程（实施风险应对）和监控过程（监督风险）的理论知识（150字左右）。

重点介绍本项目实施阶段风险管理的具体工作（600字左右）。

写一个已识别风险发生后，按照计划的应对措施去应对的例子，写清楚风险发生的时间、对项目的具体影响、谁、采取什么措施应对、应对的效果如何，并将这些内容更新到风险登记册中。

写一个监督风险过程中发现的新风险，何时发生的、如何分析、如何应对的，并记录到风险登记册中。

四、收尾阶段（200字左右）

介绍项目的结果（几月几日、成功通过验收等）。

介绍心得体会（锻炼了团队、积累了类似的项目风险管理经验等）。

对于结构2，同样要注意突出实践工作的论述。在考试中，考生不需要写这么详细的结构设计，但是仍然建议在草稿纸上写出简洁的结构，如图14-3所示。

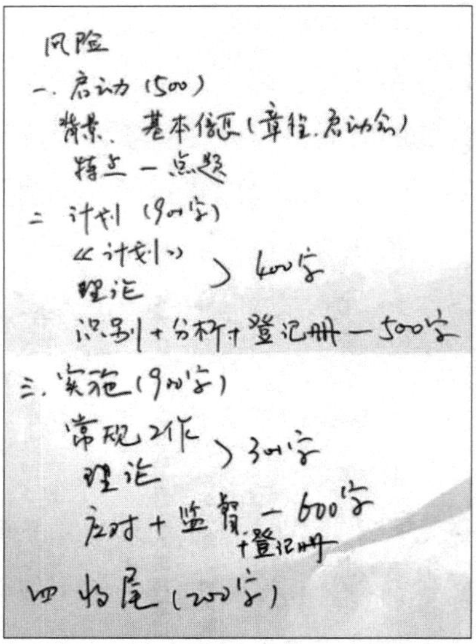

14.2.3 论文结构3：按项目管理过程或过程组

对于主题是项目管理10大知识域的论文，还有一种论文结构是按照项目管理过程或者过程组来设计的。图14-4是项目管理49个过程、10大知识域、5大过程组的示

图14-3

意图。

	启动	计划	实施	监控	收尾
项目整合管理	制定项目章程	制订项目管理计划	指导和管理项目工作 管理项目知识	监控项目工作 实施整体变更控制	结束 项目或阶段
项目范围管理		规划范围管理、收集需求、定义范围 创建WBS		确认范围 控制范围	
项目进度管理		规划进度管理、定义活动、排列活动顺序 估算活动时间、制订进度计划		控制进度	
项目成本管理		规划成本管理、估算成本、制定预算		控制成本	
项目质量管理		规划质量管理	管理质量	控制质量	
项目资源管理		规划资源管理、估算活动资源	获取资源、建设团队 管理团队	控制资源	
项目沟通管理		规划沟通管理	管理沟通	监督沟通	
项目风险管理		规划风险管理、识别风险 实施定性风险分析、实施定量风险分析 规划风险应对	实施风险应对	监督风险	
项目采购管理		规划采购管理	实施采购	控制采购	
项目干系人管理	识别干系人	规划干系人参与	管理干系人参与	监督干系人参与	

图14-4

从图14-4可以发现，对于项目范围管理、项目进度管理、项目成本管理和项目风险管理这4个知识域，其项目管理过程的分布都呈现出以下规律：

大部分计划类过程+1~2个实施和监控类过程。比如项目进度管理就有5个计划类过程+1个监控过程，项目范围管理有4个计划类过程+2个监控过程。

对于这4个知识域，论文结构中除了项目概述和总结，理论和实践部分可以按照过程组来设计结构，简略版的论文结构3如下。

一、项目概述（500字左右）

二、项目××管理的理论认知和我在本项目中的实践工作

  2.1 项目计划阶段（900字左右，理论400字+实践500字）

  2.2 项目实施阶段（900字左右，理论200字+实践700字）

三、总结（200字左右）

下面以2021年11月论文题目1为例介绍上述结构。

论信息系统项目的进度管理

项目进度管理是指在项目实施过程中，对各阶段的进展程度和最终完成期限进行的管理。其目的是保证项目能在满足时间约束条件的前提下实现其总体目标。

请以"论信息系统项目的进度管理"为题进行论述。

1. 概要叙述你参与管理过的信息系统项目（项目背景、项目规模、发起单位、目的、项目内容、组织结构、项目周期、交付的成果等），并说明你在其中承担的工作（项目背景要求本人真实经历，不得抄袭及杜撰）。

2. 请结合你所叙述的信息系统项目，围绕以下要点论述你对信息系统项目进度管理的认识，并总结你的心得体会。

（1）项目进度管理的过程。

（2）如果在进度管理过程中发生进度延迟，那么请结合实践给出处理办法。

3.请结合你所叙述的信息系统项目，用甘特图编制一份对应的项目进度计划。

用结构3进行设计

论信息系统项目的进度管理

一、项目概述（500字左右）

用2至3个自然段写一下：项目背景、项目规模、发起单位、目的、项目内容、组织结构、项目周期、交付的成果、承担的工作。

二、制订进度计划，绘制甘特图（900字左右）

写一个过渡段，引出进度管理工作。

简述进度管理规划过程组的5个过程（规划进度管理、定义活动、排列活动顺序、估算活动持续时间、制订进度计划）（400字左右）。

详细介绍本项目进度计划的制订：描述项目WBS到工作包维度，用一个工作包举例对其进行活动定义（把这个工作包分解为几个具体的活动），以这几个活动为例描述资源的分配和持续时间的估算，对活动进行排序，考虑制约因素（比如资源限制），制订最终的进度计划（500字左右）。

利用上述进度计划绘制项目的甘特图（设计横轴的时间颗粒度、纵轴方向的活动或工作包数量最好不超过10个）。

三、控制进度，处理进度延迟情况（900字左右）

简述控制进度的理论（100字左右）。

写一下控制进度的常规工作（比如每周召开项目例会沟通，并记录项目实际进度的数据；将实际进度与甘特图中的计划进度对比，确认是否存在进度偏差，如果有偏差且偏差超过控制临界值，则分析原因并采取措施）（200字左右）。

详细论述一个进度延迟的情况以及采取的措施（要有具体的时间、地点、人物、起因、经过、结果）（600字左右）。

四、总结（200字左右）

这个进度管理的论文结构把简略版结构3中的"2.1 项目计划阶段（900字左右，理论400字+实践500字）"变成了"二、制订进度计划，绘制甘特图（900字左右）"；把"2.2 项目实施阶段（900字左右，理论200字+实践700字）"变成了"三、控制进度，处理进度延迟情况（900字左右）"，这种变化是为了呼应2021年11月论文题目1的具体要求（甘特图和进度延迟处理）而设计的。

对于质量、资源、沟通、采购、干系人这5个知识域，其项目管理过程的分布规律为：计划、启动、监控过程组各有1个过程（资源管理启动过程组有3个）。比如，质量管理就是1个计划类过程+1个启动类过程+1个监控类过程，沟通管理也是1个计划类过程+1个启动类过程+1个监控类过程。对于这5个知识域，论文结构中除了项目概述和总结，理论和实践部分可以按照项目管理过程来设计结构。简略版的结构3（以质量管理为例）如下。

一、项目概述（500字左右）

二、对质量管理的认识和在本项目中的实践工作（1800字左右）

  2.1 规划质量管理（理论200字+实践400字）

  2.2 管理质量（理论200字+实践200字）

  2.3 控制质量（理论200字+实践600字）

三、总结（200字左右）

从上述内容可以发现，这个结构3中第二部分的2.1~2.3就是质量管理对应的3个项目管理过程。其实，无论是按照过程组还是按照过程来设计，其本质都是对理论和实践部分（1800字左右）进行合理拆分，而拆分逻辑就是项目管理知识体系的理论框架（见图14-4）。

14.2.4 小结

关于软考高项论文的结构，下面是一些总结性的内容。

- 论文结构设计的本质就是让考生在写论文之前先想清楚这篇论文有几部分，每部分占比多少。
- "兵无常势，水无常形。"合格的高项论文的结构也不仅限于本节介绍的3种，只要一篇论文的内容满足题目要求，并且这些内容以一种符合逻辑（比如按照时间顺序，或者按照项目管理过程顺序等）的方式呈现，那么这篇论文就能及格。
- 结构1是通用的结构，如果论文考核非10大知识域的题目（比如合同管理、项目工作绩效域等），那么可能只有结构1才适合用于这种主题。
- 一定要突出实践。实践部分写得是否真实、生动、具体、有细节，是论文能否及格的关键。
- 一定要仔细审题。每个论文题目都有细节要求，在进行结构设计的时候一定要呼应论文题目的细节要求，最好能在小标题上呼应（比如14.2.3节中项目进度管理的论文结构3的例子），这样写出的论文更容易得分。

14.3 内容编写

结构是"骨骼"，内容是"血肉"。一篇软考高项论文能否及格，除了结构是否合理，内容是否合格是更关键的因素。合格的论文内容主要包括：①项目概述中的项目要真实，项目各主要信息介绍要全面，并且项目的特点要能够与论文主题呼应。②论文题目要求的项目管理相关主题的理论要写得准确，要体现出自己对该题的理解（而不是简单地背书）。③实践部分要写得真实、生动、具体、有细节，要根据题目要求突出重点。④总结部分要写得简短、精练、有高度。

14.3.1 概述部分

通过对论文题目的解读（见14.1节）可以发现，无论论文的主题是什么，论文题目都会要求考生"概要叙述你参与管理过的信息系统项目"，而且都会要求写出这个项目的基本信息（包括项目背景、项目规模、发起单位、目的、项目内容、组织结构、项目周期、交付的成果等），并要求考生说明自己在该项目中承担的工作（项目背景要求本人真实经历，不得抄袭及杜撰）。因此，考生在论文的正文中，就要针对这个要求进行叙述，这就是项目概述部分要完成的任务。

高项论文的项目概述部分要做到两点：项目要真实，信息要全面；项目特点能够隐含地点题。下面详细介绍。

① "项目要真实"，指的是论文中论述的信息化项目应该是真实的，即使对其进行加工，也要保证项目各要素是合理的（比如范围、进度、成本等是匹配的）。"信息要全面"，指的是在项目概述中要依据题目的要求把项目的基本信息都简要介绍到位。根据历年高项论文的题目，对于项目概述的要求基本一致，其内容要包括：项目背景、项目规模、发起单位、目的、项目内容、组织结构、项目周期、交付的成果等，并说明考生在其中承担的工作。

② "项目特点能够隐含地点题"，是指写项目概述时要根据论文主题，有侧重地突出项目在该主题所涉及的项目管理领域中有挑战性。

比如，如果题目是"论信息系统项目的进度管理"，那么在写这个项目的特点时，应该突出这个项目在进度管理方面要求高（比如"时间紧""由于是政治任务，所以甲方要求必须按时完工"等）；如果题目是"论信息系统项目的质量管理"，那么就应该有意识地写项目在质量管理方面标准高、有挑战性（比如"由于是试点工程，甲方对项目质量要求很高""由于涉及核心业务，甲方对于项目的性能尤其看重"等）。

下面以同一个项目为基础，分别以"进度管理"和"质量管理"为主题，展示高项论文中项目概述部分的例子。

项目概述例子1（进度管理）

一、项目概述

2024年1月，我公司承建了北京市某区"智慧校园"二期项目。该项目是北京市某区教委信息中心在智慧校园一期项目的基础上进一步推进教育信息化、数字化、智能化落地的举措，通过集成创新的信息技术，打造一个互联互通、资源共享的智慧学习空间，为师生提供一个全面、便捷、安全的教育和生活环境。项目投资2500万元，涉及区教委信息中心，以及该区所属的高中、初中、小学在内的56所学校。其中，区教委信息中心为项目甲方，56所学校为项目的用户方。项目包括云服务平台搭建、大数据分析系统开发、移动学习App开发、智能教室升级、安全监控系统升级等建设内容。

该项目是2024年区教委投资最大的重点项目，教委王主任非常重视，要求必须在2024年12月底交付。因此，除了涉及面广、项目干系人众多等特点，该项目对进度的要求十分严格。

合同签订后，在我公司内部的项目启动会上，公司刘总任命我为项目经理，并授权我从公司各部门抽调技术骨干组建项目核心团队。在会上，我也跟公司各部门经理分析了本项目在进度上的挑战：一期项目也是我公司负责承建的，当时只有10所学校，就用了9个月，本项目面对56所学校，但只有12个月，因此进度压力非常大。大家对此表示认同，并同意会积极配合项目相关的工作，这给项目开了一个好头。

可以发现，这个例子的具体内容很好地呼应了论文题目的相关要求（见图14-5）。由于论文的题目要求写进度管理，所以在分析项目特点时有意强调了这个项目在进度管理方面的要求和挑战。

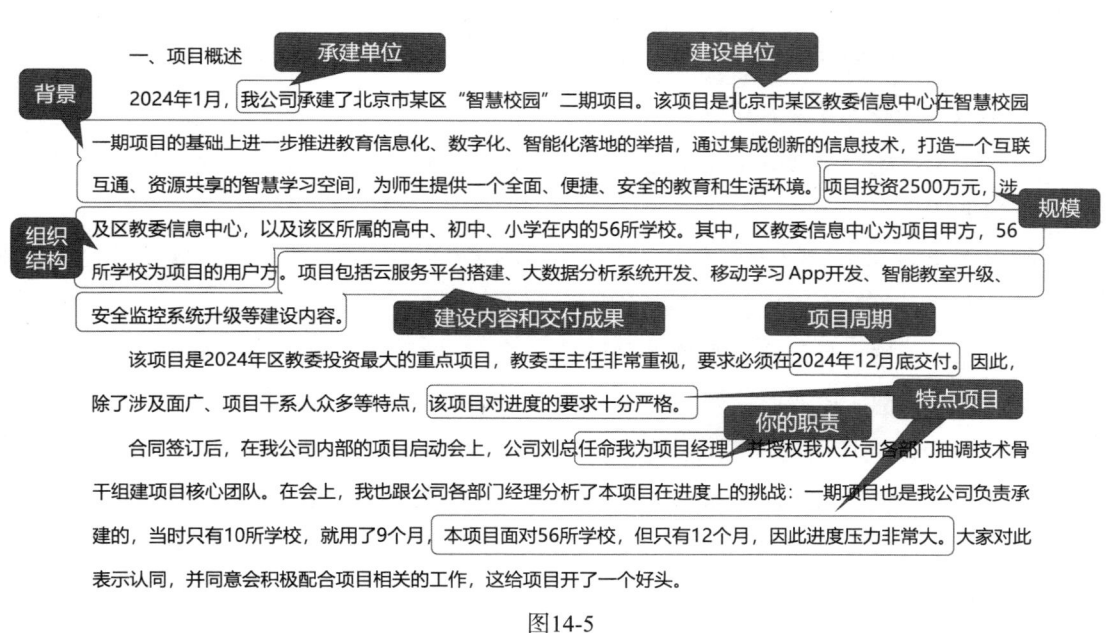

图14-5

项目概述例子2（质量管理）

一、项目概述

2024年1月，我公司承建了北京市某区"智慧校园"二期项目。该项目是北京市某区教委信息中心在智慧校园一期项目的基础上进一步推进教育信息化、数字化、智能化落地的举措，通过集成创新的信息技术，打造一个互联互通、资源共享的智慧学习空间，为师生提供一个全面、便捷、安全的教育和生活环境。项目投资2500万元，涉及区教委信息中心，以及该区所属的高中、初中、小学在内的56所学校。其中，区教委信息中心为项目甲方，56所学校为项目的用户方。项目包括云服务平台搭建、大数据分析系统开发、移动学习App开发、智能教室升级、安全监控系统升级等主要建设内容。

该项目是2024年区教委投资最大的重点项目，其项目成果（比如智慧教育云平台、智能教室方案等）会向市政府进行重点汇报。因此教委王主任非常重视，在合同签订会上特别强调一定要高质量完成项目，形成一整套具有示范意义的智慧校园解决方案和应用案例。

合同签订后，在我公司内部的项目启动会上，公司刘总任命我为项目经理，并授权我从公司各部门抽调技术骨干组建项目核心团队。在会上，我也跟公司各部门经理分析了本项目的特点：项目涉及新技术、新团队、新用户，因此保证项目按时、高质量交付需要各部门通力合作。大家对此表示认同，并同意会积极配合项目相关工作，这给项目开了一个好头。

这个例子与项目概述例子1用的是同样的项目，因为论文主题是质量管理，所以在写项目特点时特别强调了质量管理的重要性。

14.3.2 理论部分

在14.2节已经指出，虽然理论部分的重要性不及实践部分，但它仍然是论文题目要求写的内容。因此，理论部分应写得准确、精练，用考生自己的语言表达对相关理论的理解。

以知识域为主题的论文理论部分

到目前为止，绝大多数的论文主题都以某个知识域为主题，对于这类论文的理论部分，写作要点如下。

①简短写出该知识域的核心作用。比如，"范围管理包括确保项目做且只做所需的全部工作""进度管理包括为管理项目按时完成所需的各个过程"等。

②写出该知识域包括的项目管理过程及简要说明。比如，"规划资源管理就是通过制订资源管理计划来明确应该如何估算、获取、管理和利用团队以及实物资源"。

③写出该知识域涉及的典型技术和重要管理文件。比如，"进度网络分析是一种综合技术，它通过灵活运用关键路径法、关键链法、假设情景分析和资源优化等技术来制订项目进度计划""项目章程是项目纲领性文件，一方面记录项目目标、高层次需求等重要内容，另一方面给项目经理授权。同时，被批准的项目章程也是后续很多项目管理过程的重要依据"。

下面是两个以知识域为主题的论文理论部分的例子。

理论部分例子1（范围管理）

二、我对项目范围管理理论的认识

通过学习项目管理相关知识，我认识到，项目范围管理的核心目的是确保项目做且只做所需的全部工作，以成功完成项目。具体来说，范围管理包含以下6个过程。

（1）规划范围管理，要依据项目章程、合同等文件，来编制《范围管理计划》和《需求管理计划》，从而为整个生命周期内管理项目范围提供指南和方向。

（2）收集需求，要求团队依据范围（需求）管理计划，灵活运用头脑风暴、调查问卷、焦点小组、引导技术等各种方法，全面准确地收集客户需求，形成《需求文件》和《需求跟踪矩阵》。

（3）定义范围，其目的就是依据客户的具体需求来明确项目所要完成的工作，并编制《项目范围说明书》。

（4）创建WBS，是对项目工作进行结构化的分解，从而形成范围基准。根据具体项目的特点，WBS的第一层可以按照生命周期、子项目或可交付成果等方法进行分解，而且要把项目分解到工作包（或规划包）。

（5）确认范围，其内涵是让客户对"核实的可交付成果"进行验收，形成"验收的可交付成果"，从而为项目的成功奠定基础。

（6）控制范围，该过程贯穿项目的全生命周期，旨在依据范围基准定期检查项目实际的范围完成情况，及时发现问题，避免"镀金"或范围蔓延。

在管理具体的项目时，一方面，要结合项目实际情况对范围管理的理论知识进行删减，使得具体的管理工作符合实际项目的特点；另一方面，还要平衡好项目范围、进度、成本等相互制约的因素，做好项目整合管理。

这个例子是按照范围管理这个知识域所包含的6个项目管理过程来写的，可以发现，每个过程的描述都很精练，这就是根据论文整体结构设计和侧重来写的。也就是说，在写理论部分的时候，不必把每个过程的定义、作用、输入、输出、工具和技术都写出来，把考生自己对这个项目管理过程的理解写出来即可。

理论部分例子2（进度管理）

二、我对项目进度管理理论的认识

项目进度管理是对项目的进度进行规划与控制，使项目能够按时完成。根据项目管理知识体系，进度管理包含6个过程，其中前5个过程属于规划过程组，后1个过程属于监控过程组。

2.1 进度管理中的规划过程

在项目规划阶段，进度管理包含5个管理过程：①规划进度管理；②定义活动；③排列活动顺序；④估算活动时间；⑤制订进度计划。这些过程的核心目的是编制进度计划，以作为后续进度控制的依据。在此阶段，需要综合使用关键路径法、关键链法、假设情景分析和资源优化等技术，把工作包进一步分解为活动、分析这些活动的逻辑关系、结合项目资源科学估算活动时间、最终经批准形成《进度基准》和《项目进度计划》。之所以需要这么多的管理过程和专业技术，就是为了让项目进度计划更科学，更符合项目实际情况。

2.2 进度管理中的监控过程

计划的作用在于给监控工作提供依据，在项目实施阶段，进度管理的重心就是依据进度计划进行项目进度的管控。这个过程需要监督项目的活动状态，更新项目进展，管理进度基准变更，其主要作用是，提供发现计划偏离的方法，从而可以及时采取纠正和预防措施，以降低风险，最终使项目按时完成。在这个过程中，可能需要采取绩效审查、资源优化、进度压缩等各种监控进度的技术。

这个例子是按照进度管理所涉及的两个过程组来组织内容的，同样写得很精练，符合论文整体结构中"理论部分在500~600字即可"的设计。

以绩效域为主题的论文理论部分

2023年改版的第4版高项官方教程包括项目绩效域的内容（可以参考本书第6章），在2023年11月的考试中（第2批考试）首次出现了绩效域相关的论文主题，该类主题的理论部分可以围绕每个绩效域的要点（每个绩效域的要点可以参考官方教程或者本书第6章相关内容）来写，下面是两个例子。

理论部分例子3（开发方法和生命周期绩效域）

二、我对开发方法和生命周期绩效域的认识

基于对第7版《项目管理知识体系指南》的学习，我认识到，开发方法和生命周期绩效域涉及与项目的开发方法、交付节奏，以及与生命周期相关的活动和职能。该绩效域的要点包括：交付节奏、开发方法及其选择、协调交付节奏和开发方法以及生命周期。

（1）交付节奏。交付节奏是指交付项目可交付物的时间安排和频率，一般包括一次性交付、多次交付、定期交付、持续交付等。交付节奏的选择需要结合项目的客户需求、具体的可交付物类型进行综合考虑后确定。

（2）开发方法及其选择。开发方法是在项目生命周期内创建和演变产品、服务或结果的方法。目前比较权威的关于开发方法的分类，是根据迭代性和增量性的逐渐增加，把项目开发方法分为预测型、混合型、适应型三类。为项目选择开发方法，需要从产品、项目、组织等多角度综合分析。适合的开发方法是项目成功的关键因素。

（3）协调交付节奏和开发方法以及生命周期。对于相对复杂的信息系统项目，可能包含不同的建设内容和交付成果。因此，同一个项目的不同阶段或者不同的子项目，选择的交付节奏和开发方法有可能是不同的。协调交付节奏和开发方法以及生命周期既要求项目经理深入了解项目的内容和特点，又要求项目经理能够从价值交付、整合管理的视角进行综合研判，做出最适合项目的决策。

理论部分例子4（交付绩效域）

二、我对交付绩效域的认识

作为一名项目经理，我一直保持着学习最新项目管理知识的习惯，2021年出版的第7版《项目管理知识体系指南》从过去版本中的"10个知识域"转变为"8个绩效域"，其中，交付绩效域聚焦于满足需求、范围和质量期望，产生预期的可交付物，以推动想要的项目成果。

需求是指为满足商业需要，某个产品、服务或结果必须达到的条件或具备的能力。对于信息系统项目，需求可能会不断演变或改变，这就需要进行需求管理。一般项目都设有需求管理负责人（比如商业分析师、产品负责人、项目经理等），并使用专用软件、待办事项列表、跟踪矩阵或其他方法来确保需求在灵活性与稳定性之间处于适当的水平。

项目范围是指为了创造满足需求的可交付物而必须进行的工作。可以使用范围说明书来阐明项目范围，以识别与项目关联的主要可交付物以及每个可交付物的验收标准。

质量既包括结果质量，也包括过程质量。质量要求可能在验收标准、完成的定义（DoD）、工作说明书等文件中体现。

综上所述，乙方通过完成项目范围内的工作，创造出质量达标、满足需求的可交付物，并将其交付给甲方，这个过程就是交付绩效域关注的重点，这也体现出了"聚焦于价值"这个项目管理原则。

为了使考生能够更好地理解8个绩效域，我们可以从整体上把8个绩效域与49个过程（10个知识域、5个过程组）进行对应：干系人绩效域对应干系人管理知识域，团队绩效域对应资源管理知识域，开发方法和生命周期对应规划过程组的一个重要工作，规划绩效域对应规划过程组，项目工作绩效域对应执行过程组，交付绩效域对应范围管理+质量管理+收尾过程组，度量绩效域对应监控过程组，不确定性绩效域对应风险管理。

14.3.3 实践部分

实践部分是高项论文的所有内容中最重要的，因为这部分是判卷老师重点审核的内容，也是决定论文最终能否及格的关键。实践部分最重要的是要做到写出的内容能够突出"个性化"。也就是说，这部分内容一定要写考生自己的项目管理实践工作，内容要真实、生动、具体、有细节，千万不能写太多空洞的套话。

下面按照项目的不同阶段来举例说明实践部分的写法。

项目启动和计划阶段

在项目前期（启动和计划阶段），一般都要明确项目目标，制订各项计划。在论文中描写这些内容时，一定要写具体，能让人一目了然地知道这是考生自己负责的项目的真实计划。

比如：写项目的进度计划时，至少要有项目生命周期阶段的划分、各主要任务具体的里程碑日期；写项目的成本计划时，要有预算编制的过程和最终的预算结果（具体的数字）。

实践部分例子1（制定预算）

在项目计划阶段，我带领团队基于项目WBS自下而上地编制本项目预算。

（1）在硬件方面，项目所需服务器、存储设备、备份设备、交换设备等硬件共200万元（包含技术支持和安装服务）。

（2）在软件方面，两个开发用户许可、70套SAP许可和年服务费共368万元。

（3）在人力方面，我们结合项目资源分解结构和进度计划，按照"资源数量×资源费率×工作时长"进行计算（比如"项目经理1人×4万元/月×8个月=32万元""SAP系统管理员2人×3万元/月×8个月=48万元"），共计285万元。

汇总后本项目成本基准为200+368+285=853（万元）。另外，结合同类项目的历史数据，我向公司申请了50万元的管理储备费用来应对未知风险。因此，项目总预算为853+50=903（万元），与合同金额1300万元相比，利润率约为31%，优于公司标准，该预算顺利通过公司内部审批。

实践部分例子2（反面例子，制定预算）

二、成本预算

成本预算是将成本估算分配到各个活动或工作包，从而建立一个经批准的成本基准过程。把成本分摊到WBS的各个工作包中，确定成本基准，并以此基准监督和控制项目绩效。

我们对每个WBS的工作包制订了详细的项目预算，并把各个工作包的预算关联起来，同时根据项目进度计划确定预算支出时间，制订《项目预算支出计划书》。针对长驻外地费用科目的不确定性，根据甲方和项目实际对接情况，我们增加了管理储备资金。同时对硬件设备费用的实际支出情况采用资金限制平衡的方法，根据系统负载及甲方运营推广的力度，对硬件设备采用递增的方式购买设备，极大地降低对项目资金紧张和投入过大的风险。

对比上面两个例子可以发现，实践部分例子1写得很真实，有项目各部分具体的预算金额和项目总金额；实践部分例子2写得就比较空洞，看不到这个项目具体的预算金额。

实践部分例子3（规划质量管理）

在本项目中，我们通过需求工程师的现场调研，并与项目甲方的多次讨论，最终梳理出了一卡通、教学评估、门户网站、家校互动、录课教室、PAD教室等6个大项的建设任务，共53项具体功能。接着，通过灵活运用实验设计、质量功能展开（QFD）等方法，对每一项功能列出了具体的性能指标。例如，教学评估任务中的"图像识别与处理"功能，要求其图像识别准确率大于97%，学生课堂典型动作（举手、起立）判断速度小于100ms。最终，我们编制了《数字校园项目质量指标体系》，并通过了甲方和用户的确认。

根据上述项目质量指标体系，并借鉴我公司的《质量管理体系》，我组织项目团队召开了质量计划专题会议，制订出了《数字校园项目质量管理计划》。该计划明确了质量保证措施、应遵循的规范、具体责任人、流程、控制点、时间点等。例如，该计划明确规定了包括我在内共3人的质量管理人员，我为负责人，1人为软件系统质量控制员，1人为硬件系统质量控制员。

实践部分例子4（规划沟通管理）

三、我在本项目中的沟通管理工作

3.1 项目计划阶段

项目启动后，在制订项目管理计划的过程中，除了收集各方需求确定项目范围、进度、成本基准等工作，我和助手小王特别重视项目沟通计划的编制工作。我们对项目各方干系人的角色、影响、信息需求等进行分析，为不同干系人量身定制沟通方案。

以区教委李主任为例，我们与之沟通的目的是确保他能够及时了解项目进展，提供决策支持和资源协调，因此确定沟通内容将包括项目进度报告、预算使用情况、关键风险和问题的更新，以及变更请求的提交等。沟通形式采用正式沟通（每周例会+书面报告）和非正式沟通（微信+电话）相结合的形式。制订完这个方案后，我们还专门跟李主任进行了确认，得到他的同意后，我们将此方案落实到了《项目沟通计划》中。

依次类推，对于各学校领导、老师、项目监理方、政府监管部门、设备供应商等其他干系人，我们也按照上述方式进行沟通计划的编制。此外，我们还在区教委门户网站专门开设了一个窗口栏目，用于发布项目新闻、更新日志和常见问题解答，以便所有的干系人都能随时访问最新信息。

2024年1月底，我们确定了《项目沟通管理计划》，这份计划也让我们有信心维护与所有干系人的良好关系，促进项目的最终成功。

在制订项目的各种计划时，建议考生做到"既概括，又具体"。

"概括"指的是不用把计划的所有内容都写出来（论文篇幅的限制和考试时间的限制不允许都写全），概括性地指出来就可以，比如实践部分例子3中的"最终，我们编制了《数字校园项目质量指标体系》，并通过了甲方和用户的确认。"以及实践部分例子4中的"2024年1月底，我们确定了《项目沟通管理计划》，这份计划也让我们有信心维护与所有干系人的良好关系，促进项目的最终成功。"

"具体"指的是举一些具体的例子来凸显计划内容的真实性，比如实践部分例子3中的"……对每一项功能列出了具体的性能指标。例如，教学评估任务中的'图像识别与处理'功能，要求其图像识别准确率大于97%，学生课堂典型动作（举手、起立）判断速度小于100ms。"以及实践部分例子4中的"以区教委李主任为例，我们与之沟通的目的是确保他能够及时了解项目进展，提供决策支持和资源协调，因此确定沟通内容将包括项目进度报告、预算使用情况、关键风险和问题的更新，以及变更请求的提交等。沟通形式采用正式沟通（每周例会+书面报告）和非正式沟通（微信+电话）相结合的形式。"

实践部分例子5（制订进度计划）

合同签订后，区教委信息中心与公司主要高层领导对此项目非常重视，因为这不仅关系到区数字校园信息化建设未来的发展，也是我公司在智慧校园领域的战略重点项目。在2023年3月5日，由我公司组织，并由信息中心李主任带头，各学校校长及总务主任参加，召开了项目的启动会。在会上，李主任发言，要求各学校积极配合公司进行调研，同时特别强调要在保证项目质量的前提下必须确保项目如期完工。

会后，我带领团队第一时间明确了项目的主要建设内容，制订了项目WBS。接着结合项目团队具体的人员和项目的预算等信息，制订了整体的进度计划，具体如下：

①需求调研，2024年2月初至3月底完成，完成标志为信息中心及各用户学校在需求确认书上签字。②系统设计，2024年4月初至4月底完成，完成标志为通过公司内部评审。③软件开发，2024年5月初至9月底完成。④硬件搭建，2024年5月初至8月底完成。⑤集成测试，2024年10月初至10月15日完成。⑥项目验收，2024年10月底前完成，这里有15天的进度储备。

另外，我向团队特别要求项目在进行过程中要尽量少出错，如果有问题，则必须第一时间发现并沟通。各小组负责人每天向我提交工作日报，由我汇总后在每周五下午召开的项目进度周例会上向公司领导进行汇报。

实践部分例子6（规划资源管理）

三、我在本项目中的资源管理实践工作

结合上述理论，下面论述我在"数字校园项目"中有关资源管理的具体工作。

3.1 项目计划阶段

由于该项目是区教委的重点项目，教委王主任和我公司李总均非常重视，在2023年3月5日的合同签订仪式中，王主任强调必须按期、高质量地完成项目。同时李总也跟我特别强调，如果这个试点项目能够顺利完成，那么对于我公司在智慧校园建设领域具有十分重要的意义。会后，我向李总特别申请了让老张和小王（他俩与我配合多年，但分属于不同的部门）作为我初期的核心团队，帮我一起管理项目，李总很爽快地同意了，这给项目开了个好头。

"兵马未动，粮草先行。"项目启动后，我们3人根据合同规定的建设内容结合项目进度要求，估算项目资源。比如：需求调研和确认工作需要在3月份完成，结合用户数量和系统功能，能够确定至少需要专业的需求调研工程师3人。利用这种方法，我们很快明确了团队构成。在实物资源方面，我们根据项目合同的规定确定了项目所需的设备类型和数量，编制了项目设备采购工作说明书，交由公司采购部老刘负责，并向他明确了设备到货的时间要求。

为了更好地展现项目所需资源的全景图，我们绘制了项目资源分解结构RBS。本项目RBS第1层包括人力资源、实物资源。以人力资源为例，进一步分解为：需求工程师3人、系统设计师2人、系统开发人员10人、集成测试人员5人、硬件搭建人员20人。最终，我们制订了包含RBS的《数字校园项目资源管理计划》，然后将该计划集成进项目整体管理计划中，与相关的重要干系人进行了沟通并确认。

准确地描写具体的计划是可以描述出画面感的，比如实践部分例子5的整体进度计划就与图14-6的甘特图一致；实践部分例子6中的RBS如图14-7所示（这个RBS是一部分，并不是完整的）。

图14-6

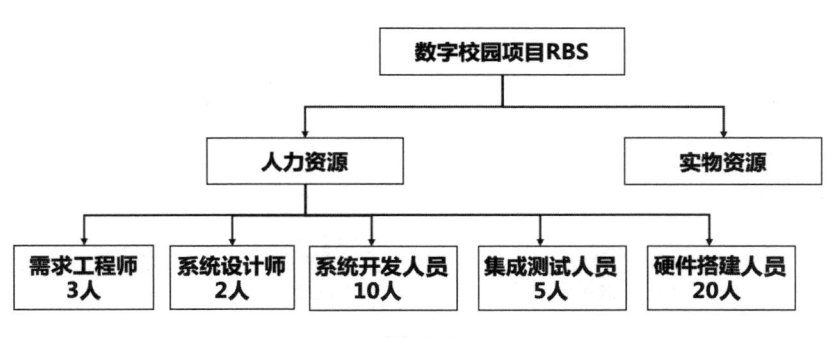

图14-7

在项目实施阶段，项目管理主要包括两大类工作：一是执行过程组的工作；二是监控过程组的工作。

在论文中，执行工作可以相对简单地介绍一下，因为该类型的工作都是按照计划去做（比如管理沟通就是按照沟通计划去分发信息，实施采购就是按照采购计划去采买），没有太多出彩的地方。

监控工作可以重点描述，因为项目经理在真实项目的监控工作中要不断发现并解决各种问题，那么在论文中描述问题、分析问题、解决问题，既能够体现项目的真实性，又能够突出项目管理的精髓（及时发现实际与计划的偏差，并采取合理措施）。

这里要强调的是，具体论文中要侧重论述的内容，一定要根据论文题目的要求而定，比如有的题目要求详细描述管理质量（管理质量是质量管理知识域中执行过程组的过程）的工作，那就按照题目的要求来侧重写这部分。

实践部分例子7（范围管理）

在项目执行阶段，一方面，我对于项目的阶段性可交付成果（如《需求规格说明书》《设备选型确认单》等）及时与教委沟通并确认存档；另一方面，我也特别注意定期收集项目工作数据，做好范围、进度等控制工作，及时发现并处理项目遇到的各种问题。

2023年5月底，硬件实施团队现场踏勘时发现石碑小学的机房老旧，各种网线如蛛网一样盘插在陈旧的机柜里，如果在该机房搭建一卡通的无线射频装置和教学评估的监控设备，则必须重新综合布线。这超出了项目范围并可能导致进度落后和成本增加。

面对该范围变更问题，我首先带领团队分析了这个问题对于项目各基准具体的影响，然后与教委进行了沟通，教委的意见是可以增加成本，但要保证进度。最终我决定采用正式的范围变更控制流程来处理。

（1）由我公司向教委提出"新增石碑小学机房综合布线"的范围变更申请。变更方案中详细列明了"变更原因、需要增加的成本、我方通过加班来保证变更不影响整体项目进度"等内容。

（2）将变更申请交由项目监理方和教委审批。

（3）批准后及时更新相关计划并执行变更。

（4）整理并保存相关文档。

通过上述努力，该范围增加的问题被妥善解决，项目整体进度未受影响，教委王主任对我们工作的规范性也给予了充分肯定。

在这个例子中，第1个自然段就是执行类的工作，后面的内容就是在监控中发现和处理问题（范围变更问题）。在描述问题的时候，最好写出问题相关的时间、地点、人物、起因、经过、结果，这样就能让这部分内容显得真实、具体、有细节。

实践部分例子8（控制进度）

随着项目的逐步实施，我们也遇到并解决了一些可能影响项目进度的具体问题。

2023年5月底，硬件实施团队发现石碑小学的机房老旧，各种网线如蜘蛛网一样盘插在陈旧的机柜里。而本项目的一卡通功能是基于无线网的无线射频技术来实现的，同时教学评估系统也会连接多路监控摄像头，系统运转必须要有良好的综合布线系统的支撑。因此，必须对该学校进行重新布线。但这必然会导致项目成本增加，并威胁到整个硬件搭建进度的完成。

通过分析项目的进度计划，我发现，硬件基础搭建工作是"非关键工作"，具有1个月的总时差。也就是说，该工作可以延期1个月而不影响项目整体进度。

基于上述分析，一方面，我协调石碑小学的领导及教委信息中心的相关负责人，配合其对机房的重新综合布线工程进行变更（这需要1个月时间）；另一方面，我要求公司提前做好变更批准后的准备工作，在不影响学校的正常教学及学生正常上课的前提下，我向公司申请加派5名经验丰富的施工人员，采取了夜间施工的办法，确保变更批准后重新综合布线能够尽快完成。

通过上述努力，我们于2024年6月底完成了项目整体的硬件搭建工作，保证了系统测试、客户验收、系统上线等后续工作能够按期进行。

对比实践部分例子7和实践部分例子8可以发现，在写论文的时候，同一个问题可以根据不同的主题有侧重地写。比如，面对"需要增加综合布线系统"问题时，实践部分例子7针对的论文主题是范围管理，所以在分析和处理问题时，侧重强调了这个问题对范围的影响以及通过范围变更控制流程来处理问题；实践部分例子8针对的论文主题是进度管理，所以就侧重强调了这个问题对整体进度的影响分析，以及处理问题后项目的整体进度是否有变化。

在论文实践部分描述发现并处理问题的时候，除了要针对论文主题有侧重地论述，还要注意对问题的分析和解决要有一定的深度，体现出论文作者的项目管理水平，甚至可以在真实项目问题的基础上进行一定程度的加工和润色。

下面对此介绍两个例子（其中一个是反面例子）。

实践部分例子9（反面例子，控制质量）

在项目实施过程中，我们遇到了一个问题，即一个查询报表经过多次修改后还是不能满足质量要求，其中一项质量要求必须在3秒内展示查询结果。为了满足客户"快速展示查询结果"的要求，我与团队使用了鱼骨图和流程图进行分析，找到了问题的原因，这个查询数据量巨大，不可能在3秒内展示查询结果，最快只能做到10秒内。我将此问题整理成报告后与客户沟通，建议客户调整此功能的质量标准，并说明了原因。客户表示理解，同意统一调整。因此，我提出了变更请求，并附上了评估说明，经过批准后修订了质量标准和相关文件。

实践部分例子10（正面例子，控制质量）

在项目实施过程中，我们及时发现并处理了一些质量问题：5月22日，质量控制员小张在性能测试中发现报表查询功能不能满足"3秒内展示查询结果"这一质量指标（该指标是为了满足客户需求文件中的"快速展示查询结果"需求而设定的）。首先，我与团队使用鱼骨图确定了问题的原因：查询数据量超过原来预计的25倍左右。其次，我们优化了查询算法，但只能做到5秒内展示结果。于是，我将该问题整理成专题报告与客户沟通，并给出了两个可能的解决方案。方案①：更换相关硬件设备（这会导致成本增加20万元）；方案②：修改质量指标为"5秒内展示查询结果"。客户权衡考虑后选择方案②。最后，我方基于该方案提交了变更请求，批准后修订了相关质量标准，问题得以妥善解决。

可以发现，实践部分例子10在实践部分例子9的基础上进行了适当加工，增加了一些具体的数字信息（比如，3秒内、25倍、5秒内、20万元等），这不仅让论文内容更加生动，而且还能体现出作者在分析和处理这个质量问题的时候所具备的项目管理水平。

14.3.4 总结部分

总结部分是论文的最后一部分，一方面可以介绍一下项目的最终结果，另一方面，可以写一些自己的心得体会。总结部分要注意不用长篇大论，要写得简短、精练、有高度。

总结部分例子1（进度管理）

四、收获与总结

通过管理这个项目，我认识到以下两点。

（1）对于相对复杂的信息化项目的进度管理，首先要保证进度计划科学、合理。同时，最好在制订计划时设置一定的进度储备以应对各种风险，这也是本项目做得不到位的地方。

（2）对于项目实施过程中遇到的具体问题，在分析、讨论问题的技术解决方案的同时，一定要注意该问题对整体进度计划的影响，并采取有针对性的措施，这样能够从技术和管理两方面兼顾，从而得到更合适的解决方案。

一个好的项目经理一定是在不断学习和实践中成长起来的，我有信心！

总结部分例子2（整合管理）

得益于科学合理的计划和及时到位的执行，智慧校园二期项目于2024年12月底顺利完成。回顾本项目的管理工作，我认为，在制订计划和监控项目的过程中，整合视角非常重要，管理项目时要避免出现"头疼医头，脚疼医脚"。好记性不如烂笔头，问题日志的价值首先体现在及时记录上，只有及时记录了各种问题，才能进一步对问题进行跟踪和解决，并为总结经验教训提供基础信息。

未来，我会继续在项目管理的硬技术、软技能两方面努力提升自己的管理能力，通过一个又一个成功的信息化项目为国家数字化转型贡献自己的力量！

14.3.5 摘要部分

从2020年至今，软考高项论文的考试取消了写论文摘要的要求。不过2020年之前的论文考试一般都要求写摘要，所以这里简单介绍一下摘要的写法。

论文摘要的本质就是用300字左右告诉读者正文写了什么内容。所以，摘要就是"正文写什么，摘要就写什么"。

摘要部分例子1（资源管理）

2023年2月，我公司承建了北京市门头沟区"数字化校园建设一期项目"，项目投资2500万元，涉及区教委信息中心，以及高中、初中、小学在内的10所学校。本项目作为该区首批数字化校园建设试点，区教委非常重视，要求必须高质量按期完成。

结合上述项目，我首先阐述了我对信息化项目资源管理的认识，分析了资源管理6个具体过程的核心工作。然后，围绕这个项目，我介绍了我在项目中资源管理的具体工作，包括编制资源管理计划、明确资源分解结构和责任分配矩阵、处理团队建设问题等。最后，提出了我对项目管理方面的一点心得。

摘要部分例子2（范围管理和进度管理）

2023年2月，我公司承建了北京市某区"数字化校园建设一期项目"，项目投资2500万元，涉及区教委信息中心，以及高中、初中、小学在内的10所学校。本项目作为该区首批数字化校园建设试点，区教委非常重视，要求必须按期交付。但也正因为是试点项目，其具体需求和建设内容在项目初期并不明确。

结合上述项目，我首先阐述了我对信息化项目范围管理的认识，分析了范围管理6个具体过程的核心工作，并论述了范围管理和进度管理的相互关系。然后，我围绕这个项目，介绍了我在项目范围和进度管理方面的具体工作，包括细化需求、确定范围基准、制订进度计划、应对范围变更问题等。最后，提出了我对信息系统项目管理方面的一点收获。

14.4 参考范文

14.3节分模块介绍了论文各部分的内容应该如何编写，本节介绍一些完整的论文范文供大家参考。考生在阅读这些范文的时候，建议结合本章前面3节介绍的要点来思考（比如，要仔细审题；论文要与题目相呼应；要突出实践；写的计划既要有概述性的内容，又要具体；问题写得具体、真实、生动、有细节等）。

14.4.1 整合管理：结构2

题目：论信息系统项目的整合管理

项目经理的核心职责就是进行整合，整合管理在项目管理中起到统筹兼顾的核心作用。

请以"信息系统项目的整合管理"为题，围绕以下要点论述你对信息系统项目整合管理的认识。

1. 概要叙述你参与管理过的信息系统项目（项目背景、项目规模、发起单位、目的、项目内容、组织结构、项目周期、交付的成果等），并说明你在其中承担的工作（项目背景要求本人真实经历，不得抄袭及杜撰）。

2. 结合项目管理实际情况，并围绕以下要点论述你对信息系统项目整合管理的认识。

（1）项目整合管理包括的项目管理过程。

（2）请根据你所描述的项目，阐述你是如何制订项目章程和项目管理计划，以及如何进行项目过程管控的。

（3）请根据你所描述的项目，论述问题日志在整合管理中的作用。

正文：

论信息系统项目的整合管理

2024年1月初，北京市某区教委决定投资2500万元人民币，在1年内建设完成智慧校园二期项目。该项目是一项关键性教育改革工程，旨在贯彻国家"教育信息化、校园数字化"的指导方针，进一步深化数字化改革，提升该区56所学校的教育质量和管理效率，构建一个安全、智能、互联的学习空间，以适应现代教育的发展需求。我公司凭借扎实的技术人才实力、丰富的智慧校园建设经验成功中标此项目。

根据前期的投标、合同签订等工作，我们明确了项目建设内容涉及云服务平台搭建、大数据分析系统开发、移动学习App开发、智能教室升级、安全监控系统升级等多个方面。除了区教委信息中心为项目甲方、56所学校为项目用户方，项目干系人还包括各学校老师、学生及家长、项目监理公司、设备供应商、政府监管机构等。不难发现，本项目具有规模大、周期长、建设内容广、涉及专业复杂、干系人众多等显著特点，因此做好项目的整合管理、协调好项目各方利益和需求对项目的成功至关重要。

下面，我以项目生命周期为逻辑，展开论述在项目各阶段整合管理的理论知识和我在该项目中的整合管理具体工作。

一、项目启动和计划阶段

1.1 制订章程、任命经理、明确目标、凝聚共识

在项目管理知识体系中，第一个项目管理过程就是"制订项目章程"，这个过程的核心意义体现在项目章程的内容上。项目章程应该包括项目目标、项目高层次的范围和边界、总体预算、总体进度、主要风险等内容，这些内容正是管理一个项目非常重要的纲领性、原则性内容。另外，项目章程还会任命项目经理、要求高级相关方签字，这些动作会让执行组织内部对项目目标、项目经理的权限、各干系人的职责等达成共识。

在本项目中，由于我前期就负责项目投标、合同签订等工作，因此我快速起草了项目章程的主要内容（比如项目建设内容根据合同确定、总体预算按照不高于合同金额的70%、总体进度要求在12月底前完工等），并初步明确了项目核心干系人。

①刘总：公司副总，负责提供资源以及高层沟通。
②我：项目经理，负责整合管理，制订计划，监控项目，与干系人沟通等。
③小王：软件组长，负责项目软件开发部分相关工作。
④老李：硬件组长，负责项目硬件部分相关工作。

在2024年1月10日公司内部的项目启动会上，我向参会的各位公司高管介绍了项目章程的内容，刘总也正式任命我为智慧校园二期项目的项目经理，并授权我从公司各部门抽调技术骨干组建项目核心团队。可以说，项目章程的批准对我开展后续的项目管理开了一个好头。

1.2 制订计划、确定基准、预则立

项目章程被批准后，我和小王、老李一起编制项目管理计划，对项目范围、进度、成本、沟通、风险等方面的管理工作进行整合规划。

以进度计划为例，我们根据项目范围、团队投入、预算限制、主要风险等情况，制订了相对详细的进度计划，主要里程碑如下：2024年1月10日开工，1月31日完成需求确认和技术方案制订，5月31日完成软件开发部分，7月31日完成硬件部分，8月31日完成系统测试，11月30日完成试运行及用户培训，12月15日完成项目终验（这里预留了两周的进度储备）。

初步明确了项目范围、进度、成本计划后，我将此计划跟刘总以及公司相关高管沟通并获得了他们的批准，由此确定了本项目的基准。

另外，我和团队还制订了变更管理计划、风险应对计划、质量保证措施、沟通计划、采

购计划等内容。对于沟通计划、阶段验收计划等需要甲方和用户方确认的部分，我也及时找教委李主任和各学校老师进行了沟通和确认。

最终，我将这些内容连同项目基准一起整合形成了《智慧校园二期项目管理计划》，这为接下来的项目实施和管理奠定了基础。

二、项目实施阶段

在项目实施阶段，一方面要执行计划（指导与管理项目工作、管理项目知识），另一方面，要做好项目的整体监控工作（监控项目工作、实施整体变更控制）。

2.1 规范执行、过程合规

2月初，随着项目管理计划的批准，项目进入实施阶段。我将项目团队分成管理组、软件组、硬件组，要求大家严格依据计划推进项目工作，并要保证工作过程的规范性。另外，由于项目甲方是政府机构，验收时会对项目文档有严格的要求，所以我也特别嘱咐小王和老李，要求他们向团队说明项目文档的重要性，并按照国家标准编制项目各类文档，不要在项目后期出现集中补文档的情况。

2.2 监控项目、解决问题

监控项目就是要定期收集项目各种绩效数据（比如实际进度、实际成本、风险情况等）；将数据与相关计划进行比较，得到绩效信息（比如进度落后、干系人不满意）；根据绩效信息发现并解决各种问题，做好相关沟通和协调工作。

对于监控工作，《问题日志》不仅能记录并跟踪项目中遇到的各种问题，还能作为提炼经验教训、管理项目知识的重要抓手。下面我举一个本项目《问题日志》中的具体例子。

问题编号：2405-1

问题时间：2024年5月10日

问题描述：陈经纶小学的康校长提出希望在移动学习App中加入人脸识别功能，以提高校园安全和考勤效率。

解决方案：

1. 团队分析影响：App开发延期两周，增加10万元成本。

2. 与康校长以及教委李主任开会，康校长决定继续变更，成本由陈经纶小学负责。李主任要求不能影响项目整体进度。

3. 提交变更方案，增加3名资深开发人员，不影响整体进度。

4. 批准后更新相关计划，按照批准的方案执行。

负责人：项目经理（我）

备注：5月15日变更方案被批准；5月28日完成变更。

经验教训：需求变更在所难免，及时沟通至关重要。

三、项目收尾阶段

在项目收尾阶段，最重要的工作是组织好项目终验，确保项目顺利验收（这也是我们获取合同尾款的重要依据）。2024年12月20日，我在项目验收会上为教委李主任、校方代表、监理方等干系人展示了项目总结报告，演示了重点系统的亮点功能，提交了全面的项目文档。各方代表对项目成果表示非常满意，并在终验报告上签字。

另外，会后李主任还请我帮他们整理一份甲方视角的《项目经验总结》，并要求有具体的案例，面对这个额外工作，我通过梳理《问题日志》用了不到1天时间就筛选出了5个典型案例和3条管理经验，李主任看后非常高兴，他表示要以这个项目参加北京市2023年度的优秀项目评选。

得益于科学合理的计划和及时到位的执行，智慧校园二期项目于2024年12月底顺利完成。回顾本项目的管理工作，我认为，在制订计划和监控项目的过程中，整合视角非常重要，在管理项目时，要避免出现"头疼医头，脚疼医脚"。好记性不如烂笔头，问题日志的价值首先体现在及时记录上，只有及时记录了各种问题，才能进一步对问题进行跟踪和解决，从而为总结经验教训提供基础信息。

未来，我会继续在项目管理的硬技术、软技能两方面努力提升自己的管理能力，通过一个又一个成功的信息化项目为国家数字化转型贡献自己的力量！

14.4.2 资源管理：结构1

题目：论信息系统项目的资源管理

项目资源包含人力资源和实物资源，管理好项目资源，对项目成本、进度、质量等目标的顺利实现至关重要。

请以"论信息系统项目的资源管理"为题进行论述。

1. 概要叙述你参与管理过的信息系统项目（项目背景、项目规模、发起单位、目的、项目内容、组织结构、项目周期、交付的成果等），并说明你在其中承担的工作（项目背景要求本人真实经历，不得抄袭及杜撰）。

2. 请结合你所叙述的信息系统项目，围绕以下要点论述你对信息系统项目资源管理的认识。

（1）请根据你所描述的项目，详细论述你是如何管理人力资源和实物资源的。

（2）请根据你所描述的项目，写出该项目的资源分解结构和责任分配矩阵。

正文：

论信息系统项目的资源管理

一、项目概述

2023年2月，我公司承建了北京市门头沟区"数字化校园建设一期项目"。该项目是门头沟区教委信息中心为响应"北京市加快信息化建设步伐、实现无纸化教学、高效课堂、电子书包、给学生减负"的号召而设立的试点项目，项目投资金额为1200万元，涉及区教委信息中心，以及高中、初中、小学在内的10所学校。其中，区教委信息中心为项目甲方，10所学校为项目的用户方。

根据合同，本项目规定了建设内容包含一卡通、教学评估、门户网站、家校互动、录课教室、PAD教室、基础网络搭建等，涵盖了系统集成项目的各种专业，项目需要采购并集成各种型号的网络设备、服务器设备、一卡通设备等实物资源。

同时，项目工作涉及系统架构设计、定制软件开发、硬件采购、系统集成等内容，需要各种专业的团队成员加入项目。另外，我公司内部的项目组织结构是矩阵型的，项目经理在资源分配方面的权限并不是很大。我作为承建方的项目经理，深刻认识到做好本项目的资源管理对项目的成功至关重要。

二、我对项目资源管理理论的认知

项目资源包括实物资源和人力资源。项目资源管理就是对项目所需的各种资源所进行的计划、组织、指挥、协调和控制等活动。根据项目管理知识体系，项目资源管理包括6个过程，具体如下。

1. 规划资源管理。通过制订《资源管理计划》来明确应该如何估算、获取、管理和利用团队以及实物资源。

2. 估算活动资源。估算项目所需的团队资源，以及材料、设备、用品的类型和数量，记录在《资源需求》（可以由资源分解结构展示）中。

3. 获取资源。一方面，通过预分派、谈判、虚拟团队等技术组建团队；另一方面，通过采购、租赁等方式获取实物资源。

4. 建设团队。提高团队工作能力，促进团队成员互动，改善团队整体氛围，以提高项目绩效。在这个过程中，既要灵活利用集中办公、培训、团队评估等硬技术，更要运用领导力、认可与奖励、积极倾听等软技能。

5. 管理团队。及时发现并处理团队的问题（比如冲突、绩效不理想等）。在这个过程中，冲突处理显得尤为重要。

6. 控制资源。按计划分配和使用实物资源，如果发现与实物资源有关的问题，要及时分析并妥善处理。

三、我在本项目中的资源管理实践工作

结合上述理论，下面论述我在"数字校园项目"中有关资源管理的具体工作。

3.1 项目计划阶段

由于该项目是区教委的重点项目，教委王主任和我公司李总均非常重视，在2023年3月5日的合同签订仪式中，王主任强调必须按期、高质量地完成项目。同时李总也跟我特别强调，如果这个试点项目能够顺利完成，对于我公司在智慧校园建设领域具有十分重要的意义。会后，我向李总特别申请了让老张和小王（他俩与我配合多年，但分属于不同的部门）作为我初期的核心团队，帮我一起管理项目，李总很爽快地同意了，这给项目开了个好头！

"兵马未动，粮草先行。"项目启动后，我们3人根据合同规定的建设内容结合项目进

度要求，估算项目资源。比如：需求调研和确认工作需要在3月份完成，结合用户数量和系统功能，能够确定至少需要专业的需求调研工程师3人。利用这种方法，我们很快明确了团队构成。在实物资源方面，我们根据项目合同的规定确定了项目所需的设备类型和数量，编制了项目设备采购工作说明书，交由公司采购部老刘负责，并向他明确了设备到货的时间要求。

为了更好地展现项目所需资源的全景图，我们绘制了项目资源分解结构RBS。本项目RBS第1层包括人力资源、实物资源。以人力资源为例，进一步分解为：需求工程师3人、系统设计师3人、系统开发人员10人、集成测试人员5人、硬件搭建人员20人。最终，我们制订了包含RBS的《数字校园项目资源管理计划》，然后将该计划集成进项目整体管理计划中，与相关的重要干系人进行了沟通并确认。

3.2 项目实施阶段

计划的价值在于落实。在项目实施阶段，我们尤其重视团队的组建。因为公司高层非常重视本项目，在团队核心人员的获取方面，我主要通过预分派的方式，把各专业的精兵强将吸收到项目中，落实了各小组的负责人，并确定了项目的责任分配矩阵。

现将本项目的责任分配矩阵简要描述如下。

第1列为项目主要任务，分为需求调研、架构设计、软件开发、硬件搭建、集成测试、项目管理。第1行是各小组负责人，包括我、老张、小王、李工、大力、小月。在责任分配上，比如，需求调研，负责人是老张，我和小月参与；在硬件搭建方面，负责人是大力，我需要被通知，小王参与。项目责任分配矩阵的确定，也意味着团队对各自的职责有了清晰的理解并达成了共识，这为接下来团队各司其职、互相配合打下了良好的基础。

在建设团队方面，由于数字校园项目是试点项目，6月中旬，软件开发团队在"课堂典型动作识别"功能的实现上遇到了难题——系统动作识别速率不满足"0.5秒内准确识别"这一指标。小王跟我沟通并建议邀请他在大疆公司的同学（樊博士，是一名算法优化专家）来帮助解决问题。我意识到这是一个非常好的提升软件团队整体能力的机会，特别找到李总沟通了这个情况，并成功申请到了2万元的培训经费。最终，在樊博士的帮助下，我们不仅解决了这个技术问题，而且让整个软件团队对最新的AI图像识别算法有了宝贵的项目经验，形成了公司的过程资产（后来，这个案例也帮助公司的销售团队中标了第一个AI识别的项目）。

当然，项目在进行过程中不可避免地会遇到团队冲突、设备故障等其他资源管理的问题，我和团队本着"实事求是，合作共赢"的原则均比较顺利地解决了相关问题，这里就不再一一详述了。

最终，经过我和团队以及项目各干系人的共同努力，"数字校园项目"在2023年10月底顺利交付验收，教委王主任在项目总结会上对我们的工作给予了"管理科学、实施规范"的评价，并准备用此项目参与当年该区政府组织的优秀项目评选。

四、总结

信息系统集成项目需求多变、技术复杂，这对项目经理提出了更高的要求。通过这个项目，我深刻理解了"读万卷书、行万里路"的内涵，除了体系化地学习理论知识，还要不断地参与项目工作，解决具体问题，并从中体会和成长，靠持续努力来实现我自己的中国梦！

14.4.3 沟通管理：结构1

题目：论信息系统项目的沟通管理

项目沟通管理是确保及时、正确地产生、收集、分发、存储和最终处理项目信息所需的过程。项目经理应该根据项目特点充分了解项目涉及的各方利益诉求，为沟通活动分配适当的时间、预算等资源。

请以"论信息系统项目的沟通管理"为题进行论述。

1. 概要叙述你参与管理过的信息系统项目（项目背景、项目规模、发起单位、目的、项目内容、组织结构、项目周期、交付的成果等），并说明你在其中承担的工作（项目背景要求本人真实经历，不得抄袭及杜撰）。

2. 请结合你所叙述的信息系统项目，围绕以下要点论述你对信息系统项目沟通管理的认识，并总结你的心得体会。

（1）项目沟通管理的过程。

（2）举例描述工作绩效报告在项目沟通管理中的作用。

正文：

论信息系统项目的沟通管理

一、项目概述

2024年1月初，北京市某区教委决定投资2500万元人民币，在1年内建设完成智慧校园二期项目。该项目是一项关键性教育改革工程，旨在贯彻国家"教育信息化、校园数字化"的指导方针，进一步深化数字化改革，提升该区56所学校的教育质量和管理效率，构建一个安全、智能、互联的学习空间，以适应现代教育的发展需求。我公司凭借扎实的技术人才实力、丰富的智慧校园建设经验成功中标此项目。

根据前期的投标、合同签订等工作，我们明确了项目建设内容涉及云服务平台搭建、大数据分析系统开发、移动学习App开发、智能教室升级、安全监控系统升级等多个方面。除了区教委信息中心为项目甲方、56所学校为项目用户方，项目干系人还包括各学校老师、学生及家长、项目监理公司、设备供应商、政府监管机构等，沟通协调工作必定会十分复杂。

在我公司内部的项目启动会上，刘总向参会公司的各管理层同事宣布正式任命我为项目经理，并授权我从公司各部门抽调技术骨干组建项目核心团队。在会上，我分析了本项目的特点：规模大、周期长、项目干系人众多、沟通工作复杂。因此做好多方协作和持续沟通、确保各方利益和需求得到平衡和满足对项目的成功非常重要。

下面，我首先简单介绍一下我对项目沟通管理理论的认识和理解，然后着重论述我在智慧校园二期项目中做的具体的沟通管理工作。

二、我对项目沟通管理理论的认识

项目沟通管理是确保项目信息及时恰当地生成、收集、传递、存储及最终处置的过程。基于PMBOK（项目管理知识体系指南），项目沟通管理包括3个项目管理过程：规划沟通管理、管理沟通和控制沟通。

1. 规划沟通管理。其主要任务是创建沟通管理计划，以指导整个项目的沟通。首先需要识别并分析项目干系人的需求和期望，然后确定沟通需求，包括沟通的目标、频率、形式、内容和负责人。接下来，选择合适的沟通技术和方法并制订沟通的时间表和计划。

2. 管理沟通。项目经理和团队执行沟通计划，确保信息的流动符合预期。这涉及信息的及时发送、接收，以及确保信息的清晰性和准确性。同时，管理沟通还包括与干系人的互动，如进行状态会议、提供进度更新、解决问题等。有效的沟通技巧和人际关系技能在这里至关重要，它们有助于建立信任、鼓励团队合作，并维护干系人的支持。

3. 监督沟通。对沟通活动进行监督、审查和调整，以确保它们保持有效和高效。这包括监控沟通计划的实施情况，评估沟通的效果，以及必要时对计划进行调整。反馈在此过程中起着关键作用，因为它可以帮助识别沟通中的不足和改进的机会。

总结来说，项目沟通管理是一个持续的过程，它要求项目经理具备良好的规划能力、沟通技巧和适应性。通过有效的沟通管理，可以确保项目信息流动顺畅，干系人保持同步，从而有助于项目的顺利进行。

三、我在本项目中的沟通管理工作

3.1 制订沟通计划，明确信息流转方式

项目启动后，在制订项目管理计划的过程中，除了收集各方需求确定项目范围、进度、成本基准等工作，我和助手小王特别重视项目沟通计划的编制工作。首先我们对项目各方干系人的角色、影响、信息需求等进行分析，为不同干系人量身定制沟通方案。

以区教委李主任为例，我们与之沟通的目的是确保他能够及时了解项目进展，提供决策支持和资源协调，沟通内容包括项目进度报告、预算使用情况、关键风险和问题的更新，以及变更请求的提交。沟通形式采用正式沟通（每周例会+书面报告）和非正式沟通（微信+电话）相结合的形式。制订完这个方案后，我们还专门跟李主任进行了确认，得到他的同意后，我们将此方案落实到了《项目沟通计划》中。

依次类推，对于各学校领导、老师、项目监理方、政府监管部门、设备供应商等其他干系人，我们也按照上述方式进行沟通计划的编制。此外，我们还在区教委门户网站专门开设了一个窗口栏目，用于发布项目新闻、更新日志和常见问题解答，以便所有的干系人都能随时访问最新信息。

2024年1月底,我们确定了《项目沟通管理计划》,这份计划也让我们有信心维护与所有干系人的良好关系,促进项目的最终成功。

3.2 以工作绩效报告为抓手,同步项目进展

计划的价值在于落实。在项目实施阶段,我和小王负责各项具体的沟通工作,以确保信息的流畅传递和项目的顺利推进。其中,在项目周例会的沟通方面,我以"每周工作绩效报告"为核心内容,通过PPT汇报的形式定期与教委及校方用户沟通。以4月第一周的报告为例,内容如下。

1. 项目整体进展

已完成:A——项目准备和规划;B——云服务平台搭建。

进行中:C——大数据分析系统开发,完成40%,进度正常;D——移动学习App开发,完成45%,进度正常。

2. 相关问题

时间:在大数据分析系统开发过程中,发现不同学校收集的数据质量参差不齐,包含错误、重复或不完整的信息。

解决方案:①实施数据清洗和验证流程,以确保数据的准确性。②使用元数据管理工具来跟踪数据的来源和历史变化。③提供用户反馈机制,通过在实际使用中发现的问题来改善数据质量。

3. 需要协调配合事项:需要教委协助沟通学校方,按照模板收集数据;如有数据问题,可以直接跟我或者小王反馈。

4. 附件:《数据收集模板》

另外,在周例会上,我特别注意控制会议时间,只讲参会领导真正关心的内容,这大大提高了会议的效率,得到了李主任的高度认可。

3.3 面对问题、专业分析、及时沟通

对于项目实施过程中遇到的各种意外或者问题,除了从技术角度分析问题,我也特别注意在解决问题时做好沟通和协调工作。

2024年5月初,陈经纶小学的康校长提出希望在移动学习App中加入人脸识别功能,以用于提高校园安全和考勤效率。

面对这一变更请求,首先,我召集了项目团队成员进行紧急会议,评估这一变更对项目范围、进度和预算的影响。经过讨论,团队估计实施人脸识别功能将导致App的开发延期两周,并增加10万元左右的成本。

随后,我与康校长以及教委李主任进行了专项会议,详细解释了需求变更带来的影响,并提供了成本和进度分析报告。康校长在权衡利弊后,决定继续执行这一变更,增加的成本由陈经纶小学负责。李主任则要求不能影响项目整体进度。

根据上述沟通结果,我提出了一个调整计划:临时增加3名资深开发人员,通过赶工的

形式优先开发人脸识别功能的基础版本，并将其集成到App中。同时，对于其他非关键功能的开发进行适当延后。

通过有效的沟通管理和灵活的项目调度，该需求变更问题被妥善解决，不仅满足了个别学校的特定需求，还确保了项目整体进度的正常推进。

四、总结

得益于科学合理的计划和及时到位的执行，智慧校园项目于2024年12月中旬顺利通过甲方组织的验收。回顾本项目的沟通管理工作，我认为，定期更新和反馈机制帮助我们及时解决问题，维护了所有干系人的合理参与；沟通渠道多样化，增强了信息传递的效率和准确性。更重要的是，在沟通中我能坚持实事求是、勇于承担的原则，真诚地面对每一个干系人，这不仅获得了他们的信任和支持，更为项目顺利完成打下了重要的基础。

未来，我会继续在项目管理的硬技术、软技能两方面努力提升自己的管理能力，通过一个又一个成功的信息化项目为国家数字化转型贡献自己的力量！

14.4.4 质量管理：结构3

题目：论信息系统项目的质量管理

成功的项目管理是在约定的时间、范围、成本和质量的要求下，达到项目干系人的期望。质量管理是项目管理中非常重要的一个方面，质量与范围、成本和时间都是项目是否成功的关键因素。

请以"信息系统项目的质量管理"为题，分别从以下三个方面进行论述。

1.概要叙述你参与管理过的信息系统项目（项目背景、项目规模、发起单位、目的、项目内容、组织结构、项目周期、交付的产品等），并说明你在其中承担的工作。

2.结合项目管理实际情况，并围绕以下要点论述你对信息系统项目质量管理的认识。

（1）项目质量与进度、成本、范围之间的密切关系。

（2）项目质量管理的过程及其输入和输出。

（3）项目质量管理中用到的工具和技术。

3.请结合论文中所提到的信息系统项目，介绍在该项目中是如何进行质量管理的（可叙述具体做法），并总结你的心得体会。

正文：

论信息系统项目的质量管理

一、项目概述

2023年2月，我公司承建了北京市门头沟区"数字化校园建设一期项目"。该项目是门头沟区教委信息中心为响应"北京市加快信息化建设步伐、实现无纸化教学、高效课堂、电子书包、给学生减负"的号召而设立的试点项目，项目投资金额为1200万元，涉及区教委信息中心，以及高中、初中、小学在内的10所学校。其中，区教委信息中心为项目甲方，10所学校为项目的用户方。

本项目作为首批郊区县的数字化校园试点，具有重要的示范效应，其成败直接影响后续项目的立项，区教委领导及信息中心非常重视，要求高质量地完成。因此，除了时间紧、项目干系人众多等一般特点，该项目对质量的要求尤其严格。

作为本项目的项目经理，我直接负责该项目的管理和实施，我的团队成员包括：需求分析及总体设计人员8人、软件系统开发人员15人、硬件环境搭建人员20人。

二、对质量管理理论的认识和在本项目中的实践

质量管理是项目管理中十分重要的环节，其核心在于执行组织确定的质量政策、目标与职责，从而使项目满足其预定的需求，并且项目的质量与项目进度、成本、范围又存在相互影响、相互制约的关系，如果质量标准过高，则可能导致成本增加，进度延期；质量过低则会使项目成果不被客户接受。因此，做好项目的质量管理对管理者而言至关重要。

项目质量管理主要包括三个过程：①规划质量管理。②管理质量。③控制质量。下面我按照这三个过程，论述质量管理相关的理论和我在本项目中的质量管理实践工作。

2.1 明确项目需求，制订质量计划

规划质量管理是识别项目及其可交付成果的质量要求和标准，并描述项目将如何证明符合质量要求的过程。它的作用是为整个项目如何做好管理和确认质量提供指南和方向。

在本项目中，我们通过需求工程师的现场调研，并与项目甲方的多次讨论，最终梳理出了一卡通、教学评估、门户网站、家校互动、录课教室、PAD教室等6大项建设任务，共53项具体功能。然后，通过灵活运用实验设计、质量功能展开（QFD）等方法，对每一项功能列出了具体的性能指标。例如，教学评估任务中的"图像识别与处理"功能，要求其图像识别准确率大于97%，学生课堂典型动作（举手、起立）判断速度小于100ms。最终，我们编制了《数字校园项目质量指标体系》，并通过了甲方和用户的确认。

根据上述项目质量指标体系，并借鉴我公司的《质量管理体系》，我组织项目团队召开了质量计划专题会议，制订出了《数字校园项目质量管理计划》。该计划明确了质量保证措施、应遵循的规范、具体责任人、流程、控制点、时间点等。例如，该计划明确规定了包括我在内共3人的质量管理人员，我为负责人，1人为软件系统质量控制员，1人为硬件系统质量控制员。

2.2 规范管理质量，确保过程合规

管理质量是指依据审计质量要求和质量控制测量结果，确保采用合理的质量标准和操作性定义的过程。其主要作用是促进质量过程改进。也就是说，管理质量关注项目建设过程中的规范性，致力于增强满足质量要求的能力。

在此环节，我们主要运用了技术审计和管理审计相结合的手段。审计工作由我公司专门的质量保证小组提供支持，项目组的两名质量管理员具体实施。对于审计中出现的问题，我们及时更正。比如，5月初公司的QA发现项目中的外包采购评审均采用会审的形式，这会

造成流程效率低下。针对该建议，我们根据金额大小将评审形式分为电子评审、会审两种模式，从而有效地提高了评审的效率。另外，在审计过程中，我还邀请了区信息中心副主任参与，从而极大地增强了甲方对我们项目实施质量的信心。

2.3 采用多种技术，实施质量控制

控制质量是监督并记录质量活动的执行结果，以便评估绩效，并推荐必要的变更。其主要作用包括：识别过程低效或产品质量低劣的原因，采取相应措施消除这些原因；确认项目的可交付成果及工作满足主要干系人的既定需求，足以进行最终验收。也就是说，质量控制过程"致力于满足质量要求"。

在本项目中，我采取的质量控制步骤如下。

1. 将整个项目的实施按生命周期进行划分，分为需求分析阶段、设计阶段、实施阶段、试运行阶段和验收阶段，并确定每一阶段的完成标准，如《质量管理计划中》中要求的需求说明书、详细设计方案等。

2. QC人员组织相关专家根据《质量管理计划》开展评审。

3. 出具评审结果：评审通过则将相关可交付物作提交项目组并确定下一阶段工作的输入；不通过则及时返回修改。

随着项目的逐步实施，我面临并处理了以下具体的质量问题。

永宁小学设备陈旧，服务器、交换机已经工作了6年，若按原来的项目计划继续利用，则会导致"学生课堂典型动作（举手、起立）判断速度小于100ms"这一标准不能实现。针对这一问题，我认为，上述性能标准属于教学评估的内容，是必建项目，也是将来项目甲方最关心的系统性能之一。所以，该问题必须解决，解决方案需要新增相关硬件设备。

根据上述分析，我们采取了两步走的方式。

1. 由学校写一份学校现状和需求的说明，并出具固定资产报废申请，提交区教委装备中心审核。

2. 由我公司业务人员小陈向区教委信息中心说明情况，申请以合同补充协议的方式追加一台联想RD720服务器和一台交换机。这样，一方面加快了变更审批的流程，另一方面，保证了该性能指标未受任何影响。

通过紧抓质量计划、质量保证、质量控制，本项目得以高质量地完成，起到了很好的示范作用，得到了项目甲方的高度认可。

三、收获与总结

通过这个项目，我更加深刻地理解到做好质量管理，要做到计划科学合理、管理严谨规范、控制细致严格，这三个质量管理过程相辅相成，共同促进项目质量目标的实现。

对于信息化项目，变更几乎不可避免，而大部分变更都会不同程度地影响项目质量，所以，面对变更，要有整合管理的视角，从质量、进度、成本等各方面进行分析讨论，准确把握变更影响，从而制订合适的应对方案。

未来，我会继续在项目管理的硬技术、软技能两方面努力提升自己的管理能力，通过一个又一个成功的信息化项目为国家数字化转型贡献自己的力量！

14.4.5　范围和进度管理：结构1

题目：论信息系统项目的范围管理和进度管理

项目范围管理是确保项目做且仅做所需的全部工作，以便成功地完成项目。范围管理就是为项目界定清楚工作边界，防止范围蔓延，同时提供一套规范的方法处理范围变更，因为范围的变更将引起进度、成本等项目其他方面的一系列变化。

请以"信息系统项目的范围管理和进度管理"为题，分别从以下三个方面进行论述。

1. 概要叙述你参与管理过的信息系统项目（项目背景、项目规模、发起单位、目的、项目内容、组织结构、项目周期、交付的成果等）。

2. 结合项目管理实际情况，并围绕以下要点论述你对信息系统项目范围管理和进度管理的认识。

（1）项目范围管理的基本过程和常用方法。

（2）项目范围管理中涉及的进度管理问题和进度管理中涉及的范围管理问题。

（3）信息系统发生范围变更后，对项目进度的影响，以及应该如何妥善应对变更。

3. 结合项目实际情况说明在该项目中你是如何进行范围管理和进度管理的（可叙述具体做法），并总结你的心得体会。

正文：

信息系统项目的范围管理和进度管理

一、项目概述

2023年2月，我公司承建了北京市某区"数字化校园建设一期项目"。该项目是北京市某区教委信息中心为响应"北京市加快信息化建设步伐、实现无纸化教学、高效课堂、电子书包、给学生减负"的号召而设立的试点项目，项目投资金额为2500万元，涉及区教委信息中心，以及高中、初中、小学在内的10所学校。其中，区教委信息中心为项目甲方，10所学校为项目用户方。

一方面，本项目作为该区的数字化校园试点工程，区教委领导非常重视，要求必须在2023年11月正式运行。另一方面，虽然本项目合同规定了建设内容包含一卡通、教学评估、门户网站、家校互动、录课教室、PAD教室等，但具体的功能模块需要跟教委和学校细化需求后才能进一步确定。因此，该项目在范围管理和进度管理方面都给我们公司提出了很高的要求。

作为本项目的项目经理，我直接负责该项目的管理和实施，项目团队成员包括：需求分析及总体设计人员8人、软件系统开发人员15人、硬件环境搭建人员20人。我和团队具有5年以上的项目实施经验，公司让我们负责这个项目也体现了公司对该项目的重视。

二、项目范围管理的内容和范围与进度管理的关系

通过学习项目管理相关知识，我认识到，项目范围管理的核心目标是确保项目做且仅做所需的全部工作，以便成功地完成项目。具体来说，范围管理包含6个过程。

1. 规划范围管理。要依据项目章程、合同等文件，来编制《项目范围管理计划》和《需求管理计划》，从而为整个生命周期内管理项目范围提供指南和方向。

2. 收集需求。要求团队依据范围（需求）管理计划，灵活运用头脑风暴、调查问卷、焦点小组、引导技术等各种工具，全面准确地收集客户需求，形成《需求文件》和《需求跟踪矩阵》。

3. 定义范围。其目的就是依据客户的具体需求来明确项目所要完成的工作，并编制《项目范围说明书》。

4. 创建WBS。对项目工作进行结构化分解，从而形成范围基准。根据具体项目的特点，WBS的第一层可以按照生命周期、子项目、可交付成果等方法进行分解，而且要把项目分解到工作包（或规划包）。

5. 确认范围。其内涵是让客户对"核实的可交付成果"进行验收，形成"验收的可交付成果"，从而为项目的成功奠定基础。

6. 控制范围。贯穿项目的全生命周期，就是要依据范围基准定期检查项目实际的范围完成情况，及时发现问题，避免"镀金"或范围蔓延。

在项目管理工作中，范围和进度管理是互相影响、互相制约的关系。在制订计划时，范围基准是制订进度基准的重要依据，只有先明确项目需要完成什么工作，才能进一步分析和确定这些工作需要多少时间，但有时进度的约束（比如有的项目时间是固定不可改变的）也会影响范围的最终确定。在监控项目时，要统筹分析范围、进度和成本的关系，比如，需求的变更可能导致进度和成本基准的改变，这就要在变更控制流程中特别强调"变更影响分析""与干系人沟通"等环节。

三、本项目中的范围和进度管理实践工作

结合上述理论，下面论述我在"数字校园项目"中有关范围和进度管理的具体工作。

由于该项目是区教委的重点项目，教委王主任和我公司李总均非常重视，在2018年3月5日的合同签订仪式中，王主任强调必须按期、高质量地完成项目，同时特别要求各学校要积极配合我公司进行需求的细化工作。

会后，我首先带领团队依据项目的招投标文件和合同梳理出了高层次范围。然后组织需求工程师与教委信息中心李老师一起讨论项目选建内容。最终的项目范围确定为：门户网站、一卡通、教学评估为项目必建内容，在10所学校内部署；选建内容的家校互动在一所初中内部署，录课教室和PAD教室在一所高中建设。接下来，针对每一项内容，我组织团队进行细化分解，比如，门户网站进一步分解为需求调研及确认、页面设计、开发测试、试运

行、交付等工作。最后，团队用两周时间编制了完整的项目WBS，经教委和公司的高层批准，形成了"数字校园项目范围基准"和"交付确认计划"。

依据WBS和具体的项目人员投入等情况，我们制订了项目进度计划，概述如下：2023年3月底完成需求确认，4月底完成系统设计，9月底完成硬件采购搭建和软件开发，10月15日前完成试运行，10月30日前交付验收（这里有15天的进度储备）。

在项目执行阶段，一方面，我对项目的阶段性可交付成果（如《需求规格说明书》《设备选型确认单》等）及时与教委确认存档；另一方面，我也特别注意定期收集项目工作数据，做好范围、进度等控制工作，及时发现并处理项目遇到的各种问题。

2023年5月底，硬件实施团队现场踏勘时发现某小学的机房老旧，各种网线如蛛网一样盘插在陈旧的机柜里，如果在该机房搭建一卡通的无线射频装置和教学评估的监控设备，则必须重新综合布线。这超出了项目范围，可能导致进度落后和成本增加。

面对该范围变更问题，我首先带领团队分析这个问题对于项目各基准具体的影响，然后与教委进行了沟通，教委的意见是可以增加成本，但要保证进度。最终我决定采用正式的范围变更控制流程来处理。

1. 由我公司向教委提出"新增××小学机房综合布线"的范围变更申请。变更方案中详细列明了"变更原因、需要增加的成本、我方通过加班来保证变更不影响项目整体进度"等内容。

2. 将变更申请交由项目监理方和教委审批。

3. 批准后及时更新相关计划并执行变更。

4. 整理并保存相关文档。

通过上述努力，该范围增加的问题被妥善解决，项目整体进度未受影响，教委王主任对我们工作的规范性也给予了充分肯定。

经过我和团队以及项目各干系人的共同努力，"数字校园项目"在2023年10月25日被顺利交付验收，教委王主任在项目总结会上对我们的工作给予了"管理科学、实施规范"的评价，并准备用此项目参与当年该区政府组织的优秀项目评选。

四、总结

要做好项目管理，学习理论知识是非常必要的。通过学习"项目管理知识体系"，我理解了项目管理的本质是要做好整合，因为项目管理各领域之间是紧密联系、互相影响的。比如本项目中的需求增加必然可能导致进度和成本等变化。

信息系统集成项目需求多变、技术复杂，这对项目经理提出了更高的要求。通过这个项目，我深刻理解了"理论联系实际"的重要性。除了系统化地学习理论知识，更要不断地参与具体工作，解决具体问题，并从中体会和成长。靠持续努力来实现我自己的中国梦！

14.4.6 开发方法和生命周期绩效域：结构1

题目：论开发方法和生命周期绩效域在信息系统项目中的重要作用

信息系统项目具有需求多变、交付成果多样、技术先进等特点，因此管理信息系统项目需要先选择合适的交付节奏、开发方法和生命周期。

请以"论开发方法和生命周期绩效域在信息系统项目中的重要作用"为题进行论述。

1. 概要叙述你参与管理过的信息系统项目（项目背景、项目规模、发起单位、目的、项目内容、组织结构、项目周期、交付的成果等），并说明你在其中承担的工作（项目背景要求本人真实经历，不得抄袭及杜撰）。

2. 请结合你所叙述的信息系统项目，围绕以下要点论述你对开发方法和生命周期绩效域的认识。

（1）开发方法和生命周期绩效域的绩效要点。

（2）你为这个项目选择了什么样的开发方法和生命周期，选择依据是什么，并用事实论述你的这种选择的好处。

正文：

论开发方法和生命周期绩效域在信息系统项目中的重要作用

一、项目概述

2023年2月，我公司承建了北京市门头沟区"数字化校园建设一期项目"。该项目是门头沟区教委信息中心为响应北京市"加快信息化建设步伐、实现无纸化教学、高效课堂、电子书包、给学生减负"的号召而设立的试点项目，项目一期计划投资2500万元，涉及区教委信息中心，以及高中、初中、小学在内的10所学校。其中，区教委信息中心为项目甲方，10所学校为项目的用户方。

一方面，由于是试点项目，虽然项目合同规定了高层次范围（包括门户网站、教学评估、家校互动、综合管控系统、一卡通、录课教室、PAD教室、基础网络），但是合同也说明有些内容可以"根据实际情况选定2~3项内容为选建内容，具体由甲乙双方协商确定"，这给项目需求收集和范围定义带来了很大的不确定性。另一方面，本项目既包含定制软件开发，又包含基础网络搭建和硬件设备的采购集成，这两大类工作的交付成果和交付节奏都有很大区别。

综合上述项目特点，作为承建方项目经理，我深刻认识到为项目选择合适的开发方法和生命周期对项目的成功至关重要。

二、开发方法和生命周期绩效域的绩效要点

2021年，美国项目管理协会PMI推出了第7版项目管理知识体系（PMBOK），与第6版相比，第7版PMBOK的核心变化是将原来10个知识域的49个项目管理过程，变为以12个项目管理原则为指导的8个绩效域。

项目绩效域是一组对有效地交付项目成果至关重要的相关活动。8个项目绩效域之间相互作用、相互关联、相互依赖，它们可以协调一致地实现预期的项目成果。

开发方法和生命周期绩效域涉及与项目的开发方法、交付节奏和生命周期相关的活动和职能。本绩效域的要点包括：交付节奏、开发方法及其选择、协调交付节奏和开发方法及生命周期。

1. 交付节奏。交付节奏是指交付项目可交付物的时间安排和频率，一般包括一次性交付、多次交付、定期交付、持续交付。交付节奏的选择需要结合项目客户需求和具体的可交付物类型进行综合考虑后确定。

2. 开发方法及其选择。开发方法是在项目生命周期内创建和演变产品、服务或结果的方法。目前比较权威的关于开发方法的分类，是根据迭代性和增量性的逐渐增加，将项目开发方法分为预测型、混合型、适应型三类。在为项目选择开发方法时，需要从产品、项目、组织等多角进行度综合分析。适合的开发方法是项目成功的关键因素。

3. 协调交付节奏和开发方法及生命周期。对于相对复杂的信息系统项目，可能包含不同的建设内容和交付成果。因此，同一个项目的不同阶段或者不同的子项目，选择的交付节奏和开发方法可能是不同的。协调交付节奏和开发方法及生命周期既需要项目经理深入了解项目的内容和特点，又要求项目经理能够站在价值交付、整合管理的视角进行综合研判，做出最适合项目的决策。

三、本项目开发方法和生命周期的选择与相关实践工作

3.1 交付节奏分析

在2023年3月5日的合同签订仪式上，教委王主任强调必须按期、高质量地完成项目，同时特别要求各学校要积极配合我公司进行需求的细化工作。

会后，我首先带领老张和小王（他俩与我配合多年，我们三人是本项目的核心管理团队）依据项目的招投标文件和合同，与区教委信息中心刘老师一起讨论项目的必建和选建内容。在定制软件开发的部分中，门户网站、教学评估、综合管控系统为必建内容；家校互动为选建内容，在A初中部署；对于网络和硬件部分，一卡通、基础网络搭建为必建内容，录课教室和PAD教室为选建内容，在B高中建设。

在交付节奏方面，软件部分的门户网站和综合管控系统的需求相对明确，并且变化的频率不高（这两部分内容在招标文件中有具体规定）。因此，我们决定采用一次性交付的方式，在2023年6月底交付。家校互动模块因为是选建内容，其需求不是很明确，而且容易变化，所以我们和A初中的对接人康老师沟通后，决定采用敏捷开发+多次交付的形式，但一定要在2023年8月底前完成。

对于硬件部分，我与项目硬件小组负责人李工、公司采购部经理老朱、区教委信息中心刘老师进行了一次专题会议，明确了整体交付方式为一次性交付，同时确定了设备到货、系

统调试、试运行的里程碑节点。另外，在录课教室和PAD教室的交付方面，我们借鉴敏捷软件开发的思想，在需求探索阶段与B高中赵老师紧密配合，实施多次交付，需求确定后再进行一次性交付。

3.2 确定开发方法和生命周期

基于上述各子项目的交付节奏，我们确定项目的整体开发方法为混合型，其中必建内容为一次性交付，采用预测型方法；选建内容为多次交付，采用适应型方法。对于预测型开发的内容，我要求老张负责的需求调研小组一定要在项目初期尽可能准确全面地收集客户需求，尽量减少在项目实施中期出现需求变更的情况。对于适应型开发的内容，与客户紧密沟通至关重要。因此，我特别建立了"数字校园项目选建内容沟通群"，成员包括我、软件组长小王、硬件组长李工、A初中康老师、B高中赵老师。利用这个群，我们可以第一时间为客户演示开发成果，并得到客户的反馈。

最终，项目的生命周期和主要的里程碑如下：①需求调研阶段，2023年3月初至3月底。②整体设计阶段，2023年4月初至4月底。③软件开发阶段，2023年5月初至9月底。④硬件搭建阶段，2023年5月初至8月底。⑤集成测试阶段，2023年10月初至10月15日完成。⑥项目验收阶段，2023年10月底前完成（这里有15天的进度储备）。

3.3 项目实施及问题解决

确定交付节奏、开发方法和生命周期能为项目的推进打下良好的基础。我们依据各阶段的主要工作内容和方法，进一步制订了包含范围、进度、成本基准，以及沟通计划、风险应对等内容在内的《数字校园项目管理计划》，并与项目主要干系人进行了沟通和确认。

在项目实施过程中，问题不可避免。有效的项目管理要做到及时发现并妥善处理可能影响项目成功的各种问题。

2023年6月中旬，软件开发团队在"课堂典型动作识别"功能的实现上遇到了难题——系统动作识别速率不满足"0.5秒内准确识别"这一指标。小王跟我沟通并建议邀请他在大疆公司的同学（樊博士，是一名算法优化专家）来帮助解决问题。我意识到这是一个非常好的提升软件团队整体能力的机会，特别找到李总沟通了这个情况，并成功申请到了2万元的培训经费。最终，在樊博士的帮助下，我们不仅解决了这个技术问题，而且让整个软件团队对最新的AI图像识别算法获得了宝贵的项目经验，形成了公司的过程资产（后来，这个案例还帮助公司的销售团队中标了第一个AI识别的项目）。

经过我和团队以及项目各干系人的共同努力，"数字校园项目"在2023年10月25日被顺利交付验收，教委王主任在项目总结会上对我们的工作给予了"管理科学、实施规范"的评价，并准备用此项目参与当年该区政府组织的优秀项目评选。

四、总结

"兵无常势，水无常形。"信息系统集成项目需求多变、交付节奏多样、开发方法多种，这对项目经理提出了更高的要求。通过这个项目，我深刻理解了"读万卷书，行万里路"的内涵。除了系统化地学习理论知识，更要不断地参与项目工作，解决具体问题，并从中体会和成长，靠持续努力来实现我自己的中国梦！

14.5 论文神器

对于本章前4节的内容，相信大家看懂并不难，但关键的问题是如何做到。这也是笔者讲软考高项论文课程时遇到的最多的问题（如图14-8所示）。

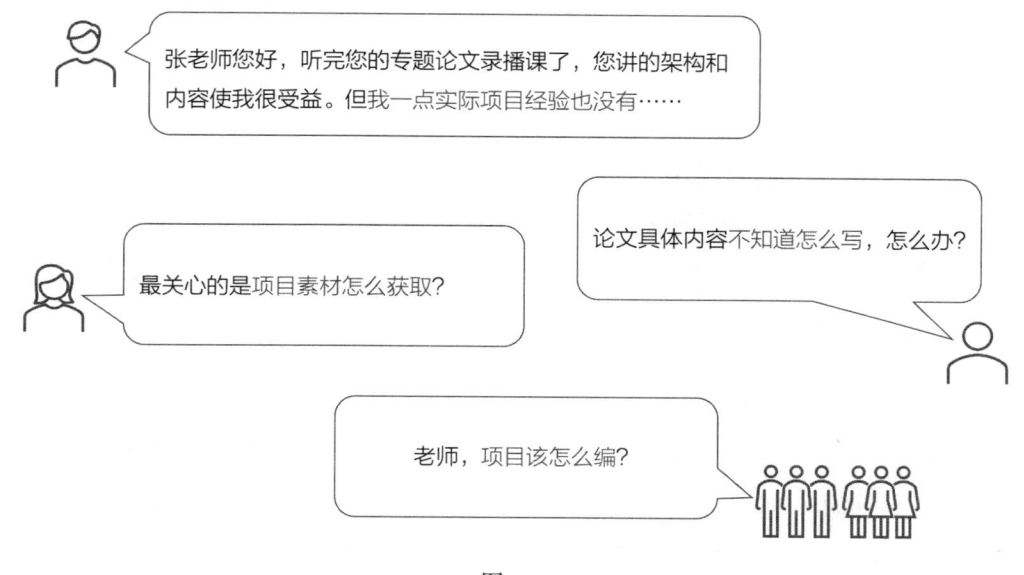

图14-8

的确，论文应该怎么写、写成什么样，这个学习起来并不难。造成"考生听完课或者看完本章前4节的内容还是写不出论文"的主要原因可能有两个。

（1）没有项目经验，不了解实际的信息系统项目的具体情况。

（2）有项目经验，但实际做项目时感觉与理论讲的区别很大，不知道该怎么写。

让我们来思考这样一个问题：一个人什么时候可以滔滔不绝地跟别人聊一件事？答案应该是：当这个人详细知道或者他亲身经历过这件事，并且很清楚这件事的所有细节时。所以，论文难写的根本原因可能在于，论文涉及的项目或者项目中的那些项目管理过程、文件、问题等都是编的，都不是自己经历过的。

为了解决这个问题，笔者的方案是：项目情景化+AI辅助+调整优化。

14.5.1 项目情景化

项目情景化指的是考生在准备项目素材时，详细掌握项目的来龙去脉，情景式地准备好与项目相关的重要事件。这些事件包括时间、地点、人物、起因、经过、结果。既然是情景，就应该有画面感和完整的故事。下面以如图14-9所示的"信息系统项目诞生记"为例进行介绍。

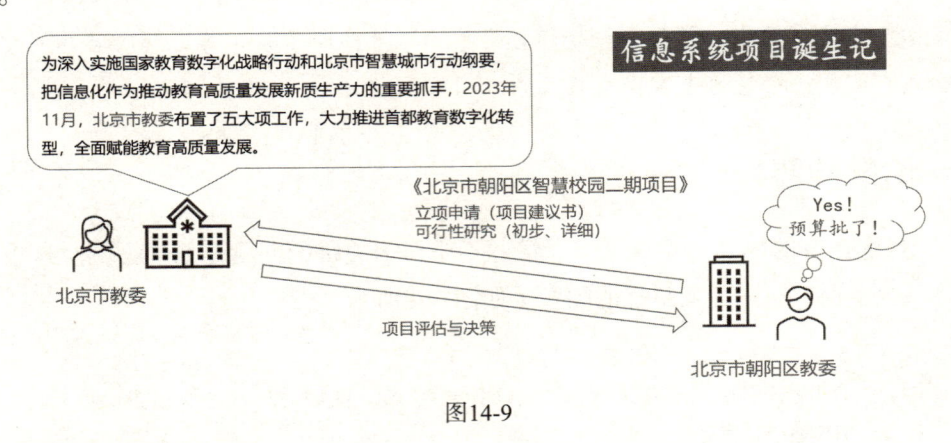

为深入实施国家教育数字化战略行动和北京市智慧城市行动纲要，把信息化作为推动教育高质量发展新质生产力的重要抓手，2023年11月，北京市教委布置了五大项工作，大力推进首都教育数字化转型，全面赋能教育高质量发展。

信息系统项目诞生记

《北京市朝阳区智慧校园二期项目》
立项申请（项目建议书）
可行性研究（初步、详细）

项目评估与决策

Yes！预算批了！

北京市教委　　　　　　　　　　　　　　　　　　　　北京市朝阳区教委

图14-9

信息系统项目诞生记。

1. 为深入实施国家教育数字化战略行动和北京市智慧城市行动纲要，把信息化作为推动教育高质量发展新质生产力的重要抓手，2023年10月，北京市教委布置了五大项工作，大力推进首都教育数字化转型，全面赋能教育高质量发展。（这可以作为论文项目概述中的项目背景）

2. 北京市朝阳区教委基于市教委的要求，提出了"北京市朝阳区智慧校园二期项目"的立项申请以及可行性研究报告。市教委组织专家进行项目评估和论证，于2023年11月正式批准了项目申请和相关项目预算，如图14-10所示。

3. 2023年12月初，朝阳区教委对智慧校园二期项目进行了公开招标，多家系统集成企业进行了投标。经过开标、评标，最终选定北京市××系统集成科技有限公司为中标人。

4. 2023年12月底，朝阳区教委与北京市××系统集成科技有限公司（以下简称"××公司"）签订了《北京市朝阳区智慧校园二期项目建设合同》。该合同金额为2500万元，工期要求必须在2024年12月31日前完工。主要建设内容包括：云服务平台搭建、大数据分析系统开发、移动学习App开发、智能教室升级、安全监控系统升级、用户培训、后期维护等。项目主要干系人包括：朝阳区教委（项目甲方）、56所学校（项目用户方）、各学校老师、学生及家长、项目监理公司、设备供应商、政府监管机构等。项目具有规模大、周期长、建设内容广、涉及专业复杂、干系人众多等显著特点。（这些内容可以作为论文项目概述中的基本信息）

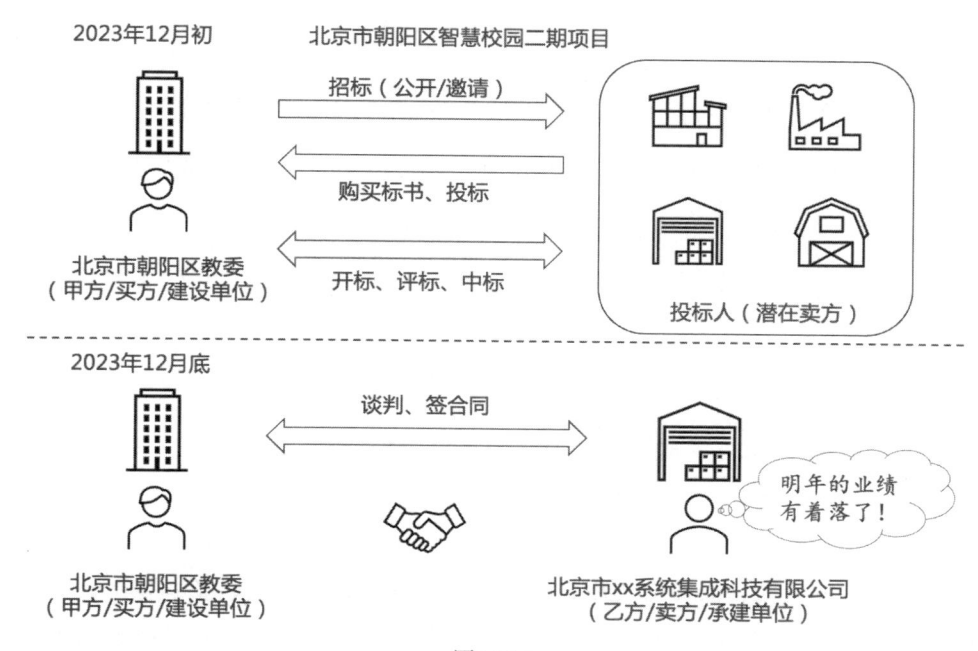

图14-10

5. 2024年1月5日，××公司副总（刘总，项目发起人）组织了由公司内部高管和项目经理（项目经理就是将来论文中的"我"）参加的庆功会，庆祝项目中标，并口头任命项目经理。

6. 2024年1月10日，在××公司22层会议室，项目经理召开了项目启动会（如图14-11所示），参会人员包括刘总、项目经理、小王（软件子项目负责人）、老李（硬件子项目负责人）、张姐（财务总监）、杨老师（行政总监）和周博士（技术总监）。会议内容主要是审批《项目章程》并正式任命项目经理。项目章程的内容如图14-12所示。

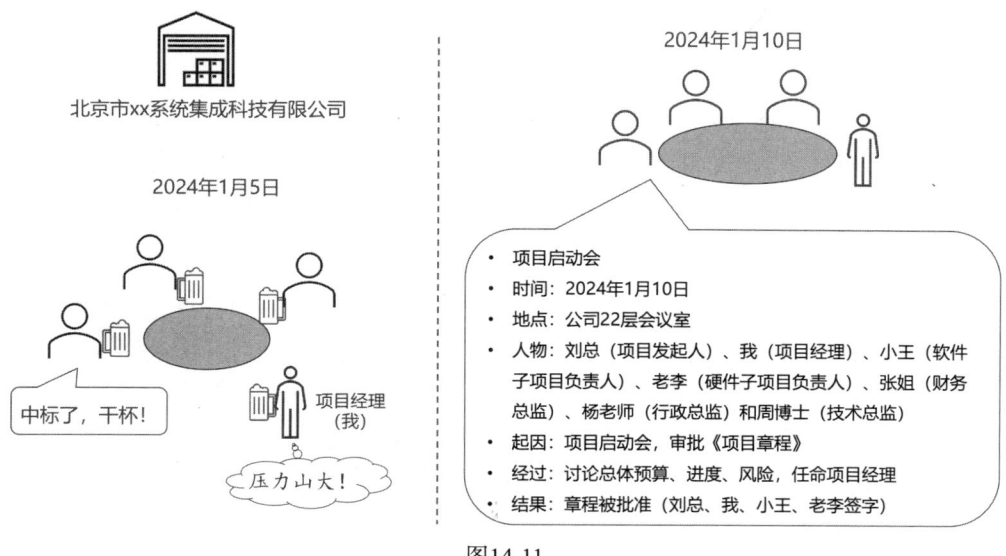

图14-11

××公司-智慧校园二期项目-项目章程

- 项目名称：北京市某区"智慧校园"二期项目。
- 项目目标：与甲方紧密合作，完成合同约定的各项工作，为公司实现经济收益的同时锻炼公司团队、丰富公司项目案例。
- 项目范围：负责云服务平台搭建、大数据分析系统开发、移动学习App开发、智能教室升级和安全监控系统升级等关键技术领域的实施工作。
- 总体进度：2024年1月10日启动，2024年12月31日前完成终验。
- 总体预算：项目总成本控制在1700万元内。
- 项目经理：我；联系电话：略。
- 项目主要干系人：
  1. 刘总：公司副总，负责提供资源以及高层沟通；
  2. 我：项目经理，负责整合管理，制定计划，监控项目，与甲方沟通等；
  3. 小王：软件组长，负责项目软件开发部分相关工作；
  4. 老李：硬件组长，负责项目硬件部分相关工作。
- 签名：_____（以上所有干系人签名）

图14-12

7. 2024年1月中下旬，项目启动后，项目经理领导项目核心管理团队（小王、老李）开始识别项目各干系人，并制订各种管理计划（这些工作对应PMBOK中规划过程组中的工作）。

8. 2024年1月28日，在公司22层小会议室，项目经理组织召开项目开工会（也叫开踢会，kick-off meeting），如图14-13所示。参会人员包括项目经理、刘总、小王、老李和周博士，会议议题是审批《智慧校园二期项目管理计划》。该计划包含范围基准、进度基准、成本基准，以及沟通管理计划、质量管理计划等各种子计划，还包括干系人登记册、质量检查表、风险登记册等项目管理所需的各种项目文件（这些内容要提前准备好，在将来的各知识域主题的论文中都会用到。本书14.5.2节有具体的例子）。最终，《智慧校园二期项目管理计划》被刘总批准。后期项目在实施过程中如果需要对该计划的重要内容进行变更，则需要走正式的变更控制流程。

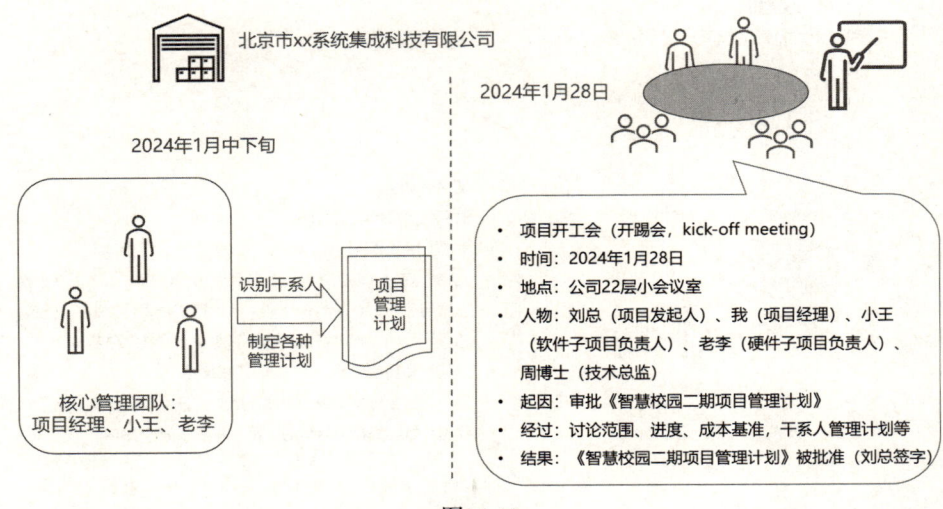

图14-13

9. 2024年2月至12月（项目实施阶段），这个阶段需要团队按照项目管理计划开展各项工作（这类工作属于执行类工作），管理团队还要按照计划开展监控类工作，并及时发现和处理项目中遇到的各种问题，如图14-14所示。

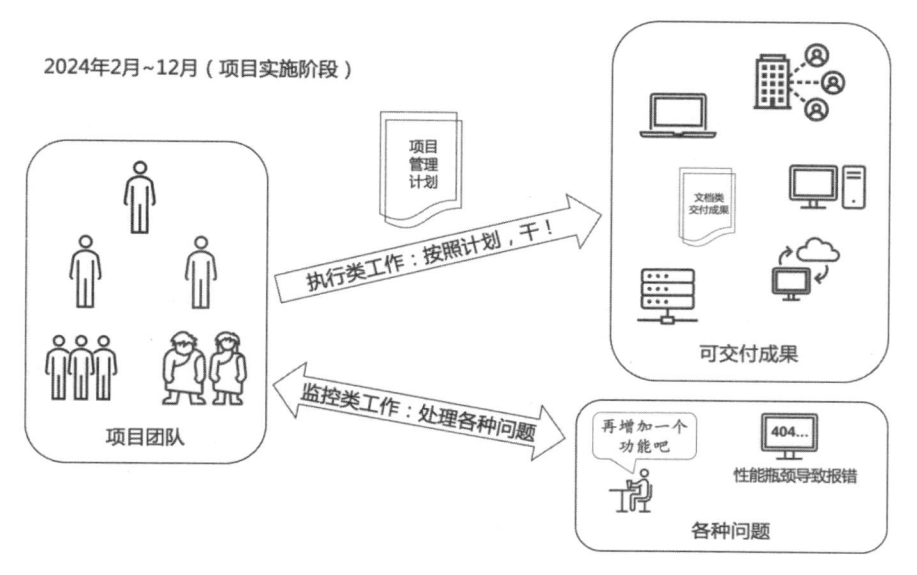

图14-14

10. 2024年5月10日，某小学康校长向项目经理提出需求变更，项目经理及时进行变更影响分析，并与有关干系人沟通，确定了变更方案，经CCB（变更控制委员会）审批后，变更方案顺利实施，如图14-15、图14-16所示。（注意：这只是项目实施阶段遇到的一个问题举例，在写论文的时候，这个问题既可以从范围管理的角度来写，也可以从进度、成本、沟通等方向来写）

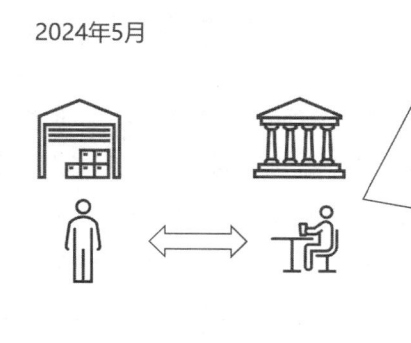

2024年5月

- 时间：2024年5月10日
- 地点：办公室（接到康校长电话）
- 人物：我（项目经理）、康校长、李主任
- 起因：陈经纶小学的康校长提出希望在移动学习App中加入人脸识别功能，以提高校园安全和考勤效率。
- 经过：
  1. 团队分析影响：APP开发延期两周，增加10万元成本。
  2. 与康校长以及教委李主任开会，康校长决定继续变更，成本由陈经纶小学负责。李主任要求不能影响整体项目进度。
  3. 提交变更方案，增加3名资深开发人员，不影响整体进度。
  4. 批准后更新相关计划、按照批准的方案执行。
- 结果：5月15日变更方案被批准；5月28日完成变更。

图14-15

2024年12月20日

- 时间：2024年12月20日
- 地点：教委主楼2楼会议室
- 人物：副区长、市教委副主任、区教委李主任、刘总、我（项目经理），校方代表——5个校长、监理方代表等
- 起因：项目终验
- 经过：展示了项目总结报告，演示了重点系统的亮点功能，提交了全面的项目文档。
- 结果：各方代表对项目成果表示非常满意，并在终验报告上签字。

图14-16

11. 2024年12月20日，在朝阳区教委2楼会议室召开了项目验收会，参会人员包括副区长、市教委主任、区教委主任、刘总、项目经理、用户代表、监理代表等，会上展示了项目总结报告，演示了重点系统的亮点功能，提交了全面的项目文档，各方代表对项目成果表示非常满意，并在终验报告上签字。

通过上面的"信息系统项目诞生记"，大家对项目的情景化应该有了直观的了解。情景化地准备项目全生命周期所经历的各种事件和人物，目的就是让大家能够身临其境地了解项目。只有这样，写出来的论文才能让人感觉更真实。无论考生是否有项目经验，这种情景化地准备项目相关信息都是有意义的，能帮助考生写出合格的论文。

14.5.2 AI辅助

除了情景化地准备项目的相关信息，为了写出合格的论文，考生还需要准备好项目管理涉及的各种计划、文件（比如沟通管理计划、风险登记册）等。因为论文题目会要求考生在论文中描述这些文件（比如2022年11月的论文题目要求写质量核对单，2023年5月的论文题目要求介绍风险登记册），其难点在于，即使有项目经验，考生在实际的项目管理工作中也不一定完全按照PMBOK的理论来编制这些文件。所以，为了准备符合论文题目要求的那些重要的项目管理相关文件，我们可以用AI大模型结合项目相关信息辅助我们编制这些文件。

从2023年开始，笔者使用了国内一些免费的AI大模型来辅助编制项目管理的相关文件，这些AI大模型包括：讯飞星火、Kimi、天工AI、通义千问等，在辅助编制项目管理的相关文件方面，笔者的感受是：①使用这些大模型可以大大提高我们编制文件的效率。②这些大模型的回答质量相差不大，其回答不能完全作为我们的最终答案，需要进行优化。

下面展示笔者与AI大模型的一些对话，供大家参考。对话内容主要围绕一个信息系统项目展开，包括"我的提问"和"AI回答"两大类，如图14-17所示。

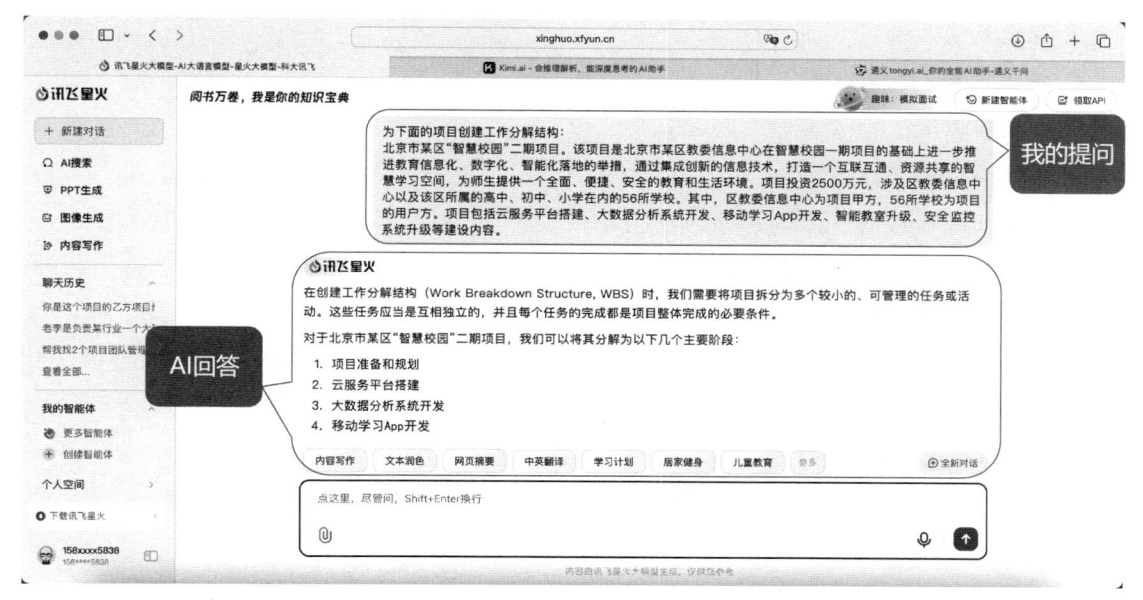

图14-17

为了方便阅读，笔者用文字形式展示这些对话。

示例1

我的提问：

为下面的项目创建工作分解结构：

北京市某区"智慧校园"二期项目。该项目是北京市某区教委信息中心在智慧校园一期项目的基础上进一步推进教育信息化、数字化、智能化落地的举措，通过集成创新的信息技术，打造一个互联互通、资源共享的智慧学习空间，为师生提供一个全面、便捷、安全的教育和生活环境。项目投资2500万元，涉及区教委信息中心以及该区所属的高中、初中、小学在内的56所学校。其中，区教委信息中心为项目甲方，56所学校为项目的用户方。项目包括云服务平台搭建、大数据分析系统开发、移动学习App开发、智能教室升级、安全监控系统升级等建设内容。

AI回答：

在创建工作分解结构（Work Breakdown Structure，WBS）时，我们需要将项目拆分为多个较小的、可管理的任务或活动。这些任务应当是互相独立的，并且每个任务的完成都是项目整体完成的必要条件。

对于北京市某区"智慧校园"二期项目，我们可以将其分解为以下几个主要阶段：

1. 项目准备和规划
2. 云服务平台搭建
3. 大数据分析系统开发
4. 移动学习App开发

5. 智能教室升级

6. 安全监控系统升级

7. 测试和调试

8. 用户培训和交付

9. 项目收尾和后期维护

接下来，我们再对每个阶段进行进一步分解：

1. 项目准备和规划

   - 制订项目计划

   - 确定项目需求和目标

   - 定义项目范围

   - 建立项目管理团队

   - 制订风险管理计划

   - 确定项目预算

2. 云服务平台搭建

   - 设计云服务平台架构

   - 选择云服务提供商

   - 部署云服务环境

   - 配置和优化云服务资源

3. 大数据分析系统开发

   - 设计大数据架构

   - 开发数据采集模块

   - 开发数据处理和分析模块

   - 开发数据可视化模块

   - 集成到云服务平台

4. 移动学习App开发

   - 设计移动学习应用框架

   - 开发学习内容管理功能

   - 开发互动学习功能

   - 开发用户管理和安全功能

   - 集成到云服务平台

5. 智能教室升级

   - 评估现有教室设施

   - 设计智能教室方案

   - 采购智能设备和软件

- 安装和配置智能设备
6. 安全监控系统升级
   - 评估现有监控系统
   - 设计新的安全监控方案
   - 采购新的监控设备
   - 安装和配置新设备
7. 测试和调试
   - 测试云服务平台
   - 测试大数据分析系统
   - 测试移动学习App
   - 测试智能教室功能
   - 测试安全监控系统
8. 用户培训和交付
   - 制订培训计划和材料
   - 对用户进行系统操作培训
   - 对用户进行安全管理培训
   - 正式交付使用
9. 项目收尾和后期维护
   - 完成项目文档
   - 进行项目总结和评估
   - 提供后期维护和支持服务

以上是一个粗略的工作分解结构示例，在实际的项目中可能需要进行更详细的分解，以及根据项目的特定需求进行调整。

示例2

我的提问：

为这个项目制订进度计划。

AI回答：

制订项目的进度计划需要考虑到项目的范围、资源、约束条件和风险管理。通常，项目经理会使用甘特图、关键路径法（CPM）或敏捷方法论等工具和技术来制订进度计划。对于本项目，我们可以采用以下步骤来制订一个基本的进度计划：

1. 定义活动与依赖关系
   - 根据WBS，列出所有的主要活动和任务。
   - 确定活动之间的依赖关系，哪些任务必须先完成才能开始后续任务。

2. 估算活动持续时间
   - 为每项任务分配预计时间。
   - 考虑资源的可用性和团队的能力来合理估算。
3. 确定关键里程碑
   - 标记出项目中的重要时间节点，如各阶段的结束、关键交付物的完成等。
4. 分配资源
   - 确定每个任务所需的人力、物力和财力资源。
   - 分配具体团队成员负责各个任务。
5. 制订初步进度表
   - 使用甘特图或类似的工具绘制出所有活动的时间表。
   - 调整活动顺序和资源分配以优化时间表。
6. 风险评估与缓冲时间
   - 识别可能影响进度的风险因素。
   - 在进度计划中加入适当的缓冲时间以应对不确定性。
7. 审核与调整
   - 与项目团队和利益相关者审查进度计划。
   - 根据反馈进行必要的调整。
8. 发布进度计划
   - 经过最终审批后，发布进度计划供团队遵循。

针对"智慧校园"二期项目的示例进度计划如下：

项目准备和规划：0~1个月

云服务平台搭建：1~3个月

大数据分析系统开发：2~5个月

移动学习App开发：2~5个月

智能教室升级：4~7个月

安全监控系统升级：4~7个月

测试和调试：6~8个月

用户培训和交付：8~9个月

项目收尾和后期维护：9~12个月

请注意，以上时间线是示意性的，并且很多任务可能会并行进行。实际的进度计划会更加详细，每个任务会有明确的开始和结束日期，以及具体的资源分配。此外，根据项目实际情况，可能需要采用更灵活的敏捷方法来迭代地规划和执行项目。

示例3

我的提问：

识别这个项目典型的干系人。

AI回答：

在"智慧校园"二期项目中，干系人是指那些对项目有影响或者会受到项目影响的个体、团队或组织。典型的干系人可能包括：

1. 区教委信息中心（甲方）
   - 项目负责人
   - 项目经理
   - IT支持团队
   - 财务部门
   - 决策者和领导层

2. 学校（用户方）
   - 高中、初中、小学的校长
   - 教师和教职工
   - 学生
   - IT管理员和支持人员
   - 家长（作为学生的监护人）

3. 供应商和合作伙伴
   - 云服务平台提供商
   - 大数据分析系统供应商
   - 移动学习App开发商
   - 智能教室设备供应商
   - 安全监控系统供应商

4. 政府机构和监管部门
   - 地方教育局
   - 信息和通信技术监管机构
   - 数据保护和隐私监管机构

5. 社区和公众
   - 当地社区成员
   - 教育专家和顾问
   - 行业协会和组织

6. 融资机构

- 投资方
- 银行和金融机构（如果涉及贷款或资金支持）

7. 媒体和舆论领袖
   - 当地新闻媒体
   - 教育技术评论员和分析师

识别干系人后，项目团队应该进行干系人分析，首先了解他们的期望、影响力和对项目的潜在影响。然后，制订相应的沟通管理计划，确保与所有关键干系人的有效沟通，并管理他们的期望和需求。

示例4

我的提问：

针对这个项目各干系人创建沟通计划，包括沟通内容、沟通目的、沟通形式。

AI回答：

在创建针对"智慧校园"二期项目的沟通计划时，我们需要为不同的干系人定制沟通内容、沟通目的和沟通形式。以下是一个简化的沟通计划示例：

1. 区教委信息中心（甲方）

沟通内容：

- 项目进度报告
- 财务报告
- 风险管理更新
- 决策支持材料

沟通目的：

- 保持甲方对项目进展的了解
- 确保资金使用的透明性
- 及时识别和应对项目风险
- 支持关键决策的制订

沟通形式：

- 周报（电子邮件）
- 月度会议（面对面或视频会议）
- 紧急情况通知（电话或即时通信）
- 定期的闭门会议（面对面）

2. 学校（用户方）

沟通内容：

- 系统使用培训资料
- 功能更新和维护通知

- 反馈和需求收集
- 安全和使用指南

沟通目的：
- 提高用户对系统的熟悉度和满意度
- 提供持续的技术支持
- 收集用户反馈以改进服务
- 保障系统安全和正确使用

沟通形式：
- 在线培训视频和手册（网络平台）
- 邮件通知和新闻通信
- 定期用户反馈会议（面对面或电话）
- 在线支持论坛和FAQ（网络平台）

3. 供应商和合作伙伴

沟通内容：
- 合同履行情况
- 技术规格和要求
- 项目里程碑和交付日期
- 合作进展和挑战

沟通目的：
- 确保合同条款得到遵守
- 协调技术和运营要求
- 监控项目按计划进行
- 解决合作中的问题

沟通形式：
- 定期项目审查会议（面对面或视频会议）
- 进度报告和邮件更新
- 技术文档和交流（网络平台）
- 紧急问题热线或即时通信

4. 政府机构和监管部门

沟通内容：
- 合规性和法规遵循报告
- 教育和技术创新进展
- 政策建议和支持请求
- 社区和行业影响评估

沟通目的：
- 保证项目符合相关法律和政策
- 促进政府对项目的支持
- 获取政策指导和建议
- 评估项目对社会的影响

沟通形式：
- 正式书面报告和呈递
- 定期的政策研讨会（面对面）
- 直接对话和简报（面对面或电话）
- 公开听证会和咨询（公共场合）

5. 社区和公众

沟通内容：
- 项目进展和成就
- 教育技术的普及和好处
- 社区参与和反馈机会
- 安全和隐私保护措施

沟通目的：
- 提高项目的社会认可度
- 教育社区关于新技术的使用
- 鼓励社区参与和反馈
- 增强信任和透明度

沟通形式：
- 新闻稿和媒体发布会
- 社交媒体更新和互动
- 社区论坛和研讨会
- 问卷调查和在线反馈平台

这个沟通计划需要根据项目的实际情况和干系人的具体需求进行调整。沟通计划应该是动态的，能够适应项目的变化和干系人的反馈。

示例5

我的提问：

用表格形式展示这个沟通计划。

AI回答（见表14-1）[1]：

以下是一个简单的表格形式来展示"智慧校园"二期项目的沟通计划。

表 14-1

干系人群体	沟通内容	沟通目的	沟通形式
区教委信息中心	项目进度报告、财务报告、风险管理更新、决策支持材料	保持了解、透明性、风险应对、决策支持	周报（邮件）、阅读会议（面对面/视频）、紧急通知（电话/即时通信）、定期闭门会议（面对面）
学校（用户方）	系统使用培训资料、功能更新和维护通过、反馈和需求收集、安全和使用指南	提高熟悉度、技术支持、服务改进、安全保障	在线培训视频和手册、邮件通知、定期反馈会议（面对面/电话）、在线支持论坛和FAQ
供应商和合作伙伴	合同履行情况、技术规格和要求、项目里程碑和交付日期、合作进展和挑战	遵守合同、协调要求、监控进展、解决问题	定期项目审查会议（面对面/视频）、进度报告（邮件）、技术文档交流（网络平台）、紧急问题热线获即时通信
政府机构和监管部门	合规性和法规遵循报告、教育和技术创新进展、政策建议和支持请求、社区和行业影响评估	符合法律政策、促进支持、获取建议、评估社会影响	正式书面报告、定期的政策研讨会（面对面）、直接对话和简报（面对面/电话）、公开听证会和咨询
社区和公众	项目进展和成就、教育技术的普及和好处、社区参与和反馈机会、安全和隐私保护措施	提高认可度、教育社区、鼓励参与、增强信任和透明度	新闻稿和媒体发布会、社交媒体更新和互动、社区论坛和研讨会、问卷调查和在线反馈平台

示例6

我的提问：

制订这个项目的质量管理计划，500字左右。

AI回答：

质量管理计划是确保项目满足既定标准和性能要求的关键文档。以下是"智慧校园"二期项目的质量管理计划概要。

目标：

- 满足或超越客户和其他干系人的期望。
- 确保所有交付物和服务符合规定的质量标准。
- 通过持续改进流程，优化性能和效率。

质量管理原则：

- 以客户为中心：确保客户需求和期望得到满足。
- 持续改进：定期评估并优化流程。

---

[1] 为了对全书的图和表进行规范统一，本书对 AI 回答的表也进行了统一编号。

- 全员参与：鼓励团队成员参与质量管理过程。

质量标准：

- 遵循国家和行业标准，如ISO 9001质量管理体系。
- 遵守教育行业的最佳实践和规范。
- 根据项目需求定制具体的质量指标。

质量保证活动：

- 定期进行内部审计和检查，以确保流程的正确性。
- 对所有供应商和合作伙伴进行质量评估。
- 实施过程改进计划，以提高团队的效率和效果。

质量控制措施：

- 对关键交付物进行定期的质量审查和测试。
- 使用质量指标和性能指标进行量化分析。
- 收集和分析客户反馈，以识别改进领域。

风险管理：

- 识别与质量相关的风险，并制订应对策略。
- 监控风险触发器，并在必要时采取预防或纠正措施。

记录和文档管理：

- 维护详细的质量记录，包括审计结果、测试报告和改进措施。
- 确保所有文档都是最新的，并且易于访问和理解。

培训和发展：

- 为团队成员提供质量管理培训。
- 鼓励个人和团队的专业成长，以提升整体质量表现。

沟通和报告：

- 定期向管理层和干系人报告质量状况。
- 在项目会议中讨论质量问题和改进措施。

审查和更新：

- 定期审查质量管理计划的有效性，并根据项目进展和反馈进行更新。

通过这个质量管理计划，项目团队将能够确保"智慧校园"二期项目的交付物和服务达到预期的质量水平，同时不断提高项目管理的效率和效果。

示例7

我的提问：

为这个项目中的云服务平台搭建部分设计一些具体的质量指标，200字左右。

AI回答：

在设计质量指标时，我们需要关注云服务平台搭建的关键方面，包括系统性能、可用性、安全性、兼容性和可维护性。以下是一些具体的质量指标：

1. **系统性能**：
   - 响应时间：页面加载时间应小于3秒。
   - 吞吐量：系统应能够处理至少1000次/秒的请求。
   - 并发用户：系统应支持至少5000个并发用户操作。
2. **可用性**：
   - 系统可用性：99.9%的正常运行时间（除计划性维护外）。
   - 灾难恢复：自动备份和在1小时内恢复服务的能力。
3. **安全性**：
   - 数据加密：所有敏感数据传输时必须使用SSL/TLS加密。
   - 身份验证：强制实施多因素认证。
   - 漏洞管理：定期进行安全扫描，并在发现后24小时内修复严重漏洞。
4. **兼容性**：
   - 浏览器兼容性：支持最新的Chrome、Firefox、Safari和Edge浏览器。
   - 设备兼容性：适配主流智能手机和平板电脑。
5. **可维护性**：
   - 代码标准：遵循行业编码标准，如PSR对于PHP或PEP 8对于Python。
   - 文档完整性：提供完整的API文档和系统维护手册。

这些指标应通过严格的测试和审计来验证，以确保云服务平台的质量和可靠性。

示例8

我的提问：

描述一个云服务器到货延迟的问题及其解决方案，要有具体的时间，300字左右。

AI回答：

在智慧校园项目中，云服务器作为核心基础设施的组成部分，对于整个项目的实施至关重要。假设云服务器的预定部署日期为6月1日，以便进行前期的测试和配置。然而，由于供应商的生产延误，设备到货时间推迟到了6月15日。

面对这一挑战，项目管理团队采取了紧急措施。

1. **调整时间表**：团队重新规划了项目关键里程碑，将不受云服务器影响的任务提前执行，比如进行其他硬件设备的采购和校内网络的准备工作。
2. **沟通与协调**：立即与供应商沟通，确认新的到货时间，并要求提供替代方案或加快交付速度。同时，更新项目干系人关于变更的信息。
3. **资源优化**：利用现有的备用服务器资源来保持项目进度，确保关键工作如软件开发和测试能够按计划推进。

4. **风险评估**：对此次延期事件进行分析，更新风险管理计划，并制订预防措施以应对未来可能的供应链问题。

通过这些措施，项目管理团队成功地缓解了云服务器延迟对项目整体进度的影响，并确保了项目能够在新的时间节点上继续进行。此外，团队也强化了与供应商的关系管理，提高了对未来潜在风险的应对能力。

14.5.3 调整优化

14.5.2节的内容是笔者围绕"智慧校园二期项目"与AI大模型对话的节选（不是全部），笔者在AI回答的基础上进行了优化调整，最终得到了这个项目相关的各种文件，具体如下。

项目章程：

项目名称：北京市某区"智慧校园"二期项目。

项目目标：与甲方紧密合作，完成合同约定的各项工作，为公司实现经济收益的同时锻炼公司团队、丰富公司项目案例。

项目范围：负责云服务平台搭建、大数据分析系统开发、移动学习App开发、智能教室升级和安全监控系统升级等关键技术领域的实施工作。

总体进度：2024年1月10日启动，2024年12月31日前完成终验。

总体预算：项目总成本控制在1700万元内。

项目经理：我；联系电话：略。

项目主要干系人：

刘总：公司副总，负责提供资源以及高层沟通。

我：项目经理，负责整合管理，制订计划，监控项目，与甲方进行沟通等。

小王：软件组长，负责项目软件开发部分的相关工作。

老李：硬件组长，负责项目硬件部分的相关工作。

签名：（以上所有干系人签名）

项目范围说明书：

1. 产品范围描述：本项目将通过集成创新的信息技术，打造一个互联互通、资源共享的智慧学习空间。主要工作内容包括云服务平台搭建、大数据分析系统开发、移动学习App开发、智能教室升级、安全监控系统升级等。

2. 项目的可交付成果：

- 一套完整的云服务平台，能够支持所有学校的信息化需求。
- 一套大数据分析系统，能够对学生的学习数据进行分析，为教学决策提供支持。
- 一款移动学习App，方便学生随时随地进行学习。
- 56所智能教室，配备最新的教育设备和系统。

- 一套安全监控系统，保障学校的安全。

3. 验收标准：
- 云服务平台能够正常运行，满足所有学校的使用需求。
- 大数据分析系统能够准确分析学生的学习数据，生成报告。
- 移动学习App能够正常运行，功能齐全，用户体验良好。
- 智能教室设备安装完毕，能够正常使用。
- 安全监控系统能够正常运行，满足学校的安全需求。

4. 项目的除外责任：
- 项目不负责解决现有网络硬件设施相关的问题。
- 项目不负责处理学校内部管理、政策或者规定相关的问题。
- 项目不负责处理任何学校现有信息系统的升级优化问题。

项目WBS（3层）：

智慧校园二期项目的WBS如图14-18所示。

智慧校园二期项目-WBS					
A-项目准备和规划	B-云服务平台搭建	C-大数据分析系统开发	D-移动学习App开发	E-智能教室升级	
-确定项目需求和目标	-设计云服务平台架构	-设计大数据架构	-设计移动学习应用框架	-评估现有教室设施	
-定义项目范围	-选择云服务提供商	-开发数据采集模块	-开发学习内容管理功能	-设计智能教室方案	
-建立项目管理团队	-部署云服务环境	-开发数据处理和分析模块	-开发互动学习功能	-采购智能设备和软件	
-确定项目预算	-配置和优化云服务资源	-开发数据可视化模块	-开发用户管理和安全功能	-安装和配置智能设备	
-制定项目管理计划		-集成到云服务平台	-集成到云服务平台		

F-安全监控系统升级	G-测试和调试	H-用户培训和交付	I-项目收尾和后期维护
-评估现有监控系统	-测试云服务平台	-制定培训计划和材料	-正式交付使用
-设计新的安全监控方案	-测试大数据分析系统	-对用户进行系统操作培训	-完成项目文档
-采购新的监控设备	-测试移动学习App	-对用户进行安全管理培训	-进行项目总结和评估
-安装和配置新设备	-测试智能教室功能	-正式交付使用	-提供后期维护和支持服务
	-测试安全监控系统		

图14-18

项目甘特图：

智慧校园二期项目的甘特图如图14-19所示。

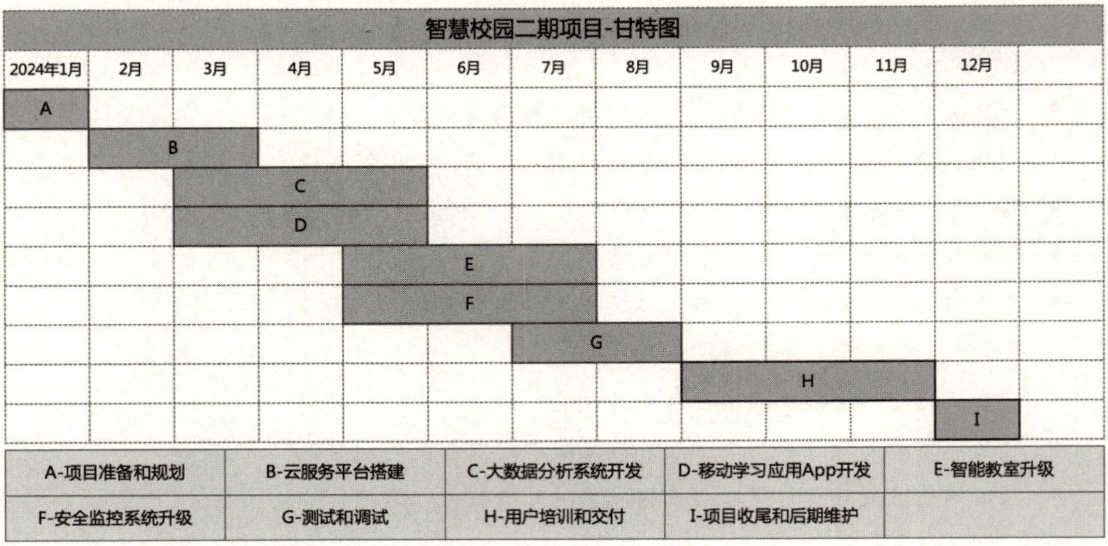

智慧校园二期项目-甘特图

	2024年1月	2月	3月	4月	5月	6月	7月	8月	9月	10月	11月	12月
A	██											
B		███										
C			████									
D				██								
E					████							
F						███						
G							███					
H									█████			
I											█	

A-项目准备和规划   B-云服务平台搭建   C-大数据分析系统开发   D-移动学习应用App开发   E-智能教室升级
F-安全监控系统升级   G-测试和调试   H-用户培训和交付   I-项目收尾和后期维护

图14-19

项目预算：

项目预算如表14-2所示。

表 14-2

智慧校园二期项目 – 预算	
内容	预算分配（万元）
A- 项目准备和规划	10
B- 云服务平台搭建	250
C- 大数据分析系统开发	150
D- 移动学习 App 开发	50
E- 智能教室升级	500
F- 安全监控系统升级	500
G- 测试和调试	100
H- 用户培训和交付	50
I- 项目收尾和后期维护	50
总计	1660

项目质量管理计划：

目标：

- 满足或超越客户和其他干系人的期望。
- 确保所有交付物和服务符合规定的质量标准。
- 通过持续改进流程，优化性能和效率。

质量管理原则：

- 以客户为中心：确保客户需求和期望得到满足。
- 持续改进：定期评估并优化流程。

- 全员参与：鼓励团队成员参与质量管理过程。

质量标准：
- 遵循国家和行业标准，如ISO 9001质量管理体系。
- 遵守教育行业的最佳实践和规范。
- 根据项目需求定制具体的质量指标。

质量保证活动：
- 定期进行内部审计和检查，以确保流程的正确性。
- 对所有供应商和合作伙伴进行质量评估。
- 实施过程改进计划，以提高团队的效率和效果。

质量控制措施：
- 对关键交付物进行定期的质量审查和测试。
- 使用质量指标和性能指标进行量化分析。
- 收集和分析客户反馈，以识别改进领域。

风险管理：
- 识别与质量相关的风险，并制订应对策略。
- 监控风险触发器，并在必要时采取预防或纠正措施。

记录和文档管理：
- 维护详细的质量记录，包括审计结果、测试报告和改进措施。
- 确保所有文档都是最新的，并且易于访问和理解。

培训和发展：
- 为团队成员提供质量管理培训。
- 鼓励个人和团队的专业成长，以提升整体质量表现。

沟通和报告：
- 定期向管理层和干系人报告质量状况。
- 在项目会议中讨论质量问题和改进措施。

审查和更新：
定期审查质量管理计划的有效性，并根据项目进展和反馈进行更新。

质量检查表（云服务平台部分）：

项目云服务平台部分质量检查表如表14-3所示。

表 14-3

质量指标	检查项	检查标准/方法
系统性能	响应时间	页面加载时间小于 3 秒（使用性能测试工具）
	吞吐量	每秒至少处理 1000 次请求（性能压力测试）
	并发用户	支持至少 5000 个并发用户操作（压力测试）
可用性	系统可用性	99.9% 正常运行时间（监控系统日志和正常运行时间）
	灾难恢复	1 小时内自动备份和恢复服务（模拟故障并检查恢复流程）
安全性	数据加密	所有敏感数据传输使用 SSL/TLS（安全扫描工具）
	身份验证	实施多因素认证（渗透测试）
	漏洞管理	24 小时内修复严重漏洞（定期安全扫描及修复周期记录）
兼容性	浏览器兼容性	支持最新的 Chrome、Firefox、Safari、Edge（兼容性测试）
	设备兼容性	主流智能手机和平板电脑适配（设备测试）
可维护性	代码标准	遵循 PSR/PEP 8 等编码标准（代码分析工具）
	文档完整性	完整的 API 文档和系统维护手册（文档审核）

项目团队：

智慧校园二期项目的项目团队如表14-4所示。

表 14-4

	智慧校园二期项目的项目团队
管理团队 4 人	项目经理 1 人（负责整体协调和决策）
	质量保证经理/风险管理顾问：1 人（双重角色，负责质量和风险管理）
	财务分析师/采购经理：1 人（双重角色，负责财务和采购）
	人力资源经理/沟通协调员：1 人（双重角色，负责人力资源和沟通）
实施团队 37 人	技术架构师：2 人（1 名云服务平台专家和 1 名网络架构师）
	数据分析师：3 人（包括数据科学家、数据库管理员和业务智能分析师）
	应用开发人员：6 人（取决于 App 的复杂性和开发需求）
	智能教室技术员：10 人（1 名负责人和 9 名技术支持，分为 3 个小组）
	安全监控实施人员：8 人（分为 4 个小组）
	安全专家：2 人（1 名网络安全专家和 1 名系统安全专家）
	培训师：3 人（根据学校数量和培训需求而定）
	IT 支持人员：3 人（提供日常支持和技术故障排除）

项目沟通管理计划：

智慧校园二期项目的沟通管理计划表如表14-5所示。

表 14-5

	智慧校园二期项目：沟通计划		
干系人	沟通内容	沟通目的	沟通形式
区教委信息中心	项目进度报告、财务报告、风险管理更新、决策支持材料	保持了解、透明性、风险应对、决策支持	周报（邮件）、月度会议（面对面/视频）、紧急通知（电话/即时通信）、定期闭门会议（面对面）

续表

智慧校园二期项目：沟通计划			
干系人	沟通内容	沟通目的	沟通形式
学校（用户方）	系统使用培训资料、功能更新和维护通知、反馈和需求收集、安全和使用指南	提高熟悉度、技术支持、服务改进、安全保障	在线培训视频和手册、邮件通知、定期反馈会议（面对面/电话）、在线支持论坛和FAQ
供应商合作伙伴	合同履行情况、技术规格和要求、项目里程碑和交付日期、合作进展和挑战	遵守合同、协调要求、监控进展、解决问题	定期项目审查会议（面对面/视频）、进度报告（邮件）、技术文档交流（网络平台）、紧急问题热线或即时通信
政府机构监管部门	合规性和法规遵循报告、教育和技术创新进展、政策建议和支持请求、社区和行业影响评估	符合法律政策、促进支持、获取建议、评估社会影响	正式书面报告、定期政策研讨会（面对面）、直接对话和简报（面对面/电话）、公开听证会和咨询
社区和公众	项目进展和成就、教育技术的普及和好处、社区参与和反馈机会、安全和隐私保护措施	提高认可度、教育社区、鼓励参与、增强信任和透明度	新闻稿和媒体发布会、社交媒体更新和互动、社区论坛和研讨会、问卷调查和在线反馈平台

项目风险登记册：

项目风险登记册如表14-6所示。

表 14-6

智慧校园二期项目：风险登记册			
风险类别	风险描述	优先级	应对措施
技术风险	云服务平台稳定性和可靠性问题	高	选择信誉良好的云服务提供商，实施冗余设计，定期进行压力测试
	大数据分析系统准确性和效率问题	高	使用高质量数据源，采用先进分析算法，定期性能评估
	移动学习App兼容性和用户体验问题	中	多平台测试，收集用户反馈，迭代改进
	安全监控系统安全性漏洞	高	定期安全审计，更新安全补丁，员工安全培训
财务风险	项目预算超支	高	制订详细的预算计划，成本控制，设立预算储备
	资金流动性问题	中	制订现金流预测，确保流动资金充足，建立紧急资金渠道
管理风险	项目管理不善	高	采用成熟项目管理方法论（如敏捷或PMBOK），定期项目审查
	人力资源不足或技能不匹配	中	人力资源规划，提供培训机会，技能评估
	干系人沟通不畅	中	建立有效沟通机制，定期干系人会议，解决沟通障碍
法律合规风险	数据保护和隐私法规遵守问题	高	了解法规要求，合规性审查，建立数据保护政策
	合同争议和索赔	中	制订清晰的合同条款，合同谈判，建立争议解决机制

续表

智慧校园二期项目：风险登记册			
风险类别	风险描述	优先级	应对措施
操作风险	设备安装和维护中断	中	制订维护计划，备件储备，建立紧急响应机制
	用户培训不足	中	制订培训计划，提供材料，培训效果评估
市场风险	技术快速发展	中	关注市场趋势，技术创新，产品更新计划
	市场需求变化	中	市场调研，调整项目目标，灵活使用业务模式
环境风险	自然灾害影响设施和运营	低	灾难恢复计划，设施加固，购买保险
	电力供应不稳定	低	备用电源系统，能源管理，监测电力供应
社会和文化风险	新系统接受度	中	用户调研，提供培训支持，文化适应性改进
	学校文化变革阻力	中	变革管理，建立支持网络，鼓励积极参与
政策风险	教育政策变动	中	关注政策动态，沟通，制订应对策略
	政府资金支持不确定性	中	多元化资

项目设备采购清单：

项目设备采购清单如表14-7所示。

表 14-7

智慧校园二期项目：设备采购清单			
设备类型	数量（台）	单位价格（元）	总价（元）
云服务器	12	￥50,000	￥600,000
大数据分析软件	1	￥20,000	￥20,000
学生平板电脑	2,000	￥500	￥1,000,000
互动白板	120	￥1,000	￥120,000
教室投影仪	120	￥700	￥84,000
无线接入点（AP）	480	￥200	￥96,000
安全监控摄像头	480	￥150	￥72,000
智能门禁系统	120	￥1,000	￥120,000
服务器机柜	60	￥5,000	￥300,000
网络交换机	60	￥1,000	￥60,000
防火墙	1	￥5,000	￥5,000
总计			￥2,537,000

项目经验教训登记册（节选）：

项目经验教训登记册（节选）如表14-8所示。

表 14-8

智慧校园二期项目：经验教训登记册（节选）					
编号	记录时间	事件/问题描述	解决方案	经验/教训总结	负责人
1	2024年1月20日	德源里中心小学王老师拒绝在需求规格说明书上签字	与信息中心康主任一起跟王老师进行会议，说明现在签字不会影响后续可能的需求变更	识别干系人不到位，不理解王老师的技术背景。以后在干系人登记册中加一个技术背景的字段	我

续表

智慧校园二期项目：经验教训登记册（节选）					
编号	记录时间	事件/问题描述	解决方案	经验/教训总结	负责人
2	2024年3月26日	在大数据分析系统开发过程中，发现不同学校收集的数据质量参差不齐，包含错误、重复或不完整的信息	实施数据清洗和验证流程，以确保数据的准确性；使用元数据管理工具来跟踪数据的来源和历史变化	建立数据质量监控机制；提供用户反馈机制，通过在实际使用中发现问题来改善数据质量	小王
3	2024年4月28日	移动学习App的开发团队发现实时通知功能在用户量大幅增加后，系统出现了延迟和卡顿的情况	采用Firebase Cloud Messaging（FCM）提高消息推送效率；引入微服务架构来分散负载；减少了不必要的渲染，对通知列表进行异步处理和懒加载	建立性能监控机制，确保随着用户数量的增加或使用模式的变化，App能够持续提供良好的性能	小王

项目实施阶段问题1：

2024年4月28日，移动学习App的开发团队面临一个性能瓶颈的问题。该App需要实现一个实时通知功能，以便学生和教师能够及时收到校园新闻、紧急通知和其他相关信息。然而，在用户量大幅增加后，系统出现了延迟和卡顿的情况，影响了用户体验。

解决过程如下。

1. 问题定位：开发团队首先使用性能监控工具对App的性能进行了分析，发现通知功能的延迟主要是由于服务器端处理大量并发请求时出现的瓶颈。

2. 技术选型：为了解决这个问题，团队决定采用更加高效的消息推送服务，比如使用Firebase Cloud Messaging（FCM）来提高移动端的消息推送效率。

3. 架构优化：团队对后端架构进行了调整，引入了微服务架构来分散负载，并且采用了缓存机制来减少数据库的直接访问次数。

4. 代码优化：在前端，开发者对App的代码进行了优化，减少了不必要的渲染，特别是针对通知列表的加载和显示进行了异步处理和懒加载。

5. 压力测试：经过上述优化后，团队进行了一系列的压力测试和性能测试，以确保App在高并发情况下仍然能够保持稳定和流畅。

6. 灰度发布：在确认性能问题得到解决后，团队采用了灰度发布策略，逐步将更新后的App版本推送给用户，同时监控App的实际表现。

7. 持续监控：即使问题得到解决，团队也建立了持续的性能监控机制，以确保随着用户数量的增长或使用模式的变化，App能够持续提供良好的性能。

通过上述步骤，开发团队成功解决了移动学习App中的实时通知功能性能瓶颈问题，从而提供了更流畅的用户体验。

项目实施阶段问题2：

5月初，陈经纶小学的康校长提出希望在移动学习App中加入人脸识别功能，以用于提高校园安全和考勤效率。

面对这一变更请求，首先，我召集了项目团队成员进行紧急会议，评估这一变更对项目范围、时间表和预算的影响。经过讨论，团队估计实施人脸识别功能将导致App的开发延期两周，并增加10万元左右的成本。

随后，我与康校长以及教委李主任进行了沟通，详细解释了需求变更带来的影响，并提供了成本效益分析报告。康校长在权衡利弊后，决定继续执行这一变更，增加的成本由陈经纶小学负责。李主任则要求不能影响项目进度。

根据上述沟通结果，我提出了一个调整计划：临时增加3名资深开发人员，通过赶工的形式优先开发人脸识别功能的基础版本，并将其集成到App中。同时，对于其他非关键功能的开发适当延后。

通过有效的沟通管理和灵活的项目调度，该需求变更问题被妥善解决，这不仅满足了个别学校的特定需求，也确保了项目的进度。

总结

对比14.5.2节的项目进度计划与14.5.3节中的甘特图可以发现，这两部分内容并不完全一样，这就是调整优化的结果，这样的调整使得14.5.3节中的甘特图更符合项目实际情况。

这个优化调整的过程是特别重要的，它让我们更加深刻地理解了项目经理在制订各种计划和处理各种问题的时候要做的整合工作，我想这也是软考高项论文考试的意义。

14.5节的内容是让考生在参加考试之前，针对项目做好详细的素材准备，考生只有准备到位，才能应对各种论文题目，写出合格的论文。14.4.1节和14.4.3节对应的两篇论文就是以14.5节的项目为基础写出来的。

项目素材准备到位以后，考生还要根据具体的论文题目进行有针对性地练习，因为基于素材构建的内容与实际考试要求的论文内容并不完全一样。考生可以将14.4.1节中项目章程部分的描述与14.5.3节中项目章程的内容进行对比，不难发现，论文的描述都是有所取舍的，不是简单地把对应的文件背下来就可以。

从2021年至今考生的软考高项考试成绩反馈来看，2021年以后论文的评审越来越严格了，这使得以前"考生简单地参考范文就能写出合格的论文"的情况很难再出现。若想在考试中写出合格的论文，考生就需要在考试前充分准备素材，在考试中严谨审题，确保论文结构合理、内容真实。最重要的是，考生一定要在考试前亲自写2~3篇完整的论文。注意，是自己写，不是模仿。

最后，祝愿所有的考生学有所成，直通高项。